Le paysage européen de la sécurité intérieure

P.I.E. Peter Lang

Bruxelles · Bern · Berlin · Frankfurt am Main · New York · Oxford · Wien

Pierre BERTHELET

Le paysage européen de la sécurité intérieure

« Cité européenne »
n° 43

Éditions scientifiques internationales
Bruxelles, 2009
1 avenue Maurice, B-1050 Bruxelles, Belgique
www.peterlang.com ; info@peterlang.com

Imprimé en Allemagne

ISSN 1376-0890
ISBN 978-90-5201-473-9
D/2009/5678/23

Information bibliographique publiée par « Die Deutsche Bibliothek »

« Die Deutsche Bibliothek » répertorie cette publication dans la « Deutsche Nationalbibliografie » ; les données bibliographiques détaillées sont disponibles sur le site http://dnb.ddb.de.

À Audrey, Émilie, Cécile, Sophie, Jérôme, Hugo,

et à ma famille

Table des matières

Remerciements

L'auteur remercie très sincèrement la centaine de personnes, chercheurs, policiers, douaniers, juges, fonctionnaires européens, diplomates et conseillers politiques, qui lui ont consacré du temps dans le cadre d'entretiens en vue de l'écriture de ce manuscrit. Grâce à leurs connaissances et leur opinion, elles lui ont apporté divers éclairages sur la problématique et lui ont fournit des indications précieuses destinées nourrir sa réflexion.

L'auteur tient à aussi exprimer toute sa reconnaissance à la trentaine de personnes qui ont gentiment accepté de relire des extraits de son ouvrage. Ces personnes sont[1] :

Victoria AMICI, Administrateur principal à la Commission européenne (Direction générale Justice, liberté et sécurité)

Commissaire Divisionnaire Olivier BARDIN, Direction générale de la Police nationale, Expert détaché auprès du Secrétariat général du Conseil de l'Union européenne

Capitaine Jérôme BARLATIER, Direction générale de la Gendarmerie nationale, Bureau de police judiciaire

Commissaire Principal Marie-Astrid CEDE, Direction générale de la Police nationale, Centre de coopération policière et douanière de Tournai

Françoise COMTE, Administratrice principale à la Commission européenne (Secrétariat Général)

Michèle CONINSX, Vice-présidente d'Eurojust

Muriel CUNEO, Doctorante en droit, Mission Présidence française de l'Union européenne au ministère de l'Intérieur, de l'Outre-Mer et des Collectivités territoriales

Bernard DARTAGUIETTE, Ministère de la Défense, Conseiller pour les questions de Défense et de Sécurité à la Représentation permanente de la France auprès de l'Union européenne (RPUE)

Wenceslas de LOBKOWICZ, Conseiller à la Commission européenne, Direction générale Élargissement

---

[1] Pour des raisons strictement professionnelles et très légitimes, les autres personnes, qui dépendent d'administrations nationales et d'institutions européennes, ont exprimé leur souhait de conserver l'anonymat, choix que l'auteur respecte. Il tient néanmoins à leur adresser également ses chaleureux remerciements pour le travail accompli.

Commissaire divisionnaire Janvier de WINTER, Police fédérale belge, Centre de coopération policière et douanière de Tournai

Marc FALLON, Professeur ordinaire à la Faculté de droit de l'Université catholique de Louvain

Sophie GARCIA-JOURDAN, Chargée d'études et de recherches à l'Institut national des hautes études de sécurité (INHES)

Claudia GUALTIERI, Juge italienne

Jörg MONAR, Professeur à l'Université de Sussex et Directeur du Département d'études politiques et administratives au Collège d'Europe

Jean-Pierre MONTEGU, Ministère de la Défense, Conseiller pour les questions de développement des capacités militaires à la Représentation permanente de la France auprès de l'Union européenne (RPUE)

Kevin O'CONNELL, Ancien Vice-directeur d'Europol

Nicolas QUILLET, Préfet, Chef de la Mission Présidence française de l'Union européenne au ministère de l'Intérieur, de l'Outre-Mer et des Collectivités territoriales

Colonel Philippe RIO, Gendarmerie nationale, Conseiller « Justice et affaires intérieures » à la Représentation permanente de la France auprès de l'Union européenne

Jean-Baptiste ROCHE, Gendarmerie nationale, END à la Direction générale Justice, liberté et sécurité (Commission européenne)

Pierre SIMUNEK, Sous-préfet, Ministère de l'Intérieur, Conseiller « Justice et affaires intérieures » à la Représentation permanente de la France auprès de l'Union européenne

Yves ULMANN, Direction générale des douanes et droits indirects, Conseiller pour les questions douanières à la Représentation permanente de la France auprès de l'Union européenne

Wouter VAN DE RIJT, Administrateur principal, Coordonnateur Relations extérieures « Justice et affaires intérieures », Secrétariat général du Conseil de l'Union européenne

Philippe WATTREMEZ, Conseiller auprès de la Mission Présidence française de l'Union européenne au ministère de l'Intérieur, de l'Outre-Mer et des Collectivités territoriales

Avertissement

Cet ouvrage est le fruit d'un travail de recherche de plusieurs années, réalisé dans le cadre de stages effectués auprès des administrations nationales, des organismes européens et internationaux, de nombreuses rencontres avec les acteurs de la sécurité intérieure européenne et de l'expérience pratique acquise lors de l'exercice des fonctions de conseiller ministériel.

En aucun cas, les personnes nommées dans la liste des remerciements ne peuvent voir leur responsabilité engagée. En effet, les propos sont strictement personnels à l'auteur, celui-ci ayant eu la totale liberté de suivre les recommandations émises. De surcroît, les personnes citées ont seulement eu la possibilité de relire chacune un extrait du manuscrit et non sa totalité. En outre, ni l'intégration dans ce manuscrit de leurs remarques ou suggestions, ni les multiples mises à jour, ne leur ont été soumises pour relecture.

Par ailleurs, leurs conseils sont de nature purement technique. En conséquence, les positions doctrinales de l'auteur ne peuvent leur être imputées de quelque manière que ce soit.

L'auteur serait heureux de recueillir les commentaires, impressions, conseils, avis et toutes autres remarques judicieuses de la part des lecteurs, ceci à l'adresse suivante :

securiteinterieureUE@hotmail.com

Liste des acronymes et des abréviations[1]

AED	Agence européenne de défense
AFIS	Système informatique antifraude de l'OLAF (*Anti Fraud Information System*)
AFIS-D	Système européen automatisé d'identification criminelle par les empreintes digitales
al.	alinéa
APJ	Agent de Police judiciaire
APJA	Agent de Police judiciaire adjoint
Art. 10 et s.	article 10 et suivants
AWF	fichier d'analyse d'Europol
BKA	*BundesKriminalAmt*
BR	Brigade de Recherche de la DGGN
BRD	Brigade de Recherche départementale de la DGGN
BSR	Bureaux sous-régionaux de l'OIPC
CARIN	*Camden Asset Recovery Inter-agency Network*
CAS	Convention d'application de l'Accord de Schengen du 14 juin 1985 relatif à la suppression graduelle des contrôles aux frontières communes, signée à Schengen le 19 juin 1990 publiée au *Journal officiel des Communautés européennes* L 239 du 22.9.2000, p. 19
CATS	Comité de l'Article trente six (du traité UE)
CCPD	Centre de coopération policière et douanière
CE	Communauté européenne
CEEJ	Convention européenne d'entraide judiciaire du 29 mai 2000
CEMA	Chef d'État-major des Armées
Centre SECI	Centre régional pour la lutte contre la criminalité transfrontière de la SECI
CEPD	Contrôleur européen de la protection des données
CEPOL	Collège européen de police
CIDPM	Centre international pour le développement et des politiques migratoires
CIG	Conférence intergouvernementale

[1] Les abréviations évoquées une seule fois dans ce livre ne sont pas toujours reprises dans la présente liste.

CIVCOM	Comité chargé de la gestion civile et militaire
CJCE	Cour de justice de l'Union européenne
CMC	Concept de gestion des crises (*Crisis Management Concept*)
CMS	Système de gestion de cas (*Case Management System*)
CMUE	Comité militaire de l'Union européenne
CoCoBu	Commission du contrôle budgétaire du Parlement européen
CoCOLAF	Comité de coordination de la lutte antifraude de la Commission européenne
COGIC	Centre opérationnel de gestion interministériel des crises du ministère de l'Intérieur
coll.	collection
Commission (la)	Commission européenne (la)
CONOPS	concept d'opération (*Concept of Operations*)
Conseil (le)	Conseil de l'Union européenne (le)
Conseil JAI	Conseil « Justice et affaires intérieures »
COPS	Comité politique et de sécurité du Conseil de l'UE
COSI	Comité de sécurité intérieure
Cour (la)	Cour de justice de l'Union européenne (la)
CPCC	*Civilian Planning and Conduct Capability*
CRR	Centre commun de Recherche de l'UE
CSI	Centre de suivi et d'information (ou MIC : *Monitoring and Information Centre*)
CSIFA	Comité stratégique sur l'immigration, les frontières et l'asile (ou SCIFA : *Strategic Committee on Immigrations, Frontiers and Asylum*)
CTC	*Counter Terrorism Cell*
CTSE	Centre technique et scientifique européen
DCIR	Direction du comité interministériel de renseignement du SGDN
DCPAF	Direction centrale de la Police aux frontières
DCPJ	Direction centrale de la Police de la DGPN
DCRI	Direction centrale du renseignement intérieur de la DGGN
DCSP	Direction centrale de la sécurité publique de la DGPN
dir. (sous la) de	sous la direction de
DGDDI	Direction générale des douanes et droits indirects
DG E	Direction générale E du Secrétariat général du Conseil de l'Union
DGGN	Direction générale de la Gendarmerie nationale
DGPN	Direction générale de la Police nationale

DG JLS	Direction générale justice, liberté et sécurité de la Commission européenne
DNRED	Direction nationale du renseignement et des enquêtes douanières de la DGGDI
DPC	Dispositif permanent de coordination d'Eurojust
E-CMS	Système de gestion de cas d'Eurojust (*Eurojust Case Management System*)
EDSR	Escadron départemental de sécurité routière
EMUE	État-major de l'Union européenne
EPN	Réseau européen de patrouilles (*European Patrols Network*)
ERA	Académie de droit européen de Trèves
EUJUST	Mission « État de droit » de l'UE
EuNAT	*European Advisory Team*
EUPOL	Mission de police de l'UE
EUVID	*European Vehicle Identification Database*
FHQ	État-major opérationnel (*Field Headquarter*)
FIDE	Fichier d'identification des dossiers d'enquêtes douanières
FNID	Fichier national d'information des douanes
FPR	Fichier des personnes recherchées
FPU	Forces de Police constituées (*Formed Police Units*)
Frontex	agence européenne pour la gestion de la coopération opérationnelle aux frontières extérieures des États membres de l'UE
FRRE	Forces militaires de réaction rapide européenne
FVV	Fichier des véhicules volés
GAFI	Groupe d'action financière
GAM	Groupe d'action mutuelle
GAT	Groupe antiterroriste du Club de Berne
GT	Groupements tactiques armés
HENUs	chefs des UNE (*Heads of Europol National Units*)
IDOC	Office d'investigation et discipline de la Commission européenne
IMD	*Initiating Military Directive*
JAI	Justice et affaires intérieures
JOCE	Journal officiel des Communautés européennes
JORF	Journal officiel de la République française
MPUE	Mission de Police de l'UE en Bosnie-et-Herzégovine
MSOD	*Military Strategic Option Directive*
NCC	Centre national de coordination (*National Coordination Centre*)

NFPoC	*National Frontex Point of Contact*
OAFCN	Réseau de communicateurs antifraude de l'OLAF (*OLAF Anti-Fraud Communicator Network*)
OCR	*Organised Crime Report*
OCRIEST	Office central pour la répression de l'immigration irrégulière et l'emploi d'étrangers sans titre
OCTA	*Organised Crime Threat Assessment*
ODC	Opérations douanières communes
ODJ	Officier de douane judiciaire
OEDT	Observatoire européen des drogues et des toxicomanies
OGC	Objectif Global Civil (*Civilian Headline Goal*)
OGCM	Objectif global de capacité en matière militaire (*Militarian Headline Goal*)
OHQ	État-major stratégique (*Operational Headquarter*)
OIM	Organisation internationale pour les migrations
OIPC	Office international de la Police criminelle-Interpol
OLAF	Office de lutte antifraude rattaché à la Commission européenne
OLE	Officier de liaison Europol
OMD	Organisation mondiale des douanes
ONU	Organisation des Nations unies
op. cit.	*opus citatum*
OPJ	Officier de Police judiciaire
OPLAN	Plan d'opération (*Operation Plan*)
OTAN	Organisation du Traité de l'Atlantique nord
p.	page
p. 100 et s.	p. 100 et suivantes
Parlement (le)	Parlement européen (le)
PAEC	Plan d'action européen sur les capacités
PESD	Politique européenne de sécurité et de défense
PNIF	Point national d'information football
Rabits	Équipe de réaction rapide de Frontex
RAC	Centre d'évaluation des risques
REFJ	Réseau européen de formation judiciaire
REPC	Réseau européen de prévention de la criminalité
RJE	Réseau judiciaire européen en matière pénale
ROCTA	*Russian Organised Crime Threat Assessment*
RSS	Réforme du secteur de sécurité
SAEI	Service des affaires européennes et internationales du ministère français de la Justice

SCCOPOL	Section centrale de coopération opérationnelle de la Police
SCTIP	Service de coopération technique internationale de Police de la DGPN
SDIS	Service départemental d'incendie et de secours
SECI	Initiative de coopération pour l'Europe du Sud-Est (*South East Cooperative Initiative*)
SELEC	*South European Law Enforcement Center*
SGDN	Secrétariat général de la Défense nationale
SID	Système d'information douanier
SIE	Système d'information d'Europol
Sitcen	Centre de situation du Conseil de l'Union
SIS	Système d'information Schengen
SLCE	Système d'Europol de comparaison des laboratoires clandestins
SNCE	Système national de coordination Eurojust
SPHP	Service de protection des hautes personnalités de la DGPN
SR	Section de recherche de la DGGN
STRJD	Service technique de recherches judiciaires et de documentation de la DGGN
Task force	*Task force* des Chefs de police
TCE / traité CE	Traité instituant la Communauté européenne
TE-SAT (rapport)	Rapport public sur la situation du terrorisme dans l'Union
TFUE	Traité sur le fonctionnement de l'Union européenne
Titre VI	titre VI du traité instituant l'Union européenne
TSE	Technique spéciale d'enquête
TUE / traité UE	Traité instituant l'Union européenne
UCCPI	Unité centrale de coopération policière internationale
UCLAF	Unité de coordination de lutte antifraude
UCO-P	Unité de coordination opérationnelle de l'OLAF
UE	Union européenne
UIISC	Unités d'instruction et d'intervention de la sécurité civile
UNE	Unité nationale Europol
UNODC	Office des Nations unies contre la drogue et le crime
UPI	Unités de police intégrées
VIS	Système d'information sur les visas (*Visa Information System*)

Avant-propos

Nicolas QUILLET

Chef de la Mission Présidence française de l'Union européenne au ministère de l'Intérieur, de l'Outre-mer et des Collectivités territoriales

J'aurais voulu voir « ce paysage européen de la sécurité intérieure » paraître plus tôt. Il aurait pu éclairer les analyses permettant d'évaluer les avancées et les besoins de l'Union en matière de sécurité intérieure. Mais le livre de Pierre Berthelet a un bel avenir. Alors que beaucoup d'Européens s'interrogent sur la construction européenne, les réflexions de cet ouvrage s'imposent comme autant de pièces à charge et à décharge du dossier à partir d'une question centrale : l'Europe de la sécurité intérieure offre-t-elle les réponses les plus adaptées aux manifestations d'une délinquance et d'une criminalité qui ne connaissent plus de frontières ? La réponse à cette question conditionne à la fois les choix stratégiques et institutionnels de demain, mais plus encore la confiance des peuples en un modèle de sécurité intérieure dépassant le cadre de chaque État membre.

L'étude de Pierre Berthelet prend le problème à sa racine. La difficulté pour l'Europe de mettre sur pied un modèle de sécurité intérieure cohérent tient à l'ordre même de sa construction. L'Europe ne s'est en effet pas construite autour de ses impératifs de sécurité même si ses Pères fondateurs avaient de larges ambitions pour elle. L'établissement de règles communes en la matière s'est imposé progressivement aux États membres. La Convention d'application des accords de Schengen en fournit un exemple en proposant des mesures compensatoires à la suppression des frontières et à la libéralisation de la circulation des personnes et des biens. Au fil du temps, l'accumulation des multiples canaux et des structures de coopération géographiques et thématiques a fini par altérer la clarté des dispositifs, l'action des services concernés et les résultats attendus par les citoyens.

La Présidence française a hérité du contexte difficile du « non » irlandais au traité constitutionnel. Madame Alliot-Marie a choisi de développer une approche concrète et pragmatique autour du principe de convergence pour répondre à l'attente des citoyens européens. La méthode consiste à partir de l'existant, et à proposer le rapprochement progressif des cadres juridiques, des services et des pratiques. Elle fait écho à l'analyse de Pierre Berthelet qui préconise la suspension de la multiplication désordonnée des instruments policiers au profit d'une approche européenne plus cohérente. Le principe de convergence a vocation à simplifier les réseaux et chaînes de coopération créés empiriquement au gré de l'apparition de nouvelles menaces. Sa déclinaison constitue une étape indispensable avant l'intégration plus formelle des différents systèmes étatiques que l'auteur appelle de ses vœux.

Cet ouvrage témoigne d'une recherche approfondie dans les domaines institutionnels, juridiques, sociologiques et d'une connaissance précise des arcanes de la coopération policière européenne. Pierre Berthelet met en évidence avec pertinence l'inadaptation de certains instruments juridiques et les réticences des États membres à aller de l'avant.

Ce paysage européen de la sécurité intérieure n'usurpe pas son titre. Comme il le ferait devant une toile de maître, le lecteur non initié pourrait hésiter à s'approcher d'une œuvre dont il peine à saisir les contours et les subtilités. Peut-être même mettra-t-il en cause l'utilité de l'exercice, comme on s'interroge parfois sur l'utilité des arts ! Mais la prouesse du peintre est ici précisément d'enhardir le profane et de soutenir l'intérêt du connaisseur. On reste d'abord à bonne distance pour embrasser le tableau, puis on s'attarde sur chacun des détails avant de s'écarter à nouveau pour être éclairé par des mises en perspective lumineuses. Pierre Berthelet signe une œuvre plus limpide que l'objet même de sa peinture, ce qui le rend digne de la phrase de Chateaubriand : « le paysage n'est créé que par le soleil. C'est la lumière qui fait le paysage ».

Préface

Jörg MONAR

Université Robert Schuman de Strasbourg

Assurer la sécurité des citoyens touche au cœur des fonctions de l'État. Le fait que, depuis les années 1990, l'Union européenne ait développé un rôle grandissant dans ce domaine est donc d'une importance capitale – aussi bien du point de vue politique que du point de vue scientifique.

Du point de vue politique, le processus d'intégration européenne a franchi – avec la réalisation progressive d'un « espace de liberté, de sécurité et de justice » – une nouvelle étape qualitative en donnant une dimension européenne à la sécurité intérieure qui, traditionnellement, appartenait au domaine exclusif des pouvoirs régaliens de l'État. Mais l'importance politique ne s'arrête pas avec l'extension des ambitions, structures et moyens d'action de l'Union à un des derniers domaines antérieurement considérés comme intouchables. Comme le démontrent régulièrement les sondages *Eurobaromètre*, les citoyens de l'Union considèrent la sécurité intérieure comme un des grands défis auxquels leurs États et l'Union doivent faire face – et ils sont très largement en faveur d'un rôle accru de l'Union dans ce domaine. Un renforcement de l'intervention publique au niveau européen offre donc un potentiel évident pour contribuer à assurer la sécurité intérieure, bien public fondamental, mais aussi pour resserrer les liens entre l'Union et ses citoyens. Ce potentiel apparaît autant plus important que les referenda négatifs de 2005 et 2008 sur les réformes des Traités montrent clairement que ces liens restent fragiles et vulnérables.

Du point de vue scientifique, l'extension du rôle de l'Union dans le domaine de la sécurité intérieure a ouvert un nouveau champ d'analyse, très vaste, comportant ses propres spécificités. Le mélange d'éléments, parfois indissociables, provenant de la méthode communautaire avec des éléments de coopération intergouvernementale, les spécificités juridiques de l'acquis du « troisième pilier », la prolifération des structures institutionnelles aux fonctionnalités tout à fait nouvelles par rapport à celles des institutions communautaires classiques, les très fortes différentiations causées par les *opt-out* et *opt-in* et l'association de pays tiers à travers le mécanisme de l'acquis de Schengen sont seulement quelques-uns de ces phénomènes spécifiques qui présentent autant d'intérêt que de défis aux chercheurs. Le dynamisme du développement de « l'espace de liberté, de sécurité et de justice » – en 2007 le Conseil « Justice et affaires intérieures » a adopté pas moins de 164 nouveaux textes – justifie déjà à lui seul un effort considérable de recherche, une recherche qui ne peut être que de nature interdisciplinaire puisque les enjeux de ce grand projet européen dépassent les frontières, souvent artificielles, établies entre sciences politiques et juridiques, exigent également des démarches historiques, sociologiques et économiques pour en saisir pleinement le fond et la nature.

L'auteur de cet ouvrage est déjà connu par son excellente monographie sur *Le droit institutionnel de la sécurité intérieure européenne* paru en 2003 dans la même maison d'édition. Avec ce nouveau livre, il s'établit encore plus fermement comme l'un des rares experts de la sécurité intérieure européenne ayant su garder une vision globale sur l'ensemble d'un domaine, de plus en plus vaste, qui échappe tant aux perspectives monodisciplinaires qu'aux spécialistes de plus en plus nombreux de secteurs en lien avec la sécurité intérieure, comme la lutte contre le terrorisme, la coopération policière et la coopération judiciaire en matière pénale.

Rédiger une monographie sur « le paysage européen de la sécurité intérieure » demande du courage et de l'ambition. Du courage, puisque les facteurs de cette mutation – dont les résultats sont multiples et différents d'un champ d'action à l'autre – sont très complexes à analyser. De l'assurance également, puisqu'en tant qu'auteur scientifique on peut aisément s'exposer à la critique des spécialistes de la discipline ou du secteur, qui ne manqueront pas de s'attaquer à certains compromis de structuration ou certains aspects inévitablement moins approfondis dans un ouvrage d'une telle ampleur. De l'ambition finalement, puisqu'il ne s'agit de rien de moins que de présenter un examen complet du « paysage européen de la sécurité intérieure », un paysage non seulement vaste mais également multiforme, en pleine évolution, et dont certaines parties – obscurcies par de grandes persistantes lacunes dans la littérature et par une longe tradition de confidentialité des autorités en charge de la sécurité intérieure – demeurent en partie à l'ombre de l'éclairage scientifique.

Mais l'auteur est pleinement à la hauteur de son courage et de son ambition. Il nous présente une image analytique très complète et finement équilibrée des méthodes et des entités qui marquent et font évoluer le paysage européen de la sécurité intérieure. Cette image repose sur une structure très ingénieuse qui permet de distinguer les méthodes de collaboration entre les services nationaux de sécurité (la dimension horizontale) des structures de soutien aux services nationaux mises en place au niveau européen (la dimension verticale). Il est bien évident que les structures de la dimension verticale jouent également un rôle important dans la dimension horizontale de la collaboration. L'approche de l'auteur – très originale – démontre toute sa valeur en faisant comprendre au lecteur la nature multidimensionnelle des acteurs et des méthodes qui constituent la substance de la gouvernance européenne de la sécurité intérieure dans son état de développement actuel.

Mais les mérites de cet ouvrage ne s'arrêtent pas à une présentation analytique très complète et bien structurée du paysage. Il comporte également des réflexions approfondies sur la nature du processus d'intégration européenne dans ce domaine. L'auteur souligne la progression « par paliers » de ce processus, autant d'étapes auxquelles correspond une évolution des méthodes de collaboration, des nouveaux instruments horizontaux et des organisations de niveaux différents. D'une manière admirablement lucide, l'auteur fait ressortir la tension – et parfois même les contradictions – qui marque l'action des États membres qui veulent se doter, sur le plan européen, de mécanismes performants en matière de sécurité intérieure mais souhaitent, en même temps, conserver aussi pleinement que possible le contrôle de leurs services et de leurs marges d'action nationaux. Cette tension et les contradictions qui en résultent sont bien dépassées – le dynamisme de l'évolution, surtout depuis l'entrée en vigueur du Traité d'Amsterdam en 1999, en est la preuve – mais au prix de dispositifs, de méthodes, de structures et de moyens d'action très complexes. Cet ouvrage a le mérite de faire ressortir aussi clairement cette phénoménologie complexe – et assez originale – du paysage européen de la sécurité intérieure, que les raisons de son existence.

Il ne me reste qu'à souhaiter à cet ouvrage toute l'attention qu'il mérite, d'autant qu'il paraît à un moment où la prochaine grande réforme du paysage européen de la sécurité intérieure – celle du Traité de Lisbonne – est rendue incertaine. Cet ouvrage peut non seulement nous faire mieux comprendre l'évolution et la nature de ce paysage mais également l'importance de ces enjeux pour l'Union et pour ses citoyens.

Strasbourg, 28 juillet 2008

Les hommes n'acceptent le changement que dans la nécessité et ils ne voient la nécessité que dans la crise.

Jean Monnet

Introduction générale

> L'Union européenne, ce n'est jamais que douze étoiles dans la constellation du monde globalisé. Mais ces douze étoiles peuvent briller de manière à créer un espace de liberté, de sécurité et de justice[1].

Pour paraphraser Hannah Arendt à propos de l'autorité, la sécurité apparaît comme « le plus impalpable des phénomènes »[2]. Elle est évoquée dans différents domaines de la vie courante : sécurité aérienne, sécurité alimentaire, sécurité civile, sécurité nucléaire, etc.

Le mot « sécurité » paraît galvaudé. Il s'agit d'un terme employé par tous sans qu'il ne semble possible de déterminer la réalité qu'elle recouvre. Il est vrai que lorsqu'on y fait allusion, plusieurs images nous viennent à l'esprit : collision ferroviaire, grippe aviaire, bombes dans le métro, accident de travail, vol à la roulotte, tensions politiques internationales, forces de police, etc.

La sécurité apparaît donc de prime abord comme un concept sans réel contenu. « Elle s'étend des incivilités au terrorisme. Il ne fait pas de doute que la sécurité, [...] portant sur un ensemble aussi vaste, n'a pas d'homogénéité sociologique »[3]. En définitive, la sécurité est un concept creux. Elle est un « non concept »[4].

Pourtant, les apparences sont trompeuses. À y regarder de près, la sécurité a une signification concrète car nous sentons bien qu'il existe un point commun à toutes ces images. Ce point commun est l'existence d'un risque. En effet, la sécurité, quel que soit le domaine dans lequel elle est évoquée, est en relation avec cette notion : sécurité nucléaire en lien avec un risque d'explosion nucléaire, sécurité informatique en relation avec un risque d'intrusion de virus dans un système informati-

---

1 Ducouloux-Favard, C., « Urgence pour une coopération judiciaire en matière pénale », Colloque de la CEDECE, octobre 2000.

2 Arendt, H., *On Violence*, Harcourt : Brace et World, cité par Ricoeur, P., « Pouvoir et violence », *Politique et pensée. Colloque Hannah Arendt*, Paris, Payot, 1996, p. 171.

3 Roché, S., « Vers la démonopolisation des fonctions régaliennes : contractualisation, territorialisation et européanisation de la sécurité intérieure », in *Revue française de science politique*, vol. 54, Paris, février 2004, p. 44.

4 En référence à l'expression employée par Timsit, G. (« La régulation – La notion et le phénomène », in *Revue française d'administration publique*, n° 109, Paris, 2004, p. 5) concernant la régulation.

que, sécurité civile en rapport avec un risque de catastrophe comme les incendies de forêt, sécurité alimentaire avec un risque de contamination de denrées.

La sécurité intérieure est, pour sa part, en lien avec un type de risque particulier, celui des menaces. Ces menaces sont incarnées par des phénomènes de nature diverse et variée : criminalité organisée, blanchiment d'argent sale, terrorisme, corruption, cybercriminalité, faux monnayage, atteintes à l'environnement et trafics en tout genre (êtres humains, drogue, produits contrefaits, etc.). Différents auteurs, essentiellement en sciences politiques et en sociologie, ont tenté de cerner le concept de menace à la sécurité intérieure.

La menace à la sécurité : réalité ou fiction ?

Sans vouloir être exhaustif, nous identifions deux conceptions majeures diamétralement opposées. Pour les tenants de la première, la menace est donnée alors que pour l'autre, elle est construite.

La première approche, qui correspond au courant réaliste et néoréaliste du système international, décrit la menace comme portant atteinte à la sécurité de l'État. Elle est, dans une perspective hobbesienne, inhérente à la survie de celui-ci[5]. En effet, selon la vision de Thomas Hobbes, l'État, ou Léviathan[6], a été créé pour assurer la sécurité des individus. S'il n'arrive plus à assurer cette sécurité, qui est sa fonction première, il perd toute légitimité.

Le courant réaliste et néo-réaliste ajoute que l'État est qualifié de « référent de sécurité ». C'est lui qui définit quels sont les contours de « sa » sécurité et, à ce titre, les menaces qui sont susceptibles d'y porter atteinte.

En outre, il est au cœur du système international. Les tenants des écoles réalistes énoncent que ce système est constitué seulement d'États. Ceux des écoles néoréalistes estiment, quant à eux, qu'il est formé d'États et d'autres entités comme les organisations internationales. En tout état de cause, ils admettent que l'État reste l'acteur majeur des relations internationales. Quelles que soient les variantes[7], les réalistes et les néo-réalistes font de l'intérêt national et de la puissance, deux

---

5 Waltz, K. N. *Theory of International Politics*, New York, Random House, 1979.

6 Hobbes, T., *Léviathan*, Paris, Gallimard, 2000.

7 Le système international, faute de Léviathan au niveau mondial, est marqué par un risque de conflit permanent. Pour y faire face, certaines écoles considèrent que les États vont renforcer leur puissance, comme les autres écoles le font, ce qui aboutit à un équilibre de puissance. D'autres acceptent l'idée de coopération entre les États. En tout état de cause, elles estiment que cette coopération est avant tout destinée à préserver leur sécurité et reste sous le sceau de la préservation des intérêts nationaux.

concepts centraux de leurs réflexions. Selon eux, les États tentent de maximiser leur intérêt national compris en termes de puissance. L'État puissance[8], pour défendre son territoire, ses valeurs ou son identité (réalisme défensif), ou encore pour accroître son influence (réalisme offensif) doit faire face à des menaces existentielles. Ces menaces, comme leur nom le précise, visent l'État mais paradoxalement, lui permettent de se définir sur un plan ontologique. En effet, elles constituent l'Autre (*Alter*), l'ennemi, qui, pour Carl Schmitt, fonde l'ordre politique[9].

Dans le cadre du conflit est-ouest qui s'est déroulé entre la fin des années 1940 et la fin des années 1980, la menace était perçue par les États d'un bloc comme venant des États de l'autre bloc. Depuis la chute du mur de Berlin, d'autres entités forment cet *Alter*, comme le terrorisme ou la criminalité organisée. Ainsi, les attentats du 11 septembre 2001 sont l'expression d'une nouvelle forme de violence que François Heisbourg[10] nomme « hyperterrorisme ». D'autres auteurs évoquent la criminalité organisée qui, prospérant avec la mondialisation, devient une « superpuissance du crime »[11] capable de remettre en cause le monopole de l'État en matière de contrainte légitime.

L'idée d'irrationalité, de brutalité et surtout de nouveauté est, selon eux, au cœur des discours des tenants des écoles réalistes et néoréalistes. Ainsi, les attentats de New York marquent une rupture dans l'histoire. Si pour certains, cette nouvelle menace est une tentative d'ébranler l'État en mettant en cause sa capacité à protéger ses citoyens, d'autres vont plus loin en affirmant qu'elle vise à détruire les démocraties occidentales et les valeurs qu'elles véhiculent, notamment celle de liberté. D'autres vont encore plus loin en déclarant, dans une perspective universaliste, qu'il vise à détruire « la » civilisation[12] et, dans une vision toute manichéenne, en déduisent l'existence d'une lutte du « Bien » contre le « Mal »[13].

---

8 Aron, R., *Paix et guerre entre nations*, Paris, Calmann-Levy, 1962/1984.

9 Schmitt, C., *Der Begriff des Politischen*, Berlin, Duncker und Humblot, 1965 (édition de 1932), p. 46-47.

10 Heisbourg, F., *L'Hyperterrorisme*, Paris, Odile Jacob, 2002.

11 Raufer, X., *Les superpuissances du crime, enquête sur le narco-terrorisme*, Paris, Plon, 1993.

12 D'autres auteurs, issus davantage d'une autre lignée réaliste, interprètent ces attentats comme étant plutôt un conflit intercivilisationnel. Selon eux, il s'agit d'une tentative de détruire la civilisation occidentale. Ils s'appuient sur la thèse de Samuel Huntington (*Le choc des civilisations*, Paris, Odile Jacob, 1997) pour y voir la traduction des affrontements identitaires entre l'Islam et l'Occident.

13 La brutalité de la menace s'exprime dans la bestialité sous laquelle elle se révèle. En étant l'antonyme de « la » civilisation, elle devient une forme d'expression de la barbarie.

Pour une partie des auteurs réalistes et néo-réalistes, les menaces à la sécurité intérieure sont décrites comme des cellules cancéreuses susceptibles de contaminer tout l'organisme. Xavier Raufer considère que ces menaces, comme la mafia, prêtes à infiltrer de nouveaux secteurs[14], sont biomorphes : « elles prolifèrent de façon quasi-biologique, de manière incontrôlée et disposent d'une capacité de mutation ultra-rapide »[15]. Dans le contexte du chaos mondial[16] existant, elles ont pour caractéristiques d'être imprévisibles, ubiquitaires[17], nomades, déterritorialisées, et surtout de plus en plus dangereuses. Ainsi, toujours selon cet auteur, le terrorisme affectera toujours plus les civils.

Pour les partisans de la seconde approche, le monde est « socialement construit »[18] et, *a fortiori*, les menaces également. Afin de justifier cette position, ils avancent qu'il n'est pas possible d'avoir une vision objective de la sécurité. Pour eux, les acteurs du système international, qu'ils soient ou non des États, sont issus d'un processus historique complexe ayant des dimensions sociales et idéologiques. Contrairement à l'hypothèse réaliste, le courant constructiviste estime qu'il n'est possible d'avoir qu'une vision subjective de la sécurité. En effet, cette dernière est définie par les acteurs eux-mêmes. Or, ceux-ci ont une vision biaisée de la réalité. Alors que les réalistes et les néo-réalistes considèrent la réalité comme un fait indiscutable, les constructivistes estiment qu'elle dépend de toute une série de facteurs liés aux normes, aux règles et aux principes.

De tels facteurs déterminent les intérêts défendus par les acteurs et façonnent leur propre identité. Pour Peter Katzenstein[19], la définition de l'*Ego*, c'est-à-dire le « Nous », et l'*Alter* est intimement liée. Selon lui, les modifications affectant l'identité de l'un entraînent des changements dans la définition de l'identité des autres. En d'autres termes, l'école constructiviste met l'accent sur le fait que l'appréciation de la sécurité

---

14 Raufer, X., « Les mafias, grave facteur de risque financier », *Revue de Défense Nationale et de la sécurité collective*, Supplément au n° 3, mars 2005.

15 Raufer, X., « Bien au-delà des violences urbaines : Gaza, Bagdad – mégapoles et guerre des bidonvilles », in *Les Cahiers de Mars*, Collège interarmées de Défense, n° 181, 3e trimestre 2004.

16 Bauer, A., Raufer, X., *Le nouveau chaos mondial. Penser la sécurité dans un monde chaotique : principes et perspectives*, Paris, Riaux, 2007.

17 « Aujourd'hui, le terrorisme est partout » (Raufer, X., « Menaces terroristes, criminelles, hybrides, la perspective large » Conférence prononcée le 30 mai 2007 dans le cadre du colloque organisé par l'Université de Sherbrooke, *Le terrorisme : une perspective canadienne*, Longueuil, 29-30 mai 2007).

18 Macleod, A., « Les études de sécurité : du constructivisme dominant au constructivisme critique », in *Cultures et Conflits*, n° 54, Paris, 2/2004, p. 13-51.

19 Katzenstein, P., *The culture of national security. Norms and identity in world politics*, New York, Columbia University Press, 1996.

est un processus intersubjectif qui découle de la manière dont le « Nous » se définit et dont le « Nous » perçoit « Eux » et *vice versa*.

Alors que certains constructivistes conservent une vision stato-centrée, c'est-à-dire dont l'État est le référent, pour d'autres, comme Ole Waever, la société elle-même, donc indépendamment de l'État, peut être un référent. Dans cette optique, il définit la sécurité, qui devient une sécurité sociétale, comme étant « la préservation dans des conditions d'évolution acceptables, des modèles traditionnels de langue, de culture, d'association, d'identité religieuse et culturelle et des coutumes »[20]. Par rapport aux conceptions réalistes et néoréalistes, ce n'est plus l'État, mais la société qui perçoit une menace en termes identitaires.

D'autres auteurs vont plus loin en faisant de l'individu le référent de la sécurité. Selon Keith Krause, le concept de « sécurité humaine », « en plaçant l'individu au centre de l'analyse et en se concentrant sur les menaces pesant sur [son] bien-être et [sa] sécurité physique »[21].

Certains constructivistes, même ceux ayant une vision stato-centrée, ont une analyse « insistant sur l'interaction discursive, les positions d'autorité des énonciateurs, la logique de champ qui structure le dicible et l'indicible et les pratiques des agences de sécurité qui font à un moment donné, pour paraphraser Alexander Wendt, que la sécurité est ce que les professionnels en font »[22].

En matière de sécurité intérieure, Didier Bigo[23] examine les discours sur les menaces à la sécurité en mettant leurs énoncés en relation avec les agents sociaux qui les produisent, et en particulier avec les professionnels qui visent à en donner le sens. Selon lui, la sécurité intérieure européenne s'articule autour d'un *continuum* des menaces qu'il dénonce au motif qu'il n'est que l'expression de l'instrumentalisation des différentes agences compétentes en matière de lutte contre divers phénomènes (terrorisme, drogue, criminalité organisée, et immigration illégale, criminalité locale notamment). Cette instrumentalisation n'a d'autres fins que d'accroître leur capacité d'énonciation des menaces, c'est-à-

20 Weaver, O., «Societal Security : the Concept », in Buzan, B., *People, State and Fear, an agenda for International Security Studies in the post Cold-War*, London, Harvester Wheatsheaf, 1991, p. 39.

21 Approche critique et constructiviste des études de sécurité http://www.diplomatie.gouv.fr/fr/actions-france_830/etudes-recherches_3119/annuaire-francais-relations-internationales_3123/IMG/pdf/FD001309.pdf

22 Bigo, D., « Sécurité et immigration », in *Cultures et Conflits* n° 31-32, Paris, 1998, p. 7-11.

23 « La mondialisation de l'(in)sécurité ? Réflexions sur le champ des professionnels de la gestion des inquiétudes et analytique de la transnationalisation des processus d'(in)sécurisation », in *Cultures et Conflits* n° 58, Paris, 2005, p. 53-100.

dire « dire » qui nous menace et donc, *a fortiori*, dresser les contours de ce que doit être la sécurité.

Des tenants d'une approche dérivant du courant réaliste et néo-réaliste, mettent également en exergue l'idée d'un *continuum* des menaces. Cependant, pour les partisans de ce courant, il ne s'agit pas du calcul d'une agence de sécurité désireuse d'accroître son influence, ni d'une coalition illégitime entre elles, mais des conséquences du chaos mondial. Autrement dit, ils acceptent cette idée d'interpénétration ou de collusion des menaces au lieu de la récuser. Mais selon eux, ces associations existent *objectivement*, en particulier entre le terrorisme et la criminalité organisée. En aucun cas, elle n'est le produit de certains acteurs chargés d'assurer la sécurité.

Une telle association est susceptible d'avoir des effets catastrophiques. Les partisans de ce courant mettent en garde contre la mutation des anciennes menaces et l'émergence de nouvelles. Ils avertissent des conséquences désastreuses de l'apparition de menaces de nature hybride, à mi-chemin entre les revendications politiques et les trafics criminels. Enfin, ils agitent le spectre de nouveaux affrontements de grande ampleur[24]. Ils prévoient une lecture apocalyptique de l'avenir si les États ne prennent pas conscience des transformations actuelles du monde[25], de l'apparition de menaces et de la combinaison de celles-ci. Ainsi, les évènements du 11 septembre 2001 ne seraient qu'une répétition générale des conflits qui se dérouleront au cours du XXIe siècle[26].

Entre collaboration et coopération

Dans un cadre économique (création de marchés à l'échelle mondiale), politique (érosion de l'État westphalien) et juridique (développement du droit international public et privé) renouvelé, les services nationaux de sécurité intérieure ont dû revoir leur *modus operandi*. Ils sont sortis d'une vision purement nationale des moyens de lutte contre les menaces qu'ils identifient ou qu'ils « construisent » (selon le point de vue où l'on se place, de celui de l'école réaliste ou de celui de l'école constructiviste), en développant des approches nouvelles fondées sur des méthodes davantage proactives et surtout en renforçant leur collaboration de part et d'autre de la frontière.

---

24 La « Guerre contre le terrorisme » étant une illustration de ces nouveaux affrontements.

25 Raufer, X., « Menaces, aveuglement et eugénisme lexical », Note d'études du Département de recherche sur les menaces criminelles contemporaines, mars 2007 http://www.xavier-raufer.com/pdf/aveuglement-menaces.pdf.

26 Bauer, A., Raufer, X., *La guerre ne fait que commencer*, Paris, J.-C. Lattès, 2002.

La collaboration transnationale entre les services de sécurité intérieure est un concept vaste qui vise à leur permettre de s'apporter une aide mutuelle afin d'opérer à l'interpellation d'individus, de réaliser une écoute téléphonique, de procéder au gel de comptes bancaires, de se transmettre des savoirs théoriques et pratiques sur des techniques et des méthodes dans divers domaines, comme la criminalistique, et d'effectuer des échanges d'organigrammes, de répertoires téléphoniques, de cartes avec zones de compétence, ainsi que de matériel radio.

À la lumière de ce catalogue à la Prévert, la collaboration ressemble à un manteau d'Arlequin à l'aspect multiforme. Elle « apparaît comme une réalité complexe, difficile à cerner dans tous ses aspects et difficile à suivre dans ses évolutions constantes »[27].

Des auteurs ont imaginé différents modèles de classification, plus spécifiquement en lien avec l'entraide policière. Didier Bigo[28] a appréhendé la collaboration policière sous la forme de cercles concentriques. Il distingue trois types de cercles reposant sur un critère géographique (axé sur différents plans : bilatéral, régional, européen, supra-européen), un critère technique (en référence à des enceintes de nature juridique, politico-diplomatique, ou mixte), et un critère basé sur le degré de formalisation (selon que les organes n'ont pas d'existence reconnue, qu'ils ont une existence connue mais demeurent non officielle, ou encore qu'ils sont officiels et institutionnalisés).

Pour sa part, John Benyon[29] a imaginé une typologie fondée sur les niveaux de l'entraide policière. Il a identifié le degré macro (qui correspond au niveau législatif et qui porte sur l'harmonisation ainsi que la coordination des réglementations), le degré moyen (qui correspond au niveau opérationnel et qui a trait au renforcement des canaux de communication ainsi qu'au développement des systèmes d'information) et le degré micro (qui correspond au niveau de base, à savoir l'entraide sur des demandes spécifiques).

Jean-Claude Monnet[30] a conçu, quant à lui, un modèle proche de celui de John Benyon en distinguant le plan politique où se négocient les accords multilatéraux, le plan technique qui correspond aux groupes de travail de hauts fonctionnaires chargés de créer des structures de coopé-

---

27 Leteur, S., *La coopération policière en Europe*, Mémoire de DESS, Faculté de droit de l'Université de Nice, 1991, p. 87.

28 *L'Europe des polices et de la sécurité intérieure*, Paris, Éditions Complexes, 1992, p. 37.

29 *Police co-operation in Europe. An investigation*, Leicester, CSPO, 1993, p. 12-13.

30 Cité par Sabatier, M., *La coopération policière européenne*, Paris, L'Harmattan, 2001, p. 19-20.

ration et d'harmoniser les pratiques policières, et le plan opérationnel où se situent les formes de coopération ponctuelle.

En nous inspirant de ces modèles, il est possible d'analyser la collaboration entre les services nationaux de sécurité intérieure en fonction, d'une part, du type d'activité et, d'autre part, de l'échelle à laquelle l'entraide se déroule. En effet, il existe deux grands types d'activité en matière d'entraide. Il y a d'abord celle de nature opérationnelle. Cette forme de collaboration comprend l'ensemble des activités qui découlent des missions spécifiques des services nationaux de sécurité intérieure. Il peut s'agir, par exemple, de l'aide apportée à un service dans l'exercice d'une mission de capture de commandos terroristes retranchés dans un bâtiment. Le soutien consiste alors en l'envoi de troupes d'élite et de matériel spécialisé pour des opérations à haut risque. Il y a ensuite la collaboration non opérationnelle, qui, contrairement au cas précédent, implique des activités ne relevant pas des tâches spécifiques des services nationaux de sécurité intérieure. Il s'agit de toutes les actions qui n'entrent pas directement dans le cadre de leurs attributions, comme la mise en commun de meilleures pratiques, l'organisation de séminaires et l'échange de fonctionnaires[31].

Ces deux grands types d'activité sont exercés à deux échelles différentes, l'une macro et l'une micro. Sur le plan macro, elles sont menées à l'échelle de l'État, voire du continent. Leur rayon d'action est très large, de l'ordre de plusieurs centaines de kilomètres. Elles sont généralement de grande d'ampleur car elles impliquent les services de nombreux États et le volume des effectifs qui y prennent part, est souvent considérable. C'est le cas des grandes opérations concertées, comme les opérations douanières communes (ODC) par exemple.

À l'inverse, il existe des collaborations au niveau micro, c'est-à-dire à l'échelon régional de l'État. Leur rayon d'action est très faible et il s'agit d'actions menées localement sur des territoires transfrontaliers[32].

---

31 Par exemple, les polices de Strasbourg en France et d'Arnhem aux Pays-Bas ont développé une collaboration permettant un échange de fonctionnaires. Dans ce cadre, des délégations ont été envoyées dans le pays partenaire afin d'y découvrir l'organisation des services, les méthodes de traitement de la délinquance ainsi que les pratiques en matière de police de proximité (Préfecture de la Région Alsace – Préfecture du Bas-Rhin, in *La Lettre rhénane*, n° 25, décembre 1999).

32 À ne pas confondre avec transnational. Dans nos propos, le terme transfrontalier renvoie à la dimension locale d'un phénomène. La délinquance transfrontalière a trait, par exemple, à un bassin local situé à cheval sur deux pays.

En revanche, l'idée de transnationalité est un terme plus neutre qui fait référence à un phénomène impliquant au moins deux pays. Ainsi, la convention des Nations unies contre la criminalité transnationale organisée définit une infraction transnationale comme étant notamment, une infraction commise dans plus d'un État, ou perpétrée dans un État et ayant des effets dans un autre État.

Elles mettent en jeu les services de deux, voire trois pays au maximum. En outre, le volume des effectifs mobilisés est généralement faible[33].

> Le Rhin constitue l'exemple parfait de la coopération de proximité. Les policiers allemands et les gendarmes français travaillent souvent ensemble lors des contrôles et effectuent plusieurs fois par mois des services conjoints. Ils vont même pour cela jusqu'à embarquer dans les vedettes des uns et des autres[34].

En outre, toujours à partir des modèles exposés ci-dessus, nous pouvons distinguer une collaboration formelle d'une collaboration informelle. Cette distinction, de nature juridique, porte sur le fondement sur laquelle elle repose. La collaboration formelle entre les services nationaux de sécurité intérieure se déroule sur la base d'un texte juridiquement contraignant. C'est le cas, par exemple, de l'entraide menée conformément aux textes adoptés dans le cadre de la coopération Schengen ou celui de l'Union européenne.

La collaboration informelle, quant à elle, se déroule sur la base d'un texte juridiquement non contraignant ou sans la base d'aucun texte. C'est le cas par exemple de l'entraide bilatérale entre des membres de services de sécurité intérieure de deux États membres qui se connaissent et échangent des informations par voie téléphonique, indépendamment des règles liées aux formalités à respecter ou à la nature des renseignements à transmettre. C'est aussi le cas des collaborations réalisées, nous le verrons, dans des « clubs », certains d'entre eux n'ayant aucune base juridique spécifique.

Il est possible d'opérer une autre distinction, de nature politico-diplomatique, entre coopération et collaboration. L'approche est ici différente de celle évoquée précédemment car elle s'efforce d'identifier les actions, non pas en fonction de l'existence d'un texte contraignant, mais du type de sphère d'activité dans laquelle elle a lieu.

Alors que la collaboration (ou l'entraide) est une activité des services eux-mêmes, la coopération est une action collective déployée par les autorités nationales, sur le plan politique ou diplomatique, pour faciliter cette entraide. À l'instar des collaborations, les coopérations interétatiques sont de taille géographique variable en fonction des enceintes au sein desquelles le dialogue est mené. *Primo*, il existe des enceintes à dimension mondiale dans lesquelles les États œuvrent pour promouvoir l'entraide entre les services nationaux de sécurité intérieure. C'est le cas des Nations unies, du G8 (notamment à travers deux de ses groupes de

---

33 Même s'il peut être considérable pour certaines opérations « coup de poing ».

34 Arnoult, M., « La coopération policière transfrontalière de proximité en Alsace », in *Gendarmerie nationale*, n° 192 et 193, Paris, 3e et 4e semestre 1999, p. 89.

travail, le Groupe de Lyon et le Groupe de Rome) ou du Groupe d'action financière (GAFI).

Le G6, le Conseil de l'Europe et l'Union européenne

Secundo, il y a également des enceintes à l'échelle européenne. Ces enceintes sont aussi de nature différente dans la mesure où elles peuvent prendre un caractère institutionnalisé, comme, par exemple, les groupes de travail du Conseil de l'Europe et le Groupe G6. Le G6 rassemble les ministres de l'Intérieur des six « grands » pays à savoir l'Allemagne, l'Espagne, la France, l'Italie la Pologne et le Royaume-Uni. Depuis sa première réunion à Jerez en mai 2003, ce « groupe pionnier »[35] se réunit régulièrement pour aborder certains thèmes en lien avec la sécurité intérieure et pour donner l'impulsion aux travaux entrepris dans le cadre de l'Union européenne[36].

Le Conseil de l'Europe réunit quant à lui quarante-sept États. C'est en son sein qu'ont été rédigées toute une série de conventions parmi lesquelles la convention européenne d'extradition du 13 décembre 1957 et ses protocoles du 15 octobre 1975 et du 17 mars 1978[37], ainsi que la convention européenne d'entraide judiciaire en matière pénale du 20 avril 1959 et ses protocoles du 17 mars 1978 et du 8 novembre 2001[38]. Parallèlement à cela, tout un ensemble de textes non contraignants ont été adoptés dans ce cadre, comme la recommandation relative aux techniques spéciales d'enquête et la recommandation visant à réglementer l'utilisation de données à caractère personnel dans le secteur de la police[39].

L'Union européenne regroupe pour sa part vingt-sept États (ci-après les États membres). Ce n'est pas à proprement parler une organisation internationale au sens classique du terme car elle n'est pas uniquement un cadre d'expression de la diplomatie multilatérale des États. Il s'agit d'une entité dotée d'organes dont certains défendent un intérêt supranational, distinct des intérêts nationaux. C'est aussi une entité au sein de

---

35 Institut national des hautes études de sécurité (INHES), *Les limites du troisième pilier dans la construction européenne*, Rapport du Groupe de diagnostic de sécurité n° 3, 6 mai 2005.

36 Ainsi, lors de leur rencontre à Evian, en France, le 5 juillet 2005, ses participants ont décidé d'accélérer certains aspects du programme de La Haye comme l'amélioration de l'échange d'informations entre les services nationaux de sécurité intérieure.

37 Respectivement STE n° 24, STE n° 86 et STE n° 98.

38 Respectivement STE n° 30, STE n° 99 et STE n° 182.

39 Recommandation du Comité des Ministres R (2005) 10 du 25 avril 2005 relative aux techniques spéciales d'enquête et la recommandation du Comité des Ministres R (87) 15 du 17 septembre 1987 visant à réglementer l'utilisation de données à caractère personnel dans le secteur de la police.

laquelle les États coopèrent entre eux en adoptant une démarche intégrative qui tend à « partager ou même [à] confondre leur souveraineté respective »[40].

En effet, l'Union européenne est mue par une méthode inédite, la méthode communautaire. Cette dernière peut se définir comme étant le mode de fonctionnement institutionnel de l'Union européenne et une philosophie politique relative au mode de distribution des pouvoirs. Plus spécifiquement, il s'agit d'une

> procédure de prise de décision au niveau communautaire, qui mène à l'adoption de (textes) et qui implique une dynamique institutionnelle qui se traduit par une implication équilibrée du Conseil du Parlement et de la Commission [...], produit des actes qui se caractérisent par le fait d'avoir une portée juridique directe ou indirecte et sur lesquels la Cour peut s'appuyer sur ses propres jugements[41].

L'Union européenne est une entité qui repose essentiellement sur deux traités fondateurs, le traité de Maastricht, appelé traité sur l'Union européenne (traité UE)[42] signé le 7 février 1992[43], et le traité instituant la Communauté européenne (traité CE). Le cas échéant la nouvelle dénomination sera le traité sur le fonctionnement de l'Union européenne (TFUE).

Trois institutions principales, la Commission européenne, le Parlement européen et le Conseil de l'Union, élaborent les « lois » européennes mais surtout les directives et règlements communautaires. La Cour de Justice intervient en aval pour trancher le nœud des différends, pour sanctionner les retards ou de mauvaises applications, ou pour interpréter certaines dispositions du droit européen.

Au regard des dispositions du traité CE (et du TFUE le cas échéant), la Commission européenne[44] est composée actuellement de vingt-sept commissaires issus de chacun des États membres. Elle présente les textes (elle a d'ailleurs un monopole dans ce domaine) et les met en œuvre. Cette dernière fonction est partagée avec les États membres.

Le Parlement européen[45], formé de 736 députés européens (751 selon les dispositions du traité de Lisbonne), adopte les textes présentés par la

---

40 De Sernaclens, P., *La mondialisation*, Paris, Armand Colin, coll. U, 3e éd., 2002, p. 58.

41 Commission européenne, *Gouvernance européenne – Travaux préparatoires au livre blanc*, Luxembourg, Office des publications officielles des Communautés européennes, 2002, p. 231.

42 Version consolidée disponible au *JOCE* C 321E du 29.12.2006.

43 *JOCE* C 191 du 29.7.1992.

44 Ci-après la « Commission ».

45 Ci-après le « Parlement ».

Commission. Il constitue la première branche de l'autorité législative dans une grande partie des domaines couverts par le traité CE (et le TFUE le cas échéant)[46].

Le Conseil de l'Union[47] constitue pour sa part la deuxième branche de l'autorité législative. Il statue soit seul, soit en codécision avec le Parlement européen. Il rassemble les ministres des vingt-sept États membres. Pour mener à bien son activité, il est épaulé par le Comité des représentants permanents, le Coreper. Ce comité, composé de diplomates de haut rang, négocie les textes et s'efforce de parvenir à un consensus avant adoption par les ministres du Conseil. S'il existe un accord sur la totalité du texte au sein du Coreper, les ministres se contentent de l'avaliser. Dans l'hypothèse d'un désaccord, ceux-ci tentent de s'entendre sur les points litigieux. S'ils y parviennent, le projet d'acte est réputé approuvé. Inversement, en cas de divergence persistante, la présidence du Conseil peut avoir recours au vote, l'adoption ayant lieu soit en appliquant la règle de la majorité qualifiée, soit celle de l'unanimité. Elle peut aussi renvoyer le texte au Coreper qui peut lui-même le renvoyer pour examen au groupe de travail compétent. Ce dernier, composé d'experts nationaux, a pour objectif de discuter des différents éléments du texte dans son domaine de compétence. Pour ce qui a trait plus spécifiquement au troisième pilier (*cf. infra*), il existe un étage intermédiaire entre l'échelon diplomatique et l'échelon technique, occupé par le Comité de l'article 36, appelé encore CATS. Ce Comité regroupe des hauts fonctionnaires compétents dans le domaine de la collaboration répressive[48].

Toujours au regard des dispositions du traité CE (et du TFUE le cas échéant), la Cour de Justice de l'Union européenne[49], formée de vingt-sept juges, a pour mission d'interpréter le droit européen primaire (essentiellement le traité UE et le traité CE[50]) ainsi que le droit européen

---

46 Dans le cas de la codécision. Sinon, c'est le Conseil de l'Union seul qui adopte les actes.

47 Ci-après le « Conseil », le Conseil européen étant, quant à lui, l'institution rassemblant les chefs d'État et de gouvernement, chargé de définir les grandes orientations de la construction européenne.

48 Le CATS, ou Comité de l'article 36, est un groupe directeur du Conseil, qui est, avec le CSIFA (Comité stratégique sur l'immigration, les frontières et l'asile) essentiellement, chargé des thématiques en lien avec la sécurité intérieure. Il a sous sa responsabilité un ensemble de groupes de travail (dont le groupe « coopération policière » et le groupe « coopération douanière »). Il supervise l'activité de ces groupes et négocie les textes qu'ils lui transmettent. Une fois ceux-ci examinés, la présidence du CATS les communique au Coreper, en vue de leur adoption par les ministres réunis au cours de l'une des prochaines sessions du Conseil.

49 Ci-après la « Cour ».

50 Le cas échéant le TFUE.

dérivé (dont les directives et les règlements communautaires). Elle a aussi pour tâche d'assurer le respect du droit européen et de préserver l'uniformité de son application.

	Enceinte politique de collaboration (1)	**Cadre juridico-institutionnelde de collaboration** (2)	**Espace opérationnel de collaboration** (3)
Caractère formel	Conseil de l'Europe Union européenne Coopérations régionales (coopération Schengen[51], TF-OC)	Conseil de l'Europe Union européenne Coopérations régionales (traité de Prüm, coopération Schengen, Convention policière Benelux, TF-OC, MAOC-N)	Échelle européenne (du continent) Échelle régionale (d'une région du continent, par exemple les Balkans occidentaux) Échelle locale (niveau d'un bassin de délinquance, par exemple, la zone Lille métropole-Tournai-Courtrai)
Caractère informel	Coopérations régionales (G6 et coopérations transfrontalières issues (ou non) de la coopération Schengen[52])	Structures de coopération autonomes	–

schéma n° 1

(1) enceintes de niveau politico-diplomatique au sein desquelles les autorités nationales négocient, élaborent des textes relatifs à l'entraide entre les services nationaux de sécurité intérieure et établissent de nouveaux dispositifs et de nouvelles méthodes de collaboration

(2) cadre juridico-institutionnel au sein duquel se déroule la collaboration à la fois sur le plan politique (« *top* ») et sur le plan opérationnel (« *down* »), et sont élaborés de nouveaux dispositifs et de nouvelles méthodes d'entraide

(3) espace exprimant la dimension géographique de la collaboration effectuée par les services nationaux de sécurité intérieure sur le plan opérationnel (la dichotomie caractère formel/informel n'est pas appropriée)

NB : ce tableau sommaire a d'abord une vocation explicative. Nous sommes conscients de ses limites. Il mériterait d'être davantage affiné dans une perspective plus analytique. Par exemple, les deux premières colonnes ont tendance à se chevaucher dans la mesure où le droit et les pratiques établies au sein du Conseil de l'Europe et de l'Union européenne constituent certes le cadre juridique de la collaboration sur le plan opérationnel,

[51] Avant l'intégration de la coopération Schengen au sein de l'Union européenne.

[52] Nous faisons ici référence au dialogue mené entre les autorités politiques et les hauts fonctionnaires compétents en matière de sécurité intérieure de deux ou plusieurs États membres dans le contexte d'une entraide dans une zone transfrontalière.

mais ils peuvent aussi engendrer un cadre institutionnel au sein desquels sont susceptibles de naître des enceintes productrices de nouvelles normes et de nouvelles pratiques[53].

Le recul progressif du caractère intergouvernemental du mode de traitement des questions ayant trait à la sécurité intérieure européenne

Les questions concernant plus spécifiquement la thématique de la sécurité intérieure sont restées en dehors de la construction européenne telle qu'initiée par le traité de Rome du 25 mars 1957[54]. Les États membres, qui considéraient que les matières abordées étaient de nature régalienne, ont souhaité les maintenir hors d'atteinte de la construction communautaire. De surcroît, cette forme de construction européenne avait pour objectif de créer un grand marché, le marché intérieur, dans lequel circuleraient les personnes, les marchandises, les capitaux et les services.

Les questions relatives à la sécurité intérieure étaient abordées dans un cadre intergouvernemental, soit dans l'enceinte du Conseil de l'Europe, soit au sein de la coopération Trevi[55]. Cette coopération ras-

53 Autre exemple, les structures de coopération autonomes forment un cadre institutionnalisé (souple) de la collaboration entre les services nationaux de sécurité intérieure. Dans la mesure où des hauts fonctionnaires de ces services peuvent y participer, ces structures figurant dans la deuxième colonne peuvent être rapprochées le cas échéant, d'enceintes inscrites dans la première colonne, telles que celles au sein desquelles se réunissent des hauts fonctionnaires compétents en matière de sécurité intérieure de deux ou plusieurs États membres dans la perspective d'une collaboration dans un espace transfrontalier.

54 Plus précisément, il conviendra de comprendre la construction européenne classique (ou traditionnelle) comme étant la construction réalisée dans le cadre du traité instituant la Communauté économique européenne avant la signature du traité de Maastricht, et après, celle menée dans le cadre du traité instituant l'Union européenne et le traité instituant la Communauté européenne (remplacé le cas échéant, par le traité sur le fonctionnement de l'Union européenne).

55 La coopération Trevi est une action des ministres de l'Intérieur développée à partir de décembre 1975 dans le cadre de la Coopération politique européenne (CPE). Créée en marge de la construction communautaire fondée sur le traité de Rome, il s'agit d'une coopération de nature intergouvernementale destinée à améliorer la coopération policière et à lutter contre divers phénomènes criminels, en particulier le terrorisme, le trafic de drogue et l'immigration clandestine. Il était agencé selon une hiérarchie à trois niveaux : le niveau ministériel, celui des hauts représentants gouvernementaux et enfin celui des groupes de travail. Il a tenu sa réunion inaugurale à Rome en juin 1976 et « le mystère entourant ce groupe est tel que même l'origine de son nom est floue et invérifiable. Le groupe a très probablement pris le nom des fontaines de Trevi qui se trouvent près de l'endroit où s'est déroulée la première conférence » (Swallow, P., « Vue d'ensemble sur l'évolution des forces de maintien de l'ordre en Europe : les répercussions de l'européanisation sur la police britannique », in *Culture et conflits*, n° 48, Paris, 2002, p. 47-80).

semblait, en son temps, des instances de collaboration opérationnelle chapeautées par des enceintes politico-diplomatiques. Elle avait des ambitions modestes car il s'agissait surtout de résoudre des difficultés pratiques notamment en matière de lutte contre le terrorisme, le trafic de drogues et l'immigration illégale[56].

Avec le temps, nous avons assisté à un « virage institutionnel »[57] qui se traduit par un phénomène de communautarisation progressive. La première étape de ce phénomène est une refonte de la coopération entre États membres. La coopération Trevi disparaît en tant que telle. Les questions de sécurité intérieure sont insérées dans le cadre juridique de la construction communautaire mais, paradoxalement, tout en étant maintenues en dehors. La crainte des États était qu'avec l'application de la méthode communautaire, ces questions, tout comme celles de politique étrangère et de défense, n'échappent à leur contrôle.

Pour résoudre la quadrature du cercle, une conférence intergouvernementale a rédigé un nouveau traité, le traité sur l'Union européenne, qui ne remplace pas celui existant, le traité de Rome, c'est-à-dire le traité instituant la Communauté économique européenne (CEE) modifié par l'Acte unique européen signé à Luxembourg le 17 février 1986 et à La Haye le 28 février 1986, ni ne lui succède. Ce nouveau traité se juxtapose à lui avec, pour conséquence, la création d'une Union sous forme de triptyque dont la Communauté instituée par le traité de Rome constitue une des composantes.

Le traité de Maastricht crée un cadre institutionnel unique, la Commission, le Conseil, le Parlement européen et la Cour étant compétents pour l'ensemble des questions relevant de la sphère d'attribution de l'Union. Parallèlement à cela, et c'est toute la difficulté de l'exercice, il institue trois régimes juridiques distincts concernant l'adoption des textes. Ce sont les « trois piliers » du traité de Maastricht. Le premier est le pilier communautaire qui correspond au traité instituant la Communauté économique européenne rebaptisée la Communauté européenne[58]. Le deuxième est le pilier « politique étrangère et sécurité commune » (PESC). Il se fonde sur le titre V du traité UE et a trait aux questions de

---

56 « En définitive, par sa structure en réseau et son domaine de compétence, le groupe Trevi s'apparente à une première ébauche de ce que sera, à partir du traité de Maastricht, le troisième pilier de l'Union européenne. Il est néanmoins révélateur que, dès cette étape, une certaine confusion s'instaure entre immigration et sécurité » (Duez, D., *L'Union européenne et l'immigration clandestine*, Bruxelles, Éditions de l'Université libre de Bruxelles, 2008, p. 80).

57 Callovi, G., « En matière de frontières, la dimension européenne a-t-elle pris de l'importance ? », in *Migrations Société*, vol. 17, n° 101, septembre-octobre 2005, p. 8.

58 Dans le cadre de ce livre, il conviendra de comprendre le traité CE et le traité UE dans leur version actuelle.

politique étrangère et de défense. Le troisième est dénommé « justice et affaires intérieures ». Ce pilier, dans la version originaire du traité sur l'Union européenne, rassemblait sous ce vocable un ensemble de matières hétéroclites allant de la politique d'asile, à la collaboration policière en passant par l'entraide judiciaire en matière civile et la lutte contre la toxicomanie. Tous ces domaines étaient, pour reprendre l'expression de l'art. K.1 du traité de Maastricht, des « questions d'intérêt commun »[59].

Alors que le premier pilier était le cadre privilégié de la méthode communautaire, le troisième pilier (et le deuxième pilier également) avait la particularité d'être davantage empreint de la méthode intergouvernementale. Dans ce contexte, les États membres jouaient un rôle-clé : ils proposaient les textes, les adoptaient et les mettaient en œuvre. De plus, les instruments juridiques présentaient certaines particularités qui les rapprochaient de ceux du droit international public. Enfin, le Conseil statuait en principe seul concernant l'adoption des textes et cela à l'unanimité des voix des États qui le composaient.

Maastricht, une nouvelle architecture juridique et Amsterdam, un nouveau projet politique

La signature du traité d'Amsterdam le 2 octobre 1997, constitue la deuxième étape. D'une part, ce traité opère une communautarisation partielle du troisième pilier en transférant les questions relatives à l'immigration, l'asile et la coopération judiciaire civile dans le premier pilier[60]. Néanmoins, il convient d'ajouter immédiatement que cette communautarisation reste tronquée car certains mécanismes permettent aux États de garder un certain contrôle sur ces matières (droit d'initiative de la Commission limité, restriction du champ de la procédure de la codécision, application de la règle de l'unanimité au Conseil et limitation des compétences de la Cour de justice). De surcroît, elle demeure incomplète car le troisième pilier demeure en tant que tel. Renommé pilier « Coopération policière et judiciaire pénale » (CPJP), il est relatif, comme son intitulé le précise, aux questions ayant trait à l'entraide entre

59 « Le troisième pilier apparaît au final comme une construction hybride résultant d'un compromis entre les partisans du schéma communautaire et les défenseurs d'une approche intergouvernementale. Il consacre dans le même temps la spécificité de la sécurité intérieure qui, tout en restant connectée au thème de la libre circulation, n'est plus désormais une simple séquelle » (Duez, D., *op. cit.*, p. 94).

60 Dans l'architecture du Conseil, le CSIFA (Comité stratégique sur l'immigration, les frontières et l'asile) est un groupe de travail qui est le pendant du CATS concernant, comme son nom l'indique, les questions d'immigration, d'asile et de frontières. À ce titre, il traite des aspects relatifs à la sécurité intérieure relevant du premier pilier (dans la mesure où de tels aspects ont trait à son champ de compétence).

les services policiers et douaniers ainsi que les autorités judiciaires[61], et à l'harmonisation minimale des législations en matière pénale.

En conséquence, l'architecture juridique du paysage de la sécurité intérieure reste éclatée dans différents piliers sous le régime du traité d'Amsterdam. Outre le titre VI, il existe des fondements juridiques sur lesquels s'appuie l'action de l'Union européenne dans ce domaine, qui, pour leur part, figurent dans le pilier communautaire ou le deuxième pilier. Ainsi, la lutte antiterroriste, qui s'est affermie considérablement depuis le 11 septembre 2001, implique, outre les mesures de collaboration répressive (c'est-à-dire reposant sur le troisième pilier), un meilleur dialogue avec les pays tiers (dans le cadre du premier et du deuxième pilier) et l'insertion de clauses spécifiques dans les accords de coopération (conclus sur la base des dispositions du premier pilier). Différentes mesures ont été prises sur le fondement du traité CE : renforcement du dispositif de sûreté aérienne, établissement d'un mécanisme de gel des avoirs des entités terroristes, meilleure protection des infrastructures critiques, contrôle accru des armes et des explosifs, surveillance plus stricte des transactions financières afin d'empêcher ces entités de récolter des fonds pour mener leur action, notamment la formation de nouvelles recrues.

D'autre part, le titre VI est métissé par la méthode communautaire. En effet, les actes du troisième pilier, tels qu'ils ont été définis par le traité d'Amsterdam (les décisions et les décisions-cadres essentiellement), qui remplacent ceux figurant précédemment dans le traité de Maastricht (actions communes essentiellement), s'apparentent davantage à ceux relevant du traité CE[62]. En outre, la pratique normative révèle un recours abondant aux décisions et aux décisions-cadres. À l'inverse, les conventions, qui sont des instruments fortement inspirés du droit international public, figurant à l'art. K.3 du traité de Maastricht et conservés à l'art. 34 TUE sous le régime du traité d'Amsterdam, sont progressivement abandonnées au profit des décisions-cadres.

Par ailleurs, les institutions de l'Union européenne défendant un intérêt supranational acquièrent un rôle plus important. C'est le cas de la Commission qui dispose d'un droit d'initiative en matière législative, du Parlement européen qui se voit obligatoirement consulté par le Conseil avant l'adoption d'un acte et de la Cour de Justice qui possède un pouvoir plus étendu, en particulier pour interpréter les dispositions des actes de droit dérivé du titre VI.

---

61 Dans la suite de cet ouvrage, il conviendra de comprendre, sauf mention contraire, autorité judiciaire et entraide judiciaire, respectivement, par autorité judiciaire compétente en matière pénale et entraide judiciaire pénale.

62 Même s'ils conservent encore des différences. Par exemple, les décisions-cadre n'ont pas d'effet direct.

Sous l'empire du traité de Maastricht, ces institutions jouaient déjà un certain rôle. Certes, cette fonction était amoindrie puisque le droit d'initiative était, pour ce qui est de la coopération policière et judiciaire en matière pénale, du seul ressort des États membres, l'adoption des textes de l'unique compétence du Conseil, le Parlement étant seulement facultativement consulté. Néanmoins, elles sont parvenues à jouer un rôle non négligeable. Ainsi, le Parlement européen, qui exerçait un pouvoir budgétaire dans le domaine des matières couvertes par le titre VI, s'est progressivement imposé comme un interlocuteur crédible du Conseil dans le processus d'adoption des actes fondés sur le troisième pilier.

Cette communautarisation progressive qui s'est initiée sous le régime du traité de Maastricht s'est poursuivie sous celui du traité d'Amsterdam et du traité de Nice signé le 26 février 2001. Ainsi, concernant les matières transférées dans le premier pilier, le droit d'initiative de la Commission s'est élargi, l'étendue du champ de la procédure de la codécision s'est accrue et, parallèlement, l'emploi du vote à l'unanimité a perdu du terrain.

Pour ce qui est du titre VI, la Commission avait suggéré, dans une communication du 28 juin 2006[63], l'utilisation de la clause dite de « la passerelle » prévue à l'art. 42 TUE. Elle avait proposé par ce moyen de communautariser les matières relevant de l'art. 29 TUE. Néanmoins, les États se sont montrés réticents au projet et aucune suite n'a été donnée. Il est vrai que ce mécanisme de la passerelle était assorti de ce que certains appelaient des garanties et d'autres des verrous. En effet, aucun État ne devait apposer son veto pour pouvoir l'activer. En d'autres termes, ils devaient décider à l'unanimité que des matières, auparavant soumises au vote de l'unanimité au Conseil, relèveraient éventuellement du régime de la majorité qualifiée. Or, plusieurs d'entre eux ont fait savoir qu'ils s'y refuseraient. Les États membres n'ont donc pas donné suite à la suggestion de la Commission[64].

[63] Communication sur la mise en œuvre du programme de La Haye : la voie à suivre (COM(2006)331).

[64] Et ceci en dépit des appels répétés du Parlement européen (par exemple dans sa résolution du 21 juin 2007 intitulée « Espace de liberté, de sécurité et de justice ELSJ : stratégie pour la dimension externe, plan d'action mettant en œuvre le programme de La Haye » [T6-0284/2007]).

La poursuite de la construction d'un espace de liberté, de sécurité et de justice et la fusion des piliers

Les rédacteurs du traité constitutionnel[65] signé le 29 octobre 2004, avaient osé franchir le Rubicon en opérant la suppression des piliers. Le titre VI disparaissait en tant que tel au profit d'une procédure décisionnelle unifiée partiellement calquée sur celle qui existait au sein du premier pilier. Néanmoins, les résultats des *referenda* français et néerlandais ont compromis l'avenir du traité constitutionnel. L'architecture du droit institutionnel relatif aux questions de sécurité intérieure est donc régie par les dispositions du traité de Maastricht modifié par les traités subséquents entrés en vigueur, à savoir le traité d'Amsterdam et le traité de Nice.

La dernière étape du phénomène de communautarisation est marquée par la signature du traité de Lisbonne le 13 décembre 2007[66]. Ce traité, qui devrait entrer en vigueur en 2009[67], opère la fusion envisagée par le traité constitutionnel. En effet, l'art. 1er TUE dans sa nouvelle version renseigne que l'Union est fondée sur le présent traité et le traité sur le fonctionnement de l'Union européenne, ayant tous deux la même valeur juridique. Il ajoute que l'Union se substitue et succède à la Communauté européenne.

Sur le plan normatif, les actes édictés dans le TFUE, à savoir les règlements et les directives communautaires, deviennent les outils applicables aux questions d'entraide répressive. *Exit* donc les décisions et les décisions-cadres de l'art. 34 TUE.

Le troisième pilier disparaissant, le régime communautaire d'adoption des actes est applicable aux questions d'entraide policière et judiciaire. Les actes ayant trait à ces questions sont donc, en principe, soumis à l'usage de la codécision (et donc à l'application du vote à la majorité qualifiée au Conseil). En outre, le pouvoir de la Cour est plus

---

65 Traité établissant une Constitution pour l'Europe (*JOCE* C 310 du 16.12.2004, p. 1).

66 Traité de Lisbonne modifiant le traité sur l'Union européenne et le traité instituant la Communauté européenne, signé à Lisbonne le 13 décembre 2007 (*JOCE* C 306 du 17.12.2007, p. 1). La version consolidée des traités CE et UE est disponible au *JOCE* C 115 du 9.5.2008, p. 1.

67 À l'heure où nous achevons d'écrire ce manuscrit, l'entrée en vigueur du traité de Lisbonne est prévue pour le courant de l'année 2010. Elle avait été envisagée initialement au début de l'année 2009, mais, suite au refus exprimé par voie référendaire dans le cadre de la ratification du texte en Irlande, elle avait été reportée *sine die*. Au regard des conclusions du Conseil européen des 11 et 12 décembre 2008, l'Irlande devrait soumettre à nouveau le traité à referendum au deuxième semestre de l'année 2009, celui-ci étant assorti de ce que le texte appelle pudiquement, des « garanties juridiques ». Quant à la République Tchèque, elle devrait achever la procédure de ratification du traité au plus tôt au cours de l'été de l'année 2009.

étendu. Ainsi, elle peut condamner les États sur la base du recours en manquement en cas de non respect du droit de l'Union, ce qu'elle n'avait pas la possibilité de faire auparavant.

Toutefois, certaines dispositions prévues par le traité Lisbonne réduisent la portée de la communautarisation du troisième pilier. D'abord, l'art. 4.2 TUE dans sa version modifiée par le traité de Lisbonne stipule que l'Union respecte les fonctions essentielles de l'État, notamment celles qui ont pour objet de maintenir l'ordre public et de sauvegarder la sécurité nationale. Il ajoute que la sécurité nationale reste de la seule responsabilité de chaque État membre. L'art. 64.1 TCE (art. 72 TFUE) énonce, quant à lui, que l'exercice des responsabilités qui incombent aux États membres pour le maintien de l'ordre public et la sauvegarde de la sécurité intérieure reste dans leur giron. Dans la même optique, le traité conserve la disposition existante dans le traité d'Amsterdam en vertu de laquelle la Cour de justice de l'Union européenne n'est pas compétente pour vérifier la validité ou la proportionnalité d'opérations menées par la police ou d'autres services répressifs dans un État membre, ni pour statuer sur l'exercice des responsabilités qui incombent aux États membres pour le maintien de l'ordre public et la sauvegarde de la sécurité intérieure.

Ensuite, le champ du vote à la majorité qualifiée est grevé d'exceptions. En effet, différents domaines sensibles restent soumis à la règle de l'unanimité, le Conseil étant par ailleurs seul compétent pour statuer sur ces actes. C'est le cas des mesures relatives à l'entraide opérationnelle entre les services de renseignement et les services policiers et douaniers, aux règles d'intervention de ces services sur le territoire d'un autre État, à la création du Parquet européen et à l'extension du champ de l'harmonisation de la législation pénale matérielle et procédurale.

Sur le plan matériel, les dispositions du titre VI sont incorporées dans un nouveau titre V de la troisième partie du TFUE. Ce nouveau titre, intitulé « Espace de liberté, de sécurité et de justice », contient cinq chapitres dont deux sont consacrés respectivement à la collaboration policière et à l'entraide judiciaire en matière pénale.

Quels que soient les traités (Maastricht, Amsterdam ou Lisbonne), il n'existe pas à proprement parler de chapitre dans le traité UE et TCE (le cas échéant TFUE[68]) consacré à la sécurité intérieure. Comme nous

---

[68] Certes, le TFUE y fait référence à trois reprises. Deux fois pour préciser qu'il s'agit d'une compétence réservée aux États membres (art. 72E et 276 TFUE). Dans l'art. 71, un « comité permanent est institué au sein du Conseil afin d'assurer à l'intérieur de l'Union la promotion et le renforcement de la coopération opérationnelle en matière de sécurité intérieure », que nous nommerons Comité de sécurité intérieure, ou Cosi, sans que cette dernière formule ait été consacrée par le traité de Lisbonne.

l'avons vu précédemment pour les questions de lutte antiterroriste, la sécurité intérieure est une thématique horizontale susceptible de mobiliser de nombreux domaines de compétences de l'Union. Toutefois, et c'est un point important, même si une grande partie du champ de la sécurité intérieure figurant dans les traités UE et TCE (le cas échéant le TFUE) concourt, en tant que base juridique à l'action de l'Union européenne en matière de sécurité intérieure, nous partons du postulat qu'une petite partie en constitue le cœur. Ce cœur est formé d'une série de dispositions se trouvant dans le périmètre juridique de l'espace de liberté, de sécurité et de justice, à savoir celles du titre VI du traité UE relatives à l'entraide policière et judiciaire (art. 29 et suivants du traité UE), et celles du titre VI du traité UE consacrées à la gestion des frontières extérieures (art. 62 du traité CE).

Ajoutons immédiatement que l'élaboration de l'espace de liberté, de sécurité et de justice ne s'oriente pas dans son ensemble vers la réalisation d'une action en matière de sécurité intérieure. En effet, la création de cet espace poursuit d'autres buts, comme l'amélioration de la libre circulation des ressortissants communautaires, notamment à travers une meilleure entraide judiciaire en matière civile au sens où elle est formulée à l'art. 65. TCE, et l'instauration d'une politique d'asile et d'immigration, elle-même en partie découplée de considérations en lien avec la sécurité intérieure. En effet, cette politique semble s'orienter, partiellement en tout cas, vers des objectifs qui lui sont propres, comme la gestion des flux migratoires (compris au sens de régulation et non plus d'interdiction)[69]. Ajoutons d'emblée que ce découplage reste limité. L'immigration, à travers la problématique de l'immigration clandestine, reste encore étroitement connectée aux questions de sécurité intérieure. Un document de travail qui accompagne une communication du 17 juin 2008[70] énonce à cet égard que : « du point de vue de la sécurité, l'immigration clandestine peut être mise en relation avec le terrorisme, la traite des êtres humains, le trafic de drogues et la contrebande

[69] Cette gestion prend la forme d'une organisation de l'admission des migrants via différents mécanismes notamment l'instauration de Partenariats pour la mobilité. Voir par exemple la déclaration commune sur un partenariat entre l'Union et les Îles du Cap Vert (doc. du Conseil du 21 mai 2008, n° 9460/08, ASIM 39, COAFR 150, COEST 101).

Dans la suite de cet ouvrage, la référence des documents du Conseil est citée *in extenso*. Cependant, lorsque celle-ci est trop longue, elle sera limitée à la date du document et à sa cote générale. La cote des groupes de travail du Conseil ne sera alors pas mentionnée.

[70] Document de travail SEC(2008)2027 adjoint à la communication de la Commission communication du 17 juin 2008 intitulée « Une politique commune de l'immigration pour l'Europe : principes, actions et instruments » (COM(2008)359).

d'armes, l'exploitation, l'implosion de conditions de travail proches de l'esclavage et d'autres formes graves de criminalité ».

Ceci étant dit, l'espace de liberté, de sécurité et de justice est un projet commun institué par les rédacteurs du traité d'Amsterdam[71], qui fédère autour de lui les actions réalisées dans les différents domaines relevant auparavant de la justice et des affaires intérieures. Ce projet forme le concept politique autour duquel s'articule de manière cohérente l'activité des institutions de l'Union européenne et des États membres. Il s'axe sur le triptyque complémentaire « liberté, sécurité, justice »[72] qui vise à « insuffler un contenu concret à la sécurité intérieure »[73].

Le Conseil européen a approuvé deux programmes destinés à le décliner. Le programme de Tampere[74] des 15 et 16 octobre 1999, élaboré sous l'égide de la présidence finlandaise du Conseil, a inauguré « le grand chantier »[75] de l'espace de liberté, de sécurité et de justice en lançant une dynamique politique concernant sa construction. C'est dans le cadre de celui-ci qu'ont été initiées les mesures relatives à la création d'Eurojust, du Collège européen de police (CEPOL), et à la mise en place du mécanisme de reconnaissance mutuelle des décisions judiciaires pénales, en particulier celui concernant le mandat d'arrêt européen.

Le programme de La Haye prend la suite du programme de Tampere arrivé à terme. Approuvé par le Conseil européen du 5 novembre 2004[76] sous présidence néerlandaise, il s'inscrit dans son sillage en prolongeant les efforts engagés précédemment à travers de nouveaux projets comme l'instauration du principe de disponibilité, l'élaboration d'un système européen de gardes-frontières et la rénovation de l'office européen de police, Europol[77].

Le traité constitutionnel signé peu avant avait marqué lui aussi une étape supplémentaire en contenant des avancées en matière de sécurité intérieure comme l'avènement d'un comité de sécurité intérieure et la mise en place d'un Parquet européen.

---

71 Inséré à l'art. 2 du traité UE. Cet article dispose que « l'Union se donne pour objectif d'établir un espace de liberté, de sécurité et de justice dans lequel est assurée la libre circulation des personnes ».

72 De Lobkowicz, W., Fortescue, A., *L'Europe de la sécurité intérieure – Une élaboration par étape*, Paris, La documentation française, coll. Notes et études documentaires, n° 5144-5145, décembre 2001, p. 111.

73 De Lobkowicz, W., Fortescue, A., *op. cit.*, p. 149.

74 Doc. du Conseil du 16 octobre 1999 (Presse 200/1/99).

75 Garcia-Jourdan, S., *L'émergence d'un espace européen de liberté, de sécurité et de justice*, Bruxelles, Bruylant, 2005, p. 11.

76 Doc. du Conseil du 13 décembre 2004, n° 16054/04, JAI 559.

77 Berthelet, P., « Le programme de La Haye », in *Gendarmerie nationale*, n° 215, Paris, juin 2005, p. 37.

Suite à la suspension du processus de ratification du traité, les institutions de l'Union européenne et les États membres ont concentré leurs efforts sur des projets « à traité constant ». Ils ont alors axé leurs travaux en se fondant sur des dispositions du droit primaire positif résultant des traités CE et UE[78]. Dans ce contexte, la portée effective du programme de La Haye a été plus modeste[79].

Le successeur du programme de La Haye, qui sera approuvé par les chefs d'État et de gouvernement au cours de l'année 2009, donc éventuellement sous le régime du traité de Lisbonne, si tant est que celui-ci entre en vigueur au cours de cette année, pourrait permettre de mettre en œuvre des projets ambitieux, parmi lesquels ceux inscrits dans le traité du 13 décembre 2007, comme le projet de comité de sécurité intérieure et celui de Parquet européen.

Coopérations régionales et coopérations renforcées

À côté de l'Union européenne, les États membres mènent des coopérations régionales qui sont des approfondissements réalisés par des petits groupes désireux d'aller de l'avant. Elles sont l'expression d'une forme de flexibilité[80] et se traduisent par l'élaboration d'un droit régional. C'est le cas de la coopération Schengen. C'est aussi le cas de la coopération Benelux et de la coopération dite « Schengen plus ».

La coopération Schengen est issue initialement de l'idée de l'approfondissement du marché intérieur. En effet, l'objectif était de faciliter la libre circulation des personnes en créant un espace dénué de frontières physiques entre les États membres. Or, l'approfondissement de la construction européenne dans ce domaine nécessitait un démantèlement des contrôles des voyageurs lors du passage des postes-frontières. La coopération Schengen a été créée pour répondre à cette exigence, mais

---

78 Tels qu'ils ont été modifiés par le traité d'Amsterdam et celui de Nice.

79 Présenté comme un programme « Tampere II » (« Genson, R., « Un nouveau programme pluriannuel pour consolider l'espace de liberté, de sécurité et de justice. Le programme de La Haye (2005-2010) », in *Revue du Marché commun et de l'Union européenne*, n° 486, Paris, mars 2005), sa portée reste en tout état de cause plus modeste.

« À la différence du programme de Tampere qui s'intéressait essentiellement à l'activité normative du Conseil, le programme de La Haye met [l'accent] sur la dimension opérationnelle de l'action européenne en matière de sécurité intérieure. […] En dépit de l'ambition affichée, le programme de La Haye ne peut cependant pas être comparé à celui de Tampere. Si des éléments de continuité abondent entre les deux textes, […] la dynamique politique est toute différente » (Duez, D., *op. cit.*, p. 116-117).

80 La flexibilité signifie « toute forme de coopération qui n'implique pas, à titre temporaire ou définitif, tous les États membres de l'Union » (Cloos, J ; « Les coopérations renforcées », in *Marché commun et de l'Union européenne*, n° 441, septembre 2000, p. 512).

aussi pour répondre à un impératif de sécurité. Sa philosophie, consistant à « supprimer les contrôles aux frontières intérieures et les reporter aux frontières extérieures, oblige à plus de vigilance de chacune de ses frontières extérieures et à un renforcement de la lutte contre le franchissement irrégulier des frontières des frontières intérieures de l'espace Schengen »[81]. Dans l'esprit des rédacteurs des textes de coopération Schengen, la création d'un espace de liberté plus vaste impliquait corrélativement, un déficit sécuritaire qu'il fallait compenser. Autrement dit, l'objectif d'ouverture des frontières entre les pays participants « nécessitait logiquement des mesures de renforcement et d'harmonisation des contrôles aux frontières extérieures »[82], ainsi qu'une intensification de l'entraide entre les services nationaux de sécurité intérieure.

La coopération Schengen était née en marge de la construction communautaire. Faute d'accord entre les États membres pour mener à bien ce projet en son sein, une coopération intergouvernementale a été mise en place. Un traité a été signé le 14 juin 1985 ainsi qu'une convention d'application le 19 juin 1990[83]. Des groupes de travail ont été institués et un droit dérivé a été élaboré sur ce fondement, notamment en matière de collaboration policière et judiciaire pénale, et dans le domaine du contrôle et de la surveillance aux frontières extérieures.

Pour leur part, les trois pays de la coopération Benelux, à savoir la Belgique, les Pays-Bas et le Luxembourg, ont signé, le 8 juin 2004, une convention d'entraide policière Benelux, destinée à approfondir la collaboration entre leurs services nationaux compétents en matière de sécurité intérieure. Qualifié de « remarquable » par certains auteurs de la doctrine[84], il contient des dispositions relatives à l'assistance sur demande et à la transmission spontanée d'informations, aux centres policiers communs, à l'application du principe de disponibilité, à l'échange de fonctionnaires de liaison, à la poursuite et l'observation transfrontalières, à la formation, aux patrouilles mixtes, et à la protection des personnes[85].

---

81 Bonnefoi, S., *Europe et sécurité intérieure, TREVI-Union européenne-Schengen*, Encyclopédie pour la vie des affaires, Paris, Delmas, 1995, p. 94-95.

82 De Biolley, S., « Développement historique du droit pénal de l'Union européenne. Les débuts : acquis de Schengen », in *Revue international de droit pénal*, n° 1-2, Paris, 2006, p. 25.

83 *JOCE* L 239 du 22.9.2000, respectivement p. 13 et 19.

84 De Weireld, P., Pyl, G., « Le nouveau traité Benelux sur la coopération policière transfrontalière », in *Vigiles*, Paris, 2005/2, p. 36.

85 Qualifié de « remarquable » (De Weireld, P., Pyl, G., « Le nouveau traité Benelux sur la coopération policière transfrontalière », in *Vigiles*, Paris, 2005/2, p. 36), il contient des dispositions relatives à l'assistance sur demande et à la transmission spontanée d'informations, aux centres policiers communs, à l'application du principe de dispo-

À une plus grande échelle, sept pays de l'Union – la Belgique, l'Espagne, l'Allemagne, la France, le Luxembourg, les Pays-Bas et l'Autriche – ont réalisé une coopération « Schengen plus » qui a débouché le 27 mai 2005, sur la signature d'un traité multilatéral, le traité de Prüm, relatif à la collaboration transfrontalière en matière répressive. D'autres pays – l'Italie, le Portugal, la Finlande, la Slovaquie, la Slovénie, la Suède, la Bulgarie, la Roumanie – ont manifesté leur intention d'y adhérer.

Au regard du succès recueilli quant à la volonté des États non signataires de prendre part à la coopération « Schengen plus », quinze États membres se sont mis d'accord sur « l'arrimage » d'une partie du traité de Prüm au droit de l'Union européenne[86]. Une initiative multiprésidence a été déposée en ce sens le 27 février 2007[87]. Le texte a été adopté le 23 juin 2008[88].

Cette forme de coopération semble donc partiellement suivre la même destinée que la coopération Schengen qui, en son temps, avait été raccrochée au droit de l'Union par un protocole annexé au traité d'Amsterdam[89].

---

nibilité, à l'échange de fonctionnaires de liaison, à la poursuite et l'observation transfrontalières, à la formation, aux patrouilles mixtes, et à la protection des personnes.

86 En réalité, il s'agit d'un arrimage partiel car la décision ne reprend qu'une partie du contenu du traité. Ainsi, la disposition du traité de Prüm consacrée aux *sky marshals* (*cf. infra*), n'a pas été reprise dans la décision.

En conséquence, la décision peut apparaître sous un angle comme un « mini Prüm simplifié » et sous un autre, il apparaît comme un « Prüm » dont le champ est partiellement amputé et dont la portée des dispositions est revue à la baisse.

87 Initiative du Royaume de Belgique, de la République de Bulgarie, de la République fédérale d'Allemagne, du Royaume d'Espagne, de la République française, du Grand-duché de Luxembourg, du Royaume des Pays-Bas, de la République d'Autriche, de la République de Slovénie, de la République slovaque, de la République italienne, de la République de Finlande, de la République du Portugal, de la Roumanie et du Royaume de Suède en vue de l'adoption de la décision du Conseil relative à l'approfondissement de la coopération transfrontière, notamment en vue de lutter contre le terrorisme et la criminalité transfrontière (*JOCE* C 71 du 28.3.2007, p. 35).

88 Décision 2008/615/JAI du Conseil (*JOCE* L 210 du 6.8.2008, p. 1). Cette décision est complétée par une autre décision adoptée le même jour (décision 2008/616/JAI publiée au *JOCE* L 210 du 6.8.2008, p. 12).

89 Gardons à l'esprit qu'il existe de nombreuses formes de coopération impliquant les États membres. De telles formes débouchent sur la naissance d'enceintes de négociation, de projets opérationnels ou de structures opérationnelles (« des institutions » au sens sociologique du terme, du moins dans l'acception que nous retiendrons dans cet ouvrage). Citons parmi ces coopérations, la Gendarmerie européenne (EurGendFor) que nous analyserons plus loin, la *Task Force on Organised Crime in the Baltic Sea Region* (TF-OC) et le *Maritime Analysis and Operations Center for Narcotics* (MAOC-N). Pour ce qui est plus spécifiquement de MAOC-N, il s'agit d'un centre basé à Lisbonne spécialisé en matière de lutte contre le trafic de cocaïne entre

Le développement récurrent de formes de coopération en dehors du système institutionnel établi par les traités de Rome et de Maastricht peut être analysé comme une sorte de palliatif aux difficultés rencontrées, que ce soit la construction communautaire avant 1992, ou la construction européenne basée sur le traité UE par après. La construction européenne en matière de sécurité intérieure « peut être comparée à un train comprenant de multiples wagons auxquels il manque une locomotive qui les rassemble, leur permette d'avancer sur la même voie, avec osmose, cohérence et dans un but unique »[90].

La difficulté principale identifiée comme empêchant le train de l'Union de progresser, a été la permanence du droit de veto au sein du Conseil de l'Union dans les principales matières ayant trait à la sécurité intérieure[91]. Ce droit offre une véritable capacité de nuisance à tout État réfractaire à un projet présenté dans ce domaine. En effet, celui-ci a le pouvoir de bloquer les négociations et d'empêcher n'importe quel projet d'aboutir. Les réticences d'une délégation parviennent à « arrêter tout le convoi »[92]. Il en résulte qu'un État peut, à tout moment, « tirer le frein à main ». Il opère donc un nivellement des travaux vers le bas et conduit les participants à s'aligner sur la position du moins disant[93]. « Nous sommes encore, en quelque sorte, soumis à la dictature du droit de veto et à un chauvinisme [...] considérable. On juge bien avec Proust "l'immensité de la tâche et l'inutilité de l'effort" »[94].

Dans une telle optique, les coopérations menées au niveau régional, qui ne sont pas des coopérations renforcées au sens où il ne s'agit pas de

---

l'Amérique et l'Europe. Fonctionnant depuis le 25 juillet 2007, il rassemble plusieurs États membres dont la France, l'Espagne, l'Irlande, l'Italie, les Pays-Bas, le Portugal et le Royaume-Uni, et il est chargé de coordonner l'action des services de renseignement ainsi que l'emploi dans l'Atlantique et la Méditerranée occidentale des bâtiments de la marine nationale de chaque pays participant. Europol et l'*US Joint Inter Agency* prennent également part au projet.

Au regard de l'évolution des routes de la drogue, la présidence française du Conseil a proposé la création d'un centre opérationnel international d'enquêtes et de coordination de lutte antidrogue (CECLAD-M ou CECLAD-Med) en Méditerranée qui serait implanté à Toulon.

90 Sabatier, M., *op. cit.*, p. 254.

91 Jusqu'à l'entrée en vigueur du traité de Lisbonne et sous réserve des exceptions à l'application de la majorité qualifiée.

92 Watson, G., « Le point de vue d'un homme politique », *Vers un espace judiciaire pénal européen*, De Kerchove, G., Weyembergh, A. (dir.), Bruxelles, Éditions de l'Université libre de Bruxelles, coll. Études européennes, 2001, p. 335.

93 Berthelet, P., *Le droit européen de la sécurité intérieure*, Bruxelles, PIE-Peter Lang, 2003, p. 204.

94 Nilsson, H., « L'opinion d'un *policy maker* : un point de vue européen », *Vers un espace judiciaire pénal européen*, Bruxelles, Éditions de l'Université libre de Bruxelles, coll. Études européennes, 2001, p. 347-348.

projets menés dans le cadre de l'Union européenne[95], sont un pis-aller qui permet de mener à bien un projet entre des États souhaitant avancer, à charge pour les autres de « rejoindre le train en marche ». Elles mettent ces derniers devant le fait accompli et les obligent, bon an mal an, à accepter les projets initiés dans leur cadre. En effet, à moins de rester à l'arrière et de laisser l'écart se creuser avec la locomotive de tête, les États ayant choisi de demeurer en dehors de la coopération sont conduits, par réalisme politique, à la rejoindre.

Entre une absence de transparence, une exclusion des institutions européennes et une multiplication des sources normatives

Cette démarche, qui consiste à faire à l'extérieur de l'Union ce qui n'est pas possible de faire à l'intérieur, offre certes l'avantage de surmonter l'obstacle « épineux »[96] de l'unanimité et de continuer à progresser mais elle présente de nombreux inconvénients.

Primo, une autonomie durable d'une flexibilité menée hors de la construction européenne instaurée par les traités CE et UE n'est pas à exclure mais elle induit le risque d'une fragmentation du droit européen et celui d'une altération profonde de la solidarité entre les pays de l'Union[97]. C'est ce point que Thierry Balzacq met en exergue au sujet du traité de Prüm[98] :

> La substance du Traité de Prüm s'oppose à la vision, partagée par bon nombre, selon laquelle les débats liés à la sécurité devraient s'effectuer principa-

95 Les coopérations renforcées ont été instituées par le traité d'Amsterdam (titre VII TUE et art. 11 TCE). Il s'agit d'une institutionnalisation de la différenciation (Berthelet, P., *Le droit européen de la sécurité intérieure*, *op. cit.*, p. 253), c'est-à-dire une coopération régionale effectuée au sein de l'Union (avec une autorisation du Conseil et avec l'utilisation des outils normatifs des traités). Le traité de Lisbonne conserve l'idée d'une flexibilité au sein de l'Union européenne (titre VI TUE et titre III TFUE) même s'il modifie le régime juridique de sa mise en place.

96 Selon les termes du Contrôleur européen à la protection des données (CEPD), (Avis sur projet de décision transposant le traité de Prüm dans le droit de l'Union, point 14 [*JOCE* C 169 du 21.7.2007, p. 4]).

97 Avec l'instauration d'une « Europe à la carte », c'est-à-dire une forme « d'organisation flexible au sein de laquelle la pratique du libre service permettrait à chaque État de participer ou non aux politiques communautaires en fonction de ses seuls intérêts égoïstes » (Quermonne, J.-L., « L'intégration différenciée et l'unité du cadre institutionnel », Guillermin, G. (dir.), *Le principe de l'unité du cadre institutionnel de l'Union européenne*, coll. Cahiers du Centre universitaire de Recherche européenne et internationale, Faculté de Droit de Grenoble, n° 12, février 1999, p. 91).

98 Balzacq, T., *Le traité de Prüm et le principe de loyauté (Art. 10 CE)*, Parlement européen, Direction générale Politiques internes de l'Union, Département thématique C, coll. *Briefing Paper*, IP/C/LIBE/FWC/2005-08, 2006, p. 4.

lement au niveau européen. Que la Convention de Prüm crée une division politique dans la construction de l'espace européen de liberté, sécurité et justice constitue un argument. En effet, la fracture du cadre juridique des objectifs européens et leur poursuite par le biais d'accords qui excluent l'UE et impliquent uniquement certaines de ses parties, a un effet profondément négatif sur la logique de l'intégration européenne

dont la solidarité est un élément fondateur.

Secundo, les mécanismes de coopération au sein des enceintes *ad hoc* excluent les institutions de l'Union européenne et en particulier le Parlement européen. Dans une résolution du 8 juin 2005[99], celui-ci avait d'ailleurs indiqué que, s'il était conscient du fait que certains États membres avaient développé des formes de coopération en dehors du cadre des traités pour sortir de ce blocage (comme le G6 ou, selon ses termes, des instances « quasi-décisionnelles » le GAFI pour le blanchiment de l'argent, le Groupe de Dublin pour la lutte contre la drogue, le Groupe de Berne pour l'échange de renseignements), toutes échappaient au contrôle démocratique.

Tertio, pour éviter qu'une telle coopération ne s'autonomise de manière durable et menace peu ou prou, de faire ombrage à la construction européenne menée dans le cadre de l'Union, le train de tête doit être raccroché au convoi. Il faut donc, à un moment donné, procéder à l'intégration de l'acquis juridique produit par ces formes de coopération, dans le droit de l'Union. Or, l'expérience de l'intégration de celui de Schengen en 1999, a révélé combien cette opération était difficile à réaliser.

Quarto, ces formes de coopération initiées hors de la construction européenne classique sont intrinsèquement sources de complication puisque, avant toute intégration éventuelle, elles créent plusieurs ordres juridiques qui doivent cohabiter : le droit qu'elles produisent, qui est, en principe, soumis au régime du droit international public, et celui de l'Union européenne régi par les traités UE et CE (le cas échéant TFUE).

Les partenariats entre États membres dans ces coopérations et, plus généralement, dans les différentes enceintes européennes, se traduisent par l'élaboration de textes destinés à faciliter la collaboration entre les services nationaux de sécurité intérieure. Or, une analyse du droit fait apparaître l'existence d'un millefeuille juridique.

D'abord, certains mécanismes destinés à simplifier cette collaboration trouvent leur fondement dans le droit de l'Union européenne. C'est le cas d'Europol par exemple.

---

[99] Résolution T6-0227/2005.

Ensuite, d'autres le trouvent uniquement dans des dispositions relatives à la coopération régionale et bilatérale. C'est le cas des *sky marshals* qui sont fondées sur les dispositions du traité de Prüm.

Enfin, d'autres sont mixtes, en se basant sur des dispositions relatives à la coopération régionale et sur des textes issus du droit de l'Union européenne. C'est le cas de l'observation transfrontalière qui est prévue par la convention d'application de l'accord de Schengen, un acte de l'Union (fondé sur la nomenclature prévue à l'art. 34 TUE) et la convention d'entraide policière Benelux.

D'autres encore figurent au niveau européen et bilatéral. C'est le cas des équipes communes d'enquête qui disposent d'un fondement dans une convention et une décision-cadre reposant sur l'art. 34 TUE pour partie et dans des conventions bilatérales *ad hoc*, c'est-à-dire conclues pour l'occasion pour une autre. En outre, le Conseil de l'Europe a ouvert à la signature un deuxième protocole additionnel à la convention européenne d'entraide judiciaire en matière pénale qui prévoit également des dispositions spécifiques aux équipes communes d'enquête[100].

L'analyse du paysage européen de la sécurité intérieure : une approche horizontale et verticale

Au vu de ces constatations, le paysage européen de la sécurité intérieure peut être appréhendé de deux manières complémentaires : l'une horizontale et l'autre verticale.

La dimension horizontale a trait à la collaboration entre les services nationaux de sécurité intérieure. Dans cette perspective, la coopération entre les États membres, que ce soit dans le cadre de l'Union ou dans d'autres enceintes européennes, consiste à améliorer les méthodes de collaboration entre les services nationaux qui sont les acteurs du paysage européen de la sécurité intérieure. Il s'agit de créer en leur faveur de nouveaux outils et d'établir de nouvelles règles pour faciliter l'entraide (1re partie).

La dimension verticale du paysage européen de la sécurité intérieure est en rapport avec la collaboration entre les services nationaux de sécurité intérieure à travers ce que nous appellerons des « organisations auxiliaires ». Ces organisations, qui ont pour objectif d'offrir au « client »[101] toute une gamme de services opérationnels et administratifs, appartiennent aussi au paysage européen de la sécurité intérieure. Elles

---

100 Art. 20 du protocole du 8 novembre 2001 (STE n° 182).

101 Genson, R., Zanders, P., « Le développement de la coopération policière européenne – quel avenir pour Europol ? », in *Marché commun et de l'Union européenne*, n° 504, janvier 2007, p. 7.

traduisent un phénomène de verticalisation des instruments de collaboration (2e partie).

D'emblée, l'appellation d'organisation auxiliaire peut sembler antinomique : un auxiliaire est un outil à la disposition des États membres. Dans ce contexte, il s'agit d'instances destinées à faciliter l'entraide entre les services nationaux de sécurité intérieure à l'instar des instruments rattachés à la dimension horizontale.

Toutefois, ces organisations forment, à côté des services nationaux, des acteurs du paysage européen de la sécurité intérieure. En effet, ce sont des entités qui sont régies par des règles de fonctionnement spécifiques et qui agissent avec leur logique propre. Il ne s'agit donc pas de simples outils inertes. Produits du phénomène organisationnel, elles développent une culture caractéristique et interagissent avec leur environnement.

Certes, nous le verrons plus loin, il n'est pas possible d'opérer un cloisonnement étanche entre les instruments horizontaux et les organisations auxiliaires. En conséquence, l'approche sous forme de dimension horizontale et de dimension verticale de la collaboration mérite d'être relativisée. La *summa divisio* est en nuance car tout est une question de degré. En effet, certains instruments horizontaux sont susceptibles d'être peu ou prou le produit du phénomène organisationnel. À ce titre, ils peuvent développer une logique et une culture organisationnelle qui leur est propre. Inversement, les organisations, de part leur nature même d'instance auxiliaire à la disposition des services de sécurité intérieure, peuvent être réifiées en étant instrumentalisées[102].

En outre, les instruments horizontaux et les organisations auxiliaires s'entremêlent. C'est le cas d'Europol qui a deux *business models*, l'un fondé sur une construction de nature verticale (du directeur d'Europol au personnel de l'office européen de police en passant par son conseil d'administration) et l'autre qui repose sur une construction horizontale (le réseau des officiers de liaison d'Europol)[103].

---

[102] À cet égard, pour différents motifs, les organisations auxiliaires sont susceptibles de faire l'objet d'une concurrence interservices. Certains services nationaux peuvent, nous le verrons plus loin, favoriser une organisation. Inversement, ils peuvent volontairement en négliger une autre, en refusant de l'alimenter en informations ou d'y avoir recours.

[103] « Au cœur de la convention Europol, on trouve donc un compromis central entre deux conceptions, fédéraliste et intergouvernementale. [L'office européen de police est constitué] d'analystes et donc d'un personnel permanent, chargé d'études, selon une conception plutôt proactive [...] et d'officiers de liaison (représentants des polices nationales au sein d'Europol chargés de faire un travail bilatéral d'échange d'informations selon une logique plus réactive) » (De Maillard, J., Smith, A., *Gouverner la sécurité*, Paris, Rapport pour CERAT-INHES, 2005).

Last but not least, la création d'organisations auxiliaires n'est pas une spécificité de la coopération des États européens. Ce phénomène de verticalisation est déjà apparu sur le plan mondial dans le domaine de la sécurité intérieure au début du XXe siècle, avec la mise en place de l'OIPC-Interpol. Il constitue l'organisme spécialisé en matière de collaboration entre les services de 187 pays, compétents en matière de sécurité intérieure[104].

Entre réflexe de préservation et volonté de progrès

Ces remarques préliminaires sur le clivage entre les instruments horizontaux d'une part et les organisations auxiliaires d'autre part, ayant été formulées, nous remarquons que l'une et l'autre dimension du paysage européen de la sécurité intérieure sont sujettes à une dynamique d'intégration. En effet, nous assistons à un changement paradigmatique des mécanismes d'entraide. Ce changement se traduit par l'élaboration de nouveaux mécanismes et de nouvelles règles dont la philosophie est distincte du système classique d'assistance. L'entraide, fondée sur le principe de la requête, est un « droit de demander » de l'aide. Or, des textes récents, comme le protocole du 16 octobre 2001 à la convention d'entraide judiciaire en matière pénale du 29 mai 2000[105] (CEEJ), vont plus loin en accordant un droit « de l'obtenir »[106]. C'est aussi le cas en matière policière avec l'instauration du principe de disponibilité. En vertu de ce principe, « tout policier d'un État membre qui a besoin d'un renseignement peut les obtenir du service policier d'un autre État membre, qui détient ces informations les lui mettant à sa disposition »[107]. À la lumière de celui-ci, le droit de demander une information est *en principe* remplacé par celui d'y accéder[108].

Cette dynamique d'intégration concerne non seulement la dimension horizontale, mais aussi la dimension verticale du paysage européen de la sécurité intérieure. Par exemple, le Conseil de l'Union a accepté qu'une

---

104 En 2006, l'OIPC comptait 541 personnes et était doté d'un budget de 45 millions d'euros.

105 Protocole à la convention relative à l'entraide judiciaire en matière pénale entre les États membres de l'Union européenne, établi par le Conseil, le 16 octobre 2001 (*JOCE* C 326 du 21.11.2001, p. 2).

106 Art. 1er du protocole.

Expression employée par Barbe, E., « Le protocole (antiblanchiment) à la convention du 29 mai 2000 d'entraide judiciaire en matière pénale de l'Union européenne », in *Dalloz*, n° 24, Paris, 2002, p. 1924.

107 Pour reprendre la définition donnée par le programme de La Haye (point 2.1).

108 Plus précisément, en analysant ce principe, nous verrons qu'il s'agit d'un droit à un traitement égal des requêtes en consultation, entre services nationaux et services issus d'autres États membres.

organisation auxiliaire, Eurojust en l'occurrence, puisse, au lieu de se contenter de faciliter l'entraide entre les services nationaux en fonction des demandes qui lui sont soumises[109], prendre les devants et solliciter de la part de l'une d'elles d'entreprendre une enquête ou des poursuites, ou encore proposer de se coordonner avec ses homologues des autres États membres.

En outre, en adoptant la décision du 16 décembre 2008 instituant Eurojust (ci-après l'unité de coopération judiciaire)[110], le Conseil a fait en sorte que ces demandes puissent revêtir un caractère particulièrement appuyé. En effet, Eurojust peut faire pression sur les États membres dans le cadre de l'exercice de ses compétences. À travers le collège, c'est-à-dire l'ensemble des membres nationaux le composant, il peut adresser une demande officielle aux autorités nationales réfractaires ou défaillantes.

La décision l'instituant renforce cet aspect solennel en obligeant cet État à justifier sa position. Dans cette perspective, il doit communiquer sa réponse ainsi que les raisons qui fondent son refus[111] ou son absten-

---

109 Concernant la réception, la transmission et l'exécution des demandes d'entraide judiciaire, il conviendra de comprendre, lorsqu'il est fait mention du dispositif prévu par la décision du 16 décembre 2008 instituant Eurojust (doc. du Conseil du 24 novembre 2008, n° 14927/08, COPEN 200, EUROJUST 88, EJN 66), relatif aux demandes d'entraide l'entraide, non seulement l'action de l'unité de coopération judiciaire destinée à faire en sorte qu'une requête relevant du mécanisme relatif à l'entraide classique, soit correctement et rapidement exécutée, mais aussi l'intervention d'Eurojust pour faciliter la mise en œuvre du principe de reconnaissance mutuelle des décisions judiciaires en matière pénale. Ainsi, nous verrons que le collège d'Eurojust est compétent pour émettre un avis en cas de difficulté concernant l'exécution par un État membre d'une demande d'entraide émise par un autre État membre. Parallèlement à cela, il peut également élaborer un avis en cas de non exécution par les autorités judiciaires d'un État d'une décision émanant d'un autre État, qui s'inscrit dans le cadre du régime de la reconnaissance mutuelle.

110 Doc. du Conseil du 24 novembre 2008, n° 14927/08 précité. Seule la publication au *JOCE* fait foi. Dans cette perspective, il est possible que certains ajustements aient lieu, comme une renumérotation des articles. Il en est de même pour la décision instituant Europol, approuvée par le Conseil le 18 avril 2008. La décision n'est pas parue au Journal officiel dans la mesure où elle n'a pas encore été adoptée formellement. Ceci expliquerait le décalage éventuel entre d'une part, les références mentionnées à la lumière du document qui nous a servi de support pour notre analyse (doc. du Conseil du 9 octobre 2008, n° 8706/3/08), et d'autre part, celles figurant dans la version qui sera publiée.

111 L'art. 8 de la décision du Conseil du 28 février 2002 instituant Eurojust afin de renforcer la lutte contre les formes graves de criminalité (*JOCE* L 63 du 6.3.2002, p. 1) demande aux autorités nationales d'apporter une réponse étayée en exigeant une motivation sauf dans certaines hypothèses : sauvegarde des intérêts nationaux, bon déroulement de l'enquête et sécurité d'une personne. La décision du Conseil du 16 décembre 2008 modifiant celle du 28 février 2002 (doc. du Conseil du 24 novembre 2008, n° 14927/08 précité), conserve ces hypothèses. La seule différence est

tion[112]. Qui plus est, l'État mis en cause qui ne répond pas aux demandes d'Eurojust et qui s'oppose obstinément à donner une justification de sa position, peut être amené à devoir défendre celle-ci devant diverses instances du Conseil. En effet, un refus persistant est susceptible, le cas échéant, de le conduire à s'expliquer dans le cadre des groupes de travail compétents dans le domaine de l'entraide judiciaire, voire à le faire au niveau ministériel[113]. En outre, la pratique du *name and shame* peut venir renforcer cette méthode du *peer pressure*[114]. Le seul fait qu'un État puisse se retrouver cité dans le rapport annuel d'Eurojust comme non coopératif est susceptible de le conduire à modérer sa position et à l'inciter à répondre immédiatement et positivement aux demandes de l'unité de coopération judiciaire[115].

« Je vois ce qui est le mieux et je l'approuve, mais j'accomplis le pire ». Les métamorphoses d'Ovide « illustrent le paradoxe auquel sont confrontés les États, conscients de coopérer, mais réticents à faire des concessions sur ce qui leur est le plus cher car inhérent à leur existence : la souveraineté »[116]. Les États désirent se doter de mécanismes performants mais ils souhaitent conserver, pour eux et leurs services, toute leur marge d'action. Ils veulent que ces mécanismes puissent être efficaces face aux différentes menaces à la sécurité intérieure. Parallèlement, ils font en sorte que leurs compétences souveraines soient respectées.

---

qu'à présent, ces autorités peuvent faire valoir ces motifs sous couvert de « raisons opérationnelles » (*cf. infra*).

112 La décision du Conseil du 28 février 2002 instituant Eurojust modifiée par la décision du 16 décembre 2008, prévoit également qu'une autorité nationale peut refuser d'informer son membre national de tout dossier ayant un caractère transnational et relatif à toute une série d'infractions graves.

113 Ce système de *peer pressure* existe déjà dans le cadre de l'évaluation mutuelle : un État qui ne respecte pas ses engagements et qui ne se plie pas aux recommandations contenues dans le rapport dressé par le groupe de travail spécialisé dans l'évaluation mutuelle, peut voir sa situation examinée par les ministres du Conseil. Le processus d'évaluation mutuelle, appelé encore évaluation collective, est un mécanisme fondé sur une action commune du 5 décembre 1997 (*JOCE* L 63 du 4.3.1997) qui vise à apprécier la mise en œuvre au plan national, des engagements des États membres en matière de lutte contre la criminalité organisée. Il existe également en matière de lutte antiterroriste (décision du Conseil du 28 novembre 2002, instaurant un mécanisme d'évaluation de l'application et de la mise en œuvre au plan national des engagements internationaux en matière de lutte contre le terrorisme. [*JOCE* L 349 du 24.12.2002, p. 1]).

114 Cette situation ne s'est jamais produite en pratique.

115 Sous réserve des nuances qui seront apportées quant à la portée du rapport du Conseil vis-à-vis des autorités judiciaires nationales (*cf. infra*).

116 Barlatier, J., « L'architecture européenne de sécurité intérieure – Recomposer une coopération cohérente », Mémoire de diplôme d'études supérieures spécialisées en Droit et stratégie de la sécurité, Université Paris II – École des Officiers de la Gendarmerie Nationale, 2004, p. 104.

Ils arrivent à dépasser cette contradiction en créant des dispositifs originaux, mais complexes. Celui d'Eurojust concernant la formulation de demandes appuyées en est l'illustration. Un tel dispositif est le reflet de l'ambiguïté des États : ils ont une réelle intention de progresser, mais aussi une volonté farouche de préserver leur souveraineté nationale. Cette attitude politique se traduit, sur le plan juridique, par de puissants coups d'accélérateurs ponctués par de violents coups de frein. Nous venons de le constater avec Eurojust : le collège peut émettre des demandes appuyées, amener les États à se justifier et citer éventuellement ceux qui ne sont pas coopératifs dans son rapport annuel. Parallèlement, les rédacteurs de la décision ont fait en sorte que les autorités nationales puissent toujours se retrancher derrière une série de motifs pour refuser de se justifier et que leur refus soit considéré comme valable. De plus, ils ont aussi établi le texte de telle manière que les demandes, aussi pressantes soient-elles, ne soient pas des exigences contraignantes et donc juridiquement passibles de sanction.

Une mutation progressive du paysage de la sécurité intérieure

En définitive, nous observons l'instauration d'une coopération en demi-teinte avec la mise en place de mécanismes destinés à faciliter la collaboration entre les services nationaux de sécurité intérieure, inédits voire audacieux à certains égards mais dont l'ambition est paradoxalement bridée. De ce fait, les méthodes traditionnelles d'entraide sont progressivement remplacées mais, et c'est toute l'ambiguïté, sans être pour autant complètement abandonnées.

La volonté des États d'aller de l'avant engendre une dynamique d'intégration qui se manifeste par l'instauration de dispositifs destinés à améliorer l'entraide. Parallèlement, leur réticence à abandonner leurs compétences souveraines témoigne d'une dynamique atténuée et par à-coups. Il en résulte un processus d'intégration que nous qualifions d'intégration par paliers. À ces paliers correspondent une évolution des méthodes de collaboration, des nouveaux instruments horizontaux et des organisations de niveaux différents.

Nous constatons que ce processus est temporel. En effet, les mécanismes les plus intégrés sont les plus récents. Toutefois, la progression n'est pas régulière. Le passage d'un palier à l'autre n'est pas clairement déterminé dans le temps. Il est difficile de distinguer nettement deux paliers consécutifs et encore plus de réaliser un bornage séquentiel. Il est donc plutôt question d'une mutation en pointillé, l'idée étant que la limite entre les paliers demeure toujours estompée.

De surcroît, outre la difficulté propre à opérer ce bornage, la progression du phénomène d'intégration n'est pas exactement chronologique.

La dynamique est temporelle mais uniquement dans les grandes lignes, c'est-à-dire appréhendée de manière globale. Toutefois, il existe toujours des effets de rétroaction. En effet, une analyse plus fine révèle aisément que les mécanismes les plus récents ne sont pas toujours ceux qui présentent le plus haut degré d'intégration. Inversement, les moins intégrés ne sont pas toujours les plus anciens.

Avec l'apparition de ces paliers successifs, on peut se poser la question de l'existence d'une révolution du paysage européen de la sécurité intérieure. Mais la réponse nous paraît négative car, si certaines mesures peuvent apparaître comme un « coup de tonnerre dans un ciel serein », force est de constater qu'il n'y a pas de « cataclysme » dans les méthodes de collaboration des services de sécurité intérieure.

D'abord, le paysage européen de la sécurité intérieure est marqué par une stratification des dispositifs destinés à améliorer l'entraide. L'apparition de nouveaux instruments n'entraînant pas la mort des anciens, il n'est donc pas question de faire table rase du passé[117]. Au contraire, nous assistons à une superposition générale avec, à côté des mécanismes classés dans le palier supérieur, la subsistance de ceux répertoriés dans les paliers inférieurs[118].

Ensuite, en l'état actuel des choses, les travaux, que ce soit dans le cadre de l'Union européenne ou dans celui des coopérations régionales, ne visent pas à développer un système révolutionnaire faisant des services nationaux des agents serviles. Ainsi, il ne s'agit pas d'imposer aux services policiers un FBI européen qui supplanterait leur action.

---

117 Une certaine prudence s'impose ici aussi car il n'est pas possible de systématiser cette affirmation à l'ensemble des instruments du paysage européen de la sécurité intérieure. Tout dépend en réalité de ce dont on parle. Ainsi, concernant la reconnaissance mutuelle des décisions judiciaires en matière pénale (*cf. infra*), un des intérêts majeurs de ce mécanisme est précisément de remplacer les anciens instruments de collaboration par les nouveaux. À cet égard, le meilleur exemple est évidemment le mandat d'arrêt européen qui se substitue purement et simplement aux anciens instruments d'extradition entre États membres.

118 Nous le verrons en étudiant le Réseau judiciaire européen et Eurojust. Sur le plan de leur structure respective, le Réseau judiciaire européen est une organisation de niveau I créée en 1997 et l'unité de coopération judiciaire, fondée en 2002 est de niveau II. Nous observons à cet égard deux phénomènes remarquables : le premier est l'émergence d'une organisation de niveau II, à savoir Eurojust, à côté (et non en remplacement) de l'organisation de niveau I, en l'occurrence le Réseau judiciaire européen. Le deuxième est l'évolution du Réseau judiciaire européen, en tant qu'organisation de niveau I, vers un organisme de niveau II à travers un phénomène d'institutionnalisation croissante, et parallèlement une évolution d'Eurojust, en tant qu'organisation de niveau II, vers un organisme de niveau III. Il est intéressant de constater que ces deux évolutions sont indépendantes mais concomitantes. Ainsi, les instruments de la réforme des textes fondant le socle juridique du Réseau judiciaire européen et d'Eurojust, ont été présentés tous deux conjointement au début de l'année 2008.

Le phénomène auquel nous assistons correspond davantage à une évolution lente et graduelle du paysage européen de la sécurité intérieure qui s'est considérablement modifié en une quinzaine d'années, c'est-à-dire depuis l'entrée en vigueur du traité de Maastricht. Il est vrai que cette évolution s'est réalisée par petites touches, à l'image de « l'Europe des petits pas » si chère à Jean Monnet. En effet, la construction européenne est progressive et les mécanismes mis en place dans le cadre des différents paliers sont le fruit de tentatives et de tâtonnements, d'échecs et de réussites.

Toutefois, si la progression est graduelle, elle n'est pas linéaire. Il existe des points de rupture dans un processus qui tend à piéger les « solidarités de fait ». C'est l'effet de *spillover*[119] qui s'exprime dans notre analyse par le passage d'un palier à l'autre.

Gardons à l'esprit, au fil de l'analyse que nous allons entreprendre, que ce paysage se transforme inexorablement. La collaboration entre les services nationaux de sécurité intérieure paraît être prise dans une dynamique qui entraîne sans cesse l'émergence de nouveaux dispositifs encore plus intégrés.

La construction européenne en matière de sécurité intérieure est animée par un phénomène d'engrenage où l'intégration appelle l'intégration : la création de mécanismes générés dans le cadre de l'Union européenne et des coopérations régionales destinées à améliorer l'entraide entre les services nationaux, engendre la mise en place d'autres encore plus intégrés et ainsi de suite.

Gardons aussi à l'esprit que ce mouvement d'intégration est toujours en cours. À l'heure actuelle, la dynamique se poursuit et les mécanismes existants ne constituent pas un aboutissement de la construction européenne dans le domaine de la sécurité intérieure. Les plus récents sont seulement la dernière étape d'un processus inachevé.

Les services de sécurité intérieure – un domaine marqué par une multiplicité d'acteurs

Avant d'entamer l'analyse détaillée de ce processus, il convient de préciser un élément. Nous avons opté pour l'expression « services de sécurité intérieure » et non pour la locution « services policiers ». Une étude consacrée uniquement aux mécanismes présidant à l'entraide entre les services de police nous paraît trop limitative. En effet, si la police,

[119] Le *spillover* « signifie que la direction prise par l'Union européenne reflète davantage des effets de débordement que les anticipations initiales des gouvernements. [...] Une fois la machine européenne initiée [...], elle échappe à ses concepteurs. C'est une logique partiellement interne qui assure sa propulsion » (Schwok, S., *Théories de l'intégration européenne*, Montchrestien, coll. Clefs, 2005, p. 59).

qui « se situe au cœur de l'organisation sociale et politique d'une société »[120], est un acteur incontournable de la sécurité intérieure, ce n'est pas la seule. D'autres services, en particulier les services douaniers, y concourent également. Composés d'éléments disposant de la force publique, ils permettent de lutter efficacement contre les phénomènes portant atteinte (ou perçus comme portant atteinte) à la sécurité intérieure, comme la criminalité organisée ou le terrorisme.

Les services de renseignement intérieur ont également droit de cité. En effet, ils aident à assurer la sécurité intérieure en identifiant les groupes à risques et en prévenant tous les actes délictueux. Or, la totalité d'entre eux n'est pas des services répressifs. En effet, ils n'ont pas tous, au sein de l'Union, le statut de services policiers[121] et, de surcroît, ils n'ont pas toujours la capacité de neutraliser eux-mêmes directement les auteurs de ces actes.

Cette conception extensive des services nationaux de sécurité intérieure, qui inclut les services de renseignement, se rapproche, dans une certaine mesure, de celle préconisée par la Commission concernant services compétents dans le maintien de l'ordre public et le respect de la loi. Dans une communication du 16 juin 2004[122], elle présente une vision large du concept de ces services en englobant « non seulement les forces de police, mais également tous autres organismes publics qui participent au processus qui s'étend de la détection rapide des menaces de sécurité ».

Toutefois, nous pourrions faire l'économie de cette réflexion en qualifiant les services de renseignement de service de police par exercice. En effet, en reprenant la classification de Marcel Le Clère[123], même si ces services n'ont pas tous le statut de services de police, ils exercent des missions de police et plus spécifiquement celle de police politique. Cet auteur distingue différentes sortes d'activités policières : la police d'ordre, la police judiciaire et la police politique. La police d'ordre agit comme un régulateur des rapports sociaux en intervenant pour éviter qu'un contentieux entre individus ne dégénère en mettant en danger l'ordre de la collectivité. La police judiciaire, qui prend part à l'enquête pénale, a pour but la détection ou la constatation des infractions, la recherche des éléments de preuve ainsi que l'identification et l'arres-

---

120 Loubet Del Bayle, J. L. (dir.), *Police et société*, Toulouse, Presses de l'Institut d'études politiques de Toulouse, Centre d'Études et de Recherches de la Police, 1988, p. 9.

121 C'est le cas de la Sûreté de l'État en Belgique. Il s'agit d'un service civil de renseignement dépendant du ministère de la Justice. Il a différentes missions allant du suivi de l'évolution de la société à la protection des personnalités en passant par le contre-espionnage.

122 COM (2004) 429.

123 *La police*, Paris, Presses universitaires de France, coll. « Que sais-je ? », 1972.

tation des individus qui en sont à l'origine[124]. Enfin, la police politique a pour rôle de prévoir les différents actes susceptibles de former une menace à l'ordre politique et public de l'État.

Si cette distinction sous forme de triptyque police judiciaire-police d'ordre-police politique nous paraît pertinente, le droit français et le droit belge ont retenu seulement la distinction police administrative et police judiciaire. Dans cette perspective, les opérations de police administrative sont des opérations de prévention qui se déroulent en principe « à l'aveugle », dans la mesure où elles ne sont pas dirigées contre des individus préalablement identifiés. Elles sont réalisées dans la zone géographique et dans la tranche horaire où les infractions recherchées sont susceptibles d'être constatées. Elles ont lieu, le cas échéant, sur la base d'une analyse de risques. D'autre part, les opérations de police judiciaire visent à neutraliser des objectifs préalablement localisés et personnellement identifiés. Elles se déroulent sur la base de renseignements précis et, si nécessaire, sur le fondement d'une analyse criminelle.

Par ailleurs, nous avons choisi l'expression « services de sécurité intérieure » au lieu de « services répressifs » car cette dernière locution nous paraît trop limitative. La décision-cadre du Conseil relative à la simplification de l'échange d'informations et de renseignements entre les services répressifs des États membres de l'Union européenne[125] (ci-après la décision-cadre relative à la simplification de l'échange d'informations) énonce qu'un service répressif est « un service national de police, de douane ou autre qui est autorisé par le droit national à dépister et à prévenir les infractions ou les activités criminelles, à enquêter à leur propos, et à exercer l'autorité publique et à prendre des mesures coercitives dans le cadre de ces activités ».

Nous préférons une conception plus extensive qui inclut, le cas échéant, les autorités judiciaires pénales. Celles-ci prennent part au dispositif répressif de l'État en prononçant les sanctions pénales, que ce soient des peines ou des mesures de sûreté. De ce fait, elles occupent un rôle actif en matière de prévention et de lutte contre les phénomènes portant atteinte à la sécurité intérieure dans la mesure où elles mettent les auteurs d'actes délictueux hors d'état de nuire. Il conviendra donc de

---

124 Bossard, A., « Police et fonction », in *Revue de l'Organisation internationale de police criminelle*, Lyon, 1981, p. 85.

125 Décision-cadre 2006/960/JAI du Conseil du 18 décembre 2006 relative à la simplification de l'échange d'informations et de renseignements entre les services répressifs des États membres de l'Union européenne (*JOCE* L 386 du 29.12.2006, p. 89). Cette décision-décision a fait l'objet de « lignes directrices » (doc. du Conseil du 7 novembre 2008, n° 15235/08, CRIMORG 180, ENFOPOL 213, ENFOCUSTOM 98, COMIX 784). Ces lignes directrices indiquent qu'elle n'a pour but, ni de modifier le système d'investigation et de recueil de renseignement, ni de centraliser l'ensemble de l'échange d'informations.

comprendre la notion de services nationaux de sécurité intérieure comme englobant, en principe, les autorités judiciaires[126].

Cependant, comme les autorités judiciaires ont un fonctionnement spécifique et développent une logique qui leur est propre, il conviendra, selon le contexte, d'exclure les autorités judiciaires de la notion de services nationaux de sécurité intérieure. Nous concentrerons alors sur les services policiers, douaniers et de renseignement (du moins, ceux compétents en matière de sécurité intérieure).

De manière générale, et c'est toute la difficulté de l'exercice, il existe un nombre incommensurable d'acteurs au niveau national qui sont, de près ou de loin, liés à l'exercice de missions en liaison avec la sécurité intérieure. En parcourant le présent ouvrage, le lecteur pourrait avoir une impression de « mélange des genres ». Cette impression est partiellement exacte mais aussi partiellement erronée. Elle est en partie exacte car la situation est complexe. En effet, les services nationaux de sécurité intérieure n'ont pas les mêmes attributions et les rapports de force, les lignes de fracture et le contexte juridique varient considérablement dans les États membres. Nous le verrons plus loin, les acteurs nationaux sont différents d'un pays à l'autre, ils n'ont pas toujours la même appellation et, même si c'est le cas, cette appellation recouvre des réalités dissemblables. Qui plus est, le brouillage est accentué par des inclusions de services normalement non associés à la sécurité intérieure dans le sens le plus strict[127]. Enfin, soulignons que les services nationaux de sécurité

---

126 D'ailleurs, le Conseil, dans ses conclusions du 24 octobre 2008 sur le principe de convergence et la structuration de la sécurité intérieure (doc. du Conseil n° 14667/08 [presse 299]), préconise la prise en compte de la dimension judiciaire dans la définition de l'architecture de la sécurité intérieure, ainsi que l'inclusion des apports judiciaires dans le dispositif d'évaluation de la menace.

Dans le sillage des conclusions du Conseil, une réunion s'est tenue au sein d'Eurojust le 16 décembre 2008 concernant la participation des autorités judiciaires à l'OCTA (doc. du Conseil du 9 janvier 2009, n° 5014/09, CATS 1, COPEN 1, EUROJUST 1). Au cours de cette réunion, à laquelle ont pris part des directeurs de poursuite au sein de l'Union européenne, il a été décidé une participation plus active des autorités judiciaires à l'OCTA 2009.

127 C'est le cas de l'armée qui est susceptible de remplir des missions de sécurité intérieure en temps de paix, par exemple, en exerçant des missions de surveillance et d'intervention en mer. C'est d'ailleurs la raison pour laquelle, la notion de gardes-frontières englobe, outre les services de police et assimilée, et de douane, les forces militaires. En France par exemple, les bâtiments de la Marine nationale patrouillent en mer dans le cadre de la posture de sécurité française pour faire face aux menaces susceptibles de mettre en danger les populations, les infrastructures vitales ou la continuité de la vie nationale. Faute de moyens spécifiques de la police et la douane, il revient à la Marine nationale, avec ses unités navigantes, d'effectuer des missions en lien avec la sécurité intérieure en lieu et place de celles-ci, comme des interceptions en haute mer, d'auteurs de trafics de drogue (Bezier, O., « La marine et la lutte

intérieure jouent tous et à des degrés divers des rôles multidimensionnels (« *multi-tasking* »), ce qui explique pourquoi ils apparaissent avec des rôles distincts tant dans la dimension horizontale du paysage que dans la dimension verticale (de même que dans plusieurs paliers d'une même dimension)[128].

D'un autre côté, une telle impression est partiellement erronée car l'action de l'Union européenne modifie les concepts nationaux liés à la sécurité intérieure en en changeant le sens ou la portée. Il altère aussi les clivages entre les services nationaux traditionnellement ancrés dans le paysage national. En conséquence, employer comme grille de lecture, les outils de compréhension (concepts juridiques et politiques de la sécurité et de l'ordre, et conceptions sociologiques de la police, douane, justice, par exemple), pour décrypter le paysage européen de la sécurité intérieure, ne peut qu'inévitablement mener à cette impression de décalage. Le paysage européen a ses propres acteurs, à savoir les services de sécurité intérieure des vingt-sept États membres ainsi que les organisations auxiliaires, ses propres règles issues des droits nationaux, du droit de l'Union et du droit des coopérations régionales, sa propre logique découlant des pratiques et des rapports entre les acteurs qui y sont présents et se livrent à une compétition mais aussi à une collaboration de manière plus formelle. Les services nationaux, œuvrant dans un cadre différent du cadre national, développent de nouvelles concurrences et de nouvelles stratégies d'alliance. En outre, ce paysage, formé par les États membres (autorités politiques et services nationaux) et les institutions européennes, forge à son tour son propre cadre cognitif autour d'un système spécifique de normes et de valeurs. Dans ce contexte, les repères

---

contre le trafic illicite de stupéfiants », in *Gendarmerie nationale*, n°212, 3e trimestre 2004, p. 71).

En outre, nous limiterons volontairement notre analyse aux organismes publics, mais gardons à l'esprit que le secteur privé joue un rôle considérable en matière de sécurité intérieure à différents niveaux. Ils peuvent agir en tant qu'auxiliaires des services nationaux de sécurité intérieure par exemple, pour accomplir des missions de gardiennage ou de contrôle des bagages aux aéroports, mais également, des missions touchant davantage aux prérogatives régaliennes de l'État comme la surveillance de lieux publics. Sur la pénétration croissante du secteur privé dans le champ de la sécurité intérieure, voir les travaux de Roché, S., en particulier : *Sociologie politique de l'insécurité*, Paris, Presses Universitaires de France, coll. Quadrige, 2004, et *La société vulnérable, sécurité insécurité en Europe*, Paris, Du Félin, 2006 (ouvrage coécrit avec Hassid, O.).

128 En pour renforcer encore un peu cette impression de flou, les organisations auxiliaires (évoquées dans la deuxième partie de l'ouvrage) exercent des missions variables, que nous classons en différents niveaux (multipositionnement des organisations), elles se transforment passant d'une structure relevant d'un niveau inférieur à celle de niveau supérieur, et elles accomplissent des tâches que nous avons évoquerons certes dans la deuxième partie de l'ouvrage mais aussi, pour des raisons didactiques, parfois dans la première partie de celui-ci.

nationaux disparaissent et les outils de compréhension de la sécurité habituellement utilisés pour appréhender les paysages nationaux s'avèrent inopérants. Une nouvelle approche s'impose, avec des concepts et des définitions renouvelés, certes basés sur les éléments existants au niveau national, mais revisités et adaptés au particularisme de la configuration du paysage européen de la sécurité intérieure.

Un autre reproche, qui pourrait être formulé également à l'encontre de cet ouvrage, est celui d'avoir réalisé une analyse globalisante de l'action de collaboration des services policiers, douaniers et de renseignement (et des autorités judiciaires dans une certaine mesure). Ce reproche est partiellement vrai car nous évoquons ces services de manière sectorielle lorsque cela s'avère nécessaire, par exemple dans les paragraphes consacrés aux concurrences entre les services nationaux de sécurité intérieure. De plus et surtout, notre vision est focalisée avant tout sur les instruments d'entraide, et n'est pas présentée par métier de ces services (police judiciaire, sécurité publique, maintien de l'ordre, sécurité routière, etc.) ou par champ d'action (terrorisme, traite des êtres humains, criminalité organisée, délinquance financière, trafic de stupéfiants, etc.) Dans notre approche de la dimension horizontale et verticale, nous avons pris la décision de jeter un regard original sur les logiques existantes en nous concentrant sur l'évolution des moyens d'entraide, sur leur manière de s'intégrer ou de s'institutionnaliser.

C'est la raison pour laquelle nous préférons considérer ces services comme un tout indissociable, labellisé « services nationaux de sécurité intérieure ». Cette solution nous permet également de surmonter les difficultés causées par les différences de statut des services, leur fonction et les relations qu'ils peuvent entretenir entre eux au sein des États membres. En effet, et nous le verrons plus loin, l'autonomie organisationnelle crée de grandes disparités et fait qu'un service de police ou un service douanier en France ou en Belgique, n'a pas la même signification dans les autres États membres.

Et pour finir quelques précisions de méthodologie sur la notion même de paysage européen de sécurité intérieure

Nous avons choisi l'expression de paysage européen de la sécurité intérieure en référence aux acteurs nationaux, ou services de sécurité intérieure, et européens, à savoir les instruments horizontaux et les instruments verticaux, ou organisations auxiliaires compétentes dans ce domaine.

Nous étudierons aussi l'action des institutions de l'Union européenne et des États membres dans le domaine de la sécurité intérieure, mais uniquement dans le contexte du droit matériel de l'Union. De même, nous nous pencherons aussi sur l'action des États membres menée en dehors de la sphère institutionnelle de l'Union, dans la perspective du droit produit dans le cadre des coopérations régionales.

A contrario, nous ne verrons pas le rôle des institutions de l'Union européenne dans le cadre juridique du processus décisionnel. Nous avons décidé d'aborder les questions relatives à cette thématique dans cette partie introductive dans la mesure où nous avons analysé celle-ci de manière plus détaillée dans un précédent ouvrage[129].

Si nous avons pris le parti de ne pas nous focaliser sur l'architecture juridique du paysage européen de la sécurité intérieure, nous n'ouvrirons pas non plus la « boîte noire » politique du processus décisionnel. En effet, nous n'examinerons ni les jeux politiques des institutions de l'Union européenne, ni ceux des États membres dans le domaine de la sécurité intérieure.

Cette question mériterait une réflexion plus poussée. C'est pourquoi, nous avons délibérément opté pour l'idée de ne traiter du paysage européen de la sécurité intérieure qu'à travers les réalisations effectuées dans le cadre de l'Union et des coopérations régionales, indépendamment des clivages et des impulsions politiques. Certes, nous verrons les rapports entre les autorités politiques des États membres et de l'Union européenne d'une part, les organisations auxiliaires et les services nationaux d'autre part, mais il n'est pas question d'approfondir, dans cet ouvrage, l'examen de la mécanique décisionnelle à travers une lecture des rivalités et des coalitions entre les acteurs intervenant dans l'arène de la sécurité intérieure.

A contrario encore, nous n'étudierons pas les phénomènes formant (ou étant perçus comme) des menaces à la sécurité intérieure. Le paysage, au sens où nous l'entendons tout au moins, a trait aux méca-

---

[129] Berthelet, P., *Le droit européen de la sécurité intérieure*, *op. cit.* Dans cet ouvrage, nous avons traité en profondeur les institutions de l'Union et de leurs attributions dans le champ du titre VI. Nous avons évoqué aussi la nomenclature des actes pertinents dans ce champ, ainsi que les questions relatives à la flexibilité (notamment, les aspects liés au processus décisionnel relatif à la coopération Schengen telle qu'intégrée dans l'Union depuis le traité d'Amsterdam). Enfin, nous avons effectué une analyse critique de l'action menée, en particulier concernant la transparence et la cohérence des travaux effectués dans le cadre du troisième pilier.

Pour ce qui est du droit institutionnel général, nous renvoyons le lecteur à tout bon ouvrage traitant de ce sujet : Blumann, C., Dubouis, L., *Droit institutionnel de l'Union européenne*, Paris, Litec, 2e édition, 2005 ; Dollat, P., *Droit européen et droit de l'Union européenne*, Paris, Sirey, 2005 ; Favret, J.-M., *Droit pratique de l'Union européenne*, Paris, Gualino, 4e édition, 2003 ; Gautron, J.-C., *Droit européen*, Paris, Dalloz, coll. Memento, 2006 ; Ghevontian, R., *Droit communautaire*, Paris, Sirey, coll. Aide mémoire, 3e édition, 2006 ; Isaac, G., Blanquet, M., *Droit communautaire général*, Paris, Sirey, 9e édition, 2006 ; Jacqué, J.-P., *Droit institutionnel de l'Union européenne*, Paris, Dalloz, coll. Cours, 2006 ; Sauron, J.-L., *Cours d'Institutions européennes : Le puzzle européen*, Paris, Gualino, 2000.

nismes destinés à contrer celles-ci. Il ne s'agit donc ni de dépeindre des phénomènes (essentiellement qualifiés de) criminels, ni même de tenter de définir leurs contours. Le but de cet ouvrage est plutôt de décrire les mécanismes normatifs et opérationnels pour y faire face[130].

En outre, au début de cette introduction générale, nous avons pris le soin de définir la sécurité intérieure en exposant les principales écoles en présence. Là encore, l'objectif a été simplement de brosser un portrait des théories en présence. Nous avons délibérément décidé de ne pas approfondir les conceptions sur la sécurité intérieure utilisées par les institutions européennes et les États membres, ainsi que la problématique de l'articulation entre la sécurité intérieure (européenne) et la sécurité extérieure (européenne). Nous aborderons certes les missions de police déployées par l'Union européenne dans les pays tiers. Cependant, il convient de ne pas se méprendre. Cette description est davantage de nature méthodologique en montrant au lecteur ce qui se fait à l'extérieur de l'Union, par les institutions européennes et par les États membres sur des thématiques (maintien de l'ordre et police judiciaire notamment), en lien avec des questions de sécurité intérieure[131]. En aucun cas, il ne faudrait interpréter une telle démarche comme une tentative de notre part, d'exposer la naissance d'une éventuelle conception européenne commune aux institutions européennes et aux États membres, de la sécurité intérieure, émergeant à partir de celui de la gestion de crises (extérieures).

Il convient de lever une autre ambiguïté relative à la portée européenne de la sécurité intérieure. Y a-t-il un paysage européen de la sécurité intérieure ou faut-il plutôt parler de paysage de la sécurité intérieure européenne ? Nous avons esquissé un début de réponse à cette question en énonçant, en fin de conclusion générale, l'idée d'une sécurité intérieure de l'Union européenne étroitement imbriquée à la sécurité intérieure des États membres. Cependant, comme nous avons décidé

---

130 Par ailleurs, nous avons délibérément pris le parti d'évacuer du champ de notre analyse les mécanismes développés dans le cadre de la dimension externe de la sécurité intérieure. Pourtant, cette dimension tend à prendre une importance croissante avec temps et elle devient même à présent un élément incontournable de l'action de l'Union en matière de sécurité intérieure.

Pour justifier ce choix, nous évoquons le fait que nous avons mené une étude spécifique sur ce sujet : Berthelet, P., « La dimension externe de la sécurité intérieure de l'Union européenne ou les vicissitudes d'une jeune politique », *Working Paper* n° 2, Projet Securint, mars 2007.

Afin de ne pas réitérer inutilement nos propos, nous invitons le lecteur à consulter le site web de Securint : http://www-securint.u-strasbg.fr/. Texte disponible à l'adresse suivante : http://www-securint.u-strasbg.fr/pdf/ Berthelet_def.doc.

131 D'ailleurs, nous verrons dans la conclusion générale comment des modules des forces préconstituées sur des théâtres extérieurs pourraient intervenir sur le territoire des États membres.

d'orienter notre analyse sur les mécanismes élaborés au niveau européen en matière de sécurité intérieure et non sur l'étude des phénomènes (par exemple l'existence d'une menace à l'échelle de l'Union, d'une menace régionale interne à l'Union européenne, ou encore d'une menace régionale juxtaposée sur des territoires d'États de l'Union et des territoires de pays tiers), la notion de paysage européen de la sécurité intérieure nous paraît plus pertinente.

Pour terminer cette introduction générale, gardons à l'esprit que le périmètre d'analyse est vaste. Nous sommes conscients que l'exercice auquel nous nous livrons présente des limites inhérentes à l'étendue considérable du champ de la recherche[132].

---

[132] L'ampleur de l'analyse menée est susceptible de nous amener à des simplifications qui pourraient apparaître comme étant des imprécisions. Ainsi, alors que la décision du 16 décembre 2008 relative à Eurojust indique que le Système national de coordination d'Eurojust (SNCE) a notamment vocation à aider le membre national de l'unité de coopération judiciaire pour ce qui est de la détermination de l'autorité judiciaire compétente dans le contexte de l'exécution d'une demande d'entraide, nous avons pris le parti d'indiquer seulement que le SNCE a pour fonction de venir en aide à ce membre national.

Ces simplifications ne doivent pas être interprétées comme étant une négligence de notre part mais plutôt comme la traduction d'une volonté de ne pas alourdir nos propos avec certains détails. En dépit de l'épaisseur de cet ouvrage, nous décidé délibérément de passer sous silence une série d'entre eux (comme par exemple le fait que le SNCE est géré par un correspondant national et que, lorsque plusieurs sont nommés, il revient seulement à l'un d'eux d'exercer cette mission). Nous avons aussi choisi de ne pas traiter en profondeur certains thèmes comme par exemple ceux relatifs aux attributions et au fonctionnement du conseil d'administration d'Europol, et ceci en dépit du fait qu'ils puissent être éventuellement jugés importants par le lecteur.

Pour terminer cette introduction et ces remarques de méthodologie, comme nous l'avons indiqué auparavant, nous avons décidé de ne pas centrer notre analyse sur les menaces et leur étendue (mais sur les dispositifs destinés à y faire face, ces dispositifs formant le paysage européen de la sécurité intérieure). Par cette occasion, nous adoptons un discours neutre en évitant la référence à tout catastrophisme en lien avec la thématique de la dangerosité grandissante des menaces transnationales. En dépit de cela, en ayant une approche sociolinguistique, nous sommes conscients que notre examen n'est pas neutre en soi. Des auteurs poststructuralistes ne manqueront pas, le cas échéant, de « déconstruire » notre raisonnement et de nous reprocher éventuellement notre absence de recul d'un point de vue sociologique, sur la rhétorique officielle de la menace et sur la légitimité de ceux qui détiennent le pouvoir de « dire la menace ». En tout état de cause, notre posture de nature positiviste est, d'un point de vue épistémologique, plutôt une commodité car nous avons opté pour une approche essentiellement juridique de ce paysage et ceci, sans remettre en cause les soubassements du droit en tant que « discours de vérité ». Toujours dans cette perspective, nous avons donc pris le parti de ne remettre en question ni l'existence des menaces, ni la légitimité de ceux appelés à les combattre, tant au niveau national qu'au niveau européen. Nous sommes aussi conscients que de tels choix ne manqueront pas d'être contestés par certains auteurs.

La portée de cet ouvrage reste donc modeste, en tout état de cause, car il a pour unique objectif d'ouvrir la voie à d'autres études et d'autres projets dans ce domaine. Il vise à faire l'état des lieux des mécanismes existants, à tenter de dresser des classifications qui, à défaut d'être strictement scientifiques, se veulent opératoires, et à lancer des pistes réflexion sur le développement de nouvelles idées concernant de futurs mécanismes qui étofferont le paysage européen de la sécurité intérieure au sens où nous l'avons explicité.

Première partie

La dimension horizontale : les services nationaux et leurs méthodes de collaboration

Introduction

Ce qui se conçoit bien s'énonce clairement
(Nicolas Boileau, écrivain
et poète français [1636-1711]).

Les instruments relatifs à la collaboration entre les services nationaux de sécurité intérieure, mis en place par l'Union européenne et les coopérations régionales, présentent la particularité d'avoir des aspects intégrés.

C'est en particulier le cas des mécanismes établis depuis la mise en œuvre du programme de Tampere. Le Conseil européen de Tampere

> [...] en demandant au Conseil d'adopter les instruments juridiques nécessaires à la création d'une unité de coordination judiciaire destinée à devenir le premier organe judiciaire européen [...] a démontré sa volonté de passer d'une logique de coopération entre les autorités nationales à une logique d'intégration à l'échelon européen[1].

Cette question du phénomène de l'intégration de la collaboration entre les services nationaux de sécurité intérieure, plus particulièrement entre les services policiers, a fait l'objet de travaux de la part de différents auteurs de la doctrine, qui se sont efforcés de présenter divers modèles à ce sujet.

E. Kube et WWW. Kuckuk[2] classent l'entraide policière en cinq catégories : le type I appelé « information et communication », le type II, dénommé « dialogue et concertation », le type III, qualifié de « action », le type IV, qui correspond au schéma « coordination » et le type V, appelé « fédération »[3].

---

1 Roger France, E., Dassonville, L., « Les acteurs de l'espace européen de liberté, de sécurité et de justice », in *Journal des tribunaux de droit européen*, n° 127, Bruxelles, mars 2006, p. 70.

2 « La recherche et le développement technique au sein de la police vus sous l'angle des exigences européennes », Revue Internationale de Criminologie et de Police Technique, n° 4, Genève, 1992, p. 393-407.

3 Dans le type I, la coopération se limite à l'accès à l'information collectée et éventuellement analysée au moyen de réseaux de communication accessibles aux différentes polices. Dans le type II, elle consiste en la mise au point de processus de concertation et de réflexion. Il s'agit de réunion de responsables des différents services de police nationaux dans des enceintes. Dans le type III, elle vise à l'élaboration de projets communs à un niveau supranational. Elle permet de s'engager vers la standardisation

Ce modèle met en valeur les différents de degrés d'intégration, tout comme celui de Constance Chevalier-Govers[4]. Cet auteur présente le processus d'intégration policière en trois étapes. La première recouvre la prise de conscience de la nécessité de collaborer, de mettre en commun des connaissances et des moyens. La deuxième a trait à la mise en œuvre de l'entraide entre les forces nationales de police. La troisième étape consiste en une intégration organique par la création d'une police européenne.

À l'instar du modèle de Constance Chevalier-Govers, nous assistons à l'intégration de la collaboration entre les services nationaux de sécurité intérieure en trois étapes qui correspondent à différents niveaux d'intégration des mécanismes destinés à faciliter l'entraide entre les services nationaux de sécurité intérieure.

Le palier inférieur coïncide avec l'amélioration des mécanismes existants (chapitre 1). Il s'agit, pour les institutions de l'Union européenne et les États membres, de développer de nouveaux instruments tout en conservant la philosophie des méthodes traditionnelles qui président à l'entraide (comprise au sens de l'assistance).

Le palier intermédiaire se traduit par un glissement de la philosophie dans laquelle cette entraide a lieu (chapitre 2). De nouveaux concepts sont élaborés et de nouveaux mécanismes sont conçus pour améliorer les méthodes traditionnelles de collaboration. Dans cette perspective, les principes qui sous-tendent le modèle traditionnel de la collaboration entre les services nationaux de sécurité intérieure, sont altérés[5].

Le palier supérieur se manifeste par un glissement plus marqué vers de nouvelles méthodes d'entraide (chapitre 3). En effet, contrairement au palier précédent, le changement est plus palpable[6]. La logique intégrative est plus prégnante si bien que le processus de changement de perspective s'intensifie.

---

des modes d'action. Dans le type IV, elle se matérialise par une structure supranationale de policiers agissant au niveau européen. Dans le type V, qui correspond à la création d'une police fédérale, les organes disposent des attributions classiques des polices nationales.

4 *De la coopération à l'intégration policière dans l'Union européenne*, Bruxelles, Bruylant, 1999, p. 10.

5 Nous verrons par exemple que la coordination est un mode d'entraide présentant un caractère plus intégré que le recours habituel à l'assistance.

6 Nous verrons par exemple que l'application du principe disponibilité est un mode d'entraide présentant un caractère encore plus intégré dans la mesure où le mécanisme de la requête, notion centrale dans les mécanismes traditionnels d'assistance, est abandonné.

CHAPITRE 1

Le palier inférieur : l'optimisation des mécanismes existants

Sur le plan de la collaboration opérationnelle, l'optimisation des méthodes traditionnelles consiste à renforcer le cadre normatif et à instaurer de nouveaux instruments horizontaux (I). Au regard des réalisations accomplies, l'action menée dans le cadre de l'Union et de la coopération régionale apparaît comme complexe et hétérogène (II).

D'abord, l'offre est nombreuse et même, à certains égards, pléthorique. En fait, le processus d'élaboration des différents instruments s'est déroulé sans réelle vision d'ensemble. Pour reprendre une image que nous avions formulée dans un autre contexte[1], les ouvriers dressent les murs et, avant de poser le toit, ils s'interrogent sur la nécessité d'un plan d'architecture de la maison.

Ensuite, les structures de coopération autonome demeurent. Cette forme d'entraide persiste, malgré les efforts menés par les autorités nationales et européennes pour amener les services nationaux à utiliser les instruments officiels.

Enfin, « il n'en reste pas moins qu'à l'heure actuelle la coopération directe entre États demeure, pour l'essentiel privilégié »[2]. La voie traditionnelle du contact bilatéral demeure et elle prédomine encore dans certains domaines.

I. Amélioration des mécanismes de coopération existants : renforcement du cadre normatif et développement des moyens de communication et de stockage d'information

Avec l'intensification de l'échange d'informations entre les services nationaux de sécurité intérieure des États de l'Union européenne, nous assistons à un triple mouvement. Nous observons d'abord un effet de formalisation de cet échange. La collaboration transnationale à l'échelle

---

1 Berthelet, P., « La dimension externe de la sécurité intérieure de l'Union européenne ou les vicissitudes d'une jeune politique », *op. cit.*, p. 4.

2 Mathieu, R., *La défense européenne contre le terrorisme*, Bruxelles, Courrier hebdomadaire du Centre de recherche et d'information socio-politiques, n° 1886, 2005, p. 13.

européenne, jadis informelle, a fait progressivement l'objet d'un encadrement par la règle de droit (A).

Ensuite, cet échange d'information s'est structuré grâce à l'élaboration de moyens de plus en plus perfectionnés. Les mécanismes d'entraide traditionnelle se sont améliorés avec l'apparition de nouveaux canaux de communication plus performants et plus nombreux (B).

Enfin, et corrélativement, le développement de ces canaux s'est accompagné de l'évolution des systèmes informatiques. Les fichiers européens de sécurité intérieure ont été développés avec l'apparition de ces systèmes dits « d'information et de communication ». Cependant, il ne s'agit pas, au sens strict, de fichiers européens mais d'un agglomérat de banques de données nationales existantes interconnectées entre elles. C'est ce que nous appelons des fichiers de première génération (C).

A. Un encadrement progressif par la règle de droit

Les travaux des États membres ont porté sur l'échange d'informations qui apparaît comme la condition préalable à toute action en commun. « Pour coopérer, encore faut-il pouvoir communiquer »[3]. En effet, il n'est pas possible de concevoir une collaboration transnationale sans partage de renseignements. Un texte de l'Union, la décision-cadre relative à la simplification de l'échange d'informations précitée, notifie d'ailleurs que « l'échange d'informations et de renseignements sur la criminalité et les activités criminelles constitue le fondement d'une coopération en matière répressive »[4].

Parallèlement au développement de l'échange de renseignements et de la transmission des demandes d'assistance (1), nous assistons à la création d'un cadre normatif plus étoffé et plus détaillé. L'élaboration de textes dans le cadre de la coopération Schengen, le Conseil de l'Europe et les groupes de travail *ad hoc* ont servi d'assise juridique aux travaux menés ultérieurement dans le cadre de l'Union européenne (2).

Certes, cet acquis a permis à l'Union tout à la fois d'étoffer et d'affiner ce cadre normatif. Néanmoins, l'efficacité des textes établis dans le contexte institutionnel des traités CE et UE pour faciliter cet échange d'information reste sujet à caution (3).

---

[3] TREVI II, « Thème B : questions liées au contenu de l'enseignement », Rapport 1991, p. 17, cité par Sabatier, M., *op. cit.*, p. 215.

[4] Considérant 3 de la décision.

1. Une collaboration fondée sur la transmission de renseignements et sur l'envoi de demandes d'assistance

Le renseignement est l'élément situé à la base de l'action des services responsables de la sécurité intérieure. Il s'agit d'une information spécialisée qui forme la matière première nécessaire permettant de mener à bien les missions qui leur sont dévolues (a).

Pour ce qui est de la collaboration entre les services des différents États membres, si la demande d'entraide se limite à un échange d'informations, par exemple déterminer le *modus operandi* d'un groupe criminel, le service requis est souvent amené à accomplir auparavant un acte particulier. Le service requérant doit donc formuler une demande d'assistance qui va au-delà d'une simple demande d'information. Même si la demande d'assistance ne s'inscrit pas toujours chronologiquement à la suite d'une demande d'information, elle apparaît tout au moins dans sa continuité logique (b).

a. Le renseignement : matière première de la collaboration entre les services de sécurité intérieure

L'activité liée à la collecte, au traitement et à la diffusion de l'information est la clef de voûte de l'action des services nationaux de sécurité intérieure[5]. En raison de leur essence même, les criminels œuvrent de manière souterraine. « Face aux activités secrètes, il est nécessaire de découvrir ce qui est caché »[6]. Il s'agit d'un élément fondamental car plus cette activité est de qualité, plus les renseignements sont précis et fiables, plus l'opération en aval aura des chances de réussir.

Ceci est vrai tant au niveau national qu'au niveau de l'Union. D'ailleurs, le Conseil dans ses conclusions du 2 décembre 2004[7] sur le concept stratégique de l'Union sur la criminalité organisée évoque la collecte, l'analyse ainsi que l'échange d'informations et de renseignements, comme la clef du succès de la coopération opérationnelle à l'échelle de l'Union.

---

[5] Par exemple, l'activité de police judiciaire s'articule autour du travail de renseignement : constatations sur une scène de crime, recueil de témoignages et d'aveux, collecte de données à travers des capteurs spécifiques (vidéosurveillance, traçage technique, etc.), recherches dans différents fichiers de sécurité intérieure, etc. Toutes ces opérations sont destinées à rassembler et à synthétiser les informations afin de reconstituer la vérité (identification de l'auteur des faits, obtention d'éléments de preuve, reconstitution des mobiles permettant d'expliquer l'acte délictueux, etc.).

[6] Bigo, D., *L'Europe du secret, mythes et réalités du renseignement politique interne*, Paris, La documentation française, 2000.

[7] Doc. du Conseil du 23 novembre 2004, n° 13463/2/04.

Le renseignement peut se définir comme une somme d'informations élaborées, vérifiées et synthétisées destinées à un groupe restreint de personnes[8]. La décision-cadre relative à la simplification de l'échange d'informations adopte une approche organique du renseignement. Il vise tout type d'information détenue par des services répressifs, par des autorités publiques ou des entités privées mais accessibles aux services répressifs et cela sans l'usage de moyens coercitifs[9].

Même si le droit européen tend à confondre l'information et le renseignement, nous constatons qu'en ayant une approche fonctionnelle, il s'agit de deux notions différentes.

En effet, l'information est seulement une fraction de connaissance. Plus précisément, il s'agit d'un élément de connaissance susceptible d'être représenté à l'aide de conventions pour être conservé, traité et communiqué[10].

Le renseignement est un ensemble d'informations ayant la particularité d'être tournées vers l'action. Il s'agit d'un outil permettant de mener à bien une activité. « Envisagé comme non plus comme une mission mais comme son objet, le renseignement peut être défini comme une information opérationnelle »[11].

Le renseignement est aussi le résultat de toute une série d'opérations complexes. Il est le produit final d'un processus, dont l'information constitue la base. Ce processus prend la forme d'un cycle temporel : la « boucle du renseignement »[12]. Cette boucle est formée de quatre étapes[13] :

- la phase d'orientation qui détermine les besoins finaux,
- la phase de recherche qui consiste en la mise en œuvre des sources et la transmission de l'information aux organismes d'exploitation,
- la phase d'exploitation. Il s'agit de la transformation des données brutes relatives à l'information collectée, en renseignements par regroupement, évaluation, analyse, synthèse et interprétation,

---

8 Henri, B., *Le renseignement – un enjeu de pouvoir*, Paris, Économica, 1998.

9 En vertu de l'art. 2d de la décision-cadre.

10 Selon le Glossaire des termes relatifs à la sécurité des systèmes d'information. Document accessible sur le site disponible à l'adresse suivante : http://www.ssi.gouv.fr/.

11 Définition disponible à l'adresse suivante : http://www.defense.gouv.fr/Gendarmerie/lexique/aeehugaddbc.html.

12 Rapport Lemoine de l'Assemblée de l'Union de l'Europe occidentale (UEO), doc. A/1175 du 4 juin 2002, p. 5.

13 Doc. OTAN AAP-6(2003) cité par Coosemans, T., *L'Union européenne et le renseignement*, in *Rapport du Groupe de recherche et d'information sur la paix et la sécurité*, Bruxelles, 2004/3, p. 7.

– la phase de diffusion qui se caractérise par l'envoi de renseignements obtenus à l'issue de la phase d'exploitation, par les moyens adaptés et sous la forme appropriée aux destinataires finaux.

Ce processus est circulaire : une étape conduit au déroulement de la prochaine et ainsi de suite. Quant à la réalisation de la dernière d'entre elles, elle débouche sur l'enclenchement d'un nouveau cycle. En effet, la phase de diffusion implique l'initiation d'une nouvelle phase d'orientation destinée à suivre la mutation des groupes ou des phénomènes criminels afin, le cas échéant, d'ajuster les actions effectuées pour les contrer ou, si nécessaire, d'en entreprendre de nouvelles.

Un renseignement a la particularité de revêtir un caractère discret voire secret. En effet, un nombre limité et identifié d'individus participe aux différentes opérations constitutives du cycle destinées à un nombre restreint de destinataires. Cette spécificité lui confère une valeur à la fois stratégique et économique. Le renseignement a une valeur stratégique dans la mesure où il place son bénéficiaire dans une position favorable. Il a aussi une valeur économique car il devient une marchandise en étant susceptible de faire l'objet d'un achat et d'une vente[14]. Pour conserver toute sa valeur, il doit obéir à des critères rigoureux de fiabilité. C'est la raison pour laquelle les services de sécurité intérieure s'efforcent d'évaluer la vraisemblance du renseignement par des efforts de recoupement. En principe, ils assortissent la source par laquelle ils l'ont obtenu, d'une indication sur la qualité de celle-ci[15].

Le caractère discret implique la non accessibilité du renseignement. Celui-ci n'est connu que par les membres prenant part au cycle et ses destinataires sont déterminés par la règle dite « du besoin d'en connaître » : le renseignement ne leur est transmis que dans la mesure où la connaissance de son contenu est adéquate dans l'exercice de leur mission.

Dans cette optique, la question de la protection est d'une grande importance. À propos d'Europol, toute une série de mesures ont été prises pour assurer la confidentialité des activités concernant les opérations relatives à la boucle du renseignement. D'abord, un manuel de sécurité a été élaboré qui contient des règles précises au sujet des mesures de sécurité à appliquer au sein de ses différents organes. Ensuite, un « coordinateur de la sécurité » a été nommé afin de veiller au respect des règles de protection de l'information. Enfin, un « responsable de la

---

14 Cette caractéristique amène certains services nationaux de sécurité intérieure, soit à acheter directement un renseignement, soit à rémunérer des informateurs dont la mission consiste à se procurer celui-ci pour leur compte.

15 Malis, C., « Le renseignement stratégique à l'âge de l'information », http://www.stratisc.org/act/Malis_RENSARM.html.

sécurité » a été institué, en charge de l'application pratique des mesures de sécurité, notamment celles établies dans le manuel[16].

Pour l'heure, il n'est pas encore possible d'affirmer si le dispositif instauré par la décision instituant Europol ayant fait l'objet d'une approbation politique le 18 avril 2008[17], conserve le régime de la convention Europol[18]. Ceci dépendra du texte de droit dérivé qui devra être adopté par le Conseil une fois la décision adoptée formellement.

Pour assurer un régime de protection pertinent à chaque type de renseignement, chaque régime correspond à un niveau déterminé dans une échelle de sécurité. Cette échelle permet d'évaluer la sensibilité du renseignement en fonction de l'importance de l'impact que sa divulgation pourrait avoir. À cet égard, le Conseil a doté Europol d'une grille[19] établissant différents niveaux compatibles avec les grilles élaborées au sein des États membres et avec celle de l'Organisation du Traité de l'Atlantique Nord (OTAN)[20]. Cette grille est constituée d'une échelle permettant de classer les informations selon l'impact qu'aurait leur diffusion non autorisée sur les « intérêts essentiels d'Europol ou d'un ou plusieurs États membres ». Elle contient quatre niveaux, le premier évoquant des conséquences défavorables, le second une nuisance, le troisième une nuisance grave et le quatrième une nuisance exceptionnellement grave.

La décision instituant Europol reprend le dispositif des grilles de correspondance existant sous l'empire de la convention. Son art. 46 indique à cet égard que l'office européen de police applique les principes et les normes de sécurité définis dans le règlement du Conseil relatif aux informations classifiées[21].

Pour finir, le terme de renseignement est ambivalent car, même s'il concerne en principe le produit final de l'opération, il peut s'agir le cas échéant, nous l'avons précisé, d'une simple information, d'une donnée

---

16 Tous ces éléments sont contenus dans l'acte du Conseil du 3 novembre 1998 adoptant la réglementation sur la protection du secret des informations d'Europol (*JOCE* C 26 du 31.1.1999, p. 10).

17 Doc. n° 5629/08 du 18 février 2008, ENFOPOL 18.

18 Convention du 26 juillet 1995 adoptée sur la base de l'art. K.3 du traité sur l'Union européenne, portant création d'un office européen de police (*JOCE* C 316 du 27.11.1995, p. 2), dite « convention Europol ».

19 Acte du Conseil du 3 novembre 1998 adoptant la réglementation sur la protection du secret des informations d'Europol (*JOCE* C 26 du 30.1.1999, p. 10).

20 La décision de 1998 a d'ailleurs fait l'objet d'une modification en ce sens en 2003 (Acte du Conseil du 5 juin 2003 modifiant l'acte du Conseil du 3 novembre 1998 adoptant la réglementation sur la protection du secret des informations d'Europol [*JOCE* C 152 du 28.6.2003, p. 1]).

21 Décision 2001/264/CE du Conseil du 19 mars 2001 adoptant le règlement de sécurité du Conseil (*JOCE* L 101 du 114.2001, p. 1).

brute ayant déjà acquis une certaine valeur et méritant une protection (par exemple une information collectée de manière secrète)[22].

Le vocable anglo-saxon *intelligence* est encore plus flou car il vise non seulement le renseignement au cours de son processus de production, mais aussi le processus lui même. Autrement, « l'*intelligence* » renvoie à tout ou partie de la boucle du renseignement.

Cette boucle est un ensemble d'opérations complexes que nous avons tenté de résumer en quelques lignes à partir des théories générales à ce sujet. Cependant, le processus de production du renseignement varie considérablement selon la nature et la culture du service ainsi que l'objectif recherché[23].

Ces précisions faites sur les contours de la notion de renseignement, nous optons pour l'utilisation des deux termes, information et renseignement, de manière synonyme pour simplifier la compréhension de nos propos.

b. La demande d'assistance, prolongement logique de la demande d'information

Il existe quatre catégories différentes de requêtes. La première, la demande basique, vise à transmettre une information immédiatement disponible (connue du destinataire lui-même, connue d'un autre membre du même service ou d'une autre unité, ou accessible dans une base de donnée à la portée du membre du service requis).

Le deuxième type, les demandes simples, implique une activité opérationnelle ne nécessitant pas l'ouverture d'une procédure judiciaire spécifique. Ce peut être une requête en vue d'un repérage des lieux ou une recherche d'information sur le terrain sans réquisition. Même si la réponse à apporter n'est pas aussi rapide et aisée à accomplir, cette catégorie de demande reste assez facile à exécuter car elle exige seule-

---

22 Il peut s'agir le cas échant, d'une simple information (par exemple une information collectée sur Internet) mais faisant partie d'un processus de production complexe (le recueil de renseignement à partir de sources ouvertes n'étant qu'un maillon de la chaîne destiné à permettre son exploitation).

23 Par exemple, le renseignement judiciaire obéit certes en partie aux théories générales du renseignement mais fait également l'objet de règles particulières. Ainsi, la finalité même de ce type de renseignement (la recherche de la vérité) se différencie des buts d'autres activités (par exemple la police politique). C'est la raison pour laquelle, les services enquêteurs sont amenés à effectuer un travail d'exploitation selon une logique particulière, partant d'une scène de crime pour remonter aux auteurs. Ils sont confrontés à des problèmes particuliers. Par exemple, ils doivent veiller à ce que les informations collectées soient actables en procédure afin d'être présentées à l'autorité judiciaire. En outre, ils sont susceptibles d'œuvrer dans un contexte spécifique où ils doivent évoluer selon les règles contraignantes de la procédure pénale, dans le respect des directives de l'autorité judiciaire et en tenant compte des pressions exercées par la demande de l'opinion publique.

ment la mobilisation de quelques individus le temps d'une opération ne présentant pas, en principe, de difficultés techniques et juridiques.

Pour sa part, la décision-cadre relative à la simplification de l'échange d'informations opère, dans une certaine mesure, une distinction entre les demandes que nous qualifions de « basiques » et de « simples ». Les premières portent sur des informations d'ores et déjà disponibles dans des dossiers ou des fichiers de sécurité intérieure, les deuxièmes ont trait aux demandes qui nécessitent, pour être satisfaites, soit des investigations supplémentaires, soit la consultation de fichiers extérieurs aux services de sécurité intérieure (destinées à obtenir des données relatives aux numéros de téléphone, aux factures de gaz et d'électricité, ou encore aux dossiers fiscaux). Le régime juridique de ces deux types de demande diffère. Ainsi, le délai de réponse de la part du service requis aux demandes basiques est, en principe, raccourci[24].

Le troisième type de demande, les demandes à caractère élaboré, implique une activité opérationnelle nécessitant la mise en œuvre de moyens de plus grande ampleur et/ou l'ouverture d'une procédure judiciaire. Ce peut être, par exemple, une recherche d'informations sur le terrain sans réquisition mais faisant appel à plusieurs patrouilles. Cette catégorie de demandes est plus lourde à mettre en place que les demandes simples car le volume de personnel requis est plus important, la mobilisation est plus longue et le matériel employé plus sophistiqué.

Sans que la mobilisation soit conséquente, les demandes à caractère élaboré peuvent aussi entraîner l'ouverture d'un cadre procédural spécifique. Dans cette hypothèse, la demande est formulée par le service requérant sans l'accord préalable de l'autorité judiciaire dont il dépend. Quant au service requis, il se contente d'alerter l'autorité judiciaire ou d'obtenir son accord de principe avant toute exécution de la demande et/ou transmission de celle-ci au service requérant.

La réponse à une demande à caractère élaboré trouve « sa limite haute dans la limite basse » de l'entraide judiciaire, cette frontière variant, nous le verrons plus loin, en fonction du droit de chaque État. En effet, il suffit que, en vertu du droit de l'État requis, un magistrat

---

24 Si l'information figure dans une base de données (hypothèse des demandes basiques), le délai est d'une semaine (huit heures en cas d'urgence). Si ce n'est pas le cas (hypothèse des demandes simples), il est de quatorze jours (*cf. infra* sur les différents délais institués par la décision-cadre).

Le régime des demandes simples est à lier étroitement avec l'art. 1.3 de la décision-cadre qui n'impose aucune obligation pour le service requis de réunir ou de stocker des informations qu'il n'a pas. Cette disposition est une évidence car les demandes simples sont soumises au principe de la requête (*cf. infra*) : le service requis, bien que l'information se trouve dans ses dossiers ou ses fichiers de sécurité intérieure, n'a ni l'obligation d'effectuer une recherche, ni de transmettre la réponse en cas de recherche fructueuse.

doive superviser l'opération de collecte de l'information ou bien qu'il doive donner une autorisation *in concreto* (et non plus *in abstracto* comme ce peut être le cas pour une autorisation de principe), pour que la réponse à la demande d'information ou d'assistance, relève du régime de l'entraide judiciaire.

Le dernier type de demande correspond aux demandes complexes. Contrairement aux demandes élaborées, elles nécessitent le déplacement sur le territoire de l'État requis d'une équipe composée de services nationaux de sécurité intérieure de l'État requérant[25]. Les demandes complexes apparaissent singulières dans la mesure où elles constituent, en principe, des requêtes élaborées, à cette différence près que l'action est menée, dans une certaine mesure, par les services nationaux de sécurité intérieure de l'État requérant. Autrement dit, la demande formulée par les services de ce dernier a pour but d'obtenir une autorisation de la part de l'État requis en vue, outre le déplacement, d'effectuer eux-mêmes toute une série d'actions sur le territoire de l'État requis[26]. Par exemple, il s'agit de l'envoi d'experts chargés d'évaluer et d'analyser des documents saisis lors d'une perquisition. Cette forme de demande est qualifiée de complexe car elle soulève des difficultés à la fois sur le plan logistique, notamment en raison l'organisation du déplacement de l'équipe, et juridique, en particulier du fait de la faible marge de manœuvre de ses membres au regard du respect du principe de territorialité[27]. La territorialité est un principe fondamental de l'État qui autorise ses services de sécurité intérieure à agir et, parallèlement, à proscrire l'intervention de ceux des autres États membres. En vertu de ce principe, « il est […] interdit à un État de procéder sur un territoire étranger, sans l'accord du souverain territorial, à des actes d'arrestation,

---

25 La remarque exprimée précédemment concernant le fait que les demandes à caractère élaboré formulées dans le cadre de la collaboration policière et douanière trouvent leur limite haute dans la limite basse de l'entraide judiciaire, est également valable pour ce quatrième type de demande. En effet, les droits nationaux peuvent, le cas échéant, exiger l'accord des autorités judiciaires du pays requérant, pour autoriser l'envoi d'une équipe d'agents, ou l'accord du pays requis, pour autoriser la présence d'une telle équipe.

26 L'art. 18 de la décision intégrant une partie du traité de Prüm dans le droit de l'Union évoque une hypothèse de demande d'assistance complexe. Il prévoit que les autorités compétentes se portent mutuellement assistance en cas de manifestation de masse, de catastrophe et d'accident grave en mettant à la disposition de l'État qui en fait la demande des fonctionnaires, spécialistes, conseillers et équipement.

27 Nous verrons que le respect de ce principe limite fortement la marge de manœuvre des services invités. Ceux-ci doivent se cantonner à un rôle de conseil et d'expertise. Tout acte relevant de la procédure pénale ou douanière est, en principe, réservé aux services de l'État hôte.

d'instruction, d'enquête, de perquisition, à des enlèvements ou à des séquestrations »[28].

Nous pouvons comparer les demandes d'assistance élaborées aux commissions rogatoires « à distance » et les demandes complexes aux commissions rogatoires « participatives ». En matière d'entraide judiciaire, les commissions rogatoires à distance[29] impliquent une action de la part du juge de l'État requérant, sans que celui-ci ait à se déplacer sur le territoire de l'État requis. Le juge de l'État requérant peut demander au juge de l'État requis d'effectuer, pour son compte, le transfert des objets saisis ou la réalisation d'un acte d'instruction comme, par exemple, une écoute téléphonique. Les commissions rogatoires participatives se traduisent, quant à elles, par le déplacement du juge de l'État requérant sur le sol de l'État requis pour, par exemple, assister à une reconstitution ou à une confrontation, ou encore pour auditionner des personnes, qu'elles soient témoins ou victimes.

La typologie dressée ci-dessus révèle que la situation entre la requête en transmission d'informations et la requête en assistance est peu claire. En effet, nous venons de constater que la communication de renseignements requiert, à des degrés divers, une action préalable de la part du service de l'État requis. Certes, les demandes basiques ne nécessitent, en principe, aucune action précise si ce n'est un travail minimum de recherche dans des dossiers ou des fichiers de sécurité intérieure. En revanche, les autres sortes de demande entraînent une action de la part du service requis, dont l'étendue varie selon la catégorie. Or, dans la majorité des cas, il n'est pas possible pour un service de prévoir à l'avance l'ampleur des moyens à mobiliser pour apporter une réponse satisfaisante aux services de l'État requérant. En d'autres termes, en dehors des demandes de nature basique, il n'est pas systématiquement en mesure de déterminer d'emblée la nature de la requête (simple ou élaborée, voire complexe). C'est la raison pour laquelle, les rédacteurs de la « convention Naples II »[30], qui fera l'objet d'une brève analyse ci-après, ont préféré traiter la question des demandes d'information comme une forme de requête figurant parmi les demandes d'assistance[31].

---

[28] Salmon, J., David, E., *Droit des gens*, t. II, Bruxelles, Presses universitaires de Bruxelles, 1999-2000, p. 248.

[29] Pradel, J., Corstens, G., *Droit pénal européen*, Paris, Dalloz, coll. Précis, 1999, p. 181.

[30] Convention du 18 décembre 1997 adoptée sur la base de l'art. K.3 du traité sur l'Union européenne, relative à l'assistance mutuelle et à la coopération entre les administrations douanières (*JOCE* C 24 du 23.1.1998, p. 1).

[31] En effet, ce texte considère qu'il ne s'agit que d'une forme d'assistance particulière. À cet égard, l'art. 10 de la convention « Naples II » consacré à la transmission d'informations figure dans le titre II intitulé « assistance sur demande ».

En comparaison, la situation est plus floue en matière policière. L'expérience montre que la notion d'assistance figurant dans la convention d'application de l'accord de Schengen[32] est interprétée différemment selon les pays. « Avec l'expérience, il est apparu que la portée de la notion d'"assistance policière" varie fortement d'un État à l'autre. Elle se voit très limitée dans certains États membres, car ceux-ci ont une conception très large des mesures d'investigation qu'ils considèrent relever du domaine de l'entraide judiciaire classique »[33].

Alors que la convention d'application de l'accord de Schengen fait référence à l'assistance, la décision-cadre du Conseil le 18 décembre 2006 qui modernise cette disposition porte sur la transmission d'informations. Cette modification du périmètre juridique n'est pas qu'un effet d'optique. Elle traduirait une volonté des États de contourner l'obstacle concernant le caractère nébuleux de l'assistance en se concentrant sur l'échange de renseignements[34].

Cette association entre les demandes d'assistance et la demande d'information, voire l'amalgame qui peut être fait entre les deux, résulte de la confusion sur le plan pratique entre la collecte de renseignements et la réalisation de l'action proprement dite. Cette confusion est alimentée par le fait que l'information peut être un préalable à l'action (du service requérant), que l'action peut être un préalable à l'information (du moins, concernant les requêtes autres que celles de nature basique), que l'information peut être indépendante de l'action (dans le cadre des demandes basiques) ou encore que l'action peut être indépendante de l'information.

En effet, il existe des situations dans lesquelles l'assistance requiert une action sans avoir pour but de collecter une information.

À cet égard, la convention Naples II distingue deux types d'activité d'assistance nécessitant une exécution de la part du service douanier

32 Art. 39 CAS.

33 Genson, R., « La coopération policière pratique sous Schengen : quels enseignements pour l'avenir ? », REA-Forum : http://www.era.int/web/en/resources/5_1990_440_file.337.pdf

34 La pratique atteste des difficultés dans la démarcation entre les demandes de transmission d'informations d'une part et les demandes d'assistance d'autre part. La logique aurait voulu que les deux textes aient des champs d'application identiques et que la décision-cadre aille au-delà de la transmission d'informations afin d'englober celle ayant trait à l'assistance. Or, force est de constater que le Conseil a éprouvé le besoin de recentrer son action sur l'amélioration du seul échange d'informations. Ce choix ne signifie pas que l'assistance ne revêt pas un aspect secondaire. L'hypothèse est qu'un tel choix se justifie par le fait que, au regard de l'expérience tirée d'application de la convention d'application de l'accord de Schengen, une action du Conseil sur la transmission de renseignements était suffisante et qu'elle allait *ipso facto* améliorer l'assistance entre les services nationaux de sécurité intérieure.

requis : les demandes de « surveillance spéciale » (filature) et les enquêtes. Dans le premier cas de figure, ce service réalise la surveillance d'une personne « au regard de laquelle on peut sérieusement croire qu'elle a commis, qu'elle commet ou qu'elle a accompli » une infraction. Dans le deuxième cas de figure, il mène des investigations nécessaires pour le compte du service requérant. Ces investigations peuvent déboucher, outre l'obtention éventuelle de renseignements relatifs aux personnes ciblées, sur l'arrestation des suspects et sur la saisie d'avoirs criminels.

2. *Des textes élaborés dans le cadre d'autres enceintes, socle juridique aux textes de l'Union destinés à régir la transmission d'informations et les demandes d'assistance*

L'élaboration d'un cadre juridique général, au sens où il a vocation à régir toute forme de transmission d'informations et de demandes d'assistance émanant des services nationaux de sécurité intérieure[35], s'est réalisé en plusieurs étapes, les premières d'entre elles étant la signature de la convention Naples I et la convention d'application de l'accord de Schengen. Cet héritage[36] a servi de marchepied aux institutions de l'Union pour leur permettre d'élaborer leurs propres textes destinés à rendre le partage du renseignement plus simple, plus rapide et plus sûr d'un point de vue juridique.

La mise au point de la convention Naples I, le 7 septembre 1967, par le groupe d'action mutuelle (GAM) en matière douanière, a contribué à faciliter l'échange d'informations et à améliorer l'assistance entre les services douaniers. Elle aussi participé à clarifier les relations entre elles en fixant des règles communes en matière de collaboration. Avec la convention Naples I, la convention d'application de l'accord de Schengen constitue le texte juridique de base au niveau multilatéral établi dans un cadre intergouvernemental, destiné à régir la transmission d'informations et de demandes d'assistance entre les services nationaux de sécurité intérieure des États parties. Son art. 39.1 concerne les demandes

---

[35] C'est-à-dire indépendamment des règles spécifiques définies au cas par cas, au fil des instruments créés pour faciliter la transmission d'informations par les institutions de l'Union d'une part et les États membres dans le cadre de la coopération régionale d'autre part.

[36] L'Union européenne s'est appuyée sur les travaux menés dans le cadre des coopérations régionales, mais aussi sur ceux réalisés au sein du Conseil d'Europe. Ainsi, en présentant sa proposition de décision-cadre du 4 novembre 2005 sur la protection des données à caractère personnel dans le cadre du titre VI, la Commission s'est appuyée sur la convention n° 108 du 28 janvier 1981 et de la recommandation R (87) 15 du Comité des ministres du 17 septembre 1987, qui déterminent toute une série de principes généraux (*cf. supra*).

d'assistance entre les services de police et son art. 46, les transmissions spontanées d'informations aux fins d'assistance.

Pour ce qui est plus spécifiquement de l'art. 39 de la CAS, quatre conditions sont précisées concernant l'exécution des demandes par le service requis. Il faut que cette exécution soit autorisée par le droit national, qu'elle soit dans la limite des compétences du service requérant et du service requis, qu'elle ne relève pas de la compétence des autorités judiciaires, et qu'elle n'implique pas l'application de mesures de contrainte. Cet art. 39 ajoute qu'il peut être procédé à la transmission d'informations écrites destinées à apporter la preuve d'une infraction. Au terme de cet article, ces informations qui, en pratique, sont constituées par des rapports ou des procès-verbaux émanant d'une procédure judiciaire et délivrés en copie, ne peuvent être utilisés comme mode de preuve qu'avec l'accord des autorités judiciaires du pays dont elles proviennent.

D'un point de vue normatif, l'Union européenne s'est appuyée sur ce socle normatif pour élaborer de nouveaux textes. D'abord, les institutions de l'Union ont capté l'héritage de la coopération Schengen. Ainsi, la convention d'application de l'accord de Schengen, et plus particulièrement ses art. 39 et 46, sont devenus, avec l'intégration de la coopération Schengen dans l'Union en 1999, des éléments faisant partie intégrante de l'acquis communautaire. Ensuite, le Conseil a adopté le 18 décembre 1997 la convention Naples II qui comporte de nombreuses avancées par rapport à la convention d'application de l'accord de Schengen.

À l'instar de cette dernière, elle évoque les demandes d'assistance et les transmissions spontanées d'informations aux fins d'assistance. Toutefois, elle est plus détaillée. Ainsi, elle précise la forme des demandes d'assistance en énonçant par exemple, que le service douanier requis doit joindre aux renseignements demandés les rapports et les copies conformes des dits rapports.

En outre, la convention Naples II est plus complète sur le fond que la convention d'application de l'accord de Schengen. Par exemple, elle contient tout un ensemble de principes qui ne figurent pas dans la convention. Elle insiste aussi sur la diligence apportée aux demandes d'assistance, en énonçant que le service requis procède comme s'il « agissait pour son propre compte », alors que la convention d'application de l'accord de Schengen ne contient aucune obligation de ce type.

Concernant l'assistance spontanée, la convention Naples II prévoit cette variété d'entraide, comme la convention d'application de l'accord de Schengen. Cependant, cet article va plus loin en énonçant que le service douanier requis étend cette assistance à toutes les circonstances de l'infraction qui présentent un lien apparent avec l'objet de la demande, sans qu'une requête complémentaire soit nécessaire. En comparaison, l'art. 46 CAS dispose seulement que la partie contractante communique, sans y être invitée, des informations qui peuvent être importantes pour celle-ci, sans mentionner le fait que le service requis étend cette assistance en l'absence d'une demande complémentaire.

Enfin, outre la convention Naples II, l'Union a élaboré de nouveaux textes parmi lesquels la décision-cadre précitée sur la transmission des informations adoptée par le Conseil le 18 décembre 2006. Alors que la convention Naples II modernise la convention Naples I, la décision-cadre du 18 décembre 2006 vise à opérer la refonte des art. 39 et 46 CAS. En effet, l'expérience a montré qu'il y a eu une faible transmission d'informations sur la base de cet article, considéré « comme maladroit et demeure très peu utilisé par les praticiens »[37]. Parmi les reproches formulés à son encontre figuraient le fait que la transmission des demandes formulées sur la base de l'art. 39 CAS était effectuée par les autorités centrales et que la communication directe était possible seulement dans les cas d'urgence.

Le bilan mitigé de l'application de l'art. 39 a amené le Conseil européen à décider de modifier les règles de collaboration figurant dans la convention d'application de l'accord de Schengen. Dans sa déclaration du 25 mars 2004 intervenue suite aux attentats terroristes de Madrid, il a chargé le Conseil d'envisager des mesures de simplification des échanges d'informations entre les services répressifs des États membres. Faisant écho à cette demande, la présidence suédoise du Conseil a présenté un projet de décision-cadre[38] le 4 juin 2006. Cette décision-cadre, adoptée le 18 décembre 2006, reprend les conditions énoncées à l'art. 39. Ceci dit, elle présente quatre avancées par rapport aux dispositions prévues à cet article.

Primo, le texte précise que les informations sont transmises rapidement puisqu'il énonce qu'elles sont communiquées dans un laps de temps limité. À cet égard, il instaure différentes catégories de délais. Il institue un délai d'une semaine concernant les informations se trouvant dans une base de données et ayant trait à des infractions faisant partie des catégories figurant dans la décision-cadre instituant un mandat

---

37 Bockel, J.-M., Assemblée nationale française, *Le bilan de la coopération transfrontalière dans le cadre de la Convention de Schengen*, Rapport d'information, n° 1690, 10 juin 1999, p. 42.

38 Projet de décision-cadre relative à la simplification de l'échange d'informations et de renseignements entre les services répressifs des États membres de l'Union européenne, notamment en ce qui concerne les infractions graves, y compris les actes terroristes (doc. du Conseil n° 10215/04 du 4 juin 2004, CRIMORG 46, ENFOPOL 69, COMIX 382).

d'arrêt européen[39]. Ce délai maximum pour répondre aux requêtes est réduit à huit heures pour les demandes urgentes. Pour les autres types de demande relevant du champ d'application de la décision-cadre, le délai de réponse est de quatorze jours.

Secundo, la décision-cadre envisage une obligation de transmission spontanée d'information[40]. Pour sa part, l'art. 46 énonce seulement une faculté. En effet, il prévoit que chaque Partie contractante « peut [...] communiquer à (une autre) Partie contractante des informations qui peuvent être importantes ».

En comparaison, le traité de Prüm et la décision transposant une partie du traité en droit de l'Union[41] prévoient que les États envisagent l'échange spontané, sous une forme facultative, de données à caractère personnel au sujet de personnes susceptibles de commettre des actes de terrorisme. À cet égard, la décision déclare que les services nationaux peuvent se transmettre des renseignements « dans la mesure où cela est nécessaire au regard des circonstances particulières laissant présumer que les personnes concernées vont commettre » ces actes. En mettant en perspective le libellé de ces dispositions avec celui relatif aux manifestations de grande envergure à dimension transfrontalière[42], nous constatons que, en faisant référence à l'échange spontané de caractère personnel sur des personnes susceptibles de commettre des troubles lors de telles manifestations, ce libellé est rédigé de manière plus contraignante puisqu'il précise que les États doivent (et non plus peuvent) se transmettre les renseignements pertinents.

Tertio, la décision-cadre prévoit que la transmission de renseignements entre les services répressifs d'États membres différents ne doit pas être plus stricte que la communication d'informations entre les services répressifs d'un même État. Autrement dit, les services requérants qui appartiennent à l'État du service requis et ceux qui n'en font pas partie sont mis sur un pied d'égalité : les deuxièmes ne doivent pas être discriminés par rapport aux premiers au sens où par exemple, il ne doit pas y avoir d'autorisation judiciaire supplémentaire. Pour sa part, la

---

39 Qui concerne des catégories d'infractions entrant dans le champ de la décision-cadre instituant le mandat d'arrêt européen, vis-à-vis desquelles le respect de la règle de double incrimination (l'infraction évoquée dans l'État membre émetteur doit être punissable également dans le droit de l'État membre d'exécution) n'est pas exigée (art. 2.2 de la décision-cadre du 13 juin 2002).

40 L'art. 7.1 de la décision-cadre limite la portée de cette obligation en opérant un renvoi au droit national. Autrement dit, la communication de l'information n'est obligatoire que si le droit national ne s'y oppose pas.

41 Respectivement art. 16.1 du traité et art. 16.1 de la décision.

42 Respectivement art. 13 du traité et art. 14 de la décision.

convention d'application de l'accord de Schengen ne prévoit rien de tel à ce sujet.

Quarto, la décision-cadre contient en annexe un formulaire à compléter par les services de l'État requérant. Avec ce mécanisme, l'exécution des demandes est accélérée, les services nationaux de sécurité intérieure étant familiarisés avec les mêmes supports[43].

3. *Une normativité parfois effective et une efficacité souvent sujette à caution*

La pratique révèle que les discussions menées entre les États membres au sein du Conseil, ont pour effet de « limer » l'envergure du projet initial. Le texte adopté est bien souvent nivelé par le bas réduisant d'autant son ambition. C'est le cas de la décision-cadre relative à la simplification de l'échange d'informations[44].

Initialement déjà, le projet était parsemé de dispositions limitant sa portée, certaines ayant d'ailleurs été déjà évoquées. Toutes ces limitations ont été reprises par la décision-cadre. Ainsi, cette dernière n'impose pas aux services requérants d'obtenir des informations par la contrainte. Elle va même jusqu'à exclure du champ d'application les informations d'ores et déjà disponibles mais précédemment obtenues par la contrainte (sans le consentement de l'interessé, dans un cadre juridique contraignant, comme les circonstances d'un flagrant délit ou dans le cadre de l'exécution d'une commission rogatoire ou d'un devoir d'enquête). Par ailleurs, la demande doit également porter sur des éléments ayant trait à une certaine importance. À ce sujet, elle doit concerner une infraction punissable d'un an de prison au moins. La décision-cadre ajoute que l'échange ne concerne pas non plus la transmission des informations susceptibles d'être utilisées comme preuves devant une autorité judiciaire. Enfin, pour ce qui est de l'échange spontané d'informations, le service requérant doit seulement transmettre de son initiative

---

43 À titre de comparaison, la standardisation des supports des demandes constitue aussi une tendance de fond en matière d'entraide judiciaire. Dans ce domaine, il est fréquent que les textes européens instaurent en annexe ce type de document. Par exemple, la décision 2005/876/JAI du Conseil du 21 novembre 2005 relative à l'échange d'informations extraites du casier judiciaire (*JOCE* L 322 du 9.12.2005, p. 33) établit un formulaire de demande de renseignements sur les condamnations.

C'est aussi le cas en matière de reconnaissance mutuelle des décisions judiciaires en matière pénale. Ainsi, un formulaire figure en annexe de la décision-cadre instituant le mandat d'arrêt européen. Il est reproduit aux pages 14 à 18 du Journal officiel [*JOCE* L 190 du 18.7.2002]).

44 Nous y avons fais allusion dans une note de bas de page dans le paragraphe précédent relative au caractère obligatoire de la communication de l'information (art. 7.1 de la décision-cadre).

des éléments, seulement si ceux-ci sont « pertinents et nécessaires » pour la réussite de la prévention d'un acte délictueux.

Ceci dit, le texte, dans sa version définitive, ajoute d'autres limitations qui ne figuraient pas dans la proposition. Ainsi, il a été inséré une disposition en vertu de laquelle, dans l'hypothèse d'échange entre les services de deux États membres de renseignements ayant trait à des données émanant d'un autre État membre ou d'un pays tiers, l'agrément de cet autre État ou de ce pays tiers doit, le cas échéant, être obtenu pour effectuer l'opération.

La décision-cadre précise de surcroît qu'un service requis peut refuser de transmettre un renseignement si cette transmission est susceptible de porter atteinte aux intérêts vitaux, au bon déroulement d'une enquête pénale ou encore, si elle est visiblement disproportionnée ou sans objet à la lumière du but exposé par le service répressif requérant.

En outre, elle précise clairement que l'autorité judiciaire peut explicitement s'opposer à l'échange de renseignements entre les autorités répressives. D'ailleurs, le texte préserve les droits de l'autorité judiciaire : au nom du respect du parallélisme des formes, il énonce que si l'échange d'informations entre les services d'un même État requiert l'accord d'une autorité judiciaire, alors celui ayant lieu entre les services répressifs entre deux États membres différents nécessite également l'autorisation de l'autorité judiciaire.

La décision-cadre préserve aussi les droits de ces autorités en évacuant certaines catégories de données qui entraient en principe dans le champ de la décision-cadre. Enfin, elle augmente sensiblement les délais de réponse à une demande. Concernant les infractions faisant partie des catégories figurant dans la décision-cadre instituant un mandat d'arrêt européen[45], le délai est passé de douze heures à une semaine. Pour les autres types de demandes relevant du champ d'application de la décision-cadre, alors que la proposition prévoyait une réponse « sans retard et, dans la mesure du possible dans les délais demandés », le délai contenu dans la décision-cadre dans sa version adoptée par le Conseil, est de quatorze jours.

C'est aussi celui de la décision-cadre relative à protection des données à caractère personnel traitées dans le cadre de la collaboration policière et judiciaire en matière pénale[46]. Ce texte, adopté par le Conseil

---

[45] À savoir celles pour lesquelles la règle de la double incrimination ne s'applique pas. Précisons qu'une deuxième condition, précédemment évoquée a été rajoutée : il faut que ces informations figurent dans une base de données à laquelle un service répressif peut avoir directement accès.

[46] Décision-cadre 2008/977/JAI du Conseil du 27 novembre 2008 relative à la protection des données à caractère personnel traitées dans le cadre de la coopération policière et judiciaire en matière pénale (*JOCE* L 350 du 30.12.2008, p. 60).

lors de sa session des 27 et 28 novembre 2008, a vu sa portée réduite au fil des discussions.

La question de l'harmonisation des règles relatives à la protection des données nominatives dans le cadre du titre VI est un vieux sujet de débat. Une initiative de l'Italie avait déjà été déposée en 1998. La présidence suédoise du Conseil a présenté un projet de résolution et la présidence grecque[47] une note. Toutefois, tous ces efforts sont restés infructueux.

La question a refait surface avec l'instauration du principe de disponibilité, le Conseil européen de La Haye avait reconnu que les dispositions relatives à la protection des données actuellement en vigueur au niveau européen n'étaient pas suffisantes dans la perspective de la mise en œuvre d'un tel principe. L'idée d'un nouvel instrument juridique dans le cadre du troisième pilier a reçu, en 2005, le soutien des autorités nationales chargées de la protection des données des États membres de l'Union européenne, du contrôleur européen de la protection des données (CEPD)[48], ainsi que du Parlement européen[49].

La proposition de décision-cadre présentée par la Commission du 4 novembre 2005[50], était destinée à combler les lacunes actuelles[51]. Elle s'appuyait la convention n° 108 du 28 janvier 1981 et une recommandation R (87) 15 du 17 septembre 1987 précitées. Certes, il existait parallèlement dans le droit communautaire, un texte dans ce domaine. Il s'agissait de la directive 95/46/CE[52], mais il ne s'applique pas aux données entrant dans le champ du titre VI.

Saluée par le CEPD le 19 décembre 2005[53] comme un pas en avant considérable, elle a été également accueillie favorablement par le rapporteur français Christian Philip qui estimait que le texte apportait une

---

47 Respectivement doc. du Conseil n° 8321/98 JAI 15, doc. du Conseil n° 6316/2/05 JAI 13, et doc. du Conseil n° 9845/03 (Presse 150).

48 Déclaration et document de synthèse sur les services répressifs et l'échange d'informations dans l'Union européenne, adoptés par la Conférence de printemps des autorités européennes de protection des données, Cracovie, 25-26 avril 2005.

49 Recommandation du Parlement européen du 7 juin 2005 (T6-0223/2005).

50 COM(2005)475.

51 Philip, C., Assemblée nationale française, *Les échanges d'informations et la protection des données à caractère personnel dans le cadre de la coopération policière et judiciaire en matière pénale*, Rapport d'information, n° 3695, 13 février 2007.

52 Directive 95/46/CE, du Parlement européen et du Conseil du 24 octobre 1995, relative à la protection des personnes physiques à l'égard du traitement des données à caractère personnel et à la libre circulation de ces données (*JOCE* 281 du 23.11.1995, p. 31).

53 Avis du CEPD du 19 décembre 2005 (*JOCE* C 47 du 26.2.2006, p. 27).

réelle plus value. « Largement basée »[54] sur les principes contenus dans la directive 95/46/CE, elle adapte les dispositions de celle-ci pour faire en sorte que les « différentes obligations et, surtout, les dérogations en prenant en compte les spécificités de l'activité pénale »[55].

Sur le fond, le texte a fait l'objet de nombreuses critiques en raison du fait que l'harmonisation menée par la décision-cadre ne prenait pas assez en compte les besoins spécifiques des services nationaux de sécurité intérieure. En particulier, certains auteurs estimaient qu'il n'était pas concevable de vouloir exiger de la part des magistrats l'application de certains principes issus de la recommandation R (87) 15 et vis-à-vis desquels la proposition de décision-cadre s'est inspirée.

> Des experts souhaitent donc soumettre [les autorités judiciaires, les services policiers et les agences de renseignement] à un codex de normes libellées en termes abstraits ou de les soumettre aux mêmes règles que celles qui s'appliquent aux services (comme la recommandation n° R (87) 15) sans réaliser que les activités et les finalités sont intrinsèquement différentes[56].

Indépendamment de la pertinence des choix retenus quant au régime juridique proposé dans la proposition, les discussions qui se sont tenues au Conseil dans le cadre de l'élaboration du texte ont réduit sa portée.

Consulté en 2006 et re-consulté en 2007, le Parlement européen[57] a donné son accord à l'adoption. Soucieux néanmoins de maintenir un degré élevé de protection des données à caractère personnel, il a présenté un avis destiné à faire en sorte que le niveau de protection prévu dans le texte ne soit pas inférieur à celui déjà existant.

---

54 De Biolley, S., « Collecte, échange et protection des données dans la coopération en matière pénale », in *Journal des Tribunaux de droit européen*, n° 131, Bruxelles, 2006, p. 198.

55 De Biolley, S., o*p. cit.*

56 Brulin, H., « Quête et errements de la protection des données dans le troisième pilier », in *Actualités de droit pénal européen*, 2003, p. 19.

Cette démarche apparaît aux yeux de cet auteur comme étant contre-productive car les praticiens ont l'impression de se voir soumis à des règles inadaptées voire inapplicables. Selon lui, les institutions de l'Union apparaissent éloignées de leurs préoccupations en leur imposant des règles dogmatiques et complexes. Au nom de la facilitation de l'entraide policière (et judiciaire), paradoxalement, elles leur compliquent la tâche. Ces dispositions contenues dans la décision-cadre « renforcent, auprès des praticiens de la police, l'impression que la protection des données est une matière ésotérique, à peine comprise de ses propres experts, moralistes incapables de s'accorder entre eux ou d'être ouverts aux difficultés concrètes des gens de terrain » (*op. cit.*).

57 Résolution législative du Parlement européen du 7 juin 2007 sur la proposition de décision-cadre du Conseil relative à la protection des données à caractère personnel traitées dans le cadre de la coopération policière et judiciaire en matière pénale (P6_TA(2007)0230).

Le CEPD met également en garde contre cet effet d'abaissement du niveau de protection pour des données personnelles fournies dans le cadre de l'entraide policière et judiciaire en matière pénale. Il déplore aussi la réduction du champ d'application du texte. Dans un avis du 20 septembre 2007, il estime que l'accord intervenu au Conseil limite la portée de la protection des données à caractère personnel. En effet, il ressortit de cet accord que la nouvelle mouture a vocation à s'appliquer seulement à l'échange transfrontalier des données personnelles.

> Quand la [décision-cadre] a été proposée la première fois, elle était censée couvrir tous les aspects du maintien de l'ordre et des procédures judiciaires. Le récent accord du Conseil limite sévèrement la portée du texte, et dès lors limite le niveau de protection que le citoyen européen peut attendre de cet accord[58].

De son côté, le Parlement européen fait le même constat. C'est ainsi que le déplore la députée rapportrice du projet : « Je regrette toutefois que le Conseil n'ait pas accepté de reconnaître le même niveau de protection aux données échangées à l'intérieur de chaque État membre, ce qui aurait permis d'aboutir à une harmonisation européenne de la protection des données privées des citoyens dans l'Union »[59]. En effet, la mouture présentée au Parlement exclut de son champ d'application les échanges de données entre les services nationaux de sécurité intérieure d'un même État. Il en est de même pour la version[60] adoptée définitivement par le Conseil le 27 novembre 2008[61].

Celle-ci a vu le jour après trois années de négociations et à la suite de nombreux efforts déployés en ce sens par les présidences successives du Conseil. En dépit cet aboutissement tardif, le lecteur de la décision-cadre est susceptible de demeurer dubitatif, voire perplexe à plusieurs égard.

D'abord, bien qu'elle ait été adoptée, elle n'est pas encore d'application. En effet, il convient encore de procéder à sa transposition[62]. Or, il

---

58 Communiqué de presse du jeudi 20 septembre 2007, EDPS/07/10.

59 Propos tenus par Martine Roure dans un communiqué de presse disponible sur son site Internet : http://pagesperso-orange.fr/martine.roure/info.html.

60 *JOCE* L 350 du 30.12.2008, p. 60.

61 En effet, l'art. 1.2.a de la décision-cadre indique que

> les États membres protègent les droits et libertés fondamentaux des personnes physiques, en particulier leur droit au respect de la vie privée, lorsque, à des fins de prévention et de détection des infractions pénales, d'enquêtes et de poursuites en la matière, ou d'exécution de sanctions pénales, des données à caractère personnel sont ou ont été transmises ou mises à disposition *entre* les États membres.

(souligné par nos soins).

62 La date-limite de transposition est celle qui doit intervenir deux ans après son adoption.

n'y a aucune garantie que les États membres procèderont à cet exercice dans les délais indiqués et qu'ils le feront correctement[63].

Ensuite, nous pouvons nous questionner sur sa portée puisqu'il existe deux régimes juridiques, l'un concernant les données circulant entre les services nationaux au sein d'un État membre et un autre relatif à celles échangées entre les services de différents États membres. Comment en pratique ce texte sera-t-il compris et respecté par eux ? En outre, les différences persistantes des législations nationales ne seraient-elles pas à terme, sources de difficultés lors de sa mise en œuvre concrète par ces services ?[64]

Enfin, nous pouvons nous interroger sur la multiplication des règles relatives à l'échange des données dans le domaine de la sécurité intérieure. Bien que la décision-cadre ait pour ambition de constituer un texte général appartenant à l'ordre juridique de l'Union, applicable aux données traitées dans le cadre de l'entraide entre les services nationaux de sécurité intérieure, force est de constater que le corpus de normes dans ce domaine reste éclaté. À cet égard, il existe une myriade de règles instaurant des dispositifs particuliers, qui figurent, par exemple, dans les textes instituant le SIS II, Europol, Eurojust et le SID « troisième pilier » (le SID « premier pilier » étant soumis aux dispositions du droit commun en matière de droit communautaire de protection des données[65]) et s'inscrivant dans des contextes spécifiques ayant trait à certaines procédures et formes d'entraide relevant du champ de la CEEJ, de la décision-cadre relative à la simplification de l'échange d'infor-

---

63 Surtout si l'on observe le peu d'empressement de certains États membres à transposer à l'époque la directive 95/46/CE (voir à cet égard le rapport [p. 11-12] de la Commission du 15 mai 2003 sur la mise en œuvre de la directive [COM(2003)265]). De surcroît, rappelons que la Commission ne peut pas agir en manquement en cas de défaillance ou de retard injustifié quant à l'exécution d'une opération de transposition d'une décision-cadre.

64 Le texte utilise notamment la méthode de coordination des législations nationales. Contrairement à celle de l'harmonisation, l'approche visant à coordonner les législations ne modifie pas celles-ci dans leur substance. Ainsi, pour ce qui est du délai de conservation des données, l'art. 9 de la décision-cadre indique qu'il est fait mention de ce délai par l'autorité qui transmet la donnée et ceci, conformément à son droit national. En cas de silence de sa part, l'autorité de réception doit se référer aux dispositions découlant du droit de l'État auquel elle est rattachée. Autrement dit, le droit de l'État d'émission est présumé s'appliquer sauf en cas de silence. Dans cette hypothèse, les dispositions pertinentes en matière de délai de conservation sont celles figurant dans le droit de l'État destinataire.

65 À savoir le règlement (CE) n° 45/2001 du Parlement européen et du Conseil du 18 décembre 2000 relatif à la protection des personnes physiques à l'égard du traitement des données à caractère personnel par les institutions et organes communautaires et à la libre circulation de ces données (*JOCE* L 8 du 12.1.2001, p. 1).

mations, du traité de Prüm et de la décision intégrant une partie du traité de Prüm dans le droit de l'Union[66].

En définitive, il existe divers régimes découlant du droit européen relatif à la protection des données échangées entre les services nationaux de sécurité intérieure. L'adoption de la décision-cadre est donc loin de régler la question. Au contraire, elle constitue paradoxalement, une strate supplémentaire dans ce qui s'apparente à un mille-feuille juridique[67].

B. L'instauration de nouveaux de canaux de communication

Les contacts personnels portant sur un individu recherché ou une activité délictueuse[68], qui constituaient la forme initiale de l'échange de renseignements, consistaient principalement en leur transmission, dans un cadre informel, entre les agents des unités de police et ceux des services douaniers de la zone frontalière d'un État avec ceux d'un autre État. C'était le « circuit gris de l'échange d'informations ». Ces contacts étaient « présentés comme plus efficaces et plus rapide que les voies officielles qui ne seraient utilisées que lorsqu'elles sont inévitables ou absolument obligatoires »[69].

L'intensification des échanges entre les services nationaux et leur éparpillement sur le territoire a conduit les institutions de l'Union européenne et les autorités politiques des États membres dans le cadre des coopérations régionales, à mettre en place de nouveaux canaux de communication. Ceux-ci sont soit des individus identifiés, comme les officiers de liaison (1) ou les points de contact nationaux (2), soit des entités spécifiques rassemblant du personnel, comme les centres communs de collaboration policière et douanière, ou les bureaux Sirene (3).

1. Les officiers de liaison

Les officiers de liaison sont les correspondants des services nationaux de sécurité intérieure à l'étranger. Il s'agit de courroies de transmission destinées à améliorer la communication de renseignements (a). Nous assistons à un double mouvement avec d'une part la multilatéralisation des officiers de liaison et d'autre part leur mutualisation (b).

---

66 Respectivement art. 23 CEEJ, art. 33 et suivants du traité de Prüm, et art. 24 et suivants de la décision intégrant une partie du traité de Prüm dans le droit de l'Union.

67 La décision-cadre, dans son art. 28, précise que les dispositions contenues dans les actes de l'Union adoptés antérieurement prévalent sur celles figurant dans ladite décision-cadre.

68 Montain-Domenach, J., *L'Europe de la sécurité intérieure*, Montchrestien, coll. Clefs/Politique, 1999, p. 94.

69 *Ibid.*

a. Des courroies de transmission

Les officiers de liaison assurent la fonction d'intermédiaire entre les services de sécurité intérieure des différents États membres. Ils forment en quelque sorte « un phare avancé »[70] d'un service d'un État membre dans un autre État membre.

Conformément à une décision du Conseil du 27 février 2003[71], ce sont des « représentants d'un État membre envoyés dans un autre État membre pour établir et entretenir des contacts avec les autorités de ce pays [...] en vue de faciliter et d'accélérer la collecte et l'échange d'informations ». Leur rôle est de « mettre un peu d'huile dans les rouages de l'information et du renseignement, pour une exploitation opérationnelle »[72]. De par leur réseau relationnel et leurs connaissances du système juridique du pays les hébergeant, ils exercent une mission de conseil et d'assistance au profit des services opérationnels de leur État d'origine et des services locaux du pays où ils se trouvent. Reprenant la métaphore de la bouteille jetée à la mer, ces derniers « veille[nt] à ce que le message dans la bouteille soit correct et réaliste, et il[s] veille[nt] à ce que la bouteille soit placée dans les bons courants, ou mieux, il[s] la portera[ont] personnellement »[73].

Chaque État membre possède son réseau d'officiers de liaison détaché dans différents pays afin de faire face à différents phénomènes criminels comme le hooliganisme, le trafic de drogue ou le terrorisme.

La France, à travers le Service de coopération technique internationale de police (SCTIP)[74], dispose de son propre réseau composé d'agents envoyés dans les services opérationnels de l'État d'accueil (officiers de liaison *stricto sensu*) et d'attachés de sécurité intérieure.

---

70 Dupain, J.-Y., « Police du monde entier – l'officier de liaison à Bangkok », in *Civique*, n° 102, Paris, novembre 2000, p. 45.

71 Décision 2003/170/JAI du Conseil du 27 février 2003 relative à l'utilisation commune des officiers de liaison détachés par les autorités répressives des États membres (*JOCE* L 067 du 12.3.2003, p. 27).

72 Rospabe, P., « De l'huile dans les rouages de l'antiterrorisme », in *Civique*, Paris, mars 2000, n° 95, p. 30.

73 Schmitz, A., « Le témoignage d'un acteur engagé », in *Cahiers thématiques de la revue Custodes*, Bruxelles, Politea, 2003.

74 Le SCTIP est un service rattaché au directeur général de la Police nationale. Créé en 1961, il participe à la mise en œuvre de la politique étrangère de la France en matière de sécurité intérieure. Il organise des actions de formation, des ateliers, des séminaires et des échanges de fonctionnaires. Il prend part à l'échange d'informations. Il gère notamment le réseau des Bureaux de liaison (BDL) et la coopération institutionnelle, en particulier pour ce qui est des négociations menées au sein du Conseil. Enfin, il assure la gestion des officiers de liaison *stricto sensu* et des attachés de sécurité intérieure.

Les attachés de sécurité intérieure sont les héritiers des délégués du SCTIP, qui étaient principalement voués à la collaboration technique avec les pays africains[75]. Ils font partie du personnel diplomatique au sens de la convention de Vienne du 18 avril 1961. Ils bénéficient, à ce titre, des privilèges et immunités diplomatiques et sont placés directement sous l'autorité de l'ambassadeur. Représentant la direction générale de la Police nationale (DGPN) et la direction générale de la Gendarmerie nationale (DGGN), ils sont investis de la double mission de conseiller de l'ambassadeur et d'interlocuteur technique des autorités locales compétentes en matière de sécurité intérieure. Les attachés de sécurité intérieure se distinguent des officiers de liaison *stricto sensu* dans la mesure où les premiers sont des personnels demeurant dans l'ambassade alors que les seconds sont envoyés dans les directions actives des services du pays hôte[76]. La France est aussi un pays hôte puisqu'elle accueille ou a accueilli au sein de la DGGN, la DGPN et la direction générale des douanes et droits indirects (DGDDI), des officiers de liaison provenant d'autres États membres.

Au niveau de l'Union européenne, la décision du 27 février 2003 précitée[77] établit un cadre commun d'orientation concernant l'envoi d'officiers de liaison[78]. Toutefois, la charpente juridique mise en place est relativement légère. En effet, ce texte n'organise pas les conditions précises du détachement mais seulement les lignes directrices. Les modalités en sont déterminées de manière bilatérale par les États membres.

---

75 Turk, A., Rapport d'information du Sénat français, *Quand les policiers succèdent aux diplomates*, Rapport d'information, n° 523, 1997-1998.

76 Il existe également des attachés douaniers. Ces attachés collectent, en partenariat avec la Direction nationale du renseignement et des enquêtes douanières (DNRED, le renseignement sur leur zone de compétence. Comme les attachés de sécurité intérieure, ils prêtent assistance aux services douaniers de leur État d'origine et aux services locaux. À cet égard, et toujours à l'instar des attachés de sécurité intérieure, ils font fonction d'interface entre ces différents services douaniers au niveau opérationnel. En tant que personnels de l'ambassade, ils jouent un rôle diplomatique vis-à-vis des autorités locales et des opérateurs privés locaux.

77 Qui abroge l'Action commune du 14 octobre 1996, adoptée par le Conseil sur la base de l'art. K.3 du traité sur l'Union européenne, concernant un cadre d'orientation commun pour les initiatives des États membres en matière d'officiers de liaison (*JOCE* L 268 du 19.10.1996, p. 2). L'art. 47.4 de la convention d'application de l'accord de Schengen est également abrogé.

78 Pour ce qui est des officiers de liaison en matière douanière, la convention Naples II fait référence à l'action commune du 27 février 2003. En effet, l'art. 6 prévoit l'échange d'agents de liaison dont les fonctions sont déterminées en relation avec l'action commune précitée (rapport explicatif établi sur la base de l'art. K.3 du traité sur l'Union européenne, relative à l'assistance mutuelle et à la coopération entre les administrations douanières adopté par le Conseil le 28 mai 1998 [*JOCE* C 189 du 17.6.1998, p. 1]).

Les autorités judiciaires disposent pour leur part de leurs propres agents spécialisés. Il s'agit de magistrats de liaison mis en place sur le modèle des officiers de liaison et dont le but est de faciliter l'entraide judiciaire en matière pénale. L'action commune du 22 avril 1996[79] établit, tout comme la décision 27 février 2003, un cadre d'orientation commun à l'échelle de l'Union européenne concernant leur envoi.

Les magistrats de liaison sont en contact quotidien avec les autorités judiciaires nationales afin de leur prodiguer des conseils concernant la procédure à suivre dans l'optique d'effectuer une demande d'entraide. À l'instar des officiers de liaison, ils servent d'intermédiaire entre les autorités judiciaires centrales et locales, pour la résolution des affaires et l'accélération des procédures. Leurs connaissances des langues étrangères ainsi que leur proximité avec les services de l'État d'accueil leur permettent d'accroître la rapidité des échanges et de faire en sorte que les réponses fournies soient les plus complètes possibles.

Les magistrats de liaison collaborent étroitement avec le Réseau judiciaire européen et Eurojust. À cet égard, ce dernier a organisé en 2004, une rencontre entre tous les magistrats de liaison des États membres postés dans un autre État membre. Cette réunion a permis de resserrer les liens entre eux et avec l'unité de coopération judiciaire afin d'éviter le travail dupliqué et de renforcer le phénomène de multilatéralisation des magistrats de liaison.

Enfin, les organisations auxiliaires compétentes en matière de sécurité intérieure peuvent, elles aussi, disposer d'agents de liaison établis dans les pays et organisations tiers. Cette action s'inscrit dans le cadre d'une stratégie de développement dans leur environnement. C'est le cas d'Europol qui a détaché du personnel aux États-Unis et à Interpol. Eurojust a fait de même en envoyant des magistrats de liaison dans des pays et organisations tiers.

b. La multilatéralisation et la mutualisation des officiers de liaison

La multilatéralisation est un phénomène qui se traduit par la multiplication des contacts avec des partenaires issus d'autres États membres. Elle vise à associer les officiers de liaison se trouvant dans un même État ou une même organisation internationale.

Contrairement aux officiers de liaison bilatéraux, qui n'ont de relations qu'avec les autorités du pays hôte, elle permet de nouer des liens avec les représentants d'autres États se trouvant dans ce pays, l'objectif étant de créer une synergie entre eux. Elle se concrétise par des échanges intensifs et des réunions fréquentes. Elle permet d'identifier les

---

79 Action commune du Conseil du 22 avril 1996 adoptée sur la base de l'art. K.3 du traité sur l'Union européenne, visant à l'amélioration de la coopération judiciaire entre les États membres de l'Union européenne (*JOCE* L 105 du 27.4.1996).

difficultés communes rencontrées dans un pays tiers et de développer une approche concertée vis-à-vis de ses autorités.

Le droit européen envisage cette multilatéralisation. En matière d'ordre public, les conclusions du Conseil du 13 novembre 2001[80] prévoient la mise en place, lors d'un Conseil européen, d'un groupe d'officiers émanant des États membres d'où proviennent les groupes à risques. La décision du 27 février 2003 dispose, quant à elle, que les officiers de liaison bilatéraux envoyés dans un même pays tiers ou dans une organisation internationale se réunissent périodiquement pour échanger des informations.

La tendance actuelle s'oriente vers une institutionnalisation de la multilatéralisation des rapports entretenus entre les officiers de liaison.

L'institutionnalisation de la multilatéralisation des rapports se traduit par la prise en compte dans le droit européen, de réseaux d'officiers de liaison. C'est le cas du réseau des officiers de liaison Europol (OLE).

Les OLE font fonction d'intermédiaires entre l'organe central de l'office européen de police et le pays auxquels ils appartiennent. En 2006, les bureaux de liaison nationaux comptaient 95 OLE[81].

Conformément aux dispositions de la décision instituant Europol, ils constituent les représentants de leur État d'origine auprès de l'office. Ils sont « chargés par leur unité nationale de représenter les intérêts de celle-ci au sein d'Europol »[82].

En tant qu'officiers de liaison, leur tâche se concentre sur des fonctions de liaison entre leur État d'origine, Europol et les autres États membres. Plus précisément, leur mission a trait essentiellement à :

- recevoir le renseignement, le traduire et le « formater », c'est-à-dire le mettre en conformité avec les standards d'Europol en matière de traitement. Ils réalisent également le retour de l'information au service national de terrain[83],

---

80 Conclusions adoptées par le Conseil et les représentants des gouvernements des États membres le 13 juillet 2001 relatives à la sécurité des réunions du Conseil européen et d'autres manifestations susceptibles d'avoir un impact comparable (doc. du Conseil du 16 juillet 2001, n° 10916/01 JAI 82).

81 Le nombre d'OLE par bureau allant de un (Lettonie, Luxembourg et Malte) à neuf (Pays-Bas), la France ayant huit OLE et la Belgique six. Pour être complet, une quinzaine d'officiers de liaison ont été détachés par des pays tiers (Australie, Canada, Colombie, Croatie, États-Unis, Islande, Norvège et Suisse) et l'OIPC.

82 Et ceci en vertu de l'art. 9.2 de la décision instituant Europol.

83 La décision instituant Europol apporte une nouveauté importante. Elle permet l'échange bilatéral de renseignement, c'est-à-dire d'OLE à OLE, pouvant porter le cas échéant sur des infractions ne relevant pas du mandat d'Europol. Ceci dit, cette possibilité n'est offerte que si le droit de l'État auquel l'OLE est rattaché le permet.

- assurer un suivi personnalisé des dossiers nationaux traités par Europol,
- assister à des réunions de coordination à Europol avec les enquêteurs en charge du dossier au plan national[84].

Leur rôle consiste à dispenser des conseils généraux sur le rôle d'Europol dans une enquête et à fournir des éléments sur le système juridique des autres États membres. Ils ont également une fonction opérationnelle en suggérant les orientations que doit prendre l'enquête. En outre, ils sont réunis sur une plate-forme afin de faciliter leurs relations. Leurs bureaux sont attenants si bien que les contacts sont constants. Outre cette organisation spatiale, les liens entre les OLE sont renforcés à travers des réunions auxquelles tous prennent part afin de discuter des problèmes communs rencontrés dans le cadre de leurs missions. En reprenant la réflexion de Didier Bigo, l'organisation des OLE est, à l'image d'Europol dans son ensemble, « un condensé d'une Europe policière miniature où tous les États membres sont représentés en un même lieu et travaillent ensemble »[85].

En dehors du réseau des OLE, l'Union européenne a établi d'autres réseaux, en particulier les réseaux d'officiers de liaison en matière d'immigration[86] et de stupéfiants. Le réseau « d'officiers de liaison immigration » (OLI) a pour la mission d'endiguer en amont, c'est-à-dire dans les pays d'origine ou de transit, les mouvements migratoires illégaux. Avec la multilatéralisation, les officiers de liaison d'un État membre spécialisés dans ce domaine, situés dans un pays tiers, établissent des liens entre eux et les autorités locales afin de recueillir des informations concernant l'immigration illégale. Plusieurs expériences de mise en réseau des OLI ont été réalisées, notamment dans les Balkans occidentaux. Parallèlement à cela, l'Union a mis en place un réseau « d'officiers de liaison drogue » en Albanie[87]. À l'instar des OLI, ces officiers se trouvant dans un pays tiers nouent des contacts entre eux et les autorités locales, afin de collecter des renseignements pour faire face à ce phénomène. Hormis les Balkans occidentaux, l'Union dispose d'un

---

84 Plus précisément, l'art. 9.3 de la décision instituant Europol confère aux OLE la mission de transmettre à Europol des informations provenant de leur UNE d'origine, de communiquer à cette dernière les informations émanant de l'office européen de police, de coopérer avec les agents d'Europol en communiquant des informations et en apportant des conseils, et d'échanger des informations issues de leur UNE avec les officiers de liaison des autres États membres.

85 Bigo, D., *Polices en réseau, l'expérience européenne*, Paris, Presses de Sciences Po, 1996, p. 35.

86 Règlement 377/2004/CE du Conseil du 19 février 2004 relatif à la création d'un réseau d'officiers de liaison « Immigration » (*JOCE* L 64 du 2.3.2004, p. 1).

87 Résolution du Conseil du 27 novembre 2003 concernant le détachement en Albanie d'officiers de liaison experts en matière de drogue (*JOCE* C 97 du 22.4.2004, p. 6).

réseau d'officiers de liaison en Russie spécialisés dans la lutte contre la criminalité organisée[88].

Nous observons, outre la multilatéralisation des rapports entre officiers de liaison, leur mutualisation. La mutualisation des officiers de liaison constitue une avancée qualitative par rapport à la multilatéralisation. Il s'agit d'une mise en synergie des personnels en leur permettant de réaliser certaines tâches pour le compte d'autres. En outre, la mutualisation réduit ou limite leur nombre en procédant à une répartition des tâches et en économisant le volume de personnel envoyé. À cet égard, la décision du 24 juillet 2006[89] dispose que les États membres font appel à l'officier de liaison d'Europol envoyé dans un pays tiers lorsqu'il n'existe pas d'officier de liaison national dans celui-ci[90].

La mutualisation a trait à la rationalisation de l'action des États membres. Cette rationalisation consiste en la répartition des tâches entre les officiers participants. Le but est d'organiser leur activité en évitant les présences redondantes dans certaines régions et les absences pénalisantes dans d'autres[91]. Une députée européenne[92] résumait l'intérêt de l'exercice par le fait que la mutualisation « a pour but de renforcer l'esprit de solidarité et de coopération des services de police des États membres, mais aussi de permettre une plus grande efficacité de ceux-ci dans les missions qui leur sont confiées en évitant par exemple qu'un même travail soit réalisé deux fois pour le compte de deux États membres ».

La mutualisation est aussi la traduction du principe de solidarité entre les États membres. En effet, les officiers d'un État détachés auprès du pays tiers préservent les intérêts d'un État absent. Le règlement instaurant un réseau d'OLI dispose à cet égard, que les États peuvent convenir bilatéralement, voire unilatéralement, de veiller « aux intérêts d'un ou plusieurs autres États membres »[93].

88 Et ce, en vertu du Plan d'action de l'Union européenne du 13 avril 2000 en vue d'une action commune en faveur de la Fédération de Russie pour lutter contre la criminalité organisée (*JOCE* C 106 du 13.4.2000, p. 5).

89 Décision du Conseil 2006/560/JAI du 24 juillet 2006, modifiant la décision 2003/170/JAI relative à l'utilisation commune des officiers de liaison détachés par les autorités répressives des États membres (*JOCE* L 219 du 10.8.2006, p. 31).

90 Dans la mesure où les informations transitant par Europol entrent dans le cadre de son mandat.

91 Doc. du Conseil du 28 juin 2000, n° 9805 CIREFI 39 COMIX 512.

92 Martine Roure (propos recueillis par *Agence Europe* le 10 avril 2006).

93 Art. 5.1 du règlement 377/2004/CE. La décision 2003/170/JAI contient une disposition similaire à l'art. 4.3. L'art. 8.1 de la décision instituant Europol permet à l'office européen de police de bénéficier de ce système de représentation en l'autorisant à adresser une demande, *via* l'UNE de l'État considéré, à l'officier de liaison en poste dans un pays dans lequel Europol n'est pas représenté.

2. *Les points de contact nationaux*

Les points de contact font fonction d'entonnoir (a). Ils constituent des portes de sortie des messages (ou des demandes d'assistance) envoyés par les services nationaux de sécurité intérieure d'un État membre, en direction de ceux d'autres États membres. Les points de contact forment aussi des portes d'accès pour les services nationaux des autres États membres. Les messages (ou les demandes) entrants transitent par eux avant d'être communiqués aux services opérationnels. Les points de contact peuvent se trouver au sein des services nationaux ainsi que dans les organisations auxiliaires compétents en matière de sécurité intérieure. Ce sont alors des points de passage obligés (obligatoires) ou non (facultatifs), concernant les messages (ou les demandes d'assistance) échangés (b).

a. Des portes d'entrée et de sortie

Le développement de la collaboration entre les services nationaux de sécurité intérieure les amène souvent à se voir confrontés à des difficultés pratiques, en particulier l'ignorance des coordonnées des services correspondants. La tâche peut paraître insurmontable dans certaines hypothèses, par exemple dans celle où le service requérant ne connaît ni la langue du service requis ni son organisation (en particulier lorsqu'il n'a pas d'*alter ego* dans le pays requis). Le point de contact assiste alors le service opérationnel en se chargeant, pour son compte, d'identifier le service pertinent et en l'aidant au cours des différentes étapes relatives à l'échange d'informations. Le service opérationnel émetteur du message (de la demande) n'est donc pas isolé puisqu'il est épaulé par le point de contact qui dispose des ressources nécessaires pour apporter une solution au problème posé.

Le cas échéant, il fait fonction de « guichet unique » au profit du service expéditeur en procédant aux recherches nécessaires afin de trouver le destinataire et en transmettant lui-même directement le message (ou la demande). L'institution du point de contact permet donc un gain de temps et d'énergie, le service émetteur n'ayant plus à se préoccuper des tâches procédurales relatives à la détermination du destinataire et aux modalités d'acheminement du message (ou de la demande) vers celui-ci.

À l'image d'un service postal, il réceptionne les messages (et les demandes) en provenance des services nationaux et les centralise pour les expédier vers leurs destinataires situés dans les autres États membres (hypothèse du point de contact de sortie). Il centralise aussi les messages (et les demandes d'assistance) émanant des services des autres États membres et les achemine vers les services nationaux compétents (hypothèse du point de contact d'entrée). Il agit donc comme un centre de tri postal et un organisme de livraison au destinataire du courrier relevé.

Les points de contact communiquent entre eux, celui qui reçoit le message (ou la demande) provenant du service national, s'adresse à celui de l'État auquel appartient le service destinataire. Dans ce contexte, la transmission implique quatre acteurs : le service opérationnel émetteur, le point de contact de sortie, le point de contact d'entrée et le service opérationnel destinataire.

Différents points de contact ont été institués comme[94] :

- l'organe central prévu par l'art. 5 de la convention Naples II spécialisé pour les demandes d'assistance émanant des services douaniers. Le point de contact français de cet organe (appelé « Service central de coordination »), chargé de collecter les demandes et de centraliser les réponses, se trouve en France à la Direction nationale du renseignement et des enquêtes douanières[95] (DNRED)[96] et en Belgique à la Direction nationale des recherches,
- les Centres nationaux de coordination (CNC), instaurés par l'action commune du 26 mai 1997[97], ont pour but de faciliter la transmission de renseignements concernant le déplacement de groupes d'une certaine ampleur et susceptibles de constituer une menace pour l'ordre public. Les CNC forment les points de contact permanents institués par les conclusions du Conseil du 13 novembre 2001[98]. Conformément au manuel adopté par le

---

94 Précisons que la liste n'est pas exhaustive. Il existe en particulier, outre les points de contact au plan national, des points de contact au niveau régional. Ainsi, le Mémento de coopération douanière (doc. 5931/08 du 6 février 2008, ENFOCUSTOM 19) précise que, dans le cadre d'une poursuite transfrontalière, les points de contact à informer au plus tard au moment du franchissement de la frontière sont la Direction interrégionale des douanes de Lille (concernant la frontière avec la Belgique), celle de Metz (concernant la frontière avec le Luxembourg et l'Allemagne), celle de Marseille (concernant la frontière avec l'Italie) et celle de Bordeaux (concernant la frontière avec l'Espagne).

95 L'UCCPI rassemble seulement des policiers et des gendarmes. Les messages (et les demandes d'assistance) des services douaniers transitent, quant à eux, par l'intermédiaire du point de contact établi par la convention Naples II, situé au sein de la DNRED.

96 La DNRED, qui se situe à Paris, est une direction de la DGGDI dont la mission consiste à recueillir et à centraliser les informations en matière de fraude douanière, à contrôler la régularité des opérations réalisées par les opérations de douane, à prolonger l'action des services déconcentrés lorsque l'affaire dépasse le cadre de leur compétence territoriale, et à poursuivre les délits douaniers devant les juridictions pénales.

97 Action commune du 26 mai 1997 adoptée par le Conseil sur la base de l'article K.3 du traité sur l'Union européenne, relative à la coopération dans le domaine de l'ordre et de la sécurité publics (*JOCE* L 147 du 5.6.1997, p. 1).

98 Conclusions adoptées par le Conseil et les représentants des gouvernements des États membres le 13 juillet 2001 relatives à la sécurité des réunions du Conseil européen et

Conseil le 28 novembre 2001[99], leur rôle est d'assurer l'échange d'informations policières au cours d'un évènement international comme les réunions du Conseil européen. Le traité de Prüm et la décision transposant une partie du traité de Prüm en droit de l'Union prévoient pour leur part, que les États désignent un point de contact permettant l'échange de données y compris celles à caractère personnel sur des personnes susceptibles de commettre des troubles lors des manifestations de grande envergure à dimension transfrontalière[100],

- les « Points nationaux d'information football » (PNIF) institués par la décision du Conseil du 25 avril 2002[101]. Ces PNIF[102] font office de dispositifs relais destinés à faciliter l'échange d'informations entre les services de police à l'occasion des matches de football revêtant une dimension internationale. Ils ont accès à des données nominatives sur les supporters à risque et fournissent une analyse de risques concernant les clubs nationaux,
- le réseau constitué des services de sécurité nationaux spécialisés en matière de protection des hautes personnalités (REPC)[103] créé par la décision du Conseil du 28 novembre 2002[104],
- les points de contact spécialisés en matière de lutte antiterrorisme. La décision du Conseil du 19 décembre 2002[105] prévoit l'élaboration d'un service spécialisé au sein des services de sécurité intérieure ayant accès aux informations relatives aux enquêtes péna-

d'autres manifestations susceptibles d'avoir un impact comparable (doc. du Conseil du 16 juillet 2001, n° 10916/01, JAI 82).

99 Manuel à l'usage des autorités et services de police, sur la sécurité lors d'événements internationaux comme les réunions du Conseil européen (doc. du Conseil du 12 novembre 2002, n° 12637/3/02, ENFOPOL 123). Ce manuel a été actualisé par une résolution du Conseil du 4 décembre 2006 (*JOCE* C 322 du 29.12.2006, p. 1).

100 Concernant le traité de Prüm, le point de contact énoncé à l'art. 15 se trouve en France au sein de la SCCOPOL.

101 Décision du Conseil, du 25 avril 2002, concernant la sécurité lors de matches de football revêtant une dimension internationale (*JOCE* L 121 du 8.5.2002, p. 1). Cette décision a été modifiée le 12 juin 2007 (*JOCE* L 155 du 15.6.2007, p. 155).

102 En France, le point de contact se trouve à la DCSP.

103 En France, le point de contact se situe au service de protection des hautes personnalités (SPHP) de la DGPN.

104 Décision du Conseil du 28 novembre 2002 relative à la création d'un réseau européen de protection des personnalités (*JOCE* L 333 du 10.12.2002, p. 1). Une proposition de décision destinée à modifier la décision de 2002, fait actuellement l'objet d'un examen au sein du Conseil (*JOCE* C 330 du 30.12.2008, p. 2).

105 Décision 2003/48/JAI du Conseil du 19 décembre 2002 relative à l'application de mesures spécifiques de coopération policière et judiciaire en matière de lutte contre le terrorisme, conformément à l'article 4 de la position commune 2001/931/PESC (*JOCE* L 16 du 22.1.2003, p. 68).

les conduites dans ce domaine[106]. Le traité de Prüm et la décision transposant une partie du traité de Prüm en droit de l'Union prévoient que les États désignent un point de contact permettant le partage de renseignements de personnes suspectées de commettre des attentats[107],

– les points de contact spécialisés en matière de lutte contre la criminalité liée aux véhicules en vertu de la décision-cadre du 22 décembre 2004[108],
– les points de contact spécialisés chargés, en vertu du traité de Prüm, de la coordination des opérations réalisées par les *sky marshals*[109],
– les points de contact spécialisés chargés, en vertu du traité de Prüm, de la concertation concernant l'envoi de conseillers en faux documents dans des pays tiers sur la base des évaluations faites par le réseau d'OLI[110].

La France a également proposé d'établir des points de contact spécialisés chargés de la promotion des nouvelles technologies[111]. L'idée est de créer à travers ces points de contact, un réseau des organismes ayant des compétences similaires au Service des technologies de la Sécurité intérieure (STSI). Le STSI est un service de la Direction de l'Administration de la Police nationale (DAPN) de la DGPN chargé de mener des recherches et des essais dans ce domaine, pour le compte de tous les services de la direction générale. En matière des nouvelles technologies, il réalise des programmes de recherche, de tests et de diffusion d'équipement à l'attention de ces services, dans divers domaines (balistique,

---

106 La décision prévoit également un service spécialisé au sein des autorités judiciaires.

La décision 2005/671/JAI du Conseil du 20 septembre 2005 relative à l'échange d'informations et à la coopération concernant les infractions terroristes (*JOCE* L 253 du 29.9.2005, p. 22), permet l'envoi d'informations entre les autorités des différents États membres, relatives aux condamnations pour terrorisme. Elle permet aussi une transmission systématique des informations échangées à Europol et à Eurojust.

Pour sa part, l'art. 16.3 de la décision transposant une partie du traité de Prüm en droit de l'Union prévoit que les États désignent un point de contact permettant l'échange de données à caractère personnel sur des personnes susceptibles de commettre des actes de terrorisme.

107 Concernant le traité de Prüm, le point de contact énoncé à l'art. 16.3 se trouve en France au sein de la SCCOPOL.

108 Décision-cadre 2004/919/CE du 22 décembre 2004, concernant la répression de la criminalité visant les véhicules et ayant des incidences transfrontières (*JOCE* L 389 du 30.12.2004, p. 28).

109 En France, le point de contact énoncé à l'art. 19 se situe au sein de la Direction centrale de la police aux frontières (DCPAF) de la DGPN.

110 En vertu de l'art. 22, le point de contact situe en France au sein de la DCPAF.

111 Doc. n° 5629/08 du 18 février 2008, ENFOPOL 18.

systèmes d'information et de communication, drones, équipement audio/vidéo de surveillance, produits chimiques, etc.), le cas échéant, en partenariat avec le secteur privé.

La France a également établi une Unité centrale de coopération policière internationale (UCCPI)[112]. L'UCCPI forme l'organe central prévu par la convention d'application de l'accord de Schengen. Il constitue le point de contact concernant l'échange d'informations entre les services nationaux de sécurité intérieure. Outre cette mission d'interface, il exerce une fonction de conseil auprès de ces services.

D'autres points de contact spécifiques sont institués comme porte d'accès aux organisations auxiliaires de l'Union européenne compétentes en matière de sécurité intérieure. C'est le cas des Unités nationales Europol (UNE). Les UNE sont les organes de liaison entre l'office européen de police et les services nationaux. La décision instituant Europol précise qu'elles ont pour mission d'adresser à l'office européen de police des demandes de conseil, d'information, de renseignement et d'analyse, de lui fournir de leur propre initiative les renseignements nécessaires à l'accomplissement de ses fonctions, de répondre aux demandes d'information et de conseil formulées par Europol, de tenir à jour les renseignements et de les évaluer et, enfin, de communiquer à l'office ceux destinés à être stockés dans les bases de données. À l'instar des Bureaux centraux nationaux (BCN) du réseau Interpol, les UNE « occupent, en tant que relais vers les services de police spécialisés de leur pays, en matière d'adaptation des demandes et réponses aux différents systèmes juridiques nationaux, et plus prosaïquement de la traduction des messages, une position-clé. Ce sont à la fois des aides et des plaques tournantes »[113].

La technique des points de contact, en tant qu'instruments destinés à faciliter la collaboration entre les administrations nationales, est également employée par l'Union européenne dans le cadre de son action relative à différents aspects de l'espace de liberté, de sécurité et de justice. Ainsi, la directive du 29 avril 2004 relative à l'indemnisation des victimes de la criminalité[114], a mis sur pied des points de contact destinés notamment, à fournir une assistance et à rechercher des solutions face aux difficultés susceptibles de se présenter dans la mise en œuvre du

---

112 En vertu de l'art. D8-2-3° du code de procédure pénale français qui place l'UCCPI au sein de la DCPJ.

113 Lebrun, M., *Interpol*, Paris, Presses universitaires de France, coll. « Que sais-je ? », 1997, p. 89-90.

114 Directive du Conseil du 29 avril 2004, relative à l'indemnisation des victimes de la criminalité (*JOCE* L 261 du 6.8.2004, p. 2).

mécanisme d'indemnisation transfrontalier[115]. D'autres points ont été chargés, conformément à la décision-cadre du 13 juin 2002, d'échanger des informations sur les enquêtes concernant le génocide, les crimes contre l'humanité et les crimes de guerre[116].

En outre, la création des points de contact dans le domaine de la sécurité intérieure n'est pas l'apanage de l'Union européenne et des États membres dans le cadre des coopérations régionales. Sur le plan international, le G8 a décidé, lors de la réunion des ministres de la justice et des affaires intérieures à Washington DC les 9 et 10 décembre 1997, de mettre en place un réseau de points de contact[117] en matière de lutte contre la cybercriminalité[118]. Sur le plan national, les contrats de ville prévoient la création de correspondants au sein des services français, chargés de faciliter la mise en œuvre de leurs différents aspects, en particulier celui concernant la sécurité locale. Ces correspondants sont nommés dans chacun des services déconcentrés de l'État, notamment la

---

[115] La Belgique avait également présenté un projet destiné à établir un réseau européen de points de contact nationaux pour la justice réparatrice (*JOCE* C 242 du 8.10.2002, p. 20). L'initiative a été retirée depuis lors.

Autres illustrations, le Conseil a adopté une décision (décision 2008/852/JAI du 24 octobre 2008 [*JOCE* L 301 du 12.11.2008, p. 38]) relative à l'instauration d'un réseau de points de contact contre la corruption. Une résolution du Conseil a aussi été adoptée sur la création d'un réseau de coopération législative des ministères de la justice de l'Union européenne (*JOCE* C 326 du 20.12.2008, p. 1). Cette résolution demande aux États membres de mettre en place un correspondant au sein de chaque ministère chargé d'échanger des informations en matière législative.

[116] Décision 2002/494/JAI du Conseil du 13 juin 2002 portant création d'un réseau européen de points de contact en ce qui concerne les personnes responsables de génocide, de crimes contre l'humanité et de crimes de guerre (*JOCE* L 167 du 26.6.2002, p. 1).

À ce sujet, l'unité de coopération judiciaire assure, en vertu de la décision du 16 décembre 2008 modifiant la décision du 28 février 2002 instaurant Eurojust, le secrétariat du réseau concernant les personnes responsables de génocide. Cette décision du 16 décembre 2008 prévoit aussi la possibilité que l'unité de coopération judiciaire fasse fonction de secrétariat du réseau de points de contact contre la corruption.

[117] La convention sur la cybercriminalité du Conseil de l'Europe du 23 novembre 2001 (STE n° 185), qui traduit sous forme juridique les prescriptions du G8, demande, dans son art. 35, la création d'un réseau de points de contact « joignable(s) 24 heures sur 24, sept jours sur sept, afin d'assurer la fourniture d'une assistance immédiate pour des investigations concernant les infractions pénales liées à des systèmes et données informatiques ou pour recueillir les preuves sous forme électronique d'une infraction pénale ».

[118] À ce propos, l'Union a incité les États membres à participer à ce réseau. Ainsi, le Conseil a adopté, le 25 juin 2001, une recommandation qui demande à ceux qui n'y prenaient pas encore part, d'y adhérer (recommandation du Conseil du 25 juin 2001 concernant les points de contact assurant un service vingt-quatre heures sur vingt-quatre pour lutter contre la criminalité liée à la haute technologie [*JOCE* C 187 du 3.7.2001, p. 5]).

direction départementale de la sécurité publique (DDSP), la direction départementale de la protection de la jeunesse (DDPJ), et les Tribunaux de grande instance.

b. Des points de passage obligatoires ou facultatifs

L'objectif du point de contact est de venir en aide aux services de terrain. Dans cette optique, deux approches sont possibles : le transit de l'information obligatoire ou facultatif.

La première solution (transit obligatoire) instaure une entité chargée de centraliser tous les messages (ou les demandes d'assistance) avant de les diffuser à l'extérieur (ou de collecter ceux entrant pour les *dispatchers* aux services nationaux compétents). Elle a l'avantage pour l'État central (ou l'entité politique auquel est rattaché le point de contact), d'avoir une vue panoramique des relations qu'entretiennent les services qui sont sous sa responsabilité[119]. Le cas échéant, elle lui assure une certaine mainmise sur le flux de messages (et les demandes) entrants ou sortants.

La deuxième solution (transit facultatif) consiste, pour les services d'un État, de s'adresser non pas aux services opérationnels d'un autre État directement, mais à un service de soutien qui fait office de messager, à l'image du facteur qui se charge de distribuer le courrier qui lui a été remis. Ce système de messager préserve l'option de la transmission directe puisque le service émetteur conserve toute sa capacité en l'espèce, étant donné qu'il peut envoyer son message ou sa demande directement au service destinataire. Elle respecte donc la philosophie inhérente des points de contact, à savoir l'appui aux services nationaux en cas de besoin dans le cadre de leur collaboration avec les services d'autres États membres[120].

Les textes adoptés au cours des années 1990 ont prévu indistinctement le régime du transit facultatif et celui du transit obligatoire. Par exemple, le Conseil, en adoptant l'action commune instituant le Réseau judiciaire européen, a opté pour le mécanisme du transit facultatif en permettant au service expéditeur, soit de passer par le point de contact du réseau, soit de s'adresser directement à l'autorité judiciaire nationale.

119 En revanche, elle présente l'inconvénient de brider la collaboration directe entre les services nationaux. Le point de contact perd sa fonction de soutien au service national pour devenir un point de passage obligé, indépendamment du fait que ceux-ci requièrent ou non une aide.

120 Réciproquement, les inconvénients sont, d'une part, la perte de contrôle de l'État central (ou l'entité politique à laquelle est rattaché le point de contact) sur le transit des messages et des demandes entre les services qui sont sous sa responsabilité, et ceux des autres États membres ; et, d'autre part, de la perte de la capacité de connaître le volume et le type de messages échangés si les services opérationnels ne réalisent pas parallèlement, de statistiques qu'ils lui remettent.

En revanche, le transit obligatoire était la pratique choisie par les rédacteurs de la convention Europol. Initialement, les UNE exerçaient une fonction de « filtrage » des informations dans la mesure où celles-ci devaient transiter par elles. En conséquence, un service national ne pouvait pas contacter l'office européen de police directement, même en cas d'urgence. Inversement, un OLE n'avait pas la possibilité de s'adresser directement aux services nationaux concernés.

Nous assistons depuis les années 2000, à une évolution au niveau européen qui se traduit par une extension du modèle du transit obligatoire vers celui du transit facultatif.

D'une part, les textes les plus récents, comme la décision instituant Eurojust (2002) et celle instituant le CEPOL (2005), optent pour cette solution.

Le Conseil, en adoptant la décision établissant Eurojust, a préféré le mécanisme du transit facultatif. En effet, une autorité judiciaire peut s'adresser au membre national en décidant le passage ou non *via* le correspondant national. De même, les points de contact nationaux du CEPOL ne constituent pas des points de passage obligés des messages échangés entre les instituts européens de formation. Enfin, bien que la décision instituant Frontex soit silencieuse à ce sujet, des points de contact fondés sur le modèle du transit facultatif ont été instaurés. Ces National Frontex Point of Contact (NFPoC) collectent les informations, les messages et les demandes émanant des services nationaux à l'attention de l'agence. Inversement, ils répercutent ceux en provenance de Frontex vers les services nationaux.

D'autre part, le modèle du transit obligatoire existant dans certains organismes est susceptible d'être remplacé par celui du transit facultatif. Ainsi, pour Europol, le protocole du 23 novembre 2003 met fin partiellement à la situation de monopole des UNE en autorisant, le cas échéant, les communications directes entre Europol et les services nationaux. La décision instituant Europol conserve cette solution réduisant l'étendue du monopole des UNE mais elle précise qu'il revient aux États membres de se définir quant à la nature des relations OLE/services nationaux[121]. Autrement dit, elle laisse leur soin de choisir individuellement entre le modèle de transit facultatif et celui obligatoire.

---

[121] En cas de communication directe, l'UNE reçoit en copie et simultanément les données échangées entre l'office européen de police et les services nationaux. En comparaison, la décision du 16 décembre 2008 ne précise rien quant à l'information du correspondant national d'Eurojust. Contrairement à la décision instituant Europol, il n'est pas prévu de copie à l'attention du correspondant des informations transmises entre le membre national et l'autorité judiciaire nationale (ce qui n'empêche pas éventuellement, les États membres de mettre en place un tel dispositif).

Nous observons également ce phénomène au niveau français. La législation actuelle autorise les services nationaux situés en dehors de la zone frontalière à faire directement appel au Centre de coopération policière et douanière (CCPD). À présent, ils ont le choix, soit d'utiliser le canal de l'UCCPI, soit de s'adresser au CCPD si celui-ci est en relation avec les services du pays visé par le message (ou la demande d'assistance)[122].

Pour assurer la cohérence de l'action entre les points de contact, leurs responsables sont susceptibles de se rencontrer régulièrement. C'est le cas, nous le verrons, du Réseau judiciaire européen. Ses points de contacts se rassemblent dans le cadre de réunions plénières. Ceux faisant office de correspondants nationaux se réunissent en assemblée spécifique. C'est aussi le cas d'Europol. Les responsables des UNE[123] se retrouvent dans le cadre de « réunions HENUs ». Ces réunions, consacrées par le protocole du 23 novembre 2003[124], visent à intensifier les relations entre les points de contact sans créer de hiérarchie entre eux, ni établir d'organe de décision qui imposerait ses vues aux participants. Elles se déroulent quatre à six fois par an, ont un rôle de concertation et d'impulsion, leur objectif étant de formuler des propositions à l'égard du conseil d'administration[125] et de la direction d'Europol[126]. Eurojust opère

---

122 Cependant, nous verrons que cette évolution n'est pas complètement aboutie dans la mesure où les accords bilatéraux et multilatéraux doivent être modifiés. Or, cela n'est pas encore le cas.

123 Acronyme de *Heads of Europol National Units*.

124 Art. 4.7 de la convention dans sa version consolidée.

L'art. 8.7 de la de décision constitue pour sa part, la nouvelle base juridique des réunions des HENUs. Il indique que les chefs d'unité, au cours de ces réunions, élaborent des propositions destinées à améliorer l'efficacité de l'office européen de police, examinent les rapports d'évaluation de la menace qu'Europol établit, et facilitent la constitution d'équipes communes d'enquête auxquelles prend part l'office.

125 En vertu de la décision instituant Europol, le conseil administration a pour mission, outre celle relative à la supervision des travaux du directeur et celles en matière d'évaluation et d'audit interne (*cf. infra*), d'adopter des textes de droit dérivé (comme celui relatif aux droits et obligations des OLE), d'approuver les accords signés avec les organisations de l'Union, d'adopter la stratégie d'Europol et d'arrêter le budget de l'office européen de police.

Le Conseil a quant à lui pour tâche de prendre les décisions d'envergure majeure : nommer le directeur d'Europol, autoriser la création d'AWF et approuver les priorités stratégiques d'Europol, le rapport annuel d'activité, le programme de travail de l'office ainsi que les accords signés avec les pays et les organisations tiers.

126 Sur le directeur d'Europol, *cf. infra*. En 2006, les HENUs se sont réunis cinq fois. Ils ont concentré leurs travaux sur les activités opérationnelles d'Europol, en particulier en matière de blanchiment d'argent et de contrefaçon de l'euro. Ils ont aussi contribué à l'*Organised Crime Threat Assessment* (OCTA). Ils ont effectué un travail de suivi des fichiers de travail aux fins d'analyse (AWF), ils se sont penchés sur les travaux ayant trait à la révision de la convention d'Europol et ont abordé des thèmes en

des rencontres similaires en organisant des réunions régulières entre les correspondants nationaux. Il s'agit des réunions stratégiques de niveau 3.

3. *Les bureaux Sirene, les commissariats mixtes et les centres communs de collaboration*

Les bureaux Sirene[127] sont les structures matérielles associées aux N. SIS II. Disponibles 24 heures sur 24, ils permettent la transmission d'informations complémentaires nécessaires au bon fonctionnement du système d'information Schengen (SIS).

Ces bureaux, issus de la pratique, forment des intermédiaires entre les services nationaux de sécurité intérieure du pays requis et ceux de l'État requérant. Leurs opérateurs n'exercent qu'un contrôle technique et formel des informations communiquées. Ils n'interviennent ni sur la question de la licité des données, ni sur celle de l'opportunité d'introduire celles-ci dans la base. Les bureaux Sirene sont reliés entre eux par un système de télécommunication protégé qui fonctionne depuis 2001 : le Sisnet. Le règlement du 29 avril 2004[128] et la décision du 24 février 2005[129] confirment l'existence de ces bureaux sur le plan juridique. Ils trouveront leur fondement dans le règlement du 20 décembre 2006[130] et la décision du 12 juin 2007[131] instituant le SIS II, une fois celui-ci opérationnel.

---

lien avec l'échange d'informations. Plus particulièrement, ils ont adopté les éléments du projet de modèle-type de bureau de liaison.

127 Acronyme de *Supplementary Information Request at the National Entry*.

128 Règlement 871/2004/CE du Conseil du 29 avril 2004 concernant l'attribution de certaines fonctions nouvelles au Système d'information Schengen, y compris dans le cadre de la lutte contre le terrorisme (*JOCE* L 162 du 30.4.2004, p. 29).

129 Décision 2005/211/JAI du Conseil du 24 février 2005 concernant l'attribution de certaines fonctions nouvelles au Système d'information Schengen, y compris dans le cadre de la lutte contre le terrorisme (*JOCE* L 68 du 15.3.2005, p. 44).

130 Règlement (CE) n° 1987/2006 du Parlement européen et du Conseil du 20 décembre 2006 sur l'établissement, le fonctionnement et l'utilisation du système d'information Schengen de deuxième génération (SIS II) (*JOCE* L 381 du 28.12.2006, p. 4).

131 Décision 2007/533/JAI du Conseil du 12 juin 2007 sur l'établissement, le fonctionnement et l'utilisation du système d'information Schengen de deuxième génération (SIS II) (*JOCE* L 205 du 7.8.2007, p. 63).

Le Règlement sur l'accès des services des États membres chargés de l'immatriculation des véhicules au système d'information Schengen de deuxième génération (SIS II) a été adopté le même jour que le règlement 1987/2006/CE (règlement (CE) n° 1986/2006 du Parlement européen et du Conseil du 20 décembre 2006 [*JOCE* L 381 du 28.12.2006, p. 1]).

Le manuel Sirene[132], dont la plus grande partie a fait l'objet d'une déclassification le 14 octobre 2002[133], compile l'ensemble des instructions destinées aux opérateurs de chacun des différents bureaux. Ils déterminent leur organisation ainsi que leur activité. Il contient un chapitre spécifique relatif aux conduites à tenir par les opérateurs du bureau Sirene. En effet, le bon fonctionnement du SIS repose sur une action coordonnée des différents systèmes nationaux[134]. Chaque cas d'intervention a donc été développé et codifié afin d'obtenir une description précise des tâches qu'ils ont à accomplir[135].

Les bureaux Sirene effectuent l'échange de messages relatifs aux signalements intégrés dans le SIS. Ils ont plus spécifiquement pour tâche de recevoir et transmettre les informations complémentaires nécessaires aux données informatiques introduites dans la base. En outre, ils sont chargés d'assister les services nationaux utilisateurs du SIS. Autrement dit, ils font fonction de *helpdesk* en cas de besoin. Ces bureaux, sans être des autorités judiciaires, sont en quelque sorte les « conseillers juridiques » des services de terrain. Enfin, ils constituent des vecteurs de transmission du mandat d'arrêt européen, y compris les informations complémentaires. Ils forment un intermédiaire entre les agents interpellateurs et le magistrat émetteur. Par ailleurs, les bureaux Sirene sont investis du pouvoir d'apposer un indicateur de validité[136] lorsqu'il y a double incrimination.

---

132 *JOCE* C 38 du 17.2.2004, p. 1 (pour ce qui est du SIS I).

Concernant le SIS II, le manuel, fondé sur l'art. 8 du règlement du 20 décembre 2006, et l'art. 8 de la décision du 12 juin 2007, repose sur deux décisions de la Commission du 4 mars 2008, la première ayant trait aux dispositions contenues dans le règlement (*JOCE* L 123 du 8.5.2008, p. 1) et la deuxième à celles figurant dans la décision. (*JOCE* L 123 du 8.5.2008, p. 40).

133 Décision du Conseil du 14 octobre 2002 concernant la déclassification de certaines parties du manuel Sirene adopté par le comité exécutif institué par la convention d'application de l'accord de Schengen du 14 juin 1985 (*JOCE* L 8 du 14.1.2003, p. 34).

134 Par exemple, le manuel évoque une procédure particulière de vérification de l'existence d'une variété de signalements multiples concernant un individu. Il s'agit d'identifier des individus différents mais ayant des caractéristiques d'identification communes.

135 Le manuel mentionne les hypothèses principales d'intervention du bureau Sirene, comme les signalements multiples. Dans ce cas de figure et contrairement à l'hypothèse mentionnée dans la note de bas de page précédente, le SIS contient plusieurs signalements émanant de divers pays pour un seul individu. Le risque est que le service de terrain soit confronté à des conduites à tenir différentes. L'opérateur Sirene intervient alors pour lui préciser clairement les mesures à prendre.

136 Un système fonctionnant sur la base d'informations et de prescriptions nationales.

En pratique, la collaboration *via* les bureaux Sirene paraît désormais bien huilée. Ceux-ci traitent un volume d'information important selon des règles complexes sans difficultés particulières.

> Le bureau Sirene contribue à la bonne transmission des dossiers entre la France et ses partenaires – la dimension impressionnante de cette base de données, unique en son genre, et la sérénité dans laquelle elle est gérée. Il est frappant de constater que le caractère international de procédures complexes comme une extradition ou une arrestation apparaît désormais comme une démarche naturelle, voire routinière[137].

Pour ce qui est des centres communs de collaboration policière et douanière, ceux-ci regroupent, soit des personnels de police exclusivement, soit des personnels de police, de gendarmerie et de douane. Dans la première hypothèse, il s'agit de commissariats mixtes. Dans la deuxième, ce sont des centres communs de collaboration policiers et douaniers, c'est-à-dire les CCPD. Les CCPD, ainsi que les commissariats mixtes, ont pour but de faciliter l'entraide dans la zone transfrontalière. Selon les termes du guide européen de bonnes pratiques relatives aux CCPD[138], il s'agit « d'outils de proximité précieux » sous forme de « structures de soutien en matière d'échange de renseignements » relatifs à la « petite et moyenne délinquance, aux flux migratoires et aux problèmes d'ordre public ». Ils apportent également une assistance aux services opérationnels des zones frontalières en les appuyant dans leur action de surveillances, de recherches, et d'interventions dans ces zones, de contrôles et de surveillances conjoints, et des opérations transfrontalières de maintien et de rétablissement de l'ordre public[139].

La France a institué plusieurs centres à ses frontières avec les autres États participant à la coopération Schengen. Elle privilégie la collaboration police-douane en créant, non pas des commissariats mixtes, mais des CCPD avec ses partenaires. Il en existe dix, neuf étant de nature bilatérale et un de nature multilatérale. Les neuf CCPD bilatéraux se situent à Kehl (Allemagne), à Tournai (Belgique), à Vintimille (Italie), à Modane (frontière italienne), à Genève (Suisse), à Melles-Pont du Roy (France), à Hendaye (France), à Canfranc-Somport-Urdos et au Perthus/la Junquera (Espagne ou frontière espagnole). Le CCPD de nature

---

[137] Loncle, F., *Le bilan et les perspectives des Accords de Schengen*, Rapport d'information de l'Assemblée nationale française, n° 1476, 17 mars 1999.

[138] Approuvé par le Conseil le 24 octobre 2008 (doc. du Conseil du 3 octobre 2008, n° 13815/08, ENFOPOL 183, ENFOCUSTOM 88, FRONT 85, COMIX 718).

[139] En effet, les CCPD aident à la coordination des unités participant aux opérations concertées. En outre, certains accords prévoient le soutien à la procédure de réadmission des étrangers en situation irrégulière (art. 8 de l'accord de Tournai par exemple). Pour ce qui est du CCPD de Tournai, les témoignages recueillis à ce sujet révèlent que ce type de mission n'est quasiment jamais effectué.

multilatérale se trouve à Luxembourg. Il regroupe les services policiers et douaniers de quatre États : la France, le Luxembourg, la Belgique et l'Allemagne.

Les commissariats mixtes et les CCPD rassemblent des personnels détachés des pays signataires. Ceux-ci ont accès à leurs fichiers de sécurité intérieure respectifs. Ils travaillent sous la responsabilité de coordinateurs (un par pays) et de chefs de détachement (un par corps représenté)[140]. Au CCPD de Tournai, des réunions hebdomadaires ont lieu entre les coordinateurs et les chefs de détachement pour régler l'activité quotidienne du centre[141]. Un Groupe de travail opérationnel (GTO)[142] se réunit pour faire le point sur l'état d'avancement de dossiers visant la coopération transfrontalière[143].

La convention d'application de l'accord de Schengen n'énonce pas explicitement la création des CCPD. Ceux-ci ne trouvent pas leur base dans le texte mais, indirectement, à travers les accords bilatéraux destinés à compléter la convention d'application de l'accord de Schengen.

C'est sur le fondement de ces conventions bilatérales conclues en vertu de l'art. 39.5 CAS, que les États ont mis en place les CCPD. C'est le cas de la France avec les pays partenaires visés ci-dessus. C'est aussi

140 Néanmoins, les pouvoirs des coordinateurs et des chefs de détachement diffèrent selon les pays, notamment sur le plan de l'autorité hiérarchique. Pour les coordinateurs français, ils n'ont qu'une autorité fonctionnelle sur les différents détachements.

141 Concernant l'activité de ce centre, le rapport d'activité de la police fédérale belge précise qu'en 2006, 48 308 demandes ont été envoyées *via* le CCPD de Tournai, contre 48 120 en 2005 et 66 217 en 2004.

142 Participent au GTO au niveau français, le coordinateur français du CCPD, le procureur de la République, le commandant de groupement, le directeur départemental de la sécurité publique et un représentant de la douane.

143 Quant au Comité stratégique, il se réunit pour définir les grandes orientations de la coopération policière et douanière transfrontalière dans la zone qui le concerne. Si le CCPD est partie prenant à ces instances, il n'est pas le seul concerné par la collaboration transfrontalière.

Ce groupe de travail se compose, du côté français, des représentants nationaux des différentes administrations participant au CCPD (DGPN, DGGN et DGDDI) et du préfet. Il se compose, du côté belge, des services publics fédéraux compétents (cabinet et direction générale de la Politique de Sécurité et de Prévention pour le Service public fédéral Intérieur, cabinet et administration de la Législation pénale et des droits de l'homme pour le Service public fédéral Justice, et administration des Douanes et Accises pour le Service public fédéral Finances), des autorités judiciaires compétentes (Parquets généraux de Mons et Gand, et Parquet fédéral), des autorités administratives compétentes (Gouverneurs des provinces de la Flandre occidentale et du Hainaut) et du commissaire général de la Police fédérale.

le cas de la Belgique, des Pays-Bas et du Luxembourg qui ont conclu un traité en 2004 qui instaure des *Joint police centres* entre eux[144].

Dans la mesure où l'art. 39.5 CAS renvoie à la conclusion d'accords bilatéraux, il n'existe pas en droit positif, de règles communes concernant l'organisation et le fonctionnement des CCPD. En effet, les normes régissant les centres sont élaborées au cas par cas, au fil des accords. La délégation belge du Conseil avait présenté un projet de recommandation[145] destinée à préciser au niveau de l'Union européenne, les modalités communes concernant leur organisation et leur fonctionnement[146]. De son côté, la proposition de la Commission, du 18 juillet 2005, concernant l'amélioration de la collaboration policière[147] consacrait pour la première fois ces centres dans un texte contraignant élaboré au niveau de l'Union. Finalement, cette proposition a été abandonnée[148]. En 2008, le Conseil est parvenu, en approuvant le guide européen de bonnes pratiques relatives aux CCPD, à élaborer un socle commun de règles relatives à la création, au fonctionnement et à l'évaluation de ces centres. En effet, ce guide contient tout un ensemble de lignes directrices à cet égard, de même qu'un plan d'accord type ainsi qu'un règlement d'emploi type en annexe. Néanmoins, ces lignes demeurent très générales et, pour ce qui est de l'accord type ainsi du règlement d'emploi type, il ne s'agit que de plans sommaires se limitant à décrire dans les grandes lignes, l'architecture globale des documents destinés à régir l'organisation et le fonctionnement des CCPD.

C. *La création de fichiers de sécurité intérieure de première génération*

Les fichiers de sécurité intérieure constituent des bases de données spécialisées qui regroupent des individus et des objets ayant un lien avec des évènements susceptibles de porter atteinte à la sécurité intérieure

[144] Concernant les modalités de fonctionnement, l'art. 24 de ce traité précise que les *Joint police centres* sont compétents pour transmettre toute une série de données. Elles sont nominatives et sont issues des registres qu'une annexe compile.

[145] Doc. du Conseil n° 7585/02 du 5 avril 2002, ENFOPOL 45, COMIX 216.

[146] Ce texte, retiré de depuis lors, prévoyait que les centres communs avaient notamment, pour mission le recueil, l'échange et l'analyse d'informations concernant la lutte contre les phénomènes criminels transfrontaliers ainsi que la prévention d'infractions et de menaces pour l'ordre public.

[147] Proposition de décision du Conseil concernant l'amélioration de la coopération policière entre les États membres de l'Union européenne, en particulier aux frontières intérieures, et modifiant la convention d'application de l'Accord de Schengen (COM(2005)317).

[148] Il ne l'a pas été en raison de la partie consacrée aux CCPD (même si quelques États membres n'y étaient pas favorables), mais pour les tentatives d'amender les dispositions consacrées à la poursuite et l'observation transfrontalière.

(1). Le spectre est très large puisqu'ils visent les individus suspects mais aussi les tiers mis en cause dans une procédure judiciaire, comme les victimes d'infractions pénales par exemple. Ils concernent toute une série d'informations dont une partie revêt un caractère sensible[149].

Parmi ces fichiers, certains constituent des fichiers d'alerte (2) et d'autres fichiers de recherche de dossier (3)[150]. Il s'agit de familles de fichiers que nous identifions comme étant de première génération dans la mesure où les informations qu'ils stockent sont d'origine nationale. Autrement dit, ce sont les États membres qui alimentent les bases de données européennes.

Il est vrai que le niveau d'alimentation est variable d'un État à l'autre, chacun d'eux décidant de diffuser des données selon ses propres considérations (intérêt de l'enquête, affectation de personnel au chargement de la base, etc.) Ainsi, pour ce qui a trait plus spécifiquement du Système d'information Schengen, que nous classons comme appartenant à la catégorie des fichiers de première génération, « il existe une différence notable entre le contenu d'une base de données nationales d'un État et les données transmises au SIS par le même État. Chaque partie choisit de diffuser ou non les signalements à ses partenaires en fonction de l'opportunité »[151].

1. Le principe des fichiers de sécurité intérieure : des banques de données spécialisées

Le progrès technique a grandement facilité les capacités de stockage de l'information. Depuis quelques dizaines d'années, les États membres se sont dotés de fichiers destinés à rassembler des renseignements dans divers domaines, en particulier de la sécurité intérieure. Les fichiers de sécurité intérieure recensent tous les renseignements concernant les personnes et les objets en relation avec des phénomènes criminels et des actes susceptibles de troubler l'ordre public.

---

149 Selon l'art. 8.1 de la directive 95/46/CE du Parlement européen et du Conseil, du 24 octobre 1995, relative à la protection des personnes physiques à l'égard du traitement des données à caractère personnel et à la libre circulation de ces données (*JOCE* L 281 du 23.11.1995, p. 31), les données sensibles sont celles qui révèlent l'origine raciale ou ethnique, les opinions politiques, les convictions religieuses ou philosophiques, l'appartenance syndicale, ainsi que le traitement des données relatives à la santé et à la vie sexuelle.

150 Les fichiers d'analyse présentent un degré d'intégration plus élevé que les fichiers d'alerte et ceux de recherche de dossier. C'est la raison pour laquelle nous les analyserons dans un prochain chapitre.

151 Chocquet, C., « Le Système d'information Schengen : un double défi », in *Marché commun et de l'Union européenne* n° 418, mai 1998, p. 259.

De par leur nature, ils sont susceptibles de porter atteinte aux droits des personnes et plus spécifiquement à celui à la vie privée. C'est la raison pour laquelle, ils sont soumis aux règles relatives à la protection des données et leur utilisation fait l'objet d'un contrôle spécifique par les organes de contrôles chargés de la protection des données à caractère personnel. Ces organes ont pour mission de s'assurer de la conformité du traitement des données au regard des règles édictées par le Conseil de l'Europe[152], par l'Union européenne et sur le plan interne.

Au niveau national, les instances compétentes pour faire respecter ces règles sont la Commission de la protection de la vie privée en Belgique et la Commission Nationale de l'Informatique et des Libertés (CNIL) en France. Au niveau de l'Union, il s'agit du CEPD, de l'Autorité de contrôle commune d'Europol, de l'Autorité de contrôle « Douanes », de l'Autorité de contrôle commune Schengen et de l'Organe de contrôle commun d'Eurojust.

En France, parmi les fichiers de sécurité intérieure figurent :

- le fichier de travail de la police judiciaire, à savoir le fichier Ariane issu de la fusion du système de traitement des infractions constatées (STIC) et son pendant gendarmique, le système judiciaire de documentation et d'exploitation (JUDEX),
- le Fichier national automatisé des empreintes génétiques (FNAEG),
- le Fichier automatisé des empreintes digitales (FNAED),
- le Fichier des personnes recherchées (FPR),
- le Fichier des véhicules volés (FVV),
- le fichier de la Direction centrale du renseignement intérieur (DCRI) issu de la fusion des fichiers de la Direction générale des Renseignements généraux et de la Direction de la surveillance du territoire.

Outre ces fichiers de police, il existe le Fichier national d'information des douanes (FNID).

Les travaux de l'Union européenne et ceux entrepris dans le cadre de la coopération régionale menée par les États membres se sont efforcés de créer des banques de données au niveau européen. Pour ce qui est des fichiers européens de sécurité intérieure toutes générations confondues, nous trouvons le Système d'information Schengen, le Fichier d'identification des dossiers d'enquêtes douanières (FIDE), le Système d'information d'Europol, les Systèmes de gestion de cas (Case management Systems) de l'Office de lutte antifraude (OLAF) et d'Eurojust, le Sys-

---

[152] En particulier la convention STE n° 108 précitée.

tème d'information douanier (SID), le Système d'information Europol (SIE), les fichiers d'analyse de risques de Frontex, le Système informatique antifraude de l'OLAF (AFIS), le Système européen automatisé d'identification criminelle par les empreintes digitales (AFIS-D[153]), les fichiers d'index et d'analyse d'Europol[154].

Nous identifions d'autres fichiers qui ne sont pas des fichiers de sécurité intérieure proprement dits, mais dont l'utilisation contribue à assurer la sécurité intérieure des États membres et de l'Union. C'est le cas du FADO, d'Eurodac et du Système d'information sur les visas (VIS).

Le système européen d'archivage d'images (FADO), qui repose sur une action commune du 3 décembre 1998[155], est une base de données destinée à faciliter l'échange de documents d'identité et de voyage, qu'ils soient authentiques ou falsifiés. Le Conseil, dans ses conclusions des 5 et 6 juin 2008[156], précise que le FADO a été enrichi de deux sous-systèmes contenant des informations non classifiées : *i*FADO et PRADO. *i*FADO est un intranet à l'usage exclusif des services nationaux chargés de contrôler les documents d'identité et de voyage. Le PRADO est, selon les termes des conclusions, « un registre public en ligne des documents authentiques d'identité et de voyage, mis à la disposition du grand public via la page d'accueil du site web du Conseil ».

Fondé sur un règlement du 11 décembre 2000[157], Eurodac est destiné à permettre la comparaison des empreintes digitales des demandeurs d'asile et des immigrants clandestins afin de faciliter l'application du règlement Dublin II[158]. Nous n'examinerons pas en profondeur ce fichier

---

153 Officiellement, ce système est nommé AFIS mais pour éviter toute ambiguïté dans son propos, nous avons décidé de réserver l'abréviation AFIS au Système informatique antifraude et employer l'acronyme AFIS-D pour le Système européen automatisé d'identification criminelle par les empreintes digitales.

154 Ainsi que les fichiers de travail temporaires et les fichiers d'index d'Eurojust, prévus par la décision du 16 décembre 2008 modifiant la décision du 28 février 2002 instituant l'unité de coopération judiciaire.

155 Action commune 98/700/JAI du 3 décembre 1998 adoptée par le Conseil sur la base de l'article K.3 du traité sur l'Union européenne, relative à la création d'un système européen d'archivage d'images (FADO) (*JOCE* L 333 du 9.12.1998).

156 Doc. du Conseil n° 9665/08, FRONT 48, FAUXDOC 14, COMIX 418.

157 Règlement (CE) n° 2725/2000 du Conseil du 11 décembre 2000 concernant la création du système « Eurodac » pour la comparaison des empreintes digitales aux fins de l'application efficace de la convention de Dublin (*JOCE* L 316 du 15.12.2000, p. 1).

158 Qui vise à déterminer l'État responsable de l'examen d'une demande d'asile (règlement (CE) n° 343/2003 du Conseil du 18 février 2003 établissant les critères et mécanismes de détermination de l'État membre responsable de l'examen d'une demande d'asile présentée dans l'un des États membres par un ressortissant d'un pays

dans la mesure où il s'agit certes d'un instrument qui concourt indirectement à lutter contre certains phénomènes criminels mais son objectif premier s'inscrit dans la mise en œuvre de la politique d'asile et, dans une certaine mesure, dans celle de la politique migratoire[159].

Le VIS est pour sa part, système recensant les demandes de visa de court séjour ainsi que les décisions de refus, de prorogation, d'annulation ou de retrait du visa. Le VIS a pour but, outre la mission d'amélioration de la mise en œuvre de la politique de l'Union en matière de visas, la coopération consulaire et la lutte contre la fraude documentaire. Le VIS est un système complémentaire au SIS, dans la mesure où il a pour objectif d'assurer la sécurité intérieure, et à Eurodac dans la mesure où il a pour objectif d'éviter que les critères établis par le règlement Dublin II ne soient contournés. En outre, il vise à lutter contre l'immigration illégale et contribue à la gestion des frontières extérieures. Le VIS est en cours de développement et devrait être opérationnel au début de l'année 2010. Une décision relative à l'architecture du système a été adoptée par le Conseil le 8 juin 2004[160]. Un règlement destiné à définir son objet et ses fonctionnalités a été adopté quant à lui, le 9 juillet 2008[161].

Concernant la gestion des frontières extérieures, la Commission envisage, parmi ses projets, de créer un Système d'enregistrement d'entrée/sortie. Ce système, présenté dans une communication du 13 février 2008[162], aurait pour mission d'enregistrer automatiquement le lieu et la date d'entrée et de sortie des ressortissants de pays tiers admis pour un séjour inférieur à trois mois. Il permettrait de détecter les dépassements de séjour et de fournir des données ayant trait aux tendances concernant ce phénomène ainsi que des chiffres sur les flux migratoires. Il fonctionnerait sur la même plateforme que le SIS et le VIS.

---

tiers [*JOCE* L 50 du 25.2.2003, p. 1]). Les systèmes Dublin II et Eurodac sont en cours de refonte (COM(2008)825).

159 Eurodac permettant de stocker, dans certaines conditions, les données relatives à des ressortissants de pays tiers en situation irrégulière.

160 Décision 2004/512/CE du Conseil, du 8 juin 2004, portant création du système d'information sur les visas (VIS) (*JOCE* L 213 du 15.6.2004, p. 5).

161 Règlement (CE) n° 767/2008 du Parlement européen et du Conseil du 9 juillet 2008 concernant le système d'information sur les visas (VIS) et l'échange de données entre les États membres sur les visas de court séjour [règlement VIS]) (*JOCE* L 218 du 13.8.2008, p. 60). Les services nationaux de sécurité intérieure ainsi qu'Europol y ont accès en vertu de la décision n° 2008/633/JAI du Conseil du 23 juin 2008 (*JOCE* L 218 du 13.8.2008, p. 129).

162 Intitulée « Préparer les prochaines évolutions de la gestion des frontières dans l'Union européenne » (COM(2008)69).

Le Système électronique d'autorisation de voyage (ESTA)[163] est un autre projet présenté dans la même communication qui aurait pour but de vérifier que tous les ressortissants de pays tiers non soumis à visa en partance pour un État membre remplissent, avant d'entreprendre leur voyage, toutes les conditions d'entrée requises.

Concernant le Système d'enregistrement d'entrée/sortie, le Conseil, dans ses conclusions des 5 et 6 juin 2008[164], a invité la Commission à présenter d'ici le début de l'année 2010 des propositions et, pour ce qui est de l'ESTA, il lui a demandé de lancer une étude de faisabilité.

2. *Les fichiers d'alerte : l'exemple du Système d'information Schengen (SIS)*

Les fichiers d'alerte sont des bases de données dont l'utilisateur se sert pour apurer une tâche par des informations concrètes pour les cas particuliers qu'il doit traiter[165]. Ce sont aussi des fichiers dits « d'affichage ». Il s'agit de banques de données destinées à aider un service national en lui fournissant un certain nombre de renseignements simples, qui en principe, n'ont pas fait l'objet préalablement d'une analyse criminelle et qui ont pour but de lui permettre d'accomplir sa mission.

Sur le plan européen, les fichiers d'alerte sont, soit des bases de données distribuées, c'est-à-dire décentralisées, soit des bases centralisées. Les bases centralisées constituent des catégories de fichiers plus intégrés. C'est la raison pour laquelle, nous examinerons ces dernières dans un chapitre suivant.

Les bases de données décentralisées se caractérisent par une configuration dite « en étoile ». La partie technique au centre de cette étoile est la structure destinée à assurer la maintenance du système ainsi que sa cohérence. Les arêtes constituent, quant à elles, la partie opérationnelle. Elles sont composées d'éléments qui stockent les données du système.

Le Système d'information Schengen de première génération, le SIS I, était un système décentralisé. Le SIS deuxième génération, le SIS II (a) est quant à lui, davantage centralisé. C'est pourquoi son architecture sera analysée plus loin. Reste nonobstant, qu'il fonctionne toujours sur la base d'informations et de prescriptions nationales (b).

---

163 Initialement nommé ETA (*Electronic Travel Authorization*), le projet a été rebaptisé ESTA (*Electronic System of Travel Authorization*) à la demande des autorités espagnoles, afin de ne pas semer la confusion entre ce système et le groupe terroriste indépendantiste Euskadi Ta Askatasuna.

164 Conclusions du Conseil sur la gestion des frontières extérieures des États membres de l'Union européenne (doc. du Conseil n° 9956/08 [Presse 146]).

165 Comme par exemple, le contrôle d'une personne en fuite.

a. Du SIS I au SIS II

Le SIS de première génération est un système informatique élaboré dans le cadre de la réalisation de l'espace Schengen. Il trouvait son fondement juridique dans le titre IV de la convention d'application de l'accord de Schengen.

En 2003, il contenait plus de 10 millions de signalements[166]. En 2006, il rassemblait 17 millions de signalements, dont plus de 90 % avaient trait à des objets volés[167].

Le SIS poursuit un double objectif : d'une part, assurer la préservation de l'ordre public et d'autre part, permettre l'application des dispositions de la libre circulation des personnes, contenues dans la convention d'application de l'accord de Schengen.

Au moment de sa création, le système était conçu comme devant être la poutre maîtresse de l'édifice des mesures compensatoires destinées à combler le vide sécuritaire invoqué face au démantèlement des contrôles aux frontières entre les États parties à la convention. L'objectif du SIS « n'est pas, (à la différence d'Europol), de faire de la recherche judiciaire sur un plan précis mais d'assurer la sécurité »[168]. Le SIS devenait un moyen de « contrôler autrement »[169], à distance. Il s'agissait d'agir non pas à la frontière, mais au cœur des territoires nationaux et aux frontières extérieures, c'est-à-dire celles à la limite de l'espace Schengen.

L'un des arguments évoqués en faveur de la création d'un tel système était que la suppression des contrôles provoquait, comme indiqué dans l'introduction générale, un déficit de sécurité. Dans cette perspective, le SIS faisait partie des batteries de moyens mises en place pour assurer un niveau de protection au moins égal au niveau antérieur : renforcement de la collaboration policière régionale *via* les accords bilatéraux conclus sur la base de l'art. 39.5 CAS, amélioration de

---

166 877 655 personnes recherchées plus 386 000 alias (dont 14 000 personnes recherchées sur la base d'une demande d'extradition, 781 000 ressortissants de pays tiers indésirables, 32 000 individus déclarés comme disparus, 34 500 témoins ou personnes citées à comparaître, et 16 000 personnes devant faire l'objet d'une surveillance discrète ou un contrôle spécifique) (source : doc. du Conseil du 6 mai 2003, n° 8857/03 JAI 118).

167 800 000 personnes indésirables ou recherchées par la justice y étaient également signalées. En outre, 17 informations par seconde pouvaient être traitées (source : *Agence Europe* du 5 décembre 2006).

168 Bosly, H. D., Renault, G., « La coopération policière et judiciaire », in *La justice pénale et l'Europe*, Bruxelles, Bruylant, 1996, p. 402

169 Bigo, D., Guild, E., « Désaccord aux frontières et politique des visas : les relations entre Schengen et l'Union », in *Culture et conflits*, n° 49, Paris, 1/2003, p. 38-70.

l'entraide judiciaire pénale, intensification des contrôles aux frontières extérieures[170], etc.

Si pour certains, les travaux de la coopération Schengen étaient destinés à combler un vide imaginaire, pour d'autres influencés par les thèses de l'école réaliste, ils avaient au contraire, pour but de faire face à un déferlement des menaces criminelles venues de l'est de l'Europe et de migrants venus du sud. Pour d'autres enfin, ils n'étaient « ni une Europe "passoire" ni une Europe "forteresse", mais un délicat équilibre entre les deux visant à organiser l'espace de sécurité intérieure dans le respect des droits des citoyens »[171]. « C'est cette volonté d'équilibre entre "déficit sécuritaire" et "délire sécuritaire" qui définit Schengen »[172].

Constituant l'épine dorsale du dispositif Schengen, les États ont attendu le fonctionnement effectif du SIS avant d'opérer la suppression des contrôles aux frontières. C'est pourquoi, la décision d'applicabilité de la convention d'application de l'accord de Schengen, qui a permis leur levée, a été prise par le Conseil une fois le système opérationnel. Sept États ont participé à son lancement. Jugé « performant et ayant fait ses preuves »[173], d'autres pays ont été raccordés au SIS au fur et à mesure de l'extension de l'espace Schengen. Il reliait treize États membres[174], ainsi que pour la Norvège et l'Islande au moment de l'intégration de l'acquis de Schengen dans l'Union, le 1er mai 1999.

Le SIS formait un élément de l'acquis mais faute d'accord sur sa base juridique, le Conseil a décidé de le faire reposer provisoirement sur les dispositions du troisième pilier en vertu d'un protocole annexé au traité d'Amsterdam[175]. Cependant, les textes ultérieurs relatifs au développement du SIS sont fondés sur une double base : premier pilier pour les signalements relatifs aux ressortissants de pays tiers indésirables, et

---

170 « Les États reconnaissent que leur territoire est désormais protégé grâce aux contrôles effectués aux frontières externes de la Communauté par d'autres États parties à l'accord » (Montain-Domenach, J., *op. cit.*, p. 35).

171 Loncle, F., cité par Bonnefoi, S., *op. cit.*, p. 79.

172 Bonnefoi, S., *op. cit.*, p. 79.

173 Rapport du Groupe central Schengen sur la mise en application de la convention de Schengen du 26 mars 1995 au 25 mars 1996 (cité par Sabatier, M., *op. cit.*, p. 188).

174 Les quinze États membres avant l'élargissement de 2004 moins le Royaume-Uni et l'Irlande.

175 L'art. 2.2 du protocole intégrant l'acquis de Schengen dans le cadre de l'Union européenne dispose en effet que

« le Conseil, statuant à l'unanimité, détermine, conformément aux dispositions pertinentes des traités, la base juridique pour chacune des dispositions ou décisions qui constituent l'acquis de Schengen [...] Aussi longtemps que les mesures visées ci-dessus n'ont pas été prises [...], les dispositions ou décisions qui constituent l'acquis de Schengen sont considérées comme des actes fondés sur le titre VI du traité sur l'Union européenne. »

troisième pilier pour les autres signalements. Suite aux attentats du 11 septembre 2001, le Conseil a décidé d'étendre ses fonctionnalités. À cet effet, il a adopté un règlement le 29 avril 2004[176] et une décision le 24 février 2005[177].

Lors de sa conception initiale, le SIS était prévu pour connecter au maximum dix-huit États membres. Or, les perspectives d'intégration des pays candidats à l'adhésion à l'Union prévue pour l'année 2004 et les futurs élargissements résultant des adhésions à venir ainsi que de nouvelles associations de pays tiers, ont amené les États à réfléchir à un système de deuxième génération, le SIS II. En outre, l'obsolescence du système les a incités à lancer rapidement une étude afin de déterminer son architecture et ses caractéristiques.

Dans le prolongement de sa communication du 18 décembre 2001 et de celle du 11 décembre 2003[178], la Commission a présenté le 31 mai 2005 trois propositions complémentaires, un projet de règlement et un projet de décision qui décrivent les modalités de fonctionnement du SIS II (la troisième proposition est un projet de règlement spécifique, concernant l'accès des services chargés de l'immatriculation des véhicules au SIS II). Le règlement du 20 décembre 2006 et la décision du 12 juin 2007 sur l'établissement, le fonctionnement et l'utilisation du SIS II[179]. Ils sont entrés en vigueur mais ils ne sont pas encore applica-

---

176 Règlement 871/2004/CE du Conseil du 29 avril 2004 concernant l'attribution de certaines fonctions nouvelles au Système d'information Schengen, y compris dans le cadre de la lutte contre le terrorisme (*JOCE* L 162 du 30.4.2004, p. 29).

177 Décision 2005/211/JAI du Conseil du 24 février 2005 concernant l'attribution de certaines fonctions nouvelles au Système d'information Schengen, y compris dans le cadre de la lutte contre le terrorisme (*JOCE* L 68 du 15.3.2005, p. 44).

Par exemple, la convention prévoyait initialement le signalement de véhicules, d'armes à feu, de documents vierges ou d'identité délivrés ayant été volés ou égarés, ainsi que les billets de banque. La décision du 24 février 2005 a ajouté à la liste les embarcations et avions, les conteneurs, les titres de séjours, les documents d'immatriculation ainsi que les titres et moyens de paiement.

178 Communication intitulée : Le développement du système d'information Schengen II et les synergies possibles avec un futur système d'information sur les visas (VIS) (COM(2003)771).

179 Cependant, en dépit du fait que l'adoption des actes ait pris place dans le cadre institutionnel de l'Union, l'avènement du SIS II a fait l'objet de critiques de la part de certains commentateurs. Le processus de création et le contenu de la proposition était, comme son prédécesseur, le SIS I, considéré comme opaque. Un député européen avait affirmé que le projet était complexe et de « difficile à comprendre, même pour des experts et absolument incompréhensible pour les citoyens » (Hobbing, P., *Évaluation des projets de règlement et décision définissant l'objectif, la fonctionnalité et les responsabilités du futur SIS II*, Direction générale Politiques internes de l'Union, Département thématique C, coll. *Briefing Paper*, IP/C/LIBE/FWC/2005-08, 2006, p. 8). De surcroît, le manque de transparence, dû notamment à une mise à

bles. La décision d'applicabilité, qui correspond à celle qui a été prise par les ministres au moment de la levée des contrôles aux frontières le 26 mars 1995 une fois le SIS I devenu opérationnel, devrait être adoptée à la fin de l'année 2009[180].

À l'instar de ce qui a été fait pour le SIS I, les États membres désirent coupler le démantèlement des contrôles aux frontières de l'espace Schengen au fonctionnement du SIS de deuxième génération dans tous les États qui font partie de cet espace. Initialement, le SIS II devait être opérationnel en 2007 mais les travaux ont été plus longs que prévus pour lui permettre de fonctionner. Or, en suivant strictement l'idée de simultanéité entre le fonctionnement effectif du SIS II et la suppression des contrôles aux frontières[181], les pays candidats à l'espace Schengen auraient été pénalisés malgré leurs efforts pour se hisser aux standards de sécurité déterminés dans le cadre de la coopération Schengen, efforts requis pour permettre cette levée. En effet, même si les travaux relatifs à la levée des contrôles aux frontières sont bien avancés[182], l'extension de cet espace n'est pas possible tant que le SIS II n'était pas opérationnel.

Pour parvenir à une issue satisfaisante au problème posé d'une part par le respect des impératifs de sécurité induisant le bon fonctionnement du SIS II dans tous les pays de l'espace Schengen et d'autre part par la pression exercée par les pays candidats à intégrer cet espace, une fois que les autres conditions permettant la levée des contrôles auront été remplies, les États membres ont trouvé une solution temporaire : dans l'attente de l'entrée en fonction effective du SIS II, prévu pour le mois de septembre 2009[183], et parallèlement, pour que les retards enregistrés

---

l'écart du Parlement européen dans l'adoption de la décision du 12 juin 2007, avait rendu « l'atmosphère quelque peu mystérieuse » (*op. cit.*).

180 Selon les conclusions du Conseil du 28 février 2008 (doc. du Conseil n° 6796/08 [Presse 48]).

181 Entre les États membres étant déjà dans l'espace Schengen et ceux qui souhaitent en faire partie.

182 Dans le cadre de leur participation à la coopération Schengen et de la préparation à la levée des contrôles, les pays candidats ont pris un ensemble de mesures, en particulier pour renforcer leurs frontières extérieures, c'est-à-dire celles avec les pays non membres de l'espace Schengen. En particulier, ils ont procédé aux aménagements et aux modifications nécessaires suite aux visites des inspecteurs de sorte que le niveau de contrôle et de surveillance aux frontières extérieures, correspondent aux standards fixés pour tous les pays faisant l'objet d'une évaluation.

183 À l'heure où nous achevons l'écriture de cet ouvrage, le délai d'entrée en fonction est mis en doute en raison des difficultés techniques persistantes. La présidence tchèque du Conseil remet en cause le calendrier général des travaux du SIS tandis que certains États expriment leur réticence quant à la poursuite du projet. Une partie d'entre eux fait montre d'impatience devant les reports à répétition alors que d'autres critiquent le coût élevé du SIS II, voire le « gaspillage » des fonds injectés (28 millions d'euros ont été engagés depuis l'année 2002). Pour sa part, la Commission réfléchit,

ne soient préjudiciables à la levée des contrôles, ils ont convenu, le 5 décembre 2006, sur proposition du Portugal, d'élaborer un SIS fondé sur la technologie et les fondements juridiques du SIS première génération, mais applicable à tous les États : le SIS « *Oneforall* ». Ce système, qui constitue une simple extension du système précédent, donc sans modification de structure et de fonctionnalités, est opérationnel depuis le 30 août 2007. Il a permis de raccorder les pays dont les contrôles aux frontières ont été démantelés le 21 décembre 2007 (et le 30 mars 2008 pour les aéroports)[184].

Alors que le SIS « *Oneforall* » présente des fonctionnalités identiques à celles du SIS I, le SIS II, tel qu'il a été décrit dans règlement du 20 décembre 2006 et la décision du 12 juin 2007, il se distingue du SIS de première génération notamment par le fait que les motifs de signalement de ressortissants de pays tiers jugés « indésirables », c'est-à-dire ceux déclarés non admissibles sur le territoire national, ont été harmonisés, que le mandat d'arrêt européen en tant que tel a été transmis à travers le système, et que les données stockées peuvent être biométriques[185]. En outre, il est financé par le budget de l'Union alors que son prédécesseur faisait l'objet d'un financement intergouvernemental. Enfin, le SIS II partage une technologie similaire à celle du VIS. En effet, les systèmes reposent sur la même plate-forme technique en dépit du fait qu'ils sont juridiquement et opérationnellement différenciés[186].

b. Un système fonctionnant sur la base d'informations et de prescriptions nationales

Bien que le système soit européen, les données demeurent nationales. En effet, les informations contenues dans le SIS proviennent des ban-

---

selon les termes du Commissaire Jacques Barrot, à une solution alternative « en espérant qu'elle ne sera pas nécessaire ») (*Europolitique* du 16 janvier 2009 et du 19 janvier 2009).

184 À savoir, les neuf États devenus membres de l'Union lors de l'élargissement de 2004 (Chypre ayant souhaité conserver les contrôles à ses frontières). À noter que la Suisse a également manifesté son désir d'être raccordé au SIS « *Oneforall* » dans l'attente que le SIS II soit opérationnel. En vertu d'une décision du 5 juin 2008 (*JOCE* L 149 du 7.6.2008, p. 74), des données du contenues dans la base peuvent être transférées à la Suisse (depuis le 9 juin 2008) et cette dernière peut y introduire des données (depuis le 14 août 2008). Une décision a été prise par le Conseil le 27 novembre 2008 permettant ainsi à la Suisse d'adhérer à l'espace Schengen. Depuis lors, les contrôles aux frontières avec les autres pays cet espace ont été supprimés et ceci, depuis le 12 décembre 2008 (le 29 mars 2009 concernant les frontières aéroportuaires).

185 Pour l'heure ce n'est pas le cas. Dès que cela est possible d'un point de vue technique, les empreintes digitales peuvent être utilisées aux fins d'identification. Avant que cette fonctionnalité ne soit introduite dans le SIS II, il est prévu que la Commission présente un rapport précisant si la technique requise est disponible et prête à être employée.

186 *Europolitique* du 14 mars 2006.

ques des États membres. En France, différents fichiers de police l'alimentent, notamment Ariane, le FPR, le FVV, le FNID.

Par ailleurs, les États sont seuls juges de l'opportunité d'inscription d'un signalement dans la base. Il n'existe d'ailleurs à ce jour aucune ligne directrice présidant au choix de ces entrées. En effet, la décision et le règlement instituant le SIS II déterminent le profil des données figurant dans le système. Ceci signifie que les États ne doivent pas insérer d'autres types de données que celles énoncées par les dispositions prévues par le règlement et la décision. À ce sujet, ces deux textes autorisent l'insertion de données uniquement pour certaines catégories de signalement qu'il est possible de classer en deux familles : les personnes et les objets.

Le règlement et la décision limitent les données inscrites dans le SIS[187]. Peuvent être intégrés les informations relatives à l'état civil[188], le sexe et la nationalité, les signes physiques particuliers, l'indication que la personne est armée, violente ou évadée, le motif du signalement et la conduite à tenir en cas de découverte.

En ce qui concerne les personnes, la décision du 12 juin 2007 mentionne les individus recherchés à des fins d'extradition et ceux à l'encontre desquelles un mandat d'arrêt européen a été délivré, les individus cités à comparaître, comme les témoins dans une procédure judiciaire, les individus nécessitant une surveillance discrète ou un contrôle spécifique, ainsi que les individus disparus, en particulier les personnes sous protection comme celles sous tutelle et les mineurs en fugue ou enlevés. Le règlement du 20 décembre 2006 ajoute les ressortissants de pays tiers indésirables. Entrent dans cette catégorie les personnes en situation irrégulière ainsi que celles représentant une menace pour l'ordre public.

En ce qui concerne les objets, sont insérés dans le SIS les objets recherchés aux fins de saisie ou de preuves dans une procédure pénale et ceux relatifs aux personnes susceptibles de faire l'objet d'un contrôle discret ou spécifique. Sont visés les billets de banque ainsi que les titres et moyens de paiement, les documents officiels ou d'identité, les aéronefs, les armes à feu, les véhicules à moteurs, les embarcations, ainsi que les certificats et les plaques d'immatriculation[189].

---

187 Est interdite toute autre mention, en particulier celles révélant l'origine raciale, les opinions politiques, les convictions religieuses ainsi que celles relatives à la santé ou à la vie sexuelle.

188 Comme le nom, prénoms et alias, date et lieu de naissance.

189 La décision précise que le signalement des objets signalés au SIS relatifs aux personnes susceptibles de faire l'objet d'un contrôle discret ou spécifique, peuvent porter seulement sur le véhicule (y compris les aéronefs, les embarcations et les conteneurs) et les objets transportés à bord ou, le cas échéant, sur l'individu mis en cause.

Pour ce qui est des statistiques relatives aux différentes catégories de données, un document du Conseil de 2007[190] indiquait que figuraient dans le SIS, plus de 12 millions de documents d'identité délivrés, 1,5 millions de véhicules, 1,25 millions de personnes recherchées, 400 000 documents vierges, 300 000 armes à feu et 245 000 billets de banque. Les « *hits* » positifs concernaient en premier lieu les ressortissants de pays tiers indésirables (220 000 hits), les véhicules volés (126 000), les coordonnées (39 500), les documents délivrés (39 000), les documents vierges (30 000), la surveillance de personnes (23 500), les mandats d'arrêt (25 5000) et les personnes disparues (16 000)[191].

Certes, comme cela vient d'être mentionné, lorsque les textes européens définissent le profil des données à introduire, cela signifie que les États ne doivent pas insérer d'autres types de données que celles énoncées par les dispositions prévues par ces deux textes. En revanche, rien ne les empêche d'en introduire moins. À ce sujet, les informations transmises au SIS passent par un système de filtre situé entre N. SIS II et le CS. SIS II. En France, la procédure d'alimentation du SIS est automatique[192]. Le dispositif de filtre est nommé « Fichier référence échange » ou FRE[193]. Toutefois, pour certains signalements, le traitement a lieu par des opérateurs du bureau Sirene.

Si les États sont maîtres de l'opportunité de l'inscription dans la base d'un signalement, ils le sont également de la conduite à tenir par leurs services de sécurité intérieure. Concernant la procédure de consultation, si une interrogation fait apparaître l'existence d'un signalement pour un objet ou une personne, l'opérateur exécute dans un premier temps les instructions inscrites sur son écran. Tout signalement figurant dans le SIS est accompagné d'une conduite à tenir. Cette conduite est émise par l'État membre qui a introduit le signalement dans la base[194]. Elle est

---

190 Doc. du Conseil du 7 septembre 2007, n° 6746/3/07, SIRIS 44, COMIX 224.

191 État au 23 mai 2006.

192 En vertu du système « gestion électronique de documents ». Son objet est de permettre l'alimentation en informations et la gestion du système informatique national du système d'information Schengen (N-SIS).

193 Nous identifions également un système de filtre pour le SID. Les données nationales, avant d'être intégrées au système, doivent obtenir l'aval d'un « autoriseur ». Un « autoriseur » met en balance, d'une part, l'intérêt à intégrer l'information sur la base européenne et d'autre part, le risque de trouble à l'ordre public et le préjudice que peut causer cette opération au regard des enquêtes judiciaires en cours.

194 À la lumière des dispositions de la décision et du règlement. Par exemple, concernant les individus disparus, le service doit communiquer la découverte de la personne. Cette dernière doit être alors mise en sécurité si elle requiert une protection. Pour ceux cités à comparaître, le service doit suivre les informations communiquées par les bureaux Sirene. Enfin, concernant les individus susceptibles de commettre une infraction pénale ou de troubler l'ordre public, le service doit procéder à un contrôle

exécutoire quel que soit le service de terrain. De telles conduites correspondent aux différents signalements informatisés et sont rédigées sous forme de tables. Néanmoins, en cas de « *hit* positif » lors d'une procédure d'interrogation[195], le service de terrain réalise les actes conformément aux instructions affichées sauf s'il n'y a pas d'apposition d'indicateur de validité. Cet indicateur, « vocable euphémique »[196] exprimant des réserves émanant de l'État du service consultant vis-à-vis de l'inscription d'un signalement par un autre l'État, est introduit par les autorités de l'État dudit service consultant si la conduite n'est pas compatible avec ses règles juridiques ou ses intérêts essentiels. En tout état de cause, le service de terrain consultant prend contact avec le bureau Sirene national pour obtenir les informations supplémentaires. Le bureau se met alors en rapport avec le service signalant afin de convenir des mesures nécessaires. En tout état de cause, l'agent de terrain dispose d'une marge de manœuvre limitée puisqu'il est tenu de respecter la conduite indiquée, qu'elle soit prescrite par l'État qui a introduit le signalement, ou par l'État dont il dépend.

Enfin, les N.SIS II gèrent une copie du fichier de données nationales introduites dans la base SIS II. Or, seule cette copie, appelée copie nationale, est mise par chacun des États à disposition des États raccordés au SIS, au titre de leur contribution à la constitution de la base de données européenne. Le règlement et la décision instituant le SIS II précisent qu'il n'est pas possible pour un État membre de consulter les données originales qui figurent dans le CS. SIS II. En d'autres termes, les données sont certes transmises au système central, mais celles qui sont consultables par les autres pays restent celles figurant dans le système national.

En outre et surtout, les N. SIS II peuvent décider que, malgré un volume important de données transférées au CS. SIS II, ils peuvent en rendre consultable une partie seulement. À cet égard, le règlement du 20 décembre 2006 et la décision du 12 juin 2007 disposent que la copie nationale peut être partielle. Dans cette perspective, seule une partie des données introduites dans le SIS par un État membre sont consultables par les services des autres États membres.

---

soit spécifique, soit discret. Dans le deuxième cas, elles doivent veiller à ce que ce contrôle ne soit pas détecté par le public ciblé.

195 Opérée à partir des terminaux utilisés pour les fichiers nationaux. La France a mis en place un accès facilité en permettant la consultation à partir de terminaux embarqués.

196 Barbe, E., *L'Espace judiciaire européen*, Paris, La Documentation française, coll. Réflexe Europe, 2007, p. 99.

3. *Les fichiers de recherche de dossier*

Ce type de fichiers a vocation à recenser les affaires menées par les services nationaux de sécurité intérieure. Ne figurent dans ceux-ci que les données nécessaires pour identifier les affaires en cours. Ce sont des catalogues de référence, c'est-à-dire des référothèques, qui contiennent le moins possible d'indications portant sur le fond du dossier.

Au niveau de l'Union européenne, l'objectif des fichiers de recherche de dossier est de trouver un équilibre entre deux impératifs. Il s'agit d'une part, de donner suffisamment d'indications à un État membre désirant consulter le fichier pour lui permettre d'évaluer son degré d'intérêt à avoir accès aux éléments du dossier. Il s'agit d'autre part, de communiquer un minimum de détails afin de ne pas dévoiler à l'État candidat à la consultation, les éléments relatifs au contenu des données rassemblées par les services des États à l'origine du dossier.

Le filtrage de l'information opéré dans le cadre des fichiers de recherche résulte de deux considérations. La première découle du principe du besoin d'en connaître, les services de l'État candidat étant autorisés à consulter le dossier uniquement si les éléments sont utiles pour leur permettre de mener à bien leur mission. La deuxième est celle de la réciprocité. Les services des États à l'origine du dossier acceptent que les services d'un autre État candidat puissent consulter celui-ci, s'ils sont susceptibles d'apporter à leur tour, de nouveaux éléments pour permettre à leurs propres services de progresser dans le déroulement de leur enquête[197].

L'Union s'est dotée de deux fichiers de recherche de dossiers : la fonction d'index d'Europol et le Fichier d'identification des dossiers d'enquêtes douanières[198]. La fonction d'index d'Europol permet, comme son nom l'indique, aux OLE[199] de consulter l'index des données contenues dans le fichier d'analyse.

La procédure de la consultation du fichier se déroule en deux étapes. D'abord, l'OLE accède aux données du fichier de recherche proprement dit. Consultable à partir d'Infoex, ce système fonctionne sur le principe du *hit/no hit*[200]. Dans la logique des référothèques, l'OLE représentant

---

197 Ou d'en fournir dans d'autres affaires le cas échéant.

198 Auquel il convient d'ajouter le fichier d'index d'Eurojust, prévu par la décision du 16 décembre 2008 modifiant la décision du 28 février 2002 instituant l'unité de coopération judiciaire.

199 La décision autorise d'autres personnes à avoir accès au fichier d'index, en l'occurrence le directeur, les directeurs adjoint ainsi que les agents d'Europol et ceux des UNE dûment habilités.

200 Le *hit/no hit* est une approche binaire en vertu de laquelle la réponse aux requêtes formulées dans le cadre de la consultation du fichier est seulement affirmative ou négative. Un service de sécurité intérieure qui effectue une recherche sur une per-

un État non membre du projet d'analyse, ne peut pas avoir accès au contenu des données figurant dans le fichier d'analyse. La fonction d'index d'Europol lui donne seulement la possibilité de connaître l'existence de ces données[201]. Ensuite, lorsque la consultation est concluante, il prend contact avec les services des États membres qui participent déjà au dit projet. Il s'adresse alors à eux pour obtenir les informations complémentaires nécessaires. Éventuellement, au vu de ces informations, il formule une demande destinée à permettre à l'État qu'il représente de s'y associer[202].

Le Fichier d'identification des dossiers d'enquêtes douanières (FIDE) a vocation à fournir des éléments des enquêtes douanières nationales sans toutefois en dévoiler le contenu exhaustif. Il se fonde sur un protocole à la convention SID adopté par le Conseil le 8 mai 2003[203]. Ce protocole, fondé sur les dispositions du troisième pilier, est entré en vigueur le 15 octobre 2007 dans les États membres qui l'ont adopté. Le FIDE « troisième pilier » est opérationnel dans l'ensemble des pays de l'Union, sauf l'Autriche, la Belgique, la Grèce, l'Italie, l'Irlande, et le Portugal qui n'ont pas encore ratifié la convention[204]. Le système est à présent opérationnel.

Un FIDE « premier pilier » est en cours de création dans le cadre du nouveau règlement destiné à modifier le règlement instituant le SID « premier pilier » (*cf. infra*).

---

sonne ou un objet, obtient uniquement l'indication que l'individu ou l'objet figure au registre ou, le cas échéant, n'y figure pas. S'il désire avoir de plus amples informations, il doit prendre contact avec le service à l'origine de la donnée introduite dans le fichier.

201 Contrairement à la convention, la décision instituant Europol ne crée pas de fichier d'index proprement dit. Elle envisage une fonction d'indexation à partir des données stockées dans les fichiers de travail aux fins d'analyse (compris comme étant des fichiers d'analyse à des fins opérationnelles, les résultats des fichiers d'analyse de type stratégique sont accessibles à l'ensemble des services nationaux au moyen des rapports établis par Europol prévus à cet effet). Sur le fond, le principe est le même : l'accès à la fonction d'indexation est défini de telle sorte qu'il permette de déterminer si une information est stockée ou non dans un fichier de travail aux fins d'analyse, mais de manière à exclure tout recoupement ou déduction quant au contenu du fichier.

202 Ce mécanisme selon lequel les services de l'État consultant s'adressent aux services informants pour obtenir des informations complémentaires, se rapproche de la procédure établie par le manuel Sirene : les services consultant le SIS prennent attache avec le bureau Sirene pour obtenir les informations supplémentaires aux données informatiques introduites dans le SIS, par exemple pour ce qui est de la conduite à tenir vis-à-vis d'un individu identifié ou appréhendé.

203 Protocole du Conseil du 8 mai 2003, modifiant, en ce qui concerne la création d'un fichier d'identification des dossiers d'enquêtes douanières, la convention sur l'emploi de l'informatique dans le domaine des douanes (*JOCE* C 139 du 13.6.2003, p. 1).

204 Situation au 19 juin 2008.

Le FIDE est une base de données mettant en commun les fichiers nationaux qui recensent les infractions constatées et les enquêtes en cours. Il est donc conçu comme étant un élément de méthodologie destinée à permettre aux différents utilisateurs d'assurer entre eux une information réciproque sur l'existence de dossiers qu'ils traitent. Partant du constat que les services douaniers de chaque État membre exploitent individuellement un fichier d'information rassemblant des données relatives à des enquêtes en cours, l'idée de base des rédacteurs du protocole a été de mutualiser une partie de ces données.

Trois éléments permettent de distinguer le FIDE du SID. En premier lieu, le FIDE est un fichier d'aide aux enquêteurs douaniers alors que le SID est un fichier d'alerte. En deuxième lieu, tous deux ont une finalité différente. Le SID est un outil destiné à appuyer les agents des douanes, notamment pour le contrôle des marchandises, tandis que le FIDE vise à assister les services d'enquête (contrôle *a posteriori*). En troisième lieu, le SID est un fichier d'action suggérée. Il concerne uniquement les cas pour lesquels des mesures, comme les contrôles douaniers, sont sollicitées. Au contraire, le FIDE n'a pas vocation, pour les services informants, à demander une assistance des services consultants. Il s'agit seulement de prévenir ces derniers qu'une enquête est ouverte et que, s'ils le désirent, des informations sur celle-ci peuvent, suivant certaines conditions, leur être communiquées.

II. Les limites de la coopération menée dans la logique traditionnelle : offre hypertrophiée et inadaptée, jungle juridique et maintien des structures autonomes

Nous assistons, depuis une vingtaine d'années, à une hypergénèse des instruments mis au service des services nationaux compétents en matière de sécurité intérieure. En développant l'offre, les institutions de l'Union européenne et les autorités politiques des États membres ont certes élargi la panoplie d'outils à leur disposition pour les aider à mieux coopérer mais cette augmentation est préjudiciable à l'entraide (A).

Une telle surabondance nuit à la visibilité et à lisibilité de l'action de l'Union européenne et à celles des autorités politiques nationales dans le cadre des coopérations régionales. De plus, au lieu d'unifier les modes de collaboration entre les services nationaux de sécurité intérieure, elle les fragmente, rendant les mécanismes d'entraide plus complexes à utiliser.

Parallèlement, le développement de l'offre n'a pas empêché la persistance de ce que nous appelons les structures de coopération autonome (B), qui sont des mises en réseau de professionnels de manière plus ou moins institutionnalisée. Elles possèdent la propriété d'être formées en dehors de la sphère institutionnelle de l'Union et d'être détachées de l'action politico-diplomatique des États dans la cadre des coopérations régionales, tout au moins dans le sens que nous avons donné à cette locution dans l'introduction générale[205].

A. Une multiplication de l'offre préjudiciable à l'entraide

Nous observons l'émergence d'un dispositif pléthorique (1). La stratégie de l'Union s'est axée sur un accroissement de l'offre, l'objectif étant que chaque service de sécurité intérieure puisse trouver l'instrument qui lui convient le mieux pour mener à bien les missions qui lui sont confiées. Cependant, le dispositif d'entraide ressemble à une jungle formée d'un enchevêtrement de textes normatifs et techniques. L'impression qui domine est celle d'une confusion sur le plan juridique et opérationnel (2).

Cette impression de confusion est accentuée par l'autonomie des États en matière d'organisation de leurs services. Une telle autonomie a des répercussions au niveau européen. Par exemple, le profil des UNE, des points de contacts du Réseau judiciaire européen et des membres nationaux d'Eurojust, varie selon les États et en raison des différences des services qui les composent.

Or, une telle liberté en matière organisationnelle n'est pas sans poser des difficultés. L'expérience montre que ces différences – qu'il s'agisse de la détermination des profils des différentes d'instances ou encore des bénéficiaires des instruments destinés à faciliter la collaboration – engendre des problèmes de distorsion et de coordination. Le droit européen a essayé de surmonter les différences d'organisation des services nationaux pour résorber ces problèmes. Il n'empêche que ces tentatives se sont révélées être vaines (3).

1. Un dispositif pléthorique, source de complexité

L'organisation de la collaboration en matière de sécurité intérieure est source de complexité pour les services nationaux de terrain qui éprouvent beaucoup de difficultés à en comprendre les différents ressorts et à l'appréhender dans sa globalité.

L'image du dispositif d'entraide entre les services des États membres est, pour reprendre les termes de Raphaël Mathieu, « à géométrie varia-

[205] Nous attirons l'attention sur le fait que nous distinguons les structures de coopération autonome des coopérations régionales. Ces dernières sont réalisées par les autorités politiques de plusieurs États membres. Les structures de coopération autonome sont menées par les services opérationnels. Certes, si les unes et les autres oscillent entre la formalité et l'informalité, elles sont clairement différentes et elles sont parfois en opposition (nous le constaterons plus loin).

ble »[206] (a). Cette situation soulève des difficultés particulières dans le chef de ces services dans la mesure où il leur revient la tâche de sélectionner, dans la palette des instruments proposés, celui le plus adapté pour mener à bien leurs missions.

Cependant, cette tâche est rendue délicate par le fait qu'ils ont à leur disposition une profusion d'outils que ceux-ci soient purement techniques, comme les systèmes de communication et d'information, ou qu'ils soient composés d'une interface humaine, comme les canaux de communication (b).

a. Des instruments à géométrie variable

Les mécanismes sont à géométrie variable pour trois raisons. D'abord, ils ont une fonctionnalité qui leur est propre. Ensuite, ils sont destinés à des types d'utilisateurs particuliers. Enfin, ils s'adressent, le cas échéant, à des catégories de services localisés sur un territoire donné.

Primo, l'entraide à géométrie variable se manifeste par une spécialisation fonctionnelle des instruments mis à la disposition des services nationaux de sécurité intérieure. C'est le cas des PNIF qui sont des instruments conçus pour faciliter la collaboration dans le domaine du maintien de l'ordre public et plus particulièrement, concernant la lutte contre les *hooligans*. Europol concentre, quant à lui, son action sur la criminalité organisée. Ses instruments, en particulier son réseau d'OLE et ses systèmes d'information et de communication, sont proposés aux services des États membres pour des affaires entrant dans le mandat de l'office européen de police. À cet égard, Europol ne peut intervenir que s'il est en présence de formes de criminalité définies dans la décision[207] et que si des indices concrets ou des soupçons révèlent l'existence d'une structure ou d'une organisation criminelle.

Secundo, la coopération à géométrie variable se traduit par le fait que les instruments mis à disposition par l'Union, du moins certains d'entre eux, sont réservés à quelques catégories de services nationaux. Ainsi, le service central de coordination, c'est-à-dire le point de contact fondé sur l'art. 5 de la convention Naples II, est proposé seulement aux services douaniers[208].

---

206 *Op. cit.*, p. 13.

207 Ainsi que les infractions connexes, celles-ci étant comprises comme étant des infractions destinées à se procurer les moyens visant à commettre l'infraction principale, c'est-à-dire celle énoncée dans l'annexe de la décision, à faciliter la commission de l'infraction principale ou à assurer l'impunité des auteurs de l'infraction principale.

208 Sous réserve de ce qui sera précisé concernant l'autonomie organisationnelle des États membres.

Tertio, la coopération à géométrie variable se manifeste par le fait qu'une série d'outils est réservée aux services nationaux de sécurité intérieure déployés dans une aire géographique limitée, en l'occurrence la zone frontalière. La zone frontalière forme une zone spécifique au sein de laquelle les unités des services qui y sont implantés, ont accès à un ensemble d'instruments fondés sur des conventions bilatérales conclues en vertu de l'art. 39.5 CAS.

Plusieurs accords bilatéraux ont été signés sur la base de cette disposition. Ainsi, pour ce qui est de la France, celle-ci a signé un accord avec l'Italie le 3 octobre 1997 (convention de Chambéry), l'Allemagne le 9 octobre 1997 (accord de Mondorf-les-bains), l'Espagne le 3 juillet 1998 (traité de Blois), la Belgique le 5 mars 2001 (accord de Tournai), et le Luxembourg le 15 octobre 2001 (accord quadripartite France-Luxembourg-Allemagne-Belgique). Ces conventions constituent le fondement juridique de plusieurs instruments de coopération transfrontalière, comme les officiers de liaison échangés entre les unités frontalières[209] et les CCPD implantés dans les régions transfrontalières.

Le Conseil a estimé, dans ses conclusions du 2 décembre 2004[210], que ces accords, qu'ils soient bilatéraux ou multilatéraux, étaient des instruments « précieux » pour garantir une coopération structurelle efficace. Il recommande leur conclusion à partir des accords existants et, pour y parvenir, il propose que les États membres s'informent mutuellement et que les textes soient centralisés au secrétariat général du Conseil[211].

Nous pouvons illustrer sous forme d'un tableau synoptique (schéma n° 2), les outils mis à la disposition des services nationaux de sécurité intérieure. Ce schéma ne prétend pas à l'exhaustivité. Il a seulement pour objet de mettre en valeur la pluralité de l'offre et la disparité des instruments.

---

[209] Par exemple, les art. 10 et 12 de l'accord entre la France et la Belgique du 5 mars 2001 prévoient l'affectation d'agents d'une unité opérationnelle d'un État partie de la zone transfrontière, dans une unité opérationnelle d'un autre État partie de la zone, afin d'assumer des fonctions de liaison.

[210] Doc. du Conseil n° 15105/04 du 25 novembre 2004, ENFOPOL 179, COMIX 712.

[211] Dans le sillage des conclusions du Conseil, la présidence de ce dernier avait proposé, dans un document du 23 décembre 2004 (doc. du Conseil n° 16367/04 JAI 576, CATS 61), le développement d'accords-modèle. L'idée du projet était que ces accords-types, mis au point au niveau de l'Union, serviraient de cadre juridique pour régler la collaboration policière au niveau bilatéral, en prenant en compte les meilleures pratiques dégagées par l'expérience de terrain.

	services policiers	**services douaniers**	**services de rensei-gnement**	**autorités judiciaires**
Acteur uniper-sonnel de liaison (appartenant ou non à une organi-sation auxiliaire)	officier de liaison/ UNE/OLE	officier de liaison « Naples II » UNE/OLE	officier de liaison	magistrat de liaison/ membre national d'Eurojust
Point de contact	point de contact art. 39.3 CAS (UCCPI)/ UNE	Service central de coordination	–	point de contact Réseau judiciaire européen (RJE)/ correspondant national d'Eurojust
Centre commun/ organe d'une institution ou d'une organisa-tion auxiliaire	CCPD/ direction B et direction C de l'OLAF	CCPD/ direction B et direction C de l'OLAF	Sitcen	direction C de l'OLAF

schéma n° 2

b. Des instruments composés de canaux et de systèmes d'information et de communication

Dans une perspective systémique relative aux moyens de communication destinés à permettre aux messages et aux demandes d'assistance d'être transmises, nous optons pour une distinction entre les canaux de communication et les systèmes de communication et d'information. Nous différencions les canaux de communication, qui sont des outils à interface humaine, et les systèmes de communication et d'information, avec ou sans support humain.

Nous sous-entendons sous le vocable systèmes de communication et d'information[212], les fichiers de sécurité intérieure évoqués précédem-

[212] Le droit européen fait usage du terme « système d'information ». L'art. 4 du règlement (CE) n° 460/2004 du Parlement européen et du Conseil du 10 mars 2004 instituant l'Agence européenne chargée de la sécurité des réseaux et de l'information (*JOCE* n° L 077 du 13.03.2004, p. 1) définit le système d'information comme étant « les ordinateurs et réseaux de communication électroniques, ainsi que les données électroniques stockées, traitées, récupérées ou transmises par eux en vue de leur fonctionnement, de leur utilisation, de leur protection et de leur maintenance ». En comparaison, l'instruction interministérielle française n° 920/SGDN/DCSSI du 12 janvier 2005 établie par la Direction centrale de la sécurité des systèmes d'information (DCSSI) du Secrétariat général de la défense nationale (SGDN) relative aux systèmes traitant des informations classifiées de défense de niveau confidentiel-défense, définit ceux-ci comme étant « l'ensemble des moyens humains et matériels ayant pour finalité d'élaborer, traiter, stocker, acheminer, présenter ou détruire l'information ». Texte disponible sur le site : http://www.ssi.gouv.fr/.

ment, les systèmes de communication simples, et les systèmes d'alerte rapide (voir à ce sujet schéma n° 5).

Nous pouvons ainsi classer parmi les canaux de communication les officiers de liaison et les points de contact. Parmi les fichiers de sécurité intérieure, figurent les fichiers d'index et d'analyse d'Europol (au sens ou ces fichiers stockent des données). Concernant les systèmes de communication simples (au sens où ces systèmes diffusent mais aussi traitent des données), il est possible de donner l'exemple d'un projet en cours, à savoir le réseau de communication assurant la transmission des informations entre les centres nationaux et Frontex, dans le cadre du Système européen de surveillance (Eurosur). Ce système est, selon les termes de la communication de la Commission du 30 novembre 2006[213], un projet qui devrait remplacer progressivement les systèmes de surveillance nationaux aux frontières terrestres et maritimes, offrant ainsi une solution économiquement rationnelle, avec une surveillance à la fois radar et satellite au niveau européen. Dans une autre communication du 13 février 2008[214], elle distingue sa mise en place en trois phases (la première et la deuxième étant simultanées). La première d'entre elles vise à connecter et organiser les systèmes de surveillance existants. Pour ce faire, le Commission suggère que les États membres se trouvant aux frontières extérieures sud et est de l'Union européenne créent chacun un centre national de coordination (NCC)[215] et qu'un réseau de communication soit institué connectant ces centres nationaux entre eux et avec Frontex. La deuxième est destinée à créer des instruments communs en matière de surveillance des frontières extérieures. La troisième a pour objectif d'élaborer un environnement commun de contrôle et de partage de données[216].

Les systèmes d'alerte rapides constituent la dernière variété de systèmes de communication et d'information. Il s'agit de systèmes spécifiques qui, comme leur nom le précise, sont destinés à envoyer des messages d'alerte pour prévenir les différents services nationaux d'un événement important. C'est le cas du système d'alerte rapide reliant les

---

213 Intitulée « Renforcer la gestion de la frontière maritime méridionale de l'Union européenne » (COM(716)2006).

214 Intitulée : « Examen de la création d'un système européen de surveillance des frontières (EUROSUR) » (COM(2008)68).

215 Elle suggère à cet effet d'appuyer les États membres dans leurs efforts pour développer et exploiter les instruments destinés à assurer une meilleure surveillance aux frontières extérieures, en particulier les satellites.

216 Pour y parvenir, la Commission suggère de créer un « réseau intégré de systèmes de signalement et de surveillance aux fins du contrôle aux frontières et de la sécurité intérieure ». Ce système destiné à relier les systèmes nationaux de surveillance, devrait s'étendre, du moins à un premier stade, aux régions de la Méditerranée, de l'Atlantique Sud (Îles Canaries) et de la mer Noire.

bureaux de liaison (BDL). Mis en place dans le cadre de Trevi, il s'agit d'un réseau de communication sous la forme d'une messagerie électronique cryptée. Le réseau BDL relie les États membres, la Commission et le secrétariat général du Conseil[217]. Il permet d'échanger toute une série d'informations comme les réponses aux questions lancées dans le cadre des groupes de travail du Conseil dans des domaines sensibles, des statistiques nationales sur la criminalité et diverses demandes de renseignements à caractère confidentiel. La procédure est la suivante : l'État membre sur le territoire duquel se produit un incident terroriste avise par un bulletin spécial les autres États membres dans un délai, si possible, de douze heures au maximum suivant l'incident. Ce bulletin spécial est rédigé en français ou en anglais selon un modèle standardisé. Il est envoyé aux services spécialisés en matière antiterroriste par courrier électronique *via* le réseau des bureaux de liaison avec la priorité « immédiat » ou « *flash* » selon le cas. Chaque bureau de liaison retransmet directement le bulletin spécial vers les services nationaux concernés en fonction de ses règles propres.

D'emblée, la première constatation qu'il est possible de formuler tient en la plasticité des catégories dégagées : canaux de communication, systèmes de communication et d'information d'une part, fichiers de sécurité intérieure, systèmes de communication simples et systèmes d'alerte rapide d'autre part.

Il parfois difficile de dissocier les canaux des systèmes. En effet, l'homme est étroitement associé à la technique, une interface humaine étant couplée à un système technique. C'est le cas des bureaux Sirene qui sont un canal de communication. Ils sont adossés à un système de communication simple, en l'occurrence le Sisnet et le SIS qui est un fichier de sécurité intérieure. Néanmoins, la distinction est davantage une différence de degré que de nature. Concernant les systèmes de communication et d'information, les hommes ont une fonction de maintenance alors que, pour ce qui est des canaux, ils ont une fonction opérationnelle, en étant eux-mêmes directement acteurs de l'échange de renseignements.

Ensuite, si les systèmes de communication simples, les fichiers de sécurité intérieure et les systèmes d'alerte rapide sont trois composantes des systèmes de communication et d'information, il est parfois délicat de les différentier clairement.

En théorie, les trois catégories sont clairement distinctes : les fichiers sont des systèmes informatiques rassemblant les données en matière sécurité intérieure. Les systèmes de communication forment des sup-

[217] En France, le point de contact du réseau BDL se trouve au SCTIP à Nanterre.

ports informatiques permettant la transmission d'informations entre les services nationaux de sécurité intérieure.

Néanmoins, une analyse plus fine révèle qu'il est difficile d'opérer une taxinomie claire et étanche. De nombreux systèmes sont, certes, des systèmes de communication dans la mesure où ils permettent l'échange de données. Cependant, leur capacité à les traiter les amène aussi à les stocker. C'est le cas du VIS qui est un système de communication et une banque de données. C'est aussi le cas du SID. Il s'agit d'un fichier de sécurité intérieure (de deuxième génération) qui contient un ensemble de renseignements à la disposition des services douaniers. Parallèlement, il forme un système de communication en permettant la transmission de messages entre ces services. De surcroît, le SID est, sur le plan technique, une composante de l'*Antifraud Information System* (AFIS). Il constitue donc, à ce titre, le sous-système d'un système de communication plus vaste[218].

Par ailleurs, nous avons classé le SIS comme un fichier de sécurité intérieure (de première génération) dans la mesure où il contient un ensemble de données accessibles aux services nationaux de sécurité intérieure. Or, le SIS de première génération est un fichier de sécurité intérieure mais aussi un système de communication. Il est doté d'un système de communication à double étage. En premier lieu, il est constitué d'un système reliant les différents terminaux à la base de données centrale, qui permet d'interroger la banque et de recevoir toute une série de messages simples sur la base du mécanisme *hit/no hit*. En deuxième lieu, il est complété par un système de communication complémentaire, le Sisnet, pour permettre la transmission de messages plus élaborés.

L'architecture du SIS II est plus complexe. D'un côté, elle dissocie davantage le système de communication de la base de données, mais d'un autre côté, elle les imbrique plus étroitement.

Comme le SIS première génération, le SIS deuxième génération est à la fois une base de données *et* un système de communication. Cependant, contrairement au SIS I, le SIS II est composé de trois éléments que nous analyserons plus loin, le SIS II central, les N. SIS II et une infrastructure de communication. Ce dernier élément, à l'inverse de l'infra-

[218] Le portail AFIS est un système informatique complexe composé de sous-systèmes, qui relie la Commission et les administrations nationales entre elles. Il est actuellement en cours de refonte. Au regard de la proposition de règlement qui modifie le règlement instituant le SID « premier pilier » (*cf. infra*), l'AFIS est un portail informatique permettant l'échange d'informations non structuré (AFIS *mailing*), l'échange d'informations structuré (comme l'EWS-C qui permet le partage de données concernant le transit de marchandises sensibles, Marinfo relatif à la surveillance du trafic maritime commercial, et Ciginfo qui concerne les saisies de cigarettes), et composé d'outils de collaboration (comme l'UCO-V qui est le pendant « virtuel » de l'UCO-P), et de stockage d'informations (avec le FIDE et le CIS web).

structure de communication du SIS I, est à un seul étage. En outre, alors qu'une partie du système de communication du SIS I est associée à la banque de données (dans la mesure où le SIS de première génération est, à la fois un fichier de sécurité intérieure et un système de communication), celui du SIS II est clairement isolé. En effet, l'infrastructure de communication se distingue, sur le plan juridique tout au moins, du support technique, le « CS-SIS », qui contient la base de données centrale.

Pour sa part, le caractère étroit de l'imbrication entre le système de communication et la banque de données se traduit par le fait que cette infrastructure relie non pas un élément central et des éléments nationaux comme dans l'hypothèse du SIS I, mais deux éléments du dispositif central. À cet égard, il connecte d'une part un élément centralisé du système central et d'autre part un élément décentralisé de ce système central. Il s'agit d'un dispositif complexe puisque, dans cette architecture en réseau, il n'y a pas une banque décentralisée (comme peuvent être les N-SIS) et un noyau central destiné assurer la cohérence du système (comme ce peut être le cas du C-SIS), mais trois éléments : d'une part deux éléments du système central – l'un étant centralisé et servant de banque de données, en l'occurrence le CS-SIS, et l'autre déconcentré, en l'espèce l'interface nationale uniforme (le « NI-SIS ») du CS-SIS –, et d'autre part un élément décentralisé servant également de banque de données : le N. SIS II.

Un autre élément de complexité réside dans le fait que des systèmes de communication et d'information sont accolés à des organisations auxiliaires tandis que d'autres sont « libres ». Infoex est un exemple de systèmes de communication et d'information couplé à Europol. Plus précisément, Infoex est le système de communication de l'office européen de police qui permet aux OLE et au personnel d'Europol, en particulier aux membres des unités du département *Serious Crimes*, d'échanger des informations opérationnelles.

Certains systèmes d'alerte rapides s'appuient également sur des organisations auxiliaires. C'est le cas de l'*Early Warning Messages* (EWM) dont le but est de diffuser en urgence des messages relatifs au faux monnayage, qui utilise la structure d'Europol.

Pour sa part, le Système d'information Schengen est un système de communication et d'information « libre », car non adossé à une organisation auxiliaire. Certes, à la lecture du règlement et de la décision instituant le SIS II, une instance est chargée de la gestion opérationnelle du SIS II central. Nonobstant, elle ne correspond pas à la définition donnée des organisations auxiliaires. Il s'agit seulement d'une structure technique chargée *mutatis mutandis* de la maintenance d'une partie du

SIS II. L'idée d'une agence dédiée avait été avancée par le Parlement[219] mais cette option a été abandonnée[220].

2. *Un dispositif pléthorique, source de confusion sur le plan opérationnel*

Pour les membres des services nationaux spécialistes dans leurs domaines respectifs, par exemple un agent de la police technique et scientifique, mais néophytes en matière d'entraide au niveau européen, le sentiment qui prédomine est celui d'être pris dans une toile d'araignée inextricable lorsqu'ils sont amenés à collaborer avec un service d'un autre État membre. Le rapport final relatif à la troisième série d'évaluations mutuelles, consacrée à l'échange d'informations et de renseignements entre Europol et les États membres, (ci-après le rapport final sur la troisième série d'évaluations mutuelles)[221], évoque l'idée de « fragmentation » des outils crées au niveau européen.

Les conditions d'utilisation des instruments mis à disposition sont variables. C'est vrai du point de vue du champ d'application *rationae loci*[222]. C'est également vrai du point de vue du champ d'application *rationae materiae*. Par exemple, le mode d'interrogation varie selon que le service douanier consulte le SIS ou le SID. Dans le même ordre d'idées, les règles relatives à la protection des données sont différentes en fonction du type de fichiers (par exemple, le SIS, le SID premier pilier et le SID troisième pilier ou encore les fichiers gérés par Europol sont soumis à des régimes distincts).

L'élaboration de ces instruments à géométrie variable est à l'image d'un vêtement rapiécé composé de différents morceaux de tissus, d'importance variable, superposés et mal réunis. « La coopération des polices[223] au niveau européen peut être comparée à un ouvrage de patchwork. Les différents tissus sont parfois cousus très serrés, parfois le fil est très lâche, tout dépend du patron que la couturière a en tête ; en certains endroits, les pièces se chevauchent, tandis qu'ailleurs, il y a

---

219 Rapport Coelho du 21 juin 2001 (A5-0233/2001).

220 Dans sa communication du 18 décembre 2001, la Commission n'y était pas favorable (Communication de la Commission au Parlement européen et au Conseil – Le développement du Système d'Information Schengen II [COM(2001)720]).

221 Doc. du Conseil du 23 novembre 2007, n° 13321/3/07, CRIMORG 141, ENFOPOL 152, ENFOCUSTOM 93.

222 Nous avons vu qu'il existe deux types de zones, les régions frontalières et la zone de droit commun, qui sont susceptibles chacune de faire l'objet de régimes juridiques distincts.

223 Et, plus généralement, des services de sécurité intérieure (note de notre part).

d'énormes trous »[224]. Pour certains auteurs, la confusion résultant de cette prolifération des outils peut amener à la paralysie du dispositif existant. « Le risque est alors d'arriver à une saturation en la matière »[225].

La multiplication des documents de différentes natures (manuels, guides, mémentos, actes juridiques, relevant de différentes nomenclatures[226]) augmente la complexité des règles relatives à l'entraide. Cette multiplicité des sources normatives donne lieu à une confusion opérationnelle, les services de sécurité intérieure ne sachant plus toujours à qui s'adresser ni comment s'y prendre.

Les textes de l'Union européenne n'établissent pas de hiérarchie si bien que ces services ne disposent pas de règles précisant quel instrument doit être employé en premier lieu. Le rapport final sur la troisième série d'évaluations mutuelles précise à cet égard que « les experts ont aussi relevé l'absence d'instructions concernant le choix du canal de communication. Au nom de l'efficacité, les autorités laissent la plupart du temps une très grande autonomie aux enquêteurs pour choisir le canal censé être le mieux adapté à l'enquête »[227].

Face à la multiplication de l'offre et au byzantinisme des règles procédurales, ils préfèrent, au regard de leur expérience en termes d'utilisation, celui ou ceux qu'ils connaissent le mieux. Autrement dit, ils choisissent la familiarité à la nouveauté. À partir du moment où l'un d'eux (certains d'entre eux) leur apporte satisfaction dans l'accomplissement de leur mission, ils ont tendance à le ou les privilégier et à ne plus vouloir modifier leurs habitudes par la suite. C'est une des raisons pour lesquelles les services de sécurité intérieure des États membres continuent à avoir recours à l'OIPC[228] dans le cadre des échanges avec les services des autres États membres. En effet, « Interpol reste le canal privilégié de la coopération opérationnelle au quotidien »[229].

Comme les textes de l'Union européenne demeurent silencieux sur l'articulation des instruments entre eux, des efforts ont été réalisés par les États membres. Ainsi, ils ont mis en place, sur recommandation de

---

224 TREVI II, « Rapport, conférence de formation de la police du 11 au 13 mars 1991 inclus », p. 13, cité par Sabatier, M., *op. cit.*, p. 206.

225 Mathieu, R., *op. cit.*, p. 13.

226 Celle énoncée à l'art. K.3 sous le régime du traité de Maastricht, celle de l'art. 34 TUE sous l'empire du traité d'Amsterdam et éventuellement celle du TFUE.

227 Point 5.6 du rapport.

228 Outre l'efficacité de l'aide que peut aussi apporter ce canal.

229 Rapport final sur la troisième série d'évaluations mutuelles (point 5.4).

l'Union[230], des plates-formes destinées à orienter les services de terrain afin de leur permettre d'avoir recours à l'instrument le plus approprié. C'est le cas de la France qui a créé la SCCOPOL (Section centrale de coopération opérationnelle de la police), afin de mieux orienter les services utilisateurs sur le choix de l'outil pertinent. La SCCOPOL est une plate-forme située dans les locaux de la DCPJ à Nanterre dans la région parisienne[231] qui rassemble l'UNE, l'UCCPI, le BCN ainsi que le bureau Sirene-France. L'idée qui préside à sa création est celle d'optimiser l'emploi des instruments et, de manière générale, d'éviter les erreurs d'aiguillage[232]. Lorsque le traitement d'une affaire a trait à la criminalité organisée ou au terrorisme, le service français compétent saisit le CCPD et/ou la SCCOPOL. Lorsqu'il s'agit d'un service d'un autre État membre qui avise le CCPD, celui-ci saisit immédiatement la SCCOPOL[233].

La création de telles plates-formes n'est pas un cas isolé. Il s'inscrit dans un mouvement européen. Le rapport final sur la troisième série d'évaluations mutuelles notifie que « la plupart des États membres ont mis en place des plates-formes communes consacrées à la coopération internationale ». Il ajoute que ces structures

> offrent parfois aussi aux officiers de liaison en poste dans un pays donné l'occasion de se rencontrer et d'échanger leurs opinions. En outre, certains pays ont profité de la création de ces centres de traitement des informations au niveau international pour réorganiser et actualiser leurs procédures internes de coopération[234].

Cette évolution s'inscrit dans la volonté des États membres d'améliorer le partage de l'information. Ils ont tous, dans leur ensemble, « mis au point des stratégies à court ou moyen terme afin d'améliorer l'échange d'informations au niveau interne ». À cet égard, « les experts ont observé une volonté générale d'aller plus loin dans ce domaine en rationalisant les échanges »[235].

---

230 En vertu de la recommandation n° 19 du programme d'action relatif à la lutte contre la criminalité organisée adopté par le Conseil le 28 avril 1997 (*JOCE* C 251 du 15.8.1997, p. 1).

231 En vertu de l'art. D8-2-2° du code de procédure pénale français.

232 Dans le droit fil de la philosophie présidant au fonctionnement des points de contact (*cf. supra*), le travail de sélection ne repose donc plus sur les épaules des services nationaux de terrain. Cette tâche est du ressort de l'opérateur de la plate-forme, à qui revient la tâche de déterminer quel instrument sera le plus adapté à la demande.

233 Ou l'Unité de coordination de lutte antiterroriste (UCLAT) en vertu de l'instruction complémentaire de la DGPN du 12 septembre 2005 au règlement d'emploi des CCPD.

234 Point 5.2 du rapport.

235 Rapport final sur la troisième série d'évaluations mutuelles (points 4.1 et 4.2).

Les institutions de l'Union ont, pour leur part, débuté une réflexion sur la remise en ordre des dispositifs existants. Dans un manuel de bonnes pratiques approuvé par la *Task force* des chefs de police[236], il y est inscrit que les États membres instaurent une unité servant de point de contact central chargé de recueillir les demandes d'entraide reçues via divers canaux et structures (UNE, BCN, Bureau Sirene, point de contact d'officiers de liaison nationaux situés à l'étranger, etc.). Toujours dans ce document non contraignant, il y est indiqué que cette unité, qui rassemble des représentants des différents services nationaux de sécurité intérieure, a pour mission principale de rediriger les demandes vers les services nationaux compétents et d'assurer, le cas échéant, un suivi de celles-ci. Le cas échéant, des magistrats y sont affectés afin de réaliser à la lumière du droit national, un ensemble de tâches telles que le conseil juridique, l'autorisation immédiate d'une TSE ou d'une poursuite transfrontalière, ou l'émission d'une réponse sur le champ à une demande relevant, pour le pays requis, de la sphère de l'entraide judiciaire[237].

À côté de ce manuel et de la création d'une plate-forme de coordination, le Système national de coordination Eurojust (SNCE).[238], les institutions de l'Union concentrent leurs efforts pour tenter de rationaliser le fonctionnement des différents systèmes d'information et de communication dans l'optique d'améliorer leur interopérabilité. Face aux risques de double emploi dus à leur multiplication, le CATS des 7 et 8 novembre 2002 a institué un groupe *ad hoc*[239] destiné à inventorier et à évaluer chacun d'entre eux pour identifier les lacunes et les doubles-emplois éventuels. Ce groupe a rendu un rapport, le 6 mai 2003, dans

236 Manuel de bonnes pratiques concernant les unités de coopération policière internationale au niveau national (doc. du Conseil du 4 avril 2008, n° 7968/08, ENFOPOL 63).

237 Le manuel ajoute d'autres éléments comme une disponibilité de l'unité 24h/24, 7 jours/7, la présence d'un personnel suffisamment formé et une publicité adéquate auprès des services nationaux utilisateurs. Il indique également diverses règles relatives à l'échange d'informations comme l'envoi d'une demande d'entraide par un seul canal ou l'envoi d'une réponse uniquement à travers canal par lequel la demande a transité.

238 Le SNCE a été établi par la décision du 16 décembre 2008 modifiant la décision du 28 février 2002 instituant Eurojust, Outre sa mission de rassembler sur une même plate-forme les points de contact du Réseau judiciaire européen, du réseau CARIN, du réseau contre la corruption et du réseau concernant les personnes responsables de génocide, son rôle est d'alimenter les systèmes d'information d'Eurojust, de déterminer si un dossier doit être traité par Eurojust ou par le Réseau judiciaire européen, de travailler étroitement avec l'UNE située dans l'État membre auquel le SNCE est rattaché, et de venir en aide, si besoin est, au membre national d'Eurojust.

239 Composé de la présidence du Conseil, de la Commission, d'Europol, Eurojust, de son Autorité de contrôle commune pour la protection des données et du Secrétariat général du Conseil.

lequel il a conclu que le risque de chevauchement était limité et n'avait pas posé de problème jusqu'à présent[240]. Il a présenté trois options possibles pour le devenir, à long terme, des systèmes d'information et de communication :

- la fusion des systèmes existants au sein d'un seul et unique système,
- le maintien du *statu quo* (conservation des systèmes indépendants et création de nouveaux systèmes en fonction des besoins),
- le rapprochement des règles et des structures des différents systèmes. Cette solution intermédiaire consiste en la conservation des systèmes actuels avec toutefois, une évolution progressive de chacun d'eux afin de permettre leur interopérabilité.

Le CATS a approuvé le rapport du groupe, mais a demandé une nouvelle étude complémentaire. De son côté, la Commission a plaidé, dans une communication du 18 mai 2004[241], en faveur de la solution intermédiaire, tout au moins à court terme. Pour le long terme, elle a préconisé la création d'un système unique. Dans sa communication consacrée à l'interopérabilité des bases de données[242], elle a confirmé sa position, estimant que « la gestion des applications à l'intérieur d'une structure unique constitue donc une option qu'il serait utile d'étudier comme perspective à long terme »[243]. À cet égard, et dans le sillage de cette communication, elle a installé le SIS II sur la même plate-forme technique que le VIS.

> Il semble que la construction de l'espace « JLS » soit parvenue à un stade où la recherche de cette cohérence d'ensemble est désormais possible et nécessaire[244]. Possible d'une part, en raison de l'existence d'outils multiples dont un certain nombre parvient à maturité et démontre leur efficacité. Nécessaire

---

[240] Doc. du Conseil du 6 mai 2003, n° 8857/03, JAI 118.

[241] COM(2004)376.

[242] COM(2005)597 du 24 novembre 2005.

[243] Le CEPD a une lecture juridique et politique de l'interopérabilité et s'interroge sur le principe d'une structure unique au regard de la protection des données. Dans un rapport du 10 mars 2006 (observations relatives à la communication de la Commission sur l'interopérabilité des bases de données européennes), il regrette l'approche de la Commission qui a une vision technique. Selon lui, quand on parle d'interopérabilité, il ne s'agit pas seulement de l'utilisation en commun de systèmes d'information et de communication à grande échelle, mais également de possibilités d'accès aux données, d'échange de données ou même de fusion de bases de données. Or, selon ses termes, « cette agrégation de bases de données augmente par ailleurs le risque de « détournement d'usage ». En effet, l'interconnexion de deux bases de données ayant deux finalités distinctes débouchera sur une troisième finalité pour laquelle ces deux bases de données n'ont pas été conçues ».

[244] Du moins concernant les systèmes d'informations et de communication (note de l'auteur).

d'autre part, parce que l'activité de ces outils, leur utilisation par les États membres doivent être mieux coordonnées pour être efficaces[245].

À ce sujet, le Conseil, dans ses conclusions des 5 et 6 juin 2008[246], a indiqué qu'il faudra adopter, avant la fin de l'année 2009, une « stratégie indicative en matière de technologies de l'information », concernant l'ensemble des systèmes informatiques européens ayant trait à la justice et aux affaires intérieures.

En outre, les institutions de l'Union essayent de promouvoir des alliances entre les instruments existants, y compris ceux qui ne relèvent pas de sa sphère. C'est ainsi que le Conseil a adopté le 24 janvier 2005, une position commune destinée à faire en sorte que les États membres transfèrent à l'OIPC certaines informations non nominatives sur les passeports volés ou perdus[247]. L'objectif est que les services nationaux échangent des renseignements relatifs aux documents de voyage volés en utilisant la base de données d'Interpol (base de données STD) et les stockent parallèlement dans le SIS. À cet égard, le texte prévoit l'inscription de ces informations dans la base de données Schengen et « immédiatement après », la transmission de celles-ci à l'OIPC. Dans le même sens, le Conseil a adopté le 22 décembre 2004, une décision-cadre[248] qui prévoit le signalement d'un vol de véhicule dans le SIS et dans la base de données de l'OIPC prévue à cet effet. Il s'agit d'assurer une meilleure combinaison des efforts de sorte que les informations inscrites dans le SIS, correspondent à celles figurant dans la base ASF/*Stolen vehicle*.

Enfin, toujours dans le même registre, le Conseil a adopté les 28 et 29 novembre 2008[249], des conclusions relatives à la prévention et la lutte contre le trafic de biens culturels, dans lesquelles il indique sa volonté d'intensifier la coopération entre l'OIPC d'une part, et la Commission et les États membres d'autre part. En effet, il constate que ces derniers disposent de bases de données qui ne sont pas interconnectées car non compatibles entre elles, que la base de données gérée par l'OIPC ne répond que « partiellement aux enjeux de la lutte contre le trafic de

245 Le Gentil, L., « Union européenne, quels enjeux pour la gendarmerie ? », in *Gendarmerie nationale*, n° 227, Paris, 2e trimestre 2008, p. 45.

246 Conclusions du Conseil sur la gestion des frontières extérieures des États membres de l'Union européenne (doc. du Conseil n° 9956/08 [Presse 146]).

247 Position commune 2005/69/JAI du Conseil relative au transfert de certaines données à Interpol (*JOCE* L 27 du 29.1.2005, p. 61).

248 Décision-cadre 2004/919/CE du 22 décembre 2004, concernant la répression de la criminalité visant les véhicules et ayant des incidences transfrontières (*JOCE* L 389 du 30.12.2004, p. 28).

249 Doc. du Conseil du 3 novembre 2008, n° 14224/2/08, CRIMORG 166, ENFOPOL 191.

biens culturels », et que la Commission a préconisé au sein du SIS II, la création d'une application spécifique aux biens culturels. Dans ce contexte, il salue l'initiative de l'OIPC de développer et de moderniser sa base. Parallèlement à cela, il recommande à la Commission d'associer l'OIPC à ses travaux visant à faire circuler de manière plus rapide et plus large les informations portant sur les biens culturels volés.

3. L'impuissance du droit européen à surmonter les différences d'organisation des services nationaux

Il revient aux États membres de fixer eux-mêmes les critères permettant de tracer le cercle des services bénéficiaires d'un dispositif institué par un texte européen. Or, les États ont des approches spécifiques concernant l'organisation de leurs services en raison de l'originalité de leurs droits, de la singularité de leur histoire administrative et des sensibilités corporatistes spécifiques. Ceci a des répercussions au plan européen : les différences organisationnelles, de contours des services ou de relations que ceux-ci entretiennent entre eux, engendre des solutions nationales diverses en termes d'articulation des sphères policière, douanière et judiciaire (a).

Ces différences de taille des sphères policière, douanière et judiciaire font que l'étendue des régimes de l'assistance en matière policière et douanière d'une part, et de l'entraide judiciaire d'autre part, varie également d'un État à l'autre. Les efforts des institutions de l'Union et des États membres dans le cadre des coopérations régionales, ayant pour but de mieux articuler ces régimes, n'ont pas abouti (b).

a. Des solutions nationales diverses en termes d'articulation des sphères policière, douanière et judiciaire

De manière générale, les canaux d'échange d'informations sont attribués à différents types de services nationaux. Ainsi, les services de police emploient les canaux de l'entraide policière et les autorités judiciaires utilisent les voies mises à leur disposition dans le cadre de l'entraide judiciaire.

Lorsque le droit européen instaure un dispositif destiné à faciliter la collaboration entre les services de différents États membres, il dresse le profil des utilisateurs. Par exemple, les dispositifs prévus par la convention Naples II sont réservés en principe aux services douaniers. Or, c'est sans compter sur l'autonomie organisationnelle des États membres. Certes, le droit européen détermine *in abstracto* le profil des services concernés par les dispositions du texte, mais il revient aux États membres de faire ce travail *in concreto*. Ainsi, pour reprendre l'exemple des services bénéficiaires de la convention Naples II, cette dernière définit le terme « administrations douanières » par « les autorités douanières des États membres ainsi que les autres autorités chargées de l'application des dispositions de la présente convention »[250]. Autrement dit, sont considérées comme administrations douanières, non seulement celles qualifiées comme telles par l'État membre, mais aussi d'autres services de l'administration ayant des compétences équivalentes aux services douaniers. Ces services, que nous qualifions de services douaniers « par exercice », sont ceux des États membres qui ne sont pas des services douaniers proprement dits, mais qui sont amenées à exécuter des missions énoncées dans la convention. Le texte a donc une approche fonctionnelle en déterminant les utilisateurs par ce qu'ils font, et non une approche organique en les définissant par ce qu'ils sont.

Cette approche fonctionnelle est destinée à contrer les approches organiques nationales hétérogènes. Chaque État membre possède une vision propre des contours de ses différents services. C'est le cas en matière de douane dont le profil des services varie d'un pays à l'autre. Ainsi, sur le plan fonctionnel, les services douaniers nationaux n'ont pas tous les mêmes attributions[251]. Selon une étude du Conseil[252], lorsque ces services se voient attribuer certaines compétences, cela peut être à titre exclusif ou à titre partagé. Par exemple, la question de la lutte contre les mouvements frontaliers illicites de déchets relève du ressort exclusif de la douane en Finlande, en Grèce et en Irlande, alors que cette matière est une compétence partagée pour ce qui est des autres États membres.

Concernant les prérogatives accordées aux agents des douanes, elles varient d'un État à l'autre. Certains droits nationaux autorisent ces agents à faire usage de la force pour intimer l'ordre aux véhicules de s'arrêter alors que d'autres l'interdisent. Il en est de même pour le droit d'accès aux locaux qui peut, en fonction des législations nationales, être accompagné d'un droit de communication des documents présents[253].

Sur le plan organique, les compétences douanières peuvent être exercées par une seule administration comme la Belgique ou le Luxembourg. Elles peuvent être aussi partagées entre deux services. C'est le cas en Allemagne qui dispose du *Zollkriminalamt* et du *Zollverwaltung*. D'autres pays disposent de deux administrations douanières. Ainsi,

---

[250] Art. 4.7 de la convention.

[251] Une étude réalisée par le Conseil (doc. n° 11013/3/00 REV 3) a révélé qu'une partie seulement d'entre eux dispose de compétences en matière de lutte contre le blanchiment d'argent, comme l'Allemagne, l'Irlande, l'Espagne, la Finlande, la France, la Grèce, le Royaume-Uni et l'Italie. Ce n'est pas le cas des autorités issues de l'Autriche, de la Belgique, du Danemark, du Luxembourg, des Pays-Bas, du Portugal et de la Suède. Cette étude porte sur les quinze États membres avant l'élargissement de 2004.

[252] *op. cit.*

[253] Belgique, Danemark, France, Royaume-Uni, Grèce, Irlande, Italie, Luxembourg et Pays-Bas.

l'Italie possède l'*Agenzia delle dogane* et la Garde des Finances (*Guardia di Finanza*), cette dernière possédant de prérogatives policières. Enfin, certains pays, comme la Grèce, sont dotés de garde-côtes, dont les prérogatives sont à la fois policière, douanière et militaire.

Ensuite, chaque État a sa propre vision concernant l'articulation des sphères douanière, policière et judiciaire. En France, le droit douanier est, comme le droit pénal, un droit répressif. Cependant, le régime juridique du contentieux douanier est original. Ceci est dû au fait notamment, que l'enquête douanière est spécifique tant sur le plan méthodologique que sur le plan juridique.

Sur le plan méthodologique, l'enquête douanière se déroule traditionnellement en différentes phases : la vérification (c'est-à-dire la collecte de renseignements)[254], l'enrichissement (c'est-à-dire le recoupement d'informations) et l'appréciation des preuves. Sur le plan juridique, elle est soumise aux règles relatives au code des douanes. Or, ces règles présentent des particularités par rapport au code de procédure pénale. Ces particularités s'expriment par l'absence de la césure traditionnelle entre l'enquête préliminaire d'une part, et l'enquête de flagrance d'autre part. Elle s'exprime aussi par l'octroi d'un droit de règlement transactionnel en faveur de l'administration, dont la finalité est mixte, à la fois répressive et réparatrice[255]. En effet, en cas d'infraction douanière, ces services peuvent transiger[256] alors qu'en matière pénale, en principe, seule l'autorité judiciaire, en l'occurrence le parquet, peut le faire à travers l'usage de la composition pénale. En pratique, ce mécanisme de règlement transactionnel permet aux services douaniers d'assurer un règlement des différends dans une grande partie des hypothèses du contentieux. De ce fait, l'action publique est éteinte si bien que seule une partie de ce contentieux débouche sur une phase judiciaire. En comparaison, les services de police ne disposent pas d'un tel pouvoir. En cas de constatation d'infraction, ils doivent prendre attache avec le Procureur de la République ou l'un de ses substituts qui décidera des suites à donner : exercice de poursuites pénales, classement sans suite ou prises de mesures alternatives aux poursuites[257].

Les choses se compliquent lorsque le volume de ces sphères varie non seulement entre elles, mais également d'un État à l'autre. En effet, la situation juridique et les rapports de force entre les administrations ne

---

254 Y compris l'analyse des statistiques.

255 Selon une ancienne jurisprudence de la Cour de cassation du 22 décembre 1992.

256 En vertu de l'art. 350 du code des douanes.

257 Sur le droit douanier français, voir : Berr, J.-C., Trémeau H., *Le Droit douanier : Communautaire et national*, Paris, Économica, 7e édition, 2006, et Fédida, J.-M., *Le contentieux douanier*, Paris, Presses universitaires de France, coll. « Que sais-je ? », 2001.

sont pas les mêmes dans les différents pays. Si dans un État, toute une série d'actes effectués par les services douaniers requièrent l'autorisation ou le contrôle d'une autorité judiciaire, l'enquête, qui était purement douanière avant l'accomplissement de ces actes, prendra une coloration davantage judiciaire[258]. En conséquence, la phase judiciaire interviendra plus en amont de l'enquête dans certains États, si un acte de procédure donné, qui s'avère indispensable au bon déroulement de celle-ci, nécessite l'implication d'une autorité judiciaire. Inversement, elle interviendra plus en aval dans d'autres cas, si, pour le même type d'acte et dans les mêmes circonstances de l'enquête, l'autorisation ou le contrôle d'une autorité judiciaire n'est pas requise.

Ceci est également vrai en matière policière. Dans les pays de *civil law*, les autorités judiciaires exercent un pouvoir de direction plus important que dans les pays de droit de *common law*. Cette différence fait que les actions menées par les services policiers sont, dans les pays de droit romain-germanique, réalisées sous la responsabilité du juge (parquet ou juge d'instruction par exemple) et relèvent à ce titre, plus facilement du régime de l'entraide judiciaire pénale. Dans les pays de *common law*, ou de droit scandinave, les actions des services policiers sont contrôlées par les autorités judiciaires, mais leur marge de manœuvre est plus grande. Les actes qu'ils effectuent ont alors davantage tendance à être du ressort du régime de la collaboration policière.

Certes, il existe des différences concernant l'étendue de la phase judiciaire entre les pays de droit romain-germanique, de droit coutumier, ou de droit scandinave, mais il y a aussi des différences entre les États appartenant à la même famille juridique. En effet, les règles procédurales sont très variables et le moment de l'intervention du juge dans une enquête de police n'est pas le même selon les pays.

Le rapport final sur la deuxième série d'évaluation consacrée aux services répressifs et leur rôle dans la lutte contre le trafic de drogue[259] fait ce constat. Il a indiqué que le régime des informations non vérifiées varie d'un État membre à l'autre. Dans certains d'entre eux, les informations non vérifiées peuvent être échangées par voie policière, alors que le même type d'informations peut exiger un recours à l'entraide judiciaire dans d'autres.

Dans cette optique, un pays peut avoir un champ de l'entraide policière plus ou moins étendu qu'un autre selon que le droit prescrit que tel

---

[258] Il arrive ainsi que l'enquête douanière débouche plus rapidement sur une enquête judiciaire, notamment quand certains actes requièrent l'intervention de l'autorité judiciaire. C'est le cas lorsqu'une mise sur écoute téléphonique est requise. En France, cette opération nécessite l'autorisation d'un juge d'instruction en vertu de l'art. 100-3 du code de procédure pénale.

[259] Doc. du Conseil 22 septembre 2003, n° 9615/3/03 CRIMORG 43.

ou tel acte ressortit du régime de l'entraide judiciaire. La sphère de la collaboration policière et celle l'entraide judiciaire fonctionnant en vases communicants, un État qui réduit le champ d'action de son autorité judiciaire accroît d'autant celui de ses services de police (compris au sens où ces services peuvent agir de manière indépendante vis-à-vis de l'autorité judiciaire). Dans cette perspective, le périmètre de l'entraide judiciaire a tendance à se restreindre au profit de celui de la collaboration policière. Inversement, l'État qui étend la marge d'action de son autorité judiciaire limite corrélativement celle des services de police, et donc par là même, le champ de l'entraide policière.

Du point de vue de la coordination entre les États membres des périmètres de l'entraide policière et douanière d'une part, judiciaire d'autre part, nous observons un accroissement *de facto* de celui relatif à l'entraide judiciaire. En effet, les différences de champ se traduisent systématiquement par une extension du périmètre de l'entraide judiciaire : si le juge d'un État requérant envoie, conformément aux dispositions de son droit national, une demande d'entraide judiciaire aux autorités d'un pays pour qui la réponse à cette demande nécessite l'accomplissement d'un acte de procédure relevant de la sphère policière, ladite réponse transitera néanmoins par l'une de ses autorités judiciaires. Dans cette hypothèse, l'autorité judiciaire de l'État requis, va recevoir, par le biais des canaux d'entraide judiciaire, une demande de la part d'une autorité judiciaire de l'État requérant. Elle se contente alors de transmettre la demande aux services de police aux fins d'exécution. Certes, même si l'autorité judiciaire requise fait office de boîte aux lettres, il n'empêche que le régime juridique applicable reste celui de l'entraide judiciaire.

b. Des efforts menés au niveau européen systématiquement contrecarrés par des réticences nationales

Face aux problèmes d'articulation des régimes d'entraide, dus aux différences entre les pays, des tailles des sphères policière, douanière et judiciaire, certains services de sécurité intérieure ont développé une expérience empirique. Ainsi, nous ferons également le constat plus loin, que des services de police ont recours à la « débrouille ». L'entraide judiciaire fait figure de montage juridique *a posteriori* pour rendre légaux des actes policiers effectués dans l'urgence.

> Des policiers effectuent pour les collègues étrangers des actes de perquisition, de saisie de biens ou d'écoute téléphonique sans aucune base légale. Ils agissent sous le manteau sur le territoire d'États étrangers [...] des rapports

de police de police sont transmis officieusement à l'étranger dans l'attente d'une demande de transmission de procédure[260].

Pour régler ces difficultés, les institutions de l'Union européenne et les États membres dans le cadre des coopérations régionales, s'efforcent de trouver des solutions. Or, l'expérience montre que les tentatives destinées à mieux articuler les régimes d'entraide en rapprochant certains critères permettant d'avoir recours à tel ou tel d'entre eux, ont échoué.

Ceci s'explique par le fait que ces règles sont étroitement liées à la législation nationale en matière de répartition des compétences entre les services de sécurité intérieure. Les tentatives ont été infructueuses car les réticences sont nombreuses, tant d'un point de vue juridique que politique.

D'un point de vue juridique, les États sont peu enclins à modifier les périmètres de l'entraide policière, douanière et judiciaire, au risque de remettre en cause leurs fondements juridiques, en particulier, ceux ayant trait à procédure pénale et douanière. En effet, l'étendue de ces périmètres est intimement liée au volume des sphères judiciaire, policière et douanière. Or, ce volume est lui-même en corrélation avec les rapports que les autorités judiciaires, les services douaniers et policiers entretiennent entre eux. Dans ces circonstances, modifier le volume des sphères reviendrait à altérer l'équilibre des relations entre les services policiers et douaniers d'une part, et les autorités judiciaires d'autre part, notamment en portant atteinte à certaines normes, en particulier celles qui fixent la direction et/ou le contrôle de l'autorité judiciaire sur les services policiers et éventuellement des services douaniers[261]. Or, ces normes constituent le soubassement du système répressif des États. C'est la raison pour laquelle, les États refusent, par ce jeu de cascade, de modifier le champ des différents périmètres d'entraide.

Toujours sur le plan juridique, une autre raison qui amène les États à ne pas modifier le champ des différents périmètres d'entraide est le fait que l'étendue des sphères policière et douanière d'une part, judiciaire d'autre part, repose sur le principe de la séparation des pouvoirs (administratifs d'un côté et judiciaires de l'autre) reconnue dans la plupart des

---

[260] Ruter, C. F., « La collaboration policière internationale dans une Europe pluriforme », cité par Sabatier, M., *op. cit.*, p. 224.

[261] En France, il existe le Service national de douane judiciaire (SNDJ) rassemblant des officiers de douane judiciaire (ODJ) ayant une compétence nationale pour effectuer des enquêtes judiciaires. Ce service, d'environ 200 agents, a été mis en place le 5 décembre 2002. Dirigé par un magistrat, il est basé à Paris et il possède sept antennes en province. Les ODJ qui le composent agissent sur réquisition du procureur de la République ou sur commission rogatoire d'un juge d'instruction conformément aux dispositions de l'art 28-1 du code de procédure pénal.

constitutions nationales. Les rédacteurs des textes de droit européen ont dû prendre en compte ce paramètre en veillant à ce que l'approche fonctionnelle entreprise pour surmonter les divergences en termes d'approches organiques sur le plan national, qui se traduit par l'insertion du principe « d'autorités équivalentes », n'empiète pas sur la séparation des pouvoirs (administratifs d'un côté et judiciaires de l'autre) reconnue dans la plupart des constitutions nationales. En d'autres termes, ils ont tenté d'éviter que, en raison de l'étendue variable des pouvoirs discrétionnaires des autorités policières d'un État à l'autre, un commissaire de police suédois soit amené à « requérir » un procureur espagnol de l'*Audiencia Nacional* ou un juge d'instruction français (et ainsi violer la règle de la séparation des pouvoirs en vertu de laquelle une autorité judiciaire ne reçoit pas d'ordre d'une autorité administrative et/ou du pouvoir exécutif), au motif que, dans le droit de l'État membre requis, l'information souhaitée nécessite l'aval des autorités judiciaires.

D'un point de vue politique, ces tentatives se heurtent à des réactions corporatistes et à des réflexes protectionnistes destinés à protéger certains pans du droit national d'une intervention européenne éventuelle. Soucieux de ne pas toucher aux rapports de force entre les autorités judiciaires d'une part, et les services policiers et douaniers d'autre part, les États se gardent d'ouvrir ce qu'ils pourraient considérer comme une « boîte de Pandore ».

Certes, les rédacteurs de la convention Naples II ont élaboré un système de concordance entre les périmètres de la collaboration douanière et l'entraide judiciaire. En effet, elle énonce[262] que « si une enquête pénale est effectuée par une autorité judiciaire ou sous sa direction, cette autorité détermine si les demandes d'assistance mutuelle y afférentes sont présentées sur la base des dispositions applicables à l'entraide judiciaire en matière pénale ou sur la base de la présente convention ». Cependant, derrière cette souplesse offerte par le texte, il reste à observer que ses rédacteurs ont opté pour une solution qui laisse une certaine marge de manœuvre aux acteurs nationaux : ils ont préféré laisser aux autorités judiciaires le choix d'opter pour le régime de l'entraide judiciaire ou la collaboration douanière. *In fine*, la question de savoir si la demande relève de tel ou tel régime est donc réglée par l'autorité judiciaire qui statuera sur des considérations opérationnelles, liées à la stratégie de l'enquête, et/ou des impératifs juridiques correspondant aux contraintes posées par le droit national.

Pour leur part, dans le cadre de la coopération Schengen, les États ont établi une liste des demandes d'assistance qui relèvent de la collaboration policière. Cet exercice, mené dans le cadre du catalogue des

[262] À l'art. 3.2 de la convention.

meilleures pratiques en matière d'entraide policière[263], opère un rapprochement entre les législations nationales en définissant tous les actes qui sont toujours du ressort de l'entraide policière dans les différents droits nationaux. Pour les actes figurant dans cette liste commune, le catalogue précisait que « l'autorité centrale devrait être en mesure de traiter directement ce type de demande [...] sans les soumettre à un autre organisme pour enquête »[264].

Or, cette opération n'a été qu'un pur travail de mise en forme. Elle a eu l'avantage de mettre en lumière les points de convergence des législations nationales. En revanche, elle n'a aucunement réglé les difficultés qui résultent des inégalités entre États membres concernant l'étendue des champs respectifs de l'entraide policière et judiciaire. De peur de remettre en cause tout l'édifice juridique et institutionnel existant au plan national en matière de sécurité intérieure, les négociateurs des États parties à la coopération Schengen ont se sont contentés d'un travail de compilation, sans s'attaquer à un quelconque rapprochement des régimes d'entraide nationaux.

La délimitation du périmètre du champ d'application de la décision-cadre relative à la simplification de l'échange d'informations s'est heurtée à des difficultés semblables et la solution dégagée s'inscrit dans le sillage de celle trouvée dans le cadre de la coopération Schengen. En effet, en définissant le champ de la décision-cadre, c'est-à-dire en déterminant le type de demande soumise au régime prévu par celle-ci, les négociateurs se sont penchés sur les contours du champ de la collaboration policière dans chaque État membre. Ceci les a amenés inévitablement à examiner celui de l'entraide judiciaire et, par là, à être confrontés aux mêmes types de difficulté auxquelles les négociateurs ont dû faire face dans le cadre de la coopération Schengen.

Il en résulte que la décision-cadre apparaît comme vidée d'une grande partie de sa substance concernant la variété de données soumises au régime juridique qu'elle institue. En effet, la solution retenue dans la décision-cadre exclut toute information actuellement disponible dans les services répressifs, mais précédemment obtenue par la contrainte[265],

263 Catalogue de recommandations pour l'application correcte de l'acquis de Schengen et de meilleures pratiques : partie relative à la coopération policière (doc. du Conseil du 16 juin 2003, n° 9788/1/03 SCH-EVAL 40 COMIX 328).

264 Meilleure pratique contenue dans la partie B, paragraphe 1.1. Le catalogue figurant le doc. du Conseil du 16 juin 2003 précité, mentionne les demandes relatives à l'identification des conducteurs, les recherches de permis de conduire, la localisation du domicile ou le relevé de traces.

265 L'art. 1.5 précise que la décision-cadre n'impose aucune obligation d'obtenir des informations par voie coercitive (pour les informations non encore collectées). Pour celles déjà recueillies, la décision-cadre opère un renvoi au droit national. L'art. 1.6 énonce : « Lorsque leur droit national le permet et conformément aux dispositions de

c'est-à-dire, le plus souvent, dans le cadre d'une procédure judiciaire. Il en va donc ainsi des trois quarts des informations intéressant les services de police (photos anthropométriques, données ADN, empreintes digitales, procès-verbaux d'audition, caractéristiques des objets saisis et mis sous scellés en perquisition, etc.), puisque par définition, ces éléments ont jadis été obtenus par la contrainte et sans le consentement de l'intéressé (par exemple dans le cadre d'une garde à vue). Cette exclusion a été opérée, selon certains négociateurs du texte, à la demande des autorités judiciaires, qui ne voulaient pas être « contournées » par les dispositions texte. Toujours selon certains négociateurs, il est possible, en grossissant le trait, d'échanger uniquement des informations publiques comme les numéros de téléphone disponibles dans l'annuaire (ceux inscrits sur liste privée étant soumis, dans certains États membres, à une autorisation du juge et donc au régime de l'entraide judiciaire).

B. Les effets pervers de l'hypertrophie des instruments horizontaux et verticaux : la persistance « d'archipels »

Depuis sa création, la collaboration entre les services de sécurité intérieure s'est forgée autour de l'informalité. Elle s'est traduite en de simples « contacts personnels qu'entretiennent certains policiers de part et d'autre d'une frontière »[266] puis en la création de « clubs » qui sont des réunions discrètes, voire secrètes entre professionnels d'une question donnée. Malgré la diversification de l'offre proposée par l'Union et par les coopérations régionales, ces réseaux continuent d'exister, participant activement à la dynamique de la collaboration entre les services nationaux de sécurité intérieure (1). Ils forment des structures de coopération autonome qui apparaissent comme des doublons avec le dispositif composé par les instruments élaborés par les institutions de l'Union européenne et par les mécanismes établis officiellement par les autorités politiques des États membres dans le cadre des coopérations régionales.

Leur persistance est la conséquence de l'attitude des services nationaux à ne pas vouloir entrer dans le cadre préconçu (2). Ils désirent conserver une marge de manœuvre aussi large que possible. De ce fait, ils emploient le ou les instruments mis à leur disposition au moment où ils le jugent opportun, ce qui ne les empêche pas, par ailleurs, d'avoir recours aux structures de coopération autonome le cas échéant.

---

celui-ci, les États membres communiquent les informations ou les renseignements obtenus précédemment par des mesures coercitives ».

266 Zanders, P., « Schengen : les accords bilatéraux et multilatéraux dans le domaine de la coopération policière », *Schengen, Judicial Cooperation and Policy Coordination*, Monica den Boer (ed.), Maastricht, *European Institute of Public Administration*, 1997, p. 46.

1. Une collaboration fondée sur une dynamique de structures de coopération autonome

Les réunions périodiques et inofficielles ont jeté les bases des structures de coopération autonome qui sont les berceaux de la collaboration actuelle (a)[267]. Il s'agit de mécanismes de collaborations informelles créées « sur la base de critères d'affinités multidimensionnelles, [et qui se sont] autonomis[ées] à l'égard d'autres domaines de l'action publique ainsi que de diverses sortes de contrôle »[268].

Malgré les efforts déployés, par les institutions de l'Union européenne et par les autorités politiques des États membres dans le cadre des coopérations régionales, pour développer un dispositif composé d'instruments « taillés sur mesure » à l'attention de chaque type de service national de sécurité intérieure, ces derniers continuent à collaborer au sein d'une myriade de structures de coopération autonome (b) de nature hétéroclite et aux cadres géographiques variables.

a. Des origines de l'entraide entre les services de sécurité intérieure

Au début du XXe siècle, les services nationaux de sécurité intérieure, ayant le sentiment d'être confrontés aux mêmes préoccupations, ont noué des contacts entre eux loin des influences diplomatiques et des considérations géostratégiques. Ils l'ont fait en dépit des tensions politiques et des rivalités coloniales entre les États-nations du continent européen. « Contrairement aux militaires étrangers qui sont toujours potentiellement l'adversaire de demain, les policiers des différentes nationalités estiment avoir le même ennemi commun, le crime et les criminels »[269]. En s'ouvrant au monde extérieur, ils sont apparus à contre-courant du mouvement de l'époque tourné vers l'exacerbation du sentiment national et, parallèlement, vers la méfiance des autres pays considérés comme des concurrents, voire des adversaires[270]. D'ailleurs,

---

267 Levy, R., Montjardet, D., « Les polices nationales et l'unification européenne, enjeux et interactions », in *Culture et conflits*, n° 48, 2002.

268 Maguer, A., « La coopération policière transfrontalière, moteur de transformations dans l'appareil de sécurité français », in *Culture et conflits*, n° 48, Paris, 2002.

269 Bigo, D., *Polices en réseau, l'expérience européenne*, *op. cit.*, p. 61.

270 À cet égard, le partage des territoires d'outre-mer a fait l'objet d'une âpre compétition entre les différentes puissances.

Ainsi, l'affaire de Fadocha a été source d'un contentieux entre la France et le Royaume-Uni. Chacun des protagonistes essayant de réaliser une continuité territoriale entre ses possessions. Ils se heurtèrent au partage de régions stratégiques, celles-ci ouvrant à l'un, la perspective de cette continuité et, corrélativement, la fermant à l'autre. C'est le cas de Fadocha qui fut l'objet d'une convoitise entre les Britanniques et les Français en 1889. Finalement ces derniers cédèrent la ville, permettant alors aux Britanniques d'établir une continuité Nord-Sud entre le Caire et le Cap.

le premier congrès mondial de la police s'est tenu en 1914 alors que les nationalismes s'exprimaient de manière belliqueuse.

L'entraide entre les services nationaux de sécurité intérieure présentait la caractéristique d'être informelle et autonome. Elle était informelle dans la mesure où elle était née en dehors de tout cadre institutionnel préconçu. Elle avait la particularité d'être « une figure non imposée, non provoquée et spontanée »[271]. Elle était autonome dans le sens où il s'agissait d'un phénomène qui s'était déroulé en marge de l'action des autorités politiques. En effet, ces services avaient établi des liens au gré des nécessités, sans accord explicite de leur part, ni leur appui. « Les policiers se sont construit en douce un petit coin d'Europe. Depuis longtemps mais officieusement »[272].

La collaboration menée au début du XXe siècle a été une forme d'activité *bottom-up* qui résultait des difficultés rencontrées sur le terrain face à l'évolution des phénomènes susceptibles de constituer des menaces à la sécurité intérieure. En effet, les criminels faisaient preuve d'ingéniosité en adoptant des dispositifs techniques modernes, en particulier des nouveaux moyens de locomotion. Ainsi, l'essor de l'automobile leur a permis d'étendre le champ de leur activité au-delà du périmètre de la zone frontalière. L'usage des véhicules à moteur leur donnait la possibilité de se déplacer plus facilement dans les autres régions du territoire national, voire sur celles du pays voisin. De ce fait, ils pouvaient établir leur base arrière ou disparaître après la commission des faits délictueux, loin du lieu où ceux-ci s'étaient déroulés[273].

Face ce phénomène de transnationalisation des activités criminelles, les services locaux ont intensifié leur collaboration dans les régions frontalières. Parallèlement à cela, tous les services nationaux engagés dans la lutte contre les mêmes phénomènes ont noué des contacts entre eux. Dans cette perspective, des liens se sont tissés entre les membres de services spécialisés indépendamment du fait qu'ils soient localisés dans une région limitrophe aux pays partenaires. La multiplication de ces liens conjuguée à leur stabilisation dans le temps a donné naissance aux

---

La « question marocaine », fut, quant à elle, une problématique épineuse entre la France et l'Allemagne. L'empereur d'Allemagne Guillaume II avait revendiqué l'occupation d'une partie du Maroc contre l'avis de la France (et du Royaume-Uni), qui y avait établi un protectorat. La tension entre les deux pays a atteint son paroxysme lors de l'envoi par l'Allemagne en 1911, d'un croiseur au large d'Agadir.

271 Sabatier, M., *op. cit.*, p. 196.

272 Hamon, A., Perisse, X., *Les seigneurs de l'ordre public – 2000 commissaires de police dans leurs fiefs*, Paris, Belfond, 1998, cité par Sabatier, M., *op. cit.*, p. 227.

273 Ces brigades, tirées de l'appellation qui leur avait été attribuée à la fin de la Première Guerre mondiale, formaient une force de police motorisée destinée à faire face aux nouveaux modes d'action des délinquants. Elles présentaient la particularité d'employer des technologies novatrices en matière de police judiciaire pour l'époque.

réseaux relationnels. Ces réseaux, en s'institutionnalisant, ont engendré des « clubs ».

Didier Bigo dans son ouvrage *Polices en réseau*[274], a mis en exergue l'importance de ces clubs comme étant les précurseurs des organes actuels de la collaboration policière et les catalyseurs de l'entraide, en amplifiant la dynamique amorcée au début du XXe siècle. Ils avaient un caractère restreint et ils réunissaient uniquement un nombre limité d'acteurs spécialisés concernant les phénomènes qui y étaient évoqués[275]. Les réunions n'étaient jamais annoncées et les comptes-rendus jamais diffusés en dehors des cercles initiés. Ils étaient « entourés d'un halo de secret tant en ce qui concerne leur création que leur composition, que de leur action [...] de sorte, tout un pan non négligeable de la coopération reste confidentiel »[276].

Parmi les clubs actifs dans les années 1970-1980, les plus connus[277] étaient le GAM évoqué précédemment, le Groupe Star (*Ständige Arbeitsgruppe Rauschgift*) spécialisé en matière de lutte contre le trafic de stupéfiants, le Groupe Quantico et le club des Cinq. Créé à l'initiative du FBI, le Groupe Quantico avait vocation à faciliter l'entraide en matière de lutte contre le terrorisme. À l'instar du Groupe Quantico, l'objectif essentiel du Club des Cinq était d'améliorer l'échange d'informations sur les personnes suspectées de terrorisme.

b. Une offre abondante qui, paradoxalement, n'empêche pas leur persistance

Ces réseaux personnels sous forme de contacts bilatéraux et de réunions périodiques, apparaissent, pour reprendre la formule de Didier Bigo[278], comme des « archipels »[279] dans le monde la coopération officielle. Ils sont décrits comme tels dans la mesure où ils conservent un certain degré d'émancipation vis-à-vis des autorités politiques. Cette image reflète non seulement la volonté d'autonomie de l'entraide des acteurs de terrain, mais aussi l'existence d'une dynamique propre[280].

---

274 Bigo, D., *Polices en réseau, l'expérience européenne*, *op. cit.*

275 « Vous savez, c'est un petit milieu. Tout le monde se connaît très vite » (propos recueillis par Didier Bigo [*Polices en réseau, l'expérience européenne*, *op. cit.*, p. 37]).

276 Sabatier, M., *op. cit.*, p. 197-198.

277 Montain-Domenach, J., *op. cit.*, p. 100-101.

278 Bigo, D., *Polices en réseau, l'expérience européenne*, *op. cit.*, p. 43.
Cette formulation est reprise par de nombreux auteurs comme Levy, R., Montjardet, D., *op. cit.*

279 Et plus généralement, comme des archipels formés de services de sécurité intérieure.

280 Tange, C., « L'acteur policier entre structures formelles et informelles », *L'espace pénal européen : enjeux et perspectives*, De Kerchove, G., Weyembergh, A. (dir.)

En principe, avec le développement des outils établis par les institutions de l'Union européenne et les autorités politiques des États membres dans le cadre des coopérations régionales, ces réseaux personnels auraient dû disparaître. En effet, ils auraient dû logiquement perdre du terrain au fil du temps au profit des nouveaux instruments créés par l'Union et par les États membres cadre et des coopérations régionales.

Contre toute attente, l'expérience montre leur maintien à côté des instruments créés par l'Union, voire l'émergence de nouvelles structures de coopération autonome. « Les traités de coopération policière n'ont jamais remplacé les réseaux de coopération informels qui existaient, ils s'y sont tout au plus rajoutés »[281].

En effet, certaines structures existent toujours. C'est le cas en particulier de l'ENFSI, de TISPOL, de la *European Association of Airport and Sea Port Police* (EAASP)[282] et du groupe *Hazeldonk*.

Le *European Network of Forensic Science Institutes* (ENFSI) rassemble des laboratoires de police technique et scientifique européens. Créé en 1992, il favorise l'échange d'informations entre ses membres et stimule la recherche et le développement de nouvelles techniques. Il contribue aussi au perfectionnement des professionnels de la criminalistique en proposant des formations, en organisant des séminaires scientifiques et en finançant des projets de recherche[283].

TISPOL est une association créée en 1996 qui réunit des services de police européennes chargés de la gestion du trafic routier (police route). Son siège est au Royaume-Uni[284] et il regroupe des pays membres et non membres de l'Union européenne[285]. Il constitue un réseau d'experts sollicités par la Commission européenne sur les questions de sécurité routière. Il organise des campagnes de sensibilisation sur ce sujet et il constitue un forum au sein duquel les participants peuvent évoquer différentes problématiques relatives aux équipements en matière de sécurité routière et à l'efficacité des réglementations, des moyens de contrôle et des modes d'action des forces de chaque État.

Bruxelles, Édition de l'Université de Bruxelles, coll. Études européennes, 2002, p. 83.

281 Alain, M., « Les heurts et les bonheurs de la coopération policière en Europe, entre myopie des bureaucrates et sclérose culturelle policière », in *Revue déviance et société*, vol. 24, n° 3, 2000.

282 Dont le site web est : http://www.eaasp.org/.

283 Caillet, S., « Le réseau européen des instituts de sciences criminalistiques », in *Gendarmerie nationale*, n° 205, Paris, 4e trimestre 2002, p. 94.

284 Rowland, D., « Dépasser les frontières pour sauver des vies – Le réseau des polices de la route européenne TISPOL », in *Gendarmerie nationale*, n° 207, Paris, 2e trimestre 2003, p. 39 et s.

285 Comme la Moldavie, la Norvège et la Suisse.

L'EAASP est une association qui regroupe les services de police et des gardes-frontières. Il constitue un réseau d'échange et de réflexion concernant les problématiques de sécurité aux frontières maritimes et aériennes. À l'instar du TISPOL[286], l'EAASP est composé de sous-groupes[287] auxquels prennent part des experts chargés d'étudier diverses questions comme l'examen des meilleures pratiques, la confrontation des réglementations, l'analyse des tendances des phénomènes criminels et la mise en place de formations.

L'existence de certaines de ces structures est officielle, comme le TISPOL et l'EAASP, alors que d'autres sont de nature plus confidentielle, comme le groupe Quantico. Certaines disposent d'un texte leur servant de socle en déterminant leur statut et leurs attributions. C'est le cas de l'ENFSI, qui repose sur une « constitution ». En revanche, d'autres, comme le Groupe de Berne, n'en possèdent pas.

Le Groupe de Berne rassemble les services de renseignement chargés de la lutte antiterroriste des États membres de vingt-et-un pays. Dépourvu de moyens administratifs propres[288], ce club a été mis en place en 1971 et réunit des responsables de différents échelons administratifs. Au sommet, se trouve la conférence des directeurs et des chefs de services centraux. La base de la pyramide est composée de groupes de réflexion qui analysent la nature du phénomène terroriste. En outre, il existe des conférences techniques auxquelles prennent part des experts spécialisés chargés de définir les méthodes les plus adaptées pour y faire face.

Les structures actuelles sont fortement hétérogènes et les États qui y participent varient fortement d'une structure à l'autre. C'est le cas du groupe *Hazeldonk* auquel prennent part les services nationaux de sécurité intérieure belges, français et néerlandais. C'est aussi le cas du *Cross Channel Intelligence* qui rassemble des membres des services belges, britanniques, français et néerlandais et du Groupe de travail Nord, qui réunit des représentants allemands, danois, suédois, finlandais et néerlandais.

Par ailleurs, des services de pays tiers sont susceptibles d'y participer. Ainsi, ceux de la Norvège prennent part au Groupe de travail Nord, au Groupe de Berne et au TISPOL. C'est le cas de la Suisse qui parti-

---

286 Le TISPOL est formé des sous-groupes « Alcool, drogues et conduite », « Opérations » et « *Intelligent transport systems* ».

287 L'EAASP est compose de quatre sous-groupes : « *Crime Group* », « *Operations Group* », « *Advisory Group* » et « *Training Group* ».

288 Montain-Domenach, J., *op. cit.*, p. 101.

cipe au Groupe de Berne et à la *Middle European Conference* (MEC), formée des services de sécurité et de renseignements de vingt pays[289].

Par ailleurs, certaines structures de coopération autonome rassemblent exclusivement des services de sécurité intérieure. C'est le cas de l'ENFSI auquel prennent part des experts spécialistes en matière de police technique et scientifique. À l'inverse, d'autres abritent en leur sein des acteurs d'horizons différents comme, par exemple, le Colloque des polices ferroviaires (COLPOFER) auquel participent l'Union internationale des chemins de fer (UCI), des services nationaux de sécurité intérieure et des entreprises publiques de transport comme la Société nationale des chemins de fer belges (SNCB) et la Société nationale des chemins de fer français (SNCF).

Il en résulte que les rouages de la collaboration, déjà peu clairs étant donné le nombre d'instruments et le faible degré d'articulation entre eux, deviennent difficilement compréhensibles[290] si nous leur ajoutons ces structures de coopération autonome. Le panorama des dispositifs d'entraide au niveau de l'Union européenne « confine à la confusion, qui repose sur un nombre incalculable de groupes, de missions ou de comités qui s'entrecroisent sans coordination et dans la plus grande dispersion aboutissant à une coopération tous azimuts, chaotique, incohérente et désordonnée »[291].

> En l'espace de 15 ans se constitue ainsi une sorte de « galaxie » de la sécurité intérieure [...]. Un regard introspectif lucide amène cependant à constater que l'étendue des possibilités offertes par cette galaxie échappe en grande partie aux acteurs quotidiens de la sécurité intérieure. La complexité et le nombre des instruments disponibles rendent en effet difficile une appropriation globale par les services, en l'absence d'une architecture d'ensemble cohérente et lisible[292].

2. *Une conséquence de l'attitude des services nationaux, réfractaires à entrer dans le cadre préconçu*

Les services de sécurité intérieure manifestent, à travers ces structures de coopération autonome, leur réticence à « entrer dans le moule ». Le maintien des archipels est la traduction visible de leur difficulté à faire usage des instruments officiels (a).

---

289 Informations issues du *Rapport annuel sur la Sécurité intérieure de la Suisse*, (Publication de l'Office fédéral de la police, DFJP, Berne, mai 2006, p. 83).

290 Labayle, H., « Le bilan du mandat de Tampere et l'espace de liberté, de sécurité et de justice de l'Union européenne », in *Cahiers de droit européen*, n° 5-6, Bruxelles, 2004, p. 658.

291 Sabatier, M., *op. cit.*, p. 200.

292 Le Gentil, L., *op. cit.*, p. 45.

Ils manifestent une certaine résistance à se plier aux règles posées par l'autorité politique concernant leur collaboration avec les services nationaux des autres États membres. Plus généralement, ils tendent à vouloir rester en dehors, voire à s'affranchir des contraintes posées par l'existence de normes juridiques (b).

Dans ce contexte, les structures de coopération constituent un dispositif commode qui leur permet d'agir de manière autonome du pouvoir politique, de se libérer du cadre normatif s'ils jugent celui-ci excessif, et d'employer des instruments qu'ils maîtrisent. Ces structures leur offrent aussi la possibilité de collaborer, dans cette logique de clubs, avec des partenaires triés sur le volet. L'information est ainsi tracée et son échange confiné, de sorte qu'elle se trouve hors d'atteinte d'un service concurrent (c).

a. La traduction visible de la difficulté à faire usage des instruments officiels

Deux explications sont susceptibles d'être avancées quant à la permanence de la réticence des services de sécurité intérieure à faire usage des outils mis à leur disposition par les institutions de l'Union européenne et par les autorités politiques des États membres dans le cadre des coopérations régionales.

Elle provient tout d'abord de leur méconnaissance. Ainsi, le rapport final sur la deuxième série d'évaluation consacrée aux services répressifs et à leur rôle dans la lutte contre le trafic de drogue[293] souligne que le déficit, en termes d'emploi des instruments proposés par Europol (OLE et fichiers de travail aux fins d'analyse notamment), « est principalement imputable à une certaine ignorance, notamment dans les grands États membres, quant aux services qu'Europol peut effectivement rendre aux services de police et des douanes des États membres ».

Ensuite, cette attitude trouve sa source dans la méfiance des services nationaux à perdre la maîtrise de l'information qui est entre leurs mains. La culture visant à garder la mainmise sur le travail opérationnel, « “mon” information, “mon” informateur, “mon” enquête »[294], est encore prégnante. À cet égard, les services craignent que la transmission d'un renseignement *via* des instruments développés par les institutions de l'Union et les autorités politiques des États membres, dans le cadre des coopérations régionales, entraîne une diffusion incontrôlée de ce renseignement au mépris de la règle du besoin d'en connaître. Le rapport final sur la deuxième série d'évaluation consacrée aux services répressifs précité, constate la pratique répandue d'exprimer une préfé-

293 Doc du Conseil du 22 septembre 2003, n° 9615/3/03 CRIMORG 43.

294 Genson, R., Zanders, P., « Le développement de la coopération policière européenne – quel avenir pour Europol ? », *op.cit.*, p. 7.

rence pour les canaux bilatéraux et multilatéraux non officiels pour collaborer au niveau international. Ainsi, les services choisissent « habituellement leurs voies de communication en fonction de leurs besoins, [...] préfèrent généralement s'appuyer sur des formes bilatérales de coopération qui ont fait leurs preuves tandis qu'Europol est rarement pris en considération ».

C'est particulièrement le cas des services de renseignement. Par leur culture, ils sont très attachés au respect de la confidentialité d'une information sensible et ils la transmettent uniquement s'ils connaissent le service destinataire et jugent celui-ci digne de foi. En effet, la notion d'*intuitu personnae* est un aspect cardinal de leur collaboration : le partage du renseignement a lieu entre individus qui se connaissent et qui se font mutuellement confiance.

Or, ces services, en particulier ceux chargés de la lutte contre le terrorisme, se méfient des enceintes trop larges, comme Europol ou le *Terrorism Working Group* (TWG) qui est le groupe du Conseil chargé de ces questions. Pour préserver la confidentialité des renseignements, ils préfèrent se les communiquer « en famille » dans les clubs[295] ou utiliser directement la voie bilatérale. « Les policiers privilégient le plus souvent, pour un cas, des contacts non structurés ou organisés autour de la gestion d'un dossier. Les relations personnelles revêtent une importance particulière dans ce cadre, surtout lorsqu'il s'agit de transmettre des informations délicates »[296].

Ce comportement de méfiance des individus et des services avec qui ils ne collaborent pas étroitement se traduit par l'échec des diverses tentatives politiques destinées à contraindre les services de renseignement à utiliser les instruments officiels. En effet, en dépit des invitations insistantes des institutions de l'Union européenne, la collaboration à travers les outils déployés par elles se déroule mal[297].

Pour lutter contre le terrorisme, les institutions ont incité les services à ne plus avoir recours aux structures *ad hoc*, mais aux instruments de l'Union. À la suite aux attentats du 11 septembre 2001, un organisme entièrement dédié aux services de renseignement, la CTC (*Counter Terrorism Cell*) a été créée au sein d'Europol. L'objectif était de mettre

---

295 Comme le GAT.

296 Tange, C., *op. cit.*, p. 85.

297 La crainte des services nationaux de sécurité intérieure (y compris donc les services de renseignement), de perdre leur espace de liberté offerte concernant leur activité, les conduisent à maintenir les structures de coopération autonome. « Même si certains dispositifs de coopération poussent à la centralisation, ils ne supplantent pas les dispositifs existants, dont la multiplicité permet à chaque institution particulière de préserver sa marge de manœuvre en nouant des relations privilégiées avec les institutions homologues des autres pays » (Levy, R., Montjardet, D., *op. cit.*).

à disposition une instance qui soit située au sein de l'office européen de police et donc rattachée à une organisation auxiliaire de l'Union. Parallèlement, cette instance est restée indépendante d'Europol, permettant de ce fait aux services de renseignement de disposer d'une sphère de collaboration qui leur soit propre. Ils pouvaient ainsi se communiquer toutes les informations pertinentes dans ce domaine sans que la diffusion ne donne lieu au risque d'une violation éventuelle de la règle du besoin d'en connaître. Or, la CTC a souffert d'un manque de collaboration entre les services de renseignement participant à l'unité. Ceux-ci n'ont transmis aucune information ayant une réelle valeur, « certains pays rechignant même à envoyer un seul représentant »[298].

Face à cette situation, les invitations du Conseil et du Conseil européen à avoir recours à Europol sont restées des formules incantatoires. Le directeur de l'office européen de police a d'ailleurs mis en exergue cette situation dans plusieurs rapports remis au Conseil les 6 et 7 décembre 2001 et le 13 juin 2002.

Un rapport parlementaire a également souligné cette absence de collaboration. « La contribution d'Europol à la lutte contre le terrorisme reste limitée, en raison de la réticence des services des États membres à l'alimenter en information »[299]. Europol a créé des fichiers autonomes concernant le terrorisme islamiste et le terrorisme autochtone mais, alors que leur utilité repose sur une alimentation des services nationaux de sécurité intérieure en temps réel avec des données « vives »[300], ces services tendent à ne les alimenter qu'en « données mortes »[301]. Les carences en matière d'alimentation en informations de valeur a même conduit la CTC à mettre ses activités entre parenthèses entre 2001 et 2004. Depuis les attentats de Madrid, la CTC a été réactivée, ce qui n'a pas empêché le Conseil européen de rappeler régulièrement dans ses conclusions, la nécessité de fournir Europol en renseignement de qualité[302].

En dépit des progrès accomplis, cette problématique demeure récurrente. Certes, l'alimentation en informations émanant des services de

---

298 Mathieu, R., *op. cit.*, p. 13.

299 Philip, C., Assemblée nationale française, *L'Union européenne et la lutte contre le terrorisme*, Rapport d'information, n° 2123, 2 mars 2005.

300 Les informations dites « vives » sont notamment les noms, adresses, ADN, empreintes, véhicules d'individus visés par une enquête ou bien ciblés par une analyse de risques.

301 Les informations « mortes » ont trait aux mêmes éléments, mais pour des personnes arrêtées et/ou mises en examen et/ou condamnées, pour lesquelles il n'y a plus de risques de fuite.

302 La CTC (réactivée sous le nom de CTC 2 après les attentats de Madrid) a été dissoute et elle a été transférée vers le *First Response Network*, opérationnel depuis le 2 juillet 2007.

renseignement spécialisés dans la lutte antiterroriste a fait défaut. Toutefois, c'est l'ensemble des services nationaux de sécurité intérieure qui n'alimentent pas l'office européen de police[303] au grand dam de son directeur qui constate que, parallèlement, tous ces services sont des utilisateurs potentiels. À ce titre, il « *has urged member states to share police information with the organisation, warning them that "information which is not shared is, in principle, useless"* »[304].

Outre l'ignorance et la méfiance, la conviction que les instruments déployés par l'Union sont inefficaces nous paraît être un élément explicatif de l'attitude des services nationaux. En effet, leur comportement vis-à-vis de ces instruments provient de l'idée qu'ils sont inutiles et qu'il n'est donc pas nécessaire de les employer ni, de surcroît, de les alimenter[305]. La Commission précise que les services des « États membres estiment souvent qu'Europol ne satisfait pas les demandes de ses clients, leurs services de police, et ils ne sont dès lors pas enclins à lui fournir plus d'informations »[306].

Or, à supposer que cette inefficacité soit en partie avérée, force est de constater que le comportement des services participe précisément à cette inefficacité. En effet, leur refus de collaborer entretient un cercle vicieux en vertu duquel, l'absence d'alimentation de l'office européen de police en renseignements pertinents par les services nationaux, l'empêche de fournir des prestations de qualité en leur faveur. « Les limites à l'obtention d'informations entre différents organes, réduisent d'autant leurs potentialités de coopération et privent de toute trame solide la coopération policière »[307]. Roland Genson et Patrick Zanders résument parfaitement la situation : certains « reprochent à Europol d'être trop éloigné de la réalité opérationnelle [...]. Or, Europol ne peut présenter de résultats que si les États transmettent l'information nécessaire. Et les services nationaux ont besoin de sentir la plus-value opérationnelle

---

303 Y compris les autorités judiciaires. Concernant la mise en œuvre de la décision du 20 septembre 2005 relative à l'échange d'informations et à la coopération en matière terroriste, Europol, dans un rapport du 24 octobre 2008, souligne le refus de certaines autorités judiciaires nationales de transmettre des informations relatives à des enquêtes en cours (doc. du Conseil du 19 novembre 2008, n° 15983/08).

304 *European Voice* du 15 au 21 février 2007, p. 1.

305 « Bon nombre de praticiens travaillant avec Europol n'ont pas toujours une image positive de l'organisation » (Genson, R., Zanders, P., « Le développement de la coopération policière européenne – quel avenir pour Europol ? », *op. cit.*, p. 7).

306 Communication de la Commission du 18 mai 2004 – Renforcer la coopération policière et douanière dans l'Union européenne (COM(2004)376).

307 Sabatier, M., *op. cit.*, p. 206.

d'Europol afin d'être motivés pour partager des informations avec La Haye »[308].

La Commission observe cette situation également :

> L'un des principaux problèmes est la réticence des États membres à transmettre des informations et des renseignements à Europol, ce qui l'empêche d'apporter la valeur ajoutée nécessaire à l'analyse criminelle réalisée au niveau européen. La conséquence en est que les États membres estiment souvent qu'Europol ne satisfait pas les demandes de ses clients, leurs services de police, et ils ne sont dès lors pas enclins à lui fournir plus d'informations.

Le rapport final sur la deuxième série d'évaluation consacrée aux services répressifs précité procède au même constat :

> Si, en raison du nombre d'accords bilatéraux [...], il n'est pas surprenant qu'il existe un penchant pour les formes bilatérales de coopération, il est évident que ces pratiques exercent une influence sur la capacité d'Europol de s'acquitter des tâches qui lui sont confiées par la convention Europol[309].

Le rapport final sur la troisième série d'évaluations mutuelles dresse un constat identique en mettant l'accent sur le fait que l'absence de contribution des services d'un État rejaillit sur l'efficacité de l'action des services des autres États.

> En ce qui concerne les contributions aux différents fichiers de travail à des fins d'analyse, la situation est tout aussi contrastée [...]. Cette disparité peut s'expliquer en partie par des difficultés internes en termes de ressources humaines, mais aussi par des perceptions divergentes de la notion d'intérêt commun. Ainsi, certains États membres hésiteront parfois à participer parce que le thème traité n'est pas une priorité de leur lutte contre la criminalité, ce qui privera les autres États membres d'informations qui auraient pu leur être utiles[310].

b. Le signe du refus d'un cadre d'action contraignant imposé

Depuis les premières expériences en matière de collaboration transnationale, les services nationaux de sécurité intérieure ont développé une logique d'entraide de manière autonome par rapport aux autorités

---

308 « Le développement de la coopération policière européenne – quel avenir pour Europol ? », *op. cit.*, p. 7.

309 Ainsi, l'établissement de l'état de la menace (OCR), qui était l'ancêtre de l'OCTA, a été un exercice difficile et laborieux pour Europol, faute de réelle coopération de la part de certains services nationaux. Ces derniers, qui considéraient avoir d'autres priorités que de transmettre les informations pertinentes à l'office européen de police pour l'élaboration de l'OCR, estimaient ces tâches comme indues (Institut national des hautes études de sécurité (INHES), *Les limites du troisième pilier dans la construction européenne*, Rapport du Groupe de diagnostic de sécurité n° 3, 6 mai 2005, p. 14).

310 Point 6.17.

politiques nationales. À présent, la conservation de leur maîtrise de cette collaboration est source de tension avec les autorités politiques. Ces dernières souhaitent mettre en place des instruments destinés à clarifier et à structurer l'action des services nationaux au sein d'un cadre normatif, mais elles se heurtent à l'attitude de leurs services qui cherchent à préserver l'autonomie acquise.

Leur volonté de conserver leur bulle de collaboration informelle à travers la persistance des structures de coopération autonome, s'accompagne parfois d'un refus d'œuvrer dans un cadre normatif préétabli. En effet, le droit constitue un cadre rigide préjudiciable à leur action. « Il faut être simple pour être efficace » affirmait un praticien à ce sujet. De ce point de vue, le principe d'efficacité (et celui de rapidité qui est son corollaire) forme la clef de voûte de l'entraide. D'ailleurs, l'art. 1er de la décision du 18 décembre 2006 relative à la simplification de l'échange d'informations dispose que « le présent texte vise à fixer les règles en vertu desquelles [ceux-ci] peuvent échanger d'une manière efficace et rapide des informations ».

Cette perspective d'efficacité les amène à privilégier l'instrument le plus performant, en particulier celui dont ils sont certains que la réponse fournie à leur demande formulée sera celle qui est la plus rapide et la plus complète. L'expérience montre que les services nationaux de sécurité intérieure sont parfois amenés à court-circuiter la procédure habituelle en employant l'instrument qui leur est normalement indisponible. C'est le cas, en France, d'unités situées en dehors de la zone couverte par un CCPD qui préfèrent, malgré leur localisation, le contacter directement. En effet, les services se trouvant en dehors de la zone frontalière s'adressent néanmoins à lui en raison du fait que le délai des réponses qu'il fournit s'avère plus bref (de l'ordre de quelques minutes à quelques heures selon la complexité de la demande) que celui de l'UCCPI (de l'ordre de plusieurs heures). Ils font parvenir leurs demandes de manière informelle au CCPD puis, pour respecter la procédure, envoient une demande officielle à l'UCCPI. Cette demande, expédiée *a posteriori*, est destinée à régulariser la réponse fournie par le CCPD.

Certes, le droit national[311] leur permet à présent de s'adresser aux différents centres de coopération selon les pays destinataires de la demande. Néanmoins, tant que les textes internationaux instituant ces centres n'ont pas été modifiés, leur usage demeure réservé aux services de la région frontalière. Il reste qu'à l'heure actuelle, et tant que ces accords ne seront pas amendés, seuls les services de police, de gendar-

---

311 En vertu de l'instruction complémentaire de la DGPN du 12 septembre 2005 au règlement d'emploi des CCPD.

merie ou des douanes frontaliers peuvent, « en principe »[312], saisir le CCPD de toute demande et en faire usage. En conséquence, la procédure consistant à s'adresser au CCPD puis à l'UCCPI risque de perdurer encore quelques temps.

Dans cette optique d'efficacité, le droit est synonyme de complexité, de lenteur et de complication. C'est la raison pour laquelle les services nationaux se montrent réfractaires à la formalisation de leurs relations qu'ils perçoivent comme une entrave à leur action. Ils préfèrent avoir recours, le cas échéant, aux mécanismes de collaboration informelle, ceux-ci étant, par définition, dénués de cadre juridique. Le droit apparaît comme une source de contraintes inutiles en matière d'échange d'informations mais aussi d'entraide opérationnelle. Le cadre juridique est parfois méconnu et, lorsque ce n'est pas le cas, il peut être considéré comme illégitime ou inutile. Il apparaît alors comme un carcan dont il est possible de s'affranchir, l'ingéniosité et la « débrouillardise » suffisant. Des policiers français affirmaient à cet égard, « un soir, pour faire croire à une arrestation en Belgique, les gendarmes changent en douce les panneaux indicateurs sous l'œil consentant de leurs collègues français. Le tour est joué. Les tueurs présumés viennent officiellement d'être arrêtés en Belgique »[313].

L'action, telle qu'elle a été décrite par les services de terrain, faisait *a posteriori*, l'objet d'un habillage pour correspondre à une apparence de légalité. « On fonce et on se couvre après. Lorsque le coup est chaud, on alerte un homologue étranger. Ensuite on procède à un maquillage diplomatico-administratif »[314].

Nous devons compléter notre analyse par trois remarques. La première est que les services nationaux de sécurité intérieure ne prennent pas tous la même liberté avec les règles de droit. Dès lors, certains services, plus légalistes, agissent uniquement dans le cadre tracé par les normes juridiques nationales et européennes. En fait, le rapport à la norme est une question culturelle et elle varie selon les us et coutumes du pays, ainsi qu'en fonction de la nature et des pratiques du service.

La deuxième est que le fonctionnement général de l'entraide s'exprime dans un contexte de cohabitation entre les instruments officiels et un cadre juridique contraignants d'une part et, paradoxalement, des

312 Nous mettons ce terme entre guillemets car la règle est que les services situés en dehors de la zone frontalière doivent s'adresser à l'instance centrale, c'est-à-dire l'UCCPI. Or, comme nous le verrons plus loin, de nombreux services sollicitent le CCPD préalablement à une saisine de l'organe central pour des raisons de rapidité et d'utilité. En fonction de la réponse, ils régularisent *a posteriori*.

313 Hamon, A., Perisse, X., « Les seigneurs de l'ordre public, 2000 commissaires de police dans leurs fiefs », cité par Sabatier, M., *op. cit.*, p. 227.

314 *Ibid.*

instruments *ad hoc* fonctionnant en l'absence de normes spécifiques d'autre part.

> Il existe une tension permanente, entre formel et informel : le formel traduisant par la verticalisation des rapports, la généralisation et la centralisation des tâches autour d'agences européennes émergentes qui cherchent leur place parmi les polices, réseaux et institutions de coopération préexistantes se caractérisant quant à eux par des liens plus informels, à savoirs horizontaux, entre acteurs spécialisés dans un cadre délégalisé[315]

Or, dans ce contexte, les services de sécurité intérieure subissent la situation (perte de temps et d'énergie au regard du caractère complexe et dissuasif des dispositifs d'entraide mis à leur disposition) mais ils en sont aussi les bénéficiaires (en jouant sur les différences et en employant tour à tour les mécanismes formels et informels en cas de besoin) ou génèrent eux-mêmes cette situation (notamment dans le cadre des concurrences interservices, situation que nous allons examiner).

La troisième remarque est que les services ont un comportement ambivalent au regard de ces normes. Leurs membres sont désireux d'un cadre souple où la règle de droit est vécue comme une contrainte illégitime. Toutefois, ils sont aussi demandeurs d'un environnement légal clair car l'absence de règles précises est génératrice d'insécurité juridique. Dans cette optique, la formalisation de l'entraide est un phénomène qui résulte non seulement d'une volonté venant « d'en haut », par le pouvoir politique, de reprise en main de la collaboration entre les services nationaux de sécurité intérieure mais aussi, paradoxalement, d'une volonté venant « d'en bas ». En effet, elle émane des services eux-mêmes, afin que leurs actes réalisés puissent être compatibles avec les normes édictées dans le cadre de la procédure pénale et, le cas échéant, qu'ils puissent être pris en compte lors du procès pénal.

En définitive, il existe une certaine contradiction dans la mesure où ils veulent agir en toute clarté à l'aide d'instruments issus de la coopération officielle accompagnés d'un cadre juridique précis. Mais, dans le même temps, ils souhaitent conserver la flexibilité offerte par la collaboration informelle menée au sein de structures de coopération autonome. Corrélativement, ils ne manquent pas d'utiliser les failles des instruments relatifs à l'entraide officielle pour étendre leur champ d'action. « Le policier de base, s'il souhaite d'un (tel) cadre, ne manque par ailleurs pas d'exploiter le flou découlant du fouillis légal, riche en opportunité d'élargissement de sa marge de manœuvre »[316].

---

[315] Tange, C., *op. cit.*, p. 85.

[316] *Ibid.*, p. 84.

c. Le reflet des concurrences interservices

Le maintien des archipels résulte de la méfiance réciproque des services nationaux de sécurité intérieure. Cette méfiance est naturelle pour des acteurs habitués à la protection du secret du renseignement. D'ailleurs, la Commission, dans sa communication du 18 mai 2004[317], évoque une réticence, coutumière de leur part, à partager des informations avec des services ou des personnes avec lesquels il n'existe aucune relation de confiance mutuelle. Cette réticence s'observe au niveau international du fait de la méconnaissance, voire de l'hostilité d'un service au regard de ceux des autres États, en raison, notamment, de leur organisation (en particulier l'absence d'*alter ego*) ou même du système juridique sur lequel ils reposent (par exemple, pour des services appartenant à des pays de *common law*, vis-à-vis des services partenaires qui agissent sur la base d'un système pénal fondé sur le droit continental). Cette réserve découle aussi des différences culturelles qui sont sources d'incompréhension et d'*a priori* sur les pratiques des autres services.

Les réticences ne se manifestent pas toujours franchement. Le rapport final sur la deuxième série d'évaluation consacrée aux services répressifs précité, évoque la présence de « rivalités latentes ». Il ajoute que « ces rivalités, bien que n'étant pas affichées ouvertement, sont susceptibles d'avoir des répercussions sur leur volonté de coopérer et de coordonner leur action ». En définitive, il existe davantage une résistance larvée : un service déclare officiellement son consentement à collaborer mais, simultanément, son attitude est telle que les demandes sont traitées de manière incomplète et avec retard.

De telles résistances existent sur le plan européen mais aussi sur le plan national « entre les différentes forces de police d'un même pays (voire parfois au sein d'une même force) »[318]. « S'il est admis sur le plan des principes, le partage des informations reste difficile dans les faits »[319]. Le nombre et la diversité des services accentuent les difficultés rencontrées en matière de d'échange d'informations et augmente les risques de rivalité[320].

L'organisation des États membres en matière de sécurité intérieure est traversée par des clivages dont les lignes sont très variables.

317 COM(2004)376 précitée.

318 *Ibid.*

319 Selon les termes du rapport final sur la troisième série d'évaluations mutuelles (point 3.12).

320 « Il va sans dire qu'il reste beaucoup à faire, notamment pour les États qui disposent encore d'un très grand nombre de services répressifs nationaux, dont les missions ne sont pas toujours clairement définies et/ou dont les compétences font double emploi avec certaines compétences similaires au niveau national » (point 3.11 en liaison avec les points 3.9 et 4.5 dudit rapport).

D'abord, il y a des compétitions entre services ayant un statut et des attributions identiques. Ces compétitions, qualifiées de « guerres des polices », impliquent celles dont le champ de compétence est national, celles d'envergure régionale (polices autonomes des entités infra étatiques) et/ou celles de dimension locale (comme les polices municipales). Ensuite, il y a des rivalités entre services ayant un statut différent mais des attributions identiques. C'est le cas des « guerres des polices » dans les pays dualistes entre la ou les polices à statut civil d'un côté et la police à statut militaire de l'autre côté. Enfin, il existe des luttes entre services ayant un statut et des attributions différentes. C'est le cas de la police et de la douane[321]. C'est aussi le cas des services de police et des services de renseignement n'ayant pas un statut de service de police.

Le rapport final sur la troisième série d'évaluations mutuelles précise à cet égard que la difficulté en matière de partage de renseignements entre les services d'un même État concerne tous les pays membres et ceci, indépendamment de leur structure politique.

> Il convient également de relever que certains pays évalués ont une tradition de décentralisation du pouvoir ou de fédéralisme (Belgique et Allemagne), ce qui fait parfois obstacle à l'efficacité de la coopération interne, étant donné le degré d'autonomie dont ils jouissent dans l'exercice des différents pouvoirs. En revanche, bien que dans les pays politiquement et administrativement plus centralisés, on note une tendance à une concentration plus efficace de l'information, les échanges internes n'y sont toutefois pas toujours optimaux[322].

Cette attitude réservée, voire d'hostilité, d'un service national de sécurité intérieure à collaborer avec un autre service sur le plan national, crée des rapprochements au-delà des frontières entre ceux appartenant à différents États membres présentant les mêmes affinités. D'ailleurs, l'entraide peut s'avérer fructueuse avec le service d'un autre État membre lorsque celui-ci présente une certaine proximité en termes d'organisation ou de méthode d'action. Un praticien affirmait : « on a fini par mieux collaborer entre services identiques de nationalités différentes mais ayant la même culture professionnelle »[323]. C'est le cas des forces de gendarmerie qui ont intensifié leur collaboration en nouant des partenariats étroits. Ces partenariats ont même débouché sur une forme

---

[321] D'ailleurs, le rapport final sur la deuxième série d'évaluation consacrée aux services répressifs précité constate cette situation. Il précise à ce sujet que « cette rivalité perturbe la coopération entre les services ». Le rapport final sur la troisième série d'évaluations mutuelles va dans le même sens : « force est de constater qu'il subsiste de nombreuses difficultés dans les échanges d'informations entre les services de police et les services des douanes » (point 4.6).

[322] Point. 3.4 du rapport (idée reprise au point 4.1).

[323] Bigo, D., *Polices en réseau, l'expérience européenne*, *op. cit.*, p. 43.

de coopération institutionnalisée qui s'apparente à une structure de coopération autonome, la FIEP[324]. Ceci dit, en dépit de certains effets positifs, comme un renforcement de l'entraide issue des alliances objectives entre les services de différents pays pour contrer l'influence d'un concurrent au niveau national, cette compétition reste globalement préjudiciable au fonctionnement de leur collaboration.

En effet, en somme, la compétition que les services nationaux se livrent les conduit à la fois à s'approprier l'un des instruments mis à disposition par l'Union (ou par les autorités politiques des États membres dans le cadre des coopérations régionales) et à se désintéresser des autres, au motif qu'ils sont employés par des services concurrents. De ce fait, le fonctionnement de tous ces outils est faussé puisqu'ils s'inscrivent dans un contexte de lutte. « La concurrence […] entre services […] fait des ravages, à la fois par le brouillage de l'image qui en résulte mais aussi par les rivalités qui en découlent entre les services ainsi constitués ou déstabilisés »[325].

L'emploi d'un outil par un service fait effet de repoussoir pour un autre service qui peut avoir recours alors, soit à un autre instrument mis en place par les institutions de l'Union et les autorités politiques des États membres dans le cadre des coopérations régionales, soit, le cas échéant, à une structure de coopération autonome. Ainsi,

> les gendarmes utilisent les ressources du SIS et les autres mécanismes formels de coopération régulièrement, tandis que les policiers et les enquêteurs d'organisations policières « compétitrices » échangent des renseignements auprès de leurs collègues européens presque uniquement par le biais de contact privilégiés, en court-circuitant les mécanismes et ententes formels[326].

---

[324] Acronyme de France Italie Espagne Portugal (même si en réalité, le Portugal n'a participé à la FIEP que le 23 mai 1996. L'ancienne FIE (France Italie Espagne) a été alors rebaptisée FIEP). La FIEP est une entité distincte de l'Union européenne et des organismes qui lui sont rattachés. Il s'agit d'une association née lors d'une conférence à Paris le 18 février 1993 à l'initiative des directeurs généraux de la gendarmerie française, la *Gardia Civil* et les *Carabinieri*. Elle est à l'origine de la création du projet de Force de Gendarmerie européenne. Cette association regroupe à présent les forces de police à statut militaire de sept pays de l'espace euro-méditerranéen. Outre la *Guardia Civil*, les *Carabinieri*, la DGGN et la Garde nationale républicaine portugaise, participent à celle-ci, la *Koninklijk Marechaussee* néerlandaise, la *Jadarma* turque, la *Jadarmeria* roumaine et la Gendarmerie royale marocaine (la Gendarmerie argentine et les Carabiniers chiliens étant observateurs). La FIEP constitue essentiellement un cadre de coopération concernant la formation linguistique, l'entraînement en commun des unités d'intervention et l'échange d'expériences en matière technique et opérationnelle. Le site web est accessible à l'adresse suivante : http://www.fiep-asso.com/.

[325] Labayle, H., « Le bilan du mandat de Tampere et l'espace de liberté, de sécurité et de justice de l'Union européenne », *op. cit.*, p. 658.

[326] Alain, M., « Les heurts et les bonheurs de la coopération policière en Europe, entre myopie des bureaucrates et sclérose culturelle policière », *op. cit.* cité par

C'est aussi le cas de certains services de renseignement qui, peu désireux de travailler avec les services de police[327], préfèrent travailler entre eux, soit dans d'autres organismes de l'Union comme le Sitcen, soit dans leurs propres structures de coopération autonome comme le Groupe de Berne. Se méfiant d'ailleurs les uns des autres, bon nombre préfèrent avoir des contacts bilatéraux, voire multilatéraux, mais dans un cadre très restreint et dans l'informalité si possible.

Cette attitude est préjudiciable à plusieurs titres : elle laisse perdurer des structures de coopération autonome ce qui rend le panorama de l'entraide au niveau européen encore plus inextricable, elle se déroule en dehors de tout contrôle[328] et fait appel à des concepts, comme la réciprocité, qui sont contraires aux valeurs de l'Union qui prône la solidarité. De plus, la concurrence interservices génère une concurrence entre les organismes européens comme Europol et le Sitcen. À cet égard, l'expérience montre que le travail entre l'office européen de police et le Centre de situation s'avère difficile en raison des rivalités nationales.

Pour éviter certaines dérives découlant de ces guerres interservices, différents dispositifs ont été mis en œuvre au niveau des institutions de l'Union européenne et des autorités politiques des États membres dans le cadre des coopérations régionales, mais force est de constater que ceux-ci restent marginaux.

À titre d'illustration, le Conseil est intervenu pour réduire les tensions entre les services de police et les services douaniers en adoptant une résolution le 29 novembre 1996. Cette résolution invite les États membres à établir des accords formels ou des arrangements administratifs entre la police et les douanes dans le domaine de la lutte contre la drogue[329]. En complément, le Conseil a adopté, le 27 avril 2006, une

---

Maguer, A., « La coopération policière transfrontalière, moteur de transformations dans l'appareil de sécurité français », in *Cultures et Conflits*, n° 48, Paris, 2003.

327 Qu'il s'agisse des services de renseignement ayant un statut civil vis-à-vis des services de renseignement à statut policier comme c'est le cas dans certains pays, ou des services de renseignement à statut policier vis-à-vis d'autres services de renseignement à statut policier, comme c'est le cas dans d'autres pays, ou bien des services de renseignement à statut policier vis-à-vis de services de police n'ayant de prérogatives spécifiques en matière de renseignement, comme c'est le cas dans d'autres pays encore.

328 Nous verrons dans la conclusion générale, qu'il existe une asymétrie entre les contrôles d'envergure nationale et l'activité opérationnelle qui se déroule à une échelle plus grande.

329 Résolution du Conseil du 29 novembre 1996, relative à l'établissement d'accords entre la police et les douanes en matière de lutte contre la drogue (*JOCE* C 375 du 12.12.1996).

recommandation[330] dans laquelle il suggère d'inclure, dans ces accords et ces arrangements, des dispositions relatives à la délimitation des compétences de chaque service, l'échange d'officiers de liaison, la diffusion de communiqués de presse communs, la réalisation d'un partage du matériel, l'échange de statistiques et la mise en place d'équipes communes d'enquête, de patrouilles mobiles communes et de programmes communs de formation.

En définitive, comme nous venons d'y faire allusion quelques lignes plus haut, l'entraide actuelle est fondée sur l'acception classique du principe de réciprocité. Si un service collabore, les autres auront tendance à le faire également. Cependant, ce cercle vertueux peut rapidement se transformer en un cercle vicieux dans la mesure où un service qui rechigne à travailler avec ses partenaires entraîne la même attitude de la part des autres. Une telle attitude, qui peut aller d'un simple retard, d'un transfert incomplet, d'un accès à des données sans intérêt, à la non communication pure et simple de renseignement, génère à son tour, de la rétention d'informations. Or, ce phénomène de rétention a été dénoncé au plus haut niveau. À cet égard, le Coordinateur européen pour la lutte antiterroriste a indiqué, dans un rapport présenté le 6 décembre 2007 à la réunion de la formation du Conseil de l'Union réunissant les ministres de l'Intérieur, les « déficiences considérables » en matière du partage des informations entre les services nationaux de sécurité intérieure[331].

En dépit des efforts du pouvoir politique, que ce soit au niveau national ou européen, les services de sécurité intérieure restent les acteurs principaux de l'entraide et il n'est pas possible de les obliger à collaborer s'il n'existe pas de confiance mutuelle. Pourtant, c'est précisément cette valeur qui est au centre de l'entraide. Pour développer cet esprit de confiance, les institutions de l'Union européenne et les autorités politiques des États membres dans le cadre des coopérations régionales, développent de nouvelles méthodes qui tendent à substituer au concept traditionnel de réciprocité, celui de solidarité. Ce sont ces nouveaux instruments et ces nouvelles méthodes qu'il convient à présent de découvrir.

---

330 Recommandation du Conseil relative à l'établissement d'accords entre la police, les douanes et autres services répressifs spécialisés en matière de prévention et de répression de la criminalité (doc. du Conseil du 23 mars 2006, n° 6856/06 ENFOCUSTOM 27, ENFOPOL 35, CRIMORG 40, CORDROGUE 15).

331 Propos recueillis la veille par *Europolitique* (n° 3428 du jeudi 6 décembre 2007).

CHAPITRE 2

Le palier intermédiaire : une altération des méthodes traditionnelles d'entraide

Le processus de glissement vers un changement de perspective constaté dans le cadre du palier intermédiaire se décline sous deux formes distinctes avec, d'une part, un volet organique et, d'autre part, un volet fonctionnel. Le volet organique de la dimension horizontale du paysage européen de la sécurité intérieure se manifeste par la création d'associations temporaires (I). Il s'agit, comme leur nom le suggère, de regroupements de services de sécurité intérieure pour une durée restreinte dans le temps. Cette durée est variable et peut aller de quelques heures pour les patrouilles mixtes, à plusieurs années pour les missions de police. Le volet fonctionnel de l'intégration (II) se traduit par une évolution des activités de collaboration entre les services nationaux de sécurité intérieure. Dans ce palier, la nature des activités est distincte des opérations menées dans le cadre des méthodes classiques de collaboration, car leur portée va au-delà.

Néanmoins, le processus de changement de perspective n'en est qu'à ses débuts. Concernant le volet organique, le caractère éphémère des associations temporaires de services nationaux de sécurité intérieure est incompatible avec l'idée d'une véritable police européenne qui doit revêtir, par nature, un caractère permanent. En outre, ces services ne perdent aucunement leur identité nationale. Les règles statutaires, notamment celles qui concernent la prestation de serment, le droit au traitement, la notation, l'avancement et le régime des sanctions disciplinaires, demeurent nationales. De plus, les agents conservent l'uniforme de leur État d'origine ainsi que leur arme de service.

Concernant le volet fonctionnel, les avancées sont modestes. Par exemple, dans le domaine de l'interopérabilité des systèmes de radiocommunication, les efforts réalisés par les États concernent l'élaboration de projets ponctuels à dimension locale ou à faible dimension régionale. Or, en l'état actuel des choses, l'essentiel des transmissions a lieu dans le cadre de systèmes incompatibles entre eux. Ainsi, il n'y a pas d'interconnexion globale des réseaux de communication entre les services nationaux le long de la centaine de kilomètres de la bande frontalière séparant la Flandre française (département du Nord) de la Flandre belge (province de Flandre orientale et province de Flandre occidentale).

Même si les projets régionaux en matière d'interopérabilité sont jugés satisfaisants, pour l'instant, force est de constater que, pour la majorité des transmissions transfrontalières, les solutions trouvées relèvent de la « débrouille » : les services échangent du matériel, en particulier des postes radios, ou ont recours aux téléphones portables pour joindre leur correspondant de l'autre côté de la frontière[1].

Encore un mot sur la méthodologie retenue : l'approche duale, ou organique et fonctionnelle, du phénomène d'intégration de l'entraide entre les services nationaux de sécurité intérieure, mérite d'être nuancée car le volet organique présente des aspects fonctionnels. Ainsi, les équipes communes d'enquête que nous identifions dans un contexte organique comme étant l'expression d'une forme d'association de services nationaux constituent aussi un dispositif faisant exception à la règle de la territorialité. Or, nous avons classé de tels dispositifs, comme une déclinaison de la dimension fonctionnelle du palier intermédiaire.

Inversement, des mécanismes mis en place au niveau de l'Union et des coopérations régionales, que nous identifions comme l'expression d'une forme de l'intégration ayant trait au volet fonctionnel, peuvent aussi présenter une dimension organique. Par exemple, nous abordons la coordination des actions des services nationaux dans le cadre des opérations de grande envergure comme constituant une illustration du volet fonctionnel. Nonobstant, nous constatons que cette coordination nécessite dans le même temps la mise en place de structures d'aide adéquates au sein des organisations auxiliaires. Or, ces structures pourraient être analysées dans le cadre du volet organique du palier intermédiaire dans la mesure où elles rassemblent, de manière temporaire, des représentants de services nationaux.

I. L'intégration sous l'angle organique : l'émergence d'associations temporaires

Les droits produits par l'Union européenne et par les coopérations régionales ont permis la mise en place de différents mécanismes d'associations temporaires : les patrouilles mixtes, les équipes d'unités spéciales d'intervention dans les situations de crise, les missions de police et les équipes communes d'enquête.

Les patrouilles mixtes, ou patrouilles communes, consistent en des opérations de surveillance soit sur la voie publique, soit aux frontières

---

1 L'abandon de la radiocommunication au profit de la téléphonie mobile n'est pas sans risque. En effet, les systèmes de radiocommunication des services nationaux de sécurité intérieure sont sécurisés par des mécanismes de cryptage assurant la confidentialité des conversations, ce qui n'est pas en principe le cas de la téléphonie mobile.

intérieures[2], soit aux frontières extérieures[3]. Elles sont très importantes en termes de communication. Assimilées parfois de manière péjorative à un « transport de viande », elles contribuent pourtant à la visibilité de la collaboration entre les services nationaux des États membres. En effet, la présence de représentants en uniforme renforce la perception du citoyen d'une entraide concrète[4].

Les équipes d'unités spéciales d'intervention dans les situations de crise ont été abordées par le droit de l'Union récemment[5]. Le texte prévoit qu'elles sont composées d'unités répressives spécialisées dans la maîtrise d'une situation de crise et qu'elles opèrent à la demande d'un État confronté à une telle situation. Cependant, la portée du texte reste très limitée si bien que la composition et le fonctionnement de ces équipes sont déterminés par des conventions bilatérales.

Ceci étant dit, nous nous attarderons davantage sur les missions de police et les équipes communes d'enquête. Les missions de police (A) ont la particularité d'être des associations qui agissent non pas sur le territoire des États membres mais sur celui de pays tiers. Ce sont des combinaisons de forces exerçant leurs prérogatives en matière de gestion des crises extérieures dans le cadre de la politique européenne de sécurité et de défense (PESD).

Les équipes communes d'enquête (B) rassemblent, quant à elles, des agents des services nationaux de sécurité intérieure afin d'identifier le ou les auteurs d'un acte répréhensible et à rassembler des preuves

---

2 C'est le cas des brigades fluviales de la Gendarmerie française basées en Alsace qui patrouillent sur le Rhin avec le *Landespolizei* de Bade-Würtemberg.

3 Cela a été le cas d'une opération de patrouille commune impliquant la Grèce et Chypre lancée début décembre 2006 en mer Méditerranée orientale (*Agence Europe* du 6 octobre 2006). C'est aussi le cas entre la Pologne et un pays tiers, l'Ukraine en l'occurrence, avec la constitution de patrouilles mixtes de gardes-frontières en vue de la tenue de l'Euro 2012 que ces deux pays accueilleront (*Agence Europe* du 3 mars 2008).

4 Elles sont régies par des conventions bilatérales. Par exemple, entre la France et la Belgique : accord sous forme d'échange de lettres du 10 juin 2002 complétant l'accord de Tournai (décret n° 2005-258 du 14 mars 2005, NOR : MAEJ05300004D, *JORF* du 22 mars 2005 2007) et entre la France et l'Italie : accord sous forme d'échange de lettres du 1er juillet 2002 complétant l'accord de Chambéry (décret n° 2007-1578 du 6 novembre 2007, NOR : MAEJ0767672D, *JORF* du 9 novembre 2007).

5 Elles s'entraînaient déjà conjointement dans le cadre du réseau « Atlas » institué suite aux attentats terroristes du 11 septembre 2001. La présidence autrichienne du Conseil a présenté le 6 décembre 2006, une initiative en vue de l'adoption de la décision du Conseil relative à l'amélioration de la coopération entre les unités spéciales d'intervention des États membres de l'Union européenne dans les situations de crise (*JOCE* C 321 du 29.12.2006, p. 45), destinée à assurer leur socle juridique. La décision a été adoptée le 23 juin 2008 (*JOCE* L 210 du 10.8.2008, p. 73).

destinées à permettre de le ou les confondre. Les équipes communes d'enquête se distinguent des patrouilles mixtes par le fait qu'elles regroupent des services nationaux de sécurité intérieure agissant essentiellement dans le cadre d'opérations de police judiciaire[6].

A. Les missions de police de l'Union européenne dans les pays tiers

L'Union européenne a éprouvé le besoin de se doter d'un dispositif opérationnel destiné à gérer la situation des crises extérieures (1).

Les missions de police s'insèrent dans ce dispositif. Elles constituent un élément des différents instruments déployés dans ce cadre (2). À côté de missions, il existe d'autres outils utilisés dans le contexte de la gestion civile des crises, comme les missions dites « État de droit » dont le but consiste à recréer un système judiciaire cohérent répondant aux standards de l'Union en matière de respect des droits de l'Homme.

Les missions de police ont remporté un certain succès dans la mesure où elles ont contribué au retour à la normale dans des zones de conflit. Néanmoins, en dépit cet engouement de la part des États membres et des institutions de l'Union européenne, il n'est pas possible d'affirmer que ces missions correspondent à des forces de police européenne compétentes en matière de crises extérieures (3).

1. La nécessité de se doter d'un dispositif opérationnel de gestion de crises extérieures

La guerre en Croatie, puis en Bosnie-et-Herzégovine, a mis en relief l'incapacité de l'Union à apporter des solutions appropriées pour la prévenir et rétablir la paix. Ce constat a conduit le Conseil européen à considérer que la PESD devait revêtir un caractère davantage substantiel. « La crise du Kosovo, la guerre en République fédérale de Yougoslavie et la prise de conscience par les Européens de leur impuissance dans le traitement militaire des problèmes ont eu un effet mobilisateur »[7].

Lors de sa réunion de Cologne les 4 et 5 juin 1999, le Conseil européen a affirmé sa détermination à « voir l'Union européenne jouer

---

[6] En comparaison, les patrouilles mixtes effectuent davantage d'opérations relevant de la police administrative.

Toutefois, cette *summa divisio* entre leurs champs, n'est vérifiable que dans les grandes lignes. Les équipes communes d'enquête peuvent exercer des actes de police administrative tandis que les patrouilles mixtes sont susceptibles d'exercer, si nécessaire, des missions découlant de la sphère de la police judiciaire.

[7] Bacot-Decriaud, M., « La PESD : montée en puissance et perfectibilité », in *La défense en Europe – avancées et limites*, Paris, La documentation française, 2005, p. 181.

pleinement son rôle sur la scène internationale »[8]. Dans cette optique, il a annoncé que « le Conseil devrait être en mesure de prendre des décisions ayant trait à l'ensemble des activités de prévention des conflits et des missions de gestion des crises définies dans le traité sur l'Union européenne, les "missions de Petersberg" »[9]. La Stratégie européenne de sécurité approuvée par le Conseil européen lors sa réunion des 12 et 13 décembre 2003[10] finit d'affirmer le besoin d'une autonomie d'action pour l'Union européenne en matière de sécurité et de défense[11].

À cet effet, pour éviter qu'une crise n'éclate dans sa zone d'influence – c'est-à-dire dans son voisinage et dans une zone plus éloignée dans laquelle elle possède des intérêts – et que cette crise ne dégénère en conflit armé, ses institutions ont développé une double approche. En premier lieu, elles ont mis en place un système de prévention des conflits (a). En deuxième lieu, elles ont créé un système de gestion de crise dans lequel s'inscrivent les missions de police (b).

a. Avant la crise : un système de prévention des conflits

La prévention des conflits n'était pas énoncée parmi les objectifs de la PESD figurant dans le droit primaire. En effet, les rédacteurs du traité n'avaient pas évoqué cet aspect parmi les missions de Petersberg mentionnées à l'art. 17.2 TUE.

Au regard de l'expérience tirée de la crise dans les Balkans occidentaux au cours des années 1990, la Commission a présenté une communication le 11 avril 2001[12] qui jette les bases de l'action de l'Union dans ce domaine. Dans ce texte, elle oriente sa réflexion sur deux axes. Le premier consiste en l'intégration de la question de la prévention des conflits dans les différentes actions de l'Union, ce domaine impliquant une approche horizontale qui nécessite la mobilisation de nombreuses politiques de l'Union, comme celle de l'aide au développement.

Le deuxième axe a trait à l'élaboration de moyens permettant de réagir dans un laps de temps très court aux conflits naissants. Il s'agit notamment de se doter de mécanismes d'alerte rapide destinés à avertir

---

8 Annexe III des conclusions de la présidence.

9 Il s'agit des missions humanitaires et d'évacuation, des missions de maintien de la paix et des missions de forces de combat pour la gestion des crises, y compris les missions de rétablissement de la paix.

10 Disponible sur le site du ministère des Affaires étrangères français : http://www.diplomatie.gouv.fr/fr/IMG/pdf/031208ESSIIFR-3.pdf.

11 Ce document, qui constitue le cadre politique de la PESD (le traité UE, le traité CE (remplacé le cas échéant par le TFUE) et le droit dérivé constituant quant à eux le cadre juridique), identifie cinq types de menaces : le terrorisme international, les conflits régionaux, les États en déliquescence, la prolifération des armes de destruction massive et la criminalité organisée.

12 Communication de la Commission sur la prévention des conflits (COM(2001)211).

le Haut représentant SG/HR pour la Politique étrangère et de sécurité commune (Haut représentant SG/HR) de l'imminence d'un conflit armé[13]. Il s'agit aussi de faire usage des instruments politiques (comme les Représentants spéciaux[14]) ainsi que de sanctions, comme l'embargo sur les armes.

Suite à cette communication, le Conseil européen de Göteborg des 15 et 16 juin 2001, a approuvé le programme de l'Union pour la prévention des conflits violents[15]. Ce programme prévoit que l'Union définisse les priorités politiques en matière d'actions préventives et se dote d'une panoplie d'instruments permettant de mener à bien de telles actions à court et long terme.

Sa mise en œuvre a fait l'objet de plusieurs rapports. Le premier a été remis au Conseil européen de Thessalonique du 20 juin 2003[16], le deuxième au Conseil européen de Bruxelles des 17 et 18 juin 2004[17] et le troisième à celui des 15 et 16 juin 2006[18]. Dans le sillage du troisième rapport, le Conseil de l'Union a adopté, le 12 juillet 2006, des conclusions relatives à un cadre d'orientation pour la réforme de la sécurité, dans lequel il prône toute une série de mesures ayant trait à la prévention des conflits, comme le renforcement de la bonne gouvernance, la primauté du droit et le respect des droits de l'Homme[19]. Un rapport a été remis au Conseil européen des 21 et 22 juin 2007 sur l'évolution de la situation à propos de l'alerte rapide, de la planification, des instruments de l'Union et de la coopération avec ses partenaires[20]. Le dernier rapport en date[21] a, pour sa part, été adopté par le Conseil le 16 juin 2008. Il a été transmis au Conseil européen des 19 et 20 juin 2008.

De son côté, le traité UE, tel qu'il a été rédigé par les auteurs du traité de Lisbonne, à l'instar de ceux du traité constitutionnel, comble la lacune concernant l'absence de base juridique spécifique à la prévention des conflits dans le droit primaire. En effet, il officialise ce domaine parmi les objectifs de la PESD à l'art. 43.1 du traité UE. Cet article, qui

13 La création du Sitcen répond à cette demande.

14 Fondés sur l'art. 18.5 TUE, les Représentants spéciaux assistent le Haut représentant SG/HR dans les régions sensibles, c'est-à-dire dans lesquelles une crise est susceptible de porter atteinte à la sécurité extérieure de l'Union européenne ou présentant un intérêt stratégique pour elle. Il en existe actuellement dix.

15 Doc. du Conseil n° 9537/1/01 du 7 juin 2001.

16 Doc. du Conseil n° 10680/03 du 18 juin 2003.

17 Doc. du Conseil n° 10327/04 du 8 juin 2004.

18 Doc. du Conseil n° 10158/06 du 13 juin 2006.

19 Doc. du Conseil n° 9946/06 (Presse° 161).

20 Doc. du Conseil n° 10654/07 (Presse° 137).

21 Doc. du Conseil n° 10601/08 du 17 juin 2008.

traduit la rénovation et le renforcement de cette politique[22] renommée Politique de Sécurité et de défense commune (PSDC), énonce les missions dites « de Petersberg élargies » en faisant référence aux missions indiquées dans la version antérieure du traité UE[23], au traité de Lisbonne ainsi qu'aux actions conjointes de désarmement, aux opérations de stabilisation à la fin des conflits, aux missions de conseil et d'assistance en matière militaire et à celles de prévention des conflits.

C'est dans ce contexte que s'insèrent les missions de gestion de crises. Ses concepteurs avaient eu à l'origine, une approche fonctionnelle, c'est-à-dire par métiers ou par secteurs d'activité (police, justice, administration et protection civile). Cette approche a progressivement fait place à une vision plus finaliste avec des missions au but très spécifique (surveillance de points de passage frontalier) ou à l'inverse, très large (gestion de la crise en phase de haute et de basse intensité, retour à la normale et étape de reconstruction), et ceci en fonction des impératifs en matière sécurité de la région (et des intérêts de l'Union et des États membres) ou en fonction de la demande de l'État hôte de la mission. Le développement de cette vision davantage téléologique s'est accompagné d'un mouvement de décloisement du cadre d'intervention des missions de gestion de crise avec la possibilité pour ces dernières d'exercer leur activité dans une situation de prévention des conflits. Contrairement à leur conception initiale, leur spectre d'action s'est étendu à des cas de figure qui ne relèvent plus de la gestion de crise proprement dite, soit parce que la crise a disparu, soit parce qu'elle n'est pas (encore) apparue[24].

b. Pendant et après : un mécanisme de gestion des crises dans lequel s'insèrent les missions de police

Les conflits d'ex Yougoslavie ont révélé les lacunes de l'Union qui n'avait ni les structures de commandement, ni les moyens ou les matériels nécessaires pour se projeter et se déployer sur le théâtre de la crise. Tirant des enseignements d'un tel déficit, le Conseil européen de Cologne des 4 et 5 juin 1999 a annoncé son intention de doter l'Union des capacités nécessaires pour gérer une situation susceptible de porter atteinte à sa sécurité extérieure. En effet, il a indiqué que « à cette fin, l'Union doit disposer d'une capacité d'action autonome soutenue par des forces militaires crédibles ». Le but étant de mettre en place les élé-

---

22 Benoit, L., « La politique de sécurité et de défense commune dans le traité instituant une Constitution pour l'Europe », in *Marché commun et de l'Union européenne*, n° 486, mars 2005, p. 155.

23 Art. 17.2 TUE.

24 C'est le cas en particulier des missions chargées d'assurer la réforme du secteur de la sécurité (« missions RSS »).

ments nécessaires pour asseoir une politique de défense efficace susceptible de constituer le bras armé de la diplomatie de l'Union. « L'objectif a été de mettre à la disposition de l'Union européenne une capacité autonome d'action et de décision, afin de la rendre capable de remplir l'ensemble des missions de Petersberg et des activités de prévention des conflits »[25].

En ce qui concerne les capacités de décision, les efforts ont porté sur la création des structures de commandement. À cet effet, le Conseil a adopté trois décisions instituant respectivement le Comité politique et de sécurité (COPS), le Comité militaire (CMUE) et l'État-major de l'Union européenne (EMUE), organes que nous analyserons plus loin.

Les efforts se sont aussi concentrés sur la naissance d'une instance située à la charnière entre l'échelon politique et l'échelon stratégique. Cet organisme, le Comité chargé de la gestion civile (CIVCOM)[26], a été institué par une décision du Conseil du 22 mai 2000[27]. Il est responsable du développement de la stratégie de l'Union en matière de gestion civile des crises. Il formule des recommandations à l'attention du COPS afin de lui permettre de jouer le rôle d'acteur central en matière de définition et de suivi de l'action de l'Union dans ce domaine[28]. Concrètement, le CIVCOM, qui réunit des diplomates pour l'essentiel, est le conseiller du COPS en lui fournissant des informations et des avis. Il est le destinataire des instruments de planification élaborés par la cellule de planification civilo-militaire (CPCC)[29] et par la direction générale E9 (DG E9) du secrétariat général du Conseil[30]. Il traduit, dans les faits, les contributions des États membres en matière de capacité pour l'année 2008 (« Objectif global civil » (*Civilian Headline Goal*) ou OGC 2008). Enfin, il travaille sur les questions relatives à l'élaboration de différents concepts, comme les Unités de police intégrées (UPI) et les Forces de police constituées (FPU). Le CIVCOM joue pour la partie civile de la PESD sensiblement le même rôle que le Comité militaire de l'Union européenne (CMUE) pour la partie militaire.

Les efforts ont porté également sur la dotation en hommes et en matériel. Concernant la capacité d'action, la démarche entreprise s'est déroulée de manière « pragmatique "par le bas", axée sur les besoins opé-

---

25 Bacot-Decriaud, M., *op. cit.*, p. 181-182.

26 Décision 2000/354/PESC du Conseil du 22 mai 2000 instituant un comité chargé des aspects civils de la gestion des crises (*JOCE* L 127 du 27.5.2000, p. 1).

27 *Ibid.*

28 Nowak, A., « Civilian crisis management within ESDP », *Civilian crises management : the EU way*, in *Cahiers de Chaillot*, n° 90, Paris, juin 2006, p. 23.

29 En l'espèce le CONOPS. L'OPLAN est, pour sa part, rédigé par le commandant de la force, c'est-à-dire le chef de mission.

30 En l'occurrence le *Crisis Management Concept* (CMC).

rationnels »[31]. Le Conseil européen d'Helsinki des 10 et 11 décembre 1999 a fondé ses travaux sur la dimension militaire de la PESD. Pour ce faire, il a fixé un « Objectif global de capacité en matière militaire » (*Militarian Headline Goal*) à l'horizon 2003 (ou OGCM 2003).

Cet objectif consistait à doter l'Union des moyens en hommes et en matériel nécessaires pour mener à bien des opérations de gestion de crises. Lors de la conférence d'amélioration des capacités militaires du 19 décembre 2001, les États membre, conscients que l'Union était « incapable d'effectuer des missions lointaines de nature hautement spécialisée »[32], ont identifié les manques en termes de capacité et ont convenu d'un plan d'action permettant d'y remédier : le plan d'action européen sur les capacités (PAEC)[33]. Une fois les lacunes déterminées par ce plan, ils se sont employés à les combler au moyen de contributions volontaires. L'Objectif 2003 a par la suite été complété par un Objectif global de capacité en matière militaire à l'horizon 2010 (ou OGCM 2010), rédigé en 2004 à la lumière des éléments figurant dans la Stratégie européenne de sécurité. De 2005 à 2007, l'OGCM 2010 a permis de réaliser un processus d'analyse des moyens militaires. Ce processus a permis d'évaluer de manière très précise (quantitativement et qualitativement) les lacunes de l'Union européenne et leurs impacts potentiels sur les scénarios illustratifs d'intervention traduisant les missions de Petersberg.

En complément de cette approche, les chefs d'État de gouvernement ont ajouté une dimension civile l'année suivante. En effet, lors du Conseil européen d'Helsinki des 10 et 11 juin 2000, ils ont estimé que l'Union devait posséder des capacités dans ce domaine.

La mise en place des capacités en matière de police a focalisé l'attention des États membres. Ceux-ci ont souhaité très rapidement mettre à disposition de l'Union les ressources nécessaires pour lui permettre d'accomplir les missions qui lui ont été dévolues dans le cadre de la gestion civile des crises. D'ailleurs, au cours du Conseil européen de Santa Maria da Feira, les États membres ont immédiatement effectué un geste politique en fixant les objectifs des contributions à venir. À cet égard, ils se sont engagés à fournir volontairement 5 000 policiers. Une conférence d'offre d'engagements[34] a d'ailleurs eu lieu à cette occasion.

---

31 Nowak, A., *L'Union en action : la mission de police en Bosnie*, Institut d'Études de sécurité de l'Union européenne, *Occasional paper* n° 42, janvier 2003, p. 15.

32 Santopinto, F., *La politique européenne de sécurité et de défense : enjeux et réalités*, Note d'analyse du Groupe de recherche et d'information sur la paix et la sécurité, 22 décembre 2005.

33 Annexe I du doc. du Conseil n° 15193/01 du 11 décembre 2001.

34 Les conférences d'offre d'engagement sont distinctes des conférences de génération de forces. Lors d'une conférence d'offre d'engagement, les États procèdent à des contributions volontaires destinées à répondre aux besoins opérationnels en matière

L'instauration de ces missions n'est pas explicitement mentionnée dans le traité UE[35]. En dépit de cette lacune, l'Union a instauré ce dispositif comme élément destiné à assurer la transition entre la crise de forte intensité (qui est essentiellement du ressort des autorités militaires) et le retour à une situation normale. Les art. 42 et 43 dans la version consolidée du traité UE après la signature du traité de Lisbonne prennent en compte cette évolution en mentionnant la possibilité pour l'Union d'avoir recours à des moyens civils.

2. *Des éléments de la palette utilisée en cas de gestion civile des crises*

Le Conseil européen d'Helsinki des 10 et 11 juin 2000 s'est donné pour objectif de conférer à l'Union différents moyens destinés à apporter une réponse globale à une crise extérieure. En effet, les chefs d'État de gouvernement ont considéré qu'elle devait se doter d'une « politique globale de gestion de crise ». Ils ont estimé que son action ne devait pas se cantonner à un traitement policier de la crise axé sur le maintien de l'ordre public. Elle devait porter sur l'établissement d'un gouvernement stable capable d'assurer de manière pérenne celui-ci.

Dans cette optique, le Conseil européen de Göteborg des 15 et 16 juin 2001 a souligné que la mise « en place des forces de police locales crédibles ne peuvent être couronnée de succès si ne vient pas s'ajouter aux forces de police un système judiciaire et pénitentiaire qui fonctionne correctement »[36]. La naissance des forces de police participe au projet de reconstruction du pays. Ce projet de reconstruction consiste, outre la reconstruction matérielle (réparation des bâtiments endommagés, remise en place des réseaux de communication et d'énergie etc.), en l'*institutions building* qui vise à donner naissance à un État viable. Ce processus d'*institutions building* a trait à l'élaboration d'un corpus de normes, comme l'établissement d'un code civil, et à la mise en place d'institutions capables de mettre en œuvre ces normes[37], de manière telle qu'elles respectent les standards de l'Union en matière d'État de droit, de droits fondamentaux et de démocratie.

Dans la perspective d'un tel processus, le Conseil européen d'Helsinki a décidé d'établir un dispositif de gestion de crise articulé

---

de capacité. Au cours d'une conférence de génération de forces, les États réalisent ces contributions dans le but de doter l'Union des éléments nécessaires pour lui permettre de constituer une opération militaire spécifique.

35 Seules les missions militaires, que l'art. 17.2 TUE qualifie de missions de forces de combat, sont expressément citées.

36 Doc. du Conseil n° 15193/01 du 11 décembre 2001.

37 Ces institutions ayant aussi les moyens de faire respecter ces normes, le cas échéant, en ayant recours à la force (cette force étant elle-même encadrée par le droit).

autour d'un instrument militaire et de quatre instruments civils permanents : la police, l'État de droit, la protection civile et l'administration civile[38]. Ces quatre domaines identifiés par le Conseil européen de Santa Maria da Feira des 19 et 20 juin 2000, correspondent d'une part à « la réhabilitation de l'État, affaibli par la guerre, dans ses fonctions régaliennes »[39] et, d'autre part, à l'aide à la population touchée.

Depuis la décision du Conseil européen de Santa Maria da Feira de se doter d'un dispositif de gestion de crise complet, des progrès considérables ont été accomplis. Outre le volet police, une Conférence d'offre d'engagement des capacités a eu lieu à Bruxelles le 16 mai 2002. Il a débouché sur la création de missions « État de droit » chargées d'instaurer des autorités judiciaires capables de rendre la justice et de faire respecter le droit, en particulier le droit pénal.

Les autres volets de gestion civile des crises ont fait l'objet de travaux préparatoires. Concernant l'administration civile, un appel à contribution a été lancé en novembre 2002 et un groupe d'experts a été constitué conformément aux souhaits du Conseil européen de Göteborg[40]. Des lignes directrices ont été rédigées[41] et un groupement spécifique de personnel (*pool*) a été mis place[42].

Depuis lors, trois missions ont été mises sur pied par l'Union dans ce domaine : EUJUST THEMIS (2004-2005), EUJUST LEX (2005-2009) et EULEX Kosovo (2008-2010). La première d'entre elles, fondée sur une action commune du 28 juin 2004[43], est une contribution de l'Union dans le cadre de la PESD, à la Géorgie dans le processus de réforme de son système de justice pénale. La deuxième, fondée sur une action commune du 7 mars 2005[44], vise la reconstruction de l'Iraq en fournis-

38 Grasset, L., « La gestion civile des crises vue par l'Union européenne », in *Défense nationale*, n° 60, Paris, août-septembre 2004, p. 112-113.

39 Nkundabagenzi, F., « La gestion des crises et des conflits », *L'Union européenne et la prévention des conflits*, Rapport du Groupe de recherche et d'information sur la paix et la sécurité, n° 2, Bruxelles, 2002, p. 27.

40 Ce *pool* s'est vu assigner un large éventail de fonctions : fonctions administratives à caractère général, fonctions sociales et fonctions de structure (Bacot-Decriaud, M., *op. cit.*, p. 187).

41 Doc. du Conseil n° 9282/02 du 28 mai 2002.

42 Capacités disponibles constatées par la Conférence d'offre d'engagement de novembre 2004.

43 Action commune 2004/523/PESC du Conseil du 28 juin 2004 relative à la mission État de droit menée par l'Union européenne en Géorgie, EUJUST THEMIS (*JOCE* L 228 du 29.6.2004, p. 21).

44 Action commune 2005/190/PESC du Conseil du 7 mars 2005 relative à la mission intégrée «État de droit» de l'Union européenne pour l'Iraq, EUJUST LEX (*JOCE* L 62 du 9.3.2005, p. 37).

sant une formation aux fonctionnaires chargés de l'encadrement et des enquêtes judiciaires[45]. Nous verrons la troisième, une mission mixte, police-douanes-État de droit, dans le chapitre suivant.

À propos de la dotation de l'Union de capacité en matière de protection civile, la Communauté européenne possédait déjà un dispositif de coordination des moyens des États en matière de protection civile : le Mécanisme communautaire de protection civile[46].

Dans ce contexte, la difficulté était double. Tout d'abord, les travaux entrepris dans le cadre de la gestion civile ne devaient pas faire double emploi avec ceux réalisés sur le fondement du traité CE. En effet, les États n'étaient pas disposés à mettre en place une série de moyens au service du Mécanisme qui interviendrait sur les théâtres intérieurs et extérieurs en cas de catastrophe et un ensemble d'autres en faveur d'un dispositif activable spécifiquement sur les théâtres extérieurs en cas de catastrophe ayant lieu dans un contexte de gestion de crise.

Ensuite, le processus décisionnel de mobilisation des ressources en matière de protection civile relevait à la fois du premier[47] et du deuxième pilier[48]. Dès lors, la Commission et le COPS (et donc le

---

Une action commune du 16 octobre 2006 prolonge le mandat de la mission jusqu'au 31 décembre 2007, initialement prévu jusqu'à la fin 2006.

45 Le rapport du premier semestre 2008 de la présidence concernant la PESD (doc. du Conseil du 16 juin 2008, n° 10415/08, COSDP 502, PESC 734, CIVCOM 302), signale qu'au 16 mai 2008, la mission a assuré la formation de 1483 membres du personnel iraquien à travers 62 cours et 12 détachements. Il ajoute que pendant le premier semestre 2008, la mission a organisé 11 formations et un détachement destinés à près de 200 participants.

46 Le Mécanisme communautaire consiste, en vertu d'une décision du 8 novembre 2007 (*cf. infra*), en une série d'éléments et d'action, notamment, l'inventaire des équipes d'intervention, l'élaboration et la mise en œuvre d'un programme de formation, la mise en place de séminaires et de projets pilotes relatifs aux principaux aspects des interventions, la constitution et l'envoi d'équipes d'évaluation et de coordination, le renforcement de ressources en matière de transport, la création d'un système de détection et d'alerte rapide pour les catastrophes susceptibles de toucher le territoire des États membres, la mise en place et la gestion du CSI, ainsi qu'un système de communication, le CECIS (acronyme anglais de Système commun de communication et d'information d'urgence). Le CECIS est le système de communication entre le CSI d'une part, et les autorités et les services nationaux compétents en matière de protection civile d'autre part.

47 À cet égard, le processus décisionnel revêtait un aspect premier pilier dans la mesure où les différents éléments du Mécanisme communautaire de protection civile, en particulier le CSI, étaient activés selon les modalités prévues par la décision du 23 octobre 2001 l'instituant. En vertu de l'art. 4.a et 5.1.a de la décision, il revenait à la Commission de les mobiliser en cas de catastrophe, lorsque celle-ci avait eu lieu sur le territoire de l'Union ou en dehors.

48 Le processus décisionnel revêtait aussi un aspect deuxième pilier puisque le contexte dans lequel il est utilisé était celui de la gestion de crise. Or, ce domaine relevait de la sphère d'attribution du COPS, conformément aux dispositions relatives à l'art. 25

Conseil) pouvaient tous deux prétendre à l'usage du Centre de suivi et d'information (CSI) dans le domaine de la gestion de crise. Une concurrence interinstitutionnelle entre eux aurait pu dégénérer en contentieux susceptible de paralyser l'utilisation des moyens de l'Union en matière de protection civile.

Afin d'éviter un tel conflit, qui aurait été préjudiciable à l'image de l'Union, concernant sa capacité d'agir dans l'urgence pour porter secours aux populations en cas de catastrophe lors d'une crise extérieure, le Conseil et la Commission se sont mis d'accord sur les modalités d'emploi du CSI. Ils ont procédé à une déclaration commune le 22 septembre 2003[49] pour définir les conditions dans lesquelles le Mécanisme communautaire pouvait être utilisé dans le cadre de la gestion civile des crises[50]. La procédure prévue par la déclaration est de nature *ad hoc*. Elle implique la Commission, la présidence du Conseil de l'Union européenne et son Secrétariat. *A contrario*, ils ont donc choisi de ne pas créer une sorte de CSI bis. En effet, « Il est [...] apparu beaucoup plus efficace aux États membres d'étendre les bénéfices de ce mécanisme aux opérations de gestion de crise. Il semblait effectivement inutile de développer deux dispositifs identiques, l'un pour l'intérieur, l'autre pour l'extérieur de l'Union »[51].

3. *Un succès qui ne conduit pourtant pas à l'émergence d'une force de police européenne*

Les États membres se sont impliqués fortement dans la genèse des missions de police. Ils ont veillé à les doter de capacités nécessaires et à les déployer dès que le besoin de leur présence s'en faisait sentir. En effet, l'expérience a montré que ce concept a eu la faveur des États membres ainsi que celle des institutions de l'Union européenne qui n'ont pas hésité à envoyer de telles missions sur les différents théâtres de crise, d'abord en Europe puis ailleurs dans le monde (a).

La mise en perspective des éléments *pro* et *contra*, nous amène à conclure que ces missions ne sont pas des forces de polices. De prime abord, des arguments plaident en faveur de l'affirmation selon laquelle les missions de l'Union sont des forces de police au sens où il en existe dans les États membres. Toutefois, d'autres plus nombreux attestent de leur caractère spécifique (b).

TUE et à celles figurant dans la décision l'instituant. Dans cette perspective, le Comité politique pouvait invoquer le fait que le Mécanisme agissait sur un théâtre de crise extérieure, pour faire valoir le droit de l'activer.

49 Doc. du Conseil n° 10639/03 du 17 juin 2003.

50 Cependant, aucune réponse n'a été encore été apportée pour l'instant par l'Union dans ce contexte.

51 Grasset, L., *op. cit.*, p. 117.

a. Un concept qui remporte un certain engouement

Six missions de police ont été mises sur pied dans le domaine de la gestion civile des crises[52]. Il s'agit de la Mission de police de l'Union européenne en Bosnie-et-Herzégovine (MPUE), de Proxima en Macédoine, de l'EUPOL Kinshasa au Congo, de l'EUPOL COPPS dans les territoires palestiniens, de l'EUPOL RD Congo et de l'EUPOL Afghanistan. Certaines d'entre elles ont achevé leur mission alors que d'autres sont encore actives.

La MPUE, qui avait débuté ses activités le 1er janvier 2003, a eu pour objectif l'établissement de dispositifs de police durables. Proxima avait pour mission la consolidation de l'ordre public[53]. Elle a pris la relève d'une autre mission de police : le Groupe international de police des Nations unies (GIP)[54].

Proxima a démarré ses activités le 15 décembre 2003 et son rôle a consisté à promouvoir la stabilisation graduelle du pays[55]. Le contexte dans lequel cette mission de police s'est inscrite a été différent de la MPUE puisqu'elle a remplacé, non pas une mission de police, mais une mission militaire[56], qui a elle-même pris le relais de la force de l'OTAN[57].

L'EUPOL Kinshasa a débuté ses activités le 30 avril 2005 et a vu sa mission prorogée jusqu'au 30 juin 2007. Elle avait pour rôle de soutenir

---

52 En réalité, il existe d'autres missions de police, comme EULEX Kosovo ou EU BAM Rafah, mais ces missions présentent un degré d'intégration supérieure. C'est pourquoi, nous les analyserons plus loin.

53 L'art. 3 de l'action commune ajoute d'autres objectifs en particulier la réforme du ministère de l'Intérieur ainsi que l'élaboration d'une police aux frontières et d'une police locale.

54 Le GIP a exercé ses activités de 1996 à 2002. Il se fondait sur la résolution 1305 du 21 décembre 1995 du Conseil de sécurité et employait, en juin 2002, 1530 personnels en uniforme.

55 Ioannides, I., « "EU Police Mission Proxima" : testing the "European " approach to building peace », *Civilian crises management : the EU way*, in *Cahiers de Chaillot*, n° 90, Paris, juin 2006, p. 75.

56 Concordia qui était, au demeurant, la première mission militaire de l'Union.

57 *Allied Harmony* qui s'est déroulée du 16 décembre 2002 au 31 mars 2003.

Cette opération a été lancée pour assister les autorités macédoniennes dans leurs efforts de normalisation de la situation à l'intérieur du pays. Elle a fait suite à l'opération de l'OTAN « *Amber Fox* », dont l'objectif consistait à accroître la sécurité dans la région et à garantir le bon déroulement des contrôles internationaux de la mise en œuvre de l'accord-cadre conclu à Ohrid en août 2001. Cette opération s'est inscrite elle-même dans le prolongement de l'opération « Moisson essentielle » qui a débuté en août 2001. Le but de cette opération « Moisson essentielle » visait à superviser et à faciliter la collecte et la destruction des armes, à la suite d'un soulèvement d'une fraction de la communauté albanaise.

la coordination des unités congolaises de gestion des foules lors des élections de 2006.

Le mandat de Proxima et EUPOL Kinshasa, est arrivé à expiration tandis que trois autres sont actives actuellement. Il s'agit de la MPUE, l'EUPOL COPPS et de l'EUPOL Afghanistan.

L'EUPOL COPPS a démarré son action le 1er janvier 2006 et a une durée de cinq ans[58]. Elle a pour but la réorganisation et la réforme de la police palestinienne dans le cadre du processus destiné à faciliter la mise en œuvre de la Feuille de route, qui prévoit de parvenir à la genèse d'un État palestinien indépendant.

L'EUPOL RD Congo a pris la suite de la Mission EUPOL Kinshasa qui s'est achevée le 30 juin 2007. L'EUPOL RD Congo, d'une durée d'un an, a pour but d'aider les autorités congolaises dans le domaine de la réforme du secteur de la sécurité.

De son côté, l'EUPOL Afghanistan a été déployée à partir du 15 juin 2007 pour une durée de trois ans. Elle est destinée à assurer le maintien de l'ordre et à soutenir le processus de réforme visant la création d'un service de police efficace respectueux des standards internationaux en matière d'État de droit de droits de l'Homme.

Sur le plan juridique, les missions de police reposent sur un instrument du deuxième pilier, à savoir une action commune. Ainsi, la MPUE se base sur une action commune du Conseil du 11 mars 2002[59], Proxima sur celle du 29 septembre 2003[60], l'EUPOL Kinshasa sur celle du 9 décembre 2004[61], l'EUPOL COPPS sur celle du 14 novembre 2005[62], l'EUPOL RD Congo sur celle du 12 juin 2007[63] et l'EUPOL Afgha-

---

58 Trois ans, mais le Conseil a entamé une réflexion pour prolonger la mission une quatrième année.

59 Action commune du Conseil du 11 mars 2002 relative à la Mission de police de l'Union européenne (*JOCE* L 70 du 13.3.2002, p. 1).

60 Action commune 2003/681/PESC du Conseil du 29 septembre 2003 relative à la mission de police de l'Union européenne dans l'ancienne République yougoslave de Macédoine (EUPOL « Proxima ») (*JOCE* L 249 du 1.10.2003, p. 66).

61 Action commune 2004/847/PESC du Conseil du 9 décembre 2004 relative à la mission de police de l'Union européenne à Kinshasa (RDC) en ce qui concerne l'unité de police intégrée (EUPOL « Kinshasa ») (*JOCE* L 367 du 14.12.2004, p. 30).

62 Action commune 2005/797/PESC du Conseil du 14 novembre 2005 concernant la mission de police de l'Union européenne pour les territoires palestiniens (*JOCE* L 300 du 17.11.2005, p. 65).

63 Action commune 2007/405/PESC du Conseil du 12 juin 2007 concernant la mission de police de l'Union européenne menée dans le cadre de la réforme du secteur de sécurité (RSS) et son interface avec la justice en République démocratique du Congo (*JOCE* L 151 du 13.6.2007, p. 46).

nistan sur celle du 30 mai 2007[64]. Le choix d'un instrument fondé sur les dispositions consacrées à la PESD se justifie par la finalité des missions de police[65]. Certes, ces missions ont vocation à assurer des fonctions en lien avec la sécurité intérieure, comme le maintien de l'ordre. Cependant, leur tâche s'inscrit dans le cadre de l'action de l'Union en matière de préservation de la stabilité politique de la région[66]. Cet objectif de consolidation de la paix fait partie des objectifs de la politique extérieure et de sécurité commune tels qu'ils ont été décrits dans la Stratégie européenne de sécurité.

Afin de respecter la souveraineté des États sur le territoire desquels des missions de police sont destinées à se déployer, leur intervention a lieu avec le consentement de ceux-ci. Dans cette perspective, des accords ont été signés avec chacun des pays hôtes. C'est le cas de la Bosnie-et-Herzégovine[67] et de la Macédoine[68]. Ces accords définissent en particulier, les conditions d'entrée des forces de police sur le territoire du pays hôte, les privilèges et les immunités de ses membres, la protection du personnel ainsi que le port d'uniforme et d'armes.

b. Un concept qui n'induit pas l'existence d'une force de police européenne

Un élément plaide en faveur de l'existence de missions de police en tant que forces de police de l'Union européenne. Il s'agit de l'existence d'une chaîne de commandement unifiée capable de coordonner les

---

64 Action commune 2007/369/PESC du Conseil du 30 mai 2007 relative à l'établissement de la Mission de police de l'Union européenne en Afghanistan (*JOCE* L 139 du 31.5.3007, p. 33).

65 C'est la raison pour laquelle le cadre juridique du deuxième pilier est « approprié » (Nowak, A., *L'Union en action : la mission de police en Bosnie*, *op. cit.*, p. 29).

66 Les considérants 4 et 5 de l'action commune du 29 septembre 2003 énoncent à cet effet que l'Union européenne est appelée à renforcer son rôle dans le maintien de l'ordre afin de contribuer encore davantage à une paix durable et un environnement sûr, pour permettre au gouvernement de l'ancienne République yougoslave de Macédoine de mettre en œuvre l'accord-cadre d'Ohrid. L'action commune constate que la situation « actuelle en matière de sécurité dans l'ancienne République yougoslave de Macédoine est stable mais pourrait se dégrader, ce qui aurait des répercussions potentiellement graves sur la sécurité internationale. Un engagement de l'Union européenne en termes d'effort politique et de ressources contribuera à asseoir la stabilité dans la région ».

67 Accord entre l'Union européenne et la Bosnie-et-Herzégovine relatif aux activités de la Mission de police de l'Union européenne (MPUE) en Bosnie-et-Herzégovine (*JOCE* L 293 du 29.10.2002, p. 2).

68 Accord entre l'Union européenne et l'ancienne République yougoslave de Macédoine relatif au statut et aux activités de la Mission de police de l'Union européenne dans l'ancienne République yougoslave de Macédoine (EUPOL Proxima) (*JOCE* L 16 du 23.1.2004, p. 66).

services nationaux de sécurité intérieure déployés sur le territoire de pays tiers.

Les personnels mis à la disposition par les États membres sont placés sous les ordres d'un chef de mission/commissaire de police qui assume au niveau de l'Union européenne, selon les éléments contenus dans le « plan d'opérations » (OPLAN). Il est le responsable de la mission sur le théâtre et son rôle consiste à assurer exercer le commandement et le contrôle des unités appartenant à la mission.

Le chef de mission/commissaire de police est responsable de ses actes devant le Haut représentant SG/HR par l'intermédiaire du représentant spécial dans la zone concernée. Le commandant d'opération civil exerce le commandement et le contrôle de la mission au niveau stratégique. Il agit sous le contrôle politique du COPS à qui il revient d'effectuer la direction stratégique. Pour sa part, le Haut représentant SG/HR exerce l'autorité générale sur le commandant d'opération civil. Il donne des orientations au chef de mission/commissaire de police par le truchement du représentant spécial pour la région considérée.

Toutefois, trois autres éléments nous incitent à penser que les missions de police ne sont pas des forces de police dans l'acception nationale. En premier lieu, elles sont de nature temporaire dans la mesure où elles ont vocation à demeurer jusqu'à l'achèvement du processus de résolution de la crise et le retour à une situation normale. La MPUE a un mandat de trois ans (2003-2005)[69], Proxima de trois ans (2003-2005), l'EUPOL Kinshasa de trois ans (2005-2007), l'EUPOL COPPS de quatre ans (2006-2009)[70], l'EUPOL RD Congo de quatre ans (2006-2008) et l'EUPOL Afghanistan de quatre ans (2007-2010).

En second lieu, les hommes mis à la disposition de la mission, restent des personnels des États membres. Ils conservent leur uniforme national ainsi que leur statut. En outre, même si le commandement est transféré au chef de mission/commissaire de police, ils demeurent sous la responsabilité de l'autorité nationale. Ainsi, en matière disciplinaire, les décisions sont prises par le chef de mission/commissaire de police, et sont exécutées par les autorités nationales.

En troisième lieu, les missions de police, qui prennent part au projet global « d'*institutions building* », n'ont pas de caractère opérationnel. En effet, elles sont de deuxième rang en exerçant des tâches dites de « supervision ». Certes, les ministres des Affaires étrangères réunis en marge du Conseil européen de Santa Maria da Feira, dans la déclaration adoptée à l'issue de la conférence d'offre d'engagements[71], ont indiqué

69 Les périodes indiquées incluent, le cas échéant, les prolongements éventuels.

70 Sous réserve d'un prolongement de la mission pour l'année 2010.

71 Doc. du Conseil n° 15193/01 du 11 décembre 2001.

que ces unités devaient avoir deux types de missions à savoir le renforcement et la substitution aux forces de police locales. Dans cette déclaration, ils ont indiqué que les capacités déployées dans le cadre de la gestion de crise pouvaient avoir un rôle de substitution dans la mesure où elles devraient pouvoir remplacer les forces de police locale en cas de défaillance de leur part. Toutefois, force est de constater qu'une grande partie d'entre elles n'ont, pour l'heure, qu'une fonction d'encadrement[72].

À cet égard, les forces de police de l'Union européenne en matière de gestion civile de crises sont qualifiées pour réaliser des tâches renforcement, c'est-à-dire d'assistance, de contrôle, de surveillance ainsi que d'inspection. Ainsi, l'EUPOL COPPS a pour mission d'aider les autorités palestiniennes à mettre en œuvre le programme de développement de la police en conseillant et en encadrant son personnel. En particulier, elle forme ses hauts responsables au niveau des préfectures, du quartier général et du ministère[73]. L'exécution de leur mandat se concentre sur les catégories correspondant aux corps de conception et de direction du service de police du pays tiers considéré. Autrement dit, le public ciblé par les missions de police est, pour l'essentiel, les membres de la haute et la moyenne hiérarchie. *A contrario*, l'action de l'Union ne concerne pas directement les hommes de rang.

La focalisation de l'action de ces missions sur le renforcement des forces du pays hôte, et principalement sur la formation de celles-ci, couplée au fait que le personnel visé est constitué essentiellement des *high* et *middle ranking officers*, explique pourquoi leur budget et leurs effectifs sont relativement réduits.

C'est d'ailleurs cette considération qui constitue le quatrième élément nous amenant à constater que les missions de police ne sont pas des forces de police de l'Union européenne au sens où il en existe dans les États membres. Ainsi, le budget de la MPUE n'est que de 38 millions d'euros en frais de fonctionnement[74], Proxima que de 15 millions d'euros, l'EUPOL Kinshasa que de 1,6 millions d'euros. Concernant les effectifs, EUPOL Afghanistan est seulement composée de 231 hommes[75]. Les autres missions ont aussi un effectif limité.

---

72 Nous verrons dans le chapitre suivant qu'une minorité a également un rôle de substitution. Ce rôle, qui est davantage caractéristique du palier supérieur concernant les niveaux d'intégration des mécanismes destinés à faciliter l'entraide entre les services nationaux de sécurité intérieure, sera évoqué davantage dans le prochain chapitre.

73 Art. 2a de l'action commune du 14 novembre 2005.

74 Auquel il convient d'ajouter 14 millions pour les frais de mise en route. 20 millions d'euros sont financés par le budget communautaire.

75 *Agence Europe* du 26 mai 2008. Le Conseil du 27 mai 2008 a, quant à lui, prévu de doubler ce nombre.

D'ailleurs, pour certaines d'entre elles, le volume du personnel affecté est extrêmement faible. C'est le cas de l'EUPOL Kinshasa et de l'EUPOL RD Congo qui était seulement composées d'une quarantaine de personnes chacune.

B. Les équipes communes d'enquête

Les équipes communes d'enquête sont des équipes non permanentes œuvrant dans le cadre d'affaires spécifiques (1). Elles forment un groupe d'enquêteurs émanant d'États membres, d'organisations auxiliaires, voire de pays tiers, susceptible d'intervenir sur plusieurs territoires (2). Elles sont fondées sur trois textes juridiques relevant initialement du titre VI : une décision-cadre et deux conventions.

Le concept est apparu pour la première fois dans la convention Naples II[76]. Elle permet à des autorités douanières d'un État membre de se joindre à une enquête se déroulant sur le territoire d'un autre État membre[77]. Ce concept a été repris par l'art. 13 de la CEEJ pour être étendu aux services policiers, mais aussi, nous allons le constater ci-dessous, aux autorités judiciaires.

La perspective d'une ratification de la CEEJ sur un laps de temps long a amené le Conseil à adopter, le 13 juin 2002, une décision-cadre[78] consacrée à de telles équipes. Ce texte, qui reprend les dispositions de l'art. 13 de la convention, est destiné à accélérer leur mise en place. Toutefois, contrairement aux missions de police qui suscitent un certain engouement, le succès remporté par les équipes communes demeure encore modeste (3).

En comparaison, les États membres ont fourni 22 000 hommes à la mission militaire de l'OTAN, la Force d'assistance de sécurité internationale (FIAS) (*Europolitique* n° 3537 du 27 mai 2008).

[76] Art. 24 de la convention Naples II. Les dispositions relatives aux équipes communes d'enquêtes spéciales sont précisées dans le Mémento de coopération douanière.

[77] Ce concept n'est pas propre à l'Union européenne. En effet, il figure également dans des textes multilatéraux conclus à l'échelle mondiale. C'est le cas de la convention des Nations unies contre la criminalité transnationale organisée signée à Palerme en décembre 2000 qui contient un article succinct consacré aux « équipes conjointes » (art. 19).

D'ailleurs, avant que la convention Naples II ne le mentionne, l'art. 9.1.c de la convention des Nations unies contre le trafic illicite de stupéfiants et de substances psychotropes du 19 décembre 1988 faisait déjà référence à ce concept à travers la création « d'équipes mixtes » dont les caractéristiques rapprochent celles-ci des équipes communes d'enquête.

[78] *JOCE* L 162 du 20.6.2002, p. 1.

En complément, le Conseil a adopté, le 8 mai 2003, une Recommandation instituant un modèle d'accord pour la création d'une équipe commune d'enquête (*JOCE* C 121 du 23.5.2003, p. 1).

1. Le cadre d'emploi : des équipes non permanentes œuvrant dans le cadre d'affaires spécifiques

Les équipes d'enquêtes forment un appui en faveur des services nationaux d'investigation pour une durée déterminée. Il s'agit d'une association temporaire dans la mesure où, comme le précise la décision-cadre du 13 juin 2002, les équipes sont créées pour une durée bien définie. En principe, elles sont mises en place pour appuyer les services nationaux d'investigation, le temps que les différents actes nécessitant une collaboration avec les services d'autres États membres soient accomplis[79].

Le concept des équipes communes d'enquête a pour avantage de permettre aux services nationaux de sécurité intérieure de collaborer entre eux sur le terrain. En effet, l'expérience a montré qu'en cas enquête portant sur une affaire de dimension transnationale, la participation d'agents d'autres pays peut être utile aux investigations. Cette participation est d'autant plus fructueuse que les services de ces différents pays sont également en charge d'une affaire similaire ou connexe.

Ce concept constitue une alternative à l'assistance (cas où une enquête est menée dans un État et où l'autorité en charge du dossier demande un appui aux autorités d'un autre État) et aux enquêtes miroirs (cas où deux enquêtes parallèles portant sur les mêmes faits et sur les mêmes suspects sont réalisées par les autorités de deux pays différents)[80]. Par rapport au mécanisme de l'assistance classique, l'équipe commune d'enquête permet d'associer les différents services de l'État requérant et ceux de l'État requis. Cette solution est utile lorsque l'État requis, souhaite, au fil des investigations, prendre une part plus active dans l'affaire, de sorte que son intervention ne consiste plus seulement en un appui ponctuel. Elle est un moyen commode pour éviter les effets négatifs des enquêtes miroirs. En liaison avec le dispositif de coordination, que nous analyserons plus loin, l'équipe commune d'enquête permet à tous les protagonistes d'être associés le temps de l'enquête et de se concerter de manière permanente, évitant de ce fait les doublons

---

79 Il en est de même pour les équipes d'unités spéciales d'intervention dans les situations de crise évoquées précédemment. Ces dernières fournissent l'assistance nécessaire à l'État demandeur, le temps de la situation de crise. L'initiative en vue de l'adoption d'une décision relative à l'amélioration de la coopération entre les unités spéciales d'intervention dans les situations de crise, évoque à l'art.2.2, comme situation de crise, « toute situation résultant d'une action humaine dans un État membre et faisant encourir des risques physiques directs à des personnes ou à des institutions dans ledit État membre, en particulier les prises d'otages, les détournements d'avions et les incidents similaires ».

80 Verspeelt, F., « Hors du Commun : Les équipes communes d'enquête », in *Vigiles*, Bruxelles, n° 2005/3, p. 82.

dans les actes d'enquête et réduisant les risques de concurrence entre les autorités dans la gestion de leurs dossiers respectifs. De surcroît, les équipes œuvrent sur la base d'un accord écrit préexistant à la constitution de l'équipe. Cet accord est un « contrat »[81] et revêt dans une certaine mesure, un caractère contraignant. De ce fait, « les participants doivent exécuter ce qui est convenu, alors que les autres formes de coopération ont un caractère plus libre »[82].

Quant aux conditions, la constitution d'une équipe est soumise à une sorte de principe de spécialité. Sur la base de l'accord l'instituant, elle se voit assigner un objectif particulier et intervient pour une durée limitée. Elle est donc créée dans un cadre prédéfini et il n'est donc possible ni de générer une équipe avant toute nouvelle enquête, ni de constituer une équipe permanente[83].

À la lecture des textes européens relatifs aux équipes communes d'enquête, le cadre d'emploi de celles-ci est relativement vague afin de permettre leur utilisation dans de nombreuses hypothèses. Ainsi, ces textes demeurent silencieux concernant le type de criminalité qu'elles visent. De ce fait, des équipes communes peuvent être mises sur pied, tant pour des enquêtes ayant trait à la petite et à la moyenne délinquance que concernant des phénomènes de grande ampleur, en particulier la criminalité organisée. Néanmoins, au terme de l'art. 13 CEEJ, leur création s'oriente davantage vers des questions en lien avec les phénomènes de grande ampleur plutôt qu'avec les phénomènes relatifs à la petite et à la moyenne criminalité. En effet, cet article prévoit qu'un tel dispositif peut être constitué s'il « y a lieu d'effectuer des enquêtes difficiles et impliquant la mobilisation d'importants moyens, qui concernent aussi d'autres États membres »[84]. Dans cette perspective, l'accent a été mis par les rédacteurs sur la subsidiarité, la convention Naples II précisant à ce sujet qu'une équipe commune peut être mise en place en raison de l'extrême difficulté pour élucider les faits sans procéder aux mesures d'enquête envisagées.

---

81 Vuelta-Simon, S., « Dernières nouvelles des équipes communes d'enquête : entre partage et souveraineté », Revue de science criminelle et de droit pénal comparé, t. 2, Paris, 2007, p. 272.

82 Verspeelt, F., *op. cit.*, p. 83.

83 Sous réserve de ce qui sera précisé dans la conclusion générale concernant la permanence de certaines équipes.

84 C'est la raison pour laquelle, la proposition de la Commission du 18 juillet 2005 a évoqué leur création pour des affaires d'importance locale davantage en lien avec la petite et la moyenne délinquance. À cet effet, elle a inséré dans le texte, une disposition consacrée aux équipes communes d'enquête et elle a envisagé leur mise sur pied dans les régions frontalières sur le modèle de la décision-cadre du 13 juin 2002.

Quant à la finalité d'une telle équipe, la CEEJ et la décision-cadre énoncent qu'elle peut être constituée pour coordonner les actions des services de sécurité intérieure. La convention Naples II dispose à ce sujet que cette association est destinée à assurer la coordination des services nationaux « visant à prévenir ou à détecter des types d'infraction déterminés et à obtenir des informations sur les personnes concernées, leur entourage et leurs méthodes ».

2. *L'exercice concret : des équipes composées d'enquêteurs d'États membres, d'organisations auxiliaires*

En ce qui concerne leur composition, les équipes communes d'enquête sont constituées de services nationaux de sécurité intérieure de l'État requérant et de ceux de l'État requis. Ces derniers sont appelés membres « détachés » auprès de l'équipe.

La CEEJ et la décision-cadre prévoient la possibilité d'inclure un ou plusieurs membres de l'autorité judiciaire. La raison d'une telle association est pragmatique : leur présence permet de faire gagner un temps considérable à l'enquête. Ainsi, ils délivrent sur le champ, une autorisation aux services nationaux qu'ils ont sous leur responsabilité lorsque l'accomplissement de certains actes requiert leur accord. Les magistrats associés sont susceptibles d'officier à différents titres. Ils peuvent agir comme magistrats de liaison. Ils peuvent aussi être les autorités responsables de l'équipe. Par exemple, en France, ils forment « l'autorité supérieure qui intègre, compose et dirige l'équipe »[85]. Dans cette perspective, soit le magistrat se déplace sur le terrain pour assurer la direction de l'équipe, soit il passe la main à un « ECE-*supervisor* ». Ce dernier est l'officier de police (ou de douane) qui est le responsable tactique de l'équipe. Il travaille en liaison étroite avec le magistrat du pays dont il est originaire, les autorités de l'État partenaire (en particulier le magistrat responsable du dossier dans ce pays) et « l'ECE-*leader* ». Alors que « l'ECE-*supervisor* » se concentre sur les aspects conceptuels de l'équipe, comme la stratégie globale de l'enquête et la nature des actes à effectuer, « l'ECE-*leader* » assume un rôle de gestion quotidienne de l'équipe[86] : définition du programme de travail, détermination des divers actes à réaliser et choix des États parties à l'accord à visiter par l'équipe, et établissement et suivi des accords de travail[87].

Les équipes communes d'enquête agissent sous la responsabilité d'un représentant de l'autorité compétente de l'État membre sur le territoire où l'équipe opère. Dans cette optique, la direction change si

---

85 Vuelta-Simon, S., *op. cit.*, p. 276.

86 En liaison avec « ECE-*supervisor* » et les autorités judiciaires parties prenantes.

87 Verspeelt, F., *op. cit.*, p. 92-93.

une équipe effectue des enquêtes dans un autre État membre. Pour la France, seule la Direction des Affaires Criminelles et des Grâces du ministère de la Justice est compétente pour créer une équipe. Dans cette perspective, le droit applicable aux différents actes de procédure réalisés dans le cadre des investigations menées par l'équipe, varie en fonction des différents pays qu'elle visite. Comme la direction de l'équipe, il alterne au gré du pays dans lequel elle se rend[88].

Pour être complet, les membres sont, en principe, originaires des États membres mais ils peuvent également émaner des organisations auxiliaires compétentes en matière de sécurité intérieure et des pays tiers ayant signé un accord de collaboration avec l'Union. En particulier, ils peuvent provenir d'Europol et des États-Unis[89]. Concernant Eurojust, la décision du 28 février 2002 lui donnait déjà la possibilité d'initier de telles équipes en demandant à un État membre, soit à travers un membre national, soit à travers le collège, de mettre en place de telles équipes. Dans l'hypothèse où Eurojust n'a pas l'initiative de la génération d'une telle équipe, les conclusions du Conseil du 2 décembre 2004[90] recommandent qu'il puisse être associé à sa mise en place.

La décision du 16 décembre 2008 reprend l'idée de la participation des membres nationaux aux équipes communes d'enquête. Ceci dit, elle ajoute que ces membres peuvent y prendre part sous réserve, le cas échéant, de l'accord de l'autorité chargée de l'affaire sur le plan national. Si pour l'instant, l'unité de coopération judiciaire n'apporte son soutien au fonctionnement de l'équipe qu'à partir de ses locaux situés à La Haye, aux Pays-Bas, la situation pourrait évoluer à l'avenir. L'une des principales raisons pour lesquelles l'unité de coopération judiciaire n'a dépêché aucun membre national sur le terrain pour l'heure, tenait à ses moyens limités en personnel. La décision du 16 décembre 2008 apporte un début de solution en permettant aux collaborateurs du ou des membres impliqués dans une équipe commune d'enquête, d'apporter leur appui. En effet, l'une des dispositions qui permet d'y associer leurs

---

88 Un avantage à créer une équipe commune d'enquête réside dans l'économie des commissions rogatoires internationales. Même pour une partie d'entre elles, l'envoi est direct, c'est-à-dire de juge à juge. Il s'avère que la « procédure est longue, coûteuse et aléatoire. Une [telle équipe] permet aussi d'effectuer des investigations en "temps réel" (ex : l'audition d'un "mis en cause") à Paris permet de savoir qu'un domicile espagnol recèle des quantités de stupéfiants et de demander *ipso facto* aux agents présents à Madrid de procéder à des vérifications ».

(Le Coz, N., « La criminalité organisée en Europe – "Union es-tu là ?" », in *Gendarmerie nationale*, n° 227, Paris, 2e trimestre 2008, p. 61).

89 Respectivement, en vertu de l'art. 3bis de la convention Europol dans sa version consolidée et de l'art. 5 de l'accord d'entraide judiciaire conclu entre l'Union et les États-Unis le 6 juin 2003 (*JOCE* L 181 du 19.7.2003, p. 34).

90 Doc. du Conseil du 22 novembre 2004, n° 12561/04, EUROJUST 78.

adjoints et de leurs assistants, est susceptible d'alléger la charge de travail de ces membres. Ils peuvent alors consacrer du temps aux tâches liées à l'équipe sans délaisser celles qui leur incombent quotidiennement dans le cadre de leurs activités habituelles au titre de membres nationaux d'Eurojust.

3. Des équipes au succès encore modeste

Du point de vue de l'expérience accumulée par les équipes communes d'enquête, la réussite est encore modeste[91]. Il est vrai que ce dispositif est assez récent. En effet, la première équipe, destinée à lutter contre le trafic de drogue, a été établie officiellement entre le Royaume-Uni et les Pays-Bas en novembre 2004[92].

Nous attribuons cette modestie dans la réussite de ces équipes à la jeunesse du mécanisme mais aussi aux difficultés rencontrées d'un point de vue juridique. Certains États ont tardé à se doter de la législation destinée à servir de fondement sur le plan national et, lorsqu'ils l'ont fait, elle ne correspondait pas toujours aux prescriptions des textes de droit européen. À ce sujet, la mise en œuvre de la décision-cadre par les États membres a fait l'objet d'une évaluation par la Commission qui, dans un rapport sur l'état de sa transposition publié le 7 janvier 2005[93], renseigne qu'elle a rencontré des difficultés pour rassembler l'information et surtout qu'un seul État, l'Espagne en l'occurrence, avait adopté les mesures adéquates pour se conformer au texte européen. Elle a encore précisé dans un document de travail[94] que la transposition n'avait pas été correctement effectuée. Fin 2007, quatre États membres n'avaient toujours pas transposé le texte.

De plus, les difficultés rencontrées sont nombreuses : mauvaise connaissance de la procédure pénale de l'État hôte, pratiques divergentes en matière d'investigation et manque de sensibilisation des apports bénéfiques de la constitution de telles équipes. Il ressort d'ailleurs d'un colloque réunissant des experts et des juristes européens à Toulouse en France le 17 juillet 2008, consacré aux équipes communes d'enquête révèle des difficultés concrètes[95], que la notion « d'autorités compé-

---

91 La France avait déjà tenté l'expérience au début des années 2000 avec les Pays-Bas en matière de lutte contre la drogue. « Le résultat a été nul au point que l'expérience a été stoppée péniblement en 2004 » (Vuelta-Simon, S., *op. cit.*, p. 267-268). En revanche, la collaboration a été plus fructueuse avec l'Espagne. Des équipes ont été mises en place à partir de septembre 2004 dans le domaine de lutte antiterroriste.

92 Rapport annuel d'Eurojust pour l'année 2004.

93 COM(2004)858.

94 SEC(2004)1725.

95 « Le lancement d'une équipe prend beaucoup de temps : il faut définir qui fait quoi, résoudre le problème de la langue, examiner les différences des systèmes juridi-

tentes » évoquées par la décision-cadre de 2002 varie d'un État membre à l'autre.

La législation espagnole prévoit, par exemple, trois voies pour créer une équipe commune d'enquête : ministère de la Justice, ministère de l'Intérieur ou *Audiencia nacional*. Aux Pays-Bas, qui prennent part à quatre enquêtes communes (avec la France, la Belgique et la Grande-Bretagne), c'est au contraire le procureur régional qui prend l'initiative de demander la création d'une équipe commune d'enquête. « En Belgique, nous laissons l'initiative venir des services de police », a expliqué un membre belge de l'assemblée, dont le pays est impliqué dans trois équipes communes d'enquête[96].

Toutefois, les équipes communes d'enquête sont amenées à se développer. *Primo*, le nombre d'équipes communes d'enquête est en augmentation constante : trois en 2005, onze en 2006 et trente-cinq en 2007[97]. Parmi ces trente-cinq équipes opérationnelles, la France arrive en première position avec onze en partenariat avec l'Espagne, une avec les Pays-Bas, une avec la Belgique et une avec l'Allemagne. *Secundo*, leur création bénéficie d'un financement de la part de l'Union. Ainsi, une partie du programme spécifique Justice pénale[98] est consacrée au soutien à l'instauration de telles équipes. *Tertio*, il existe une impulsion politique forte concernant leur mise en place, de la part des chefs d'État et de gouvernement[99].

Le programme de La Haye constate que les États membres « n'ont qu'une expérience limitée » concernant l'usage des équipes communes d'enquête. Pour encourager le recours à cette technique, il prévoit la nomination d'un expert national destiné à échanger les meilleures pratiques et un rôle actif d'Europol et d'Eurojust. L'idée est de faire en sorte que ces deux organisations constituent des acteurs centraux pour l'aide à la mise en œuvre effective des équipes communes d'enquête.

---

ques », (propos tenus par le membre néerlandais d'Eurojust, Arend Vast, et recueillis par *Agence Europe* du 19 juillet 2008.

96 *Agence Europe* du 19 juillet 2008.

97 Le rapport d'activité d'Eurojust pour l'année 2007 précise que dans les 14 cas insérés dans le CMS, pour lesquels la création d'une équipe commune d'enquête a été envisagée par un membre national, deux ont été générées en 2006 et dix en 2007.

98 Décision du Conseil du 12 février 2007 établissant, pour la période 2007-2013, dans le cadre du programme général Droits fondamentaux et justice, le programme spécifique Justice pénale (*JOCE* L 58 du 24.2.2007, p. 13).

99 D'autres formes d'association ont également le vent en poupe. C'est le cas des Équipes Conjointes d'Analyse et de Recherche Criminelles destinées à identifier les organisations qui se livrent au trafic de drogue et à cerner leur *modus operandi*. C'est aussi le cas des Groupes d'Investigations Financières (GIF), comme les GIF franco-espagnols, rassemblant les services répressifs et fiscaux des pays participants, dont le but consiste à identifier les auteurs d'actes délictueux ainsi que leurs avoirs.

D'abord, sur un plan opérationnel, le programme de La Haye incite les États membres à créer de telles équipes « qui, au besoin, seront appuyées par Europol et Eurojust ». Toutefois, rappelons que ces derniers, qui sont des organisations auxiliaires, n'interviennent qu'à titre de soutien donc sans se substituer aux équipes.

Ensuite, sur un plan méthodologique, Europol et Eurojust ont rédigé conjointement un guide compulsant les législations nationales dans ce domaine et ont créé une page web dédiée à ces questions. Le guide a été mis à jour et un manuel a été réalisé pour à aider les praticiens à mette sur pied des équipes communes d'enquête.

Par ailleurs, la décision du 16 décembre 2008 indique qu'Eurojust assure le secrétariat des équipes communes d'enquête. Ainsi, les autorités nationales sont délivrées du poids administratif de la mise en place et de la gestion de telles équipes

Last but not least, une première réunion rassemblant les experts nationaux s'est tenue dans les locaux d'Eurojust le 23 novembre 2005 en collaboration avec Europol[100]. Une deuxième s'est déroulée le 10 novembre 2006[101], une troisième les 29 et 30 novembre 2007[102] et une quatrième les 15 et 16 décembre 2008. Lors de la troisième réunion, le groupe d'expert avait qualifié le panorama général concernant l'application du dispositif des équipes communes d'enquête « d'extrêmement positif » en soulignant par ailleurs que les investigations réalisées dans leur cadre étaient fructueuses.

II. L'intégration sous l'angle fonctionnel : les prémices d'un abandon des anciennes méthodes

Il existe trois déclinaisons différentes, sous un angle fonctionnel, de l'évolution de la dimension horizontale du paysage européen de la sécurité intérieure. En premier lieu, l'intégration se manifeste par la coordination des actions entre les services de sécurité intérieure (A). Certes, les autorités nationales conservent toujours la direction des services qu'elles ont sous leur responsabilité. Nonobstant, en délivrant leurs instructions, elles doivent se consulter mutuellement et prendre en compte les directives émises vis-à-vis de leurs services respectifs. En deuxième lieu, cette évolution consiste en l'amorce d'une convergence

[100] Les conclusions (doc. du Conseil du 2 décembre 2005, n° 15227/05) adoptées à l'issue de la rencontre pointent l'importance de la sensibilisation des services nationaux de sécurité intérieure quant à l'existence des équipes communes et quant aux avantages qu'ils peuvent en tirer.

[101] Doc. du Conseil du 21 novembre 2006, n° 15023/06.

[102] Doc. du Conseil du 22 janvier 2008, n° 5526/08, CRIMORG 14, ENFOPOL 13, EUROJUST 7, COPEN 10.

des méthodes de travail, notamment grâce à l'instauration de techniques spéciales d'enquête (TSE) (B). En troisième lieu, elle a trait à la mise en place de dispositifs dérogatoires à la règle de la territorialité (C).

Dans les trois cas de figure, ce phénomène d'intégration sous l'angle fonctionnel rencontre des limites. Pour ce qui est de la coordination : *primo*, l'autorité nationale reste libre de fixer son degré d'implication dans le processus ; *secundo*, la décision ultime relative à l'emploi des services nationaux, leur déploiement et l'attribution des tâches, relève de la seule responsabilité des autorités nationales ; *tertio*, la coordination n'engage pas les parties sur un plan juridique. En conséquence, les instructions émanant de leur part sont contraignantes seulement vis-à-vis de leurs propres services. Concernant les TSE, le rapprochement opéré demeure souple sur le fond car les textes européens les définissent seulement dans leurs grandes lignes. Seul, le droit national détermine avec précision les modalités relatives à leur fonctionnement, en particulier le type d'actes autorisé dans le cadre de leur utilisation. Pour ce qui est de la règle de la territorialité, les atteintes résultant du développement des différents mécanismes ne constituent pas des entorses. Il s'agit davantage d'aménagements que de dérogations proprement dites.

A. La coordination des actions entre les services de sécurité intérieure

La coordination peut se définir comme étant « l'ensemble des activités et des moyens conscients qui visent à assembler et à synchroniser les tâches de nature différentes, réalisées par des professionnels disposant de compétences variées, de façon à réaliser au mieux les objectifs que »[103] se sont fixés les services des États membres. Par rapport à l'assistance, la coordination apporte un degré supérieur d'intégration (1). En effet, elle comporte une dimension supplémentaire de renforcement et d'accroissement mutuel de l'efficacité des actions des services nationaux, qui va au-delà d'une simple assistance[104].

Les services nationaux de sécurité intérieure coordonnent leurs activités dans le cadre des entités résultant des associations temporaires, comme les équipes communes d'enquête et les patrouilles communes. Elles réalisent aussi cette opération en cas de manifestations de masse et

---

[103] Bourgueil, Y., *L'évaluation des réseaux de soin : enjeux et recommandations*, Institut de recherche et documentation en économie de la santé (ex Credes) et le groupe IMAGE de l'École nationale de la santé publique, 2001.

[104] Définition inspirée de celle de la Commission européenne, « Coopération et coordination des politiques nationales : les évolutions à partir des traités », Travaux préparatoires au livre blanc, Luxembourg, Office des publications officielles des Communautés européennes, 2002, p. 229.

d'accidents graves[105]. Elles effectuent enfin cette opération à plus grande échelle à travers les actions concertées (2).

Les efforts de coordination menés dans le cadre de l'Union européenne portent aussi sur les réseaux de communication des services de sécurité intérieure. En effet, les différences concernant les normes en matière de communication radio et l'architecture des systèmes basés sur les technologies de l'information, engendrent une incompatibilité de ces réseaux. Pour remédier à ces difficultés, des projets d'interopérabilité des équipements radio sont mis sur pied dans le cadre des coopérations régionales, et des travaux sont engagés pour rendre compatibles ces systèmes (3).

1. La coordination, un degré supérieur d'intégration par rapport à l'assistance

Le rapport annuel d'activité de Pro-Eurojust avait précisé le sens des termes « assistance » et « coordination » à travers son propre rôle[106]. Il précise que la coopération[107] entre les autorités judiciaires (au sens de l'assistance) suppose, pour la coopération requise, d'apporter un soutien, soit en réponse à une demande, soit de manière spontanée. Par exemple, dans l'hypothèse d'une réponse à une demande émanant d'un magistrat instructeur de l'État requérant, cette aide lui permet d'obtenir les éléments de preuve afin de traduire les individus mis en cause devant les juridictions de jugement de l'État membre requérant. L'assistance implique aussi, pour les autorités judiciaires requises, de jouer le rôle d'appui notamment en identifiant les personnes de contact et en les conseillant sur le droit applicable ou la stratégie d'enquête à suivre.

Concernant la coordination, le rapport annuel d'activité de Pro-Eurojust avait indiqué à cet égard qu'il s'agissait, pour des autorités judiciaires nationales, « de prendre des mesures énergiques » en accord avec d'autres (ou dans certains cas de s'abstenir de prendre des mesures) avant les enquêtes ou les poursuites, ou au cours de celles-ci. La coordination peut impliquer la mise en œuvre de mesures coercitives de grande envergure dans plusieurs États membres afin de rendre aussi efficace que possible la poursuite ou l'enquête entreprise au niveau national. Enfin, elle peut seulement se limiter à s'informer des opérations en

---

[105] Par exemple, l'art. 18 de la décision intégrant une partie du traité de Prüm dans le droit de l'Union européenne prévoit que les services compétents se portent mutuellement assistance en coordonnant sur leur territoire les mesures policières qui s'imposent.

[106] Rapport annuel d'activité de Pro-Eurojust pour l'année 2001 (doc. du Conseil du 20 décembre 2001, n° 15545/01 EUROJUST 15, p. 7).

[107] Au sens de collaboration. Nous avons réservé le terme coopération pour celle réalisée entre les autorités politiques.

cours et se donner mutuellement un avis sur l'efficacité des poursuites ou d'une mesure d'enquête.

Nous distinguons la coordination de l'assistance par un autre aspect : la réduction de la marge de manœuvre dont disposent les services nationaux. L'assistance se traduit par une action en commun de une répartition des tâches entre l'autorité requérante, c'est-à-dire celle qui demande de l'aide, et l'autorité requise, à savoir celle qui est sollicitée. Dans ce cas de figure, nous observons une division du travail. L'autorité requérante réalise une partie du travail (qui ne nécessite pas l'aide de l'autorité requise). L'autorité requise fournit l'autre partie du travail (qui nécessite son concours).

En tout état de cause, l'autorité requise agit seulement à titre de soutien, l'autorité requérante demeurant, en principe, responsable de l'affaire. Autrement dit, la gestion du dossier reste aux mains de l'autorité requérante. Même si son action peut s'avérer essentielle, voire capitale pour le succès de l'opération, l'autorité requise n'intervient qu'à titre de relais pour faciliter les actions entreprises initialement par l'autorité requérante.

Toutefois en pratique, l'importance de l'affaire fait que l'autorité requise, en ouvrant un dossier d'assistance, peut être un acteur principal en devenant à son tour responsable de l'affaire. Par exemple, en matière d'entraide judiciaire, une autorité d'un État membre, sollicitée pour démanteler une filière de trafiquants de drogue ayant des ramifications sur son territoire, peut, au regard de la complexité de l'affaire, ouvrir une information judiciaire et envoyer des demandes d'entraide aux autorités d'autres États membres. Dans ce cas de figure, l'autorité requise devient, elle aussi, acteur central de l'affaire.

À la lumière des indications données sur l'assistance, la coordination réalise, elle aussi, une division du travail mais, contrairement à l'assistance, elle procède à sa concentration. Dans le phénomène organisationnel que nous analyserons brièvement plus loin, la répartition des rôles entraîne la fragmentation de l'organisation. La coordination constitue, quant à elle, un mode d'action collective destiné à lui redonner sa cohésion[108]. Elle renvoie à l'idée d'un effort de dépassement de l'entreprise individuelle par le primat du collectif. En effet, cet effort consiste en une action en commun, c'est-à-dire la mise en commun d'aptitudes et de qualifications. Dans ce cas de figure, le comportement des différents

---

[108] L'analyse sociologique des organisations révèle qu'il existe toujours un équilibre entre les différentes forces en présence (sur ces forces, *cf. infra*) et la cohésion est le fruit de cet équilibre. Cette dernière constitue la somme des forces centripètes et centrifuges, c'est-à-dire « la résultante des forces qui maintiennent les membres dans le groupe » (Louche, C., *Psychologie sociale des organisations*, Paris, Armand Colin, coll. Psychologie, 2003, p. 117).

participants produit un effet de synergie : agir ensemble pour parvenir à un but que chacun n'aurait pas réussi à atteindre individuellement[109].

Dans le schéma de la coordination, il n'y a plus d'autorités requérantes et requises en tant que telles. En effet, l'une n'est plus l'appendice de l'autre comme dans l'hypothèse de l'assistance. Il n'existe pas une autorité qui agit à titre de soutien en apportant une aide, mais une action conjointe destinée à permettre à chacune d'elles, parties prenantes à l'action de coordination, de parvenir à l'objectif qu'elles s'étaient assigné individuellement.

Toutes les actions des autorités des États membres ont leur raison d'être, les unes servant de relais aux autres. Dans cette optique, ces actions sont interdépendantes car, bien qu'autonomes, elles sont étroitement liées entre elles.

Cette idée d'interdépendance et de cohésion d'ensemble implique une mise en ordre. La coordination consiste alors en un ajustement mutuel où chaque acteur, après concertation, se positionne par rapport à l'action des autres. Concrètement, cet ajustement consiste, dans le contexte de l'action des autorités judiciaires dans un processus de coordination, à se mettre d'accord entre elles par consensus sur les orientations à prendre dans le cadre de chacune des enquêtes dont elles ont la charge. Les objectifs restent individuels, mais ils sont convergents. En effet, la concertation implique un ajustement des buts fixés de sorte que chacun d'eux puisse être non seulement compatible avec celui des autres, mais puisse aussi favoriser l'effet de synergie permettant d'amplifier les résultats du travail fourni[110].

2. *Les actions concertées, coordination opérationnelle de grande envergure*

Les opérations concertées, appelées trivialement opérations « coups de poing » ou « coups de filet », sont menées conjointement sur des objectifs préalablement identifiés.

---

109 Michel Crozier le souligne en indiquant que dans les organisations, les individus tendent à maximiser leurs gains, en cherchant systématiquement à tirer parti de leurs avantages (*Le phénomène bureaucratique*, Paris, Le Seuil, 1963, p. 110).

110 Par exemple, dans le cadre d'une affaire de grande ampleur, la réorientation des buts dans le cadre du processus de coordination peut consister, pour une autorité judiciaire, à accepter de renoncer à procéder à l'arrestation d'une personne cible (« l'objectif » dans le jargon technique) sur son territoire afin de permettre l'appréhension de toute la filière. Une autre autorité peut mener cette opération alors qu'elle avait seulement initialement prévu de saisir les avoirs criminels. En outre, une troisième autorité peut accepter d'opérer l'arrestation de tous les membres du réseau se trouvant sur son territoire même si, à l'origine, elle avait envisagé d'interpeller seulement une partie du réseau criminel.

Comme leur nom le précise, ces opérations sont concertées dans la mesure où les services de chacun des États membres impliqués se sont consultés préalablement sur le type d'action à mener, la finalité, le *modus operandi* ainsi que le nombre d'unités engagées. Elles sont aussi coordonnées car les services planifient et exécutent l'opération en tenant compte des choix des États membres partenaires. Les opérations concertées présentent la caractéristique d'être simultanées et synchronisées. En effet, les actions menées sur les objectifs, comme l'interpellation d'individus ou la saisie de biens, sont réalisées de manière concomitante. Ce type d'action est réalisé régulièrement entre les États membres. C'est le cas par exemple, de la Belgique, de la France, du Luxembourg et des Pays-Bas qui mènent fréquemment de telles opérations[111].

Les actions concertées sont effectuées par les services nationaux de sécurité intérieure dans un délai limité. Elles interviennent dans un laps de temps allant de quelques heures à plusieurs semaines et de quelques dizaines d'hommes jusqu'à plusieurs centaines. Certaines d'entre elles sont de grande envergure et requièrent une mobilisation importante de personnels. Ainsi, les effectifs participants aux opérations transfrontalières se déroulant autour de la ville de Lille, s'élèvent à environ 400 personnes (200 côté français et 200 côté belge).

Les opérations concertées ont un objectif opérationnel : démanteler des filières criminelles et recueillir de nouveaux renseignements sur le comportement de leurs membres et sur leurs modes opératoires. Elles ont aussi un but méthodologique, en particulier, améliorer la communication entre les services nationaux de sécurité intérieure. En effet, outre le fait que, comme le font les patrouilles mixtes, elles contribuent à renforcer la visibilité pour l'opinion publique du travail entre ces services, l'expérience montre que ces opérations sont utiles car elles donnent de bons résultats. Ainsi, concernant les opérations douanières communes (ODC), le groupe « coopération douanière » du Conseil a constaté qu'elles améliorent sensiblement le fonctionnement de la collaboration entre les services participants en permettant d'en développer certains aspects, comme les méthodes de ciblage et l'établissement du profil des personnes à risques.

---

[111] Comme celles du 31 mars 2006, destinées à sauvegarder la santé publique et à protéger les entreprises de transport de la concurrence déloyale. À cette occasion, les services douaniers belges ont procédé à la saisie de produits contrefaits ou interdits (armes et stupéfiants) et ont constaté le non respect de la législation relative au transport (temps de repos obligatoire insuffisant, défaut d'assurance, dépassement de la masse maximale autorisée, fraude aux carburants, absence de documents justificatifs du contrôle technique ou du paiement des taxes de circulation) et de la réglementation spécifique à certaines marchandises (accises non acquittées ou conservation de denrées à des températures inadéquates) (*Le Soir* du 31 mars 2006).

L'opération Fireball[112] est l'illustration d'une ODC destinée à lutter contre le trafic d'armes par camions à travers la frontière de l'Union européenne et, plus particulièrement, dans la région des Balkans. La Suède a fait office de nation cadre (coordinateur) appuyée par la République Tchèque agissant à titre de *co-runner* ainsi que la France et les Pays-Bas en qualité de partenaires. Tous les États membres[113] ont pris part à l'opération. La Norvège s'y est également jointe. Europol, le centre SECI[114], l'Organisation mondiale des douanes (OMD), la mission de police en Bosnie-et Herzégovine (EUPM) et la mission militaire dans la région (Althéa) y ont été aussi associés. Ces organisations ont apporté une plus-value à l'ODC, soit en fournissant des informations, soit produisant de l'analyse. Des officiers de liaison douaniers ont été envoyés à l'UCO-P (*cf. infra*) qui a été la structure d'aide à la coordination de l'opération. Cette opération, qui a démarré au début de l'année 2006 pour une durée de deux semaines, a été financée par le programme AGIS pour un montant de plus de 207 000 euros. Les services douaniers grecs ont pu saisir 4790 armes. D'autres saisies ont été effectuées (héroïne, amphétamines, marihuana, cigarettes, produits commerciaux contrefaits et documents de voyage falsifiés). Des migrants illégaux ont également été appréhendés. Cette opération a permis aussi de révéler l'étendue trafic (au regard des saisies opérées et des flux identifiés), de tester l'usage et l'utilité d'indicateurs de risque et de permettre aux différents participants de collaborer plus étroitement.

En reprenant la terminologie classique employée en matière pénale, ces opérations ont lieu tant dans le cadre d'opérations de police administrative que de police judiciaire. Concernant les opérations menées à l'échelle transfrontalière, celles-ci sont effectuées avec le soutien d'organismes issus de la coopération Schengen, comme les CCPD, ou avec l'aide de structures autonomes comme le groupe *Hazeldonk*. Les CCPD interviennent pour aider à mettre en place des opérations concertées d'envergure locale ou, parfois, de grande ampleur[115]. Ainsi, opérations auxquelles le CCPD de Tournai apporte son soutien portent sur des actions de contrôle d'alcool et de dépistage de produits stupéfiants à la sortie des méga-discothèques belges situées en périphérie de la métropole lilloise.

Le groupe *Hazeldonck* a, de son côté, pour but de coordonner l'action entre les services nationaux de sécurité intérieure français,

112 Doc. du Conseil n° 12417/05 du 19 septembre 2005, ENFOCUSTOM 47 et doc. du Conseil n° 7271/1/07 du 8 juin 2007, ENFOCUSTOM 23, ENFOPOL 44 et CRIMORG 52,

113 L'Espagne, l'Autriche et Chypre ont été observateurs.

114 Acronyme anglais de *South East Cooperative Initiative Centre*.

115 Ils ont un rôle d'appui, d'aide à la coopération mais ils n'ont pas de rôle opérationnel.

belges et néerlandais en matière de trafic de stupéfiants. Quatre à cinq opérations « coups de poing » sont mises sur pied chaque année dans le cadre de ce groupe[116], qui tire son nom d'un village situé au bord de l'autoroute E19 à la frontière entre la Belgique et les Pays-Bas. Né en 1993, il facilite la mission des services nationaux en organisant des opérations à travers son réseau de bureaux de liaison. En France, le bureau se situe à la Direction interrégionale de police judiciaire (DIPJ) de la DGPN de Lille, et il est composé de policiers, de gendarmes et de douaniers français ainsi que d'un officier de liaison néerlandais.

En ce qui concerne les opérations menées à échelle européenne, elles sont réalisées avec le soutien d'organisations auxiliaires de l'Union, compétentes en matière de sécurité intérieure, essentiellement Frontex, Europol et l'OLAF. Certaines d'entre elles sont réalisées dans le cadre du projet Cospol, d'autres avec l'appui de structures de coopération autonome comme le TISPOL.

Frontex a réalisé[117] sa première opération du 16 au 23 décembre 2005 en Autriche, en Tchéquie, en Allemagne, en Italie, en Hongrie, en Pologne, en Slovaquie et en Slovénie. Il a appuyé plusieurs opérations au cours de cette année, parmi lesquelles l'opération Jason qui s'est déroulée au large de Malte[118] et l'opération Héra dont l'objectif a été d'endiguer les vagues d'immigration illégale à destination des îles Canaries. L'opération Nautilus a, pour sa part, été lancée le 5 octobre 2006 en mer Méditerranée centrale et a impliqué Malte, l'Italie, la Grèce, la France et l'Allemagne[119]. Enfin, l'opération Agelaus, qui s'est déroulée en 2006 et en 2007 visait à appréhender la problématique des mineurs en séjour irrégulier et à mettre en perspective les procédures d'admission les concernant[120]. Le rapport annuel d'activité de Frontex a indiqué que quinze opérations ont été menées durant l'année 2006[121]. Toutes ces

---

116 C'est le cas de l'opération « Étoile » qui s'est déroulée du 10 au 11 juin 2006 et qui a mobilisé les services belges, français, luxembourgeois et néerlandais. En Belgique, les contrôles ont eu lieu dans dix trains et le long des autoroutes dans les régions frontalières des environs de Gand, Anvers, Turnhout et Liège. Au total, 41 personnes ont été interpellées, 1 kg d'héroïne, plus de 7 kg de cannabis et 1 kg de poudre de mélange ont été saisis.

117 En vertu de l'art. 3 du règlement l'instituant.

118 *Agence Europe* du 21 septembre 2006.

119 *Europolitique* du 6 octobre 2006.

120 18 États membres ont pris part à cette opération menée en collaboration avec Europol. Elle s'est déroulée dans 27 aéroports, 10 personnes majeures ont été arrêtées pour aide à l'entrée de ressortissants de pays tiers et 43 documents contrefaits ou falsifiés ont été saisis.

121 La Commission, dans une communication du 13 février 2008, relative au rapport sur l'évaluation et le développement futur de Frontex (COM(2008)67) précise que l'Agence a mené des opérations conjointes en 2006, cinq opérations aux frontières

opérations tendent à se multiplier. Le rapport annuel de l'agence européenne pour l'année 2007 évoque vingt-sept opérations. Ces vingt-six d'entre elles ont été réalisées à l'initiative de Frontex et une seule à l'initiative d'un État membre. La majorité des opérations ont lieu aux frontières terrestres. Ces opérations concernent des missions de surveillance des zones frontalières, de lutte contre la fraude documentaire, et de retour de migrants clandestins appréhendés aux frontières ou sur le territoire des États membres. Sur ce dernier point, Frontex a apporté son assistance dans cinq à six opérations conjointes.

Europol participe aussi périodiquement à l'organisation d'opérations concertées[122]. Ainsi, en février 2004, l'office a apporté son aide à la réalisation d'une action visant à démanteler un réseau pédophile sur Internet. Cette opération, nommée Odysseus, a été menée conjointement par les polices de dix pays avec son appui en matière d'analyse de renseignement. En décembre 2005, Europol a apporté son soutien à l'opération Pachtou[123] destinée à démanteler des filières d'immigration illégale aux mains d'organisations criminelles. Cette opération a été suivie en 2006 par l'opération Zagros[124].

L'OLAF appuie la mise en œuvre des ODC. Les ODC sont des mesures limitées dans le temps et ciblées, en vue de lutter contre les infractions à la réglementation douanière, comme les actes de contrebande. Elles impliquent les services douaniers d'au moins trois États membres pour les « ODC limitées » et cinq États membres pour les « ODC de grande envergure ». Elles s'effectuent conformément aux orientations contenues dans le « guide des opérations douanières conjointes »[125]. Ces opérations sont aujourd'hui financées par le programme spécifique

---

maritimes, deux aux frontières terrestres, deux aux frontières aériennes (plus trois opérations portant sur différents types de frontières).

122 En comparaison, l'OIPC apporte également son soutien à ce type d'opérations concertées. Ainsi, l'opération Jupiter menée par cinq pays en 2006 (Argentine, Brésil, Chili, Paraguay et Uruguay), a conduit à la saisie de milliers de cartouches de cigarettes, de biens contrefaits (comme des DVD, des CD, des médicaments et des serviettes de bains d'une marque célèbre), du matériel destiné à fabriquer ces biens, des espèces, des armes et des biens de luxe (voitures, bateaux, pierres précieuses).

123 Cette opération à laquelle ont participé plusieurs services des États membres, dont les services français (l'office central pour la répression de l'immigration irrégulière et l'emploi d'étrangers sans titre [OCRIEST]), a conduit à l'arrestation de 53 individus dans quatre États membres et un pays tiers.

124 Cette opération menée sous l'égide de l'OCRIEST a conduit à l'arrestation de huit individus suspectés d'un trafic international de migrants vers le Royaume-Uni.

125 Doc. du Conseil du 31 octobre 2007. Le doc. du Conseil du 12 septembre 2005, n° 8249/2/05, ENFOCUSTOM 3 est un document public permettant d'appréhender la teneur de ce guide.

« Prévenir et combattre la criminalité »[126] et, auparavant, par le programme de collaboration en matière policière et judiciaire en matière pénale (AGIS).

Pour faciliter le déploiement des actions concertées, l'OLAF, Europol et Frontex ont mis sur pied des structures spécifiques d'aide à la coordination. L'OLAF dispose de l'Unité de coordination opérationnelle (UCO-P) dont le but est de faciliter le déroulement des opérations de grande envergure, notamment les ODC. Cette structure reliée à l'AFIS, est conçue pour connecter les centres opérationnels nationaux, en particulier ceux des services douaniers. Elle forme une infrastructure permanente qui sert de support à l'unité virtuelle de coordination des opérations douanières (V-UCO-P)[127]. En 2007, l'UCO-P a apporté son soutien à la réalisation de cinq ODC : Diabolo, Brigantine, Wasabi, Prima 2 et Prima 3. L'opération Fake, en mai 2005, est la première opération à laquelle l'UCO-P ait participé. Cette opération était destinée à saisir des produits contrefaits en provenance de Chine[128]. L'opération Diabolo a, quant à elle, été menée en partenariat avec l'OMD et le Sommet Asie-Europe (ASEM).

Europol possède une structure de coordination similaire composée d'une salle disposant du matériel nécessaire pour permettre aux États membres de réaliser leurs opérations concertées en matière policière et douanière. L'expérience montre que les services nationaux ont recours indistinctement à l'OLAF et à Europol en fonction de la disponibilité des salles.

De son côté, Frontex dispose de trois structures de coordination pour appuyer les actions concertées menées par les services nationaux de sécurité intérieure. Ces trois centres, situés dans les locaux de l'agence de Varsovie, sont destinés à permettre d'effectuer des opérations aux frontières terrestres, maritimes et aériennes.

Parallèlement à cela, Frontex a lancé, le 24 mai 2007, le système de coordination des patrouilles de surveillance des frontières maritimes du sud de l'Union européenne pour lutter contre les immigrants illégaux[129]. Ce système, mis en place dans le cadre du projet baptisé « Réseau

---

[126] Décision du Conseil du 12 février 2007 établissant, pour la période 2007-2013, dans le cadre du programme général « Sécurité et protection des libertés », le programme spécifique « Prévenir et combattre la criminalité » (*JOCE* L 58 du 24.2.2007, p. 7).

[127] Rapport annuel 2005 de la Commission en matière de protection des intérêts financiers (COM(2006)378).

[128] En 2006, l'UCO-P a pris part à cinq ODC menées respectivement par les Pays-Bas (pour deux d'entre elles), la Pologne, la Suède et l'Italie.

[129] *Agence Europe* du 25 mai 2007.

européen de patrouilles » (EPN)[130], concerne les côtes atlantiques et méditerranéennes[131].

La première phase de la mise en œuvre de l'EPN, amené à s'intégrer dans Eurosur, est destinée à planifier et à faciliter la coordination des activités de patrouilles de gardes-frontières des États membres à l'aide de points de contact nationaux créés dans chacun des pays de l'Union européenne. La seconde phase verra la naissance des NCC destinés à assurer les activités permanentes de l'EPN. Ces centres, évoqués par le commissaire Frattini en septembre 2006[132], auront vocation à fournir une aide à la coordination des opérations conjointes menées aux frontières maritimes sud de l'Union. La communication de la Commission du 13 février 2008[133] fait allusion aux NCC en précisant qu'ils sont destinés à coordonner l'action de l'ensemble des services nationaux compétents en matière de surveillance des frontières extérieures. Elle ajoute que Frontex pourrait servir de centre européen de coordination en collectant et en diffusant les données liées aux incidents ayant lieu aux frontières extérieures.

Le TISPOL coordonne les opérations de police de la route entre les services des États membres participants. Pilotées par le sous-groupe « Opérations », elles sont organisées pour vérifier que les véhicules sont en conformité avec les législations nationales et européenne en vigueur. La première d'entre elles a eu lieu en 1999, 11 000 véhicules ayant été contrôlés et 3500 infractions constatées[134]. Une autre, nommée opération Speed, qui portait sur le contrôle de vitesse, s'est déroulée en 2005. Au cours de cette opération, à laquelle ont pris part les services de quatorze États, il a été constaté que plus de 184 000 conducteurs étaient en excès de vitesse.

3. L'interopérabilité des matériels radios et des systèmes basés sur les technologies de l'information, coordination des réseaux de communication

La collaboration entre les services nationaux requiert une bonne communication qui peut s'opérer à travers les différents instruments identifiés précédemment ou de manière plus directe. C'est le cas, essen-

---

130 Acronyme anglais de *European Patrols Network*.

131 L'EPN implique huit États membres : Portugal, Espagne, France, Italie, Slovénie, Malte, Grèce et Chypre.

En France, il s'agit essentiellement de la Marine nationale qui y participe.

132 *Agence Europe* du 28 septembre 2006.

133 Intitulée : « Examen de la création d'un système européen de surveillance des frontières (EUROSUR) » (COM(2008)68).

134 Rowland, D., *op. cit.*, p. 45.

tiellement, des unités situées dans les zones frontalières qui ont des contacts quotidiens par fax, courriel, téléphone et radio (les agents en opération correspondant davantage par ce moyen).

Or, il s'avère que ces agents ne peuvent pas échanger des messages sur fréquences radio avec leurs partenaires de l'État limitrophe car leur matériel est incompatible. Les réseaux sont en effet conçus dans une perspective nationale pour connecter, soit les membres d'un corps ou d'un service donné (ainsi, en France, le réseau Rubis relie les différentes unités de la DGGN[135] et Acropol, celles de la DGPN[136]), soit divers corps et services (par exemple, la Belgique a créé le réseau Astrid destiné à interconnecter les différents services de sécurité intérieure [et de sécurité civile[137]]).

De surcroît, les normes des matériels utilisés sont différentes. Actuellement, il existe dans l'Union européenne, deux normes de télécommunication sur réseau privé par radio[138] : TETRA et TETRAPOL. À l'instar de l'Espagne, la France utilise la norme TETRAPOL mais d'autres États membres, comme les Pays-Bas, la Finlande, la Belgique et l'Allemagne, ont choisi les normes TETRA. Du coup, la collaboration entre les services nationaux des régions frontalières s'avère difficile dans la mesure où les moyens de communication ne sont pas compatibles.

Pour surmonter cet obstacle, les experts des groupes de collaboration policière issus de la coopération Schengen puis ceux de l'Union européenne, ont envisagé *grosso modo* deux solutions différentes. La première porte sur l'unification des standards en matière de communication. Il s'agit de laisser le choix, au niveau de l'Union européenne, de l'une ou de l'autre de ces deux normes. La deuxième solution porte sur l'interopérabilité des matériels de communication. Elle consiste en la

---

[135] Le système Rubis est un système qui équipe des terminaux radio et des terminaux de transmission de données, fixes ou embarqués. Il couvre la totalité du territoire national et il est sécurisé par un logiciel de cryptage classé secret défense.

[136] Le système Acropol (acronyme d'Automatisation des Communications Radiotéléphoniques Opérationnelles de POLice) est l'équivalent de Rubis pour la DGPN. Ce réseau numérique gère toutes les communications radio entre les fonctionnaires de police et leur « base », c'est-à-dire leur poste de direction (commissariat ou hiérarchie dont dépend le fonctionnaire) par le biais des équipements embarqués dans les voitures et les motos, et des terminaux portables des policiers.

[137] En France, il s'agit du réseau Antares fondé aussi sur la technologie TETRAPOL. Il assure l'interopérabilité du Service médical d'urgence (SAMU), des Service départemental d'incendie et de secours (SDIS), des unités d'instruction et d'intervention de la sécurité civile (UIISC), des unités militaires, de gendarmerie et de police concernant le déroulement des opérations de sécurité civile. Qu'il s'agisse d'Antares, d'Acropol ou de Rubis, tous ces systèmes ont été développés pour être interopérables entre eux.

[138] Ou PMR (*Professional Mobile Radiocommunication*).

mise en place d'un dispositif permettant de connecter les unités de part et d'autre de la frontière, sans pour autant remettre en cause l'architecture du réseau national de télécommunication.

Le CATS a opté pour la deuxième solution car la première impliquait, pour chacun des États membres, le rééquipement de la totalité des unités d'un corps (voire de différents services dans l'hypothèse d'un réseau global reliant plusieurs services). Or, d'après les études menées, ce changement aurait supposé des sommes considérables, charge que les États ne voulaient pas assumer.

Le CATS a préconisé de trouver des solutions techniques *ad hoc* permettant d'assurer une telle interopérabilité[139]. Pour y parvenir, il a suggéré de réaliser les opérations à l'échelle locale, sur la base des conventions bilatérales conclues en vertu de l'art. 39.5 CAS. De son côté, la Commission a opté pour une orientation similaire à celle du CATS. Dans son projet de décision publié le 18 juillet 2005[140], elle a renvoyé aux États membres le soin de mettre en place de telles solutions[141].

Le projet mené entre les Pays-Bas, la Belgique et l'Allemagne est une illustration de la coopération régionale en matière de coordination des réseaux de télécommunication. Ces pays ont signé, le 20 janvier 2003, un mémorandum d'accord[142] permettant d'améliorer la liaison radio entre les services de sécurité intérieure des régions de Liège, Maastricht et Aix-la-Chapelle. Le projet de collaboration se poursuit actuellement.

Le projet ARA, acronyme d'Acropol-Rubis-Astrid, implique la Belgique et la France. Contrairement au projet belgo-germano-néerlandais, qui avait pour but de développer une interopérabilité de systèmes fonctionnant sur la norme TETRA, il est destiné à permettre de relier des systèmes fonctionnant sur deux normes différentes, à savoir TETRA-TRETRAPOL. Un rapport a été remis au groupe coopération policière du 13 juin 2006 qui renseigne sur son bon fonctionnement et la satisfaction des utilisateurs.

Toujours concernant l'interopérabilité des communications radios à l'échelle transfrontalière, le Conseil a adopté le 24 octobre 2008[143], une recommandation destinée à améliorer la communication entre les unités

---

[139] Doc. du Conseil du 20 décembre 1999, n° 14217/99 CATS 40.

[140] COM(2005)131 précité.

[141] À cet égard, l'art. 4.1.c énonçait que les États membres coordonnent leurs activités dans les régions frontalières et que cette coordination comprend l'examen de la compatibilité et de l'interopérabilité du matériel.

[142] Disponible sur le site à l'adresse suivante : http://www.3countrypilot.com/MoU_030120.pdf

[143] Doc. du Conseil du 3 octobre 2008, n° 13796/08, ENFOPOL 181, COMIX 716.

opérationnelles transfrontalières. Certes, le Conseil constate que le manque de communication n'est pas seulement un problème technique. En effet, il indique que les difficultés sont également d'ordre linguistique et procédural. Il préconise dès lors diverses mesures telles que l'échange régulier d'agents, des formations et des exercices communs, l'affectation d'un policier bilingue dans les salles de commandement ou encore une standardisation des échanges radios (messages préenregistrés et terminologie commune). En revanche, pour ce qui est de la compatibilité technique les matériels radios des États membres, le Conseil l'élude purement et simplement. La question d'une approche commune de l'interopérabilité des matériels reste donc entière et l'amorce d'une solution globale peine encore à se concrétiser.

Ceci étant dit, une telle solution pourrait se profiler dans le cadre des travaux effectués au niveau de l'Union européenne pour rendre les systèmes nationaux basés sur les technologies de l'information interopérables[144]. En effet, le rapport final sur la troisième série d'évaluations mutuelles souligne les difficultés rencontrées en matière d'entraide entre les services de sécurité intérieure des États membres, en raison de l'absence de systèmes informatiques homogènes et compatibles[145].

Sur la base des travaux de la conférence européenne des 23 et 25 mai 2007, un document technique intitulé « *Common Requirement Vision* »[146] a été élaboré afin d'anticiper les besoins exprimés par les services nationaux de sécurité intérieure dans la réalisation de leurs

---

144 Il s'agit de la mise en place de systèmes d'information et de communication nationaux interopérables et non de systèmes proprement européens. Cette hypothèse avait été envisagée par les États membres mais elle avait été rejetée pour différentes raisons, comme le refus de créer un système européen *ex nihilo*, le désir de garder l'architecture de leurs systèmes informatiques nationaux en l'état et la volonté de conserver la mainmise sur les choix stratégiques en matière de développement de ces systèmes nationaux. Il s'agit de choix politiques mais aussi économiques de la part des gouvernements, car des intérêts financiers considérables sont en jeu et les influences des entreprises du secteur ne manquent pas de s'exercer.

« L'enjeu en matière de stratégie économique de sécurité est de savoir s'il s'agit de laisser s'établir un monopole intégré, avec des bases centrales ou de promouvoir un système multicentré, avec des opérateurs techniques et économiques différenciés, mais dont l'interopérabilité des plates-formes techniques [...] serait pensée de manière préalable. Cet enjeu souvent présenté comme lié à l'efficacité technique qui relève *de facto* des stratégies préalables, détermine les relations entreprises privées, partenariat public que les gouvernements cherchent à mettre en place »

(Bigo, D., « Contrôle et mobilité des personnes », in *Gendarmerie nationale*, n° 227, Paris, 2e trimestre 2008, p. 40-41).

145 « D'une manière générale, les experts ont pu constater que les bases de données étaient fort fragmentées, dans des formats qui ne sont pas toujours compatibles entre eux, ce qui ne facilite pas la communication entre les différents services » (point 2.4 du rapport).

146 Doc. du Conseil du 19 mars 2008, n° 7758/08, CATS 21, ENFOPOL 55.

missions, au regard des structures existantes et de leur évolution. L'objectif poursuivi est celui d'une vision à la fois panoramique et prospective de ces besoins ainsi que de développer simultanément une approche stratégique des moyens de réponse. Des lignes directrices, rédigées par les experts nationaux comme le « *IT Interoperability Program* », sont destinées à permettre aux autorités des États membres de répondre aux besoins (*requirements*) tels qu'ils ont été définis dans le « Common Requirement Vision ». Il ne s'agit ni de créer de nouveaux systèmes informatiques *ex nihilo*, ni d'établir une législation de l'Union européenne contraignante à l'attention de ces autorités dans le cadre de la programmation de nouveaux éléments de l'architecture de leurs systèmes informatiques. Le but est d'avoir un dialogue sur le plan européen destiné à dégager une approche commune sur le type de besoins à venir et les formes de réponse à apporter au niveau national. L'idée est d'optimiser la planification et la programmation de ces nouveaux outils en les développant dans une perspective de cohérence et d'interopérabilité des systèmes.

> Taking these requirements into account at an early stage will save time and resources in the long run and embed the capability for future information exchange (Interoprability) with similar systems in other Member States[147].

B. L'instauration de techniques spéciales d'enquête

Le droit a cerné progressivement ces techniques[148] (1). Nous identifions comme sources juridiques, les textes d'origine nationale, ceux du Conseil de l'Europe (une recommandation du 20 avril 2005 en l'occurrence), la convention d'application de l'accord de Schengen, la CEEJ, ainsi que la convention Naples II essentiellement.

Le droit de l'Union et celui élaboré par les États membres dans le cadre des coopérations régionales (y compris dans le cadre du Conseil de l'Europe) posent quelques éléments destinés à encadrer ces techniques. Cependant, ces éléments forment seulement un socle minimum destiné à permettre une acception commune des TSE (2). Autrement dit, il ne codifie pas leur emploi. Il permet uniquement de faire en sorte que les pratiques des services nationaux soient concordantes de sorte que l'usage d'une technique par un service d'un État membre soit connu par tous et ait *mutatis mutandis* la même signification.

---

[147] *op. cit.*, p. 6.

[148] C'est le cas de la Belgique qui s'est dotée le 6 janvier 2003 d'une loi concernant les « méthodes particulières de recherche » (Moniteur belge du 12 mai 2003), et de la France avec la loi « Perben II » (loi n° 2004-204 du 9 mars 2004, *JORF* du 10 mars 2004).

1. Des techniques cernées progressivement par le droit

Les techniques spéciales d'enquête (TSE) ou méthodes spéciales d'investigation désignent « une façon de recueillir systématiquement des informations sans que la ou les personne(s) visée(s) ne soi(en)t pas alertée(s), appliquée par les représentants de la loi dans le but de dépister des crimes et des suspects, afin d'obtenir des preuves à leur participation à un crime ou des renseignements y relatifs »[149].

Les TSE sont de nature diverse et variée. Parmi elles figurent la surveillance intrusive, le *tracking*, le pseudo-achat et le *bugging*. La surveillance intrusive désigne la surveillance secrète des mouvements de suspects par l'observation ou l'écoute dans des lieux privés, afin d'obtenir des preuves de participation à un crime ou des renseignements qui y sont relatifs[150]. Le *tracking* recouvre l'usage de moyens techniques pour suivre des véhicules ; le pseudo-achat a trait à l'intervention d'un agent des services de sécurité intérieure qui, sous couvert d'une identité fictive, se présente comme un acheteur potentiel d'un bien provenant d'un fait délictueux et le *bugging* est relatif à l'entrée dans un lieu privé, à l'insu des occupants, à des fins d'inspection ou de pose de micros.

La naissance des TSE résulte de l'évolution de la criminalité et des nouveaux moyens mis en œuvre pour la combattre. En effet, des changements dans les modes opératoires ont conduit les services nationaux de sécurité intérieure à s'adapter en employant de nouvelles méthodes. Certaines d'entre elles, souvent importées des États-Unis, étaient pratiquées par les services nationaux en l'absence de toute réglementation le permettant. C'est le cas des opérations d'infiltration. Comme le souligne Hartmut Aden[151],

> pratiquées d'abord le plus souvent sans base légale explicite, les stratégies d'investigation clandestine se sont étendues à partir de l'exemple et parfois sous l'influence des polices des États-Unis. En Europe, ces stratégies d'investigation ont dû être dotées de bases légales, surtout à cause de la jurisprudence de la Cour européenne des Droits de l'Homme. Cette dernière a

---

149 Définition donnée par le Groupe de spécialistes sur les aspects de droit pénal et les aspects criminologiques de la criminalité organisée (PC-S-CO du Conseil de l'Europe, *Étude des meilleures pratiques sur l'interception des communications et la surveillance intrusive*, 3e Étude des meilleures pratiques, doc. PC-S-CO(2000)3, Strasbourg, 15 mars 2000.

Cette définition a servi de base à celle figurant dans la recommandation du 20 avril 2005 du Comité des Ministres du Conseil de l'Europe, relative aux techniques spéciales d'enquête (Rec(2005)10).

150 Étude des meilleures pratiques sur l'interception des communications et la surveillance intrusive (*op. cit.*).

151 « Les effets au niveau national et régional de la coopération internationale des polices : un système spécifique de multi-level governance », in *Culture et conflits*, n° 48, Paris, 2002.

constaté à plusieurs reprises, que les investigations policières portant atteinte à la vie privée ne peuvent se justifier que sur la base d'une loi.

Pour leur part, le droit de l'Union et celui élaboré par les États membres dans le cadre des coopérations régionales, mentionne différentes TSE comme :

- l'observation transfrontalière. Cette technique permet aux services d'un État membre de continuer, sur le territoire d'un État voisin, une filature démarrée dans leur pays d'origine. Elle est prévue dans la convention d'application de l'accord de Schengen et la convention Naples II[152],
- la procédure de livraison surveillée. Cette technique consiste, moyennant un contrôle policier permanent, dans la non interception de transport de substance illégale dans le but d'intervenir à la destination finale ou à un point de contrôle convenu[153]. Elle est prévue dans la convention d'application de l'accord de Schengen, la convention Naples II et la CEEJ[154],
- l'enquête discrète. Cette technique, appelée encore infiltration, permet de pénétrer le milieu criminel sous couvert d'une identité fictive, afin d'obtenir des preuves dans le but de prévenir les agissements de délinquants ou d'y mettre fin. Contrairement à l'observation où l'agent joue un rôle passif, l'agent infiltré est davantage actif en prenant, le cas échéant, des contacts avec les suspects. Elle est également prévue par la CEEJ[155],
- l'interception des télécommunications abordée dans la CEEJ,
- les équipes communes d'enquête évoquées précédemment[156].

Certains textes de droit européen évoquent de manière explicite ces techniques sous un angle transnational. C'est le cas des équipes communes d'enquête[157]. C'est aussi le cas de l'observation qui est abordée uni-

---

152 Art. 40 CAS et art. 21 de la convention Naples II.

153 Les droits français et belges distinguent les livraisons surveillées des livraisons contrôlées. Les premières impliquent l'infiltration d'un agent de police ou de la douane tandis que les deuxièmes ne requièrent qu'une surveillance passive des marchandises.

154 Art. 73 CAS, art. 12 CEEJ et art. 22 de la convention Naples II.

155 Art. 14 CCEJ.

156 Nonobstant, appréhendées sous l'angle d'association de services nationaux de sécurité intérieure, nous les avons examinées plus en détail dans la partie du chapitre consacrée au volet organique de la dimension horizontale du paysage européen de la sécurité intérieure.

157 L'art. 13.1 CEEJ met l'accent essentiellement sur le volet transnational de l'opération. Une équipe peut être formée seulement si « l'enquête […] concerne d'autres États membres » (point a) ou si « une action coordonnée et concertée » est nécessaire (point b). L'art. 24.1 de la convention Naples II reprend *grosso modo* le même libellé.

quement, à la lumière de son intitulé, sous l'aspect de « l'observation transfrontalière ». D'autres le sont de manière implicite. Dans cette perspective, elles sont mentionnées comme étant des techniques à usage interne même si elles sont susceptibles d'être utilisées dans le cadre d'une collaboration entre les services des différents États membres. C'est le cas de l'enquête discrète qui est employée par les services douaniers nationaux dans une affaire ne présentant aucun élément d'extranéité spécifique. Inversement, ces derniers peuvent y avoir recours lors d'actions transnationales menées conjointement par les services d'autres pays de l'Union.

L'emploi de ces techniques s'inscrit dans une démarche de nature proactive. L'objectif des TSE permet alors d'anticiper les activités des individus qui sont la cible de ces investigations. Ces techniques, du moins une partie d'entre elles, permettent alors une surveillance d'individus « à risques », avant même toute commission d'acte délictueux[158]. Ceci étant dit, il peut être fait appel aux TSE à tous les stades de l'enquête, y compris après la commission d'un délit. En effet, elles peuvent être utilisées autant dans la phase préliminaire de détection que dans le cadre de la phase des poursuites et de l'instruction. Certes, il est possible de rajouter que, dans les limites que prescrivent les droits nationaux, de telles techniques sont susceptibles d'être utilisées après la commission d'un délit, y compris les infractions *ante delictum*. Ceci revient, le cas échéant, à y avoir recours lors d'une phase préliminaire de détection pour peu qu'au cours de cette période des actes commis par les groupes « à risques » soient constitutifs d'une infraction (*ante delictum* en l'occurrence) permettant l'ouverture d'une enquête pénale[159].

Le droit européen, en l'occurrence la décision-cadre du 18 décembre 2006 relative à la simplification et à l'échange d'informations, fait référence à cet aspect anticipatif en évoquant l'opération de renseignement en matière pénale. Il définit une telle opération comme une étape procédurale au cours de laquelle un service national de sécurité intérieure réunit des renseignements afin de déterminer si des actes criminels précis pourraient être commis. Il s'agit de rassembler un ensemble d'informations avant l'ouverture d'une enquête judiciaire portant sur des éléments relatifs à des actes délictueux qui pourraient avoir lieu.

---

[158] C'est d'ailleurs la raison pour laquelle l'usage de ces techniques fait l'objet de critiques de la part d'auteurs de la doctrine et d'organisation de défense des droits de l'Homme qui estiment qu'il s'agit d'un pas supplémentaire vers la mise en place d'un dispositif de mise sous surveillance des individus.

[159] Cette approche fait dire à certains auteurs que « la répression du crime ne sera même pas l'objectif principal de l'enquête : l'approche étant plus orientée vers la collecte de renseignements utiles pour des mesures de prévention que vers la réunion de preuves à utiliser devant les juridictions » (Van Camp, R., « Lutte contre la criminalité organisée au niveau européen : nouvelles technologies », in *Agon* n° 30, 2001, p. 7).

Dans cette optique, cette phase correspond à des actions réalisées *ante delictum* (sans que les actes commis dans cette hypothèse ne tombent sous le coup d'une infraction *ante delictum*). L'exercice porte alors sur la surveillance d'un groupe à risque, le but étant de connaître à l'avance la planification d'une éventuelle entreprise criminelle et d'empêcher ses membres de mettre celle-ci à exécution.

Elle correspond aussi à l'étape préliminaire de détection *post delictum*, c'est-à-dire après la commission des faits mais avant l'ouverture officielle de l'enquête pénale[160]. Il s'agit alors d'amasser des éléments de preuve permettant d'identifier les auteurs de ces actes et/ou les éléments des preuves pour ouvrir une enquête (dans l'hypothèse d'une opération de renseignement en matière pénale) ou pour poursuivre et traduire ceux-ci devant les juridictions de jugement (dans l'hypothèse d'une enquête pénale).

2. *Un droit européen destiné seulement à permettre une acception commune*

De nombreuses formes de TSE sont évoquées dans les textes de droit européen et dans le droit national. Dès lors, il est possible d'affirmer aujourd'hui, que « la plus grande partie du répertoire aujourd'hui imaginable en matière de méthodes d'enquête a ainsi reçu une base juridique »[161].

Le droit de l'Union et celui élaboré par les États membres dans le cadre des coopérations régionales permettent de faire en sorte que les pratiques des services nationaux soient concordantes et que l'usage d'une technique par les services d'un État membre soit connu par ceux d'un autre État membre. Il permet aussi que faire en sorte que les techniques employées dans les législations nationales aient *mutatis mutandis* un contenu équivalent, du moins concernant les lignes directrices, et que les termes évoqués les concernant revêtent une signification semblable. Autrement dit, il ne vise pas à harmoniser les modalités de leur utilisation, mais seulement à faire en sorte que les grands principes gouvernant les TSE soient relativement les mêmes.

Ceci dit, une analyse des législations dans le détail révèle que les dispositifs diffèrent entre eux. D'ailleurs, même les textes européens n'ont pas une approche homogène du point de vue du contenu ou du champ d'application des TSE. Par exemple, l'art. 22 de la convention Naples II relatif à la procédure de livraison surveillée, prévoit qu'une

---

160 Cette notion n'existe pas en droit romain germanique. Elle n'a cours que dans les pays de *common law* et dans certains États membres scandinaves.

161 Busch, H., « Le piège légaliste. La coopération policière après Tampere », in *Culture et conflits*, n° 45, t. I, Paris, 2002.

surveillance permanente des marchandises doit être assurée pendant le déroulement de l'opération. Il ajoute que les expéditions peuvent être interceptées ou, le cas échéant, autorisées à poursuivre leur acheminement, soit avec leur contenu initial intact, soit après remplacement de celui-ci. En comparaison, l'art. 73 CAS ne contient rien d'aussi précis à ce sujet. Toujours concernant la procédure de livraison surveillée, la convention Naples II a un champ d'application *ratione personnae* moins large que celui figurant à l'art. 73 CAS car elle ne s'applique qu'aux services douaniers. En revanche, son champ d'application *ratione materiae* est plus large puisqu'elle s'applique à toutes les infractions pouvant donner lieu à extradition[162] alors que l'art. 73 CAS ne vise que le trafic de stupéfiants.

Face à la diversité des modalités de mise en œuvre des techniques, que la recommandation du Comité des ministres du Conseil de l'Europe du 25 avril 2005[163] juge « nombreuses, variées et évolutives », l'Union énonce toute une série de règles formant des guides que les États sont invités à suivre. Elle mentionne par exemple, que les TSE doivent être utilisées seulement s'il existe des raisons suffisantes justifiant leur recours, soit qu'une infraction grave a été commise ou va l'être, et à condition que leur usage « présente un degré d'efficacité adéquat » pour faire avancer l'enquête. En outre, elle précise qu'elles doivent faire l'objet d'un contrôle judiciaire approprié, par le biais d'une autorisation préalable, d'une supervision pendant l'enquête ou d'un contrôle *a posteriori*. Enfin, elle précise que les États doivent s'engager à fournir les ressources nécessaires pour mettre l'opération en œuvre, en dotant les services d'hommes ayant reçu une formation adéquate et disposant du matériel suffisant, notamment en équipement technique prenant en compte les dernières évolutions technologiques.

En dépit des efforts du Conseil de l'Europe pour tenter de remettre un peu d'ordre, les formats des TSE demeurent variables d'un État à l'autre. À cet égard, la susceptibilité des États est grande et se manifeste par certaines réticences à l'approfondissement de la coopération dans ce domaine[164].

---

[162] Donnant lieu à présent, à l'émission d'un mandat d'arrêt européen.

[163] Recommandation Rec(2005)10 du Comité des Ministres aux États membres relative aux « techniques spéciales d'enquête » en relation avec des infractions graves y compris des actes de terrorisme.

[164] Concernant le recours à des enquêteurs infiltrés dans le cadre des TSE transnationales, le Conseil a entrouvert une porte permettant d'aller plus en avant. En effet, dans des conclusions adoptées les 12 et 13 juin 2007 (doc. du Conseil du 25 mai 2007, n° 6678/3/07, CRIMORG 39), il a évoqué l'idée d'une harmonisation des législations dans ce domaine. Il a envisagé la possibilité qu'une initiative soit prise sur la base de l'art. 34 TUE avant le 31 décembre 2008. Cet instrument contraignant porterait sur la détermination de divers éléments comme la définition du terme « enquêteurs infil-

Sur le plan juridique, ces réticences se traduisent par l'adoption d'un texte soit à valeur non contraignante, soit contraignant mais grevé d'exceptions. En effet, le texte du Conseil de l'Europe énonçant les éléments directeurs des TSE n'est qu'une recommandation, c'est-à-dire un texte ne générant pas d'obligation juridique à l'encontre des différents États. Concernant les textes contraignants de l'Union, leurs rédacteurs ont procédé à l'insertion de dispositions laissant à chacun des États membres la possibilité de déterminer des restrictions spatiales, temporelles et fonctionnelles relatives à l'application des TSE. Ainsi, la convention Naples II leur permet notamment de déposer des déclarations leur octroyant la possibilité de limiter la mise en place d'une technique. Elle leur offre des TSE « à la carte » en leur donnant l'occasion de décider de ne pas être liés par certaines dispositions les instituant. Par exemple, une disposition[165] autorise un État à déclarer qu'il n'appliquera pas les dispositions relatives à l'enquête discrète[166].

C. La mise sur pied de dispositifs de collaboration aménageant la règle de la territorialité

Le principe de territorialité interdit la présence de services de sécurité intérieure autres que ceux qui dépendent de l'État membre. Il leur défend *a fortiori* d'accomplir des actes entrant dans leur sphère d'attribution. Toutefois, son respect n'empêche pas toute collaboration (1).

De plus, les interdictions énoncées ne sont pas absolues. La présence et l'accomplissement d'actes par des services sur un territoire autre que celui de leur État d'origine est possible avec l'autorisation de l'État hôte. En tout état de cause, ce dernier conserve le monopole de la coercition sur son territoire et son usage reste réservé à ses propres services. À cet égard, et malgré les dispositifs mis en place par le droit de l'Union européenne et celui des coopérations régionales, la règle de la territorialité conserve toujours une certaine vigueur (2).

---

trés », les critères à respecter pour approuver le recours à ces enquêteurs, et le type d'autorité de l'État hôte avertie de l'infiltration.

Toutefois, les termes employés dans la résolution sont extrêmement prudents. Celle-ci précise qu'il est « trop tôt » pour préciser la forme concrète que devront prendre les mesures qui seront élaborées. Elle ajoute qu'un examen des obstacles d'ordre juridique et pratique devra être mené et qu'à l'issue de celui-ci, un projet sera éventuellement présenté.

165 Figurant à l'art. 23.5 de la convention Naples II.

166 La France avait d'ailleurs déclaré n'être liée par aucune des dispositions de l'art. 23 de la convention. Elle a retiré cette déclaration le 25 juillet 2005.

En revanche, d'autre pays comme la Grèce, ont déposé une telle déclaration et l'ont maintenue à ce jour.

1. *Une règle qui n'empêche pas toute collaboration*

La territorialité est un principe qui, nous l'avons vu précédemment, autorise ses services de sécurité intérieure à agir et, parallèlement, à proscrire l'intervention de ceux des autres États membres. Le respect de ce principe n'empêche pas les services d'un État d'opérer sur le territoire d'un autre État. Il leur suffit de présenter une demande aux autorités de cet État. La requête formulée est alors une demande complexe à laquelle une réponse positive donne le droit de se transporter sur les lieux.

Par exemple, en matière de police administrative, des carabiniers italiens peuvent, sur demande, assister aux contrôles d'identité réalisés par des agents des unités de gendarmerie mobile française au cours d'une manifestation franco-italienne en Savoie. Les hommes envoyés apportent leur aide, par exemple, en leur prodiguant toute une série de conseils.

En matière de police judiciaire, des agents de la police technique et scientifique d'un État peuvent se rendre sur une scène de crime située sur le territoire de l'État requis. Ils peuvent constater les faits, se voir remettre les comptes-rendus des médecins légistes et examiner les objets suspects retrouvés par les techniciens de scène de crime. Leur présence n'est donc pas purement passive dans la meure où ils interviennent pour appuyer les agents des services de l'État hôte, par exemple en dispensant des avis sur le plan méthodologique ou sur le fond de l'affaire. En conséquence, une réponse positive à une demande complexe permet services de l'État requérant de réaliser certaines actions sur le territoire de l'État hôte.

En principe, les services locaux effectuent des actes pour le compte de l'État requérant mais il existe aussi des situations dans lesquelles les rôles sont inversés : l'intervention des services d'un État sur le territoire d'un autre État a pour but d'aider les services de ce dernier. Dans cette hypothèse, l'État requérant n'est pas celui qui dépêche les membres d'un service, mais celui qui les accueille. Ce peut être le cas lors de rencontres sportives où les services de maintien de l'ordre des Pays-Bas peuvent solliciter la présence d'agents britanniques ayant la compétence de policiers physionomistes. Ces spécialistes sont alors déployés aux abords et dans les stades lors de matchs de football impliquant des clubs du Royaume-Uni afin d'aider la police néerlandaise à identifier d'éventuels *hooligans* britanniques.

Cependant, quel que soit le rôle des agents invités (services requérants ou requis), les agents invités n'ont pas de pouvoir coercitif leur permettant de participer à une action susceptible de faire l'objet d'un recours devant les tribunaux. En matière judiciaire, l'exécution des actes d'enquête est effectuée, en principe, sous la direction ou le contrôle d'une autorité judiciaire. En d'autres termes, cette dernière garde une mainmise, plus ou moins importante selon les droits nationaux, sur les opérations qui s'effectuent sur son ressort de compétence. Or en principe, son pouvoir ne s'exerce qu'à l'encontre des services de sécurité intérieure de l'État auquel elle est rattachée. *A contrario*, les services des autres États membres ne relèvent pas de sa sphère. Donc, si les services d'un autre État membre veulent intervenir (ou doivent intervenir sur instruction de l'autorité judiciaire dont ils dépendent) pour réaliser des actes de procédure pénale sur le territoire d'un autre État membre, ils doivent alors respecter les mécanismes de l'entraide judiciaire pénale applicables. Leur présence, si elle est acceptée par l'autorité judiciaire de l'État hôte, est sans conséquence sur le déroulement de la procédure pénale sur le territoire de l'État hôte, les services de l'État requérant se limitant à des actions de portée minime comme souffler aux services de l'État requis les questions à poser aux enquêteurs à l'encontre des individus témoins ou suspects. En effet, tout acte de nature contraignante nécessitant l'emploi de la force, susceptible de produire des dommages et d'ouvrir droit à une action devant le juge, est exclu. Or, une grande partie de l'activité de police judiciaire est constituée de l'exécution de ce type d'actes si bien que la marge de manœuvre des services de sécurité intérieure sur le territoire est limitée.

La présence des services nationaux dans le cadre d'associations impliquant plusieurs États membres, comme les équipes communes d'enquête, ne pose pas *per se* de difficultés puisque, en principe, la règle de la territorialité est respectée : les différents services demeurent invités, leur présence fait l'objet d'une acceptation préalable et les actes de la procédure pénale sont réalisés par ceux de l'État hôte.

Dans de telles associations, les services agissent conjointement mais ils ne disposent pas des mêmes prérogatives de manière simultanée et concomitante. L'exercice des pouvoirs intimement rattachés à la fonction de service de sécurité intérieure, évolue de manière alternative : le service de sécurité intérieure de l'État sur le territoire duquel l'opération a lieu, effectue toute une série d'actes, comme des perquisitions par exemple, celui de l'autre État membre se contentant de l'assister. Lorsque la frontière est franchie, la situation est inversée : le service de sécurité intérieure qui assistait précédemment devient celui qui effectue les différents actes de la procédure alors que celui qui réalisait auparavant ces actes joue à présent un rôle d'appui.

Cette souplesse dans l'utilisation de ces mécanismes, en particulier les équipes communes d'enquête, explique pourquoi ces dernières ont été mises en place de manière informelle avant l'entrée en vigueur de la convention Naples II ou de la décision-cadre du 13 juin 2002.

Les opérations concertées ne posent pas non plus de difficultés du point de vue du respect de la règle de la territorialité dans la mesure où elles sont réalisées concomitamment de part et d'autre de la frontière. Les services nationaux de sécurité intérieure interviennent de manière coordonnée en agissant de manière simultanée, mais sur le territoire de leur État d'origine. Ils demeurent donc dans leur sphère de compétence *ratione loci* puisque les actes effectués dans le cadre des opérations conjointes n'empiètent pas sur le territoire des États partenaires.

2. *Une règle qui, en dépit des efforts menés, conserve une certaine vigueur*

Pour améliorer la collaboration entre les services nationaux de sécurité intérieure, l'Union européenne et les États membres dans le cadre des coopérations régionales, ont élaboré toute une série de concepts destinés à faire en sorte les actions effectuées par les services d'un pays puissent de se dérouler plus aisément sur le territoire d'un autre pays. Toutefois, ces concepts ne font qu'atténuer la portée du principe de territorialité (a). En effet, même si les services nationaux d'un État peuvent intervenir sur le territoire d'un État plus facilement, leur marge de manœuvre reste faible. En tout état de cause, l'État hôte leur dénie la capacité de réaliser eux-mêmes les actes ayant trait au recours à la contrainte (b).

a. L'usage des dispositifs sévèrement encadré

Les textes de l'Union européenne et ceux relatifs à la coopération régionale ont établi des dispositifs permettant aux services d'un État d'intervenir sur le territoire d'un autre État et de faire en sorte que cette intervention ne se limite pas à la fourniture de conseils et à la transmission de renseignements. En effet, ces dispositifs offrent à ces services la possibilité de jouer un rôle plus actif sur le plan opérationnel, par exemple, en exécutant de certaines TSE comme la livraison surveillée ou l'enquête discrète. En outre, certains textes autorisent le port d'uniforme et d'arme[167]. Ainsi, le traité de Prüm permet le déploiement des *sky marshals* armés le cas échéant. Pour ce qui est du port d'uniforme, lorsqu'il est admis sur le territoire de l'État hôte, il a un impact important sur un plan symbolique car il est un signe visible de l'autorité[168].

---

[167] C'est le cas de l'art. 19.1 du projet de décision transposant une partie du traité de Prüm en droit de l'Union qui prévoit que les services nationaux peuvent porter leurs uniformes, leurs armes et leur équipement lors des opérations communes.

[168] La démonstration de marques ostensibles de la force publique inspire l'obéissance. « L'uniforme est un de ces signes visibles d'une autorité par essence invisible et absente » (L'Heuillet, H., « La peur du commencement du gendarme, commencement de la sagesse ? », in *Gendarmerie nationale*, Paris, 2e trimestre 2004, p. 60).

La convention d'application de l'accord de Schengen a ouvert une première brèche en donnant la possibilité aux services de police et de douane d'un État de mener à bien certaines missions opérationnelles dans un autre État. L'art. 41 CAS accorde un droit de poursuite au profit des services d'un État sur le territoire d'un autre État. Ce droit consiste, pour les services de l'État poursuivant, en la continuation de l'action entamée sur son territoire sur le territoire d'un autre État. Il permet de réduire les risques de rupture dans la poursuite transfrontalière si les services de l'État hôte ne sont pas en état de reprendre celle-ci sur le champ. L'art. 40 CAS donne, quant à lui, la possibilité aux services nationaux d'État membre de mener à bien des missions d'observation sur le territoire d'un autre État membre. Les autres textes subséquents, c'est-à-dire la convention Naples II et la CEEJ, ont ouvert une nouvelle brèche en permettant le déplacement des services nationaux de sécurité intérieure sur le territoire d'autres États membres pour réaliser d'autres types de TSE.

Toutefois, les prérogatives des services étrangers sur le territoire national sont modestes, ce qui atténue fortement la portée des atteintes au principe de territorialité[169]. En matière d'observation et de poursuite transfrontalière, les agents ne peuvent pas pénétrer dans les domiciles et les lieux non accessibles au public[170]. Toujours en matière d'observation, les services nationaux d'un État ne disposent pas du droit d'interpeller sur le territoire de l'État où l'opération a lieu[171].

En matière de poursuite transfrontalière, la convention d'application de l'accord de Schengen a laissé la possibilité aux États d'accorder un droit d'arrestation. Toutefois, la France l'a refusé à tous les États limitrophes membres de la coopération Schengen (en l'occurrence, pour ce

---

La démonstration de la force (et non son usage) est l'expression de la violence symbolique, ce que Pierre Bourdieu appelle la « magie de l'État ». Ainsi, le représentant de l'autorité porte sur lui les marques du pouvoir et la seule manifestation de celle-ci entraîne la soumission. « Le pouvoir c'est l'imaginaire » (Vulbeau, A., Pain, J., *L'invention de l'autorité*, Vigneux, Matrice, 2001, p. 20) et l'autorité « c'est de la violence symbolique, un concentré socialement distribué, voire personnalisé, de violence » de l'État (Vulbeau, A., Pain, J., *op. cit.*).

169 Ensuite, l'intervention d'un service d'un État membre est soumise au consentement de l'État sur le territoire duquel l'opération a lieu. Autrement dit, la possibilité d'agir est subordonnée à l'accord de celui-ci qui peut, pour des motifs qu'il estime légitime, s'y opposer.

170 En comparaison, le droit français accepte qu'en situation de flagrance, les officiers de police judiciaire (OPJ) nationaux entrent dans des domiciles afin d'effectuer une perquisition sans mandat du juge (art. 59 du code de procédure pénale).

171 Le port d'arme est autorisé mais son emploi est limité à la légitime défense.

qui est de la situation actuelle, l'Espagne, le Luxembourg, l'Allemagne, l'Italie, et la Belgique)[172].

Ces restrictions ne sont pas propres à la convention d'application de l'accord de Schengen. En matière douanière, la convention Naples II a également laissé une certaine latitude en faveur des États membres[173]. Pour ce qui est de la France, s'il n'existe aucune limite temporelle ou spatiale avec la Belgique et l'Allemagne, pour le Luxembourg, la poursuite par les services de ce pays peut s'exercer dans un rayon de dix kilomètres autour de la zone frontalière[174]. Concernant l'Espagne et l'Italie, il n'y a actuellement pas de droit de poursuite transfrontalière octroyé par la France aux services de ces deux États membres. Ceci dit, pour tous les pays vis-à-vis desquels un droit de poursuite est accordé à leurs services douaniers, ces derniers ne disposent pas du droit d'interpellation.

L'étendue des pouvoirs des membres détachés de l'équipe commune d'enquête dans un autre État membre est déterminée par l'État hôte qui peut choisir de ne leur octroyer aucun pouvoir d'enquête spécifique. À cet égard, l'art. 695-2 du code de procédure pénale français qui transpose les dispositions relatives aux équipes communes d'enquête contenues dans la CEEJ et la décision-cadre du 13 juin 2002, sans leur dénier toutes prérogatives sur le sol national[175], leur refuse les prérogatives inhérentes à la qualité d'OPJ.

En outre, trois éléments font que l'usage de ces dispositifs instaurés par le droit de l'Union ou par celui des coopérations régionales est sévèrement encadré. En premier lieu, des restrictions d'ordre spatio-temporelles sont érigées. Ainsi, en matière de poursuite transfrontalière, la convention d'application de l'accord de Schengen a laissé la possibilité aux États de restreindre l'action des services étrangers dans une région limitrophe à la ligne frontalière correspondant à une bande de terre située dans un rayon déterminé[176]. En matière temporelle, la convention Naples II énonce explicitement que l'enquête discrète est menée pendant une durée limitée. Toujours selon les dispositions de la

172 Toutefois, l'art. 73 du code de procédure pénal leur permet d'appréhender l'auteur d'un crime ou d'un délit flagrant commis sur le territoire français pour le conduire « sans délai » à un officier français de police judiciaire le plus proche.

173 L'art. 20 consacré à la poursuite transfrontalière, permet aux États de déposer des déclarations (art. 20.6) concernant certains aspects de la poursuite (art. 20.2) L'art. 20.8 accorde aussi le droit aux États de déclarer qu'ils ne sont pas liés par tout ou partie de cet art. 20.

174 Ceci dit, il n'y a pas de limite temporelle.

175 Nous le verrons dans le chapitre suivant.

176 Ainsi, la France a limité le droit de poursuite à l'intérieur d'un rayon de dix kilomètres à partir de la frontière espagnole, italienne et grand ducale.

convention Naples II[177], il en est de même concernant les équipes communes d'enquête.

En deuxième lieu, outre les limites ayant trait au champ *ratione loci* et *temporae*, la marge de manœuvre des services nationaux est étroite du point de vue de leur champ *ratione materiae*. En effet, les agents d'un État membre peuvent en principe, agir sur le territoire d'un autre État membres seulement si les faits sont constitutifs d'infractions graves. Les textes de droit européen et de la coopération régionale procèdent de deux manières. Soit, ils énumèrent limitativement ces infractions dans une liste. C'est le cas en matière de poursuite transfrontalière et d'observation[178]. Soit, au lieu de les nommer une par une, ils exigent de manière plus générale que les auteurs des actes délictueux puissent faire l'objet d'extradition[179]. C'est le cas en matière de poursuite transfrontalière[180], d'observation, ou de livraison surveillée.

En troisième lieu, il existe des limites découlant de règles posant les conditions et les modalités d'intervention des services nationaux. Ainsi en France, l'observation doit durer cinq heures en l'absence d'autorisation. En tout état de cause, elle doit avoir lieu dans un temps « raisonnable » et ne doit pas excéder normalement quelques heures. Ces conditions et ces modalités peuvent être déterminées par le droit de l'État hôte ou par les textes européens eux-mêmes. Dans la première hypothèse, elles sont fixées par l'autorité de l'État membre sur le territoire duquel l'opération a lieu au moment où elle donne son accord. Elles peuvent aussi être déterminées de manière générale par un texte de droit[181]. À ce sujet, il peut s'agir d'un document de nature législative ou administrative (comme une circulaire). Dans la deuxième hypothèse, elles sont fixées par le droit européen et cela de manière préalable, c'est-à-dire avant toute intervention potentielle[182].

---

177 Également en vertu de la CEEJ.

178 Uniquement pour ce qui est de l'observation devant être pratiquée dans l'urgence.

179 Ou susceptibles de faire à présent l'objet de l'émission d'un mandat d'arrêt européen.

180 Concernant l'observation transfrontalière, l'art. 41 CAS donne le choix aux États d'opter, soit pour la liste limitative d'infractions, soit pour une formule plus générale prescrivant que les actes doivent tomber sous le coup d'incriminations donnant lieu à extradition (à présent au mandat d'arrêt européen). La France a choisi la deuxième option.

181 Ainsi, les limites temporelles à l'observation sont fixées par le point 3.3.2.2.1. de la circulaire du 23 juin 1995 commentant les dispositions des articles 39, 40, 41 de la convention signée à Schengen le 19 juin 1990 (NOR : JUSA9500149C), concernant le droit de poursuite sur le territoire français.

182 En outre, les États peuvent fixer les limites lors de l'adoption, la signature ou la ratification du texte européen instituant ces dispositifs. C'est le cas de la France qui, nous l'avons vu, a restreint la marge de manœuvre des services nationaux des autres

Ainsi, concernant l'enquête discrète, la convention Naples II dispose que l'opération ne peut se dérouler que dans les cas où il serait extrêmement difficile d'élucider les faits sans procéder à ce type d'opération[183]. Pour ce qui est de la mise en place d'une équipe commune d'enquête, celle-ci n'est possible que si les enquêtes sont difficiles ou impliquent des moyens importants. En matière d'observation, les agents étrangers peuvent effectuer les actes susceptibles d'être accomplis par les enquêteurs nationaux[184] à l'exception de ceux interdits par la convention d'application de l'accord de Schengen (interpellation et entrée dans les lieux privés). Pour ce qui est de la poursuite transfrontalière, les agents doivent être clairement identifiables. En ce qui concerne l'observation, ils doivent avoir sur eux les documents attestant de leur qualité officielle et de l'autorisation de l'État sur le territoire duquel se réalise l'opération.

b. L'impossibilité persistante d'exercer des actes ayant trait au recours à la contrainte

En vertu de la règle de la territorialité, les attributions des services nationaux se limitent au territoire de l'État membre dont ils dépendent. Ils ne peuvent pas exercer leurs compétences en dehors de la sphère nationale, que ce soit en matière de police administrative ou en matière de police judiciaire.

Certes, nous venons de le constater dans un paragraphe précédent, la marge de manœuvre n'est pas complètement inexistante puisqu'ils peuvent réaliser des actes d'importance mineure, comme la prise de notes, la consultation d'un dossier d'expertise et la discussion avec des témoins ou des experts. Au sein des dispositifs mis en place par le droit de l'Union et par celui issu de la coopération régionale, les agents de services d'un État peuvent accomplir certains actes sur le territoire d'un autre État. Ainsi, en matière d'observation, l'agent qui effectue cette opération peut circuler et stationner sur la voie publique pour réaliser des filatures. Il peut employer les moyens utiles à cet effet comme par exemple des véhicules aménagés. Dans le même registre, en matière d'enquête discrète, l'agent compétent peut prendre contact avec l'individu ciblé par l'opération.

Toutefois, qu'ils agissent seuls ou en association, la marge de manœuvre des agents des services opérant hors du territoire de l'État auquel ils sont rattachés, reste réduite. Ainsi, lors d'une patrouille mixte, le

États membres en matière de poursuite transfrontalière dans la convention d'application de l'accord de Schengen ou la convention Naples II.

183 Art. 23.1 de la convention Naples II. Cette intervention doit donc intervenir à titre subsidiaire.

184 Point 2.2.1.2 de la circulaire de 1995.

principe de territorialité interdit à ces services d'agir directement aux côtés de ceux de l'État hôte, par exemple pour arrêter un véhicule lors d'un barrage, contrôler les papiers, réaliser une fouille du conducteur et de son véhicule, procéder à son interpellation et effectuer la saisie des produits illicites éventuellement découverts.

Le principe de territorialité s'exprime, tout au moins en matière de police judiciaire, par le déni de la part du législateur[185], de la qualité d'agents habilités aux membres de services d'autres États membres, en ne citant pas ceux-ci dans le code de procédure pénale.

En droit français, cette limitation résulte du fait qu'en principe les agents des services étrangers ne bénéficient pas de cette qualité. En effet, le code de procédure pénale définit les bénéficiaires de ce statut d'agent habilité ainsi que l'étendue des attributions qui en découlent. À cet égard, le code de procédure pénale a énoncé toute une série d'actes qui sont réservées à différentes catégories de personnes : les officiers de police judiciaire, les agents de police judiciaire et les agents de police judiciaire adjoints[186].

Les OPJ peuvent recevoir les plaintes et les dénonciations. Ils sont chargés de constater les infractions, d'en rassembler les preuves, d'en rechercher les auteurs tant qu'une information n'est pas ouverte. À ce titre, ils peuvent procéder à des interpellations d'individus, les mettre en garde à vue, perquisitionner leur domicile ou tout autre lieu et saisir le matériel pertinent. Ils peuvent aussi se voir déléguer des actes d'instruction sur commission rogatoire. Ces actes peuvent être de nature coercitive comme l'interpellation, la mise en garde à vue, la perquisition et la saisie. Sont définis comme étant OPJ, le maire et ses adjoints, au sein de la DGGN, les officiers et gradés ainsi que les gendarmes répondant à certaines conditions et, au sein de la DGPN, les commissaires de police et les fonctionnaires issus du corps d'encadrement et d'application répondant à certaines conditions[187].

---

185 Sur plan de la hiérarchie normative, le recours aux actes coercitifs et susceptibles de générer des contentieux, sont, dans certains États membres comme en France, constitutionnellement réservés aux services nationaux de sécurité intérieure limitativement énumérés dans la loi (par exemple dans le code de procédure pénale).

186 Respectivement art. 16, art. 20 et art. 21 du code de procédure pénale français.

187 Pour autant qu'ils aient une habilitation en cours de validité par le Procureur Général de la Cour d'Appel du ressort dont ils dépendent, ou du Procureur général de Paris pour les OPJ à compétence nationale. En effet, il ne suffit pas d'avoir un grade, une qualité et une fonction qui ouvrent droit à la fonction d'OPJ, il faut qu'une demande d'habilitation (renouvelée annuellement) soit transmise au Procureur Général par la DGPN, si les fonctions de l'intéressé le justifient toujours. Par exemple, au SPHP, rares sont les personnels – y compris les commissaires divisionnaires – habilités OPJ. Il faut être affecté dans un service exerçant régulièrement une activité de police judiciaire. De plus, cette fonction peut être retirée à tout moment par le Procureur Géné-

Les APJ sont essentiellement des policiers et des gendarmes non OPJ. Ils peuvent seconder les OPJ et constater les crimes, les délits et les contraventions. Les APJA sont des volontaires servant en qualité de militaire dans la gendarmerie, les adjoints de sécurité, les agents de police municipale ainsi que les fonctionnaires des services actifs de police nationale qui ne sont ni OPJ ni APJ. Ils secondent les OPJ et les APJ et constatent certaines infractions au code de la route.

En matière douanière, en France, seuls les agents de la DGGDI disposent de prérogatives douanières, à l'exception de tout autre service étranger. En vertu du code des douanes[188], ces agents se voient octroyer différentes compétences : le droit de visite des marchandises et des moyens de transport, le droit d'accès aux locaux professionnels, le droit de visite domiciliaire, le droit de communication de documents, le droit de contrôle des envois postaux, le droit de capture des prévenus, le droit de contrôle de l'identité des personnes, le droit de mise en retenue provisoire des personnes signalées au SIS et le droit de mise en retenue de personnes soupçonnées d'infractions douanières. Toujours conformément au code des douanes, l'action du service des douanes s'exerce sur l'ensemble du territoire douanier[189].

Ces agents sont des fonctionnaires français répartis en différentes catégories, en particulier A et B. Ceux de catégorie A[190] peuvent exercer diverses fonctions comme celle d'inspecteur poursuivant, en agissant en tant que représentant de l'administration auprès des juridictions judiciaires. Ils peuvent aussi diriger un service dans l'administration centrale et, dans l'administration déconcentrée, une subdivision dans la branche de la surveillance.

Ceux de catégorie B sont susceptibles d'appartenir au corps des contrôleurs des douanes et droits indirects[191]. À ce titre, ils peuvent exercer, dans la branche de la surveillance, le rôle d'agent ou de chef de poste au sein d'une brigade. Comme les agents de catégorie A, ceux de

---

ral (affaires disciplinaires, mauvaise qualité des procédures, procédures annulées pour vice de forme, etc.).

188 En vertu du chapitre IV du titre II et de l'art. 323 du code des douanes.

189 Notamment d'après l'art. 43 du code des douanes. En vertu de l'art. 1er, ce territoire comprend *mutatis mutandis* les territoires et les eaux territoriales de la France continentale, de la Corse, et des départements d'outre-mer.

190 Décret n° 2007-400 du 22 mars 2007 fixant le statut particulier des personnels de catégorie A des services déconcentrés de la direction générale des douanes et droits indirects NOR : ECOP0700120D (*JORF* n° 71 du 24 mars 2007).

191 En vertu du décret n° 95-380 du 10 avril 1995 fixant le statut particulier du corps des contrôleurs des douanes et droits indirects (NOR : BUDP9500055D).

catégorie B peuvent être ODJ[192] et, à ce titre, prendre part aux enquêtes pénales. Ils peuvent aussi être agents enquêteurs au sein d'un service régional d'enquête (SRE), ou à la DNRED.

L'impossibilité persistante d'exercer certains actes, en particulier ceux ayant trait au recours à la contrainte, est caractéristique des dispositifs de collaboration entre les services nationaux de sécurité intérieure du palier intermédiaire. Les dispositifs du palier de niveau supérieur élargissent le champ des prérogatives des membres d'un service d'un État membre exerçant leurs missions sur le territoire d'un autre État membre. Ils leur permettent d'employer la force, dans certaines conditions, en dehors du territoire de leur pays d'origine.

[192] Décret n° 2000-1072 du 2 novembre 2000 pris pour l'application de l'article 28-1 du code de procédure pénale et relatif à la participation des agents des douanes à certaines missions de police judiciaire (NOR : JUSD0030142D).

CHAPITRE 3

Le palier supérieur : un glissement plus marqué vers de nouvelles méthodes d'entraide

Comme le palier intermédiaire, le palier supérieur se décline sous deux formes distinctes avec, d'une part, un volet organique et, d'autre part, un volet fonctionnel. Le volet organique (I) se traduit par la naissance d'instances de décision au niveau stratégique et par la création de « forces » européennes de sécurité intérieure. Le volet fonctionnel de la dimension horizontale (I) se traduit par l'accentuation de la tendance enregistrée dans le palier intermédiaire. Il se manifeste par une tendance à des instruments inédits aux méthodes innovantes.

Pour autant, l'approfondissement réalisé en matière de collaboration entre les services nationaux de sécurité intérieure est certes plus prégnant dans ce palier que dans celui de niveau intermédiaire. Il n'en reste pas moins qu'il demeure limité.

Le lecteur qui découvre les instruments du palier supérieur risque d'être aveuglé par un puissant effet d'optique. En prenant connaissance de ces instruments sous leurs différentes facettes, il risque d'avoir le sentiment qu'un bond notable en matière d'intégration a été accompli or ce n'est pas le cas. Par exemple, la mise en place des « forces » européennes de sécurité intérieure dont la qualification est abusive. En effet, ces dernières sont composées d'unités exclusivement nationales qui sont, en cas de besoin, mises à disposition de l'Union européenne pour emploi selon un mécanisme de « l'offre de capacité »[1].

En outre, les instruments de ce palier ne sont pas exempts des défauts qui affectent les instruments des paliers inférieurs. Ainsi, l'expérience révèle que les fichiers de nouvelle génération ne sont pas toujours bien alimentés. Le SID en est une illustration. La pratique montre que si les services douaniers le consultent davantage, ils rechignent à transmettre les informations utiles pour améliorer la qualité de la base.

En réalité, si ce palier marque de prime abord une ambition, affiche une certaine audace, les réalisations effectives révèlent une grande prudence. C'est le cas de l'aménagement de la règle de la territorialité.

---

[1] Il s'agit d'un système de contribution volontaire en vertu duquel chaque État propose individuellement des engagements en hommes et en matériel.

Les États membres au sein du Conseil ne sont pas parvenus à s'accorder sur le contenu de la proposition de décision-cadre de la Commission du 18 juillet 2005 si bien que la réforme proposée a échoué. C'est également le cas de l'application du principe de disponibilité dont la portée est réduite et dont la mise en œuvre s'avère complexe. Nous aborderons cette question dans la conclusion générale. C'est enfin le cas de l'OCTA qui reste un document de nature trop générale (nous y reviendrons aussi).

Par ailleurs, le palier supérieur est caractérisé par sa faible consistance. Il faut dire que le palier supérieur reste encore au stade de l'ébauche. Plusieurs de ses éléments sont soit en projet, comme le Système européen automatisé d'identification criminelle par les empreintes digitales, soit en cours de développement, comme les différents formats de la *Task force*. Qui plus est, l'expérience accumulée est modeste. C'est le cas des Rabits dont le règlement a été adopté le 11 juillet 2007[2], de la Gendarmerie européenne qui est officiellement opérationnelle seulement depuis l'été 2006, et de l'OCTA dont la première version a été présentée au premier semestre 2006.

I. L'émergence d'instances de décision au niveau stratégique et la constitution de « forces » européennes de sécurité intérieure

Le premier élément traduisant l'intégration du volet organique de la dimension horizontale du paysage européen de la sécurité intérieure, caractéristique de ce palier, concerne la mise en place de moyens de décision au niveau stratégique (A). Pour ce faire, les travaux du Conseil se concentrent actuellement sur le développement du Comité de sécurité intérieure (Cosi).

Le deuxième élément a trait à la dotation au profit de l'Union de moyens pour agir (2). Les efforts portent sur la mise en place des capacités nécessaires pour lui permettre de réaliser des opérations dans le domaine de la sécurité intérieure. À cet égard, l'octroi de capacités en sa faveur se traduit par la création de « forces européennes ». Nous mettons le terme « forces » entre guillemets car il s'agit de paquets de forces nationales *ad interim*. Autrement dit, ce ne sont pas des unités nationales permanentes agissant sous la bannière européenne, mais des réservoirs capacitaires de réaction rapide modulables. Les forces européennes sont

2 À cet égard, dans sa communication du 13 février 2008, la Commission précise qu'un groupe de 500 à 600 gardes-frontières a été constitué et entraîné. Les Rabits ont été mobilisés à la demande l'Autriche dans le cadre de l'Euro-2008 de football (*Agence Europe* du 2 juin 2008).

donc des forces virtuelles sous forme d'unités nationales préalablement identifiées, mobilisables et déployables dans de brefs délais.

A. Le développement des moyens de décision au niveau stratégique : de la **Task force** *au Comité de sécurité intérieure (Cosi)*

La naissance de la *Task force* des chefs de police remonte au Conseil européen de Tampere. Lors de cette rencontre, les chefs d'État et de gouvernement ont évoqué la création d'une structure destinée à chapeauter la collaboration entre les services nationaux de sécurité intérieure et, plus spécifiquement, les services de police.

Les rédacteurs du traité constitutionnel ont prévu l'instauration d'un Comité de sécurité intérieure. Ce comité était destiné à « reconstituer l'unité et la cohérence nécessaire au traitement de l'ensemble des questions liées à la sécurité intérieure »[3]. Il devait prendre la relève de la *Task force* mais, depuis la mise en veille du processus de ratification du traité constitutionnel, le projet est abandonné[4] laissant place à une *Task force* renouvelée (1).

Le traité de Lisbonne a insufflé un nouvel élan au Cosi. Son destin peut être comparé à celui d'un oiseau mythique : le phénix[5] (2).

1. De la Task force *à la* Task force *renouvelée*

Aux termes des conclusions de Tampere, la *Task force*, appelée « structure de liaison opérationnelle », devrait réunir les responsables des services de police européens. Ces derniers devraient, en son sein, échanger « expériences, meilleures pratiques et informations sur les tendances de la criminalité transfrontière, et contribu[er] à l'organisation des opérations »[6]. À l'origine, la *Task force* était conçue comme pouvant devenir un des organes pivots de la collaboration policière de l'Union européenne (a). En réalité, cet organe s'est révélé être seulement un forum de discussion. Le Cosi était alors imaginé comme une alternative ambitieuse à la *Task force* (b). Dans son rapport final, le présidium de la Convention appréhendait ce comité comme étant à la charnière entre

---

3 Genson, R., Zanders, P., « Réflexions quant à l'amélioration de la coopération policière au sein de l'Union européenne », in *Marché commun et de l'Union européenne* n° 472, octobre-novembre 2003, p. 580.

4 Le Conseil l'a clairement indiqué dans un document approuvé les 1er et 2 juin 2006 (doc. du Conseil du 6 mars 2006, n° 7039/06, JAI 86, CATS 34).

5 Connu dans différentes cultures, en particulier égyptienne, grecque, romaine et chinoise, le phénix est un oiseau doué d'une extraordinaire longévité et qui a la propriété de renaître après s'être consumé. Il symbolise la force, le feu créateur et destructeur, l'immortalité et la résurrection.

6 En vertu du point n° 44 des conclusions.

l'échelon politique et le niveau opérationnel. En s'inspirant du rapport final du présidium, la présidence du Conseil ainsi que certains États membres concevaient le Cosi comme un organe exerçant un rôle de conseiller, opérant une fonction de supervision et jouant un rôle technique de coordination. Après l'abandon du Cosi, les travaux se sont recentrés sur la *Task force* pour la faire évoluer vers une « *Task force* renouvelée ». Malgré les diverses tentatives, le bilan est resté décevant (c).

a. Les espoirs déçus de la *Task force*

La *Task force*, telle mise en place peu après le Conseil européen de Tampere, était une structure légère et informelle qui ne reposait sur aucun texte juridique contraignant. Elle disposait, pour fonctionner, du soutien des services du secrétariat général du Conseil.

La première réunion s'est tenue à Lisbonne les 7 et 8 avril 2000. Par la suite, des rencontres périodiques ont lieu en principe, tous les semestres, soit une fois par présidence du Conseil. « L'objectif avoué était de créer une structure d'échange et de coordination au niveau des différents chefs de police en Europe »[7]. Nonobstant, l'expérience a montré que, depuis sa création, cette enceinte formait davantage un forum de discussion qu'une instance décisionnelle. Face à ce constat, un rapport a été remis par la présidence au Conseil européen de Laeken des 14 et 15 décembre 2001 concernant l'évaluation des conclusions de Tampere, qui suggérait que la *Task force* soit davantage un organisme apportant une valeur ajoutée en matière de collaboration entre les services nationaux de sécurité intérieure. En termes diplomatiques, il préconisait « de définir la place exacte de cette structure dans l'architecture institutionnelle ».

Dans le sillage du rapport remis par la présidence au Conseil européen de Laeken, le Conseil a adopté des conclusions dans lesquelles il déterminait les orientations que les travaux de la *Task force* devaient prendre. Il précisait en particulier que celle-ci « soit davantage centrée sur la planification et la réalisation de véritables opérations de police »[8]. De son côté, la *Task force*, lors de sa réunion de Copenhague en juillet 2002, a énoncé ses objectifs en termes de fonctionnement. Elle a indiqué qu'elle devait :

- développer une approche coordonnée axée sur la criminalité transfrontalière dans l'Union européenne à partir, entre autre, des analyses de la criminalité organisée réalisées par Europol,

[7] Mathieu, R., *op. cit.*, p. 11.

[8] Cité dans le document du Conseil du 9 septembre 2002, n° 11751/02, ENFOPOL 144, p. 7.

– adopter des initiatives, planifier et lancer des opérations requérant la participation de plusieurs États membres et articulée autour des domaines prioritaires de la lutte contre le crime organisé,
– servir de centre d'échange d'informations et de forum de discussion sur l'évolution de la criminalité, et définir des stratégies de lutte contre cette dernière.

Elle a pris un grand nombre d'initiatives suite à la réunion de Copenhague, notamment en matière de protection de l'euro, d'immigration illégale, de traite des êtres humains, de vol et de cambriolage de véhicules ainsi que de maltraitance infantile.

Pourtant, après trois années d'existence, l'objectif fixé lors de cette réunion n'a pas été concrétisé. En effet, la *Task force* « n'a pas réussi à s'imposer comme une véritable force de proposition et de coordination des forces de polices européennes »[9]. Dans sa communication du 18 mai 2004[10], la Commission a constaté cet immobilisme en indiquant que « tout le monde s'accorde à dire que, jusqu'à présent, ces efforts n'ont produit aucune valeur ajoutée au niveau européen »[11]. Elle l'a expliqué par le fait que ses membres se sont vus confier une pléthore de dossiers d'importance inégale et aux sujets variés. Cette situation a été aggravée par les faiblesses organisationnelles de la *Task force*, comme son ordre du jour surchargé ou la remise tardive de documents aux participants.

En outre, les représentants nationaux ont eu des compétences hétérogènes, ce qui a créé des problèmes de représentation[12], notamment dans

---

9 Groupe de Diagnostic de Sécurité n° 3, *Les limites du troisième pilier dans la construction européenne*, Institut national des hautes études de sécurité, 6 mai 2005, p. 20.

10 Intitulée « renforcer la coopération policière et douanière dans l'Union européenne » (COM(2004)376).

11 Propos émanant de la Commission dans sa communication du 18 mai 2004 précitée.

12 À ce sujet, les différences organisationnelles entre les États sont sources de difficultés. Nous les avons évoquées quant à la représentation nationale au sein d'entités issues d'organisations auxiliaires de l'Union européenne, comme les UNE, les membres nationaux ou les points de contact du Réseau judiciaire européen (*cf. supra*).

Nous avons aussi identifié des problèmes de représentation des États au niveau des institutions de l'Union, plus spécifiquement au sein des instances du Conseil (Berthelet, P., *Le droit institutionnel de la sécurité intérieure*, *op. cit.*). Genson, R., Zanders, P. (« Le développement de la coopération policière européenne – quel avenir pour Europol ? », *op. cit.*, p. 7) soulignent également cet aspect dans les relations entre le groupe de travail Europol et le conseil d'administration de l'office européen de police. « Actuellement, la situation est assez hétérogène, certains États étant représentés au niveau du ministère et d'autres au niveau de la délégation générale de la police, d'autres encore par des services de police judiciaire. Ce n'est pas sans poser problème dans le cadre du processus décisionnel de l'Union, quand certaines délégales États où les services de sécurité intérieure sont organisés sur un mode fédéral[13]. Ces différences de mandat et de statut entre les participants avaient aussi généré des difficultés de mise en œuvre des décisions prises par la *Task force* dans la mesure où certains d'entre eux ne disposent pas d'un véritable pouvoir de décision (en particulier celui d'engager des ressources).

Par ailleurs, les États ne se sont pas tous impliqués de la même manière. Certains ont fait en sorte que leur représentant joue un rôle actif pendant la réunion et ils ont créé le dispositif nécessaire pour opérer le relais, sur le terrain, des recommandations émises par la *Task force*. Pour d'autres au contraire, ces aspects n'ont pas constitué une priorité pour eux. À ce titre, ils n'ont pris aucune mesure significative à ce sujet. Pour d'autres encore dont la mécanique décisionnelle en matière de sécurité intérieure est éclatée entre différents ministères et/ou entités fédérées, des problèmes de coordination ont conduit à ce que les options retenues par la *Task force* n'ont pas eu (ou peu eu) de répercussion au niveau national.

b. Le Cosi : alternative ambitieuse à la *Task force*

Sur la base de ce constat, la France et l'Espagne ont présenté en 2003 une contribution conjointe suggérant la création d'un comité chargé d'assurer la cohérence de l'action de l'Union en matière de collaboration policière opérationnelle. Le présidium de la Convention a fait sienne cette idée dans son rapport final[14]. Il proposait d'instaurer une structure de haut niveau technique, destinée à assurer la coordination d'actions entrant dans le cadre de l'entraide entre les services nationaux de sécurité intérieure.

Cette solution a également été reprise par les rédacteurs du traité constitutionnel qui, dans l'art. III-261, prévoyait la genèse d'un « comité permanent […] afin d'assurer, à l'intérieur de l'Union, la promotion et le renforcement de la coopération opérationnelle en matière de sécurité intérieure ». Le programme de La Haye a inclus dans ses priorités, la mise sur pied de ce comité permanent dénommé Comité de sécurité intérieure par l'art. III-261 du traité constitutionnel. À cet effet, le Conseil a été invité à prévoir sa naissance en définissant notamment son champ d'activité, ses fonctions, ses compétences et sa composition, afin qu'il puisse être constitué dès que possible après l'entrée en vigueur du traité constitutionnel.

---

tions expriment parfois des vues divergentes de celles défendues par leur pays au sein du conseil d'administration ».

13 Car il n'existe pas, en principe, de directeurs centraux.

14 Doc. du Conseil du 2 décembre 2002, CONV 426/02, WG X 14, p. 16.

Dans l'attente de l'établissement de ce comité, appelé de manière informelle Cosi[15], et en vue de l'acquisition d'une certaine expérience pratique en matière de coordination, le programme de La Haye a prévu des rencontres régulières entre les responsables de la *Task force*, la Commission, les différents groupes directeurs du Conseil (le CSIFA et le Comité de l'article 36) et les instances compétentes dans le domaine de la sécurité intérieure (Europol, Eurojust, le Sitcen et Frontex).

Conformément aux dispositions du programme de La Haye, le CATS a entamé les négociations à propos de la mise en place du Cosi. Les travaux ont porté sur son organisation et ses fonctions futures au regard des dispositions de l'art. III-261. À ce sujet, les premières discussions au Conseil sur le Cosi ont révélé des divergences entre les États membres. Certains voyaient cette entité essentiellement comme un comité technique à vocation opérationnelle. Dans ce contexte, le Cosi aurait été un groupe de travail du Conseil parmi les groupes traitant des questions de sécurité intérieure. D'autres pays avaient envisagé cet organe comme un groupe technique à vocation opérationnelle, mais rattaché à Europol. D'autres, enfin, avaient appréhendé cette entité davantage comme une enceinte de préparation des orientations stratégiques de la programmation législative et opérationnelle de la sécurité intérieure[16]. Dans cette perspective, le Cosi aurait été un groupe directeur, une sorte de « CATS + » rassemblant les plus hauts responsables des services répressifs.

Pour sa part, la présidence luxembourgeoise du Conseil[17] identifiait le Cosi à la charnière de l'échelon politique et de l'échelon opérationnel. Situé « à la jonction de ces deux sphères de compétences »[18], il devait avoir un rôle stratégique d'une part, et opérationnel d'autre part, en étant une « instance permanente d'impulsion et de coordination. [...] Sa mission sera de seconder les instances politiques sur l'ensemble du processus de définition et de mise en œuvre de la politique de sécurité (intérieure) »[19].

Cette solution reprend les propositions du présidium de la Convention qui, à propos du Cosi, avait précisé que

> cette structure réformée pourrait avoir, au sein du Conseil, un rôle technique de coordination et de supervision de toute la gamme des activités opération-

---

[15] Ni l'art. III-261 du traité constitutionnel, ni, pour ce qui est du traité de Lisbonne, l'art. 71 TFUE, ne consacrent en effet cet acronyme.

[16] Doc. du Conseil du 23 décembre 2004, n° 16367/04, JAI 576, CATS 61.

[17] Doc. du Conseil n° 16367/04 précité.

[18] Groupe de Diagnostic de Sécurité n° 3, *Les limites du troisième pilier dans la construction européenne*, *op. cit.*, p. 52.

[19] Lieutenant Barlatier, J., *op. cit.*, p. 77.

nelles en matière de police et de sécurité (entre autres : coopération policière, missions d'information, facilitation de la coopération entre Europol et Eurojust, examens par les pairs, protection civile).

Dans le même registre, Roland Genson et Patrick Zanders proposaient d'attribuer au Cosi une double responsabilité fonctionnelle : préparer les politiques européennes en matière de sécurité intérieure et assurer le suivi de la coopération de la coordination opérationnelle. Autrement dit, il y aurait deux formats correspondant à deux niveaux de décision différents, l'un stratégico-opérationnel et l'autre politico-diplomatique.

c. La *Task force* renouvelée : une transformation embryonnaire

Le projet de Cosi ayant été mis entre parenthèses, les travaux effectués par les États membres sur sa composition et ses missions ont servi de base de discussion à la mise en place d'une *Task force* rénovée. D'ailleurs, le Conseil a officiellement indiqué dans des conclusions adoptées le 4 novembre 2004[20], que la *Task force* devrait être agencée comme une structure à deux niveaux.

Dans cette perspective, le niveau supérieur, composé des directeurs généraux des services de police, formerait l'échelon politico-diplomatique. Les conclusions mentionnent ce niveau comme une enceinte de débat entre les participants et une structure destinée à apporter un point de vue opérationnel clair aux travaux du Conseil. Quant au niveau inférieur, constitué des directeurs de police, il serait l'échelon stratégico-opérationnel. Aux termes des conclusions, ce niveau devrait contribuer à la planification et à la coordination des actions opérationnelles.

Depuis l'adoption de ces conclusions, la *Task force* a la configuration d'une instance ayant deux formats : l'un de nature politico-diplomatique contribue à l'élaboration de l'OCTA ; l'autre de nature stratégico-opérationnel fixe les orientations de l'initiative Cospol. Concrètement, il décide du type et du nombre de projets réalisés dans le cadre de cette initiative, de leur reconduction et de l'État chef de file. L'initiative Cospol est une méthodologie proposée par la présidence néerlandaise du Conseil destinée à développer des opérations à partir d'une méthode préétablie[21]. Le but consiste à mettre en place des procé-

---

20 Doc. du Conseil n° 14615/04 (Presse 321).

21 Un document du Conseil (doc. du 10 octobre 2006, n° 5859/4/06) le définit comme étant un instrument multilatéral dans le domaine de la répression, pour lequel la *Task force* fournit les orientations, le soutien et la direction nécessaires. L'initiative Cospol « doit permettre d'atteindre des résultats opérationnels tangibles, à savoir l'arrestation de criminels de grande envergure et le démantèlement d'organisations et de réseaux criminels ou terroristes, tout en faisant en sorte que les services compétents des États membres aient recours aux ressources d'Europol en manière d'analyse, en particulier les fichiers de travail à des fins d'analyse (FTA) qu'il détient ».

dures et des pratiques communes pour la préparation, la réalisation et le suivi des opérations conjointes. Les opérations sont proposées par un « pays chef de file » sur la base des analyses stratégiques réalisées par Europol, les autres pays intéressés pouvant se joindre à l'équipe opérationnelle. Le Cospol vise à définir des priorités en matière de collaboration entre les services nationaux de sécurité intérieure. En effet, chaque année, différents projets sont choisis. En 2006, six d'entre eux ont été réalisés[22] et neuf en 2007[23].

Outre la réalisation des projets Cospol, des progrès ont été accomplis dans deux directions. D'abord, une Unité de soutien (« *Operational Support Unit* »)[24] a été créée. Cette unité exerce d'une part, un soutien administratif aux réunions de la *Task force* et, d'autre part, un suivi des projets et des initiatives de la *Task force*, un soutien en matière de recherche de financement pour ces projets, d'échange de bonnes pratiques entre les participants de la *Task force* et de promotion de l'activité de cette dernière dans les médias. Elle bénéficie du soutien logistique d'Europol (mise à disposition de locaux et participation aux frais de fonctionnement) et de personnels du secrétariat général du Conseil et des États membres.

Ensuite, des efforts sont réalisés pour coordonner l'action de la *Task force* avec celle de Frontex et celle du groupe « coopération douanière »[25]. Il s'agit d'éviter les chevauchements inutiles, notamment concernant la réalisation d'opérations concertées, grâce à l'instauration de points de contact (*Single Points of Contact* ou SPOC). Plus spécifiquement, le but du groupe « coopération douanière » est d'associer plus étroitement les responsables des services douaniers. En effet, la *Task force* des chefs de police est réservée, comme le laisse deviner son intitulé initial, aux chefs de la police, du moins pour de nombreux pays.

Reste que les avancées demeurent encore modestes concernant les développements de la *Task force* rénovée. D'abord, ses moyens restent faibles. La *Task force* bénéficie seulement, à titre d'appui administratif, d'un personnel réduit, bien que des efforts soient actuellement réalisés pour étoffer davantage l'Unité de soutien. Ensuite, les deux niveaux sont encore au stade d'ébauche. Le niveau politico-diplomatique constitue

---

22 Doc. du Conseil du 31 janvier 2006, n° 5859/06, ENFOPOL 20.

23 1. Terrorisme, 2. Criminalité organisée transnationale eurasienne (TNEOC), 3. Pédopornographie (CIRCAMP), 4. Criminalité organisée des Balkans occidentaux (WBOC), 5. Drogues synthétiques, 6. Cocaïne, 7. Traite des êtres humains, 8. Aide à l'immigration illégale, 9. Trafic d'héroïne (projets indiqués dans le doc. du Conseil du 7 novembre 2007, n° 14173/07, ENFOPOL 173).

24 Doc. du Conseil du 2 octobre 2007, n° 13416/1/07, ENFOPOL 157.

25 Doc. du Conseil du 12 novembre 2007, n° 13403/2/07, ENFOPOL 155, ENFOCUSTOM 95.

encore dans une certaine mesure, un forum de discussion car les États membres s'affrontent toujours concernant la forme définitive du format.

L'objectif de certains États est de faire évoluer ce niveau vers une instance capable de donner des avis au Conseil au sujet des affaires relatives à la sécurité intérieure. Il s'agirait notamment de permettre au format politico-diplomatique de proposer des options concernant la ligne politique à adopter au regard de l'OCTA, et de suggérer des budgets en faveur des organisations auxiliaires. D'autres sont plus réticents envers ce type de transformation et préfèrent un format aux prérogatives moins étendues.

Enfin, un document du Conseil[26] conçoit le niveau stratégico-opérationnel comme étant « *the senior tasking and coordinating body in regard the cross-border EU co-operation* ». Or, ce niveau sert à décider des actions qui s'inscrivent, pour l'heure, seulement dans un projet, l'initiative Cospol. De surcroît, les contours de cette initiative ne sont pas encore eux-mêmes stabilisés. Par exemple, les produits résultant des projets menés dans le cadre de celle-ci sont fort différents et de qualité variable. Certains d'entre eux débouchent sur une opération conjointe, d'autres sur un projet d'analyse et d'autres encore, sur un simple échange d'expériences et d'informations opérationnelles.

2. *Le Cosi : un phénix qui renaît de ses cendres*

Le comité tel qu'il a été prévu par le traité de Lisbonne (art. 71 TFUE) pourrait s'inspirer des structures militaires concernant son organisation et son fonctionnement (a). Sur la base du modèle militaire, les rédacteurs du texte instituant le comité pourraient doter le Cosi d'une Cellule de sécurité intérieure et d'un État-major de sécurité intérieure (b).

Avant même de développer les différents points, il nous paraît fondamental de préciser un élément. Les rédacteurs pourraient s'aider du schéma de la chaîne décisionnelle existante en matière de PESD. Pour autant, il n'est pas question, selon nous, de faire du Cosi un mauvais sosie du Comité politique et de sécurité de la Cellule de sécurité intérieure, une pâle copie du Comité militaire de l'Union européenne (CMUE) et de l'État-major de sécurité intérieure un ersatz de l'État-major de l'Union européenne (EMUE).

a. Un comité susceptible d'être inspiré des structures militaires concernant son organisation et son fonctionnement

Nous pouvons appréhender de manière imagée, le Cosi comme un organe à double étage, un aigle à deux têtes, l'une regardant vers la prise

26 Doc. du Conseil du 31 janvier 2006, n° 5859/06, ENFOPOL 20.

de décision politique et l'autre vers la coordination opérationnelle. Une des têtes est dirigée vers le haut, en agissant comme le conseiller technique du Conseil, l'autre est dirigée vers le bas comme organe de supervision des activités opérationnelles des services nationaux de sécurité intérieure et comme structure technique de coordination des activités opérationnelles de celles-ci (schéma n° 3).

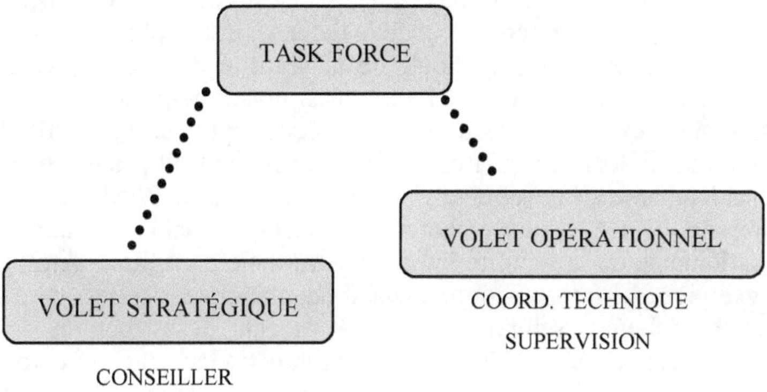

schéma n° 3

Les activités menées dans le cadre des deux formats du Cosi resteraient étroitement liées. En effet, si le comité n'avait qu'un format stratégico-opérationnel, il y aurait danger qu'il n'assure des tâches de coordination qui relèvent déjà d'autres entités, comme l'OLAF en matière de lutte contre la fraude aux intérêts financiers, Frontex contre l'immigration illégale, le Sitcen en matière de lutte antiterroriste et Europol dans le domaine de la lutte contre la criminalité organisée et le terrorisme, avec tous les risques de duplication et de concurrence que cela implique. Inversement, s'il ne possédait qu'un format politico-diplomatique, le risque serait qu'il demeure seulement un *talking club*. Si le Cosi

> reste exclusivement au niveau stratégique sans véritable emprise sur l'action opérationnelle (priorités, ressources nationales disponibles…), le risque est grand de voir alors [ces actions] qu'il préconise, rester dans le domaine incantatoire. Si, en revanche, il rentre dans le détail des modalités pratiques d'exécution, il interfèrera directement avec l'autorité des chefs de service concernés et empiètera sur le domaine régalien des États membres. La définition du mandat ainsi que la composition du Cosi devront surmonter cette ambivalence afin de trouver un juste équilibre au niveau institutionnel qui permette d'aller de l'avant et ne pas tomber dans le travers dénoncé plus haut à propos de la *Task force* des Chefs de police[27].

[27] Groupe de Diagnostic de Sécurité n° 3, *Les limites du troisième pilier dans la construction européenne*, *op. cit.*, p. 52.

Pour ce qui est de la délimitation des attributions de chacun des niveaux, du format politico-diplomatique d'une part, et du format stratégico-opérationnel d'autre part, les réalisations de l'Union en matière militaire pourraient servir d'exemple. En effet, la question de la détermination de la responsabilité entre ces deux niveaux s'est posée dans le cadre de la PESD. Certes, il est possible de mettre en exergue le fait que la logique institutionnelle en matière de sécurité intérieure est distincte de celle de la sécurité extérieure et de la défense. Sur le plan conceptuel, la sécurité intérieure se singularise de la sécurité extérieure même si l'une et l'autre sont étroitement imbriquées, notamment au terme de la Stratégie européenne de sécurité. Dans cette optique, l'objectif des rédacteurs de la décision qui instituerait le Cosi ne serait pas d'effectuer une décalcomanie de la structure décisionnelle de la PESD, mais de prendre appui sur elle pour élaborer un modèle de chaîne décisionnelle dans le domaine de la sécurité intérieure. Autrement dit, il ne s'agit pas d'un exercice de transposition, mais d'adaptation. En effet, et c'est l'argument qui nous semble le plus convaincant, les structures de la PESD ont déjà le mérite d'exister et leur fonctionnement est éprouvé depuis plusieurs années. Ces structures fonctionnent de manière efficace en mettant en place des opérations de grande envergure impliquant de nombreux États membres (et pays tiers) loin du territoire de l'Union.

À la lumière de ces éléments concernant le « positionnement institutionnel »[28], les rédacteurs du Cosi, en tant « qu'aigle à deux têtes », pourraient s'inspirer du Comité politique et de sécurité (COPS), sans pour autant faire du Comité de sécurité intérieure un « COPS bis ».

Fondé sur une décision du Conseil du 22 janvier 2001[29], le COPS est, pour reprendre les termes du texte, la « cheville ouvrière » de la PESD. Il s'agit d'un organe civil qui se situe dans la chaîne de commandement à la jonction entre une instance civile, le Conseil, et une instance militaire, en l'occurrence le CMUE. En collaboration avec le Haut représentant SG/HR, il participe à l'élaboration de la politique de défense en conseillant le Conseil sur ces questions[30]. Il adresse des avis à son

---

[28] Berthelet, P., « La coopération européenne en matière répressive et le traité de Lisbonne », in *Gendarmerie nationale*, n° 256, Paris, 1er trimestre 2008, p. 17.

[29] *JOCE* L 27 du 30.1.2001, p. 1.

[30] Le Cosi pourrait être le conseiller politique du Conseil par le truchement du Coreper. Il pourrait aussi être comme le COPS, son conseiller direct, donc sans passer par le Coreper (la décision du 22 janvier 2001 réserve au COPSla tâche de préparer les travaux du Conseil pour les questions relatives à la PESD). Cette solution pourrait se justifier par le fait que le Cosi n'est pas un organe institué par le Coreper mais par le droit primaire issu du traité de Lisbonne.

Un argument *contra* est que, alors que le COPS et le Coreper sont constitués tous deux de diplomates, le Cosi serait composé de chefs de police, voire, de manière plus

attention, examine ses projets de conclusions et surveille la mise en œuvre des mesures adoptées dans ce domaine[31]. Le COPS suit la situation internationale sur la base des rapports du Sitcen et de l'EMUE transmis *via* le CMUE. À cet égard, il adresse à ce dernier des directives et il est destinataire de ses avis ainsi que de ses recommandations[32]. En outre, il alerte le Conseil en cas de crise imminente. Enfin, il exerce, sous sa responsabilité, le contrôle politique et la direction stratégique des opérations de gestion de crise.

Le COPS joue un rôle charnière concernant le processus de planification stratégique en matière civile, militaire et civilo-militaire : soit il présente au Conseil un texte destiné à être approuvé par lui et/ou un ensemble de solutions sur lesquelles il doit statuer, soit il prend lui-même une série de décisions avant le déclenchement de l'opération en matière civile, militaire et civilo-militaire puis, après, concernant la sa gestion et son évaluation.

Conformément à son rôle de conseiller politique, le COPS évalue le texte relatif au « Concept de gestion des crises » (*Crisis management concept* ou CMC) préparé par le CMUE. Le CMC, soumis alors au Conseil, détermine l'objectif final de l'action et les options civiles et/ou militaires envisageables. Ce document lui propose des objectifs politiques et lui recommande un ensemble cohérent d'options destinées à contribuer au règlement de la crise, y compris une option militaire le cas échéant.

---

générale, de hauts responsables de services nationaux de sécurité intérieure. Il existe d'ailleurs des divergences à l'heure actuelle au sein des États membres entre les représentants permanents qui préconisent une solution en vertu de laquelle le Cosi devrait, à l'instar du CATS, dépendre du Coreper, et des membres issus de pans de l'administration nationale compétente en matière de sécurité intérieure qui plaident pour une autonomie du Cosi vis-à-vis du Coreper.

31 Le traité de Lisbonne n'est guère prolixe ni concernant les attributions du Cosi ni quant à sa composition. La seule certitude est son existence en tant que comité permanent (Wiegand, M. A., Niemeier, M., « Europol and the Architecture of internal Security », in *The Institutional Dimension of the Area of Freedom, Security and Justice*, Monar, J. (dir.), Bruxelles, PIE-Peter Lang, à paraître). Aucun autre élément ne peut nous éclairer sur son indépendance ou sa subordination au Coreper, voire au CATS (qui n'est d'ailleurs pas repris par le TFUE). Doit-on dès lors en déduire que le CATS demeure mais il ne conserve que les aspects législatifs de l'action du Conseil en matière de sécurité intérieure (les aspects opérationnels étant transférés au Cosi) ? Au contraire, est-il amené à disparaître (son activité étant alors dévolue soit au Coreper, soit au Cosi et ceci en tout ou partie) ? Et *quid* du CSIFA ? Reste-t-il pleinement compétent pour tous les aspects immigration-asile-frontières ? Demeure-t-il compétent sur tous ces aspects à l'exception de ceux ayant une dimension relevant de la sécurité intérieure (réservés éventuellement au Cosi) ? Sera-t-il lui aussi purement et simplement supprimé ?

32 Il adresse aussi au CIVCOM, pendant du CMUE pour les opérations civiles, des directives et il est destinataire de ses avis ainsi que de ses recommandations.

Avant le déclenchement d'une opération, le COPS approuve le « concept d'opération » (CONOPS) ainsi que le « plan d'opérations » (plan d'opérations (OPLAN))[33], « qui fixent les paramètres et données essentiels de l'opération (état final recherché, centres de gravité, zone d'opérations, moyens nécessaires, chaînes de commandement, règles d'engagement, etc.) »[34]. Après le lancement de la mission, il revient au COPS de contrôler son bon déroulement et de rendre compte de celle-ci au Conseil[35].

b. Un comité appuyé par une Cellule de sécurité intérieure et un État-major de sécurité intérieure (EMSI)

Avec l'étoffement des projets Cospol, en particulier ceux liés à la mise en œuvre d'opérations concertées, il est possible d'envisager que le Cosi ne réalise pas lui-même l'ensemble des tâches qui lui sont dévolues. Nous pouvons imaginer qu'il en octroie une partie à un organe *ad hoc*. Les attributions de cette instance, qui pourraient être celles d'une « Cellule de sécurité intérieure », seraient susceptibles de calquer certains éléments du CMUE.

Le Comité militaire de l'Union européenne (CMUE), fondé sur une décision du 22 janvier 2001, est le commandement militaire suprême de l'Union européenne. Il s'agit d'une instance composée des chefs d'État-major des différents États membres[36].

Le CMUE, qui se réunit une fois par semaine à Bruxelles, est l'organe de supervision des activités opérationnelles. Il prépare les documents pour le COPS, tel le CMC.

---

33 Le CONOPS et l'OPLAN, rédigés par le commandant d'opération, constituent, à côté du CMC, deux instruments principaux de planification des opérations de l'Union en matière de gestion de crise. Le CONOPS est un document qui donne les grandes lignes de l'opération. L'OPLAN forme quant à lui, un document plus volumineux qui réalise une « transcription concrète du CONOPS » (*Europolitique* du 11 février 2008, n° 3467). Il définit dans les détails le déroulement de l'opération, par exemple en déterminant le lieu d'implantation des unités envoyées.

34 Masson, H., *L'Union européenne et l'expérience des Balkans, 1991-2006*, Paris, Fondation pour la Recherche stratégique, coll. « Recherches et documents », 2006, p. 44.

35 Outre ces deux fonctions de conseiller politique et d'organe civil de supervision des activités opérationnelles, le COPS s'est vu attribuer deux autres fonctions. D'une part, il supervise les travaux des différents groupes de travail du Conseil compétents en matière de PESD et il coordonne leurs activités sur un plan législatif. D'autre part, il assume, sous l'autorité du Conseil, la responsabilité de la direction politique du développement des capacités.

36 Au niveau français, le chef d'État-major des armées (CEMA) ou son représentant, participe au CMUE. Le CEMA assure le commandement des opérations militaires. Il est en outre le conseiller militaire du ministre de la Défense. Il lui préconise les mesures à prendre en fonction de la situation générale sur le théâtre identifié et les capacités des forces.

Une fois le CMC approuvé par le CMUE, le COPS donne au CMUE les éléments pour établir l'*option paper* destiné à déterminer différentes options, qu'elles soient militaires, civiles (à travers l'envoi d'une mission de police seule, une mission État de droit seule, ou une mission mixte par exemple) ou civilo-militaires (à travers l'envoi d'une mission civile couplée avec une mission militaire). Le Conseil choisit alors, sur la base du document présenté par le COPS, celle qu'il juge pertinente et adopte l'action commune destinée à fonder juridiquement la mission. Quel que soit le type de solution, militaire, civile ou civilo-militaire, ayant retenu l'assentiment du Conseil, ce dernier désigne le Commandant de l'opération et le Commandant de force.

Le CMUE est aussi chargé de donner des avis militaires, par exemple sur le CONOPS et l'OPLAN. Il donne aussi un avis sur l'*Initiating Military Directive* (IMD) préparée par le directeur général de l'EMUE et destinée à être approuvée par le COPS. L'IMD est un document requis par le Commandant d'opération une fois l'*option paper* approuvé par le Conseil. Il permet à celui-ci d'élaborer le CONOPS et l'OPLAN en lui donnant l'ensemble des indications nécessaires à ce sujet[37].

Par ailleurs, il fournit les directives au directeur général de l'EMUE[38], notamment la *Military Strategic Option Directive* ou MSOD destinée à définir les différentes options devant être contenues dans l'*option paper*. En cours d'opération, le CMUE occupe un rôle central en assurant le suivi de l'exécution des opérations militaires menées sous la responsabilité du commandant d'opération.

En évoquant l'architecture du Cosi, Roland Genson et Patrick Zanders avaient déjà suggéré la mise en place d'une Cellule de sécurité intérieure, qu'ils avaient nommée « Comité des chefs de police », destinée à aider ses participants dans leur mission de supervision spécifique des activités opérationnelles des services nationaux de sécurité intérieure. Ils envisageaient d'assigner à ce comité les missions suivantes :

- assumer le *project management* des parties opérationnelles du programme stratégique,
- fournir des conseils au Cosi en matière de collaboration policière opérationnelle,
- réaliser le suivi et la mise en œuvre des décisions du Conseil dans ce domaine.

De son côté, toujours selon les mêmes auteurs, le Cosi aurait pour tâche « d'élaborer des concepts et méthodologies opérationnelles, (de)

37 L'ensemble de la procédure de planification est résumé aux p. 10 à 12 du doc. du Conseil du 6 mars 2003, n° 7116/03 (sous réserve des améliorations procédurales et des modifications institutionnelles subséquentes).

38 Par ailleurs, il assure le développement des capacités de l'Union.

propose(r) des projets d'opérations de police (et d')assure(r) la supervision de la mise en œuvre des opérations décidées par le Conseil »[39].

En reprenant certains éléments développés par Roland Genson et Patrick Zanders, nous pouvons imaginer que le Cosi confie le rôle technique de coordination à la Cellule de sécurité intérieure, voire une partie de la supervision des opérations menées par les services nationaux de sécurité intérieure. Le comité de sécurité intérieure conserverait la supervision stratégique des opérations. Dans cette hypothèse, nous observerions un système de répartition des tâches avec, d'une part, une supervision au niveau stratégique par le Cosi et, d'autre part, une supervision au niveau opératif par la Cellule de sécurité intérieure. Cette cellule œuvrerait en collaboration étroite avec le niveau stratégico-opérationnel du comité qui lui confierait toute une série de tâches, à l'image de celles exercées par le CMUE[40].

Dans cette perspective, le Cosi ferait, avec ses fonctions de supervision stratégique des opérations et de conseiller du Coreper et du Conseil, du *policy shaping*, le *policy making* étant réservé au CATS et le rôle technique de coordination à Cellule de sécurité intérieure. Cette dernière se verrait, le cas échéant, attribuer une fonction de supervision au niveau opératif.

Alors que cette cellule pourrait être intégrée au sein d'une organisation auxiliaire (comme Europol par exemple), du Secrétariat général du Conseil ou de la Commission, un groupe de travail pourrait être créé au sein du Conseil pour permettre au Cosi de mener à bien sa mission de *policy shaping*. Ce groupe, qui pourrait être dénommé « Unité de sécurité intérieure », serait chargé d'épauler le format politico-diplomatique et le format stratégico-opérationnel du Comité de sécurité intérieure en assurant, en délégation et sous la responsabilité des membres du Cosi, des tâches de supervision stratégique des opérations.

À l'avenir, le Cosi pourrait, avec le développement de ses activités, s'appuyer sur de nouvelles instances. Nous pourrions concevoir le fait qu'il s'articule autour de plusieurs organes subsidiaires destinés à lui permettre de mener à bien sa mission de supervision des activités opérationnelles des services nationaux de sécurité intérieure.

---

39 Genson, R., Zanders, P., « Le développement de la coopération policière européenne – quel avenir pour Europol ? », *op. cit.*, p. 581.

40 Ceci dit, nous n'observerions pas un système fondé sur la répartition COPS-CMUE entre le Cosi d'une part et la Cellule de sécurité intérieure d'autre part. En effet, si nous identifions le rôle joué par niveau le politico-diplomatique du Cosi, par le rôle mené par le COPS, celui joué par le CMUE serait partagé entre le niveau stratégico-opérationnel du Comité de sécurité intérieure et la Cellule de sécurité intérieure (cette dernière n'assumant, le cas échéant, ses missions que sur mandat du Cosi).

Outre la Cellule de sécurité intérieure et l'Unité de sécurité intérieure, nous pourrions imaginer la création d'un État-major de sécurité intérieure. Il serait dévolu à cet organe la mission de préparer et d'assurer le suivi des activités opérationnelles.

Là encore, les structures de la PESD peuvent servir de source d'inspiration puisque l'Union est déjà dotée d'un EMUE, qui est « devenu *de facto* une forme d'archétype de la Politique européenne de sécurité et de défense »[41]. Institué par une décision du Conseil du 22 janvier 2001[42] et modifié par la décision du 10 mai 2005[43], il s'agit d'un organe d'aide au commandement en matière de préparation, de prise de décision et de mise en œuvre. Installé également à Bruxelles et faisant partie du Secrétariat général du Conseil (DG E8), il travaille sous la direction du CMUE à qui il rend compte.

L'EMUE a trois fonctions : l'alerte rapide, l'évaluation des situations et la planification stratégique. Pour ce qui relève de l'alerte rapide, il surveille les crises potentielles et avertit le CMUE en cas de crise imminente ou déclarée. Pour ce qui ressortit à l'évaluation des situations, il centralise le renseignement militaire[44]. Il travaille en liaison étroite avec le Sitcen qui analyse le renseignement civil[45] et, comme lui, ne réalise pas de collecte de l'information.

Pour ce qui est de la planification stratégique, il a pour tâche de préparer les opérations dès qu'une crise apparaît à partir du moment que les autorités politiques de l'Union européenne approuvent l'idée d'une option stratégique militaire. Avant la crise, il contribue à la préparation des forces nationales et multinationales ainsi qu'à l'élaboration des concepts, d'une doctrine et des plans concernant le recours à des moyens militaires. En cas de crise et pendant les opérations, il suit tous les

41 Morel, J. F., « L'état-major de l'Union européenne se déploie », in *Défense nationale*, n° 61, Paris, juillet 2005, p. 19.

42 *JOCE* L 27 du 30.1.2001, p. 7.

43 *JOCE* L 132 du 26.5.2005, p. 17.

44 En France, le service compétent est la Direction du renseignement militaire (DRM) fondée sur le Décret n° 92-523 du 16 juin 1992 publié au *JORF* du 17 juin 1992 (NOR:DEFD9201508D). La DRM est un organisme interarmées responsable du renseignement militaire. À ce titre, elle est chargée du recueil de l'information, de son analyse et de sa diffusion vers les différentes composantes de l'armée.

45 En France, le service compétent est la Direction générale de la Sécurité extérieure (DGSE). Placée sous l'autorité du ministre de la Défense, elle est chargée, « de rechercher et d'exploiter les renseignements intéressant la sécurité de la France, ainsi que de détecter et d'entraver, hors du territoire national, les activités d'espionnage dirigées contre les intérêts français afin d'en prévenir les conséquences » (art. 2 du décret du Président de la République non délibéré en Conseil des Ministres n° 82-306 du 2 avril 1982 portant création d'une direction générale de la sécurité extérieure [*JORF* « Lois et Décrets » du 4 avril 1982, p. 1034]).

aspects militaires des opérations et fournit un travail de réflexion en vue de formuler de nouvelles options au CMUE.

B. Les moyens d'agir : la naissance de « forces » européennes

Nous identifions différents domaines dans lesquels des réservoirs capacitaires existent ou sont en voie de réalisation. En premier lieu, il s'agit de la gestion civile des crises avec la constitution de forces de police européennes. En deuxième lieu, il s'agit de la gestion des frontières extérieures avec l'instauration d'équipes d'intervention rapide sous l'égide de Frontex (Rabits). En troisième lieu, il s'agit de la sécurité civile avec le projet de modules[46].

Les premiers travaux en matière de réservoirs capacitaires ont été menés au sein de la PESD. Dans le cadre de l'OGC 2008, les États membres ont mis l'accent sur la qualité et l'adéquation des unités engagées dans les missions envisagées, la Conférence d'offre d'engagement de novembre 2004 ayant constaté que l'objectif relatif au volume des forces avait, *mutatis mutandis*, été atteint[47]. Dans cette optique, les États ont décidé de rendre l'Union plus réactive concernant la mobilisation des moyens relatifs aux opérations de gestion de crise. Ils ont donc développé des réservoirs capacitaires sous forme d'unités préconstituées (1).

Indépendamment de leur nature, tous les réservoirs capacitaires compétents en matière de sécurité intérieure se présentent sous forme modulaire (2) : les différentes composantes interagissent mais elles demeurent autonomes. Par ailleurs, il s'agit d'unités projetables sur un théâtre d'opération dans un court délai. Ce sont des forces de réaction rapide (3).

1. Des forces préconstituées

Les premières forces préconstituées ont été créées en matière de gestion civile de crise. Il s'agissait des forces de police intégrées : la Gendarmerie européenne (EuroGendFor), les Unités de police intégrées et les Forces de police constituées. La Gendarmerie européenne est une force civilo-militaire constituée dans le cadre de la PESD. Le projet relatif à sa création a été présenté le 17 septembre 2004 à Noordwijk aux Pays-Bas lors de la réunion des ministres de la Défense dans le cadre de

---

46 Bien qu'il ne s'agisse pas ici à proprement parler de sécurité intérieure mais de sécurité civile. Néanmoins, il nous paraît intéressant de mener un parallélisme qui existe en termes d'évolution de ces trois types de force : les forces de police européennes dans le cadre de la gestion civile de crise, les Rabits et les modules de protection civile.

47 En effet, elle a observé le fait que les capacités disponibles étaient de 5761 unités en matière de police, 631 unités en matière d'état de droit, 562 unités en matière d'administration civile et 4988 unités en matière de protection civile.

la conférence sur le renforcement des capacités militaires[48]. Au cours de cette réunion, les ministres ont convenu de mettre en place un réservoir capacitaire de 800 gendarmes[49]. Pour y parvenir, les pays participants à la FIEP ont mis à disposition des unités de gendarmerie et assimilées. D'autres États membres, qui ne possèdent pas de force à statut militaire, mais dont les unités de police présentent des similitudes sur le plan de l'organisation et du fonctionnement ont rejoint le projet[50]. La Gendarmerie européenne est à présent opérationnelle. Des éléments d'EuroGendFor participent depuis le mois de novembre 2007 à l'Unité de police intégrée faisant partie de la mission Althéa en Bosnie-et-Herzégovine.

Actuellement, EuroGendFor est composée de quatre modules. Le premier est celui de direction de la force. Il s'agit d'un état-major opérationnel (FHQ), basé à Vincenza en Italie. Son rôle consiste à conduire une *fact finding mission* en vue d'une opération future, à apporter son concours au CMUE en matière de planification stratégique, à produire l'OPLAN et à fournir des avis techniques en vue de l'élaboration de documents comme les règles d'engagement ou un accord sur le statut des forces[51].

Les trois autres modules sont respectivement :

- un groupement « opération » composé d'escadrons de gendarmerie mobile (et d'unités équivalentes) essentiellement destiné à assurer le maintien de l'ordre public,
- une compagnie composée d'unités de police judiciaire[52] et d'unités spécialisées dans le traitement du renseignement[53] et dans différents phénomènes criminels (terrorisme, criminalité organisée etc.),
- une compagnie logistique chargée du soutien des différentes unités opérationnelles.

---

48 *Le Figaro* du 17 septembre 2004.

49 Nowak, A., « *Civilian crisis management within ESDP* », *op. cit.*, p. 20.
Plus précisément, il s'agit d'un réservoir de 800 hommes mobilisables en 30 jours qui s'inscrit lui-même dans un réservoir global de 2 300 hommes.

50 Le texte du traité fondateur d'EuroGendFor est disponible à l'adresse suivante : http://www.gnr.pt/eurogendfor/pdf/Treatyenglishversion.pdf

51 Assemblée de l'Union de l'Europe occidentale (UEO), *Le rôle de la Force de gendarmerie européenne*, Rapport, doc. A/1928, 16 mai 2006.

52 Pour ce qui est de la France, elles émanent des SR, des BRD et des BR.

53 En France, elles sont issues du Service Technique de Recherches Judiciaires et de Documentation (STRJD). Le STRJD est, pour la DGGN, l'organe qui centralise et analyse les informations à l'échelon national en matière criminelle.

Les Unités de police intégrées (UPI) peuvent renforcer les capacités de la Gendarmerie européenne ou agir indépendamment. Elles sont constituées, à l'instar de la Gendarmerie européenne, de forces de police à statut militaire. Ce sont des groupes de 250 hommes environ (UPI de type A) ou de 150 hommes environ (UPI de type B). Les UPI de type A sont formées d'une à trois unités de maintien de l'ordre, d'un groupe logistique et d'un groupe spécial. Ce groupe spécial est déterminé en fonction de l'orientation souhaitée pour l'UPI. Ce peut être une unité axée sur le renseignement, la sécurité publique, l'extraction en cas de situation difficile[54]. Les UPI de type B sont composées d'un escadron de gendarmerie mobile ou équivalent (environ 75 hommes), d'un groupe logistique (de dix à vingt hommes) et d'un groupe spécial. À l'instar du groupe des UPI de type A, celui des UPI de type B est formé d'éléments issus d'unités nationales sélectionnées en fonction du profil de l'UPI désiré.

Les Forces de police constituées ou *Formed Police Units* (FPU) sont les pendants des UPI pour ce qui est des forces de police à statut civil. Les FPU ont vocation à agir de manière autonome par rapport aux UPI et aux unités de la Gendarmerie européenne.

Ces dispositifs sont des réservoirs capacitaires de police destinés à accomplir des tâches de gestion de crises dans le cadre des missions de « Petersberg élargies ». Leur genèse remonte au début des années 2000. En effet, les ministres des affaires étrangères réunis en marge du Conseil européen de Santa Maria da Feira avaient indiqué, dans la déclaration adoptée à l'issue de la conférence d'offre d'engagements[55], que les États membres devaient fournir des unités de police interopérables et à déploiement rapide. Le plan d'action relatif aux capacités civiles, adopté par le Conseil le 12 décembre 2005, reprend cette idée en évoquant, parmi les mesures qu'il contient, la mise sur pied de capacités civiles rapidement déployables.

La génération de telles forces s'inscrit dans le cadre des efforts menés dans la perspective de la réalisation de l'OGC 2008[56] tel qu'il a été

---

54 Ainsi, en fonction des besoins, seront adjoints des unités de la DGGN issues de la Gendarmerie départementale ou de la Gendarmerie mobile (par exemple des éléments du Groupe d'Intervention de la Gendarmerie Nationale (GIGN), comme des hommes de la section intervention).

55 Doc. du Conseil n° 15193/01 du 11 décembre 2001.

56 *Mutatis mutandis*, les ambitions de l'OGCM sont la mise en place des capacités adéquates de soutien aux missions de planification opérationnelle, la création de structures rapidement déployables, le renforcement de la collaboration entre les éléments civils et militaires du dispositif de gestion civile de crises, la conduite simultanée des missions civiles et l'organisation d'exercices civilo-militaires.

défini par le Conseil européen du 17 décembre 2004[57]. L'OGC 2008 suit une philosophie parallèle à celle menée en matière militaire au même moment[58]. Ayant constaté que les buts fixés par l'Objectif global de capacité en matière militaire de 2003 (ou OGCM 2003) avaient été atteints pour ce qui relevait du développement des capacités militaires touchant à la gestion de crise, le Conseil européen des 17 et 18 juin a émis un nouvel objectif dans ce domaine : l'OGCM 2010. Avec ce nouvel objectif, les États membres se sont engagés à être en mesure, d'ici 2010, à réagir par une action rapide en appliquant une approche cohérente à tout l'éventail des opérations de gestion de crise. Autrement dit, ils ont entendu mettre l'accent sur le volume des forces engagées, mais aussi sur leur interopérabilité et sur leur rapidité de déploiement[59].

Dans ces circonstances, le CMUE a évalué le PAEC et a actualisé sa feuille de route pour prendre en compte les nouveaux besoins engendrés par l'OGCM 2010. Comme l'OGCM 2010, les efforts réalisés dans le cadre de l'OGC 2008 ont porté sur l'interopérabilité des forces envoyées au sein des missions civiles et sur leur rapidité de déploiement. En effet, l'expérience tirée des premières missions, essentiellement les missions de police, a révélé que les difficultés portaient sur l'inadéquation des formations, l'inadaptation des matériels et l'absence de coordination entre les forces envoyées sur place[60].

Une difficulté apparue lors des premières missions était le caractère *ad hoc* des éléments projetés sur le théâtre d'opération. En effet, la démarche entreprise par les États était trop réactive : une fois prise la décision de constituer une mission, ils sélectionnaient les forces à mobiliser parmi celles identifiées dans le cadre de l'OGCM. Or, cette démarche était coûteuse en énergie et en temps. Elle était longue à

---

57 Doc. du Conseil n° 15547/04 du 13 décembre 2004, COSDP 766, PESC 1085, CIVCOM 287.

58 « Le Conseil européen a ainsi placé le développement des capacités militaires et civiles sur deux voies séparées, mais parallèles » (doc. du Conseil du 9 novembre 2007, n° 14807/07).

59 Pour ce faire, l'accent a été mis sur l'interopérabilité des forces, leur déployabilité, la chaîne de commandement et le renseignement. Par rapport à l'OGCM 2003, qui avait essentiellement un aspect quantitatif, l'OGCM 2010 se concentre davantage sur des objectifs qualitatifs.

60 Les travaux menés par le Secrétariat général du Conseil en 2005 et 2006 pour l'élaboration de l'OGC 2008 a permis de déterminer précisément les moyens disponibles et les lacunes existantes en matière de capacités dans le domaine de la gestion civile de crise. Une note du Secrétariat précise que si des besoins étaient « couverts de manière satisfaisante » dans certains domaines, il existait encore des insuffisances concernant les juges et les procureurs aux niveaux local et régional, le personnel pénitentiaire, les policiers aux niveaux des cadres subalternes moyens et les agents de police des frontières au niveau subalterne » (doc. du Conseil du 20 octobre 2006, n° 14199/06).

mettre en place puisqu'il fallait recenser les besoins, définir les moyens disponibles que les États acceptent *a priori* d'engager et déterminer, après des tractations difficiles, celui ou ceux prêts à fournir un effort supplémentaire pour combler les lacunes résultant de l'écart entre les besoins envisagés et les capacités disponibles *a priori*.

Sur le plan méthodologique, à l'instar de la méthodologie utilisée en matière militaire, le CIVCOM, avec l'aide de la cellule civilo-militaire, a développé un plan d'action[61] afin d'atteindre l'OGC 2008.

Toutefois, la méthodologie retenue n'est pas aussi précise que celle destinée à arriver aux buts fixés par l'OGCM 2010.

En effet, pour parvenir aux buts énoncés par l'OGCM, le CMUE appuyé par l'EMUE s'est employé à dresser une série de catalogues[62] à partir desquels la feuille de route du PAEC a été mise à jour pour prendre en compte les nouveaux besoins engendrés par l'OGCM 2010 et les progrès accomplis jusqu'à maintenant concernant l'amélioration des capacités[63]. Ce processus des catalogues constitue, en quelque sorte, une expression du besoin militaire qui a été prise en compte à partir de l'année 2008 par l'Agence européenne de défense (AED)[64] chargée d'y répondre. Pour ce faire, l'Agence a élaboré, en collaboration avec le CMUE, un « Plan de développement des capacités ». Ce plan est destiné à permettre aux États membres d'identifier de manière exhaustive les lacunes en matière de capacités militaires et à les aider à dresser les priorités dans leurs investissements à court et long terme[65].

---

61 Communiqué de presse du Conseil du 21 décembre 2005 (Presse 306, n° 14713/05).

62 Un premier catalogue dit « de besoins », vise à traduire les missions contenues dans la Stratégie européenne de sécurité en termes de capacités nécessaires. Un deuxième catalogue dit « de force », permet d'apprécier les capacités existantes susceptibles déjà de répondre aux besoins identifiés par le premier catalogue. Un troisième catalogue dit « de progrès », définit les lacunes à combler au regard des capacités dont l'Union doit se doter en vertu du premier catalogue et de celles répertoriées dans le deuxième catalogue.

63 Actuellement, le catalogue de besoins a été établi en 2005 et celui de force en 2006. Le catalogue de progrès a, pour sa part, été dressé en 2007. Une hiérarchisation des lacunes fondées sur le catalogue de progrès a été réalisée en avril 2008. Les lacunes jugées les plus critiques portent en particulier sur les capacités de transport interthéâtres, le transport tactique, et le ravitaillement en vol.

64 Fondée sur une action commune du 12 juillet 2004 (action commune 2004/551/PESC publiée au *JOCE* L 245 du 17.7.2004, p. 17), l'AED, située à Bruxelles, a notamment pour objectif « le développement des capacités de défense dans le domaine de la gestion des crises » et « la promotion et l'amélioration de la coopération européenne dans le domaine de l'armement » (art. 5.3 de l'action commune).

65 Le but de ce plan, approuvé par le comité directeur de l'AED le 8 juillet 2008, est de présenter une projection des besoins capacitaires en 2025, d'aider les États membres dans leurs décisions en matière de choix capacitaires, et de faire converger leurs vi-

En comparaison, il n'y a pas de catalogues dressés en matière civile. Seuls des « scénarios illustratifs » ont été identifiés afin de déterminer les besoins de l'Union en termes de capacité de gestion de crise[66].

Toutefois, les rapprochements en matière de méthodologie dans le domaine du développement de l'offre de capacité civile et militaire, pourraient s'amplifier. En effet, le Conseil européen a approuvé les 11 et 12 décembre 2008 un OGC pour les années 2008-2010 (« OGC 2010 ») afin que les deux processus soient menés de manière synchronisée[67]. En outre, l'approche européenne en matière de développement des capacités sous forme d'Objectifs globaux tel qu'il existe va être revue, l'idée étant d'avoir une démarche conjointe en matière civile et militaire[68].

Dans cette optique, l'AED est amené à jouer un rôle plus important. Ainsi, avec le Plan de développement des capacités, ses travaux s'orientent progressivement vers l'identification des remèdes aux besoins à long terme en matière de capacité. Une fois les besoins identifiés par le CMUE, la direction « Capacité » de l'agence axer ses efforts vers

---

sions en termes de besoins à court et long terme, de stimuler la coopération entre eux, et de faciliter le lancement de nouveaux programmes communs.

66 Les « scénarios illustratifs » sont des scénarii virtuels de planification. Ils portent sur : I.A – La stabilisation et la reconstruction, y compris une mission de substitution ; I.B – La stabilisation et la reconstruction ; II – La prévention des conflits, notamment les missions d'observation et le soutien aux bureaux des Représentants spéciaux de l'Union européenne ; III – Le renforcement ciblé des institutions ; IV – Le soutien civil aux opérations humanitaires (doc. du Conseil du 9 novembre 2007, n° 14807/07).

67 Conformément à la déclaration sur les capacités adoptée par le Conseil le 10 novembre 2008, l'Union européenne devrait être à même de déployer 60 000 hommes en 60 jours pour une opération majeure dans le cadre de l'OGCM 2010. Dans le cadre de l'OGC 2010, elle doit notamment être capable de planifier et de conduire simultanément, deux opérations de stabilisation et de reconstruction comprenant au maximum 10 000 hommes pendant deux ans, et une douzaine de missions PESD civiles qui se dérouleraient sur plusieurs années (ce qui correspond *mutatis mutandis* à la situation actuelle).Les progrès accomplis vis-à-vis des objectifs énoncés dans cette déclaration devraient être évalués par le Conseil en novembre 2009.

68 L'idée serait de réaliser des programmes courts nécessitant une réponse ponctuelle. Ces programmes fondés sur une identification de besoins capacitaires opérationnels urgents, seraient rapidement actionnables et ils permettraient une bonne visibilité de la politique de l'Union européenne en matière de développement des capacités dans le domaine de la gestion de crise. À côté de cela, seraient développés des programmes plus longs, d'une vingtaine d'années environ. Ces programmes, qui reposeraient sur une analyse des tendances capacitaires à long terme, seraient menés dans le cadre d'un processus glissant. Une idée actuellement à l'étude serait de ne plus avoir d'Objectif global doté d'un délai déterminé, par exemple un OGC 2020, mais d'effectuer un travail sans cesse réactualisé en fonction du renouvellement des demandes, elles-mêmes fonction de la transformation des crises et de l'évolution des progrès techniques concernant le matériel

l'élaboration de solutions[69]. Or, si actuellement l'action de celle-ci vise à faciliter la mise en œuvre du catalogue de progrès définis en 2007 en matière militaire, elle est susceptible s'étendre à l'avenir aux questions de capacités en matière civile en participant à la formulation de réponses à des besoins exprimés en la matière.

2. *Des forces modulaires*

Les forces de police en matière de gestion civile de crise apparaissent comme des réservoirs capacitaires flexibles. En effet, les différents éléments constituant ses composantes, sont adaptés en fonction des missions qu'elles doivent remplir.

Comme les Groupes d'intervention régionaux (GIR), les forces préconstituées sont des « forces de frappe modulaire »[70], c'est-à-dire à la fois modulables dans la mesure où la structure est d'envergure variable, et modulaires puisque des éléments peuvent y être ajoutés en fonction de la nature et de la complexité des actes à mener.

Les forces préconstituées présentent aussi un lien de parenté avec les futurs éléments d'intervention de la protection civile (a) conçus de manière souple afin d'y adjoindre les unités nationales correspondant au profil recherché pour assurer une réponse efficace aux besoins exprimés sur le terrain.

La création de forces de police modulaires s'inscrit dans une évolution du concept des missions de l'Union en matière de gestion de crise. Prévues à la base pour prendre le relais des missions militaires en agissant en phase de théâtre stabilisé, celles de nature civile sont à présent utilisées dans toutes les phases de la crise, voire même de manière anticipative[71], c'est-à-dire dans le cadre de la politique de l'Union en matière de prévention des conflits. Cette évolution sur le plan fonctionnel s'accompagne non seulement d'une évolution en termes de méthodologie de réponses apportées aux besoins capacitaires (nous venons de le constater dans le paragraphe précédent), mais aussi d'une transformation sur le plan organique. Jadis conçues par spécialité, les missions deviennent interdisciplinaires (b). Cette résorption progressive des

---

69 À ce sujet, le rapport du premier semestre 2008 de la présidence concernant la PESD (doc. du Conseil du 16 juin 2008, n° 10415/08, COSDP 502, PESC 734, CIVCOM 302), précise que les travaux, réalisés dans le cadre du Plan de développement des capacités, « ont progressé en vue de la définition des tendances et des spécificités qui pourraient se dégager en matière de capacités jusqu'en 2025 et au-delà, et les États membres participants ont accéléré l'apport de projets éventuels de collaboration à la base de données dédiée en y intégrant leurs contributions nationales ».

70 Dimpre, O., « La lutte contre l'économie souterraine – l'action des GIR », in *Gendarmerie nationale*, n° 214, Paris, 1er trimestre 2005, p. 75.

71 Nowak, A., « Civilian crisis management within ESDP », *op. cit.*, p. 28.

clivages entre les aspects militaires se traduit d'une part, par une modification dans la chaîne de commandement et d'autre part, par une transformation de la nature et des buts des missions civiles et militaires (c).

a. Des analogies avec les futurs éléments d'intervention de la protection civile

La Gendarmerie européenne, les UPI et les FPU sont des forces modulaires dans la mesure où elles disposent de composantes formées d'unités spécialisées couplées à des unités généralistes (comme des unités logistiques), capables d'agir de manière indépendante. Ainsi, en fonction des besoins, le CIVCOM décide de dépêcher les forces dont le profil est adapté au mieux à la situation.

À titre de comparaison, des travaux fondés sur l'approche modulaire ont également été entrepris en matière de sécurité civile. En effet, les institutions de l'Union européenne et les États membres ont entamé une vaste réflexion concernant le développement des capacités dans le cadre des opérations de protection civile sur la base de cette approche. Ils ont constaté que les équipes étaient envoyées sur les lieux de la catastrophe au coup par coup. Leurs membres intervenaient, soit dans le cadre d'équipes nationales (en coordination avec d'autres États membres), soit dans une moindre mesure, dans celui d'équipes mixtes (composées d'équipes de pays différents). Toutes ces équipes étaient constituées de manière *ad hoc*, en fonction des besoins du moment et des capacités disponibles. De ce point de vue, elles s'apparentaient davantage à des mécanismes d'association de type équipes communes d'enquête ou patrouilles communes. Or, la catastrophe provoquée par le Tsunami dans l'Océan indien a révélé les faiblesses du dispositif, en particulier le caractère improvisé du déploiement des équipes et la mauvaise coordination entre elles. Les institutions de l'Union européenne et les États membres ont alors décidé d'avoir une approche plus proactive en dotant l'Union de capacités sous forme modulaire.

La mise à l'agenda des modules de protection civile a été réalisée par le Conseil lors de sa réunion extraordinaire du 7 janvier 2005[72], qui a appelé à examiner les possibilités de doter l'Union d'une force d'intervention rapide en cas de catastrophe. En réponse aux demandes du Conseil, la Commission, dans sa communication du 20 avril 2005[73], a émis l'idée de la création de « modules d'intervention » déployables rapidement dans le cadre d'une opération européenne de protection civile. Ces modules autonomes, identifiés à l'avance, constitueraient des

[72] Doc. du Conseil du 7 janvier 2005, n° 5187/05, DEVGEN 3, COSI 4, RELEX 10.

[73] Communication du 20 avril 2005 intitulée « Perfectionner le Mécanisme communautaire de protection civile » (COM(2005)137).

ensembles cohérents de secours mobilisables au cas par cas[74]. Ils seraient composés d'éléments au profil variable afin de donner une réponse adéquate aux nécessités spécifiques à chaque situation d'urgence rencontrée. Cette idée a été relayée par la présidence du Conseil, dans un document de suivi du 20 mai 2005[75]. Une fois l'aval du Conseil retenu, la Commission a présenté, le 26 janvier 2006, une proposition de règlement pour concrétiser son idée.

Le Conseil européen des 15 et 16 juin 2006[76] a fait de cette problématique une priorité en demandant aux institutions de poursuivre les travaux pour développer les capacités en matière de protection civile. Le règlement a été adopté par le Conseil le 8 novembre 2007[77], de sorte que ces modules disposent d'une base juridique dans le droit européen dérivé. En vertu de ce règlement, ils sont constitués, à titre volontaire, par un ou plusieurs États membres, de ressources capables d'intervenir très rapidement sur les lieux de la catastrophe pour exercer des missions de protection civile. Le texte précise en outre qu'ils sont aptes à agir en interopérabilité avec d'autres modules et à travailler de manière autosuffisante et autonome pendant une période donnée, si les circonstances sur place l'exigent.

La Commission, dans une communication du 5 mars 2008[78], propose d'entamer l'identification des lacunes des ressources affectées aux interventions. À l'image de l'approche utilisée en matière de gestion de crise, elle suggère, après l'exercice de détermination des carences, un travail sur les possibilités de les résorber. À cet égard, elle propose la mise en place de ressources de réserve reposant sur deux composantes principales. La première est la création de modules principaux, formés

---

74 Ces modules seraient composés de moyens nationaux de protection civile.

En France, les capacités de droit commun sont les services départementaux d'incendie et de secours (SDIS). Les SDIS sont des établissements publics qui comportent un corps départemental de sapeurs pompiers, avec un service de santé et de secours médical (SSSM). Chacun des SDIS est organisé de manière déconcentrée sous forme de groupements territoriaux eux-mêmes subdivisés en compagnies. Les compagnies rassemblent des centres d'incendie et de secours (CIS) auxquels sont rattachés les centres d'intervention (CI).

Les SDIS sont appuyés par les moyens nationaux avec, en premier lieu, les unités d'instruction et d'intervention de la sécurité civile (UIISC). Ces unités, au nombre de trois, sont composées de 1500 hommes capables d'intervenir sur tout type de catastrophe.

75 Doc. du Conseil du 20 mai 2005, n° 8961/1/05.

76 Point 14, premier tiret des conclusions (doc. du Conseil n° 10633/06 du 16 juin 2006, CONCL 2).

77 Décision 2007/779/CE, Euratom du Conseil du 8 novembre 2007 instituant un mécanisme communautaire de protection civile (*JOCE* L 314 du 1.12.207, p. 9).

78 Intitulée « Renforcer la capacité de l'Union européenne en matière de catastrophe » (COM(2008)130).

des équipes d'intervention nationales, et de moyens européens complémentaires. Ces moyens seraient conçus de manière subsidiaire, l'objectif étant de ne pas faire duplication avec des moyens nationaux existants. Pour mettre en œuvre le mécanisme développé dans cette communication, la Commission entend utiliser les fonds de l'Union disponibles sous forme de projet pilote ou d'action préparatoire.

De son côté, le Conseil, s'appuyant sur les travaux de la Commission, a adopté les 27 et 28 novembre 2008, des conclusions[79] dans lesquelles il encourage les États membres à développer les modules de protection civile, à les recenser et à les enregistrer dans les meilleurs délais. Pour l'heure, ces modules ont été testés lors de l'exercice réalisé en France (exercice Var 2008). La période de rodage n'est pas encore achevée, celle-ci devant durer jusqu'en 2010. Le but de ces modules est de permettre aux unités nationales de protection civile de travailler ensemble de manière optimale[80]. Contrairement aux GT, il ne s'agit pas de développer des modules de veille à travers l'instauration de tours de garde volontaires déterminés par les États membres. Le but est de recenser des moyens déployables rapidement en cas de besoin. Les modules de protection civile sont nationaux ou multinationaux, ces derniers comprenant des moyens de pays ne pouvant pas à eux seuls mettre à disposition un module de protection, ou portant sur des moyens considérables (tel qu'un module visant à déployer un hôpital de campagne) et nécessitant à ce titre le concours de différents États membres[81]. Afin d'optimiser le fonctionnement de ces modules, des efforts sont actuellement fournis en matière de formation[82] et de collaboration entre l'Union européenne et les Nations unies[83].

---

79 Conclusions du Conseil appelant au renforcement des capacités de protection civile par un système de surveillance mutuelle basé sur l'approche modulaire de la protection civile (doc. du Conseil n° 15653/08 du 14 novembre 2008).

80 Ainsi, l'expérience a montré qu'une action aérienne efficace en matière de feu de forêt devait comporter l'intervention de plusieurs appareils ainsi que la mobilisation d'une équipe de soutien pour chacun des appareils concernés. C'est dans cette perspective que la France a mis en place, dans son module aérien contre les feux de forêt, deux canadairs et deux équipes de soutien.

81 En France, les modules sont constitués d'hommes et de matériels issus notamment des SDIS et des UIISC. La France a mis en place, outre le module aérien contre les feux de forêt, un module compétent en matière de sauvetage et de déblaiement, et un module spécialisé en matière d'intervention dans un environnement NRBC.

82 Dans cette résolution adoptée les 27 et 28 novembre 2008 (doc. du Conseil n° 15520/08 du 14 novembre 2008), le Conseil appelle la Commission à présenter des propositions destinées à mettre en place un dispositif européen de formation à la gestion des catastrophes. Ce dispositif, fondé sur la mise en réseau des instituts nationaux de formation, des universités et des centres de formation à l'aide humanitaire, devrait englober notamment des lignes directrices opérationnelles communes destinées à la

b. Des forces qui s'inscrivent dans un contexte d'interdisciplinarité

L'évolution des forces de police en matière de gestion civile de crise s'oriente dans deux directions. D'abord, les institutions de l'Union européenne et les États membres semblent vouloir partiellement réorienter les missions de gestion de crises sur un rôle plus axé sur des fonctions de substitution. À cet égard, l'OGC 2008, a, sans pour autant abandonner le rôle de renforcement, mis l'accent sur celui de remplacement[84], dans un pays tiers, des services policiers défaillants[85]. Si la plupart des missions actuelles sont orientées vers l'encadrement, comme par exemple, la mission EUPOL Afghanistan, d'autres sont articulés autour de missions renforcement, accompagnés autour d'actions de substitution. À cet égard, l'action commune du 2 février 2003 instituant la mission EULEX Kosovo[86], envisage clairement cette fonction[87]. En outre, certaines missions civiles de gestion de crise remplissent de facto, des missions de substitution. C'est le cas par exemple avec la mission EUPOL RD Congo (2005-2008) et EUSEC RD Congo (2005-2009)[88]. Ce glissement partiel des fonctions des missions de gestion de crise s'explique de deux manières. D'abord, pour ce qui est des missions de police, il s'avère que certaines d'entre elles disposent d'unités pouvant remplir ce type de fonction. C'est le cas de celles appartenant aux UPI impliquées dans des missions de police. De surcroît, la limite entre le rôle de renforcement et celui de substitution est parfois ténue.

---

formation des personnels participants aux modules, ainsi qu'une académie virtuelle européenne de protection civile.

83 Résolution du Conseil adoptée les 27 et 28 novembre 2008 sur le renforcement des relations entre l'Union européenne et les Nations unies en matière de capacité de réaction en cas de catastrophe (doc. du Conseil n° 14795/08 du 27 octobre 2008).

84 D'ailleurs, la substitution est l'un des scenarii d'emploi de la FGE.

85 Nonobstant, nous constatons en pratique qu'il ne s'agit que d'une amorce car les missions actuelles reflètent peu, dans les faits, cette réorientation.

86 Action commune 2008/124/PESC du 4 février 2008 relative à la mission « État de droit » menée par l'Union européenne au Kosovo (EULEX KOSOVO) (*JOCE* L 42 du 16.2.2008, p. 92).

87 L'art. 3 énonce que la mission suit, encadre et conseille les institutions compétentes du Kosovo dans tous les domaines liés au secteur plus vaste de l'État de droit (y compris les douanes), tout en assumant certaines responsabilités exécutives. Elle assure le maintien et la promotion de l'État de droit, de l'ordre et de la sécurité publics, y compris, si nécessaire en concertation avec les autorités civiles internationales concernées au Kosovo, en modifiant ou en annulant des décisions opérationnelles prises par les autorités kosovares compétentes.

88 Action commune 2005/355/PESC du Conseil du 2 mai 2005 relative à la mission de conseil et d'assistance de l'Union européenne en matière de réforme du secteur de la sécurité en République démocratique du Congo (RDC) (*JOCE* L 112 du 3.5.2005, p. 20).

Ensuite et surtout, un mouvement de multidisciplinarisation des missions civiles s'opère. Autrement dit, certaines forces préconstituées effectuent un décloisonnement entre les différentes composantes du volet civil des missions de gestion de crises. C'est encore le cas de la mission EULEX Kosovo qui vise à assister les autorités kosovares pour assurer la stabilité politique en développant une police et un système judiciaire et civil multiethnique. Composée de 1800 hommes et dotée d'un budget de 205 millions d'euros pour les seize premiers mois, c'est-à-dire juin 2009, elle a pour rôle d'assurer le fonctionnement de la justice et le maintien de l'ordre public, et de lutter contre la corruption et les autres formes de criminalité, en particulier la criminalité organisée.

Deux missions d'assistance à la frontière opèrent aussi un décloisonnement en réalisant un mélange des aspects police et administration civile. La première a été mise en place au point de passage de Rafah (EU BAM Rafah)[89] pour la période 2005-2009. Son but est d'assurer la présence d'une tierce partie à ce point de passage. Elle agit en supervisant la manière dont les autorités palestiniennes mettent en œuvre les accords de sécurité. Elle encadre aussi l'action des services de celle-ci et facilite le contact entre les autorités égyptiennes, palestiniennes et israéliennes[90].

La deuxième a été mise sur pied aux confins de l'Ukraine et de la Moldavie (EU BAM Moldavie/Ukraine)[91] pour la période 2005-2009. Son rôle consiste en l'envoi d'experts pour assister les autorités nationales dans leur lutte contre les commerces illicites. En 2008, l'EU BAM Moldavie/Ukraine comprenait 190 membres issus de vingt-deux États membres de l'Union[92]. Disposant au cours de cette année d'un budget supérieur à 12,2 millions d'euros, elle possédait six bureaux de campagne[93]. Son action consistait à moderniser les systèmes d'inspection, à assurer une formation en matière de fraude documentaire, à aider à l'instauration de dispositifs de coordination des administrations compé-

---

89 Action commune 2005/889/PESC du 12 décembre 2005 établissant une mission de l'Union européenne d'assistance à la frontière au point de passage de Rafah (EU BAM Rafah) (*JOCE* L 327 du 14.12.2005, p. 28).

90 La mission a suspendu ses opérations depuis la fermeture du point de passage le 14 juin 2007. Cependant, le Conseil a prorogé son mandat en indiquant que l'Union européenne sera prête à redéployer EU BAM Rafah dès que les conditions le permettront.

91 Action commune 2005/776/PESC du Conseil du 7 novembre 2005 modifiant le mandat du représentant spécial de l'Union européenne pour la Moldavie (*JOCE* L 292 du 8.11.2005, p. 13).

92 À l'exception de l'Espagne, Malte, le Luxembourg, l'Irlande et la Suède.

93 À Otaçi (frontière entre la Moldavie et l'Ukraine), dans la capitale (Chisinau), dans le port ukrainien d'Odessa, et dans trois autres villes : Basarabeasca, Kuchuran et Kotovs.

tentes en matière de gestion des frontières, à accentuer la lutte contre la corruption, et à former les services douaniers en matière de sensibilisation de l'opinion publique aux questions de trafics illégaux[94].

Les développements actuels concernant les missions de gestion de crises, conduisent à la création de forces aux composantes multiples, comme les missions EUPOL RD Congo (2005-2008) et EUSEC RD Congo (2005-2009)[95] menées parallèlement.

À côté de l'EUPOL RD Congo analysée précédemment, l'EUSEC RD Congo concerne la réforme du secteur de la sécurité au Congo. En effet, elle vise à apporter un soutien concret en matière de réforme de l'armée congolaise et un appui à une bonne gouvernance en matière de sécurité en veillant à promouvoir des politiques compatibles avec les droits de l'Homme, les normes démocratiques et le respect de l'État de droit[96].

Il en est de même pour la mission qui est actuellement conduite en Guinée-Bissau (EU RSS Guinée-Bissau)[97]. Cette mission, prévue pour douze mois (2008-2009), a pour but notamment d'aider à opérer une réduction des effectifs des forces armées et de sécurité ainsi que leur restructuration. Elle comporte également un volet policier, un volet « État de droit » et un volet administration civile.

Parallèlement à ce phénomène de multidisciplinarisation des composantes civiles des forces de gestion de crise, nous assistons à une complémentarité croissante entre les missions civiles et les missions militaires[98].

Il est vrai que depuis la mise en place des unes et des autres, les institutions de l'Union européenne et les États membres ont toujours considéré que l'exercice simultané de missions militaire et policière n'était pas incompatible. En effet, les missions de police pouvaient intervenir

---

94 *Agence Europe* du 18 mars 2008.

95 Action commune 2005/355/PESC du Conseil du 2 mai 2005 relative à la mission de conseil et d'assistance de l'Union européenne en matière de réforme du secteur de la sécurité en République démocratique du Congo (RDC) (*JOCE* L 112 du 3.5.2005, p. 20).

96 Selon les termes des art. 1 et 2 de l'action commune instituant l'EUSEC RD Congo.

97 Action commune 2008/112/PESC du Conseil du 12 février 2008 relative à la mission de l'Union européenne visant à soutenir la réforme du secteur de la sécurité en République de Guinée-Bissau (UE RSS GUINÉE-BISSAU) (*JOCE* L 40 du 14.2.2008, p. 11).

98 L'Union a mené six missions militaires jusqu'à maintenant : Artémis au Congo et Concordia en Macédoine en 2003, Athéa en Bosnie-et-Herzégovine en 2004, la mission de soutien à l'Amis II en 2005 (cette mission de soutien est, nous le verrons dans ce paragraphe, de nature mixte), l'EURFOR RD Congo en 2006, l'EUROFOR Tchad RCA en 2008.

en présence d'une mission militaire en période de crise. C'est le cas de la MPUE, toujours en fonction, qui a accompli ses missions en relation étroite avec Althéa. Althéa est la troisième opération militaire de l'Union. Il remplace la Stabilisation Force in Bosnia and Herzegovina (SFOR) menée par l'OTAN[99].

En outre, les ministres de la Défense du Conseil ont entériné l'idée selon laquelle les composantes civiles d'une mission œuvreraient en étroite collaboration avec les missions militaires, voire formeraient avec elles une seule et même mission. À cet égard, ils ont précisé qu'ils appliqueraient « une approche différente de celle que nous avons appliquée, il y a dix ans en Bosnie-et-Herzégovine où la distinction était clairement établie entre les opérations militaires et civiles »[100]. Une telle évolution a également été admise par le Conseil européen des 17 et 18 juin 2004, qui a indiqué le fait que les missions civiles de gestion de crise pouvaient être déployées soit de manière autonome, soit conjointement, soit en liaison avec des opérations militaires[101].

c. Une résorption progressive des clivages à travers une modification dans la chaîne de commandement et une transformation de la nature et des buts des missions civiles et militaires

Cette résorption progressive des clivages entre les aspects militaires relevant des missions militaires, et les aspects civils du ressort des forces de police, se traduit de trois manières.

Primo, elle prend la forme, nous l'avons vu, d'une synchronisation des objectifs globaux de capacité (OGC et OGCM) dans l'esprit affiché par le Conseil européen des 11 et 12 décembre 2008, d'une complémentarité accrue entre eux. Une telle résorption s'exprime aussi par le souhait émis par les États membres que l'AED mène une réflexion dans le domaine du développement des capacités en matière militaire mais aussi en matière civile[102].

---

99 La SFOR a pris le relais en 1996 à l'IFOR (Implementation Force). L'IFOR était une force internationale de maintien de la paix dirigée par l'OTAN destinée mettre en place et à surveiller les aspects militaires de l'accord de Dayton.

100 *Europolitique* du 4 octobre 2006.

101 Assemblée de l'Union de l'Europe occidentale (UEO), *Le rôle de la Force de gendarmerie européenne*, *op. cit.*

102 Pour être complet, un scénario pilote illustratif commun a été élaboré au premier semestre 2008. Ce scénario vise à soutenir les processus de développement des capacités tant militaires que civiles.

Ce scénario a servi aux travaux menés au cours du deuxième semestre 2008, destinés à mettre au point une option stratégique civile, cette dernière s'insérant dans le cadre de l'objectif global de capacité en matière militaire (OGCM 2010).

Secundo, elle se manifeste par la création d'une structure unique de planification civilo-militaire au niveau stratégique pour les missions civiles et militaires. Cette structure unique, avalisée par le Conseil européen des 11 et 12 décembre 2008, consiste en l'instauration d'une direction générale chargée des crises, dont les effectifs proviendront de la DG E8 et de la DG E9, qui est la direction générale compétente pour traiter notamment des aspects militaires de la gestion de crises. Cette nouvelle direction générale a vocation à chapeauter l'EMUE et la *Civilian Planning and Conduct Capability* (CPCC). La CPCC a pour tâche de produire les capacités nécessaires à une planification opérationnelle de niveau stratégique en vue d'une réaction à une crise à travers l'intervention éventuelle d'une mission civile. Elle travaille, dans la perspective d'une coordination civilo-militaire[103], en liaison avec les différents acteurs de la chaîne de commandement militaire compétents en matière de planification, en particulier le *Operational Headquarter* (OHQ)[104], et la Cellule civilo-militaire, en matière de planification. Elle a pour mission d'élaborer, en collaboration avec l'EMUE, un *option paper* pour le COPS déterminant la nature de la mission de gestion de crise à conduire. Elle joue le rôle d'état-major stratégique au service du commandant d'opération. Plus précisément, elle réalise une planification opérationnelle de niveau stratégique de nature générique (planification

103 Nous distinguons la planification de défense stratégique (dite encore planification de défense) et la planification opérationnelle au niveau stratégique. La planification de défense stratégique est destinée à recenser les besoins capacitaires et à élaborer les doctrines d'emploi des forces, et ceci, à moyen et long terme. En France, c'est l'État major des Armées (EMA) qui réalise cette opération. Au niveau de l'Union européenne, il n'existe qu'un travail de coordination des politiques nationales effectué par le CMUE avec l'appui de l'EMUE et de l'AED (même si, l'agence n'effectue pas de travail de planification. Elle met en œuvre une série d'action dans le domaine du développement des capacités en réponse aux réflexions menées par CMUE en matière de coordination). Ce travail accompli par le CMUE a pour ambition d'orienter les politiques de planification de défense stratégique des États membres et ceci, pour répondre aux besoins capacitaires identifiés au sein de l'Union.

Pour sa part, la planification opérationnelle concerne la planification en lien avec une opération donnée. Elle est réalisée à différents niveaux : stratégique et opératif. En France, ce travail de planification opérationnelle est effectué par le CPCO au niveau stratégique et l'État-major interarmées (EMIA-FE) au niveau opératif. Au niveau de l'Union européenne, elle est menée (en matière militaire tout au moins), au niveau stratégique par l'OHQ désigné et dans une certaine mesure par l'EMUE. Au niveau opératif, elle est réalisée par le FHQ désigné.

Suite à une conférence interministérielle à Wiesbaden et à une demande du Conseil en mai 2007, des travaux de restructuration de l'EMUE ont été réalisés, visant notamment à renforcer la capacité du comité militaire en matière de planification opérationnelle au niveau stratégique.

104 Qui ont pour mission, pour leur part, de produire une planification opérationnelle.

dite « à froid »)[105] et une planification opérationnelle de niveau stratégique de contingence (planification dite « à chaud »)[106] en matière civile[107]. Elle dispose également des capacités d'un état-major c'est-à-dire, outre la planification, le soutien logistique et la conduite des opérations effectuées par les missions civiles de gestion de crises[108].

Tertio, cette résorption s'exprime par un rapprochement des dimensions militaire et civile des missions. D'une part, certaines missions revêtent les deux aspects, civil et militaire, car elles comportent des unités spécialisées dans les deux à la fois. C'est le cas de des missions impliquant des forces mixtes par nature. Ces forces sont la FGE et les UPI dont les éléments revêtent *per se* ces deux dimensions puisqu'elles

---

[105] La planification « à froid » (ou planification d'anticipation) est un travail élaboré dans la perspective d'une opération future, en amont, c'est-à-dire avant l'éclatement d'une crise. Il s'agit d'une forme de planification opérationnelle effectuée surtout au niveau stratégique. Elle est réalisée en France par le CPCO et la Délégation aux affaires stratégiques (DAS). Au niveau européen, il n'existe pas d'organisme de planification d'anticipation. L'EMUE, en particulier son unité « *Policy and Plans* », travaille dans ce contexte mais sans réaliser véritablement de planification « à froid » au sens où nous l'avons défini. La Cellule civilo-militaire de l'EMUE et ses composantes, qu'il s'agisse de son centre opérationnel (*Opcenter*) ou de son centre de situation (*Watch keeping Cell* ou WKC), n'ont pas la mission, du moins de manière officielle, d'effectuer ce type de tâche. Ceci dit, dans le contexte des efforts du Conseil destinés à accroître la capacité militaire de planification au niveau stratégique, l'Union va renforcer progressivement ses capacités de planification opérationnelle de niveau stratégique « à froid ». Ce renforcement serait le résultat d'une meilleure collaboration entre l'EMUE et l'OHQ désigné en matière de planification, d'une augmentation en personnel de l'EMUE dans ce domaine, et surtout, nous le verrons plus loin, de la mise en place au sein du Secrétariat général de la DG « crises ».

[106] La planification « à chaud » (ou planification de mise en œuvre) est effectuée avant l'envoi éventuel de troupes dans le cadre d'une opération. Ce type de planification est mené dès qu'une crise a éclaté ou lorsque celle-ci est imminente. En France, elle est réalisée essentiellement par le CPCO. Au niveau de l'Union européenne, cette tâche revient à l'OHQ désigné. Le Conseil du 10 novembre 2008 a décidé de renforcer la capacité militaire de planification opérationnelle précoce au niveau stratégique, l'idée étant d'assurer une meilleure transition dans le domaine de la planification entre l'EMUE d'une part, et par l'OHQ désigné d'autre part. En effet, l'idée qui préside aux efforts entrepris est d'assurer un relai entre le travail de planification effectué par l'EMUE en matière de planification précoce « à chaud », et celui accompli l'OHQ désigné (ce dernier étant pour sa part, compétent concernant la conduite de la force au niveau stratégique).

[107] En partenariat avec la DG E9 du secrétariat général du Conseil.

[108] La CPCC est également chargée de la conduite des opérations civiles. Elle a sa tête un directeur, qui fait office de commandant d'opération. Il « donne des "instructions" au chef de mission auquel il "fournit par ailleurs des conseils et un soutien technique" ». Ce directeur a « l'autorité directe sur toutes les missions civiles en cours, en liaison avec le COPS. Et tous les chefs de mission doivent en référer à lui. Il a [pour mission] la mise en œuvre adéquate et effective des décisions du COPS » (*Europolitique* n °3531 du 19 mai 2008).

sont composées d'unités de gendarmerie et assimilées. Cette implication de forces civilo-militaires et, plus généralement, ce rapprochement entre les missions militaires et celles de nature civile, témoigne de la volonté des institutions de l'Union européenne et des États membres de réaliser une continuité entre la phase de nature militaire et celle de nature civile[109].

À la lumière de l'expérience accumulée en matière de gestion de crise, les hypothèses dans lesquelles les missions militaires étaient engagées et celles où les missions de police l'étaient de leur côté, mettaient en exergue une situation intermédiaire où aucune des forces ne semblait être l'instrument pertinent. En effet, les institutions de l'Union européenne et les États membres ont constaté l'existence d'une zone grise formant une étape de transition entre la phase militaire, qui correspond aux hypothèses de crises aiguës pour lesquelles les missions militaires sont amenées à intervenir, et les phases de crise moins intenses, dites « phase de théâtre stabilisé » où les missions de police sont compétentes. Or, dans ces circonstances, les forces impliquant des unités de gendarmerie sont apparues comme des capacités adéquates pour assurer, au cours de cette phase de transition, les différentes tâches assignées aux missions de l'Union, en particulier celle du maintien de l'ordre. À cet égard, du fait de ses caractéristiques[110], la gendarmerie présente l'avantage d'être une « force de continuité ». Elle peut assurer des missions dans le cadre de la gestion militaire des crises et de la gestion civile des crises. Elle constitue une force polyvalente dans la mesure où elle est capable de participer à tout type d'opération, qu'elle soit de nature militaire ou policière dans le cadre de crise de haute intensité, de « phase de sortie de crise »[111] et de théâtre stabilisé.

D'autre part, certaines missions militaires et civiles sont menées en partenariat étroit. *Primo*, les missions civiles de gestion de crise « nouvelles générations » impliquent dans leurs personnels des militaires. Ainsi, la mission de soutien à la mission de l'Union africaine au Darfour (AMIS I) était dotée de composantes policières et militaires. En effet, cette mission, qui a démarré ses activités en 2005 et qui s'est achevée en

109 Outre la volonté de réaliser une continuité entre la phase de nature militaire et celle de nature civile, les institutions de l'Union et les États membres s'efforcent de coordonner les travaux concernant les réponses aux besoins capacitaires en matière civile d'une part, et militaire d'autre part. Ainsi, les « scénarios illustratifs » développés dans le cadre de l'OGC 2008 sont coordonnés avec leurs équivalents dans le cadre de l'OGCM 2010.

110 La gendarmerie est une force duale en étant à la fois militaire et civile.

111 Ars, F., « Un outil original des crises : la Force de police européenne », in *La défense en Europe – avancées et limites*, Paris, La documentation française, 2005, p. 205.

2007, disposait d'une équipe de police et d'une équipe militaire[112]. *Secundo,* elles concilient, concilient étroitement la dimension militaire et les différents aspects de la dimension civile. C'est le cas de la mission EUSEC RD Congo, évoquée précédemment, spécialisée en matière d'*institutions building. Tertio*, des missions civiles et militaires se déroulent concomitamment sur un même territoire. C'est le cas en Bosnie-et-Herzégovine, avec la MPUE et Althéa. C'est aussi le cas des missions EUPOL RD Congo, EUSEC RD Congo et EUFOR RD Congo[113] qui ont opéré simultanément. Celles-ci ont fait l'objet d'une coordination étroite au niveau de la conduite sur le terrain.

Reste que le partenariat des missions militaires et civiles est naissant. En effet, préconisé par le Conseil européen des 17 et 18 juin 2004 et par le Conseil européen informel de Hampton Court du 27 octobre 2005, il se développe progressivement avec la mise en place d'une coordination civilo-militaire au niveau de la chaîne de commandement, et avec l'intensification des relations entre les missions envoyées sur les théâtres extérieurs. En tout état de cause, il n'existe pas véritablement de chaîne décisionnelle civilo-militaire. Il y a deux chaînes de parallèles, l'une civile (CIVCOM – CPCC – DG E8) et l'autre militaire (CMUE – EMUE – DG E9 – OHQ – FHQ). Ces deux chaînes sont reliées entre elles au niveau polico-diplomatique par le COPS. Elles se caractérisent par un décloisonnement des services au sein du Secrétariat général du Conseil avec la création de la nouvelle direction générale[114] et par la mise en synergie des capacités de planification. Dans ce contexte, si nous observons un rapprochement de la chaîne de commandement en matière civile et de la chaîne de commandement en matière militaire, nous n'assistons pas à leur fusion. En effet, la création de cette nouvelle direction générale ne signifie pas l'instauration d'une structure de conduite et de planification unique. La conduite reste d'une part, du domaine d'une entité permanente en matière civile, la CPCC, et d'autre part, d'une entité non permanente en matière militaire, en l'occurrence un OHQ désigné à cet effet[115]. La planification demeure, elle aussi,

---

[112] Action commune 2005/557/PESC du Conseil du 18 juillet 2005 concernant l'action de soutien civilo-militaire de l'Union européenne à la mission de l'Union africaine dans la région soudanaise du Darfour (*JOCE* L 112 du 3.5.2005, p. 20).

[113] Qui s'est achevée le 30 novembre 2006.

[114] Cette nouvelle direction générale, qui sera chargée des tâches de planification des missions de gestion de crises, devrait entraîner un aménagement des fonctions de la CPCC qui sera davantage vers tournée vers la conduite des forces.

[115] Ceci dit, avec la création de cette nouvelle direction générale, les rapports entre l'EMUE (structure permanente) et l'OHQ (structure non permanente) sont amenés à évoluer notablement dans la mesure où, pour assurer une bonne transition du travail de planification réalisé par l'EMUE en amont, et par l'OHQ en aval, du personnel en provenance de l'EMUE sera envoyé au sein de l'OHQ. En conséquence, si en théo-

différentiée. Il n'est pas question de mettre en place un processus de planification unifié. Il s'agit d'un processus de planification conjoint, celui-ci étant auparavant seulement coordonné.

Il possible de dresser le même constat concernant les missions de gestion de crises. Nous pouvons observer certes un rapprochement des missions civiles et militaires, mais pas l'amorce d'un développement de missions civilo-militaires, c'est-à-dire des missions mixtes avec une composante militaire et une ou plusieurs composantes civiles. Les missions militaires demeurent juxtaposées aux missions civiles, ces dernières pouvant avoir différentes composantes à l'exception toutefois de la composante militaire.

Sur ce dernier point, ajoutons que la création d'une force civilo-militaire n'a d'intérêt que dans la mesure où les aspects civils et militaires sont compatibles. Si à l'origine, les objectifs des missions civiles étaient surtout orientés vers l'*institutions building* (donc des missions de renforcement), et les objectifs des missions militaires étaient davantage tournés vers l'accomplissement de tâches de substitution dans le cadre d'actions de *peace keeping* ou de *peace enforcement*, nous observons un rapprochement progressif de chacun d'eux. Il y a un infléchissement des tâches accomplies des missions civiles dans des perspectives de *peace enforcement* (dans le cadre d'un rôle de substitution). Inversement, il existe un glissement de la nature des actions des missions militaires vers des tâches d'*institutions building* [*via* les actions de réforme du secteur de sécurité du pays tiers d'accueil de la mission (RSS), et celles de désarmement, de mobilisation et de réintégration (DDR)]). À l'avenir, des missions civilo-militaires seraient envisageables si deux conditions étaient remplies. Il faudrait que l'Union dispose, à défaut d'une chaîne de commandement civilo-militaire unifiée, de deux chaînes l'un civile et l'autre militaire agissant étroitement dans un cadre d'un processus de coordination civilo-militaire renforcé. Il faudrait aussi que les missions civiles, en particulier la composante police, s'orientent davantage vers des actions de substitution couvrant différents degrés du spectre de la crise et que simultanément les missions militaires développent des actions en matière de réforme du secteur de sécurité.

3. Des forces rapidement mobilisables

Les forces préconstituées en matière de gestion de crise ont pour but de faire face à une situation dans un pays tiers qui peut dégénérer de jour en jour. Dans ce contexte, l'Union doit pouvoir projeter les capacités nécessaires le plus vite possible pour éviter l'augmentation de l'intensité

---

rie, les deux structures et leurs attributions respectives demeurent clairement distinctes, reste qu'en pratique, il se peut qu'à l'avenir, la situation soit moins claire.

de la crise. Dans le même registre, les capacités de protection civile préconstituées doivent pouvoir être acheminées très rapidement sur les lieux d'une catastrophe. En effet, les chances de retrouver des victimes encore en vie se réduisent d'heure en heure. Nous avons examiné les forces préconstituées en matière de gestion de crise et les modules de protection civile plus en amont. Reste les équipes d'intervention rapide de Frontex (Rabits) (a).

Nous observons un parallèle entre les travaux ayant trait aux forces rapidement mobilisables compétentes en matière de sécurité intérieure, et les travaux menés dans le cadre du développement des capacités en matière militaire. Plus particulièrement, les forces préconstituées dans le cadre de la gestion civile de crise et les Rabits[116] sont des forces de réaction rapide dont le modèle se rapproche de la force européenne militaire de réaction rapide (FRRE) (b).

a. Les équipes d'intervention rapide de Frontex : les Rabits

Comme leur nom le précise, les Rabits sont des capacités de Frontex destinées à être déployées rapidement aux frontières extérieures pour permettre à l'Union européenne de résoudre une crise causée par des arrivées massives de migrants illégaux. Les différentes vagues de migrants au large des côtes italiennes, maltaises et espagnoles ont conduit les États membres et les institutions de l'Union à émettre l'idée de disposer de forces mobilisables dans un laps de temps très court dans les zones à la limite des frontières extérieures de l'Union. À cet égard, la Commission a présenté, le 19 juillet 2006, une proposition[117] de règlement établissant un mécanisme visant à fournir aux États membres une aide sous la forme d'équipes d'intervention rapide comprenant des gardes-frontières d'autres États membres.

À la lecture du règlement adopté par le Conseil le 11 juillet 2007[118], ces équipes sont composées d'agents de services d'États membres hôtes et de ceux d'autres États membres, dont le but consiste à effectuer les missions des gardes-frontières nationaux, accomplies en vertu du code

[116] Ainsi que les modules de protection civile par ailleurs.

[117] Proposition de règlement du Parlement européen et du Conseil instituant un mécanisme de création d'équipes d'intervention rapide aux frontières et modifiant le règlement (CE) n° 2007/2004 du Conseil pour ce qui a trait à ce mécanisme (COM(2006)401).

[118] Règlement (CE) n° 863/2007 du Parlement européen et du Conseil du 11 juillet 2007 instituant un mécanisme de création d'équipes d'intervention rapide aux frontières et modifiant le règlement (CE) n° 2007/2004 du Conseil pour ce qui a trait à ce mécanisme et définissant les tâches des agents invités (*JOCE* L 199 du 31.7.2007, p. 30).

frontières Schengen[119]. En particulier, leur intervention a lieu aux points de passage autorisés aux frontières extérieures, dans le cadre du contrôle des documents de voyage des individus qui s'y présentent, et, entre ces points, dans le contexte de la surveillance dans la zone limitrophe afin d'éviter des franchissements non autorisés.

Les Rabits agissent à la demande de l'un d'entre eux confronté à des situations critiques résultant d'afflux massif d'immigrants. Elles se présentent sous forme d'unités préconstituées destinées à être envoyées sur les lieux où elles ont vocation à intervenir, sur décision du directeur exécutif de Frontex. La procédure est la suivante : une fois la demande d'assistance reçue, le directeur prend la décision de déploiement dans un délai maximum de cinq jours. Un OPLAN est dressé par lui et l'État demandeur, sur la base des résultats des analyses de risques effectuées par l'organisation auxiliaire ainsi que des informations pertinentes éventuellement fournies par ledit État demandeur ou par un autre pays. Conformément à l'OPLAN élaboré, les équipes sont déployées sous délai de cinq jours maximum à compter de l'approbation de l'OPLAN par le directeur exécutif et l'État demandeur. Une fois ce déploiement réalisé, l'État hôte prend le relais et devient le responsable de l'opération en assurant le commandement de l'équipe.

Pour l'heure, l'expérience concernant ces équipes demeure encore très modeste. L'agence développe un curriculum relatif à la formation des Rabits et dispense des formations aux formateurs. Des exercices sont actuellement menés pour tester leur emploi et optimiser leur fonctionnement. Par exemple, un exercice nommé « Dacia 2008 » a été coordonné par Frontex au cours de l'année 2008 aux confins de la Roumanie et de la Moldavie.

En revanche, Frontex possède déjà des *pools* d'experts qu'il envoie rapidement sur place pour aider l'État qui en fait la demande sous forme de *fact finding missions*. Sur le plan fonctionnel, les Rabits sont censés être des équipes opérationnelles dans la mesure où ils sont dépêchés dans le but de fournir l'aide nécessaire à l'État requérant pour résoudre la crise à laquelle il est confronté. Au lieu de désigner au coup par coup des unités nationales susceptibles d'apporter cette aide, ils désignent celles susceptibles d'être mobilisées en cas de besoin[120], en les formant

119 Règlement (CE) n° 562/2006 du Parlement européen et du Conseil, du 15 mars 2006, établissant un code communautaire relatif au régime de franchissement des frontières par les personnes (code frontières Schengen) (*JOCE* L 105 du 13.4.2006, p. 1).

120 Sur la base d'une liste qui contient le nom de personnes émanant des services nationaux de sécurité intérieure des États membres et qualifiées pour participer à des actions effectuées par les Rabits.

et en organisant des exercices conjoints avec les États membres partenaires[121].

En comparaison, les *fact finding missions* forment une première réponse de la part de l'Union à la demande d'assistance de l'État mais elles n'apportent pas en soi de réponse à la crise. Elles sont envoyées de manière préalable afin d'évaluer les besoins sur le terrain[122]. Ce n'est que dans un deuxième temps, c'est-à-dire une fois la mission de reconnaissance effectuée, que la force opérationnelle composée de gardes-frontières de l'État hôte agissant, le cas échéant, de manière coordonnée avec ceux d'autres États membres dans le cadre d'opérations concertées[123] (ainsi que les Rabits, si l'on se tient strictement à la lecture du règlement les instituant), est envoyée aux frontières extérieures pour résoudre la crise.

En pratique, la distinction entre les *fact finding missions* d'une part, et les Rabits d'autre part, n'est pas claire. En premier lieu, les *fact finding missions* sont des équipes légères constituées de quelques hommes avec peu de matériel. Or, il en est de même pour les Rabits. En effet, lorsqu'une équipe de Rabits est dépêchée, il s'agit d'une dizaine d'hommes sélectionnés parmi la liste gérée par Frontex[124].

En deuxième lieu, les Rabits ne forment pas, en tant que tel, l'élément d'une force opérationnelle. Ils ne disposent pas du matériel, en particulier du matériel lourd, pour apporter une réponse efficace à un État qui doit faire face à une crise. De surcroît, et c'est un point que nous aborderons en conclusion, si le règlement prévoit que les Rabits peuvent être armés le cas échéant, il reste qu'ils constituent une unité de soutien spécifique aux gardes-frontières de l'État requérant. Il s'agit d'une force d'appoint destinée à faciliter l'action de la force opérationnelle. Dit autrement, ils n'apportent pas une réponse en tant que telle. Il s'agit seulement d'éléments de renfort à cette force qui, elle, sera en principe le cœur de la réponse à la demande d'assistance.

En troisième lieu, tous deux sont susceptibles d'être dépêchés avant ou en début de crise. Les *fact finding missions* sont envoyés lorsque la crise est imminente ou pendant celle-ci, pour préparer l'intervention d'une force opérationnelle. Or, de leur côté, les Rabits sont amenés à exercer, sur le même laps de temps, des missions proches de celles des

---

121 À ce sujet, un exercice s'est déroulé en Slovénie, du 7 au 11 avril 2008 le long de la frontière croate. Une trentaine de personnes issues de vingt États membres ont prit part à cet exercice organisé par la police nationale slovène avec le soutien de Frontex (*Agence Europe* du 15 avril 2008).

122 Gourlay, C., « Civil-Civil Co-ordination in EU crisis management », *Civilian crises management : the EU way*, in *Cahiers de Chaillot*, n° 90, Paris, juin 2006, p. 114.

123 Agissant dans le cadre d'actions concertées.

124 En France, ces spécialistes sont issus essentiellement de la DCPAF.

fact finding missions. En effet, ils sont susceptibles d'intervenir au début de la crise, au stade de l'évaluation de la situation avant le déploiement de la force opérationnelle. Ils sont amenés à collecter du renseignement et à évaluer la situation pour préparer le terrain de cette force composée des services du seul État requérant ou avec ceux d'autres pays partenaires. Les Rabits ont aussi vocation à être déployés avant la crise, sur des tronçons de la frontière jugés vulnérables sur la base des évaluations de Frontex. Comme les *fact finding missions*, il ne s'agit pas d'un dispositif pour répondre à un problème, mais seulement de fournir à l'agence européenne des renseignements complémentaires afin de lui permettre d'affiner son évaluation et de conseiller les services locaux, toujours à partir d'une requête émanant de ces services, dans un travail d'anticipation à la réponse qu'ils doivent fournir, notamment en matière de planification d'opérations à mener éventuellement.

Les *fact finding mission*s comme préalables au déploiement de la force opérationnelle existent dans d'autres domaines, en particulier en matière de gestion de crise et de protection civile.

En matière de gestion de crise, l'Union envoie des équipes d'experts, comme éléments précurseurs de missions notamment celles de nature civile. Le travail de ces équipes est « crucial »[125] pour la bonne planification de ces missions. De telles équipes ont été dépêchées en Iraq[126] en vue de la mise en place d'EUJUST LEX, et au Kosovo dans l'optique du déploiement de l'EULEX Kosovo[127]. En matière de protection civile, le CSI peut, conformément à la décision du 8 novembre 2007, immédiatement après une catastrophe en dehors de l'Union, assurer la coordination opérationnelle en envoyant une « équipe d'évaluation et de coordination »[128] dirigée par un « responsable de la coordination », destinée à

125 Nowak, A., « Civilian crisis management within ESDP », *op. cit.*, p. 25.

126 Action commune 2004/909/PESC du Conseil du 26 novembre 2004 constituant une équipe d'experts en vue de l'organisation éventuelle d'une mission intégrée de l'Union européenne agissant dans les domaines de la police, de l'État de droit et de l'administration civile en Iraq (*JOCE* L 381 du 28.12.2004, p. 84).

127 L'EULEX Kosovo fait suite à l'équipe consultative de l'Union européenne chargée des questions de police dans la République de Macédoine (EUPAT) qui a débuté ses activités le 1er juin 2006 (action commune 2006/304/PESC du Conseil du 10 avril 2006 sur la mise en place d'une équipe de planification de l'Union européenne (EPUE Kosovo) en vue de l'opération de gestion de crise que l'Union européenne pourrait mener au Kosovo dans le domaine de l'État de droit et, éventuellement, dans d'autres domaines [*JOCE* L 112 du 26.4.2006, p. 19]).

128 Composée d'experts techniques, d'experts d'évaluation et de membres des équipes de coordination. Les experts techniques sont chargés de fournir des conseils sur des questions spécifiques de haute technicité ainsi que sur les risques en question. Pour leur part, les experts d'évaluation ont, comme leur nom le précise, pour tâche d'évaluer la situation. Enfin, les membres des équipes de coordination sont constitués essentiellement de responsables de la logistique et des communications.

apprécier l'étendue de la catastrophe et à déterminer les moyens à acheminer.

b. Des forces de réaction rapide inspirées des Forces militaires de réaction rapide européenne (FRRE)

L'idée de créer une force militaire de réaction rapide remonte au Conseil européen d'Helsinki des 10 et 11 décembre 1999. Durant l'opération *Allied Harmony* au Kosovo, l'Union a constaté la lenteur du déploiement des unités militaires pour des opérations d'envergure. Pour remédier à cette carence, les ministres des États membres ont annoncé le 20 novembre 2000, la création de FRRE capables d'effectuer ce déploiement en soixante jours et de demeurer une année sur le théâtre d'opération.

La rapidité dans la mise en place des FRRE, qui existent depuis 2001, s'explique par la reconversion d'entités multinationales composées de moyens européens. En effet, de telles entités, certaines d'entre elles étant des réservoirs capacitaires militaires, étaient déjà disponibles avant la décision du Conseil européen d'Helsinki. Toutefois, toutes ont subi des transformations à des degrés divers pour se conformer aux déclarations exprimées le 20 novembre 2000. Les travaux ont porté sur la modification de leur structure et de leur organisation afin qu'elles puissent correspondre aux critères de la FFRE, en particulier en termes de déployabilité. Parmi ces entités, figurent le Corps européen, l'Eurofor, l'Euromarfor, le groupe aérien européen et le centre multimodal de coordination des mouvements.

Le Corps européen, créé en 1992, regroupe des unités allemandes, belges, espagnoles, françaises et luxembourgeoises. Il dispose d'un quartier général à Strasbourg, en France, et rassemble environ 900 militaires ainsi que 70 civils.

L'Eurofor (Force opérationnelle rapide européenne) a été créée en 1995. Elle réunit des effectifs d'Italie, de France, d'Espagne et du Portugal[129]. Il s'agit d'un réservoir capacitaire renouvelable tous les deux ans et constitué d'environ 25 000 hommes. Elle dispose d'un quartier général à Florence composé en permanence d'une unité militaire italienne.

L'Euromarfor est une force maritime créée en 1995 et composée des mêmes pays que ceux qui participent à l'Eurofor. Comme l'Eurfor, elle ne possède pas d'unité organique. Elle possède uniquement une structure faisant fonction d'état-major naval.

Le Groupe aérien européen (anciennement corps germano-néerlandais), fondé en 1994, est également un état-major. Situé à High-

---

[129] Le Portugal s'est joint à l'EUROFOR en 1996.

Wycombe au Royaume-Uni, il s'agit d'un groupe de réflexion dont le but est de permettre à la France, au Royaume-Uni, à l'Allemagne, aux Pays-Bas, à l'Espagne, à la Belgique et à l'Italie d'améliorer leurs capacités à œuvrer en commun dans ce domaine.

Enfin, le Centre multimodal de coordination des mouvements (*Multimodal Movement Coordination Cell* ou MMCC), créé en 2001 et basé à Eindhoven aux Pays-Bas, « gère les missions et coordonne les échanges d'une réserve technique de 270 appareils »[130].

Il existe, à côté ces FRRE, d'autres entités multinationales comme la Brigade franco-allemande et la force amphibie britannico-néerlandaise. Ces forces sont d'une importance inégale. Ainsi, l'Euromarfor est composée de 700 hommes alors que l'État-major du Corps européen pourrait devoir manœuvrer 60 000 hommes[131].

Outre les Euroforces, les FRRE rassemblent des groupements tactiques armés (GT). Les GT, ou « *Battle groups* », sont des éléments capables d'être opérationnels sur un théâtre de crise dans un laps de temps plus court que celui prévu pour les FRRE classiques. À cet égard, il s'agit de forces de réaction rapide déployables en dix jours. Ils sont constitués d'une force interarmées de la taille d'un bataillon et sont renforcés par des éléments d'appui tactique et de soutien logistique de combat, l'ensemble totalisant environ 1500 hommes. Toutefois, ce ne sont pas des unités militaires européennes au sens militaire classique. Il s'agit de réservoirs capacitaires préalablement identifiés et entraînés qui répondent à toute une série de critères de flexibilité et de déployabilité.

Le processus de genèse des GT est plus récent que celui visant à mettre sur pied les éléments de la FFRE. Alors que le projet de FREE a été élaboré en 2001 et inscrit dans l'OGCM 2003, celui des GT entre dans le cadre de l'OGCM 2010. L'idée de créer des GT est issue du sommet franco-britannique de Saint-Malo du 4 décembre 1998. En outre, au cours de l'opération Artémis, les États membres ont constaté qu'il était nécessaire que l'Union puisse avoir à sa disposition une force de réaction rapide déployable dans un délai très bref lors d'une action menée dans le cadre de la gestion militaire des crises.

Lors de la Conférence d'amélioration des capacités du 19 novembre 2001, les ministres ont souligné leur détermination à combler les lacunes identifiées. Par la suite, ils ont annoncé la décision de mettre sur pied des GT, au cours de la Conférence sur les capacités militaires le 22 novembre 2004[132]. À cette occasion, ils ont prévu que les premiers

---

130 *Europolitique* n° 3467 du 11 février 2008.

131 Ces 60 000 hommes appartiennent toujours aux pays membres de l'Eurocorps qui n'en disposent pas en temps de paix.

132 Doc. du Conseil n° 14887/1/04 du 22 novembre 2004.

d'entre eux verraient le jour dès 2005 et que, en 2007, ils devraient pouvoir mener deux missions simultanées[133]. Cette échéance a été respectée et, en 2007, les GT ont acquis leur pleine capacité opérationnelle. L'Union a le pouvoir, dix jours après la décision du Conseil de lancement de l'opération, de projeter une force de 1500 hommes pour une durée d'un à quatre mois.

À ce propos, l'idée a eu plus de succès que prévu, le nombre de GT était initialement de neuf[134]. Ce chiffre est actuellement atteint[135] même s'il existe encore des difficultés à pourvoir certains groupes tactiques[136].

Les GT-1500 constituent la composante terrestre. Ils sont formés d'un bataillon d'infanterie de trois unités de combat spécialisées dans un domaine spécifique, dotées de modules de mobilité et de modules de soutien. Ils disposent d'un commandement sur trois niveaux : un OHQ, un FHQ à capacité réduite et un état-major tactique spécifique à chaque GT-1500.

Deux autres dimensions de la réaction rapide ont été ajoutées à partir de 2007 : une dimension aérienne et une dimension maritime. La dimension maritime (*Maritime Rapid Response Concept* – MarRRC) forme la deuxième composante des GT. Elle émane d'une initiative française et répond aux mêmes critères que les GT-1500 en termes de déployabilité et de flexibilité. La dimension aérienne (*Air Rapid Response Concept* – AirRRC) constitue la troisième composante des GT. Actuellement le développement du MarRRC et du AirRRC est en cours. Il s'agit, pour l'Union, de se doter d'un mécanisme de mise à jour semestrielle fiable d'une base de données destinées à connaître la position et la disponibilité des unités de ces composantes[137]. En tout état de cause, les GT-1500 forment la base de la réaction rapide. Le AirRRC et le MarRRC sont des

---

133 Doc. du Conseil n° 15547 du 13 décembre 2004.

134 *Agence Europe* du 22 novembre 2004.

135 Selon la déclaration de la *Battlegroup Coordination Conference* du 26 octobre 2006, concernant les années 2007-2008.

136 D'après le ministre slovène de la Défense, à l'époque président en exercice du Conseil (*Agence Europe* du 26 mai 2008).

Deux GT sont de permanence chaque semestre. Au deuxième semestre 2008, un GT était sous la responsabilité de l'Allemagne et un autre sous celle du Royaume-Uni. L'Italie et la Grèce forment les nations cadres responsables des GT constitués pour le premier semestre 2009. De manière générale, les GT sont alimentés par le pays chef de file, c'est-à-dire nation cadre, mais aussi par d'autres États membres qui se portent volontaires pour mettre à disposition des moyens matériels et humains (ainsi qu'un OHQ). La procédure d'alimentation s'effectue dans le cadre de conférences sur l'offre de capacités. Le processus se déroule selon un tableau prévisionnel et complété au fil du temps, et ceci en fonction de l'apport des États membres, voire de pays tiers.

137 Ainsi, la base de données concernant le MarRRC a été alimentée en avril 2008 et en octobre 2008.

banques de données destinées à savoir quelles unités aériennes ou maritimes appuient l'opération. Elles permettent « d'identifier les ressources maritimes et aériennes disponibles immédiatement dans le cas de crise »[138].

Pour l'instant le développement des GT et de leurs deux dimensions (air et mer) est en cours. Les banques de données MarRRC et AirRRC sont en phase de finalisation[139] et un guide de préparation des GT a été rédigé en juillet 2008 qui fournit les normes communes d'entraînement.

Parallèlement aux travaux destinés à agréger des composantes air et mer aux GT-1500, la présidence française du Conseil a suggéré de rendre ceux-ci multidisciplinaires. Le but n'est pas de modifier leur cadre d'emploi (en utilisant les GT à d'autres fins ou à la place des conférences de génération de forces par exemple), mais d'aller vers un concept plus ouvert en associant des services de police[140].

II. Une tendance à élaborer des instruments inédits aux méthodes innovantes

Il existe quatre domaines dans lesquels se manifeste, d'un point de vue fonctionnel, l'intégration de la dimension horizontale du paysage européen de la sécurité intérieure. En premier lieu, il s'agit du principe de territorialité (A). Nous y observons des aménagements de plus en plus importants dans la mesure où les dispositifs mentionnés dans le chapitre précédent comme la poursuite transfrontalière ou les équipes communes d'enquête, se renforcent. Ils se perfectionnent de sorte que les services de sécurité intérieure d'un État membre puissent non seulement pénétrer plus facilement sur le territoire de l'État hôte, mais aussi disposer de pouvoirs pour agir sur celui-ci.

En deuxième lieu, il s'agit de l'échange d'informations policières. Un nouveau principe en matière d'entraide est instauré, celui de la disponibilité (B). Ce concept « constitue une nouvelle forme de coopération sans précédent »[141]. À travers lui, les institutions de l'Union européenne et les États membres dans le cadre des coopérations régionales

---

138 Propos tenus par Henri Bétengeat et recueillis par *Agence Europe* (27 mars 2007).

139 Afin de valider les résultats des travaux destinés à développer la dimension aérienne des GT, la France a organisé un exercice nommé « BAPEX 08 » en décembre 2008. Cet exercice, auquel ont participé six pays, consistait en un déploiement d'une base aérienne à partir de moyens fondés sur une conférence de génération de forces, ces dernières étant elles-mêmes issues dans la base AirRRC.

140 *Europolitique* n° 3545 du 6 juin 2008.

141 Expression utilisée par la Commission dans sa proposition de décision-cadre présentée le 12 octobre 2005, relative à l'échange d'informations en vertu du principe de disponibilité (COM(2005)490).

réglementent le partage de renseignements entre les services nationaux de sécurité intérieure en abandonnant le principe traditionnel de la requête.

En troisième lieu, il s'agit du stockage informatisé des données. L'intégration sur le plan fonctionnel se traduit par l'apparition de fichiers européens de nouvelle génération (C).

Il existe deux différences majeures par rapport aux fichiers de première génération. D'abord, les données collectées ne sont pas exclusivement nationales. Elles peuvent provenir de pays et d'organisations tierces directement, c'est-à-dire sans transiter par les bases de données nationales. Ensuite, même si les informations qui alimentent les fichiers sont d'origine nationale, celles qu'ils stockent sont susceptibles d'être nouvelles. Autrement dit, les données figurant dans les fichiers européens sont, dans ce contexte, distinctes des données transmises par les services des États membres.

En quatrième lieu, il s'agit de l'évaluation des phénomènes portant atteinte à la sécurité intérieure de l'Union européenne et à celle des États membres. Nous assistons à la production au niveau de l'Union de documents destinés à apprécier la portée de ces phénomènes (D).

A. Des aménagements de plus en plus importants de la règle de la territorialité

Au terme de l'analyse du droit de l'Union européenne et du droit issu de la coopération régionale, il est possible de constater que les atténuations du principe sont de plus en plus étendues. L'application de certains dispositifs constitue même des exceptions ponctuelles, les services invités pouvant exercer des prérogatives en lien avec l'exercice de la coercition sur le territoire de l'État hôte (1).

Toutefois, en dépit de cette extension, les textes contiennent toujours certaines dispositions qui paralysent les effets d'une intégration plus poussée (2). D'abord, l'État d'accueil conserve la capacité, à tout instant, de « reprendre la main » en donnant des instructions aux services des autres États membres qui interviennent sur son territoire. Ensuite, le droit applicable reste local. Autrement dit, il demeure celui de l'État d'accueil en vertu de la règle du *locus regit actum*.

1. Des dispositifs déployés par l'Union et les États membres : entre atténuation de la portée de la règle et entorses au principe

L'expérience issue de la coopération Schengen avait mis en exergue l'efficacité limitée des dispositifs institués en raison des restrictions posées quant à leur usage. C'est pourquoi, les textes postérieurs à celle-ci (c'est-à-dire après son intégration dans le droit de l'Union) sont plus ambitieux dans la mesure où ils visent à assouplir des conditions d'intervention permettant aux services d'un État de pénétrer plus facilement sur le territoire d'un autre État membre et d'y agir plus efficacement (a). Certains textes accordent même à ces services d'exercer des prérogatives dites « de souveraineté ». Il s'agit de la possibilité donnée par l'État hôte, en faveur de services qui ne dépendent pas de lui, d'exercer certaines compétences en matière d'investigation qui, le cas échéant, sont liées à la coercition (b).

a. L'assouplissement des conditions d'intervention

Les experts nationaux ont constaté que la naissance de dispositifs destinés à améliorer la collaboration entre les services nationaux de sécurité intérieure, ayant pour effet d'assouplir l'application du principe de la territorialité, constituaient un progrès. Cependant, les restrictions opérées par les textes instituant ces dispositifs entraînaient une limitation de l'action des services nationaux en dehors de leur État d'origine. À cet égard, les experts ont dénoncé un encadrement trop strict de leur exercice qui rend leur intervention partiellement inopérante.

Ainsi, une note de la présidence de la coopération Schengen[142] a souligné le fait que la convention d'application de l'accord de Schengen, dans sa rédaction initiale, permettait l'observation transfrontalière uniquement dans le cas des personnes présumées avoir commis un fait punissable ou avoir participé à la commission de celle-ci. *A contrario*, cette TSE ne pouvait pas porter sur les individus appartenant à l'entourage de la personne mise en cause ou de ses victimes. Or, de telles restrictions ont privé le service enquêteur d'un outil qui lui aurait permis de se procurer des informations susceptibles de remonter jusqu'au suspect[143].

Dans le même sens, un document de la présidence belge du Conseil[144] remis au groupe « coopération policière » a mis en exergue les problèmes suscités par la rédaction des art. 40 et 41 CAS relatifs à l'observation et la poursuite transfrontalières par voie aérienne, ferroviaire, maritime et fluviale. Concernant plus particulièrement les poursuites réalisées à l'aide d'aéronefs de la police, il faisait valoir l'inadaptation des procédures appliquées par l'octroi des autorisations judiciaires, qui étaient le plus souvent accordées trop tard compte tenu de la vitesse à laquelle les déplacements avaient lieu.

---

142 Doc. du 22 avril 1999, SCH/I (99) rev. 2.

143 Le document évoque par exemple, des observations concernant le conjoint d'un individu en fuite ou la victime d'un chantage lors de la remise d'argent.

144 Doc. du Conseil du 13 juin 2001, n° 9834/01, ENFOPOL 60.

Face à ces difficultés, différentes mesures ont été prises par l'Union européenne dans le cadre des coopérations régionales. Le Conseil a adopté, le 2 octobre 2003, une décision[145] destinée à étendre l'observation à toute personne « à l'égard de laquelle il y a de sérieuses raisons de croire qu'elle peut conduire à l'identification ou la localisation de la personne » présumée avoir participé à un fait punissable. La décision élargit aussi la liste des infractions contenues à l'art. 40 CAS. Il ajoute en particulier, les filières d'immigration illégale, le blanchiment de capitaux, la participation à une organisation criminelle et les actes de terrorisme.

La convention d'entraide policière Benelux contient aussi des dispositions relatives à la poursuite et à l'observation transfrontalière. Pour ce qui est de la poursuite, elle supprime[146] la restriction à la réalisation d'actes contenus dans la liste figurant dans la disposition de la convention d'application de l'accord de Schengen consacrée aux poursuites transfrontalières[147]. En outre, le texte n'impose aucune limitation de temps concernant les prérogatives des services poursuivants (notamment en matière d'interpellation). Enfin, elle notifie que la poursuite peut être exercée par le franchissement des frontières terrestres, aériennes, maritimes et fluviales[148].

Toujours concernant la poursuite, la convention d'entraide policière Benelux étend les circonstances dans lesquelles un service national peut franchir la frontière. Celui-ci a le droit de pénétrer sur le territoire d'un autre État partie, en cas de situation urgente, afin, non seulement d'empêcher un danger aigu à l'intégrité physique des personnes, mais aussi un danger sur les biens ou la santé ou pour éviter tout trouble à l'ordre public. La nécessité de flagrant délit n'est plus requise. Les poursuites transfrontalières peuvent être exercées à la seule condition que l'individu soit suspecté d'une infraction susceptible de donner lieu à l'émission d'un mandat d'arrêt européen.

Concernant l'observation transfrontalière, la convention d'entraide policière Benelux renseigne que tous les moyens techniques peuvent être employés pour mener à bien ce type d'opération, à condition qu'ils soient autorisés par le droit de l'État d'accueil.

---

145 Décision 2003/725/JAI du Conseil du 2 octobre 2003 modifiant les dispositions de l'article 40, paragraphes 1 et 7, de la convention d'application de l'accord de Schengen du 14 juin 1985 relatif à la suppression graduelle des contrôles aux frontières communes) (*JOCE* L 260 du 11.10.2003, p. 37).

146 L'art. 18 de la convention.

147 L'art. 41 CAS dispose que ce type d'opération est autorisé pour tout acte punissable d'une peine d'emprisonnement ou susceptible de faire l'objet d'une extradition.

148 Art. 18 de la convention. Il en est de même pour l'observation (art. 19).

Le traité de Prüm, tout comme la décision intégrant une partie du traité de Prüm dans le droit de l'Union, n'aborde pas spécifiquement les questions d'observation et de poursuite. En revanche, il permet à un service national de pénétrer sur le territoire d'un autre État partie sans que ce franchissement ne soit limité à la commission d'un acte répréhensible grave. De même que pour la convention d'entraide policière Benelux, un tel franchissement peut se dérouler dans toutes les circonstances permettant d'empêcher un danger imminent à l'intégrité physique des personnes. En outre, il peut avoir lieu pour tout type de frontières, qu'elles soient terrestres ou non.

Le traité de Prüm offre aussi de nouvelles perspectives en permettant aux services nationaux d'un État membre d'intervenir dans l'espace aérien d'un autre État membre, indépendamment des dispositifs existants, notamment ceux liés à la poursuite et à l'observation transfrontalière. En effet, il accepte le déploiement des *sky marshals* (ou *air marshals*) dans les compagnies aériennes enregistrées auprès des États parties. Il s'agit d'agents des services nationaux de sécurité intérieure destinés à intervenir à l'intérieur des aéronefs[149].

b. L'octroi de prérogatives liées, le cas échéant, à la coercition

Les textes élaborés dans le cadre de l'Union européenne et des coopérations régionales, donnent la possibilité aux États d'accorder, aux services de sécurité intérieure des autres États membres, un ensemble de prérogatives dont certaines sont liées à la coercition dans le cadre de missions de police judiciaire et de police administrative.

En matière de police judiciaire, les dispositions de la CEEJ et celles de la décision-cadre relatives aux équipes communes d'enquête sont rédigées de manière à laisser la possibilité aux États d'attribuer certains pouvoirs d'enquête aux services participant aux équipes émanant des autres États membres présentes sur leur sol. Nous avons constaté, dans le chapitre précédent, que les États membres peuvent décider de ne leur attribuer aucun pouvoir d'enquête spécifique (option minimaliste) mais

149 L'art. 17 consacré aux *air marshals* prévoit que chaque État puisse déployer des agents de services de sécurité intérieure conformément à différentes conventions relatives au droit international aérien, notamment celle de Chicago du 7 décembre 1944.

Dans beaucoup d'États membres, la législation ne permettait pas ce dispositif, mais les attentats terroristes du 11 septembre 2001 ont remis cette question à l'ordre du jour. Les raisons invoquées par certains d'entre eux, étaient liées au respect de la règle de la territorialité (ceux-ci ne souhaitaient pas la présence d'agents de services de sécurité intérieure d'un autre État membre au sein de l'aéronef lorsque ces derniers pénétraient leur espace aérien) et l'approche qu'ils pouvaient avoir en matière de sécurité des appareils en vol (ils estimaient que la présence d'un agent armé constituait davantage un risque pour la sécurité des passagers et des membres de l'équipage, qu'un facteur de dissuasion vis-à-vis d'individus susceptibles de troubler l'ordre public à bord, comme des terroristes ou des passagers indisciplinés).

ils sont susceptibles, s'ils le jugent utile ou nécessaire, de leur attribuer des pouvoirs similaires à ceux des agents des services nationaux (option maximaliste) ou de leur conférer certaines compétences sans pour autant que celles-ci soient de même intensité que celles dévolues aux agents des services nationaux (option intermédiaire).

En vertu de l'option maximaliste, les agents détachés peuvent effectuer dans l'État membre d'intervention, des actes coercitifs ainsi que tous actes autorisés aux agents nationaux dans le cadre des opérations de police judiciaire. Certains États ont retenu cette option maximaliste. Ainsi, le Portugal admet que les services d'autres États affectés à une équipe commune d'enquête puissent accomplir des actes relatifs à l'enquête pénale sur son territoire, moyennant une décision de l'autorité nationale qui dirige l'équipe ainsi qu'une approbation émanant du ministre dc la Justice et de l'autorité compétente de l'État d'origine des services. C'est aussi le cas de la Belgique où les agents d'autres États membres peuvent effectuer des actes de procédure pénale au même titre que les agents de l'État hôte. « Il y a donc une assimilation quasi totale entre les membres belges et les membres détachés »[150]. La législation ne pose aucune limitation à cet égard : perquisition, interception de communication, saisie, audition et infiltration sont possibles du moment qu'elles sont réalisées en présence et sous la direction d'un officier de police judiciaire belge.

En revanche, d'autre pays ont choisi l'option intermédiaire. Par exemple, la France accepte, à travers la loi « Perben II », que les membres détachés de l'équipe commune d'enquête puissent être habilités à effectuer des mesures d'enquête. Ceux-ci ont la qualité d'APJ[151], et à ce titre, ont la faculté de constater tous crimes et délits, de recevoir les déclarations faites par toute personne susceptible de fournir des renseignements et d'en dresser procès verbal, au besoin dans les formes prévues par le droit de leur État et dans leur langue officielle. Un exemplaire de la procédure traduite en français est versé au dossier. Les membres détachés auront également comme fonction de seconder les OPJ dans l'exercice de leurs fonctions et pourront procéder à des opérations de surveillance et d'infiltration. Cependant, ils ne peuvent pas se voir déléguer les pouvoirs propres d'un OPJ.

> Ainsi, si l'agent détaché pourra seul, établir un procès-verbal de renseignement, de vérification ou de constatation sur les lieux (surveillance, renseignements judiciaires, etc.) il ne pourra pas décider d'une perquisition ou d'une mesure de garde à vue, pas plus qu'il ne pourra être délégué pour exécuter une commission rogatoire[152].

---

[150] Verspeelt, F., *op. cit.*, p. 88.

[151] En vertu de l'art. 695-2 du code de procédure pénale.

[152] Vuelta-Simon, S., *op. cit.*, p. 270.

En matière de police administrative, le traité de Prüm donne la possibilité aux États d'accorder certaines prérogatives liées à la coercition, aux membres des services nationaux autres que ceux de l'État hôte. Il permet[153] à un État de leur attribuer des pouvoirs, qu'il qualifie de souveraineté (« *sovereign powers* ») ou actes de puissance publique, dans le cadre des patrouilles mixtes ainsi que d'autres actions, qu'il qualifie de « formes d'intervention commune ».

La décision intégrant une partie du traité de Prüm dans le droit de l'Union reprend la même idée. Elle permet la mise en place de patrouilles communes et d'autres formes d'opérations conjointes. Il y aurait alors la possibilité que, lors des départs en vacances en été, les États multiplient des opérations conjointes de police de la route. De la sorte, des policiers d'une *Landespolizei* pourraient, par exemple, opérer des opérations de contrôle en France sur des véhicules allemands aux abords des péages autoroutiers en collaboration avec les représentants de l'Escadron départemental de sécurité routière (EDSR) de la Gendarmerie nationale territorialement compétent. Des membres des unités de la police fédérale belge pourraient également participer à l'opération en enjoignant les automobilistes belges (et d'autres nationalités le cas échéant) à immobiliser leur véhicule, en effectuant des contrôles d'alcoolémie ou de dépistage de produits stupéfiants et, le cas échéant, en procédant à un constat d'infraction.

La convention d'entraide policière Benelux prévoit un régime spécifique en matière de missions transfrontalières de protection de personnes. Elle permet aux services d'un État, spécialisés dans ce domaine, d'opérer leur activité sur le territoire d'un autre État partie avant et pendant le déplacement d'une personnalité. Par exemple, des agents de la Sûreté de l'État ou des unités de la police fédérale peuvent dans ces conditions, accompagner un membre de la famille royale belge au cours d'une visite aux Pays-Bas ou au Luxembourg.

La convention de coopération policière Benelux octroie également toute une série de compétences aux agents invités dans le cadre d'une assistance sur demande. Ainsi, dans le cadre d'opérations relatives au maintien de l'ordre et de police de la route, comme lors d'un transport transfrontalier de matières dangereuses, ils peuvent avoir accès aux lieux publics, les fouiller, régler la circulation et effectuer des contrôles d'identité. Dans le cadre d'opérations relatives au transfert de détenus, ils peuvent ouvrir la circulation au convoi et accompagner les intéressés jusqu'au lieu de destination. La liste des compétences octroyées n'est

[153] À l'art. 24 du traité.

pas limitative, mais « il faut en tout cas tenir compte des exigences de la proportionnalité et de la subsidiarité »[154].

À titre de comparaison, l'accord de Berne du 27 avril 1999 entre la Suisse, l'Autriche et le Liechtenstein prévoit aussi que des fonctionnaires de la sécurité d'un État contractant, puissent être chargés « d'exécuter des tâches de police, y compris des actes de souveraineté » sur le territoire d'un autre État contractant. Nonobstant, une disposition de l'accord[155] assortit cet exercice d'une condition fondée sur la qualité du résultat ou l'efficience des moyens employés.

Cette disposition, dont le libellé se rapproche du libellé relatif aux conditions de formation des équipes communes d'enquête, impose le respect du principe de subsidiarité. En effet, il conditionne cet octroi au fait que l'usage de ces pouvoirs doit être strictement nécessaire au succès de l'enquête ou au bon déroulement des investigations[156]. Ceux-ci peuvent être accordés seulement si, à défaut de cet octroi, « le succès d'une telle mission serait réduite à néant ou gravement compromis ou que les investigations seraient impossibles ou notablement plus compliquées ».

Enfin, point important, l'État accepte l'emploi de moyens de coercition par les services des autres États membres. Il en est ainsi pour l'usage des armes qui représente un attribut manifeste de l'autorité. En effet, celui-ci donne toute sa portée à la notion de la force publique[157].

Le règlement instituant les Rabits le prévoit expressément. Il note que les agents invités peuvent employer la force y compris les armes de service. Toutefois, il ajoute que cet usage n'est possible qu'en cas de légitime défense pour l'agent ou pour autrui.

Les rédacteurs du traité de Prüm ont opté pour la même solution en rappelant que la légitime défense s'étend à la protection de l'agent, mais aussi à celle d'autres personnes[158]. Par exception, une disposition du traité[159] énonce que l'État d'accueil peut donner, dans des cas indivi-

---

[154] De Weireld, P., Pyl, G., *op. cit.*, p. 39.

[155] Art. 15 de l'accord.

[156] L'initiative de la République d'Autriche en vue de l'adoption de la décision du Conseil relative à l'amélioration de la coopération entre les unités spéciales d'intervention des États membres de l'Union européenne dans les situations de crise introduit également le caractère subsidiaire concernant l'intervention de ces équipes en prévoyant qu'elles n'agissent qu'à titre complémentaire sur le territoire de l'État membre demandeur (art. 3.2.a).

[157] Alors que l'usage des armes est l'expression concrète de la coercition, le port d'armes est, rappelons-le, l'expression symbolique de la force.

[158] Le droit belge prévoit une solution identique concernant les membres issus d'autres États membres appartenant aux équipes communes d'enquête.

[159] Art. 28.2 du traité de Prüm.

duels, l'autorisation d'y avoir recours pour des hypothèses autres celles que la légitime défense. La convention de coopération policière Benelux s'inscrit dans le prolongement du traité de Prüm en précisant cette hypothèse. Il dispose que l'usage des armes est permis certes en cas de légitime défense, mais aussi sur ordre de l'autorité de l'État sur le territoire duquel l'opération a lieu[160]. En d'autres termes et par conséquent, des agents invités peuvent ouvrir le feu sur le territoire de l'État hôte, s'ils en sont intimés par l'autorité de ce dernier[161].

2. *Des aménagements contrariés par le maintien de verrous*

Nous constatons des aménagements de grande ampleur de la règle de la territorialité mais parallèlement, ce phénomène se heurte à différents obstacles. Il en existe deux : la maîtrise par les autorités de l'État hôte sur son territoire, de l'exécution des actes effectués par les services des autres États membres (a) et le maintien de la règle du *locus regit actum* (b).

Ces obstacles freinent l'évolution dans ce domaine et nous laissent l'impression, à l'issue de l'analyse des textes relatifs à ce sujet, que les États reprennent d'une main ce qu'ils avaient donné de l'autre.

Au regard de la présence persistante de ces obstacles, il n'est pas possible de parler d'un délitement de la règle de territorialité[162]. Même si cette règle subit des entorses de plus en plus profondes, sa substance n'est que partiellement affectée.

a. La persistance de la maîtrise par l'État hôte de l'activité des services intervenants

Les États hôtes maîtrisent l'activité des agents d'autres États membres et ceci de trois manières.

Primo, l'État hôte garde le contrôle des actes de ceux-ci en instituant un mécanisme d'autorisation *a priori*. En principe, l'accord sur la présence des services nationaux des autres États membres est présumé avoir été donné. C'est le cas de la poursuite transfrontalière que l'État d'accueil est supposé avoir accepté. Cependant, même si l'accord est

---

160 De son côté, le traité de Prüm permet théoriquement l'usage des armes sur commandement de l'autorité. En effet, le libellé évasif de l'art. 28.2, qui dispose que l'État d'accueil peut donner la permission pour des hypothèses autres que celles de la légitime défense, est susceptible d'englober cette hypothèse. Toutefois, il s'agit seulement d'une interprétation du texte de notre part.

161 En comparaison, au sujet du détachement de fonctionnaires avec exercice du droit de souveraineté, la convention de Berne du 27 avril 1999 envisage également l'usage à la légitime défense. Elle étend l'emploi des armes à l'ordre donné par le service chargé de diriger la mission (art. 15.3).

162 Notamment, en raison du fait qu'elle est consacrée constitutionnellement dans certains États membres, comme il l'a été précisé précédemment.

présumé donné, les autorités doivent demeurer malgré tout informées de la poursuite transfrontalière. En France, c'est le procureur de la République territorialement compétent qui doit l'être. Il en est de même concernant l'hypothèse de franchissement des frontières par les services d'un État pour venir empêcher la survenance d'un danger. Les autorités de l'État hôte doivent, selon les dispositions du traité de Prüm et de la proposition de décision intégrant une partie du traité dans le droit de l'Union, être avisées sans délai.

En ce qui concerne certaines TSE, l'accord doit être exprès et antérieur au démarrage de l'opération. Ainsi, la convention d'application de l'accord de Schengen[163] précise que l'observation doit faire l'objet d'une autorisation préalable. En France, cette autorisation revient à la mission Justice du Service des affaires européennes et internationales (SAEI) du ministère de la Justice[164].

Corrélativement, l'État hôte conserve la maîtrise de l'activité des services nationaux des autres États membres agissant sur son territoire en procédant à l'interdiction de l'opération. Cette présomption reste réfragable car même l'accord sur la présence est présumé avoir été donné en matière de poursuite transfrontalière, l'État peut arrêter à tout moment la poursuite. Celle-ci doit alors cesser immédiatement[165]. Dans le même registre, l'autorisation donnée n'est pas immuable et les autorités l'État d'accueil peuvent certes accepter que les services d'un autre État membre fassent usage de pouvoirs qui leur ont été préalablement octroyés, mais ils ont aussi la possibilité de révoquer ce droit. Autrement dit, l'État hôte garde *in fine* toute latitude pour les leur retirer lorsqu'il l'estime nécessaire.

Rappelons également que la présence même des agents sur le territoire de l'État hôte est une faculté. Ainsi, dans une équipe commune d'enquête, ils sont, en principe, habilités à assister aux mesures d'enquête prises dans l'État hôte mais l'autorité nationale a la possibilité de s'y opposer. La CEEJ[166] précise en effet que le responsable de l'équipe peut, pour des raisons particulières, en décider autrement.

---

163 Art. 40.1 CAS.

164 La circulaire précitée du 23 juin 1995 commentant les dispositions des articles 39, 40, 41 dispose que cette autorisation est donnée en liaison avec le procureur territorialement compétent.

165 La circulaire du 23 juin 1995 précitée, prévoit qu'en matière de poursuite, l'officier de police judiciaire faisant fonction de point de contact, informe le procureur de la République du franchissement de la frontière. Ce dernier peut refuser la continuation de la poursuite s'il estime que les conditions prévues à l'art. 41 ne sont pas remplies (point 3.2.1).

166 À l'art. 13.5.

Les autorités de l'État hôte peuvent accepter la présence de représentants d'un service de sécurité intérieur d'un autre État mais elles peuvent s'opposer à ce qu'ils soient armés. Ainsi, la décision transposant une partie du traité de Prüm en droit de l'Union prévoit[167] que les services nationaux puissent porter leurs armes et leur équipement lors des opérations communes, mais que l'État hôte garde toujours la possibilité d'en décider autrement.

Secundo, l'État hôte garde toujours une certaine mainmise sur l'activité des agents des autres États membres intervenant sur son territoire, en conservant la direction des opérations. À cet égard, un État est susceptible d'accepter que les services nationaux d'un autre État exercent certains pouvoirs à condition que ceux-ci obéissent aux ordres donnés par ses autorités. Autrement dit, il permet l'action de ces services mais, en contrepartie, il leur enjoint de suivre les directives qui leur sont communiquées par ses autorités. Ainsi, les policiers luxembourgeois peuvent ordonner aux automobilistes d'immobiliser leur véhicule dans le cadre d'une opération transfrontalière qui se déroule sur le territoire belge, destinée à rechercher un individu en fuite. Nonobstant, il revient à l'officier de la police fédérale belge responsable de l'opération, de donner ses instructions quant à la suite de l'opération de recherche et des infractions éventuelles constatées à cette occasion[168].

À ce sujet, le traité de Prüm précise clairement que les services d'un État ayant pénétré sur le territoire d'un autre État doivent suivre les instructions des autorités de ce dernier[169]. Il en est de même pour les agents d'un État menant des opérations conjointes sur le territoire de l'État d'accueil et, de manière générale, toute opération transfrontalière[170]. La décision-cadre du Conseil du 13 juin 2002 relative aux équipes communes d'enquête contient aussi ce type de disposition. Elle prévoit que les membres de l'équipe exécutent leurs tâches sous la responsabilité d'un représentant de l'autorité compétente de l'État membre sur le territoire duquel l'équipe intervient[171]. Il est en de même pour la décision instituant des équipes d'unités spéciales, qui précise que ces équipes opèrent sous la responsabilité et la direction de l'État membre demandeur. Toujours dans le même ordre d'idées, la CEEJ dispose que l'État, où les opérations de livraison surveillée se déroulent, les

---

167 À l'art. 19.1.

168 Par exemple pour ouvrir le feu sur un véhicule qui force un barrage, comme le permet la convention de coopération policière Benelux.

169 L'art. 25.2 du traité énonce que « *the officers crossing the border shall be required to follow the host State's instructions* ».

170 Respectivement art. 24.2 et art. 29 du traité.

171 Cette condition figure également dans la convention de Berne du 27 avril 1999 au sujet du détachement de fonctionnaires avec exercice du droit de souveraineté.

prend en charge indépendamment du fait qu'elles aient été initiées par lui ou par un autre État membre. Leur direction appartient en effet à l'autorité de l'État sur le territoire duquel elle a lieu[172]. Enfin, le règlement instituant les Rabits prévoit que les agents invités exercent leurs pouvoirs sur instruction des autorités de l'État hôte.

Tertio, l'État hôte maîtrise l'activité des agents d'autres États membres en opérant, outre le commandement des opérations réalisées sur son territoire, un contrôle *a posteriori* des actes exercés. Bien que les textes soient silencieux à ce sujet, ses autorités, voire ses tribunaux dans une affaire contentieuse, vérifient la conformité des actes effectués.

Dans ce contexte, les activités des services nationaux sont soumises au contrôle de leur autorité d'origine et de celle de l'État d'accueil. En particulier, en matière de police judiciaire, les mécanismes de contrôle de l'État hôte sont applicables. Ainsi, si le droit de l'État hôte prévoit que les conduites au poste doivent être notifiées aux autorités territorialement compétentes, celles réalisées par les agents invités le sont également par la même procédure. En outre, en cas de litige concernant la conduite de ces agents, le juge de l'État hôte sera compétent pour apprécier tout manquement éventuel aux règles contenues dans le code de procédure pénal/code d'instruction criminel à ce sujet.

b. La conservation de la règle du *locus regit actum*

Le droit applicable demeure celui de l'État d'accueil en vertu de la règle du *locus regit actum*. Certes, cette règle n'exclut pas complètement l'application du droit de l'État d'origine des services nationaux[173]. En particulier, celui-ci continue à régir tous les aspects non opérationnels. Il est aussi susceptible de s'appliquer aux aspects opérationnels mais seulement dans la mesure où il ne contrevient pas aux prescriptions de celui de l'État hôte.

En effet, en vertu de l'application de cette règle du *locus regit actum*, les services nationaux des États intervenant sur le territoire d'un autre État sont soumis par priorité à la loi de ce dernier. Ainsi, dans l'hypothèse où les policiers d'une Landespolizei allemande effectuent, sur des

[172] Art. 12.3 de la CEEJ.

En pratique, cette tâche revient, en France, à la mission Justice du Service du SAEI.

L'art. 22.3 de la convention Naples II met davantage l'accent sur la coordination en ajoutant que le service requis prend en charge l'opération à un point convenu, afin d'éviter toute interruption de la surveillance.

[173] Ainsi, l'art. 3.3.c de l'Initiative de la République d'Autriche en vue de l'adoption de la décision du Conseil relative à l'amélioration de la coopération entre les unités spéciales d'intervention des États membres de l'Union européenne dans les situations de crise dispose que ces équipes opèrent dans les limites de leurs pouvoirs en vertu de leur droit national.

routes d'Autriche, des contrôles d'alcoolémie ou de dépistage de produits stupéfiants et procèdent à un constat d'infraction, ils doivent le faire dans le respect de la réglementation autrichienne.

Tous les textes contiennent une disposition ayant trait à la règle du *locus regit actum*. La décision-cadre du Conseil du 13 juin 2002, relative aux équipes communes d'enquête, énonce que l'équipe mène ses opérations conformément au droit de l'État membre sur le territoire duquel elle intervient. La convention d'entraide policière Benelux précise que « *the cross-border police intervention shall take place according to the host states legal procedures* ». Le traité de Prüm dispose également que, dans le cadre des opérations conjointes, « *other Contracting Parties' officers shall be subject to the host State's national law* »[174]. Pour sa part, le règlement instituant les Rabits énonce que les agents invités sont tenus de respecter la législation de l'Union européenne et celle de l'État hôte. La décision instituant des équipes d'unités spéciales précise que ces équipes opèrent dans le respect du droit de l'État demandeur. Dans le même registre, la décision transposant dans le droit de l'Union européenne le traité de Prüm signifie que, en intervenant sur le territoire de l'État hôte, les fonctionnaires d'un État membre agissant dans le cadre d'opérations conjointes doivent respecter les règles de circulation routière.

En application de la règle de la territorialité, l'État d'accueil accepte que les services d'un autre État membre aient recours à la force dans les hypothèses prévues par les textes européens, mais seulement dans le cadre de sa loi. La convention d'entraide policière Benelux précise à cet égard que « *the use of force [...] and the use of material individual means of coercion [...] are only allowed, with respect for the law of the host state, in case of absolute necessity of the legal defence* »[175]. Dans cette perspective, la notion de légitime défense doit se comprendre, en premier lieu, dans le sens donné par le droit de l'État d'accueil.

Bien qu'étant similaire du point de vue des effets, la règle du *locus regit actum* employée dans le cadre de la collaboration entre les services nationaux de sécurité intérieure est néanmoins distincte de celle utilisée dans celui du droit international privé. En droit international privé, elle est considérée traditionnellement comme une règle de conflit de lois. Un conflit de lois émerge « toutes les fois qu'une situation juridique peut se rattacher à plusieurs pays et pour lesquelles il convient de choisir, entre les lois de ces pays, celle qui sera appelée à régir le rapport de droit

---

174 Respectivement, art. 3.b de la décision-cadre du Conseil du 13 juin 2002, art. 28 de la convention de coopération policière Benelux et art. 24 du traité de Prüm.

175 Art. 22 de la convention.

considéré »[176]. Dans cette hypothèse, le juge national, s'il est saisi d'une affaire contentieuse, a le choix entre différentes lois, en particulier celle de l'État sur le territoire duquel une autorité publique a dressé un acte, étant entendu que cette règle se limite à déterminer les conditions de forme qui doivent être respectées, non les conditions qui affectent la validité de l'acte au fond.

L'application de la règle de conflit de lois constitue une étape préalable à l'application de la loi matérielle. Elle permet au juge d'identifier le droit substantiel afin de statuer dans l'affaire qui lui est soumise. Il s'agit d'une règle formelle qui précise, parmi l'éventail des lois matérielles des différents États présentant un élément de rattachement à la situation, la loi à utiliser.

En appliquant la règle du *locus regit actum* en tant que règle de conflit de lois, le juge résout ce conflit en optant pour la loi de l'État où l'autorité publique est intervenue. En d'autres termes, il sélectionne parmi le panel de droits à sa disposition, celui du pays sur le territoire duquel l'acte est réalisé. De ce point de vue, la règle du *locus regit actum* a des effets similaires à celle du *lex loci delicti*, qui régit la matière des quasi-délits et retient pour critère de rattachement le lieu de survenance d'un fait[177].

Toutefois, la règle du *locus regit actum* employée dans le cadre de la collaboration entre les services nationaux de sécurité intérieure est distincte de celle utilisée dans le cadre du droit international privé, tout au moins à travers la méthode conflictuelle. Dans ce domaine, la règle de la territorialité exclut la méthode conflictuelle puisque aucune règle formelle ne s'applique avant la loi matérielle. En effet, les opérations qui se déroulent sur le sol d'un État membre sont toujours soumises à une seule loi matérielle, celle que cet État élabore et qui est applicable sur son territoire.

Cette situation s'explique par le fait que les lois en cause sont des lois de police. Selon la doctrine, le concept de loi de police est une règle du for impérative destinée à s'appliquer bien que la loi étrangère soit normalement compétente[178] ou encore une règle du for qui s'applique pour des raisons impérieuses[179].

En principe, l'application de la règle de conflit est subordonnée à la vérification par le juge de l'existence en la matière, d'une loi de police

---

176 Loussouarn, Y., Bourel, P., *Droit international privé*, Paris, Dalloz, coll. Précis, 7e édition, 2001.

177 Au sens d'un fait susceptible d'engager la responsabilité extra-contractuelle de son auteur.

178 Battifol, H., Lagarde, P., *Droit international* privé, Paris, LGDJ, t. 1, 8e édition, 1993.

179 Loussouarn, Y., Bourel, P., *op. cit.*

s'imposant comme loi d'application immédiate, c'est-à-dire susceptible de primer son application. La Commission[180] définit celle-ci comme étant une

> notion de droit international privé qui désigne les normes auxquelles un État accorde une importance telle qu'il exige leur application dès lors que la situation juridique présente un lien avec son territoire, quelle que soit par ailleurs la loi applicable à la situation. Contrairement au mécanisme de l'exception d'ordre public international, le juge n'écarte pas la loi désignée par ses règles de conflit au motif de leur contrariété à l'ordre public, mais applique d'office ses propres règles[181].

À la lumière de la définition de la Commission, l'adage *locus regit actum* est, en l'espèce, d'application immédiate, c'est-à-dire d'office, en excluant tout emploi potentiel d'une loi émanant d'un autre État membre. Il s'agit d'une loi de police et, en présence d'une telle loi, la méthode conflictuelle ne prévaut pas. En conséquence, les services nationaux et, éventuellement le juge saisi d'un contentieux, appliquent d'emblée la règle de la territorialité à l'exception de toute autre règle étrangère[182].

B. L'instauration d'un concept révolutionnaire : le principe de disponibilité

Le principe de disponibilité est en soit « un principe simple »[183] (1). L'idée qui préside à son instauration est que si une information détenue par les services d'un État membre est accessible aux autres services nationaux, elle doit l'être également pour ceux qui appartiennent à un

---

[180] Livre vert du 14 janvier 2003 sur la transformation de la convention de Rome de 1980 sur la loi applicable aux obligations contractuelles en instrument communautaire ainsi que sur sa modernisation (COM(2002)654).

[181] Elle ajoute que : « Après avoir déterminé la loi applicable à une situation juridique donnée conformément à ses règles de conflit de lois, il arrive que le juge considère que l'application concrète de cette loi entraîne un résultat peu compatible avec le système de valeurs du for. En conséquence, il écarte la loi étrangère normalement applicable et applique sa propre loi. »

[182] Une chose est de dire que le principe de la territorialité signifie l'application de la loi du lieu de survenance d'un fait, dont on trouve principalement l'illustration en matière de lois de police, autre chose de dire que le juge ne pourra jamais appliquer un droit étranger. La question est surtout de savoir si la responsabilité de l'État, du fait de ses organes extraterritoriaux, peut ou non être soumise à un droit étranger. Plusieurs accords de coopération, dont ceux évoqués dans ce paragraphe, mais également d'autres (Rigaux, F., Fallon, M., *Droit international privé*, Bruxelles, Larcier, 2005, n° 15.21) montrent une tendance à accepter l'application de la loi du pays d'intervention.

[183] Termes employés par le CEPD au point 16 de son avis (*JOCE* C 116 du 17.5.2006, p. 17) concernant la proposition de décision-cadre présentée par la Commission le 12 octobre 2005 (COM(2005)490) précitée.

État membre différent. Le but est de partager les renseignements le plus rapidement et le plus facilement possible entre eux.

Même si l'idée paraît « simple », nous mettons ce terme volontairement entre guillemets, la pratique révèle que l'approche proposée dans les textes élaborés par l'Union et par les États membres dans le cadre des coopérations régionales apparaît plus complexe. Elle est surtout plus modeste (2) car elle limite la portée du principe de disponibilité, les services n'ayant pas, en principe, accès au contenu de l'information, mais seulement à l'existence de celle-ci. De plus, les travaux les plus récents s'orientent vers une segmentation du principe en abordant cette question par domaine d'activité.

1. Un principe « simple »

Le principe de disponibilité est une règle de l'égalité de traitement entre services nationaux et services des autres États membres (a). Il ne s'agit pas pour le consultant d'obtenir l'information de la part de l'informant sans aucune condition. L'idée qui préside à son instauration est que la demande d'accès doit être traitée de la même manière qu'un service d'un autre État.

Le principe de disponibilité est un principe simple et efficace qui se rapproche dans une certaine mesure, de celui de la reconnaissance mutuelle en matière judiciaire pénale (b). En effet, en application de ce principe, les autorités de l'État d'exécution opèrent une égalité de traitement dans la mise en œuvre d'une décision d'une autorité judiciaire quelle que soit son origine, c'est-à-dire qu'elle émane d'une autorité du même État membre ou d'un autre.

a. Une règle de l'égalité de traitement entre services nationaux et services des autres États membres

Il existe, *grosso modo*, deux grandes options relatives à sa mise en œuvre[184]. La première est une conception extensive qui se traduit par un accès direct aux bases de données d'un autre État membre. Il s'agit d'une vision large puisque le service de sécurité intérieure effectuant la recherche peut obtenir le contenu de l'information sans l'intermédiaire du service de sécurité intérieure qui a introduit les données dans le système ou sans l'aide de celui qui gère la base de données.

Le deuxième mode est plus nuancé dans la mesure où il permet seulement un accès indirect aux informations d'un autre État membre. Dans cette hypothèse, les services d'un État membre effectuent une recherche dans le fichier central fonctionnant sur la base d'un système *hit/no hit*.

---

[184] Doc. de la présidence du Conseil intitulé « Approche concernant la mise en œuvre du principe de disponibilité » (doc. n° 7641/2/05 du 6 avril 2005, CATS 20, ENFOPOL 31, ENFOCUSTOM 17, CRIMORG 30).

Ils ont alors seulement accès à un fichier d'index. En consultant des données d'index, c'est-à-dire les données figurant dans le fichier d'index, les services d'un État membre peuvent savoir si le service informant d'un autre État membre dispose des informations recherchées. Lorsque les services consultants trouvent une correspondance (« *hit* » positif), ils transmettent alors une demande au service informant afin d'obtenir la ou les informations identifiées par les données d'index.

L'approche impliquant l'emploi d'un fichier d'index correspond à une conception limitative du principe de disponibilité car sa création est destinée à permettre aux services d'un État membre de savoir seulement si ceux d'un autre État membre disposent d'un renseignement et, le cas échant, lequel d'entre eux est en possession de ce renseignement ainsi que sa localisation dans les banques de données. En revanche, ils ne peuvent pas avoir un accès direct au contenu du renseignement. Certes, l'obtention de celui-ci est possible, mais ils doivent formuler une demande à travers les instruments classiques de l'assistance. Le régime de l'accès au contenu de l'information relève alors du mécanisme de la requête.

En définitive, le principe de disponibilité introduit un principe d'équivalence en ce qui concerne seulement le traitement de la demande de consultation, et non sur la prise de connaissance de l'information elle-même, d'où l'existence de deux portées possibles concernant la mise en œuvre du principe de disponibilité. Dans le premier cas, c'est-à-dire l'accès direct, le traitement porte sur le contenu de l'information. Si l'information existe, le service consultant d'un État membre peut obtenir le contenu de l'information de la part du service d'un autre État membre, au même titre que les services consultants de ce dernier État.

Dans la deuxième hypothèse, l'accès indirect, l'équivalence porte seulement sur l'existence de l'information. Le service consultant d'un État membre a la possibilité d'obtenir l'information contenant l'existence de l'information de la part du service d'un autre État membre, au même titre que les services consultants de ce dernier État (même si ceux-ci possèdent le droit d'avoir accès au contenu).

En tout état de cause, le terme « accès » est ambigu et mérite pour cela une précision : le principe de disponibilité ne sous-entend pas un droit de consultation des données possédées par un service. Autrement il n'instaure pas un droit à obtenir une information existante. Il s'agit seulement du droit que le traitement de la demande par le service disposant l'information, gérant une base de données ou ayant introduit la donnée dans la banque, soit identique quel que soit le service consultant, qu'il soit national ou issu d'un autre État membre.

A fortiori, il n'introduit pas un droit pour le service d'un État membre, de se « servir » dans les fichiers d'un autre État membre. En effet, le danger aurait été, dans cette perspective, qu'un service « pioche » dans les banques d'un autre service pour alimenter ses propres bases. En définitive, le droit d'accès équivalent, au sens où nous l'entendons, ne vise ni le fait, pour un État, qu'il faille « donner » à ses partenaires des informations, selon l'usage d'un système « *push* » (donc une attitude active du service informant), ni le fait, pour le service consultant, qu'il extraie des banques de données du service informant, des informations en vertu d'un système « *pull* » (impliquant une attitude passive du service informant)[185].

Le principe de disponibilité introduit encore moins une libre circulation des informations ayant trait à la sécurité intérieure. En conséquence, la mise en œuvre de ce principe n'entraîne aucunement un mélange des banques de données des États membres susceptible d'engendrer une confusion dans le contenu des différentes bases. En effet, le service consultant doit respecter trois règles fondamentales. D'abord, il doit prouver un intérêt à agir afin d'éviter les requêtes « tous azimut » envoyées à l'ensemble des services nationaux de l'Union. Ensuite, il doit respecter le principe du parallélisme qui existe déjà dans le cadre du principe de la requête. Le principe de disponibilité doit respecter le champ de la collaboration judiciaire pénale si bien que les services et les autorités doivent être de même nature. Il ne s'agit donc pas d'un moyen de contourner les dispositifs nationaux existants qui déterminent le champ de l'entraide judiciaire d'une part, et ceux de l'entraide policière et douanière d'autre part. Enfin, le service informant doit respecter le principe de spécialité qui crée une sorte de « copyright ». Ainsi, une information transmise par des Carabiniers italiens à des agents de la Garde Civile espagnole l'est uniquement pour l'affaire en cours et pour le service visé. Le respect du principe de spécialité signifie que si ces agents souhaitent communiquer cette information à la police suédoise, les Carabiniers italiens doivent avoir donné leur accord au préalable. Il en est de même si le renseignement porte sur un cas de proxénétisme et que les agents de la Garde civile désirent l'utiliser à d'autres fins, comme dans une affaire de terrorisme par exemple.

---

185 Ces deux systèmes sont décrits dans un autre contexte par la Commission dans sa proposition de décision-cadre du Conseil du 6 novembre 2007 relative à l'utilisation des données des dossiers passagers (*Passenger Name Record* – PNR) à des fins répressives (COM(2007)654). Elle définit le système « *push* » comme une méthode par laquelle les transporteurs aériens transmettent les données PNR requises vers la base de données de l'autorité requérante et le système « *pull* » comme une méthode par laquelle l'autorité requérante peut avoir accès au système de réservation du transporteur aérien et copier les données requises dans sa propre base de données.

b. Une règle de l'égalité de traitement qui le rapproche du principe de la reconnaissance mutuelle en matière judiciaire pénale

Sous certains aspects, le principe de disponibilité se rapproche de celui de la reconnaissance mutuelle qui existe en matière judiciaire pénale. La reconnaissance mutuelle a pour objectif d'assurer un effet aux jugements rendus par un État membre sur l'ensemble du territoire de l'Union. Il s'oppose au principe de la requête qui régit l'entraide judiciaire traditionnelle. Le principe de la requête implique qu'un État souverain présente une demande à un autre État souverain qui est alors libre de décider d'y donner suite. La reconnaissance mutuelle supprime cette liberté de manœuvre : un jugement rendu par une autorité judiciaire d'un État membre doit être appliqué par celles des autres États membres sans condition. En effet, dès lors qu'une décision est prise par une autorité compétente, la marge de manœuvre de celle de l'État d'exécution est réduite. Comme le nom le précise, elle se borne à un rôle d'exécution. Dans cette optique, elle doit prêter son concours comme s'il s'agissait d'une décision prise par une autorité compétente de l'État auquel elle appartient[186].

La reconnaissance mutuelle, qui constitue « l'une des originalités majeures de l'espace pénal européen [...] n'est pas une nouveauté dans l'Union européenne. [Ce concept] s'est d'abord développé dans le cadre du marché intérieur »[187] à la fin des années 1970. Il repose sur l'assimilation des conséquences de la décision rendue par les autorités judiciaires d'un État membre avec celles produites au niveau national. Il s'agit d'un principe reposant « sur l'idée que, même si un autre État peut ne pas traiter une affaire donnée de façon identique, voire analogue, les résultats sont tels qu'ils sont considérés comme équivalents aux déci-

186 Le mandat d'arrêt européen constitue une illustration concrète de la reconnaissance mutuelle. Il s'agit d'une décision émise par la juridiction d'un État membre en vue de l'arrestation et de la remise par un autre État membre, d'une personne recherchée dans le cadre de l'exercice de poursuites pénales ou de l'exécution d'une peine ou d'une mesure privative de liberté (sur le fonctionnement du mandat d'arrêt européen, *cf.* les articles de :

Garcia-Jourdan, S., « Le mandat d'arrêt européen, première concrétisation du principe de reconnaissance mutuelle », in *Gendarmerie nationale*, n° 210, Paris, mars 2004, p. 95;

Braem, A. Bilquin, B. ; « Le mandat d'arrêt européen – Un instrument majeur de la coopération judiciaire et policière européenne en matière pénale », in *Vigiles*, Bruxelles, 2003/3, p. 86-97).

187 Jegouzo, I., « Le développement progressif du principe de reconnaissance mutuelle des décisions judiciaires pénales dans l'Union européenne », in *Revue internationale de droit pénal*, n° 1-2, Paris, 2006, p. 97-99

sions de ce dernier »[188]. Cette équivalence des effets d'une décision pénale constitue le cœur du principe de la reconnaissance mutuelle. Elle consiste en ce que les décisions étrangères emportent les mêmes conséquences que celles qui découlent des décisions nationales, malgré les différences qui existent entre les ordres juridiques concernés. Cela signifie que l'État exécutant accepte que la décision prise dans un autre État soit applicable en dépit du fait qu'une autorité homologue n'existe pas dans l'État d'exécution, ou que cette autorité n'ait pas pu prendre une telle décision en vertu du droit de cet État d'exécution.

À la lumière de ces considérations, l'idée générale du principe de disponibilité est voisine de celle qui préside au principe de reconnaissance mutuelle. Il s'agit de rapprocher la situation des services d'un État membre désireux d'avoir accès aux fichiers de sécurité intérieure d'un pays de l'Union, de celle des services appartenant à ce pays. Dans ce contexte, la dialectique qui existe en matière de reconnaissance mutuelle entre l'autorité d'émission (de la décision judiciaire) et l'autorité d'exécution est remplacée, dans le cadre du principe de disponibilité, par celle qui lie l'autorité informante (c'est-à-dire celle qui a inséré la donnée dans la base) et l'autorité consultante (c'est-à-dire celle qui consulte la base et qui, le cas échéant, souhaite avoir accès à ladite donnée).

Dans ce contexte, il s'agit de faire en sorte que le service consultant d'un État membre puisse obtenir une réponse de la part d'un service informant d'un autre État membre, comme si la demande était formulée par un service consultant appartenant à cet autre État[189]. Ainsi, en vertu de ce principe, la SR de Marseille doit traiter une demande de renseignement émanant du *Korps landelijke politiediensten* (KLPD) néerlandais d'une manière similaire à une demande de même type provenant de la SR de Strasbourg ou de la DIPJ de Bordeaux. Dans le même ordre d'idée, le Service d'arrondissement judiciaire (SJA) de Mons doit traiter une requête émanant du *Bundeskriminal Amt* (BKA) allemand ou d'un office central de Paris, de la même manière qu'une requête émanant du SJA d'Anvers.

Cet effet d'équivalence se traduit par un phénomène de renversement de la charge de la preuve. L'État membre qui met à la disposition les données en sa possession est censé avoir préalablement donné son accord. Il peut refuser mais il doit le faire savoir expressément, à l'image de l'adage juridique « silence vaut acceptation ». De même, en matière de reconnaissance mutuelle, l'État membre est présumé avoir

---

188 Expression employée par l'avocat général Colomer dans l'affaire Hüseyin Gözütok / Klaus Brügge (§24 des conclusions relatives aux affaires jointes CJCE, affaires C-187/01 et C-385/01).

189 Comme nous l'avons précisé dans l'introduction de ce paragraphe.

préalablement donné son accord à l'exécution de toute décision provenant d'un autre État membre. Là encore, il peut refuser mais il doit le faire savoir expressément. En comparaison, dans le mécanisme de la requête, l'État accepte au cas par cas et ne formule aucun accord préalable, le silence valant refus en l'occurrence.

Nonobstant, il existe trois différences entre le principe de disponibilité et celui de la reconnaissance mutuelle qui empêchent de les confondre. D'abord, le champ d'application du principe de disponibilité est distinct de celui de la reconnaissance mutuelle. En effet, la reconnaissance mutuelle s'applique aux décisions présententielles et post-sententielles, une fois que des poursuites ont été engagées, même si l'auteur est inconnu. Le principe de disponibilité ne concerne que le traitement des informations réalisées préalablement à l'engagement des poursuites[190]. Ensuite, les services bénéficiaires de la reconnaissance mutuelle sont, en principe, les autorités judiciaires. Ceux qui profitent du principe de disponibilité sont plutôt les services policiers. Enfin, la reconnaissance mutuelle s'articule autour d'une décision prise par l'autorité d'un État membre visant à obtenir une action. Par exemple, la finalité de cette décision est la recherche et l'interpellation d'un individu (mandat d'arrêt), le recueil de preuves (mandat d'obtention de preuves)[191], le gel d'avoirs en particulier les actifs figurant sur des comptes bancaires[192], le recouvrement d'amendes[193], la confiscation de biens[194], l'exécution de peines de substitution et de condamnation sous condition[195]. L'objectif poursuivi par le principe de disponibilité est de permettre seulement l'accès du service consultant d'un État membre aux bases de données d'un autre État membre pour faciliter la transmission

190 L'art. 2.1 de la proposition de décision-cadre de la Commission le précise expressément.

191 Décision-cadre du Conseil du 18 décembre 2008 relative au mandat européen d'obtention de preuves tendant à recueillir des objets, des documents et des données en vue de leur utilisation dans le cadre de procédures pénales (*JOCE* L 350 du 30.12.2008).

192 Décision-cadre du Conseil du 22 juillet 2003, relative à l'exécution dans l'Union européenne des décisions de gel de biens ou d'éléments de preuve (*JOCE* L 196 du 2.8.2003).

193 Décision-cadre 2005/214/JAI du Conseil du 24 février 2005 concernant l'application du principe de reconnaissance mutuelle aux sanctions pécuniaires (*JOCE* L 76 du 22.3.2005, p. 16).

194 Décision-cadre 2006/783/JAI du Conseil du 6 octobre 2006 relative à l'application du principe de reconnaissance mutuelle aux décisions de confiscation (*JOCE* L 328 du 24.11.2006, p. 59).

195 Décision-cadre 2008/947/JAI du Conseil du 27 novembre 2008 concernant l'application du principe de reconnaissance mutuelle aux jugements et aux décisions de probation aux fins de la surveillance des mesures de probation et des peines de substitution (*JOCE* L 337 du 16.12.2008, p. 102).

des informations y figurant. Il s'agit uniquement pour un service d'un État membre de se faire communiquer un renseignement détenu par le service d'un autre État membre, sans pour autant attendre de lui une action particulière[196].

Autrement dit, dans le contexte de la reconnaissance mutuelle, les autorités nationales sont soumises à une obligation positive qui les oblige à effectuer une action définie[197]. En comparaison, le principe de disponibilité implique, dans une certaine mesure, une certaine passivité de la part des services informants puisque aucune action, hormis la mise à disposition effective de l'information, n'est requise *ipso facto*.

Il s'agit donc surtout d'une obligation négative dans la mesure où les services en possession des renseignements doivent seulement s'abstenir de générer des entraves. En aucun cas, la mise en œuvre du principe de disponibilité consiste en l'émission d'un ordre émanant du service d'un État membre donné, à l'attention de ceux d'un autre État membre de se procurer une information qu'ils n'ont pas. D'ailleurs, la proposition de décision-cadre relative à l'application de ce principe présentée par la Commission a indiqué à cet égard qu'il « n'entraîne aucune obligation de recueillir et de stocker des informations en recourant ou non à des mesures coercitives dans le seul but de les rendre accessibles aux autorités compétentes des autres États membres »[198].

2. *Une mise en œuvre très mesurée*

Dans l'optique de la définition du principe de disponibilité donnée ci-dessus, nous l'analysons comme étant l'octroi d'un accès par les services d'un État membre aux banques de données d'un autre État membre. La méthode de l'accès direct avait eu les faveurs de la Commission. Les États membres se sont tournés vers une conception plus restrictive fondée sur une approche mixte mêlant accès direct et indirect selon le domaine. Face à cette attitude, la Commission a changé d'approche en élaborant une proposition articulée autour de la règle de l'accès indirect (a). En optant pour le choix du régime mixte (c'est-à-dire accès direct ou indirect selon le type de données), les États ont eu une approche différenciée en adoptant, tant en matière normative qu'opérationnelle, une vision sectorielle (b).

---

[196] Dans l'hypothèse d'une demande basique tout du moins.

[197] Ceci n'empêche pas les autorités de l'État d'exécution d'effectuer un contrôle sur la décision. Toutefois, ce dernier ne porte pas sur la validité de l'acte (les recours sont censés être menés devant le juge de l'État d'émission) mais sur la réalité ou de l'existence de motifs permettant d'être soulevés pour s'opposer à son exécution.

[198] Art. 2.2 de la proposition de décision-cadre.

a. Le mode d'accès aux informations couvertes par le principe de disponibilité : le choix d'une conception mixte

La Commission, dans sa communication du 16 juin 2005[199], avait plutôt opté pour la première approche. En effet, elle avait indiqué que

> le droit d'accès équivalent aux données est le principe introduit par la politique d'information pour relever les défis [posés en matière de sécurité intérieure]. Il consisterait à donner aux autorités et aux agents de l'Union européenne, chargés de l'application de la loi, des droits équivalents d'accès aux données et aux bases de données dans d'autres États membres de l'Union européenne à des conditions comparables aux autorités de cet État membre.

Elle avait précisé toutefois que ce principe n'était pas absolu et devait, au contraire, être adapté aux circonstances entourant la recherche. Autrement dit, la Commission avait exprimé son souhait d'avoir une conception extensive du principe de disponibilité certes, mais aussi une vision pragmatique. Dans cette optique, elle avait indiqué que devaient être établis un protocole d'accès déterminant dans quelles conditions les services d'un État membres avaient accès aux données des services des autres États membres et des protocoles techniques définissant les modalités pratiques d'obtention de ces données, en particulier le type de bases consultables, la fréquence de leur interrogation, ainsi que les catégories de besoins de sorte que seules les données présentant un intérêt pour les services interrogeants leur soient accessibles.

Alors que la première approche, celle de l'accès direct, avait eu les faveurs de la Commission, la présidence du Conseil avait émis des doutes quant à sa pertinence. Selon elle, cette option se heurtait à des difficultés d'ordre linguistique, technique et financier. En revanche, la deuxième approche, celle de l'accès indirect, avait sa préférence. Elle indiquait[200] que les avantages procurés par un fichier d'index étaient manifestes dans la mesure où il ne serait pas nécessaire d'assurer l'interopérabilité de l'ensemble des systèmes d'information nationaux et européens pertinents, ni de mettre en place des fichiers nationaux spécifiques[201].

---

199 Vers un renforcement de l'accès à l'information par des autorités responsables pour le maintien de l'ordre public et pour le respect de la loi (COM(2004)429).

200 Page 5 du document.

201 Toutefois, elle alléguait les coûts importants générés par la création d'un fichier central pour en assurer la maintenance. D'ailleurs, face aux montants élevés qu'impliquerait le choix d'un tel projet, le Conseil JAI d'avril 2005 a demandé un rapport sur la mise en œuvre technique du principe de disponibilité. Un groupe des Amis de la présidence a élaboré ce rapport (doc. du Conseil du 10 novembre 2005, n° 13558, CRIMORG 112, ENFOPOL 114, ENFOCUSTOM 59) qui a été remis au CATS et au Groupe Multidisciplinaire sur la criminalité organisée (GMD). Dans ce système, il

Pour autant, les États membres participant au traité de Prüm n'ont pas opté pour une approche généralisée de l'accès indirect. Ils ont mis en place un système mixte avec un accès direct pour les données jugées non sensibles, comme l'immatriculation des véhicules. En revanche, pour les informations plus sensibles, en l'occurrence les données ADN et les empreintes digitales, l'accès est indirect.

Face à l'attitude des États membres participant au traité de Prüm et à ceux qui se rangeaient derrière la position de la présidence, la Commission a modéré son approche dans sa proposition de décision-cadre du 12 octobre 2005 précitée. Celle-ci prévoyait un accès mixte à l'information détenue par les services de sécurité intérieure d'un État membre au bénéfice des services nationaux consultants d'un autre État membre. Son art. 9 envisageait un accès direct en ligne des informations contenues dans les bases de données. L'art. 10 prévoyait un accès indirect, se cantonnant à un fichier d'index, pour les données figurant dans les bases de l'art. 9[202] mais pour lesquelles un accès direct est impossible. Dans ce cas, les services nationaux d'un État membre (et les agents d'Europol) pouvaient consulter le fichier d'index, voire, avoir accès au contenu des données mais en émettant une requête à l'attention du service d'un autre État membre en possession de ces données.

En mettant en lumière les travaux réalisés dans le cadre de l'application du principe de disponibilité par rapport aux travaux effectués dans le contexte de la reconnaissance mutuelle, nous observons, dans un cas comme dans l'autre, une mise sur pied de points de contact, en tout cas pour ce qui est du mode d'accès indirect. En effet, en matière de reconnaissance mutuelle, il existe un mécanisme de recours à des points de contact, ce recours étant seulement facultatif : l'utilisation des recours étant uniquement prévue comme appui aux autorités judiciaires émettrices[203].

Cependant, les États ont préféré la deuxième approche pour les catégories de données visées par le traité de Prüm, en l'espèce les données ADN, les empreintes digitales et l'immatriculation des véhicules[204].

---

suggérait d'utiliser les systèmes existants (le principe directeur n° 4 était intitulé à cet égard « *Do not re-invent the wheel* »).

202 Ces bases contiennent les informations listées à l'annexe II (profils ADN, empreintes digitales, balistique, informations sur les immatriculations de véhicules, numéros de téléphone et autres données relatives aux communications, données minima en vue de l'identification des personnes figurant dans les registres de l'état civil).

203 Par exemple, l'art. 7.1 de décision-cadre instituant le mandat d'arrêt européen énonce que chaque État membre peut désigner une autorité centrale ou, lorsque son ordre juridique le prévoit, plusieurs autorités centrales, pour assister les autorités judiciaires compétentes.

204 Pour sa part, la convention de coopération policière Benelux prévoit que les empreintes digitales et les données ADN sont soumises à un régime d'accès à travers des

Le traité de Prüm a opté pour ce type de données, en faveur du mécanisme de l'accès obligatoire par points de contact[205]. Il en est de même pour la décision intégrant une partie du traité de Prüm dans le droit de l'Union.

La solution est identique pour les données relatives à l'immatriculation des véhicules : le service informant doit s'adresser à son point de contact qui, lui-même, s'adresse au point de contact du pays du service informant. Ledit service informant n'a donc pas accès au fichier d'immatriculation du service informant. Il envoie seulement une demande d'accès à son point de contact qui est répercutée au service informant. Le traité de Prüm prévoit un mécanisme de consultation automatisée : le point de contact du service consultant interroge la base de données du service informant. Cela signifie-t-il que le service consultant puisse se servir à son gré dans la base de données du service informant ? La réponse est négative car, en cas de correspondance, ce point de contact peut transmettre directement le contenu de l'information au service consultant seulement dans la mesure où le service consultant d'un État est considéré comme étant dans une situation identique à celle d'un service qui a la même nationalité que le service informant et qui souhaite obtenir l'accès à l'information. L'idée est que le point de contact communique directement le contenu de l'information au service consultant uniquement au motif que ce dernier est présumé être dans une situation identique que tout service consultant de l'État auquel le service informant appartient.

Concernant les données ADN et les données relatives aux empreintes digitales, le système est plus complexe dans la mesure où c'est le mécanisme de l'accès indirect, *via* la consultation d'un fichier d'index, qui s'applique. Le point de départ est le même que pour les données relatives à l'immatriculation des véhicules. Le traité de Prüm instaure un mécanisme de consultation automatisée en vertu duquel le service consultant s'adresse à son point de contact, lequel service consultant interroge la base de données du service informant. Ceci dit, et c'est toute la différence, l'interrogation porte sur le fichier d'index. En cas de *hit* positif, les services consultant n'ont d'autre choix que de s'adresser à nouveau aux points de contact nationaux pour obtenir le contenu de l'information. Dans cette perspective, l'accès à celui-ci se fait en six

points de contact. Les registres d'immatriculation relèvent du régime de l'accès direct. « Il devrait être possible de consulter directement par voie électronique les registres des immatriculations des autres pays. Le système reviendra donc en pratique à ce que les fonctionnaires de police belge puissent demander les mêmes informations sur les véhicules néerlandais et luxembourgeois que celles qu'ils peuvent demander sur des véhicules belges » (De Weireld, P., Pyl, G., *op. cit.*, p. 41).

[205] En France, ces points de contact se trouvent sur la plate-forme SCCOPOL.

temps. Premièrement, en cas de *hit* positif, le service consultant envoie une demande à son point de contact national. Deuxièmement, le point de contact transmet ladite demande au point de contact du service informant, qui, troisièmement, la répercute au service opérationnel. Quatrièmement, ce dernier fournit en retour, le contenu de l'information identifiée par les données d'index à son point de contact national. Le trajet de l'information a lieu alors en sens inverse : transmission entre points de contact (cinquième temps) puis communication au service consultant (sixième temps)[206].

b. Le champ du principe de disponibilité : une approche sectorielle

En dépit de l'évolution de la position de la part de la Commission, les États membres ont manifesté peu d'enthousiasme pour la proposition de décision-cadre. Ils ont considéré que le texte aurait dû se limiter à certains domaines précis. À ce sujet, le Conseil JAI du 14 avril 2005, sur la base du document de la présidence luxembourgeoise a identifié six d'entre eux à savoir ceux énoncés dans l'art. 9 de la proposition de décision-cadre précitée[207].

Dans le jargon européen, ces domaines sont appelés les « six domaines Frieden », du nom du ministre de l'Intérieur luxembourgeois qui exerçait la présidence du Conseil à l'époque. Le découpage en différents domaines résultait de deux constats. D'abord, certaines données comme les données relatives à l'ADN ne posent pas les mêmes problèmes en termes de protection des libertés publiques. Ensuite, la mise en œuvre technique du principe requiert des approches distinctes en fonction du type de domaines. Selon certains négociateurs au Conseil, le projet initial de Commission était jugé trop général et donc peu réaliste. Le Conseil a donc décidé d'adopter une approche pragmatique et progressive en commençant par les types de données les plus difficiles d'un point de vue technique et politique – les empreintes digitales et les données ADN – l'idée étant que, si une méthodologie et un accord pouvaient être trouvés sur ces catégories, il serait aisé de les transposer à des matières moins sensibles comme les registres d'état-civil.

Toujours en mettant en lumière les travaux réalisés dans le cadre de l'application du principe de disponibilité par rapport aux travaux effectués dans le contexte de la reconnaissance mutuelle, force est de consta-

---

206 Ceci étant dit, la transmission du contenu de l'information peut être soumise au régime de l'entraide judiciaire. Dans cette perspective, la communication n'aura plus lieu entre points de contact, mais de juge à juge.

207 L'approche sectorielle avait été saluée par le CEPD. Celui-ci a estimé que « le principe de disponibilité devrait être mis en œuvre sous la forme d'un instrument juridique contraignant par le biais d'une approche plus prudente et progressive portant sur un seul type de données » (point 69 de son avis du la proposition de décision-cadre présentée par la Commission [COM(2005)490]).

ter que la démarche consistant à segmenter le principe de disponibilité, avait déjà été employée dans le cadre de la reconnaissance mutuelle. En effet, les États membres avaient opté pour une approche sectorielle en adoptant différents textes (ou en négociant sur des projets) établissant un régime juridique différencié de la reconnaissance mutuelle. À cet égard, il n'existe pas un texte général le mettant en œuvre ce principe, mais plusieurs[208].

Cette démarche, qui consiste en une segmentation du principe de disponibilité, avait été entreprise par le traité de Prüm. Celui-ci prévoit un régime différencié de l'application du principe de disponibilité aux données d'un autre État membre relatives aux empreintes ADN, aux empreintes digitales et aux données relatives à l'immatriculation des véhicules[209].

Bien qu'une proposition de décision-cadre soit déjà sur la table et que son champ corresponde aux six domaines Frieden, le Conseil a préféré, pour démarrer, se baser sur les travaux de Prüm en transposant les dispositions contenues dans le traité dans une décision, celle du 23 juin 2008 mentionnée dans l'introduction générale. L'initiative fondant la décision transposant le traité de Prüm dans le droit de l'Union constitue une « solution de rechange » à la proposition de la Commission[210]. En effet, elle conserve les options retenues par le traité de Prüm dans la mesure où elle reprend son architecture générale, du moins pour ce qui est de la mise en œuvre du principe de disponibilité. À ce titre, elle prévoit des régimes d'accès spécifiques pour chacun des trois types de données prévues par le traité de Prüm.

De surcroît, la décision du 23 juin 2008 n'épuise pas la question relative à la mise en œuvre du principe de disponibilité. En effet, elle ne permet pas à elle seule de satisfaire aux invitations du programme de

---

208 Parmi ceux-ci : la décision-cadre du 13 juin 2002 instituant le mandat d'arrêt européen, la décision-cadre du 22 juillet 2003 relative à l'exécution dans l'Union européenne des décisions de gel de biens ou d'éléments de preuve destinée à assurer la reconnaissance mutuelle des mesures conservatoires prises par une autorité judiciaire, ou encore la décision-cadre du 24 février 2005 concernant l'application du principe de reconnaissance mutuelle des amendes précédemment évoquées qui vise, comme son nom l'indique, à assurer la reconnaissance d'une décision judiciaire infligeant une amende.

209 C'est aussi, comme nous l'avons précisé précédemment, l'option retenue dans la convention de coopération policière Benelux. Cette convention envisage à côté de cela, d'étendre le régime de la consultation directe à d'autres domaines. « La porte est entrouverte. Le traité stipule que les pays peuvent conclure des protocoles additionnels à ce propos. Ce n'est donc plus simplement une déclaration, mais l'idée prend forme » (De Weireld, P., Pyl, G., *op. cit.*, p. 41).

210 Selon les termes du CEPD, Avis sur projet de décision transposant le traité de Prüm dans le droit de l'Union, point 3.

La Haye sur l'application de ce principe de disponibilité. À cet égard, le programme est assez général pour ne pas faire l'objet d'une interprétation restrictive. C'est la raison pour laquelle la réflexion se poursuivit et les possibilités envisageables pour étendre ce principe à d'autres catégories de données sont analysées, en premier lieu celles qui relèvent des six domaines Frieden et qui n'ont été abordées ni dans le traité de Prüm ni dans la décision intégrant une partie du traité dans le droit de l'Union.

C. La conception de fichiers européens de nouvelle génération

Les fichiers européens de nouvelle génération peuvent être appréhendés sous deux angles.

En premier lieu, ils peuvent l'être sur le plan de l'architecture du système d'information et de communication auxquels ils sont respectivement accolés. Il s'agit alors des fichiers centralisés (1), contrairement aux bases de première génération qui sont, quant à elles, de nature décentralisée.

Alors que les banques de données décentralisées se caractérisent par une configuration dite « en étoile » avec une structure européenne destinée uniquement à la maintenance du système, les bases de données centralisées sont constituées d'un dispositif central capable de stocker, si nécessaire, les données introduites dans le système.

En deuxième lieu, les fichiers européens de nouvelle génération peuvent être abordés sous l'angle du contenu. Il s'agit alors des fichiers d'analyse (2).

1. Des fichiers centralisés

Il existe actuellement trois grands fichiers centralisés. Il s'agit du SID (a), du SIS II (b) et du Système d'information Europol (SIE). Il existe aussi d'autres fichiers encore à l'état de gestation, comme le Système européen automatisé d'identification criminelle par les empreintes digitales (AFIS-D) (c).

a. Le Système d'information douanier (SID)

Le SID est une base de données commune aux services douaniers des différents États membres. Il s'agit d'un fichier d'action, ce qui signifie que le service consultant obtient un renseignement de la part du service informant mais, en contrepartie, il doit effectuer une opération. En introduisant une information dans la base de données, le service douanier émet un message qui équivaut à une demande d'assistance. Cette demande vise à obtenir de la part du service douanier consultant, une action donnée qui consiste en un contrôle ciblé, une surveillance discrète ou une observation.

Le SID se compose d'une base de données centrale accessible à partir de terminaux placés au sein de l'OLAF et dans chacun des États membres. L'office de lutte antifraude gère l'infrastructure du SID qui, lui-même, est intégrée au Système informatique antifraude (AFIS). Toutefois, soulignons que le SID et l'AFIS sont distincts. En effet, même si le système informatique est commun (le SID est l'une des composantes de l'AFIS), l'un et l'autre ne se confondent pas[211].

Outre le fait que le SID se démarque de l'AFIS, le clivage entre le premier et le troisième pilier a généré une coexistence de deux systèmes d'information : « le SID premier pilier » et le « SID troisième pilier ». Ces deux instruments se fondent sur deux bases juridiques et ont des fonctions distinctes. Le SID « troisième pilier », qui repose sur une convention adoptée le 26 juillet 1995[212], est destiné à poursuivre et à réprimer « les infractions aux réglementations douanières communautaires et nationales ». Le « SID premier pilier », qui se fonde sur un règlement du 13 mars 1997[213], a pour objectif de prévenir, rechercher et poursuivre « les opérations contraires aux réglementations douanières et agricoles ». Un règlement[214] modifiant celui du 13 mars 1997 a été adopté le 9 juillet 2008 qui aligne la réglementation douanière sur celle de la convention et permet l'utilisation des données SID à des fins d'analyse.

Même si les deux SID ont une finalité différente, la Commission a décidé de les doter d'interfaces similaires. En effet, les services douaniers ont recours, dans la réalisation de leurs tâches quotidiennes, à l'un et à l'autre de manière indistincte. Dès lors, pour éviter que des questions d'origine juridique n'entravent leur activité, elle les fait fonctionner sur le même serveur. Dans ce contexte, le mode de fonctionnement des deux SID est identique. À l'instar du SIS, la saisie des données est effectuée au sein des États membres. Les données sont ensuite transmi-

---

211 En effet, les fichiers du SID sont clairement identifiés et font l'objet d'une procédure de consultation spécifique distincte des autres composantes de l'AFIS, conformément aux dispositions énoncées dans les instruments juridiques les établissant.

212 Convention du Conseil, du 26 juillet 1995, adoptée sur la base de l'article K.3 du traité sur l'Union européenne, sur l'emploi de l'informatique dans le domaine des douanes (*JOCE* C 316 du 27.11.1995, p. 34).

213 Règlement 515/97/CE du Conseil du 13 mars 1997 relatif à l'assistance mutuelle entre les autorités administratives des États membres et à la collaboration entre celles-ci et la Commission en vue d'assurer une bonne application des réglementations douanières et agricoles (*JOCE* L 82 du 22.3.1997, p. 1).

214 Règlement (CE) n° 766/2008 du Parlement européen et du Conseil du 9 juillet 2008 modifiant le règlement (CE) n° 515/97 du Conseil relatif à l'assistance mutuelle entre les autorités administratives des États membres et à la collaboration entre celles-ci et la Commission en vue d'assurer la bonne application des réglementations douanière et agricole (*JOCE* L 218 du 13.8.2008, p. 48).

ses à un « autoriseur » national qui s'assure de la licéité du traitement des données ainsi que de son opportunité. En France, les agents qui peuvent intégrer les données sont ceux de la DNRED. Les utilisateurs sont essentiellement des agents des unités de la surveillance.

Parallèlement à la mise en place du SID, un manuel de procédure opérationnel a été rédigé. Il fixe des lignes directrices tant pour l'application opérationnelle du « SID premier pilier » que du « SID troisième pilier ». Il est accompagné d'un guide des utilisateurs destiné à fournir des explications détaillées au niveau technique. Le « SID premier pilier » et le « SID troisième pilier » fonctionnent depuis le 1er novembre 2000, c'est-à-dire depuis l'entrée en vigueur du règlement du 13 mars 1997 et de l'accord du 26 juillet 1995 relatif à l'application provisoire de la convention SID[215]. Le SID « troisième pilier » est opérationnel dans l'ensemble des pays de l'Union au fil des ratifications.

Le nombre de cas introduits est de 1043 pour le « SID premier pilier » et de 1024 pour le « SID troisième pilier ». Le nombre de cas actifs est de 349 pour le « SID premier pilier » et de 498 pour le « SID troisième pilier ». Enfin, le nombre d'utilisateurs est de 1804 pour « SID premier pilier » et de 1461 pour le « SID troisième pilier » (situation au 2 novembre 2007)[216].

Les premiers résultats obtenus par le fonctionnement ont été jugés décevants[217] par les experts du groupe « coopération douanière » du Conseil. Ce constat à l'appui, ces experts évoquent des raisons d'ordre technique, opérationnel, juridique ainsi qu'une formation inappropriée[218]. Pour l'heure, les travaux s'orientent vers des améliorations techniques. Il s'agit d'utiliser les technologies d'Internet (projet CIS WEB) pour rendre le système plus performant et plus convivial pour ses utilisateurs.

b. Le SIS de deuxième génération (SIS II)

L'architecture du SIS II a subi une évolution importante au regard de celle de son ancêtre, le SIS de première génération, dans la mesure où sa

---

[215] Accord relatif à l'application provisoire entre certains États membres de l'Union européenne de la convention établie sur la base de l'article K.3 du traité sur l'Union européenne sur l'emploi de l'informatique dans le domaine des douanes (*JOCE* C 316 du 27.11.1995, p. 58).

[216] Doc. du Conseil du 7 décembre 2007, n° 16245/07, ENFOCUSTOM 123.

[217] Doc. du Conseil du 9 janvier 2004, n° 5160/04 ENFOCUSTOM 1.

[218] Les raisons techniques sont notamment en lien avec le fait que les réseaux nationaux ne sont pas compatibles avec le SID. Pour leur part, les raisons opérationnelles tiennent au fait que le système ne répond pas à l'ensemble des attentes des utilisateurs. Les raisons d'ordre juridique ont trait à la ratification tardive de la convention SID par les États membres. Enfin, pour ce qui est des formations, l'expérience a montré que l'impact des actions se révèle avoir été moins important que prévu.

structure centrale stocke les informations susceptibles d'être échangées entre les services nationaux de sécurité intérieure. Certes, il fonctionne encore sur la base d'une structure étoilée. Nonobstant, l'ensemble des données est conservé dans le CS-SIS. Les informations enregistrées dans le N. SIS II ne sont que des copies des informations figurant la base de données centrale. Pour être plus précis, par rapport au SIS de première génération[219] qui comprenait deux types d'éléments, le C-SIS et le N-SIS, le SIS II a une structure plus complexe en trois volets : le SIS II central, les N. SIS II et l'infrastructure de communication reliant le C-SIS II et les différents NI-SIS.

Le SIS II central représente son noyau central. Il comprend lui-même une fonction de support technique (le « CS-SIS ») contenant la base de données du SIS II ainsi qu'une interface nationale uniforme (le « NI-SIS »). Le CS-SIS est implanté dans le quartier du Neuhof à Strasbourg en France. Il existe également un deuxième CS-SIS qui peut assurer l'ensemble des fonctionnalités du CS-SIS principal en cas de défaillance. Ce CS-SIS de secours se trouve en Autriche, à Sankt Johann im Pongau.

Pour sa part, le NI-SIS forme un appendice du système central dans chaque État membre. Il constitue une interface nationale uniforme entre le CS-SIS et le N. SIS II auquel il est rattaché.

L'infrastructure de communication qui constitue le troisième élément du SIS II raccorde le CS-SIS aux NI-SIS. Elle fournit également un réseau virtuel crypté permettant le transfert de données entre les différentes composantes du SIS II et l'échange d'informations entre les bureaux Sirene.

La gestion opérationnelle du SIS II central est assurée par une instance gestionnaire et par la Commission. L'instance assure, à la lumière des dispositions du règlement du 20 décembre 2006 et de la décision du 12 juin 2007 instituant le SIS II, la supervision, la sécurité et la coordination des relations entre les États membres et le fournisseur. La Commission réalise les autres tâches liées à l'infrastructure de communication.

Le N. SIS II contient une copie des données mises à la disposition des pays raccordés au SIS. Chacun des N. SIS II a pour fonction d'introduire, de mettre à jour et, le cas échéant, de supprimer les données insérées dans le fichier central. Contrairement au système précédent, le N. SIS II ne contient plus de données en provenance des bases des États membres. À présent, chaque système national gère seulement une copie des données extraites du fichier, celle-ci étant offerte en consultation

[219] Chocquet, C., « Le Système d'information Schengen : un double défi », in *Marché commun et de l'Union européenne*, n° 418, mai 1998, p. 295.

aux services des autres États membres *via* leur N. SIS II (et le système central).

Autre élément de nouveauté, il ne revient plus au bureau Sirene d'assurer le bon fonctionnement de la partie nationale. La maintenance est à présent fournie par une instance gestionnaire, distincte de l'instance gestionnaire du SIS II central. Cette instance, appelée l'office N. SIS II, est chargée d'exploiter le N. SIS II et de connecter celui-ci au NI-SIS. À ce titre, elle est responsable du bon fonctionnement et de la sécurité du N. SIS II. Cependant, les bureaux Sirene, bien que déchargés de la gestion technique, conservent leur attribution principale, l'échange des informations supplémentaires. Ces informations sont transmises au moyen de l'infrastructure de communication, conformément aux dispositions du manuel Sirene.

Le cercle des utilisateurs est strictement défini. Ainsi, le règlement instituant le SIS II mentionne les services compétents pour réaliser des contrôles frontaliers, les services aptes à mener des vérifications de police et de douane à l'intérieur du pays et les autorités judiciaires dans le cadre des procédures pénales[220]. Le règlement instituant le SIS II ajoute les instances chargées de la délivrance des visas et des titres de séjour[221]. En vertu de la décision instituant le SIS II, Europol et Eurojust peuvent également consulter le SIS[222]. Enfin, un règlement spécifique étend le droit de consultation aux services chargés de l'immatriculation des véhicules[223]. En vertu du principe de proportionnalité, les services ont un droit de consultation limité à l'exercice de leurs compétences. D'ailleurs, les textes le notifient expressément. Dans cette optique, les

---

220 Dans le cadre de leurs attributions.

221 En vertu de l'art. 1.3 du règlement 871/2004/CE précité.

222 D'ailleurs, Eurojust, *via* ses membres nationaux, et Europol pouvaient déjà le faire en vertu de la décision 2005/211/JAI précitée.

Cependant, l'un et l'autre disposent seulement d'un droit de consultation. Ils ne peuvent donc pas intégrer des données dans le système.

La décision d'accepter la consultation du SIS par Europol et Eurojust, a fait l'objet d'importantes discussions. Ainsi, concernant l'accès d'Eurojust, il avait été objecté que dans certains États membres comme en Belgique, la consultation du SIS par les magistrats se faisait par l'intermédiaire des policiers. Dès lors, un accès direct aux membres nationaux d'Eurojust ne se justifiait pas (doc. du Conseil du 8 novembre 2002, n° 14037/02 SIS 84, SCHENGEN 20 et COMIX 636).

Concernant l'accès d'Europol, il avait été notamment objecté que le SIS et l'office poursuivaient des objectifs différents, ou encore que le SIS était la propriété exclusive des États membres et qu'aucune organisation ne pouvait prétendre à la moindre ingérence.

223 Règlement (CE) n° 1986/2006 du 20 décembre 2006 du Parlement européen et du Conseil sur l'accès des services des États membres chargés de l'immatriculation des véhicules au système d'information Schengen de deuxième génération (SIS II) (*JOCE* L 381 du 28.12.2006, p. 1).

services chargés de la délivrance des visas ont accès au SIS mais uniquement en ce qui concerne les signalements correspondant aux ressortissants de pays tiers déclarés non admissibles sur le territoire national.

c. Le Système d'information Europol (SIE) et les autres fichiers centralisés

Le SIE est une base de données de l'office européen de police qui contient tout un ensemble de données à caractère personnel relatives à des personnes soupçonnées d'avoir commis ou de commettre une infraction entrant dans le champ de compétence de l'office européen de police. À la fin de l'année 2006, le SIE contenait plus de 50 000 données en lien avec 4000 infractions. Le 2 janvier 2008, il contenait 62 660 données. En 2007, près de 137 000 recherches avaient été effectuées. L'alimentation est effectuée, hormis par le personnel de l'office européen de police, d'une part, par les États membres par l'intermédiaire des UNE et des OLE, et, d'autre part, par les pays et instances tiers avec qui Europol a conclu un accord opérationnel. La consultation est directe par les UNE, les OLE et le personnel d'Europol. En revanche, les services nationaux ont quant à eux accès partiel au SIE. Le SIE se rapproche du SIS dans la mesure où il constitue un recueil d'informations non traitées. Toutefois, il diffère de celui-ci notamment sur le fait que les conditions d'accès sont dissemblables. En particulier, il ne fonctionne pas sur la base du principe *hit/no hit*[224].

Europol dispose aussi d'autres fichiers centralisés. Il s'agit de bases de données indépendantes de celles des États membres, qui n'ont pas été prévues par la convention instituant l'office européen de police. C'est le cas de fichiers sur les composantes des bombes, sur l'identification des véhicules[225] ou encore, sur les informateurs[226]. Par rapport au SIE, les procédures de création, d'alimentation et de consultation de ces bases sont moins lourdes dans la mesure où elles ne visent pas à stocker des données nominatives. De ce fait, elles ne portent pas atteinte au droit à la vie privée et ne sont donc pas soumises aux règles relatives à la protection des données à caractère personnel figurant dans la convention[227].

---

224 Sauf pour ce qui est de l'accès en consultation par les services nationaux. L'art. 13.7 de la décision instituant Europol envisage un mécanisme identique avec la possibilité pour les autorités compétentes d'avoir accès au SIE mais la consultation est possible seulement sur la base de ce système *hit/no hit*.

225 Ou *European Vehicle Identification Database* (EUVID).

226 Qui est une liste noire rassemblant ceux qui tentent de vendre leurs informations à plus d'un service national de sécurité intérieure.

227 À présent, la décision instituant Europol encadre la création de tels fichiers. Son art. 10 prévoit une procédure stricte d'autorisation par le conseil d'administration et par le Conseil. L'Autorité de contrôle commune doit être consultée au préalable (y compris pour les fichiers non nominatifs). De surcroît, la décision permet la mise en

Pour sa part, le Système européen automatisé d'identification criminelle par les empreintes digitales (AFIS-D) n'est qu'à l'état de projet. La Commission a proposé de le mettre en place, dans sa communication sur l'interopérabilité des différentes bases de données sur la sécurité intérieure du 24 novembre 2005[228]. Ce système rassemblerait toutes les données relatives aux empreintes digitales, qui ne sont actuellement disponibles que dans les banques nationales contenant ce type de données. La Commission a lancé l'idée que ce système soit éventuellement centralisé. En revanche, et à l'instar du SIE, elle suggère d'aller au-delà de la simple recherche par *hit/no hit* en permettant aux services nationaux consultants l'obtention de réponses complètes.

Pour ce qui est du Système européen d'identification criminelle des empreintes ADN, le projet est actuellement en suspens. La résolution du 9 juin 1997[229], relative aux échanges des résultats d'analyse ADN[230], envisageait sa création mais seulement « dans une deuxième étape ». En premier lieu, il recommandait l'instauration de bases nationales centrales. Pour l'heure, un tel Système européen d'identification n'existe pas. De surcroît, la résolution du 25 juin 2001, qui complétait celle du 9 juin 1997, ne laissait aucune perspective claire concernant sa naissance[231].

Pour être complet, ajoutons que la génération de bases de données centralisées n'est pas une spécificité de l'Union européenne. Outre les États, des instances internationales développent des fichiers en matière de sécurité intérieure de cette nature. C'est le cas de l'OIPC qui a créé une base de données[232] :

- sur les empreintes digitales contenant plus de 57 000 enregistrements provenant de 107 pays,
- sur les empreintes ADN contenant 65 000 profils provenant de 42 pays,

---

place de nouveaux fichiers nominatifs (qui ne peuvent pas toutefois contenir de données sensibles). Enfin, et, parallèlement à tout cela, elle restreint le recours à de nouveaux fichiers (nominatifs ou non nominatifs). En effet, elle soumet leur instauration à la règle de la subsidiarité : un projet ne peut voir le jour qu'après « avoir pris en compte les possibilités des fichiers existants ».

228 Communication du 24 novembre 2005 sur le renforcement de l'efficacité et de l'interopérabilité des bases de données européennes dans le domaine de la justice et des affaires intérieures et sur la création de synergies entre ces bases (COM(2005)597).

229 Résolution du Conseil du 9 juin 19997 relative aux échanges des résultats d'analyse ADN (*JOCE* C 193 du 24.6.1997, p. 6).

230 *JOCE* C 187 du 3.7.2001, p. 1.

231 Le traité de Prüm et le projet de décision transposant celui-ci dans le droit européen, prévoient la création de fichiers contenant des données ADN. Toutefois, il s'agit de fichiers nationaux auquel est adossé un fichier d'index consultable par les points de contact des autres États membres désignés à cet effet.

232 Les chiffres cités sont de 2006 sauf mention contraire.

- sur les documents de voyage perdus ou volés (base STD) contenant plus de 13,3 millions documents de voyage provenant de 121 pays[233],
- sur les images d'abus pédosexuels (base ICAID) contenant plus de 400 000 images (en 2004). 131 victimes d'abus ont pu être secourues et en cinq ans, plus de 500 victimes ont été identifiées dans 29 pays,
- sur les véhicules volés contenant des informations sur plus de 3,7 millions de véhicules alimentés par 106 pays,
- sur les œuvres d'art volées contenant plus de 25 000 enregistrements émanant de 109 pays (en 2004) et 3800 recherches ont été effectuées.

En outre, l'OIPC dispose d'une banque de données nominatives, le Système de documentation criminelle d'Interpol (ICIS)[234] depuis 1998. Actuellement, l'OIPC développe des solutions techniques appelées MIND/FIND destinées à permettre aux agents de première ligne situés sur le terrain d'avoir accès électroniquement aux informations contenues dans les bases de l'OIPC. Par ailleurs, l'ICIS est amené à disparaître au profit d'un nouveau système informatique « intelligent » nommé I-link. I-link permettra aux services nationaux de terrain de consulter par l'intermédiaire d'une interface toutes les bases de données de l'OIPC. Ce système, qui fonctionnera sur le système I-24/7, offrira à ces services, habilités par le BCN, la possibilité d'un accès direct et de recevoir une réponse automatique du système. Il pourra aussi stocker le contenu de requête et identifier celles qui sont similaires, ce qui permettra aux services de lier plusieurs requêtes ou de consulter l'historique de celles-ci.

2. *Des fichiers d'analyse*

Nous définissons les fichiers d'analyse comme des fichiers destinés à recueillir des pistes d'enquête à partir de la mise en relation d'informations à caractère sensible. Le but recherché est donc d'obtenir de nouveaux éléments d'enquête en confrontant des éléments d'informations disponibles.

Pour l'heure, les seuls fichiers d'analyse existant au niveau européen sont ceux gérés par Europol. Frontex pourrait également élaborer de

---

233 À cet égard, la France a transmis à Interpol sa propre base de données sur les documents de voyage vierges volés (rapport final sur la troisième série d'évaluations mutuelles [point 5.4]).

234 Près de 166 000 figurent dans l'ICIS.

telles bases de données, mais il ne dispose pas encore de la législation adéquate en matière de protection des données à caractère personnel[235].

Pour ce qui est d'Europol, les fichiers d'analyse, appelés fichiers de travail à des fins d'analyse (AWF)[236], trouvent leur fondement juridique dans la décision[237]. Selon les derniers rapports annuels, l'office européen de police en gère en moyenne une vingtaine par an[238]. Les AWF sont rassemblés dans une base de données spécifiques. Le système d'analyse OASIS[239] permet à toute personne habilitée de conserver des données, de les extraire et de les traiter, notamment pour alimenter une banque de données nationale. Il s'agit d'un système informatique global contenant une série d'applications différentes.

Les données contenues dans les AWF sont nettement différentes de celles figurant dans le SIE. D'abord, elles font l'objet d'un assemblage, d'un traitement ou d'une utilisation dans le but de faciliter le déroulement d'une enquête criminelle[240], ce qui n'est pas le cas de celles figurant dans le SIE[241]. Pour créer un AWF, Europol s'appuie sur des données existantes afin d'en constituer de nouvelles. Concernant le SIE, aucune donnée n'est créée. Il s'agit seulement de regrouper celles qui existent dans une seule et unique base. Ensuite, les informations introduites dans les AWF sont beaucoup plus complètes que celles ayant trait aux personnes contenues dans le SIE[242].

---

235 Rappelons que le règlement modifiant le règlement instituant le SID « premier pilier » permet l'utilisation des données qui y sont inscrites à des fins d'analyse. Celles qui ont été insérées dans la base en vertu du règlement initial ne sont destinées qu'à renforcer l'efficacité des contrôles effectués par les services douaniers des différents États membres. À présent, en permettant d'étendre les fonctionnalités du SID, ces services sont plus à même de mener à bien leurs missions de recherche des opérations contraires à la réglementation douanière et agricole.

236 Acronyme anglais d'*Analysis Working Files.*

237 À l'art. 14 de la décision instituant Europol.

238 Ce chiffre est relativement stable depuis quelques années. En 2006, Europol avait ouvert dix-huit AWF. En 2007, seize faisaient l'objet d'un traitement par Europol (quatre ayant trait aux groupes appartenant à la criminalité organisée, trois concernant le trafic de drogue, trois relatifs aux atteintes aux personnes et deux portant respectivement sur la criminalité financière, le terrorisme et le faux-monnayage).

239 Acronyme de *Overall Analysis System for Investigation Support.*

240 L'art. 14.2 de la décision permet en effet à Europol de mettre en place des fichiers définis comme étant « le stockage, l'assemblage, le traitement ou l'utilisation de données dans le but d'appuyer des enquêtes pénales ».

241 Nous pouvons imaginer cependant que, le cas échéant, certaines d'entre elles résultent d'une analyse criminelle réalisée par les services nationaux avant d'être transmises à Europol.

242 En effet, pour ce qui est du champ *ratione personae*, les données contenues à l'art. 14 de la décision instituant Europol, relatives au profil des personnes, sont plus nombreuses que celles figurant à l'art. 12 de la décision, relatif au SIE. Outre les indivi-

Par ailleurs, les AWF sont élaborés dans le cadre d'un projet d'analyse et ont une vocation soit stratégique, soit opérationnelle. Les premiers sont destinés à étudier un phénomène criminel tandis que les fichiers opérationnels contiennent des informations relatives à une enquête sur un ou des groupes criminels déterminés. Les efforts s'orientent actuellement vers la réalisation de fichiers à vocation davantage opérationnelle que stratégique. L'objectif est qu'Europol fournisse un soutien plus efficace aux enquêtes de terrain menées par les services nationaux[243].

À la lecture de la décision, les données traitées par les AWF peuvent provenir non seulement des États membres et des instances européennes, mais aussi des pays et des organisations tierces. Pour les données à caractère personnel n'émanant pas des États membres, la réception des données est effectuée en vertu d'un accord conclu avec Europol. Toutes les données, ainsi que leur source, reçues par l'office européen de police font l'objet d'une évaluation, qu'elles proviennent des États membres, des organes et des institutions de l'Union européenne ou de pays et d'organisations tiers.

Les AWF, gérés par un ou plusieurs agents de l'une des unités du département *Serious Crime* d'Europol, sont générés à l'initiative de l'office ou à la demande d'un État membre. Chaque projet entraîne la constitution d'un groupe d'analyse dont la composition est restreinte puisque seuls peuvent y participer des analystes d'Europol, des experts des États membres, voire des experts issus de pays et d'organisations tiers. Le personnel d'Europol en est exclu, à l'exception des membres de l'unité du département *Serious Crime* responsables du projet.

Les OLE peuvent communiquer à Europol les informations nécessaires pour alimenter le fichier d'analyse. Pour leur part, les UNE ont la possibilité de transmettre celles-ci directement au groupe d'analyse sans

---

dus ayant commis une infraction ou soupçonnés d'en commettre une, les AWF peuvent regrouper des données ayant trait à des personnes considérées comme témoins, victimes, contacts ou accompagnatrices ou comme étant susceptibles de fournir des informations sur les infractions entrant dans le champ d'application *ratione materiae* d'Europol. En outre, les catégories de données sont plus larges. Par exemple, peuvent être introduites dans un AWF, des informations d'ordre économique et financier, les lieux fréquentés par la personne visée, sa toxicomanie éventuelle et ses *modi operandi*, voire dans certains cas, des informations sensibles, alors que cela n'est pas possible dans le SIE (comme d'ailleurs les fichiers nominatifs créés par Europol sur le fondement de l'art. 10 de la décision et qui ne sont pas des AWF).

243 Ces AWF sont coûteux dans la mesure où ils mobilisent beaucoup de ressources d'Europol. De plus, ils ne permettent d'avoir qu'une vision limitée du phénomène criminel car ils se restreignent aux seuls États qui participent à l'AWF. C'est la raison pour laquelle ce type de fichiers est de moins en moins utilisé concernant l'analyse stratégique des phénomènes criminels. Europol préfère avoir recours à d'autres instruments comme les bulletins.

passer par le canal des OLE[244]. En effet, certaines informations fournies à des fins d'analyse par un État membre peuvent être délicates, ce qui se traduit juridiquement par une restriction d'accès de l'AWF imposée aux OLE. Cela se traduit aussi par une limitation de l'accès des données produites dans le cadre du projet et des résultats des travaux aux seuls États participants (ainsi que, le cas échéant, les pays et les organisations tiers). En principe, ces derniers sont ceux qui sont à l'origine de la création du fichier. Par exception, d'autres pays peuvent être admis au projet après consultation de la fonction d'index. Ni les résultats finaux, ni les résultats intermédiaires contenus dans les rapports de recoupement ne sont communiqués aux autres.

Par ailleurs, pour ce qui est d'Eurojust, la décision du 16 décembre 2008 permet la création de « fichiers de travail temporaires ». À l'instar des AWF, l'accès de ces fichiers est restreint : le membre national qui le gère autorise l'accès aux autres membres nationaux, ainsi qu'aux membres du personnel de l'unité de coopération judiciaire qui en font la demande (cette dernière étant formulée sur la base des données figurant dans un fichier d'index). Toutefois, même si la décision précise que les fichiers de travail temporaires sont destinés à regrouper des informations portant sur une même affaire, elle n'indique pas pour autant que de tels fichiers sont systématiquement des fichiers d'analyse[245]. L'expérience en terme d'utilisation de ces fichiers révèlera s'il s'agira soit d'un dossier compilant simplement des informations relatives à une affaire spécifique (et étant dans cette perspective, un outil de gestion au profit des membres nationaux, contenant des renseignements transmis par les autorités nationales), soit d'une base rassemblant des données communiquées par les autorités nationales (ou d'autres acteurs le cas échéant) ainsi que des données résultant d'un processus de production d'analyse criminelle de la part d'Eurojust.

D. Le développement de documents évaluant des menaces à la sécurité intérieure

Les services nationaux de sécurité intérieure réalisent une évaluation des menaces à deux niveaux différents. Ils la conduisent sur le plan stratégique et sur le plan opérationnel (1). Sur le plan opérationnel, les

---

[244] À cet égard, ce type de données est fourni à Europol par les UNE *via* ou non les OLE. Par ailleurs, tous les OLE d'un État membre ne peuvent pas consulter la fonction d'index. La décision indique qu'ils doivent faire préalablement l'objet d'une habilitation spécifique pour faire valoir un besoin d'en connaître.

[245] En effet, la décision du 16 décembre 2008 dispose que le système de gestion des dossiers, dont font partie les fichiers de travail temporaires, est destiné à « fournir un soutien à la conduite et la coordination des enquêtes et des poursuites auquel Eurojust apporte son concours, notamment par le recoupement d'informations ».

organes de l'Union européenne ont acquis un savoir-faire en produisant, depuis plusieurs années, différentes sortes de documents qui ont trait soit à des analyses de risques, soit à des évaluations de la menace proprement dites[246]. Sur le plan stratégique, l'OCTA constitue le document de référence (2). Pourtant, l'expérience en matière d'évaluation stratégique reste modeste et les avancées plus limitées. En effet, le dispositif n'en est, pour l'heure, qu'à ses premiers balbutiements (3).

1. Une évaluation de nature stratégique et opérationnelle

Sur le plan opérationnel, les institutions et les organes de l'Union européenne ont engrangé une certaine expérience concernant l'évaluation de menaces et l'analyse de risques.

Les groupes du Conseil effectuent ce travail d'évaluation. C'est le cas du groupe « coopération douanière » à l'intérieur duquel les travaux menés dans le cadre des ODC permettent à ses participants de constater les dernières évolutions des phénomènes susceptibles de porter atteinte à la sécurité intérieure des États membres et de l'Union européenne, comme la contrebande de cigarettes, le trafic de drogues et le trafic d'armes[247].

---

[246] Europol définit l'analyse de risques comme étant « *the aim [...] is to identify and examine vulnerable areas of the society that are, or could be, exploited* » (doc. du Conseil du 27 juillet 2005, n° 10180/05, CRIMORG 56, ENFOPOL 75). L'évaluation de la menace a pour but de « *analyse and evaluate the character, scope and impact of criminality* ».

Bien que ces définitions divergent quant à leur contenu, le procédé est identique, si ce n'est que l'analyse de risques se concentre sur les éléments qui constituent la cible de la menace (par exemple les lignes frontalières non grillagées concernant les routes empruntées par les filières d'immigration illégale), alors que l'évaluation de la menace se focalise davantage sur ses vecteurs de celle-ci, c'est-à-dire les groupes ou les individus (par exemple, les groupes criminels qui font office de passeur pour acheminer des ressortissants de pays tiers clandestins sur le territoire de l'Union).

[247] Du moins, il s'agit d'évaluations ponctuelles, la production des évaluations de la menace effectuée en matière douanière reste nationale. Les méthodologies employées sont différentes et la diffusion de leurs résultats demeure variable d'un pays à l'autre. Le groupe « coopération douanière » a établi un document intitulé « Rapport final sur la coordination des évaluations de la menace au sein de l'Union européenne (AP6) » (doc. du Conseil du 10 juillet 2008, n° 11606/08, ENFOCUSTOM 74) dans lequel il indique que sur le plan douanier, concernant l'évaluation de la menace, comprise comme « une analyse et une évaluation complètes des nouvelles tendances émergentes en matière d'infractions dans des matières relevant de la compétence des administrations douanières » (doc. du Conseil du 6 janvier 2005, n° 11098/2/04, ENFOCUSTOM 43 11098/2/04), « il apparaît que les États membres ne partagent pas la même approche du concept d'évaluation de la menace ». Il propose dès lors, 1. une communication mutuelle des programmes d'évaluation de la menace effectués par chaque État membre, Europol, l'OLAF, Frontex, le groupe « coopération douanière » ainsi que l'OMD, 2. une coordination de la production des analyses de la menace, 3. une

En outre, différentes entités instituées par l'Union réalisent cet exercice. Ainsi, le réseau de points de contact permanents, mis en place en vertu des conclusions du Conseil du 13 novembre 2001, effectue des évaluations concernant les éléments perturbateurs lors de rassemblements publics. Conformément au manuel adopté par le Conseil le 28 novembre 2001[248], il a pour tâche d'assurer, outre l'échange d'informations entre les services nationaux, la réalisation d'une analyse de risques et le suivi d'un évènement international comme les réunions du Conseil européen.

Enfin, l'évaluation de menaces et l'analyse de risques sont élaborées par les organisations auxiliaires de l'Union européenne compétentes en matière de sécurité intérieure.

C'est le cas d'Europol qui, dans le cadre de ses projets d'analyse, examine les tendances concernant les différents phénomènes criminels qui entrent dans son mandat, et actualise les données relatives à ces questions. Par exemple, l'office européen de police met à jour des informations sur l'immigration illégale et la traite des êtres humains en suivant attentivement l'évolution des différentes routes employées par les filières. Autre exemple, en 2007, en lien avec sa base de données EUVID et la formation effectuée, en Roumanie, en Serbie et au Monténégro (*cf. supra*), il a mis à jour son évaluation sur la criminalité liée au véhicule et sur l'identification des véhicules. Toujours en 2007, Europol a réalisé une évaluation sur l'usage des nouvelles technologies par les criminels à travers l'Union européenne.

C'est le cas également de Frontex qui, par l'intermédiaire d'une instance spécialisée, sa cellule d'analyse, procède au diagnostic des vulnérabilités des frontières extérieures de l'Union européenne[249]. Ainsi, l'agence réalise des analyses de risques sur des thèmes spécifiques, notamment concernant l'immigration illégale en provenance du continent africain. Elle mène aussi des analyses de risques générales, comme l'*Annual Risk Assessment*, et des analyses spécifiques aux opérations concertées. Enfin, elle procède à des analyses ponctuelles pour des soutiens à des activités opérationnelles particulières, comme celles qui

---

meilleure diffusion des résultats découlant de ces analyses 4. une évaluation desdits résultats.

248 Point II.2 du Manuel, à l'usage des autorités et services de police, sur la sécurité lors d'événements internationaux comme les réunions du Conseil européen (doc. du Conseil du 12 novembre 2002, n° 12637/3/02, ENFOPOL 123).

249 À ce sujet, le programme de La Haye insiste sur son rôle en matière d'analyse de risques puisqu'il énonce que l'agence doit aider les États membres « à améliorer leurs analyses communes des itinéraires de migration, des pratiques en matière de traite des êtres humains et des réseaux criminels actifs dans ce domaine ».

se sont déroulées lors de la Coupe du Monde de 2006 en Allemagne[250]. Il procède également à des analyses de risques ciblées, comme celles concernant la situation relative à l'immigration illégale en provenance de Chine, la traite des êtres humains à partir de l'Ukraine ou encore l'itinéraire d'immigration illégale en provenance de l'Asie via la Chine[251]. Par ailleurs, Frontex organise plusieurs fois par an des rencontres du *Frontex Risk Analysis Network* (FRAN) qui rassemble les services compétents des États membres et ceux des pays associés à la coopération Schengen.

Enfin, dans le cadre de ses travaux en matière de gestion intégrées des frontières extérieures, la Commission dans sa communication du 12 février 2008 sur Eurosur suggère d'élaborer un « tableau commun du renseignement en amont des frontières ». Ce tableau, qui s'inscrit dans la deuxième phase de la mise en place d'Eurosur, permettra de compléter les analyses de risques effectuées par Frontex permettant de déterminer à l'avance les routes migratoires et d'appuyer l'action des services de renseignement sur des actions spécifiques. Il sera basé sur les productions de Frontex, en particulier l'*Annual Risk Assessment*, mais aussi sur celles des gardes-frontières et des services de renseignement. L'objectif poursuivi pourrait être le suivant : que tous les services nationaux de sécurité intérieure, quelle que soit leur fonction, contribuent à dresser un panorama général des risques aux frontières extérieures[252].

Si sur le plan opérationnel, certains travaux relatifs à l'évaluation des menaces apparaissent plus récents que d'autres, ceux effectués sur le plan stratégique ont, en revanche, pour caractéristique d'être à l'état de projet, comme le tableau commun du renseignement en amont des frontières, ou d'être nouveau, comme l'*Organised Crime Threat Assessment* (EMCO en français ou OCTA en anglais),

2. *Une évaluation stratégique articulée autour de l'OCTA*

L'OCTA, dont la première version a été présentée par Europol seulement en 2006[253], est un document destiné à apprécier les évolutions de

---

[250] Ainsi, à l'instar d'Europol, Frontex produit des bulletins, comme le *First Law Enforcement Bulletin on Illegal Migration* publié en mai 2006.

[251] Illustrations développées dans le rapport d'activité annuel de Frontex pour l'année 2007.

[252] C'est dans cette logique que s'inscrirait le projet de « réseau intégré de systèmes de signalement et de surveillance aux fins du contrôle aux frontières et de la sécurité intérieure » évoqué précédemment.

[253] Le premier document ayant été publié en 2006 (doc. du Conseil du 7 juin 2006, n° 10143/06, CRIMORG 91).

Document disponible à l'adresse suivante : http://www.europol.eu.int/publications/OCTA/OCTA2006.pdf.

ce phénomène. Il a servi de fondement à l'adoption le 2 juin 2006[254] par le Conseil de ses priorités stratégiques à ce sujet pour la période allant de juin 2006 à juin 2007[255]. L'OCTA est un document décrit par le directeur d'Europol comme étant « *a core product of the intelligence-led policing concept* »[256].

Il est nécessaire de préciser à ce stade de l'analyse que l'OCTA est un document d'Europol n'engageant que lui-même. Seules les conclusions du Conseil, qui sont réalisées à partir de l'évaluation fournie par l'office européen de police et sur la base de considérations politiques, sont normatives. En effet, le travail de l'office européen de police intervient en amont et seulement à titre de soutien de l'activité des ministres du Conseil JAI. *In fine*, c'est à ce dernier, et à lui seul, qu'il revient de fixer les différentes mesures à prendre par les organismes de l'Union et par les services nationaux.

La version publique de l'OCTA est composée essentiellement de deux parties, la première étant intitulée « *The Organised Crime environnement in the European Union* » et la deuxième « *The threat from Organised Crime* ». La première partie fait le bilan global de la criminalité organisée en fonction des pays et des régions ainsi que des marchés criminels. La deuxième partie se concentre de manière détaillée sur les tendances de la criminalité organisée au regard de différents indicateurs identifiés par Europol.

L'office européen de police a présenté une deuxième version de l'OCTA en juin 2007 qui a servi de base aux conclusions du Conseil allant de la période allant de juin 2007 à juin 2009[257]. Cette deuxième version y dresse une typologie des groupes criminels, leur spécialisation, les relations qu'ils entretiennent avec les activités licites, l'emploi de la violence et les marchés criminels. Enfin, il réalise une analyse des groupes criminels sur le plan géographique, en particulier sous l'angle des *hubs* criminels[258], c'est-à-dire des régions dans lesquelles se déve-

---

254 Doc. du Conseil du 2 juin 2006, n° 9409/06 (Presse 144).

255 Une évaluation à mi-parcours a été effectuée par le Conseil (doc. du Conseil du 23 mai 2008, n° 8102/3/08). Le texte a jugé les efforts de mise en œuvre par les États membres « encourageants ».

256 Préface de l'OCTA 2006, par son président, Max Peter Ratzel.

257 Doc. Du Conseil du 15 mai°2007, n°7547/3/07, CRIMORG°57, ENFOPOL 50, ENFOCUSTOM 31.

258 Europol définit, dans l'OCTA 2007, les *hubs* comme *an entity that is generated by a combination of factors such as proximity to major destination markets, geographic location, infrastructures, criminal group types and migration processes concerning key criminals or [organized crime] groups in general. A criminal hub receives flows from a number of sources and spreads their effects in the EU so forging criminal markets and creating opportunities for the growth of criminal groups that are able to profit from these dynamics.*

loppent des phénomènes criminels susceptibles de porter atteinte à la sécurité intérieure de l'Union et à celle des États membres. Ces régions peuvent être des régions de l'Union, des régions qui lui sont périphériques ou encore des régions à cheval sur le territoire de l'Union et sur des territoires limitrophes. Suite aux travaux menés par Europol, le Conseil a désigné, dans ses priorités contenues dans ses conclusions, quatre *hubs* : un *hub* nord-ouest ayant une dominante dans le trafic de drogues ; un *hub* sud-ouest-est axé sur le trafic de drogue et de véhicules, la traite d'êtres humains et l'entrée illégale de migrants ; un *hub* nord est spécialisé dans le trafic de cigarettes, de drogue et de biens hautement taxés et enfin un *hub* sud-est[259].

C'est d'ailleurs sur ce dernier point que le Conseil a invité Europol, dans ses conclusions des 5 et 6 juin 2008[260], à établir une première évaluation de la menace en Europe du Sud-est. Cette évaluation, qui devra être mise en place au premier semestre 2009 sera le fruit du travail de l'office européen de police et des contributions des États des Balkans occidentaux et du centre SECI. Elle pourrait elle-même être destinée à servir de source pour l'OCTA et les autres productions d'Europol. En outre, le Conseil, pour pourrait également prendre en compte ce document dans le cadre de l'élaboration en 2009 de ses conclusions définissant ses priorités stratégiques en matière de lutte contre la criminalité organisée.

Partant du constat que les organisations criminelles organisées en rapport avec certaines régions constituent une menace sérieuse pour la sécurité de l'Union européenne et des États membres[261], le Conseil suggère l'établissement d'un « ROCTA », de l'acronyme anglais de *Russian Organised Crime threat Assessment*, pour l'année 2008. Dans le cadre de la mise en œuvre de *Action Oriented Paper* (AOP) ayant trait à la Russie[262], il a demandé à Europol, dans ses conclusions du 18 avril 2008[263], d'élaborer sur la base notamment des contributions des officiers de liaison des États membres en poste en Russie, un document sur ce phénomène, à partir de la même méthodologie que l'OCTA.

L'idée de produire un document de synthèse dans le domaine de la lutte contre la criminalité organisée n'est pas nouvelle. En effet, Europol réalisait déjà un rapport sur la criminalité organisée, *l'Organised Crime Report* (OCR) depuis 1993. Néanmoins, l'OCTA se distingue de l'OCR

---

259 Rapport annuel Europol pour l'année 2007 (doc. du Conseil n° 7804/08 du 28 mars 2008, EUROPOL 35).

260 Doc. du Conseil du 30 avril 2008, n° 8104/2/08, CRIMORG 60, ENFOPOL 68, ENFOCUSTOM 44, COWEB 95.

261 Doc. du Conseil du 18 avril 2008, n° 8397/08 (Presse 96)

262 Doc. du Conseil n° 15534/1/06 du 28 novembre 2006.

263 Doc. du Conseil du 18°avril°2008, *op. cit.*

dans la mesure où il s'agit d'un document prospectif qui vise à décrire l'état actuel des organisations criminelles et de différents phénomènes en lien avec la criminalité organisée, et à anticiper leur développement à avenir. L'OCTA n'est donc pas un bilan de la situation de la menace au cours de l'année écoulée. C'est plutôt un outil proactif destiné à permettre aux autorités politiques de prendre des décisions sur la base d'un instrument indiquant les différentes tendances en termes d'évolution de la criminalité organisée. Europol précise d'ailleurs ces différences dans sa méthodologie sur l'OCTA qu'il a présenté le 28 juillet 2005[264]. Alors que les rapports de situation « *focus on the descriptive component referring to past incidents* », les évaluations de la menace « *focus on the qualitative evaluation of the current and the future threats* ». De plus, et c'est la deuxième différence avec l'OCR, Europol se fonde sur une approche multidisciplinaire en rassemblant des documents émanant des États membres, du secteur privé ainsi que de sources ouvertes. En comparaison, l'OCR se basait uniquement sur des données transmises par les États membres.

3. *Une évaluation stratégique encore rudimentaire*

L'OCTA a dépassé le stade de l'ébauche mais il est encore perfectible. Le Conseil le reconnaît lui-même en indiquant, dans ses conclusions du 2 juin 2006 précitées, que « l'évaluation de la menace que représente la criminalité organisée (EMCO) effectuée par Europol pour l'année 2006 constitue une première tentative visant à évaluer les tendances actuelles et futures de cette menace dans l'ensemble de l'UE »[265].

En outre, l'OCTA est le fruit des contributions, au niveau des États membres, des services de police. En revanche, les services douaniers et les autorités judiciaires y peu ont été associés[266]. Or, comme nous l'avons précisé préalablement, il s'agit d'acteurs importants sur le plan national, dans le paysage de la sécurité intérieure.

Enfin, l'OCTA se limite, comme son nom l'indique, à la criminalité organisée. Il n'existe pas d'évaluation générale des phénomènes susceptibles de porter atteinte à la sécurité intérieure. Le document approuvé par le Conseil le 2 juin 2006 notifie que d'autres types d'évaluation de menaces et d'analyses des risques doivent également être réalisés.

---

264 Doc. du Conseil du 27 juillet 2005, n° 10180/05, CRIMORG 56, ENFOPOL 75.

265 Qui plus est, la qualité des informations transmises par les États membres était très variable. Certains d'entre eux ont communiqué à Europol des informations synthétisées et de qualité tandis que d'autres ont fourni des renseignements « en vrac » et/ou dont le degré de qualité n'atteignaient pas les standards requis pour permettre à l'office européen de police de réaliser l'OCTA.

266 Point 7.4 du rapport final sur la troisième série d'évaluations mutuelles.

Nonobstant, ce n'est pas le cas pour l'heure. Il existe certes un rapport sur la menace terroriste mais il se distingue radicalement de l'OCTA. Il s'en rapproche sur la forme car ce document est constitué, lui aussi, d'une partie restreinte et d'une autre librement accessible. La version publique du rapport, appelée TE-SAT[267], est destinée à informer le Parlement européen ainsi que l'opinion publique sur ce phénomène. Néanmoins, sur le fond, le rapport sur la menace terroriste est davantage un document consacré à l'état de la menace que son évaluation. Il s'agit donc plus d'une sorte d'OCR en matière de terrorisme.

Il est vrai que dans un document du 10 mai 2006, Europol avait indiqué son intention de modifier la méthodologie concernant son élaboration au regard des travaux effectués concernant l'OCTA[268]. Toutefois, l'objectif était d'optimiser le document actuel sans pour autant le transformer en un instrument du Conseil destiné à lui permettre d'avoir une vision anticipative de la question et tournée vers la prise de décision, comme c'était le cas pour l'OCTA.

Cette difficulté de faire évoluer le document sur la menace terroriste, tout comme l'absence de document stratégique concernant d'autres phénomènes criminels trouve un début d'explication dans le fait que l'exercice s'avère délicat pour les services nationaux de sécurité intérieure puisqu'il les amène à améliorer la qualité des informations communiquées à Europol et donc à lui transférer des renseignements ayant davantage de valeur.

Il s'agit d'une problématique sensible car l'exploitation des informations est réalisée en premier chef dans une optique nationale. À cet égard, la collecte est réalisée selon les méthodes propres aux services et dans la perspective d'une diffusion auprès des autorités politiques de l'État auxquels ils appartiennent.

Or, les procédures sont très diverses et il n'existe pas de plan européen de collecte. Des travaux sont actuellement en cours à ce sujet dans le cadre du *European Criminal Intelligence Model* (ECIM). D'ailleurs, l'OCTA est un « produit » découlant de la logique de ce modèle.

L'ECIM ou, en français, le Format européen de renseignement criminel (FERC) exprime la vision du Conseil concernant la collecte, le traitement et la diffusion du renseignement au niveau de l'Union européenne. Il s'inscrit dans le cadre de référence de l'architecture en ma-

---

[267] La dernière version remonte au 7 avril 2008 (*Europolitique* du 8 avril 2008). http://www.europol.europa.eu/publications/EU_Terrorism_Situation_and_Trend_Report_TE-SAT/tesat%202008.pdf.

[268] Doc. du Conseil du 12 mai 2006, n° 8196/1/06, ENFOPOL 25, ENFOPOL 65.

tière de sécurité intérieure tel qu'approuvé par le Conseil les 1er et 2 juin 2006[269]. L'ECIM est décrit de la manière suivante :

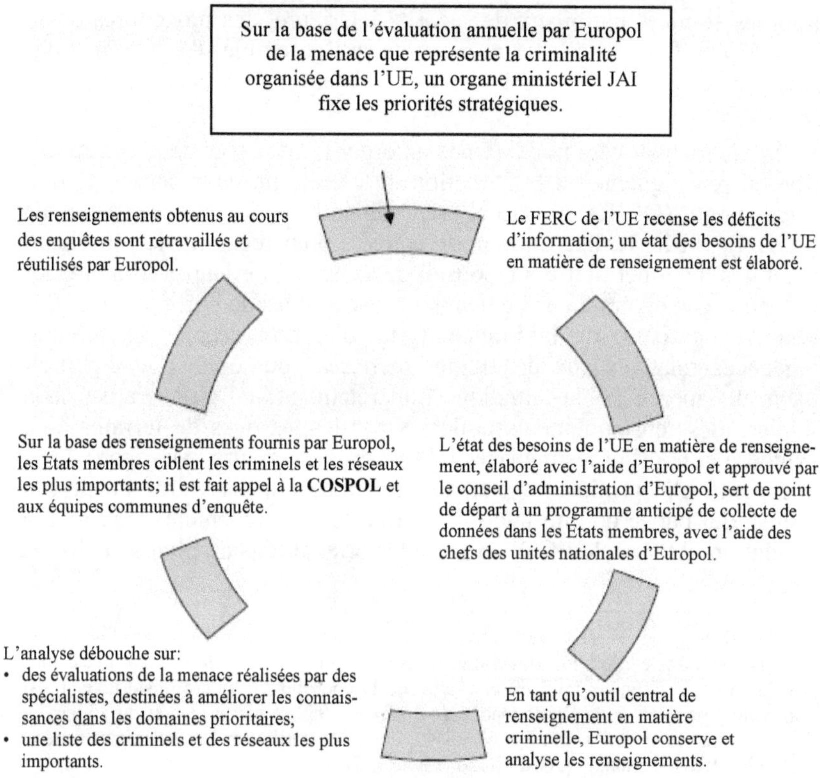

schéma n° 4

Source : document du Conseil[270]

Néanmoins, les travaux progressent lentement car une collaboration plus productive entre les services nationaux et les instances de l'Union européenne, en particulier Europol, requiert la mise en place, sur le plan interne, d'instruments et de structures destinés à assurer une meilleure collecte du renseignement. Or, les États membres ne disposent pas tous de tels instruments et de telles structures permettant d'effectuer cette opération. Les obstacles sont nombreux, en particulier pour les États ayant une tradition fédérale où les services chargés du traitement du

[269] Doc. du Conseil du 19 mai 2006, n° 9596/06.

[270] Doc. du Conseil du 10 octobre 2006, n° 5859/4/06, ENFOPOL 20.

renseignement sont rattachés à des entités politiques de niveaux différents (échelon fédéral et échelon des entités fédérées). Même en France, qui présente un degré de centralisation important concernant l'organisation des services nationaux de sécurité intérieure, des procédures destinées à planifier la collecte et synthétiser l'ensemble des informations rassemblées par les différents services existent mais le mécanisme reste incomplet.

Sur le plan stratégique, il existe un organisme chargé de la centralisation du renseignement : la Direction du comité interministériel de renseignementt (DCIR) du Secrétariat général de la défense nationale (SGDN)[271]. Elle réalise un plan de collecte pour recueillir le renseignement destiné à permettre au Conseil de sécurité intérieure[272] d'apprécier l'étendue des divers types de menaces susceptibles de porter atteinte à la sécurité intérieure de la France. Cette direction dégage les grandes tendances relatives aux différentes menaces pour donner aux participants un aperçu de la situation. Concrètement, la DCIR réalise, à la lumière des renseignements collectés par les services de terrains, une synthèse qui définit les menaces à la sécurité intérieure. Au regard de ce document, elle produit un plan de recherche qui est validé au niveau ministériel par le comité interministériel de renseignement. Une fois la validation obtenue, le SGDN diffuse les orientations du plan sous forme

---

271 Le SGDN, dont le siège se trouve en Île de France (à l'Hôtel des Invalides et en banlieue parisienne, à Issy-les-Moulineaux) est un organisme directement placé sous l'autorité du Premier ministre et chargé de la coordination interministérielle. Il est institué par l'art. 9 de l'ordonnance du 7 janvier 1959 et par un décret du 25 janvier 1978 (décret n° 78-78 du 25 janvier 1978 fixant les attributions du secrétaire général de la défense nationale [*JORF* du 26 janvier 1978]).

Le SGDN travaille en collaboration étroite avec les différents services du ministère de l'Intérieur (en particulier la DGPN), ceux du ministère de la Défense (en particulier la DGGN) et ceux du ministère de l'Economie et des finances (en particulier la DGDDI).

272 Cet organisme a été institué par le décret du 18 novembre 1997 (décret n° 97-1052 remplacé par le décret n° 2002-890 du 15 mai 2002) et sa mission est de donner une impulsion à la politique nationale de sécurité intérieure, de veiller à sa coordination et d'assurer son évaluation. Il est présidé par le Président de la République et il rassemble autour de lui tous les ministres concernés. Les ministres de l'Intérieur, la Justice, la Défense et de l'Economie sont membres de droit. Les autres assistent au Conseil en fonction des points à l'ordre du jour. La loi n° 2002-1094 du 29 août 2002 d'orientation et de programmation pour la sécurité intérieure (NOR:INTX0200114L), (*JORF* du 30 août 2002) énonce en effet que « Au niveau national, le Conseil de sécurité intérieure, présidé par le Président de la République, détermine les orientations générales de la politique menée dans le domaine de la sécurité intérieure et fixe les grandes priorités ».

Les conférences départementales de sécurité, coprésidées par le préfet et le procureur de la République, déclinent les orientations du Conseil de sécurité intérieure au niveau local.

d'instructions aux différents ministères. Ceux-ci déclinent ce plan et communiquent les circulaires de mise en œuvre. La DCIR assure alors le suivi en contrôlant la bonne application des instructions émises par les ministères et leurs composantes.

Sur le plan opérationnel, la centralisation du renseignement est imparfaite. Les services ne disposent pas tous d'un organisme chargé de la centralisation du renseignement. La DCRI de la DGPN dispose d'instruments permettant de mettre en œuvre le plan de collecte. La DGGN possède une structure, le STRJD, qui centralise et exploite les informations judiciaires transmises par l'ensemble des unités de la gendarmerie nationale. La Douane a également ce type de dispositif à travers la DNRED. Néanmoins, les dispositifs utilisés sont de valeurs inégales. Qui plus est, d'autres services de sécurité intérieure ne disposent pas d'instruments de planification de la collecte spécifiques.

À ce sujet, la culture des services de sécurité intérieure est basée sur deux approches différentes : la première est celle de l'enquête rétrospective. Il s'agit d'une vision réactive consistant à œuvrer lorsqu'une infraction a été commise. L'autre au contraire, davantage proactive, vise, comme nous l'avons précisé précédemment, à agir avant la commission d'une infraction. Ces deux approches diamétralement opposées engendrent un « choc des cultures » entre les services (et les États membres de manière plus générale) qui adoptent une vision réactive d'une part, et ceux qui adoptent une vision plus proactive d'autre part et, en dehors des malentendus et des difficultés de travail, provoquent deux conséquences. Tout d'abord, la pratique de la centralisation du renseignement est moins ancrée dans les services ayant une approche plus centrée sur la réactivité que dans services ayant une approche centrée davantage sur la proactivité[273].

L'autre conséquence porte sur l'alimentation des organisations auxiliaires en informations[274]. Pour les services ayant une vision proactive, la transmission de renseignements *a priori*, c'est-à-dire avant toute com-

[273] Cela ne veut pas dire qu'elle soit inexistante. Pour les services ayant une culture de l'enquête rétrospective, l'information collectée est susceptible d'être centralisée après que l'infraction a été commise (pour en retrouver les auteurs ou pour rassembler des preuves à leur encontre). Elle peut l'être lorsqu'une entité capable de coordonner les services nationaux régionaux ou locaux et/ou capable d'agir sur l'ensemble du territoire (par exemple un office central en France) doit mener les investigations au regard de l'ampleur de ou des actes délictueux.

[274] L'affrontement se déroule au sein de leurs organes de direction. Or, ceci est source de difficulté et de contradiction. C'est ainsi que le conseil d'administration d'Europol, où les représentants de services ayant une culture davantage réactive sont majoritaires, examinent des productions de l'office européen de police, comme l'OCTA, les analyses de nature stratégique, les bulletins d'information, les rapports sur l'état de la menace dont la philosophie est paradoxalement plus proactive.

mission d'infraction, est justifiée du moment qu'elle porte sur des groupes à risque (c'est-à-dire en cas de soupçons sérieux concernant la commission d'infraction). En revanche, pour les services ayant une vision plus réactive, l'alimentation n'a d'intérêt qu'*a posteriori* (ou d'un acte délictueux dont la commission est imminente, certaine et/ou prévisible). Dans cette perspective, l'élaboration de l'OCTA, qui repose sur une philosophie de l'anticipation, est davantage porteuse de sens pour les services de sécurité intérieure ayant une approche plus proactive que pour ceux ayant une approche davantage réactive.

En définitive, la question de l'évaluation des menaces à la sécurité intérieure au niveau européen est abordée avec prudence car elle nécessite soit une réorganisation des services, soit une refonte de leurs pratiques, soit les deux. Cette réforme est pourtant nécessaire pour permettre au Conseil de disposer d'une vision panoramique des phénomènes criminels susceptibles de porter atteinte à la sécurité intérieure de l'Union européenne et des États membres, en particulier sur ceux en lien direct avec l'OCTA.

Une telle réforme pourrait fournir des éléments objectifs à la fois aux autorités politiques et à leurs services nationaux de sécurité intérieure pour déterminer l'existence et l'ampleur des menaces à la sécurité intérieure. En développant une approche méthodique basée sur des faits, elle pourrait ainsi leur apporter des éléments concrets permettant de déterminer, au niveau européen, leur étendue et leur réalité[275]. Elle leur permettrait d'éviter les pièges d'une perception des menaces basées sur des impressions diffuses ou des sentiments vagues et de ne pas se laisser tenter par discours idéologiques articulés autour de la nouveauté des menaces et/ou de leur développement incontrôlé.

En outre, elle serait utile pour permettre aux services nationaux de sécurité intérieure d'optimiser leur action à l'échelle européenne et de porter une appréciation globale de celle-ci à la lumière des objectifs fixés par le Conseil dans le cadre de ses conclusions déterminant ses priorités stratégiques en matière de lutte contre la criminalité organisée. En effet, il s'agit d'un moyen d'identifier et de répertorier de manière plus méthodique les actions à réaliser et, à la lumière de celles qui l'ont été, de procéder à leur contrôle (ont-elles été opérées conformément aux prescriptions figurant dans les conclusions du Conseil ?) ainsi qu'à leur évaluation (les actions effectuées ont-elles été adéquates, pertinentes et/ou satisfaisantes ?)[276].

---

275 Le terme réalité est à mettre entre guillemets si l'on se place dans une perspective constructiviste de la sécurité intérieure.

276 Ajoutons immédiatement que ce processus reste encore embryonnaire et qu'il est mené sans préjudice aux objectifs nationaux fixés en matière de sécurité intérieure.

Enfin et surtout, cette réforme est impérative pour permettre à ces services nationaux de respecter les engagements pris par les États membres en matière d'alimentation des organisations auxiliaires en informations. Ce sont à présent ces organisations qu'il convient d'analyser.

Deuxième partie

La dimension verticale : des organisations auxiliaires européennes à la disposition des services nationaux

Introduction

Ei dice cose, e noi diciam parole[1]

Les institutions de l'Union européenne peuvent mener certaines actions en matière de sécurité intérieure, notamment sur le plan opérationnel, sans les confier à un organisme donné. Par exemple, le Conseil participe directement à la collaboration opérationnelle des services chargés du maintien de l'ordre public lors des Conseils européens[2].

C'est aussi le cas en matière d'échange de renseignements dans le domaine de la sécurité intérieure et extérieure. Suite aux attentats du 11 septembre 2001, les États membres ont décidé de créer, au sein du secrétariat général du Conseil, un Centre de situation (Sitcen) placé sous l'autorité du Haut représentant SG/HR. Opérationnel depuis 2002, ce centre produit des contributions sur l'évaluation des menaces[3].

Formé de services d'une quinzaine d'États membres, il est composé de trois organes : un centre de communication, une unité *open sources* et un centre d'analyse. Le Sitcen reçoit des informations via Europol, l'EMUE, les délégations de la Commission situées dans les pays tiers, et surtout les services des États membres. Comme Europol, le Sitcen n'a pas les capacités de collecter le renseignement sur le terrain. Il dépend donc de ses membres (en l'occurrence des experts nationaux détachés) et de ses partenaires (c'est-à-dire les entités avec qui le Sitcen a des contacts étroits) pour l'alimenter en informations.

Il est doté d'une cellule d'analyse des phénomènes terroristes. Instaurée après les attentats de Madrid de mars 2004, elle réunit des services nationaux de renseignement dans le domaine de la sécurité intérieure

---

1 « Il dit des choses et nous disons des mots ». Francesco Berni (poète et courtisan italien [1497-1535]) à propos des sonnets de Michel-Ange.

2 Le manuel de sécurité adopté par lui les 28 et 29 novembre 2003 (manuel à l'usage des autorités et services de police, sur la sécurité lors d'évènements internationaux comme les réunions du Conseil européen [doc. du Conseil n° 12637/3/02 ENFOPOL 123]) précise que son secrétariat général dispose d'un « bureau de sécurité » destiné à aider et à conseiller le pays organisateur pour la préparation de la réunion.

3 Il élabore des documents essentiellement sur commande de la présidence du Conseil concernant des questions thématiques ou géographiques. Il peut aussi répondre à des commandes ponctuelles venant du Haut représentant SG/HR ou de la DG JLS. Il peut enfin présenter, d'office, des documents. Nonobstant, ces papiers d'initiative, de nature évènementielle, sont plus rares.

spécialisés dans la lutte antiterroriste. Cette cellule, qui fonctionne comme une bulle au sein du Sitcen, à l'image, lorsqu'elle existait, de la CTC au sein d'Europol, est composée depuis février 2005 de personnels issus du Groupe antiterroriste (GAT) du Groupe de Berne[4].

Autre cas de figure, les institutions de l'Union européenne peuvent créer des organismes spécifiques : les organisations auxiliaires.

Nous en identifions trois types qui correspondent, dans une perspective évolutionniste, à trois phases différentes de développement de la dimension verticale du paysage européen de la sécurité intérieure.

Celles de niveau I sont les plus primitives (chapitre 1). Il s'agit d'organisations, à la structure simple et légère, dont la mission consiste à assurer essentiellement l'échange d'informations. Toutefois, ce type d'organisation présente déjà un certain niveau de développement car il ne s'agit pas « d'organisations boîtes-aux-lettres ». Elles sont susceptibles d'exercer des activités ayant une réelle valeur ajoutée, comme l'enrichissement de renseignements qui transitent par elles.

De leur côté, les organisations de niveau II présentent un degré d'intégration supérieur à celles de niveau I (chapitre 2). Sur plan de la structure, la configuration réticulaire est abandonnée au profit d'une instance centralisée. Sur le plan des attributions, elles facilitent la coordination entre les services nationaux de sécurité intérieure et elles leur apportent un soutien matériel. En outre, pour ce qui est de l'environnement institutionnel, les liens avec les pays tiers et les autres organismes se densifient. En comparaison, les relations que les organisations de niveau I entretiennent avec leurs partenaires, qu'ils appartiennent ou non à la sphère institutionnelle de l'Union européenne, sont quasi-inexistantes ou seulement naissantes.

Pour leur part, les organisations de niveau III sont celles qui présentent le degré d'intégration le plus avancé (chapitre 3). Leur structure est bien plus lourde. Le volume de leur personnel est important et leur enveloppe budgétaire est considérable. De surcroît, la portée de leurs attributions est importante. Enfin, les relations nouées avec ses partenaires sont davantage structurées et font l'objet d'une approche stratégique plus cohérente.

Cependant, la distinction entre organisations auxiliaires de niveau I, II et III doit être relativisée pour deux raisons. D'abord, la classification est purement didactique. Elle n'est consacrée par aucun texte juridique de l'Union.

---

4 Rapport d'activité pour l'année 2005, Ministère de la Justice du Luxembourg, p. 38. Selon le rapport annuel sur la sécurité intérieure de la Suisse pour l'année 2005 précité, le GAT est composé de l'ensemble des États membres plus la Norvège et la Suisse.

Ensuite, la typologie telle qu'elle est présentée ci-dessus est articulée autour d'idéaux types. L'expérience montre que les organisations auxiliaires peuvent être classées dans différents niveaux à la fois. En d'autres termes, elles sont susceptibles d'être *multi-positionnées* en ce sens où elles peuvent être ordonnées selon leurs différents aspects, dans l'une ou l'autre catégorie.

Cela signifie qu'une organisation peut paraître, sous l'angle de la structure, comme s'apparentant à une entité de niveau I alors que, sous celui des missions, elle peut ressembler à une entité de niveau II (voire de niveau III) ou *vice versa*. Cela signifie aussi qu'une organisation peut avoir l'apparence, sous l'angle de la structure, d'une entité de niveau III alors que, sous celui des relations qu'elle entretient avec son environnement institutionnel, elle peut se révéler davantage comme étant un organisme de niveau II (voire de niveau I) ou *vice versa*. Cela signifie enfin, qu'elle peut, pour ce qui est de ses attributions, présenter des degrés de développement différents. Ainsi, elle peut faire montre sous certains aspects de traits constitutifs d'une organisation de niveau I alors que sous d'autres d'une organisation de niveau II, voire de niveau III.

Cette multiformité des organisations auxiliaires n'est pas une caractéristique spécifique aux organismes compétents en matière de sécurité intérieure. En effet, nous observons le même cas de figure dans des domaines connexes, comme la sécurité civile. Le Centre de suivi et d'information (CSI), qui est la cheville ouvrière de l'Union européenne dans ce domaine, nous sert d'élément de référence et de comparaison par rapport aux organisations auxiliaires qui interviennent dans le domaine de la sécurité intérieure. Il s'agit d'une entité de niveau I intervenant pour faciliter la communication entre les services de protection civile nationaux en centralisant les réponses reçues et en les faisant parvenir à l'État demandeur[5]. Il forme aussi une instance de niveau II dans la mesure où, nous le verrons plus loin, son rôle consiste à améliorer la coordination des équipes nationales d'intervention.

5 En effet, une fois la requête officielle d'assistance reçue, il la communique aux autres États membres qui décident de lui venir en aide en lui envoyant le matériel et/ou les équipes d'intervention qu'ils jugent appropriés.

CHAPITRE 1

La création d'organisations de niveau I

Les organisations auxiliaires de niveau I se caractérisent par leur structure et leurs missions.

Sur le plan de la structure, elles se distinguent des entités de niveau II et III par leur configuration réticulaire (I). Cet agencement permet la création d'entités dont les pièces principales sont les éléments périphériques. Ces dernières assurent le maillage du réseau et elles en constituent les chevilles ouvrières. De leur côté, les éléments centraux servent seulement à assurer la cohérence de l'ensemble. Le réseau est non hiérarchique car le pouvoir est partagé entre les éléments périphériques. Il n'existe pas d'organe disposant de l'autorité et pouvant donner des instructions à ces éléments.

Sur le plan des missions, la tâche des organisations auxiliaires de niveau I consiste à accélérer l'échange d'informations, à réaliser des formations, à faciliter les prises de contact et à dispenser des conseils (II).

En effet, les organisations auxiliaires améliorent la transmission de renseignements entre les services nationaux dans la mesure où leur intervention permet de les communiquer de manière plus rapide, plus complète et avec une plus grande exactitude. De plus, elles leur apportent une certaine valeur ajoutée en les enrichissant.

En outre, les organisations auxiliaires de niveau I dispensent des conseils d'ordre juridique, technique et pratique, en donnant des indications aux services nationaux sur des éléments de droit applicable, la voie à suivre pour atteindre un correspondant situé dans un autre État membre ou encore sur la manière de remplir un formulaire, d'utiliser un système d'information et de communication ou de connaître des informations pratiques, comme les horaires d'ouverture d'un service ou la date du retour de vacances d'un correspondant.

I. Des structures rudimentaires sous forme de réseaux non hiérarchiques

Les structures des organisations auxiliaires de niveau I sont inspirées du phénomène organisationnel et de la trame réticulaire. Ces deux concepts forment les éléments constitutifs de leur ossature (A).

En nous livrant à l'étude des organisations auxiliaires à la lumière de ces deux concepts, nous remarquons que le niveau de développement de leur structure y est moins élevé que celui des organisations de niveau II et III. En effet, les organisations de niveau I se présentent sous forme de réseau qui est une figure primitive de la coopération verticale (B). L'architecture des organisations auxiliaires compétentes en matière de sécurité intérieure sous forme de réseau présente certains avantages. Notamment, l'architecture réticulaire est simple et le coût lié au fonctionnement s'avère faible. En effet, il s'agit de structures légères nécessitant peu de moyens, tant matériels que financiers. Le noyau central, qui est représenté par un secrétariat permanent composé d'une petite équipe, est réduit au minimum. Dans certaines hypothèses, il n'y a même pas de secrétariat permanent du tout[1].

En outre, « les réseaux présentent la souplesse nécessaire pour gérer la diversité profonde, et parfois l'opposition radicale, des cultures et des structures administratives des différents États membres. Ils permettent de faire coopérer les intérêts en présence et de prendre en compte de façon concrète les intérêts des [différents] partenaires »[2].

A. *Les éléments constitutifs de l'ossature des organisations de niveau I : le phénomène organisationnel et la trame réticulaire*

Les institutions de l'Union européenne et les autorités politiques des États membres dans le cadre des coopérations régionales, ont mené une coopération verticale fondée sur le phénomène organisationnel. En effet, ils ont établi des entités constitutives d'une « forme d'action collective réitérée, fondée sur des processus de différentiation et d'intégration à caractère intentionnel »[3] (1).

Les organisations forment elles-mêmes une variété de groupes sociaux[4]. Celles-ci peuvent se définir comme étant « un outil collectif structuré et dirigé qui doit définir des objectifs, intégrer et faire partici-

---

1 C'était le cas du CEPOL à ses débuts.

2 Denizeau, C., « Les moyens de la persuasion et de la coopération : les réseaux d'autorité », in Azoual, L., Bourgogne-Larsen, L., (dir.), *L'autorité de l'Union européenne*, Bruxelles, Bruylant, coll. Droit de l'Union européenne, 2006, p. 219.

3 Zan, Z., Ferrante, M., *Le phénomène organisationnel*, Paris, L'Harmattan, coll. Logiques politiques, 1996, p. 39.

4 Un groupe social est un « ensemble de personnes interdépendantes » (Maisonneuve, J., *La dynamique des groupes*, Paris, Presses universitaires de France, coll. « Que sais-je ? », 2002, p. 7).

per, gérer les ressources, prendre des décisions, contrôler par des dispositifs divers la réalisation des objectifs et agir en prévoyant l'avenir »[5].

Parallèlement, pour mettre en place des organisations de niveau I, les institutions de l'Union européenne et les États membres dans le cadre des coopérations régionales, se sont inspirés du schéma général des réseaux non hiérarchiques, qui se caractérisent par leur caractère décentralisé (2).

1. Le phénomène organisationnel, forme d'action collective réitérée

Erhard Friedberg[6] définit les organisations comme des « ensembles formalisés et hiérarchisés en vue d'assurer la coopération et la coordination de leurs membres dans l'accomplissement de but donnés ». Au regard de cette définition, six éléments caractérisent le phénomène organisationnel[7] : une division du travail, une coordination collective, une finalité, des choix stratégiques, une culture commune et des dispositifs cognitifs collectifs[8]. Les quatre premiers visent à donner du corps à l'organisation, c'est-à-dire de la substance (a). La culture commune et les dispositifs cognitifs collectifs permettent de donner corps à l'organisation, mais aussi et surtout à lui conférer une âme (b).

a. Le corps de l'organisation : une division du travail, une coordination collective, une finalité et des choix stratégiques

La division du travail vise à répartir les tâches entre chacun des membres. Les organisations ont pour caractéristique, comme leur nom le précise, d'être un lieu de l'organisation des tâches entre les membres.

---

5 Liénard, G., *Syllabus de sociologie*, Université catholique de Louvain, Diffusion universitaire Ciaco, p. 5.

6 « Organisation », in Boudon, R. (dir.), *Traité de sociologie*, Paris, Presses universitaires de France, 1992. Voir aussi Friedberg, E., *Le Pouvoir et la règle*, Paris, Le Seuil, 1993.

7 Livian, Y.-F., *Organisation – théorie et pratique*, Paris, Dunod, 2001, p. 18.
L'auteur en énonce un septième : une action pendant une certaine durée. Cet aspect est surtout caractéristique de l'institution et c'est pourquoi, nous procèderons à son analyse dans le chapitre 2.

8 Dans les pages suivantes, nous optons pour l'acception classique de l'organisation au sens wébérien du terme : un agencement général de formes sociales dans un but déterminé. Gardons cependant à l'esprit que des auteurs ont d'autres approches. Ainsi, Émile Durkheim a une perspective évolutionniste au sens où il s'agit d'une « structure d'ordre générale d'ordre plus ou moins élaborée, ce qui la conduit à la hiérarchisation des sociétés des plus simples (et "inférieures") aux plus complexes » (Juan, S., « Le combat de l'Organisation et de l'Institution », in *Revue Sociologies*, Toulouse, 23 août 2007).

Ceux-ci se les répartissent en se définissant et en s'attribuant des rôles[9]. Le degré de différentiation de ces derniers est variable en fonction des organisations. Plus ce degré est élevé, moins les membres ont des fonctions relativement similaires[10] ; plus la force centrifuge est forte, plus l'organisation est fragmentée. À côté de la division du travail, il existe d'autres vecteurs qui tendent à désagréger l'organisation. Ces vecteurs alimentent des forces de répulsion qui poussent les membres à s'en désolidariser. C'est, par exemple, la faible identification sociale à l'organisation[11].

Pour empêcher sa dislocation, l'organisation est soumise à des forces centripètes visant à maintenir l'organisation agrégée. La coordination collective figure parmi ces forces. Il s'agit d'un vecteur destiné à ressouder l'action des membres du groupe autour des différentes tâches. Elle favorise son intégration dans la mesure où elle consiste à « redonner une unité à ce que [la différentiation] a morcelé »[12].

D'autres éléments constituent des vecteurs d'agrégation. Il s'agit de l'objet et de la finalité de l'organisation : les membres œuvrent de concert dans une perspective commune définie à l'avance. En effet, l'organisation a pour spécificité d'être constituée dans une finalité particulière. À cet égard, cet objectif est circonscrit : l'organisation se voit conférer des moyens pour un ou plusieurs buts spécifiques. Objet et objectifs sont liés : il n'existe pas d'organisation sans champ d'action car ceci aboutirait à créer une organisation sans but. Il n'y a pas non plus d'organisation dont le champ d'action soit déterminé de manière tellement large qu'il en deviendrait indéfini. Ce cas de figure reviendrait à l'hypothèse précédente, à savoir une organisation sans finalité. Les pouvoirs, c'est-à-dire les moyens conférés à l'organisation, sont également liés à l'objet et au but. En effet, ils sont dévolus à l'organisation dans un domaine bien délimité (champ d'action) et pour une finalité clairement circonscrite (but de l'action).

---

9 Un rôle est « une position formelle qui crée des attentes de la part des autres » (Fischer, G.-N., *Le champ du social*, Paris, Dunod, 1993, p. 179). Il s'agit d'un ensemble de normes prescrivant la façon de se comporter selon la position sociale occupée (Myers, D., Lamarche, L., *Psychologie sociale*, Montréal, Chenelière/Mc Graw-Hill, 1992, p. 165). Ces attentes consistent en l'adoption d'une conduite par celui qui occupe cette position en vue de parvenir à un résultat.

10 Le rôle des membres est alors relativement interchangeable.

11 Ces vecteurs de répulsion sont en fait, les déficiences des vecteurs d'attraction. Ainsi, les facteurs qui tendent à désolidariser l'organisation sont : le faible leadership (concernant la conduite de l'organisation), un sentiment de honte de l'organisation ou d'insécurité en son sein (concernant l'attrait de l'appartenance à l'organisation) ou encore des relations inamicales, voire antagonistes entre certains membres (concernant le jeu d'affinités interpersonnelles).

12 Zan, Z., Ferrante, M., *op. cit.*, p. 45.

Le principe de spécialité est la traduction sur le plan juridique de la délimitation de l'objet et du but de l'organisation. En effet, les organisations disposant de la personnalité morale se voient attribuer, outre les moyens de l'action (pouvoirs), un champ de compétence *ratione materiae* (le domaine de l'action), *ratione temporae* (le temps de l'action) et *ratione loci* (l'espace de l'action). C'est le cas des entités compétentes en matière de sécurité intérieure, qui, en se voyant octroyer un mandat spécifique, ont un périmètre d'action déterminé qui correspond à leur champ de compétence matériel, spatial et temporel[13].

Pour atteindre les buts fixés dans leur mandat, les organisations réalisent une opération d'identification des options à prendre et, sur la base de ces options, elles effectuent une sélection[14]. Cette sélection se traduit par une décision, c'est-à-dire un acte qui manifeste une préférence, prémisse à l'action. À cet égard, l'essence même des organisations est de prendre des décisions (relevant de leur champ de compétence matérielle). D'ailleurs, certains auteurs énoncent qu'elles « peuvent être vues comme des machines à prendre des décisions »[15]. Sans aller jusqu'à les réduire à leur fonction de décision, nous remarquons toutefois qu'il s'agit d'une fonction centrale des organisations[16].

Pour parvenir à leurs objectifs, les organisations formulent des choix stratégiques qui déterminent les grandes options retenues. Une fois ces choix retenus, elles les expriment par une prise de décision qui s'inscrit dans le cadre d'une stratégie organisationnelle qui constitue leur ligne de conduite. Cette stratégie traduit en termes concrets les objectifs qui leur sont assignés dans le cadre de leur mandat. Elle participe à la culture des organisations dans la mesure où elle contribue à définir les éléments destinés à orienter le comportement de leurs membres. En effet, elle énonce une série de règles à suivre fondées sur des valeurs énoncées de manière implicite ou explicite. Elle se décline sous la structure, plus ou moins formelle, d'un plan d'action ayant pour but de formuler les nouvelles décisions que les organisations auront à prendre et d'énoncer les actions à mettre œuvre par chacun des membres de ces organisations dans un délai donné[17].

---

13 Auxquels il convient d'ajouter les moyens de l'action, l'amplitude de pouvoirs étant également circonscrite.

14 Sfez, L., *La décision*, Paris, Presses universitaires de France, coll. « Que sais-je ? », 2004.

15 Livian, Y.-F., *op. cit.*, p. 149.

16 Simon, H., *Administration et processus de décision*, Paris, Économica, 1983, cité par Livian, Y.-F., *op. cit.*, p. 149.

17 Les programmes de travail annuels respectifs d'Europol, de l'OLAF, d'Eurojust et du CEPOL sont des déclinaisons de la stratégie organisationnelle. Ces documents forment des plans d'action et définissent, à ce titre, l'ensemble des actions et des tâches

b. L'âme de l'organisation : une culture commune et des dispositifs cognitifs collectifs

La culture peut se définir comme un ensemble de normes, de convictions, d'idées, d'opinions, de styles de vie, de langages et de comportements qui contribuent à cimenter les relations d'un groupe[18]. Ces éléments cognitifs constituent un vecteur d'intégration important. Ce sont de puissants éléments mobilisateurs dans la mesure où ils rassemblent les membres en les fédérant autour de conceptions communes.

La culture organisationnelle est une « manière de faire » dans l'organisation. Elle pose, à l'attention des membres, des jalons induisant une façon d'agir. Elle définit des normes qui deviennent des guides pour connaître le comportement à adopter[19]. Elle est aussi une « façon d'être » dans l'organisation. En effet, les organisations sont socialisantes dans le sens où elles « créent une manière de vivre le lien social »[20]. Elle est enfin une manière de penser dans les organisations fondées sur des éléments cognitifs partagés par leurs membres et enseignés aux nouveaux.

Les éléments cognitifs développés par l'organisation en son sein s'articulent autour de valeurs auxquelles ses membres adhèrent. Sur le plan interne, ces valeurs contribuent à l'esprit d'appartenance. Sur le plan externe, elles participent à la promotion de son image[21]. Les éléments cognitifs se traduisent par la mise en place de normes sous la forme d'un système : le système normatif de l'organisation. Il s'agit

---

à accomplir pour l'année à venir. À ce titre, ils constituent un point de référence pour leurs membres et les tiers pour les objectifs que chacune des organisations entend réaliser dans le cadre de son mandat.

18 « La culture est constituée d'éléments symboliques et matériels cohérents qui caractérisent [une organisation] et [qui] influencent ses membres » (Morin, J.-M., *Précis de sociologie*, Paris, Nathan, coll. « Repères pratiques », 1996, p. 150).

« Elle est l'ensemble des modalités de l'expérience sociale, construites sur des savoirs appris et organisés comme des systèmes de signes, à l'intérieur d'une communication sociale qui fournit aux membres d'un groupe un répertoire et constitue un modèle de significations socialement partagés, leur permettant de se comportement et d'agir de façon adaptée au sein de l'organisation » (Fischer, G.-N., *op. cit.*, p. 8).

19 Ruigrok, W., Achterhagen, L., « Organisational culture and the transformation to innovative forms of organizing », in *European Journal of Work and Occupational Psychology*, 8, 4, 1999, p. 521-536, cité par LOUCHE, C., *Psychologie sociale des organisations*, Paris, Armand Colin, coll. Psychologie, 2003, p. 143.

20 Fischer, G.-N., *op. cit.*, p. 170.

21 Certaines organisations affichent clairement leur image et énoncent leurs principes d'action sur leur site web. C'est le cas de l'OLAF qui annonce sur la page d'accueil de son site Internet disponible à l'adresse suivante : http://europa.eu.int/comm/dgs/olaf/mission/index_fr.html#3. « L'OLAF effectue son travail de manière intègre, impartiale et professionnelle, et toujours dans le respect le plus strict de la légalité et des droits et libertés individuels ».

d'un aspect fondamental de l'organisation car, outre le fait que ce système définisse le comportement à adopter, il détermine la division du travail et réalise l'unité nécessaire pour assurer la cohérence de l'ensemble. Autrement dit, le système normatif est au centre de la culture organisationnelle car il exerce

> une double fonction : [il] joue d'une part le rôle de mécanismes de différentiation, dans la mesure où [les normes] contribuent à articuler les tâches correspondant à chaque rôle, et de l'autre celui de mécanisme d'intégration puisqu'elles garantissent l'uniformité des comportements[22].

Sur la base de valeurs et de règles qui en ressortent, l'organisation produit des référentiels, c'est-à-dire des représentations, que les membres se créent à propos de la structure et du fonctionnement de l'organisation. Les représentations sociales[23] s'articulent autour des schémas cognitifs produits par les membres. Ces schémas, qui reposent sur les éléments cognitifs individuels[24], c'est-à-dire des constructions psychologiques personnelles, participent à l'élaboration de schémas cognitifs communs[25] d'où découlent les images que véhicule l'organisation. À cet égard, celle-ci est « un lieu de fomentation d'images »[26]. Ces dernières sont élaborées par ses membres à partir de symboles de l'organisation. Il s'agit d'éléments cognitifs qui constituent autant de signaux à destination des membres pour orienter leur action.

Les symboles sont des éléments cognitifs qui constituent les marqueurs visibles de l'organisation. Ces symboles sont des messages à destination de l'intérieur, c'est-à-dire des membres, mais aussi de l'extérieur, à savoir les tiers. Vis-à-vis des membres, les symboles, participent, comme les autres éléments cognitifs, à l'élaboration de l'identité de l'organisation. L'image porte, quant à elle, sur les représentations que

22 Zan, Z., Ferrante, M., *op. cit.*, p. 48.

23 Nous les définissons comme étant des instruments d'orientation de la perception des situations et d'élaboration des réponses. Elles permettent la construction d'un savoir de sens commun et générer de multiples positions (Baggio, S., *Psychologie sociale*, Bruxelles, De Boeck, coll. Ouverture psychologique, 2006, p. 203).

24 Les croyances dites de bases sous-tendent les schémas cognitifs. Elles servent de fondement aux interprétations de l'individu aussi bien à propos des évènements du monde extérieur que des actions menées dans le cadre de l'organisation.

25 Ces schémas sont, par exemple, une histoire collective aux membres de l'organisation.

26 Il s'agit d'une « illusion groupale » (Maisonneuve, J., *La dynamique des groupes*, Paris, Presses universitaires de France, coll. « Que sais-je ? », 2002, p. 76). Les groupes sont « des lieux "d'échanges fantasmatiques" entre ses membres, chacun s'élaborant des schémas dans le cadre d'un processus de narcissisme collectif, comme les images d'un "nous" communautaire » (*op. cit.*).

les tiers ont de l'organisation[27]. Elle « rend compte des impressions que d'autres ont de l'organisation »[28]. Fondée sur les symboles comme tous les autres éléments cognitifs, elle en constitue la représentation de l'organisation.

2. *La trame réticulaire comme forme d'action décentralisée*

La notion de réseau fait partie du langage usuel. En effet, nous en observons différents types comme les réseaux ferroviaires, les réseaux informatiques et les réseaux professionnels. Concept polymorphe, le réseau ou trame réticulaire est un récepteur épistémique et cristallisateur[29] employé tour à tour comme outil de communication, comme grille de lecture des relations intergroupes ou intragroupes, ou comme contre-modèle politique de l'État-nation.

Le réseau, qui vient du latin Retis (filet), a évolué en vieux français pour désigner le filet qui coiffait la tête des femmes (réseuil)[30]. Sans retracer de manière approfondie son historique, la notion de réseau a été appréhendée dans trois nouveaux contextes à partir du XVIIIe siècle : la géographie, l'ingénierie militaire et l'astronomie. Sur le plan géographique, le réseau a été un instrument au service des topographes pour appréhender l'espace. Sur le plan militaire, il a servi aux stratèges afin d'agencer les fortifications le long des frontières[31]. Sur le plan astronomique, il a permis de dresser une cartographie du ciel[32]. Le XIXe siècle a vu un développement de ce concept dans différentes disciplines scientifiques, comme dans l'ingénierie des ponts et chaussées et dans le champ des sciences humaines.

À présent, la notion de réseau est un outil opératoire dans nombreux domaines comme les mathématiques[33], la géologie[34], l'optique[35], la

---

27 Pour promouvoir leur image, les organisations les plus complexes sont dotées de services de communication. Ceux-ci sont chargés de diffuser un ensemble de messages afin de promouvoir l'action de l'organisation et d'améliorer la perception que les tiers peuvent en avoir.

28 Hatch, M.J., *Théorie des organisations – de l'intérêt de perspectives multiples*, Bruxelles, De Boeck, 2000, p. 283.

29 Musso, P., « Genèse et critique de la notion de réseau », *Penser les réseaux*, Parrochia, D. (dir.), Paris, Champ Vallon, coll. Milieux, 2001, p. 194.

30 Le mot « résille » est un héritage de cette évolution.

31 L'un des architectes les plus connus à ce sujet est Vauban. Il fut le bâtisseur d'un réseau de forteresses aux confins de la France et des pays limitrophes au XVIIe siècle.

32 Bakis, H., *Les réseaux et leurs enjeux sociaux*, Paris, Presses universitaires de France, coll. « Que sais-je ? », 1993, p. 15.

33 Comme les groupes discrets (R^n). Ce sont des notions mathématiques employées en géométrie euclidienne.

34 Comme le réseau de Bravais. Il s'agit de différentes structures cristallines formant des systèmes élémentaires.

sociologie ou la science politique. Nous pouvons le définir comme étant une forme d'organisation qui structure l'espace et/ou les objets et les individus sur un territoire donné. Il est à la fois une forme de représentation et un mode d'agencement l'espace, d'organisation des relations humaines et de l'exercice du pouvoir. Dans cette perspective, le réseau revêt trois dimensions complémentaires : une dimension géographique en rapport avec l'espace, une dimension sociologique en relation avec les relations humaines et une dimension politique en relation avec le pouvoir.

La dimension géographique va nous permettre de cerner les éléments constitutifs du réseau. À travers cette dimension, nous identifions le réseau sous deux acceptions, l'une étant de nature topologique et l'autre de nature cinétique. Sur le plan topologique, un réseau est une trame d'arrangement de liens (ou arcs) et de points (ou sommets). Sur le plan cinétique, la trame réticulaire est appréhendée non plus sous la forme d'un graphe inerte, mais comme un objet en constante évolution dont les éléments sont soumis à des flux. « Pour la rationalité réticulaire, il ne suffit pas de prendre en compte le seul espace [...] il faut considérer les mouvements, plus précisément ce qui se déplace de site en site »[36].

La dimension sociologique va nous aider à d'appréhender la logique des réseaux en matière de sécurité intérieure. Cette acception permet de donner une dimension humaine au réseau qui n'est plus seulement une infrastructure matérielle mais un ensemble d'individus. Dans cette perspective, les réseaux constituent des clés de lecture des relations interpersonnelles. Leur symbolique a trait à l'ensemble des représentations et des images associées au tissu et au filet[37].

La trame réticulaire est aussi un instrument de compréhension de l'ordre social global. À cet égard, en référence à la métaphore textile originelle du *réseuil*, la société est représentée comme le « tissu social ». Le réseau est alors la matrice en permettant « d'assurer la cohésion et l'intégration dans la société »[38]. Dans cette acception sociologique, les réseaux sont dits « de sociabilité » dans la mesure où ils relient les acteurs sociaux individuels et collectifs. Les nœuds sont alors conçus

---

35 Comme le réseau de diffraction. Il s'agit d'un dispositif optique composé d'une série de fentes parallèles ou de rayures réfléchissantes.

36 Parrochia, D. (dir.), « La rationalité réticulaire », *Penser les réseaux*, Paris, Champ Vallon, coll. Milieux, 2001, p. 17.

37 Musso, P., *op. cit.*, p. 196.

38 Breton, P., *L'Utopie de la Communication*, Paris, La Découverte, 1992, p. 46 cité par Parrochia, D. (dir.), « La rationalité réticulaire », *Penser les réseaux*, Paris, Champ Vallon, coll. Milieux, 2001, p. 11.

comme un individu ou un groupe d'individus. L'arc est, pour sa part, le lien qui relie l'un d'eux aux autres[39].

La dimension politique va nous permettre de comprendre ce que sont les réseaux non hiérarchiques. Le réseau peut se concevoir de deux manières, soit comme étant l'instrument au service d'un acteur, soit comme étant un acteur lui-même[40].

Appréhendé en tant que sujet, le réseau est imaginé comme un organisme autorégulé capable d'analyser les situations et de prendre des décisions. Il devient un acteur susceptible d'avoir un impact sur son environnement[41]. Appréhendé en tant qu'objet, il est une arène de pouvoir dans laquelle s'affrontent des acteurs sociopolitiques. Dans cette perspective, ces acteurs sont organisés en trame réticulaire au sein de laquelle s'exercent des rapports d'influence[42]. « Les réseaux structurent à leur manière le champ de forces, de relations de coopération et d'antagonismes qu'est toute société. Ils sont de ce fait, des instruments de pouvoir et de rivalités de leur contrôle »[43].

---

39 Il existe une multiplicité de réseaux de sociabilité dans la mesure où un individu est susceptible d'appartenir simultanément à plusieurs d'entre eux. Ainsi, un policier possède son réseau professionnel, constitué en sous-réseaux : réseau de collègues et réseau d'indicateurs par exemple. Parallèlement, il est au centre de réseaux d'autre nature : réseau familial, réseau amical, réseaux formés des membres pratiquant les mêmes activités de loisirs (club de tir, animation d'association de prévention de la délinquance par exemple). En outre, les réseaux de sociabilité peuvent s'entrelacer. Ainsi, un membre du réseau amical peut être issu du réseau professionnel et appartenir au réseau familial.

40 Un réseau est certes tantôt l'un, tantôt l'autre, Cependant, il peut être les deux à la fois. Ainsi, nous verrons que le Réseau judiciaire européen est un instrument au service des autorités judiciaires nationales, mais également un acteur du paysage européen de la sécurité intérieure, en relation avec son environnement, en particulier avec d'autres organisations auxiliaires, telles qu'Europol ou Eurojust.

41 Thill, G., *Le dialogue des savoirs. Les réseaux associatifs, outils de croisements entre la science et la vie*, Paris, Charles, Léopold, Mayer, 2001, cité par Ritter, Raimundo, Matias, C., « Les réseaux et les modalités de leurs mises en œuvre », 2002, http://www.psq.ch/site/actualite/rapportreseaux.pdf.

42 De nombreux travaux de recherche ont été publiés depuis les années 1950-1960 concernant le rôle des réseaux dans la prise de décision en matière d'action publique et de régulation politique. Le concept de *Policy network* a formé un instrument d'analyse des politiques publiques. De manière schématique, les *Policy Networks* sont des relations entre les élites politico-administratives et les groupes d'intérêts dans le cadre du processus de *policy making* (Thatcher, M., « Le Réseau – *Policy Network* », *Dictionnaire des politiques publiques*, Boussaguet, L., Jacquot, S., Ravinet, P. (dir.), Paris, Presses de Sciences Po, coll. Références, 2e éd., 2006, p. 386-392). Il s'agit d'une grille d'analyse des relations interpersonnelles permettant de cerner les arènes de décision (Gaudin, J.-P., *L'analyse publique – Sociologie et politique*, Paris, Presses de Sciences Po et Dalloz, coll. Amphi, 2004, p. 206 [voir aussi p. 134-135]).

43 Tinland, F., « Interactions, réseaux, différenciation », *Penser les réseaux*, Parrochia, D. (dir.), Paris, Champ Vallon, coll. Milieux, 2001, p. 263.

Dans ce contexte, la trame réticulaire est instrumentalisée et, dans le langage discursif, la figure du réseau relève du discours symbolique. Elle est connotée positivement car elle est représentée comme portant des valeurs telles que celles de la liberté ou de l'égalité. D'abord, elle est conçue comme un instrument de liberté. Le réseau est évoqué pour se défaire ou se maintenir hors de toute influence. C'est le cas d'Internet, la « toile », louée comme le reflet d'une société « en réseau » libérée de toute emprise[44].

Ensuite, la trame réticulaire est perçue comme un instrument d'égalité. Elle constitue un contre-modèle dont l'objectif consiste, sous le prétexte d'assurer l'égalité entre les acteurs politiques et sociaux, à déplacer le lieu de pouvoir. Ainsi, certains d'entre eux promeuvent la gouvernance en réseau[45] afin de lutter contre une influence hégémonique. La démarche vise à amener le détenteur de cette influence à partager le pouvoir avec différents acteurs fonctionnant en réseau non hiérarchique.

Dans ce contexte de l'éclatement du monopole de l'exercice du pouvoir, la création d'une trame réticulaire est synonyme de recomposition des relations entre les acteurs. L'expression « le nodal succède au central »[46] implique une répartition du pouvoir entre les points du réseau, c'est-à-dire les nœuds. Cette répartition peut être équilibrée comme dans le cas du réseau non hiérarchique. « Aucun point n'est privilégié par rapport à un autre, aucun n'est uniformément subordonné à tel ou tel »[47].

B. La configuration réticulaire, figure primitive de la coopération verticale

Les réseaux, en matière de sécurité intérieure, sont ambivalents du point de vue de leur structure. Ils forment des entités « verticales à forme horizontale ». Cet oxymoron met en exergue les deux dimensions des organisations auxiliaires de niveau I. Elles constituent des trames réticulaires non hiérarchiques « déconcentrée[s], dynamique[s], à carac-

44 En particulier du contrôle des régimes autoritaires.

45 La gouvernance peut être définie comme « un système de gouvernement articulant et associant des institutions politiques, des acteurs sociaux et des organisations privées, dans des processus d'élaboration et de mise en œuvre de choix collectifs capables de provoquer une adhésion active des citoyens » (Ascher, F., cité par Chevallier, J., « La gouvernance, un nouveau paradigme étatique ? », in *Revue française d'administration publique*, n° 105/106, Paris, 2003).

46 Bakis, H., *op. cit.*, p. 12.

47 Serres, M., *La communication*, 1968, p. 11 cité par Bakis, H., *op. cit.*, p. 25.

tère horizontal »[48]. Parallèlement, ce sont des organisations et donc il s'agit d'entités verticales. Or, comment distinguer en pratique les instruments horizontaux évoqués dans la première partie, de ceux de nature verticale ? Sur le plan de la structure, le nombre de personnels affectés au fonctionnement de la structure et le montant de l'enveloppe budgétaire allouée aux instruments horizontaux sont faibles. C'est aussi le cas des réseaux tant et si bien qu'il ne semble pas possible de les différencier.

Toutefois, nous pouvons opérer une distinction à partir de l'éparpillement géographique de leurs unités fonctionnelles. En effet, le caractère dispersé ou non, nous permet de tracer une *summa divisio* entre les instruments horizontaux et verticaux.

Nous constatons que les organisations auxiliaires de niveau I se caractérisent par leur éclatement sur le territoire de l'Union. Ils sont disséminés dans les États membres, le secrétariat général constituant le lieu central du réseau.

En comparaison, nous observons que les instruments horizontaux sont des réseaux de personnes concentrés sur une plate-forme. C'est le cas du réseau des OLE par exemple.

Nous identifions le Réseau européen de protection des personnalités comme une illustration des organisations auxiliaires niveau I. Ce réseau rassemble des représentants de services nationaux de sécurité intérieure. Il est constitué, comme nous l'avons vu, de points de contact qui communiquent à travers un système de communication sécurisé grâce à un logiciel spécifique de cryptage opérationnel depuis l'année 2008. Outre sa fonction d'échange d'information, le réseau a rédigé un manuel sur les services nationaux compétents de ce domaine, et sur la législation applicable. Enfin, ses représentants se rencontrent une fois par an. Ils abordent, lors de ces rencontres différentes questions comme le développement de séminaires de formation en matière de protection des personnalités et les possibilités d'harmonisation des législations relatives au port d'armes pour les agents de ces services[49].

---

[48] Rapport d'évaluation du Réseau judiciaire européen (2002-2004) (doc. du Conseil du 25 février 2005, n° 6724/05, EJN 10, p. 4).

[49] Doc. du Conseil n° 5573/08 du 23 janvier 2008, ENFOPOL 15.

<table>
<tr><td colspan="3">Instruments horizontaux</td><td>Instruments verticaux</td></tr>
<tr><td colspan="3">canaux de communication
(à dominante humaine)</td><td rowspan="4">Organisations auxiliaires
de niveau 1
de niveau 2
de niveau 3</td></tr>
<tr><td colspan="3">systèmes de communication et d'information
(à dominante technique)</td></tr>
<tr><td>fichiers de sécurité intérieure nominatifs</td><td rowspan="2">systèmes de communication simples</td><td rowspan="2">systèmes d'alerte rapide</td></tr>
<tr><td>fichiers de sécurité intérieure non nominatifs</td></tr>
</table>

schéma n° 5

Application : Europol

<table>
<tr><td colspan="3">Instruments horizontaux</td><td>Instruments verticaux</td></tr>
<tr><td colspan="3">(réseau des) OLE</td><td rowspan="4">L'office européen de police dans sa globalité</td></tr>
<tr><td colspan="3">SLCE</td></tr>
<tr><td>SIE / AWF</td><td rowspan="2">Infoex</td><td rowspan="2">EWM</td></tr>
<tr><td>EUVID</td></tr>
</table>

schéma n° 5bis

Le Réseau judiciaire européen est aussi une illustration des organisations auxiliaires de niveau I. Il s'agit d'un organisme fondé initialement sur une action commune du 29 juin 1998 et destiné à faciliter l'entraide judiciaire en matière pénale. Le Conseil a adopté le 16 décembre 2008 une décision[50] qui abroge l'action commune. Cette décision repose sur une initiative multiprésidence présentée en janvier 2008[51].

Bien que ne disposant pas officiellement de la personnalité juridique, le Réseau judiciaire européen constitue une organisation auxiliaire dans la mesure où il est fondé sur un texte constitutif qui établit son mandat et détermine ses règles de fonctionnement. En outre, le Réseau judiciaire a développé sa propre culture. Son rapport d'activité 1998-2001 l'affirme implicitement en indiquant qu'il « possède une identité propre, une identité qui s'est progressivement affirmée »[52]. Son élaboration a contribué à une collaboration plus étroite des unités responsables de l'entraide judiciaire sur le plan européen. L'idée du Réseau a permis « de mettre

---

[50] Décision du Conseil 2008/976/JAI du 16 décembre 2008 concernant le Réseau judiciaire européen (*JOCE* L 112 du 3.5.2005, p. 20).

[51] Doc. du Conseil du 7 janvier 2008, n° 5039/08 COPEN 3, EUROJUST 3, EJN 3.

[52] Doc. du Conseil n° 5137/1/02 du 22 janvier 2002 EJN 1, p. 22.

en place, de façon systématique, dans les Quinze États membres, une connexion possible en réseau de toutes les autorités judiciaires compétentes »[53].

L'idée de sa création remonte aux séminaires de travail qui se sont tenus à Bruxelles en mai 1996 et juin 1997. Les participants ont conclu qu'il devenait impératif de favoriser les rencontres directes entre les magistrats de l'Union européenne et ont demandé la mise en place d'un « réseau de contact judiciaire ». Dans le même temps, une des recommandations du Programme d'action relatif à la criminalité organisée, approuvée par le Conseil européen d'Amsterdam du 17 juin 1997[54], énonçait que « les États membres devraient chercher à regrouper leurs ressources au niveau européen par la création d'un réseau de coopération judiciaire. [Ce réseau] jouerait un rôle de centre d'échange, règlerait les problèmes et établirait des contacts entre les autorités judiciaires au niveau national »[55]. En réponse aux conclusions du séminaire et aux recommandations du plan d'action, le Conseil a adopté le texte l'instituant le 29 juin 1998[56] et sa première réunion s'est tenue le 25 septembre 1998.

Le Réseau est composé de points de contact à la disposition des autorités locales et de celles des autres États membres. Ces points de contact sont déterminés par les États en fonction de la structure interne de leur système judiciaire. Des points de contact ont également été nommés au sein de la Commission[57]. Tous ces points de contact communiquent directement entre eux et leur saisine se déroule de manière informelle. Les autorités nationales utilisatrices du Réseau, peuvent s'adresser au point de contact de leur choix[58] même si, en pratique, l'interlocuteur naturel est le point de contact de leur pays d'origine[59]. La même souplesse existe quant au profil des utilisateurs dans la mesure où n'importe quelle autorité nationale peut faire appel à eux. En effet, le Réseau n'est pas réservé aux autorités judiciaires si bien que d'autres services ont la

---

53 Debacq, M., in *L'Europe judiciaire – Enjeux et perspectives*, Rance, P., De Baynast, O. (dir.), Dalloz, 2001, p. 117.

54 Résolution sur le programme d'action relatif à la criminalité organisée (7421/97 – C4-0199/97) (*JOCE* C 371 du 8.12.1997, p. 183).

55 Recommandation n° 21.

56 Action commune 98/428/JAI, du 29 juin 1998, adoptée par le Conseil, sur la base de l'article K.3 du traité sur l'Union européenne concernant la création d'un Réseau judiciaire européen (*JOCE* L 191 du 7.7.1998, p. 4).

57 La Commission dispose de points de contact situés à la DG JLS et à l'OLAF.

58 À la lecture de l'action commune, il n'y a pas de restriction en matière de communication entre les utilisateurs et les différents points de contact du Réseau.

59 D'ailleurs en pratique, les points situés à proximité sont privilégiés. Ainsi en France, l'autorité judiciaire est amenée à s'adresser au point de contact situé dans le ressort de la Cour d'appel à laquelle elle est rattachée.

possibilité d'y faire appel. Ainsi, des services de police, de douane et du ministère des affaires étrangères y ont parfois recours.

Les points de contact se rencontrent régulièrement au cours de réunions dites « plénières »[60]. Y participent également les représentants d'autres organisations auxiliaires comme Europol ou Eurojust. Ces rencontres permettent d'échanger leurs expériences. Elles contribuent à initier de nouveaux projets, à maintenir la dynamique de l'organisation et à faire un état des lieux sur les travaux en cours. Lors de ces réunions, la présidence du réseau organise des ateliers destinés à offrir une plateforme de discussion pour les problèmes pratiques et juridiques rencontrés par les autorités judiciaires des États membres dans le cadre de l'entraide judiciaire[61]. À partir des travaux effectués lors de ces rencontres, comme les y autorise l'action commune, les participants à la réunion du réseau formulent des recommandations à l'égard des autorités politiques des États membres. Ces réunions appelées auparavant « réunions périodiques » par l'action commune, se déroulent au moins trois fois par an : deux fois par an sur le territoire de l'État qui préside le Conseil[62] et une fois par an dans les locaux du Conseil à Bruxelles ou dans ceux d'Eurojust à La Haye.

Outre ces réunions périodiques, le Réseau judiciaire européen possède, en tant qu'éléments structurels, des réunions de correspondants nationaux. Elles rassemblent un point de contact par État membre, qui fait alors office de correspondant. À l'origine, l'action commune prévoyait seulement des réunions plénières. La pratique a évolué et un système de réunions des correspondants qui fait office d'organe de gestion du Réseau, s'est mis progressivement en place[63]. La décision du 16 décembre 2008, en insérant une disposition consacrée à ces formes de réunions annuelles, ne fait que consacrer la pratique existante.

Hormis le Réseau judiciaire européen et le Réseau européen de protection des personnalités, nous identifions d'autres réseaux de l'Union

---

[60] Fondées sur l'art. 5 de la décision.

[61] Par exemple, au cours de la dix-huitième réunion du Réseau judiciaire européen, toute une série d'interventions ont porté sur le mandat d'arrêt européen.

[62] Par exemple, la dix-huitième réunion du Réseau judiciaire européen, qui s'est tenue sous présidence finlandaise du Conseil, s'est déroulée du 29 novembre au 1er décembre 2006 à Rovaniemi en Finlande (doc. du Conseil du 6 février 2007, n° 6053/07 EJN 6). La vingt-neuvième réunion s'est déroulée pour sa part, au Conseil le 26 février 2008 (doc. du Conseil du 7 février 2008, CM 512/08).

[63] À l'origine, les réunions plénières rassemblaient l'ensemble des points de contact. L'expérience a montré la difficulté de ces rencontres pléthoriques. C'est pourquoi, ces réunions plénières ont accueilli par la suite seulement une sélection de points contacts. Ces derniers, qui faisaient office de représentant pour leurs pays, sont devenus les correspondants nationaux dont il n'est trouvé nulle trace dans l'action commune.

européenne ayant trait à la sécurité intérieure comme le Réseau européen de prévention de la criminalité (REPC) qui, à l'instar de celui-ci, est composé de correspondants situés dans l'ensemble des États membres et d'un petit secrétariat.

Quoi qu'il en soit, la technique du réseau est aussi employée par les États membres dans des politiques de l'Union, toujours dans le cadre de l'espace de liberté, de sécurité et de justice mais en dehors du contexte de la sécurité intérieure. Ainsi, le Conseil a adopté sur la base de l'art. 65 TCE, le Réseau judiciaire européen en matière civile et commerciale[64]. À l'instar du Réseau judiciaire européen en matière pénale, il est composé de points de contact dans les différents États membres et il a pour mission principale de faciliter la collaboration entre les autorités judiciaires civiles des États membres[65].

Le droit européen a également recours à cette technique du réseau en dehors du domaine de l'espace de liberté, de sécurité et de justice. C'est le cas par exemple, du Collège européen de sécurité et de défense (CESD) qui repose sur une action commune adoptée le 23 juin 2008[66]. Il réalise des formations dans le domaine de la politique européenne en matière de sécurité et de défense[67]. Il s'agit d'un réseau d'instituts de formations nationaux qui dispensent des enseignements sous la forme de modules[68].

---

64 Décision 2001/470/CE du Conseil du 28 mai 2001 relative à la création d'un réseau judiciaire européen en matière civile et commerciale (*JOCE* L 174 du 27.6.2001, p. 25).

65 Il a aussi pour tâche de concevoir et tenir à jour un système d'information destiné aux membres du réseau et du public, ce système étant disponible à l'adresse suivante : http://europa.eu.int/comm/justice_home/ejn/index_fr.htm.

66 Action commune 2008/550/PESC du Conseil du 23 juin 2008 instituant un Collège européen de sécurité et de défense (CESD) (*JOCE* L 176 du 4.7.2008, p. 20). Cette action abroge l'action commune 2005/575/PESC du Conseil du 18 juillet 2005.

Cette action commune se fonde elle-même sur le titre V, et plus particulièrement sur l'art. 14 TUE.

Le 8 décembre 2008, le Conseil a décidé de renforcer les capacités du CESD en nommant un responsable à sa tête et en le dotant d'un budget pluriannuel. Tout comme ils l'avaient fait pour le CEPOL, les ministres ont finalement accepté de lui conférer la personnalité juridique, de renforcer les effectifs de son secrétariat et de définir le lieu d'implantation de ce dernier (qui sera localisé à Bruxelles).

67 Il fournit des formations au niveau stratégique afin « de mettre en place et de promouvoir une compréhension commune de la PESD parmi le personnel civil et militaire, de recenser et de diffuser, au moyen de ses activités de formation, les meilleures pratiques en rapport avec diverses questions relevant de la PESD » (art. 2 de l'action commune).

68 Comme le CEPOL que nous analyserons plus loin.

II. Une mission restreinte à l'échange d'informations, un rôle de conseil et des actions de formation

Les organisations auxiliaires interviennent comme des prestataires de service. D'abord, elles agissent à titre de soutien opérationnel. Ainsi, elles fournissent un apport en expertise technique concernant une affaire en cours et elles améliorent la transmission des demandes (et des messages) entre les services nationaux. Elles accélèrent les procédures en faisant en sorte que, lorsqu'une demande est communiquée à l'autorité requise d'un État membre, celle-ci l'exécute dans les meilleurs délais. Nonobstant, les organisations auxiliaires ne sont pas uniquement des *clearing houses*. En effet, elles améliorent l'information transmise, non seulement sur le plan formel (rapidité d'acheminement et retravail du message, notamment quant à sa mise en forme), mais aussi sur le plan qualitatif en faisant en sorte que le contenu du message communiqué (*outputs*) présente un degré de qualité supérieure à celui qui lui a été transmis (*inputs*).

Ensuite, elles fournissent un soutien non opérationnel. Elles dispensent des conseils généraux sur le plan juridique et technique, et réalisent des formations au profit des services nationaux. D'ailleurs, certaines organisations auxiliaires sont spécialisées dans cette activité.

Parmi les auxiliaires exerçant ce type de missions de soutien, qu'ils soient opérationnels ou seulement non opérationnels, figurent Frontex[69], le Sitcen[70], Europol (A), les deux entités spécialisées en matière d'entraide judiciaire (B), les deux entités spécialisées dans la formation (C) et l'office de lutte antifraude (OLAF) (D).

A. L'organisation chargée de la collaboration policière et douanière : Europol

Europol est le fruit d'une double ambition sur le plan symbolique et pratique. Sur le plan symbolique, il est la première entité incarnant la collaboration policière à l'échelle européenne (1). Auparavant, les seuls canaux permettant la transmission de renseignements entre les services de police des États membres étaient ceux mis en place par l'OIPC, sur le

---

[69] Nous analyserons plus en profondeur le rôle de cette agence européenne dans le chapitre 2. Dans la mesure où il s'agit d'une organisation relativement jeune, les informations recueillies quant à ses activités dans ce domaine sont encore limitées. En dehors des questions de formation, nous avons décidé d'opérer un regroupement et d'aborder les missions de Frontex en tant qu'organisation de niveau I dans le chapitre suivant, avec celles qui forment le cœur de son activité, à savoir l'aide à la coordination des services nationaux de sécurité intérieure.

[70] Évoqué brièvement dans le chapitre introductif de la deuxième partie de cet ouvrage.

plan international et régional, et ceux constitués par les réunions informelles *ad hoc*.

Sur le plan pratique, il vise à rationaliser l'échange d'informations entre les services nationaux de sécurité intérieure. Il apparaît prioritairement comme un lieu de centralisation de l'information. Emmanuel Roger France et Laurent Dassonville[71] le qualifient d'ailleurs de « centrale européenne de renseignement policier »[72] (2).

1. Une volonté de rationaliser et d'incarner la collaboration policière européenne

La création d'un réseau européen de police fait suite à une idée allemande émise en 1989, puis reprise au Conseil européen de Luxembourg du 29 juin 1991. Selon Didier Bigo[73], Europol trouve son origine dans la lutte entre la BKA et les polices des Länder. Il s'agissait, selon lui, d'un moyen pour celui-ci de justifier son rôle face aux secondes.

Le projet a été porté par le chancelier allemand, Helmut Kohl, désireux de présenter l'Allemagne aux yeux de l'opinion publique comme le leader de la construction européenne dans ce domaine[74].

> La création d'une organisation de policière d'appui au niveau européen n'a pas été déclenchée par les besoins des praticiens que sont les enquêteurs de terrain dans les États membres. L'idée de créer Europol a été formulée par le Chancelier [...] et a immédiatement rencontré un écho politique très encourageant[75].

D'autres pays membres comme l'Espagne, les Pays-Bas et l'Italie, ont apporté leur soutien au projet. De plus, l'inefficacité supposée du secrétariat régional européen de l'OIPC-Interpol créé en 1986, conjuguée au climat d'inquiétude dans l'opinion publique devant les menaces émergeantes[76] après la chute du mur de Berlin (immigration, mafias, et

---

71 *Op. cit.*, p. 68.

72 Et douanier. Une précision mérite d'être faite à ce stade de l'analyse : Europol est présenté comme un organisme destiné à faciliter la collaboration entre les services policiers des États. Or, il s'agit d'une vision tronquée de la réalité car les services douaniers sont oubliés (et dans une moindre mesure les services de renseignement). Pourtant, ceux-ci prennent une part active au bon fonctionnement de l'office européen de police.

73 *Polices en réseau, l'expérience européenne*, *op. cit.*, p. 210.

74 Montain-Domenach, J., *op. cit.*, p. 108.

75 Genson, R., Zanders, P., « Le développement de la coopération policière européenne – quel avenir pour Europol ? », *op. cit.*, p. 6.

76 Dans une vision réaliste tout au moins. Une vision plus constructiviste récuserait l'idée de nouveauté de la menace en mettant davantage l'accent sur les discours destinés à donner de la substance à ces menaces (en agrégeant des phénomènes et en

trafic de matières nucléaires), ont apporté un vent favorable à l'émergence d'un office européen de police.

Si le principe d'un tel office a été acquis par tous les États, son rôle demeurait controversé. L'Allemagne proposait une police sur le mode fédéraliste alors que la France, qui possédait une police historiquement centralisée[77], y était hostile[78]. En effet, elle se refusait catégoriquement à conférer des pouvoirs opérationnels à cette nouvelle entité. En effet, en l'absence d'harmonisation de la législation pénale, ce ne devait être qu'une simple *clearing house* de renseignement.

Le programme d'action Trevi de juin 1990 a entériné l'idée de la création de cet office avec la constitution d'une unité de renseignement sur les stupéfiants. Toutefois, c'est la conception minimaliste qui a prévalu, la plupart des États, comme la France et le Royaume-Uni, se prononçant davantage en faveur d'une *clearing house*. L'idée d'un office européen de police (Europol) a été consacrée par les rédacteurs du traité de Maastricht[79]. Les travaux destinés à lui permettre de voir le jour ont démarré peu après la signature du texte. Une équipe de projet a été constituée sous responsabilité allemande[80] et a commencé son activité dans des bâtiments inaugurés le 4 juillet 1992. Conformément à la conception retenue par les États membres, le mandat donné à l'équipe par le Conseil des ministres Trevi, réunis à Lisbonne en juin 1992, a été restreint : aucune activité opérationnelle n'était prévue et son champ d'action restait limité à l'échange de renseignements de nature stratégique lié au trafic de drogue.

Par la suite, le Conseil des ministres a décidé de transformer l'équipe de projet en Unité « Drogues » Europol (UDE) qui formait la première phase de la mise en place d'Europol dans sa version définitive. Cet organe préparatoire a été créé par un accord ministériel le 29 octobre 1993 à Copenhague. Son siège, qui préfigurait celui d'Europol, a été définitivement fixé par le Conseil européen de Bruxelles du 29 octobre 1993. L'UDE a fonctionné depuis janvier 1994 en attendant la ratification de la convention et l'entrée en activité d'Europol. Sa base juridique a été déterminée plus tard, par l'action commune du 10 mars 1995[81]. Le texte

---

amplifiant leur portée) pour légitimer un ensemble de mesures sécuritaires et/ou la position de ceux qui les énoncent.

77 Masson, P., *Europol et la lutte contre la drogue*, Rapport du sénat français n° 235, Paris, 15 mars 1995.

78 *La coopération policière européenne*, Paris, L'Harmattan, 2001, p. 388.

79 À l'art. K.1.9.

80 Mais sur sol français à Strasbourg.

81 Action commune du 10 mars 1995, adoptée par le Conseil sur la base de l'art. K.3 du traité sur l'Union européenne, concernant l'Unité « Drogues » Europol (*JOCE* L 62 du 20.3.1995, p. 1).

a élargi le mandat de l'UDE en lui conférant une compétence en matière de lutte contre les filières d'immigration illégale, le trafic de drogues, de véhicules et de matières nucléaires. Une seconde action commune a été adoptée le 16 décembre 1996 qui a étendu le champ de compétence de celle-ci à la traite des êtres humains[82]. L'UDE, qui a connu une montée en puissance progressive et constante[83], a apporté une réelle valeur ajoutée à la collaboration policière (et douanière)[84]. Outre son rôle d'appui aux services nationaux de sécurité intérieure, elle a permis, dans les limites imposées par l'action commune du 10 mars 1995, de fournir des analyses sur les informations mises à sa disposition[85].

La convention Europol a été signée le 26 juillet 1995 après de nombreux mois de négociations difficiles[86]. Le Conseil a établi deux protocoles complémentaires : l'un sur la compétence de la Cour[87] et l'autre accordant à l'office européen de police, ainsi qu'à son personnel, des privilèges et immunités nécessaires pour l'accomplissement de leurs missions[88].

Deux protocoles additionnels ont été élaborés par la suite, en 2002 et en 2003. Le premier d'entre eux, adopté par le Conseil le 28 novembre 2002, a octroyé à Europol de nouvelles prérogatives[89] en rapport avec

---

82 Art. 2 de l'Action commune du 16 décembre 1996, adoptée par le Conseil sur la base de l'art. K.3 du traité sur l'Union européenne, élargissant le mandat de l'Unité « Drogues » Europol (*JOCE* L 342 du 31.12.1996, p. 4).

83 Les requêtes ont augmenté constamment : 27 % en 1994, 39 % en 1996, 152 % en 1997. Le chiffre du personnel s'est accru fortement en quatre ans : 30 personnes en 1994, 90 en 1995, 116 en 1996 et 135 en 1997. Le budget est passé de 1,7 Md d'Ecu en 1994 à 6,7 Md d'Ecu en 1997. En outre, des contacts informels ont été établis avec les organes de la coopération Schengen, Interpol, l'UCLAF et les Nations unies.

84 D'après le premier rapport d'activité de l'Unité « Drogues » Europol établi le 24 janvier 1995.

85 Margue, T.L., « La coopération européenne en matière de lutte contre la criminalité organisée dans le contexte du traité d'Amsterdam », in *Revue du Marché unique européen*, Bruxelles, 3/1997, p. 100, repris par Montain-Domenach, J., *op. cit.*, p. 108.

86 Gless, S., « What King of Judicial Control – Do the new Protagonists Need ? – The Accountability of the European Police office (Europol) », *L'espace pénal européen : enjeux et perspectives*, De Kerchove, G., Weyembergh, A., (dir.), Bruxelles, Éditions de l'Université libre de Bruxelles, 2002, p. 32.

87 Protocole du 23 juillet 1996 établi sur la base de l'art. K.3 du Traité sur l'Union européenne, concernant l'interprétation, à titre préjudiciel, par la Cour de Justice des Communautés européennes de la convention portant création d'un office européen de police (*JOCE* C 299 du 9.10.1996).

88 Protocole du 19 juin 1997 établissant, sur la base de l'art. K.3 du traité sur l'Union européenne et de l'article 41 paragraphe 3 de la convention Europol, les privilèges et immunités d'Europol, des membres de ses organes, de ses directeurs adjoints et de ses agents (*JOCE* C 221 du 19.7.1997, p. 2)

89 Conformément aux dispositions inscrites dans le traité d'Amsterdam à l'art. 30.2.a et b.

les équipes communes d'enquête et l'initiative en matière d'enquête. Le deuxième, adopté par le Conseil le 27 novembre 2003, a procédé à des modifications ayant trait essentiellement à des ajustements techniques tirés de l'expérience engrangée depuis le démarrage de l'office européen de police[90]. Il concernait également des améliorations vouées à renforcer son action[91].

Actuellement, le droit positif régissant l'office européen de police demeure la convention de 1995 et ses textes de droit dérivé. Nonobstant, une décision a été approuvée par le Conseil le 18 avril 2008 destinée à constituer le nouveau socle juridique de l'office. Le texte, qui avait été présenté par la Commission le 20 décembre 2006[92], doit encore être adopté formellement par le Conseil pour être d'application. Nonobstant, dans la mesure où cette adoption devrait intervenir prochainement, nous avons pris le parti de faire référence dans notre analyse du droit positif, à la décision. Cette dernière prévoit, par rapport à la convention, des modifications tant sur le plan formel que sur le plan substantiel. Sur le plan formel, il s'agit de remplacer la convention, qui est un acte relevant de l'art. K.3 TUE établi par le traité de Maastricht, par une décision de l'art. 34 TUE relevant de la nomenclature des actes instituée par le traité d'Amsterdam. Le but est de permettre une modification plus aisée du cadre juridique d'Europol pour s'adapter aux évolutions de la criminalité. Sur le plan substantiel, la décision opère une modernisation du dispositif actuel. Comme le protocole du 27 novembre 2003, elle procède à des modifications portant sur des ajustements techniques tirés de l'expérience engrangée. Toutefois, le texte suggère d'aller plus loin en altérant la structure de l'office. Il étend le régime des fonctionnaires de la Communauté européenne aux agents d'Europol. Il prévoit l'application à l'office du règlement du 30 mai 2001[93] relatif à l'accès aux documents. Il aligne également le régime linguistique, celui relatif à la protection des intérêts financiers et celui en matière financière sur celui de la Communauté européenne[94]. En outre, la décision prévoit un alignement du régime budgétaire d'Europol sur celui des agences européennes basées sur le traité CE. À cet égard, il est prévu que le financement des

90 Comme par exemple, la consécration sur le plan juridique des réunions des HENUs.

91 Comme l'extension du mandat d'Europol aux formes graves de la criminalité organisée lorsqu'il existe, non seulement des indices concrets, mais aussi (et c'est une nouveauté) des soupçons révélant l'existence de celle-ci.

92 Proposition de décision du Conseil portant création de l'office européen de police (EUROPOL) (COM(2006)817).

93 Du moins, un dispositif est mis en place « en tenant compte des principes et des limites énoncés dans le règlement 1049/2001/CE du Parlement européen et du Conseil du 30 mai 2001 relatif à l'accès du public aux documents du Parlement européen, du Conseil et de la Commission » (*JOCE* L 145 du 31.5.2001, p. 43).

94 Respectivement art. 47, 49 et 44.

activités de fonctionnement et des activités opérationnelles de l'office européen de police ne soit plus fondé sur les cotisations individuelles des États membres, mais relève du budget général de l'Union.

2. *Une centrale européenne de renseignement policier et douanier*

Au regard des dispositions relatives à la convention instituant Europol, Franklin Dehousse et Tania Zgajewski[95] constatent que l'office est investi de trois fonctions : servir de centre d'échange d'informations, de centre d'analyse de ces informations et de formation pour les services nationaux de sécurité intérieure des États membres.

En partant de cette classification, nous constatons qu'Europol fait fonction de centre d'échange de renseignements et d'étude technique d'informations (a), de centre d'analyse de renseignement criminel ainsi que d'instance de conseil et de formation (b).

a. Un centre d'échange de renseignements et d'étude technique d'informations

Europol est une plate-forme d'échange d'informations assurant la réception et la transmission de renseignements. L'envoi d'un renseignement à l'office européen de police et sa diffusion aux services de sécurité intérieure des États membres est effectué essentiellement par le moyen de messages électroniques. La communication de l'information par l'office peut être spontanée ou avoir lieu sur demande. Il existe deux types de demandes, appelées encore « requêtes ».

Il y a, d'une part, les requêtes en assistance qui sont des demandes simples, c'est-à-dire ne nécessitant pas d'actes subséquents par Europol. Les réponses sont données aux services nationaux par les UNE soit par la consultation du SIE, soit par l'intervention de l'OLE destinataire de la requête, auprès d'un de ses homologues sur la plate-forme *via* Infoex[96].

Et, d'autre part, les requêtes nécessitant l'ouverture d'un dossier. Concernant ces demandes de nature plus complexe, l'OLE opère cette ouverture et il en assure le suivi. Des experts des unités du département *Serious Crime* sont également susceptibles d'apporter leur aide et un projet d'analyse peut être constitué le cas échéant[97].

---

95 *La convention Europol : Un tournant pour la convention policière européenne*, Centre de recherche et d'information socio-politiques, n° 1577-1578, 1997, p. 17.

96 Rappelons que la décision instituant Europol permet sous certaines conditions, l'échange d'OLE à OLE de renseignements susceptibles de porter sur des infractions qui sont en dehors de la sphère de compétence de l'office européen de police.

97 Pour ce qui est de la transmission spontanée d'informations, celle-ci figure implicitement dans la décision instituant Europol sous forme d'obligation. L'art. 5.1.b dispose que la mission de l'office européen de police est de « communiquer [aux servi-

L'échange d'informations est effectué par les OLE et, le cas échéant, pas des agents d'Europol envoyés sur place. C'est ce qui passé lors de la Coupe du monde de football organisée par l'Allemagne en 2006. Deux agents d'Europol ont été dépêchés respectivement au centre national de coopération et d'information allemand situé à Berlin et au centre de commandement de la police fédérale de la BKA à Meckenheim. Ils ont servi d'officiers de liaison entre les services de sécurité intérieure allemands, les services des autres États membres et le siège central d'Europol. Leur tâche consistait à conseiller les services allemands et à leur transmettre tout renseignement utile à travers un suivi permanent du SIE.

Europol réalise l'étude technique de l'information qu'il traite à travers ses unités du département *Serious Crime*, unités appuyées par des centres d'analyse *ad hoc*. Ces centres sont des centres d'analyse spécialisés dans des domaines particuliers. C'est le cas en matière de criminalité technologique, de cartes de crédit contrefaites, de faux-monnayage et d'identification des actifs d'origine criminelle.

Pour ce qui relève du faux-monnayage, le centre d'analyse technique sur la contrefaçon de l'euro est aussi le bureau central pour les services de répression spécialisés dans le faux-monnayage de la monnaie unique. Ce bureau, qui est le centre de collecte et de diffusion de l'information en la matière, fonctionne depuis le mois de mai 2005. Il constitue le point de contact pour l'Union dans ses relations avec les pays et les organisations tiers[98].

Europol poursuit la création d'un bureau de saisie d'avoirs criminels (ECAB)[99]. Ce bureau est destiné à aider les services nationaux en matière d'identification, de traçage et de saisie d'avoirs criminels au cours d'enquête de grande importance. En outre, Europol sert de secrétariat au *Camden Asset Recovery Inter-Agency Network* (CARIN)[100] qui est un réseau international d'autorités compétentes dans le domaine du recou-

---

ces nationaux de sécurité intérieure] sans délai [...] les faits qui les concernent et les informer immédiatement des liens constatés entre des infractions ».

98 Conformément à l'art. 3.4 du protocole du 27 novembre 2003 et à la décision 2005/511/JAI du Conseil du 12 juillet 2005 visant à protéger l'euro contre le faux-monnayage par la désignation d'Europol comme office central de répression du faux-monnayage de l'euro (*JOCE* L 185 du 16.7.2005, p. 35).

99 Acronyme anglais d'*Europol Criminal Assets Bureau.*

100 Le CARIN est un réseau informel créé en 2004 destiné à aider les efforts des États dans ce domaine. Composé de points de contact situés dans les États membres, les États-Unis, le Liechtenstein, la Norvège et la Suisse, il facilite l'échange d'informations et de bonnes pratiques. Il se présente comme un centre d'excellence dans ce domaine. À ce titre, il conseille les autorités politiques des États membres et des institutions européennes, et il assure des formations dans ce domaine. Son secrétariat est assuré par Europol.

vrement des avoirs criminels, les « Bureaux de recouvrement d'avoirs criminels » (BRA)[101].

Par ailleurs, l'office européen de police développe un *Knowledge Management Center* (KMC). Un KMC est un organisme destiné à rassembler une expertise autour de méthodes d'investigation rares et non conventionnelles. En 2008, Europol concentre ses travaux dans cinq domaines : la protection des témoins, la gestion des informateurs, les livraisons surveillées, la prise d'otages et le conseil sur la planification tactique des opérations.

Par ailleurs, Europol développe une veille en matière de criminalité technologique par le truchement de son projet « *check the web* ». Initié par la présidence allemande du Conseil, ce projet, lancé en 2007, est destiné à faciliter la mutualisation des tâches de surveillance d'Internet entre les États membres[102] en matière de lutte antiterroriste[103].

La présidence française du Conseil a, pour sa part, proposé aussi de renforcer ce projet. Elle a suggéré de créer une plate-forme rassemblant les services de sécurité intérieure des États membres, destinée à lutter contre la cybercriminalité et la pédopornographie. Elle a d'ailleurs organisé sur cette question un séminaire à Reims qui s'est achevé le 6 juin 2008. Cette plate-forme, qui devrait centraliser les signalements relatifs aux contenus illicites sur Internet, devrait être mise en place au sein de l'office européen de police[104].

Europol met les résultats des analyses qu'il effectue à la disposition des services nationaux sous forme de produits spécifiques : catalogues, manuels, bulletins d'information, rapports d'analyse de risques et rap-

---

101 Dans sa communication du 20 novembre 2008 (COM(2008)766), la Commission indique que d'ici le 18 décembre 2008, tous les États membres doivent avoir institué un BRA et ce, en vertu d'une décision du 6 décembre 2007 (*JOCE* L 332 du 18.12.2007, p. 103). Elle y suggère une série de lignes directrices quant à leur constitution, en particulier, le fait qu'ils aient une structure multidisciplinaire, la possibilité de s'échanger spontanément des informations et l'accès aux bases de données pertinentes, notamment celles contenant des informations financières.

102 Le Conseil y a apporté son soutien dans des conclusions adoptées les 12 et 13 juin 2007 (doc. du Conseil du 29 mai 2007, n° 8457/3/07, ENFOPOL 66).

103 Dans des conclusions adoptées le 24 octobre 2008 (doc. du Conseil n° 14667/08 [presse 299]), le Conseil invite les États membres à créer, si elle n'existe pas, une plate-forme nationale de signalement (le cas échéant, commune à plusieurs pays) reliée à la plate-forme européenne d'alerte, cette dernière ayant pour mission de recueillir et de centraliser les informations relevées sur Internet, aux fins d'information mutuelle permanente et de bilan opérationnel et statistique régulier des données collectées. Le texte indique toutefois qu'il revient aux plates-formes nationales de juger de la pertinence de l'envoi des informations à la plate-forme européenne en réalisant au préalable une analyse destinée à déterminer le caractère européen ou extranational des infractions relevées.

104 *Agence Europe* du 11 juin 2008.

ports sur l'état de la menace, et systèmes d'information et de communication contenant des données non nominatives. Ces produits, élaborés par les unités du département *Serious Crime* d'Europol, sont susceptibles de l'être de manière périodique, comme les bulletins. Ils peuvent aussi se présenter sous forme de supports plus ponctuels comme des brochures éditées sur un sujet particulier.

Primo, ces unités rédigent des catalogues comme, par exemple, ceux relatifs aux législations nationales, aux services compétents et aux centres d'excellence en matière d'antiterrorisme. Elles ont également établi un glossaire des groupes terroristes. En matière de drogues de synthèse, Europol a publié plusieurs catalogues dont certains recensent les types d'équipements employés.

Secundo, elles élaborent à l'attention des services de police nationaux dans des domaines spécifiques, des manuels contenant toute une série de recommandations. Ces manuels portent notamment sur la façon de traiter les informateurs[105], de lutter contre la culture du cannabis ou de procéder à des enquêtes en matière de criminalité liée aux véhicules volés.

Tertio, elles produisent des bulletins d'information dont le but est de rendre compte des différentes affaires et de décrire les nouveaux *modus operandi*. C'est le cas en matière d'immigration illégale ou de faux monnayage de la monnaie unique[106]. À ce sujet, Europol rédige plusieurs fois par an, à partir des informations collectées, un rapport sur les tendances concernant certains aspects de ces phénomènes[107].

Quarto, ces unités mènent des analyses de risques et des évaluations des menaces susceptibles de porter atteinte à la sécurité intérieure dans divers domaines. Par exemple, elles ont opéré une évaluation de la menace sur les Jeux Olympiques et le championnat d'Europe de football en 2004. Elles dressent des rapports sur l'état de la menace, en particulier sur le terrorisme et sur la criminalité organisée (OCTA). Toutes ces activités sont réalisées dans le cadre de rapports spécifiques, de bulletins d'informations et d'AWF stratégiques.

Quinto, les unités du département *Serious Crime* mettent en place des systèmes d'information et de communication comme le Système de comparaison des laboratoires clandestins (SLCE), le système Europol

---

105 À cet égard, Europol a établi une liste noire des informateurs.

106 Les rapports de situation sur la contrefaçon, qui contiennent des informations tactiques et techniques, sont distribués sur une base trimestrielle.

107 Par exemple, Europol dresse un aperçu mensuel du terrorisme islamiste. Il rédige également, si nécessaire, des notes urgentes thématiques.

des logos d'ecstasy[108] et le *Counterfeit Currency Image System*. Le SLCE contient une base de données qui rassemble des informations et des photos détaillées relatives à des sites de production, tandis que le système Europol des logos d'ecstasy regroupe des photos médico-légales ayant trait aux différents symboles apposés sur les cachets. Le *Counterfeit Currency Image System* est destiné à centraliser les informations techniques sur les billets et les équipements saisis lors des opérations de police. L'office européen de police a également mis en place des systèmes d'alerte rapide destinés à diffuser des dépêches. C'est le cas de *l'Early Warning Messages* (EWM), mentionné rapidement dans la première partie de cet ouvrage, qui envoie aux services nationaux des messages d'alerte relatifs à la criminalité financière. Ces messages sont préformatés et peuvent donc être envoyés rapidement aux services concernés

b. Un centre d'analyse de renseignement criminel, de conseil et de formation

Europol est, pour reprendre les termes de Roland Genson et Patrick Zanders, une « "boîte" de traitement d'informations »[109]. Cela signifie que l'office européen de police ne se contente pas de transmettre un renseignement à l'état brut[110]. Il l'exploite pour en extraire les éléments susceptibles de faire avancer l'enquête. Europol effectue l'analyse du renseignement criminel et notamment de l'analyse criminelle.

L'analyse criminelle peut se définir comme étant la recherche et la mise en évidence méthodique des relations entre des données criminelles et contextuelles à des fins judiciaires. Elle consiste à trier et à mettre en liaison les informations recueillies dans une enquête. Il s'agit d'une méthodologie permettant d'opérer des rapprochements et des recoupements entre les informations. Elle s'inscrit dans la phase du traitement de l'information criminelle.

Entre l'analyse du renseignement criminel et l'analyse criminelle, il existe en fait davantage une différence de degré que de nature : l'analyse criminelle est une analyse de renseignement plus systématique que celle de renseignement criminel en opérant à partir de règles méthodologiques rigoureuses. Elle possède des caractéristiques qui lui sont propres, et requiert des compétences particulières. D'ailleurs, le travail d'analyse criminelle est effectué par les analystes d'une unité particulière du

---

108 Ou *Europol Ecstasy Logo System* (EELS) destiné à aider à l'identification des pilules estampillées.

109 Genson, R., Zanders, P., « Le développement de la coopération policière européenne – quel avenir pour Europol ? », *op. cit.*, p. 9.

110 Bien que celui-ci soit *per se*, une information ayant déjà fait l'objet d'un traitement (par les services nationaux).

département *Serious Crime* : le SC7[111]. Si nécessaire, un projet d'analyse peut être mis sur pied avec la création d'un AWF. L'office européen de police dispose d'un effectif considérable d'analystes pour mener à bien cette tâche[112].

L'office européen de police apporte une valeur ajoutée à l'action des services nationaux de sécurité intérieure, en permettant le recoupement des informations détenues par chacun d'eux, que celles-ci aient ou non déjà été le produit d'une analyse criminelle sur le plan national.

> La synthèse [effectuée par Europol] d'informations, auparavant isolées, donne un résultat bien plus riche que la simple somme quantitative des informations juxtaposées. L'analyse d'ensemble, l'établissement de recoupements et d'associations, apportent de nouvelles connaissances, permettant d'améliorer la qualité de la démarche et d'obtenir ainsi de plus grands succès dans la lutte contre la criminalité. Le niveau européen ne remplace pas la lutte nationale contre le crime, il l'optimise et rend son action plus efficace[113].

À la lumière de l'expérience acquise et grâce à l'expertise de ses membres en matière d'analyse criminelle et dans les différents domaines ayant trait à son mandat, Europol dispense des conseils à l'attention des membres services des États membres, ainsi qu'à des représentants de pays et d'organisations tiers. Par exemple, il donne un ensemble d'indications techniques et pratiques à ceux des pays désireux de mettre en place des programmes dans le domaine de la protection des témoins. Ces conseils sont prodigués dans le cadre du soutien technique aux enquêtes, ou de séminaires. À cet égard, l'office européen de police organise des rencontres relatives à des thèmes spécifiques, comme en 2003 sur les prises d'otage et les rapts parentaux. En outre, il anime des réseaux d'experts afin d'élaborer des meilleures pratiques, des listes de points de contact ainsi que des outils techniques. Par exemple, il a développé un réseau d'experts en matière de criminalité technologique afin de partager des informations sur les modes opératoires et des meilleures pratiques dans ce domaine.

---

111 Les autres unités réalisent, quant à elles, tout type d'analyse de l'information criminelle hormis celle qui correspond à l'analyse criminelle.

En comparaison, l'OIPC dispose d'un service de même type : le Service d'analyse criminelle. En 2006, les analystes de l'OIPC ont produit quatorze évaluations opérationnelles, les rapports portant essentiellement sur le terrorisme, la criminalité organisée et les menaces à des grandes manifestations sportives ou d'importants sommets internationaux.

112 Il disposait d'une centaine d'analystes en 2006.

113 Niemeier, M., « L'avenir d'Europol », in *Gendarmerie nationale*, n° 227, Paris, 2e trimestre 2008, p. 54.

Parallèlement à cela, il organise des sessions de formation dans les différents champs couverts par son mandat. Ainsi, en 2006, Europol a dispensé une formation auprès d'une centaine d'agents de police norvégiens concernant la lutte contre la fraude aux cartes de paiement. Cette formation de deux jours a été mise en place en collaboration avec les services de ce pays spécialisés dans ce domaine. En 2007, il a dispensé une formation sur la criminalité liée aux véhicules et sur l'identification des véhicules, en Roumanie, en Serbie et au Monténégro. Toujours en 2007, il a organisé en Allemagne sa huitième session de formation sur la lutte contre l'exploitation sexuelle des enfants sur Internet. L'office européen de police effectue un travail complémentaire au CEPOL dans la mesure où il vise un public spécifique. En effet, ses formations sont ciblées et concernent des aspects de la police criminelle bien déterminés comme celui de l'analyse criminelle. En outre, il forme seulement les formateurs et les experts dans les domaines en relation avec son mandat. Il s'agit donc de *middle ranking officers* et d'agents de services nationaux de sécurité intérieure situés à des échelons inférieurs, mais très spécialisés[114].

À l'instar d'Europol, l'action de l'OIPC-Interpol consiste essentiellement en la centralisation, la transmission et l'échange de renseignements[115]. Comme Europol encore, l'OIPC propose des prestations spécifiques, notamment sous forme de mise en place de conférences, de fourniture d'équipes de personnel spécialisé ainsi que l'édition de bulletins et de manuels[116], notamment sous forme de projets, comme le projet Drug.net[117] et Millenium[118]. Il procède également à des activités

[114] Europol et le CEPOL collaborent activement. Par exemple, la *Sicherheitsakademie* du ministère de l'Intérieur autrichien a organisé un cours consacré à l'entraide policière et à Europol, du 17 au 20 novembre 2008. Ce cours, organisé dans le cadre du CEPOL a été réalisé avec le soutien de l'office européen de police.

[115] À travers son système de communication, le I-24/7. Ce système est comparable, *mutatis mutandis* à l'Infoex d'Europol.

[116] Par exemple, l'OIPC a rédigé l'*Interpol IT Crime Manual* à l'attention des enquêteurs spécialisés en matière de cybercriminalité. Il a aussi créé un répertoire contenant plus de 500 noms d'experts, destiné à faciliter l'identification des lieux où se déroulent les abus d'enfants.

[117] Destiné à lutter contre l'achat et la vente sur Internet de produits stupéfiants délivrés sur ordonnance et de stéroïdes anabolisants. Ce projet vise à collecter des données opérationnelles (notamment les pseudonymes d'utilisateurs identifiés), à coordonner des initiatives sur le terrain, à rédiger un manuel de formation et à organiser des sessions de formation à ce sujet.

[118] Ce projet a pour but de compiler les renseignements sur la criminalité transnationale eurasiatique. 39 pays y ont participé et plus de 5 000 noms d'individus ou sociétés soupçonnées d'avoir des liens avec la criminalité organisée ont été enregistrés en 2006 dans une base de données sécurisée.

de formation[119], d'assistance technique et de conseil[120]. Toutefois, Europol et l'OIPC n'ont pas des activités complètement parallèles car l'OIPC facilite l'entraide entre les autorités judiciaires en communiquant des demandes de commissions rogatoires internationales ainsi que les demandes d'arrestation provisoire dans le cadre des procédures d'extradition[121]. En comparaison, l'office européen de police n'a pas pour mission de transmettre des requêtes relevant de la sphère de l'entraide judiciaire.

B. Les organisations chargées de l'entraide judiciaire : le Réseau judiciaire européen en matière pénale et Eurojust

Outre le Réseau européen de formation judiciaire orienté, comme son nom l'indique, davantage sur les questions de formations, les organisations auxiliaires de niveau I destinées à soutenir l'action des services nationaux de sécurité intérieure en matière judiciaire, sont le Réseau judiciaire européen en matière pénale (1) et Eurojust (2).

Le Réseau judiciaire européen facilite l'entraide judiciaire « de tous les jours ». À cet égard, il est compétent contre tous les phénomènes de criminalité transnationale, avec un accent mis sur les formes de criminalité grave. Contrairement au Réseau judiciaire européen, Eurojust est un organisme ayant un champ d'action plus restreint, en étant spécialisé

---

[119] Essentiellement à travers les formations dispensées dans le cadre des différents projets. En outre, l'OIPC est train de mettre sur pied une École Interpol anticorruption. Cette école sera le premier centre mondial d'enseignement consacré à ces questions.

[120] Par exemple, l'OIPC facilite le déroulement des opérations d'identification des victimes de catastrophes. Il fournit des outils de recueil de données et un guide détaillé expliquant comment utiliser ces outils.

Dans le même registre, il apporte à la demande de pays membres ou de tribunaux pénaux internationaux, un soutien aux enquêtes dont font l'objet des individus recherchés pour des infractions graves.

[121] Il s'agit des « notices rouges ». Les notices sont des messages diffusés par Interpol à l'attention des services nationaux portant sur des thèmes spécifiques.

Outre les notices rouges, il existe les notices vertes destinées à alerter et à communiquer des informations de police sur des individus ayant commis des infractions pénales et susceptibles de récidiver dans d'autres pays ; oranges destinées à alerter sur des éventuelles menaces en lien avec des armes dissimulées, des colis piégés et d'autres objets ou matériaux dangereux ; jaunes destinées à permettre de retrouver des personnes disparues ; noires destinées à rechercher la véritable identité d'une personne décédée dont le corps n'a pas été identifié ; bleues destinées à recueillir des informations complémentaires sur des individus concernant leur identité ou leurs activités illicites dans le cadre d'une affaire pénale. En 2006, l'OIPC a édité 2 804 notices rouges, 359 notices bleues, 676 notices vertes, 316 notices jaunes, 114 notices noires et neuf notices oranges. Il a aussi émis 12 212 « diffusions » qui sont des messages à caractère moins officiel que les notices.

dans certains types de criminalité grave[122]. En dehors de ses activités de conseils et de transmission des informations, il agit comme une « tour de contrôle de la coopération judiciaire »[123] en pointant les lacunes du dispositif général de l'entraide judiciaire.

1. Le Réseau judiciaire européen en matière pénale (RJE), organisation chargée de faciliter l'entraide judiciaire « de tous les jours »

Le Réseau judiciaire possède deux niveaux d'activité pour faciliter la collaboration entre les autorités judiciaires des États membres : il résout les difficultés pratiques qu'elles rencontrent et il leur apporte des informations de caractère général.

En premier lieu, le Réseau judiciaire européen solutionne les problèmes rencontrés par les autorités judiciaires nationales dans l'exercice de leur mission. Les points de contact facilitent les relations entre elles. À titre d'illustration[124], le point de contact belge a apporté son aide pour le transfert provisoire de détenus vers l'Allemagne pour les besoins d'une audience. Il a convaincu l'autorité judiciaire belge compétente, qui s'y opposait au motif qu'il s'agissait d'un témoin principal dans une affaire en cours. Toutes les autorisations ont été données en l'espace de moins de deux heures pour que le transfert puisse avoir lieu le lendemain. Les points de contact apportent aussi une assistance aux autorités requérantes lors de la préparation et de l'exécution des demandes d'entraide. Contrairement à l'OIPC, le Réseau judiciaire n'a pas pour mission de transmettre les demandes officiellement. Il a seulement pour but de les aider afin que leur demande soit reçue dans les meilleurs délais et soit exécutée dans les meilleures conditions possibles.

En deuxième lieu, le Réseau judiciaire européen fournit aux autorités judiciaires des informations à caractère général, de nature juridique et pratique. Il leur prodigue, en cas de besoin, des conseils relatifs à l'entraide judiciaire et aux droits nationaux, que ce soit sur le plan procédural ou substantiel. À cette fin, il a établi un fonds documentaire regroupant des instruments légaux internationaux disponibles sur son site Internet pour les utilisateurs du Réseau judiciaire[125]. En outre, les

---

[122] La décision du 16 décembre 2008 articule les compétences d'Eurojust sur celles de l'office européen de police. Elle dispose à cet égard que « le champ de compétence générale recouvre les types de compétences et les infractions pour lesquels Europol a, à tout moment, compétence pour agir ».

[123] « Eurojust, tour de contrôle et embryon de parquet européen », *Le Monde* du 10 mai 2005.

[124] Exemple cité dans le rapport d'activité du Réseau judiciaire européen pour la période 1998-2001 (doc. du Conseil du 22 janvier 2002, n° 5137/1/02 EJN 1, p. 84).

[125] http://www.ejn-crimjust.europa.eu/.

praticiens peuvent y trouver différents outils : la liste des points de contact, les notes de transmission, l'Atlas judiciaire, les fiches belges et le système SOLON.

La liste des points de contact est un relevé *in extenso*. Il s'agit d'une base de données reprenant leurs coordonnées ainsi que d'autres informations utiles. Les notes de transmission ou *compendium* sont un modèle standard que l'autorité judiciaire annexe à sa demande d'entraide. Elle contient un formulaire d'accusé de réception que l'autorité requise retourne dûment rempli à l'autorité requérante. L'Atlas judiciaire est destiné à faciliter le travail d'identification de l'autorité compétente située dans autre un État membre. Il permet de localiser la juridiction chargée de recevoir une demande d'entraide dans le cadre de sa transmission directe en fonction de l'infraction commise, du type de mesure à prendre et des instruments juridiques internationaux à appliquer. Les fiches belges contiennent, quant à elles, une analyse de droit comparé des différentes mesures d'enquête pouvant faire l'objet de demandes d'entraide judiciaire. Ces fiches figurent dans l'Atlas judiciaire. Le système SOLON est un glossaire juridique d'équivalence approximative dans les langues de l'Union. Il contient les concepts et les expressions les plus fréquemment utilisés dans le domaine de l'entraide judiciaire pénale.

Pour être complet, les autorités judiciaires consultantes peuvent, grâce au site Internet du Réseau judiciaire européen, disposer des informations nécessaires relatives à l'émission d'un mandat d'arrêt européen. En effet, l'Atlas judiciaire leur donne les éléments nécessaires sur le destinataire, c'est-à-dire l'autorité judiciaire exécutrice, notamment son nom et ses coordonnées, et sur les règles à respecter, en particulier la langue du mandat acceptée et le délai maximum d'envoi du mandat après arrestation de la personne. Elles ont aussi la possibilité de télécharger des formulaires uniformes ayant trait à des mandats ou à des demandes d'entraide judiciaires prévus par les textes européens, comme le formulaire destiné à faire geler des actifs sur un compte bancaire dans un autre État membre pendant une procédure pénale.

Enfin, le Réseau dispose d'un réseau de télécommunication sécurisé destiné aux points de contacts pour leur travail opérationnel. Grâce à ce réseau, les autorités peuvent s'échanger des courriels, envoyer des demandes et en obtenir les résultats. En vertu de la décision du 16 décembre 2008, ce réseau inclut les membres nationaux et les correspondants nationaux d'Eurojust, les correspondants nationaux d'Eurojust pour les questions de terrorisme, ainsi que les magistrats de liaison nommés par Eurojust dans les pays tiers.

2. *Eurojust, organisation spécialisée contre les formes de criminalité grave*

Eurojust est le « cousin judiciaire »[126] d'Europol. « Inscrit dans les astres depuis Europol »[127], il trouve son fondement dans les conclusions du Conseil européen de Tampere. Le point 46 énonce que

> afin de renforcer la lutte contre les formes graves de criminalité organisée, le Conseil européen a décidé la création d'une unité (Eurojust) composée de procureurs, de magistrats ou d'officiers de liaison ayant des compétences équivalentes détachés pour chaque État membre conformément à leur système juridique. [...] Le Conseil européen demande au Conseil d'adopter l'instrument juridique nécessaire avant la fin de l'année 2001.

Dans l'attente de l'adoption du texte définitif, le Conseil a utilisé la même méthodologie que celle destinée à établir l'office européen de police en créant une unité provisoire : Pro-Eurojust. Pro-Eurojust est, comme son nom l'indique, l'organe préparatoire à Eurojust. Basé sur une décision du 14 décembre 2000[128], il a démarré ses travaux le 1er mars 2001.

Eurojust, « nouvelle vedette de la scène de la coopération judiciaire »[129], a été ensuite officialisé dans le traité UE suite à l'insertion par les rédacteurs du traité de Nice d'une disposition particulière le concernant. Cette disposition, qui reprend *mutatis mutandis* le libellé des conclusions de Tampere en ce qui concerne les missions d'Eurojust[130], a consacré au plus haut niveau, c'est-à-dire le droit primaire, le projet de créer une unité de coopération judiciaire.

---

[126] Marsaud, A., « Les défis de la lutte antiterroriste », *L'Europe face au terrorisme*, Actes du colloque du 8 mars 2005, Iris, 2005, p. 89.

[127] Propos de Hans Nilsson recueillis par Mangenot, M., (« Jeux européens et innovation institutionnelle. Les logiques de création d'Eurojust », *Arrêter et juger en Europe. Genèse, luttes et enjeux de la coopération pénale*, in *Culture et conflits*, n° 62, Paris, 2/2006, p. 43-62).

[128] Décision du Conseil du 14 décembre 2000 instituant une Unité provisoire de coopération judiciaire (*JOCE* L 324 du 21.12.2000, p. 2).

[129] Brammertz, S., « Coopération policière – entraide judiciaire. La recherche d'un nouvel équilibre », in *Vigiles*, Bruxelles, n° 2001/1, p. 17.

[130] L'art. 31.2 TUE stipule en effet que « le Conseil encourage la coopération par l'intermédiaire d'Eurojust en :

a) permettant à Eurojust de contribuer à une bonne coordination entre les autorités nationales chargées des poursuites ;

b) favorisant le concours d'Eurojust dans les enquêtes relatives aux affaires de criminalité transfrontalière grave, en particulier lorsqu'elle est organisée, en tenant compte des analyses effectuées par Europol ;

c) facilitant une coopération étroite d'Eurojust avec le Réseau judiciaire européen afin, notamment, de faciliter l'exécution des commissions rogatoires et la mise en œuvre des requêtes extraditionnelles ».

Dans le sillage des conclusions de Tampere, deux initiatives concurrentes ont été présentées : une initiative conjointe des présidences portugaise, française, suédoise et belge d'une part, et une initiative allemande[131]. Cette dernière ayant été abandonnée, les travaux ont porté sur l'initiative conjointe. La décision instituant Eurojust, issue de cette initiative multiprésidence, a fait l'objet d'une approbation politique par le Conseil le 6 décembre 2001, soit trois mois après les attentats terroristes du 11 septembre 2001 et moins d'un mois avant l'échéance prescrite par les conclusions du Conseil européen de Tampere. Le texte[132] a ensuite a été officiellement adopté le 28 février 2002[133] et l'inauguration du siège d'Eurojust s'est déroulée le 29 avril 2003 à La Haye[134]. Le processus de naissance d'Eurojust contraste avec celui qui avait présidé à l'avènement d'Europol : « la création d'Europol est marquée par des hésitations [...]. La naissance d'Eurojust survient [...] au terme d'un processus, sinon simple et linéaire, du moins dont l'objectif avait été fixé par le Conseil européen »[135].

Pour l'heure, les processus respectifs de développement d'Europol et d'Eurojust suivent une trajectoire similaire. Après une montée en puissance progressive, le Conseil a finalisé les nouveaux projets destinés à modifier les textes les instituant. Il a entamé ce travail en 2007 avec Europol et en 2008 avec Eurojust. Un projet de décision a été présenté sous forme d'initiative multiprésidence[136] en janvier 2008 faisant suite à une communication de la Commission du 23 octobre 2007 qui dresse un bilan de l'action d'Eurojust[137]. La décision, adoptée le 16 décembre 2008, vise à renforcer les compétences de l'unité de coopération judiciaire dans son rôle de soutien aux autorités judiciaires nationales en

---

131 Initiative de la République fédérale d'Allemagne en vue de l'adoption d'une décision du Conseil relative à la création d'une unité « Eurojust » (*JOCE* C 206 du 19.7.2000, p. 1).

132 Décision du Conseil, du 28 février 2002, instituant Eurojust afin de renforcer la lutte contre les formes graves de criminalité (*JOCE* L 063 du 6.3.2002, p. 1).

133 En France, la loi n° 2004-204 du 9 mars 2004 insère dans le code de procédure pénale, de nouveaux articles consacrés à Eurojust, à savoir les art. 695-4 à 695-8. Ces dispositions complètent et précisent celles énoncées dans la décision du 28 février 2002.

En Belgique, la loi de transposition est celle du 21 juin 2004 (publiée le 2 août 2004, dossier n° 2004-06-21/35).

134 Le choix de ce siège a été confirmé par le Conseil européen de Bruxelles des 13 et 14 décembre 2003.

135 Brana, P., Assemblée nationale française, *Les relations entre Europol et Eurojust*, Rapport d'information, n° 3609, 13 février 2002, p. 10.

136 Doc. du Conseil du 7 janvier 2008, n° 5037/08, COPEN 1, EUROJUST 1, EJN 1).

137 Com(2007)644. Cette communication a été elle-même établie en réponse à une prescription du Conseil contenue dans des conclusions du 13 juin 2007 (doc. du Conseil du 34 mai 2007, n° 9920/07, COPEN 73).

éclaircissant certaines dispositions juridiques et en comblant toute une série de lacunes identifiées dans la pratique. Dans ce contexte, il apporte également un ensemble d'innovations comme le « Dispositif permanent de coopération » (DPC) et le SNCE.

Eurojust agit à titre d'appui de l'action des autorités judiciaires dans l'exécution de leurs missions. Il intervient en assurant le partage entre ces autorités, d'informations concernant les enquêtes et les poursuites dont il a connaissance et qui entrent dans le champ de son mandat. À ce sujet, les autorités judiciaires nationales lui transmettent les informations nécessaires dans le cadre des dossiers pour lesquelles elles demandent un soutien. Elles peuvent aussi lui en communiquer spontanément, à partir du moment où ces informations ont trait à des éléments entrant dans son domaine de compétence. Cette transmission spontanée reste facultative[138], hormis en matière terroriste[139]. Les informations sont alors stockées dans un système d'indexation informatisé, l'E-CMS. Ce système, qui fonctionne depuis le 15 octobre 2004, permet, à l'image du CMS de l'OLAF, de visualiser l'état d'avancement d'un dossier géré par l'organisation auxiliaire[140].

Outre la transmission d'informations, Eurojust est compétent pour communiquer des demandes d'entraide judiciaire. En pratique, il intervient lorsqu'une autorité judiciaire, en charge d'une affaire entrant dans le cadre de son mandat, s'adresse à lui pour requérir son aide. Il agit en lui donnant les renseignements utiles pour lui permettre de mener à bien les poursuites ou l'enquête qu'elle a entreprise(s). À l'instar du Réseau

---

138 Le projet de décision envisageait de rendre obligatoire la communication spontanée aux informations relatives à l'ensemble des formes de criminalité couvertes par le mandat d'Eurojust. À cet égard, il précisait que les informations doivent être transmises « en temps voulu, à un stade précoce et dès que l'information est disponible ». Ceci étant dit, ces informations doivent être en rapport avec une affaire transnationale (le texte indiquant que trois États au moins sont concernés) et dans la mesure où cela est nécessaire à l'accomplissement des fonctions d'Eurojust. Cette disposition sur la communication obligatoire de nature spontanée n'a pas été reprise dans le texte définitif de la décision.

139 Dans ce domaine, la décision du 20 septembre 2005 relative à l'échange d'informations et à la coopération en matière terroriste prévoit des obligations spécifiques à cet égard.

140 La décision du 16 décembre 2008 modifiant la décision du 28 février 2002 instituant Eurojust, confère une base juridique à l'E-CMS en instaurant un Système de gestion de dossiers. Elle indique que ce système est destiné à fournir un soutien à la conduite et à la coordination des enquêtes et des poursuites auxquelles Eurojust apporte son concours, à faciliter l'accès aux enquêtes et aux poursuites en cours, et enfin à faciliter le contrôle de la licéité du traitement des données à caractère personnel au sein de l'unité de coopération judiciaire.

judiciaire européen, il lui fournit des informations techniques, juridiques et pratiques[141] mais il peut aussi transmettre les demandes d'entraide[142].

Néanmoins, Eurojust constitue un canal particulier dans la mesure où la communication de la demande n'est qu'un aspect des missions qui lui sont dévolues. En effet, l'expérience montre qu'une autorité judiciaire ne s'adresse pas à l'unité pour envoyer une demande isolée. Aux prises avec une affaire complexe ayant des ramifications dans les autres États membres, les autorités nationales sollicitent l'aide d'Eurojust afin de résoudre les difficultés auxquelles elles sont confrontées. C'est dans le cadre de ces contacts qu'elles lui confient des demandes d'entraide[143].

À cet égard, l'expérience a révélé qu'en cas de situation d'urgence, des demandes doivent être envoyées dans les plus brefs délais. Dans une telle situation, la décision du 16 décembre 2008 instaure un dispositif permanent de coordination (DPC). Cette cellule, joignable 24 heures sur 24 et 7 jours sur 7, permet de transmettre, *via* le représentant de l'État membre[144] auquel est rattachée l'autorité requérante, la demande aux autorités compétences requises dans les meilleurs délais.

Dans cette hypothèse, le représentant présent dans le DPC ayant la nationalité de l'autorité requise dispose, pour faire exécuter cette demande, des pouvoirs qui sont conférés aux membres nationaux, y compris les pouvoirs additionnels (*cf. infra*). Pour être valable, l'action du représentant a besoin d'être fondée sur une hypothèse d'urgence, c'est-à-dire une situation requérant d'une part, la prise d'une mesure d'enquête ou de poursuite et d'autre part, l'absence d'une autorité nationale identifiée chargée de l'exécution d'une telle mesure, ou l'impossibilité de la contacter. Toutefois, la décision du 16 décembre 2008 se cantonne aux cas de défaillance énoncés ci-dessus. Elle ne permet pas une substitution temporaire du représentant dans l'hypothèse d'un refus émanant de l'autorité judiciaire nationale. Un tel refus ne peut pas être considéré comme un cas d'urgence caractérisé justifiant l'intervention du représentant, même s'il est susceptible de mettre en péril des mesures prises

---

141 Rapport d'activité de 2004 (p. 13).

142 Un document du Conseil (doc. du 30 janvier 2008, n° 5038/08, COPEN 2, EUROJUST 2, EJN 2) met d'ailleurs l'accent sur le rôle joué par les membres nationaux dans ce domaine. Même si l'émission et l'exécution d'une demande reste du ressort de l'autorité nationale, l'expérience révèle de nombreux cas de figure dans lesquels les contacts directs entre les autorités nationales se sont avérés infructueux alors que l'intervention du membre national s'est révélée être déterminante.

143 Les membres nationaux d'Eurojust apportent leur aide en matière de transmission de l'information lors de réunions de coordination. Ces rencontres, que nous analyserons plus loin, sont destinées à faciliter l'exécution simultanée et/ou synchronisée des poursuites (ou des actes d'enquête).

144 Qui est le membre national ou un représentant habilité à cet effet.

par des autorités judiciaires d'autres États membres, voire l'affaire dans son ensemble[145].

Enfin, l'action d'Eurojust consiste en un soutien non opérationnel. Ce soutien se traduit notamment par l'organisation de séminaires, comme celui des 22 et 23 novembre 2004 relatif aux équipes communes d'enquête réalisées en collaboration avec Europol[146], et par l'écriture de manuels, comme, par exemple, le manuel relatif aux équipes communes rédigé également en liaison avec l'office européen de police. En outre, sur la base des difficultés rencontrées au cours des réunions de coordination, Eurojust élabore des bonnes pratiques et des méthodes de travail destinées à renforcer l'entraide judiciaire. Ces bonnes pratiques et ces méthodes de travail sont mises au point par le Comité des cas[147]. De manière plus générale, ce comité est chargé des questions de méthodologie, en veillant à la bonne qualité de l'information échangée entre Eurojust et les autorités nationales.

C. Les organisations spécialisées dans la formation

Le collège européen de police (CEPOL) est l'organisme emblématique de l'Union spécialisé en matière formation (1). Cependant, à y regarder de près, le paysage dans ce domaine est composé d'autres organisations auxiliaires qui sont peut-être moins connues mais dont le rôle est loin d'être négligeable. C'est le Réseau européen de formation judiciaire européen (REFJ) et de Frontex (2). Le REFJ est une structure qui ne se situe pas dans la sphère institutionnelle de l'Union mais dont l'action est essentielle en la matière. Frontex intervient également dans le champ de la formation des gardes-frontières. La portée de son intervention est encore limitée étant donné la jeunesse de l'organisation, mais elle tend à s'accroître au fil du temps.

1. Le Collège européen de police (CEPOL)

Le Collège européen de police se fonde sur les conclusions du Conseil européen de Tampere et sur une décision du Conseil du 22 décembre 2000[148]. Fonctionnant depuis le 1er janvier 2001, il constitue une plate-forme de collaboration des centres de formation nationaux de police. Il est prévu que le CEPOL soit doté d'un budget de 8,8 millions d'euros en 2009.

---

[145] Comprise en tant qu'autorité identifiée, contactée mais étant dans l'impossibilité matérielle de prendre une mesure.

[146] Rapport d'activité 2005 (p. 20).

[147] Ou *Case Work Committee* qui est l'un des comités établis par le collège.

[148] Décision du Conseil du 22 décembre 2000 portant création du collège européen de Police (CEPOL) (*JOCE* L 336 du 30.12.2000, p. 1).

À présent, la décision du 1er janvier 2001 est abrogée au profit d'une décision du 20 septembre 2005[149]. Cette dernière fixe deux objectifs principaux au CEPOL. Il s'agit de contribuer à la formation des hauts responsables des services de police des États membres et d'approfondir la connaissance des différents systèmes nationaux de police ainsi que des instruments internationaux de collaboration policière dans le domaine de la lutte contre la criminalité[150].

Les formations prodiguées par le collège visent seulement les hauts responsables, c'est-à-dire les personnes exerçant ou étant amenées à exercer des fonctions d'encadrement de type *senior ranking officer*. *A contrario*, le personnel de rang et les personnes d'encadrement de type *middle ranking officer* n'en bénéficient pas, du moins en théorie.

En effet, il revient aux États membres de déterminer qui en sont les destinataires. À cet égard, l'expérience montre que du personnel de type *middle ranking officer*, voire du personnel de rang, peut y participer. Dans la pratique, ces cas deviennent de plus en plus fréquents[151].

En tout état de cause, les États membres n'ont pas souhaité que le CEPOL dispense des cours à l'instar de ce que fait une école de police, comme, en France, l'École des Officiers de la Gendarmerie Nationale (EOGN) chargée de la formation des officiers de la DGGN ou l'École Nationale Supérieure de la Police (ENSP) qui forme le corps de conception et de direction (commissaires de police) de la DGPN.

Le CEPOL s'appuie sur les instituts nationaux en leur fournissant des enseignements complémentaires. Dit autrement, il fonctionne davantage comme une instance organisant des sessions de formation à dimension européenne destinées à enrichir le cursus des hauts responsables

---

149 Décision du Conseil 2005/681/JAI du 20 septembre 2005 instituant le collège européen de police (CEPOL) et abrogeant la décision 2000/820/JAI (*JOCE* L 256 du 1.10.2005, p. 63).

Ce texte abroge le premier texte portant création du CEPOL (décision du Conseil du 22 décembre 2000 portant création du collège européen de Police (CEPOL) (*JOCE* L 336 du 30.12.2000, p. 1) ainsi que les décisions additionnelles, à savoir celle du 26 juillet 2004 fixant le siège du collège et celle du même jour lui accordant la personnalité juridique (décision 2004/566/JAI du Conseil du 26 juillet 2004 modifiant la décision 2000/820/JAI portant création du collège européen de police (CEPOL) (*JOCE* L 251 du 27.7.2004, p. 19) et décision 2004/567/JAI du Conseil du 26 juillet 2004 modifiant la décision 2000/820/JAI portant création du collège européen de police (CEPOL) [*JOCE* L 251 du 27.7.2004, p. 20]).

150 Respectivement art. 5 et art. 6.1 de la décision

151 L'expérience révèle que le taux de participation est très variable d'un pays à l'autre, tout comme l'expérience de terrain et le niveau hiérarchique des participants ainsi que l'étendue de leur maîtrise des connaissances du sujet lié à la formation. Toujours en pratique, le CEPOL organise régulièrement des sessions spécifiques aux *Top Senior Police Officers* (TOPSPOC) consacré, comme le nom le signale, aux responsables de très haut rang.

des services nationaux. C'est d'ailleurs la raison pour laquelle, ces sessions sont seulement ponctuelles. Elles se présentent sous la forme de modules et de séminaires. De tels modules sont susceptibles d'avoir un lien entre eux mais, en l'état actuel des choses, il n'existe pas à proprement parler de cycles de formation instaurés par le CEPOL. De surcroît, les sessions organisées par le collège n'ont pas de valeur diplômante, seule la formation nationale l'étant[152].

Bien que le terme « académie » ait été employé, les États membres n'ont pas voulu mettre sur pied une véritable école européenne de police, au sens par exemple, de la *FBI National Academy* à Quantico aux États-Unis. Ils ont uniquement désiré mettre en relation les différents instituts de formation nationaux. D'ailleurs, la décision du Conseil adoptée le 22 décembre 2000[153] en réponse au point 47 des conclusions de Tampere, établit seulement une mise en réseau de ces instituts.

Aux fins de réalisation des deux objectifs principaux précités, la décision assigne au CEPOL quatre tâches principales[154] :

- assurer des sessions de formation fondées sur des normes communes, une formation spécialisée et une formation destinée aux formateurs,
- harmoniser les programmes,
- diffuser les bonnes pratiques et les résultats de la recherche,
- développer un réseau électronique.

Outre la participation à l'échange de formateurs et de policiers, l'organisation des sessions de formation constitue le cœur de la mission du CEPOL. En 2005, le collège a mis sur pied près de 50 cours étalés sur plus de 300 jours. Ces cours ont mobilisé plus d'un millier de parti-

---

152 Une partie des formations dispensées par les instituts nationaux du CEPOL est menée en partenariat avec des organismes privés et des universités qui délivrent des diplômes sur le modèle « licence/baccalauréat, master, doctorat » correspondant aux critères du processus de Bologne.

Dans ce contexte, des travaux ont été engagés par le CEPOL destinés à faciliter l'équivalence des diplômes de formation supérieure obtenus en matière policière au sein de l'Union. Une plate-forme a été constituée à cet effet pour améliorer l'échange des études et des bonnes pratiques. De plus, le Collège « réfléchit à la création d'une maîtrise européenne en sciences policières » (Bouleau, G., De Meyer, W., « Le Collège européen de police », in *Gendarmerie nationale*, n° 227, Paris, 2e trimestre 2008, p. 87).

153 Décision du Conseil du 22 décembre 2000 portant création du collège européen de Police (CEPOL) (*JOCE* L 336 du 30.12.2000, p. 1).

154 Au regard des missions énoncées à l'art. 7 de la décision instituant le CEPOL.

cipants[155]. En 2007, une soixantaine ont eu lieu sur 42 sujets différents, impliquant plus de 1350 participants. En 2008, il s'agit de près de 90 activités de formation. Autant d'activités sont prévues en 2009. Les formations sont ouvertes aux pays candidats ainsi qu'aux pays tiers, comme les pays méditerranéens (à travers l'instrument européen de voisinage et de partenariat [IEVP])[156] et des Balkans occidentaux (grâce à l'instrument d'aide de préadhésion [IAP]). Les formations sont ouvertes aux agents des services nationaux de pays tiers avec qui, le CEPOL a noué des contacts.

Ces sessions sont planifiées conformément au programme de travail du collège et des « lignes directrices » qui décrivent la procédure à suivre pour leur mise en place concrète[157]. Elles sont de courte durée et se présentent essentiellement, comme précisé ci-dessus, sous forme de modules, de séminaires et de conférences. Chacune d'entre elles est initiée par un État membre appelé « pays organisateur ». Ce pays, avec le soutien d'un ou plusieurs autres, est responsable de la gestion financière et de la préparation. La formation se déroule la plupart du temps en deux ou trois sessions de quelques journées à près de trois semaines chacune.

À l'appui des cours dispensés, le CEPOL a développé un réseau électronique, le CEPOL e-*Net* , destiné à faciliter l'action du CEPOL sur quatre plans. En premier lieu, il complète les formations par des modules d'enseignement à distance[158]. En second lieu, il réalise la diffusion des meilleures pratiques en matière de formation. En troisième lieu, il facilite l'échange d'expérience entre les services de police. En quatrième lieu, il constitue le système de communication du CEPOL.

Pour concrétiser ces différentes tâches, l'e-Net se décline sous la forme :

- d'une plate-forme consacrée aux modules d'enseignement à distance (e-*Learning*). Le « *Learning Management System* » qui constitue l'armature technique du service e-Learning du CEPOL, fait seulement fonction de soutien aux sessions de formation et n'a pas vocation à jouer un rôle de centre formation à distance,
- d'une plate-forme destinée à permettre un échange d'expérience entre les experts qui se déclinent sous forme d'un forum de dis-

155 Nous restons volontairement imprécis car l'expérience montre que, par rapport au programme de travail du CEPOL et à son rapport annuel, des cours ont été rajoutés ou supprimés.

156 Les pays du sud et de l'est du bassin méditerranéen peuvent y participer en vertu du programme MEDA-JAI II.

157 Ces lignes directrices figurent dans l'annexe du programme de travail pour l'année 2004 (doc. du Conseil du 10 juin 2003, n° 10149/03 ENFOPOL 48).

158 Les *e-Learning Modules*.

cussion (*Discussion Forum*) et d'un espace de dialogue entre membres connectés (*Live Chat facility*),

- d'un espace de travail (*Workspace*) dans lequel l'utilisateur peut insérer des fichiers et les manipuler (*Document Management System*),
- d'une base de données[159]. L'e-*Library* constitue une base de données rassemblant les connaissances accumulées en matière d'enseignement, ainsi que les résultats des recherches et des projets menés en matière de policière.

Par le biais de l'e-*Library*, le CEPOL permet aux utilisateurs d'obtenir des informations et des connaissances spécialisées. Dans cette optique, il a établi une base de données relative aux connaissances ayant trait à la criminalité visant les véhicules[160]. Le CEPOL a aussi mis en place un manuel établissant des standards de qualité d'enseignement (*Quality in 13 questions* ou Q13) et une base de données sur la recherche en matière d'enseignement[161].

Par ailleurs, toujours sur le plan méthodologique, le CEPOL développe des *Common Curricula.* Ces *Common Curricula* sont destinés à incorporer dans les formations nationales, des éléments harmonisés relatifs à des sujets touchant des questions transnationales. Le programme de travail pour l'année 2008[162] stipule que trois nouveaux *Curricula* sont introduits : gestion civile des crises, trafic de drogue et gestion de la diversité[163].

2. *Le Réseau européen de formation judiciaire (REFJ) et Frontex*

Si Eurojust apparaît, pour reprendre l'expression déjà employée, comme le « cousin judiciaire » d'Europol sur le plan opérationnel, le Réseau européen de formation judiciaire est, pour sa part, celui du CEPOL sur le plan de la formation. En effet, le REFJ propose chaque

---

159 Le CEPOL e-*Library* remplace le *European Police Knowledge Network* (EPKN) qui compilait les connaissances accumulées en matière d'enseignement, et le *European Police Research and Science Database* (CEPOL-eDoc) qui, quant à lui, regroupait les résultats des recherches et des projets menés en matière de police.

160 En vertu de la décision du Conseil du 22 décembre 2004 concernant la répression de la criminalité visant les véhicules et ayant des incidences transfrontières (*JOCE* L 389 du 30.12.2004, p. 28).

161 Dans le cadre du projet pilote *CEPOL Research and Science Database*.

162 Doc. du Conseil n° 13481/07 du 4 octobre 2007, ENFOPOL 158.

163 Les autres étant, d'une part, Europol, l'éthique policière, la collaboration policière européenne, la lutte antiterroriste (*Common Curricula* introduits en 2005) et, d'autre part, la traite d'êtres humains, le blanchiment d'argent et la violence domestique (*Common Curricula* introduits en 2006).

année des formations organisées par les instituts membres du réseau, regroupées dans un catalogue disponible sur son site web[164]. Ces formations offertes par ces instituts se présentent sous la forme de stages ou de séminaires en sessions de deux à quatre jours en général. Destinées aux membres du parquet et à ceux des juridictions du siège[165], elles ont seulement vocation, comme celui du CEPOL, à compléter les formations nationales. En 2005, près de 900 juges et procureurs en ont bénéficié. Les sessions sont thématiques et visent à développer les compétences juridiques et linguistiques des autorités judiciaires des États membres. L'accent est mis sur l'amélioration des connaissances du droit européen et des acteurs européens compétents, du fonctionnement de l'entraide judiciaire, des systèmes judiciaires prévalant en Europe et des langues européennes.

Outre l'élaboration d'un catalogue de formations ouvertes chaque année à tous les magistrats européens, le REFJ met sur pied, avec l'aide des instituts membres, des actions de dimension européenne relatives à des thématiques spécifiques, comme la lutte antiterroriste ou le mandat d'arrêt européen. Par ailleurs, il a établi un programme d'échange de magistrats (appelé couramment programme « Erasmus pour juges »). Cet échange consiste en stages de deux semaines minimum en juridiction nationale à six mois, voire une année pour Eurojust. Les bénéficiaires peuvent, sous la responsabilité d'un référent, assister aux audiences, examiner les dossiers et rencontrer les différents acteurs de l'organisme d'accueil. En 2005, 169 échanges de juges et procureurs (et quatre formateurs) ont eu lieu. En 2006, 215 échanges de juges et procureurs (et onze formateurs) se sont déroulés. En 2007, c'est 375 échanges de juges et procureurs (et vingt-deux formateurs). 550 échanges sont planifiés pour l'année 2008. À de stade de l'analyse, il est intéressant de noter qu'Eurojust a accueilli deux juges nationaux au cours de cette année 2007[166].

À l'instar de l'EPDN du collège, le REFJ dispose d'un forum de discussion entre les membres du Réseau. Ce forum est accessible sur le site

164 Environ 150 activités de formation figurent dans ce catalogue.

165 En particulier les magistrats instructeurs.

166 Le Conseil, dans une résolution du 24 octobre 2008 (doc. du Conseil n° 14667/08 [presse 229]), accroît le rôle du REFJ en indiquant que ce dernier met en œuvre les lignes directrices en matière de formation figurant dans le texte. Ces lignes directrices ont trait notamment au développement des programmes d'échange, à l'intégration d'une formation en droit européen dans les programmes nationaux de formation, et à l'apprentissage des outils de la justice en ligne. Le REFJ aura également pour tâche de définir le contenu des « Programmes de formation européens communs » comportant par exemple des modules communs de formation, un programme de formation continu et un programme de formation commun de courte durée (« classes européennes »).

Internet à l'aide d'un mot de passe. Comme le CEPOL, les outils pédagogiques du REFJ se développent à l'heure actuelle. En effet, le Réseau européen de formation s'est doté, à l'image des réalisations du collège dans ce domaine, d'une plate-forme consacrée aux modules d'enseignement à distance[167] et d'une base de données (en l'occurrence un recueil de jurisprudence des États membres).

En dépit de nombreuses similitudes, les formations du REFJ restent malgré tout distinctes de celles du CEPOL. Par exemple, les formations organisées par le collège de police ciblent essentiellement les hauts responsables des services de police. Or, celles du REFJ s'adressent à un public très large d'autorités judiciaires nationales. De surcroît, les domaines couverts par REFJ sont différents. En effet, outre les thèmes en lien avec la sécurité intérieure, des questions de droit civil et de droit commercial sont abordées.

Frontex participe à la formation des agents des services nationaux de sécurité intérieure. Il organise, au profit des gardes-frontières des États membres, des stages et des séminaires supplémentaires sur des thèmes liés à ses activités. En outre, il propose une formation pour les instructeurs au niveau européen. De plus, il établit et développe un tronc commun pour la formation des gardes-frontières[168]. Son projet de « *Curriculum* central commun » (CCC) a d'ailleurs été présenté le 4 mars 2008 à l'Académie de Cesena en Italie[169]. Des sessions ont été consacrées à l'établissement de modules portant respectivement, sur les contrôles terrestres, les contrôles maritimes et la partie générale de base[170].

Frontex a débuté ses travaux relatifs à la formation des formateurs en 2006[171], notamment les travaux destinés à intervenir dans les nouveaux

167 Ce programme de formation en ligne (*e-Learning*) est décliné en différents modules. Décliné sur le site web, mais aussi sur d'autres supports (comme des CD-Rom interactifs). Son but n'est pas de remplacer les cours traditionnels (comme la formation à distance du CEPOL est destinée à compléter les autres éléments constituant son offre générale de formation).

168 En vertu de l'art. 5 du règlement l'instituant.

169 Le CCC se décompose en quatre modules : partie générale, frontière aérienne, frontière terrestre et frontière maritime. La partie générale a trait aux connaissances et aux compétences de base. Les modules spécialisés correspondent aux besoins exprimés par les États membres. Le CCC a été conçu avec l'aide d'experts de vingt-et-un pays et avec des organisations internationales dont le Haut Commissariat des Nations unies pour les réfugiés, l'Organisation internationale pour la migration (OIM) et le Comité de prévention contre la torture (*Agence Europe* du 6 mars 2008).

170 Par exemple, les formations portent sur des activités de maître chien, de responsables d'escortes pour les vols retours de migrants illégaux, de détection de faux documents, de celle des véhicules volés, d'entraînements de pilotes d'hélicoptères à des patrouilles communes ou sur des activités linguistiques.

171 Le CEPOL réalise également cette activité. Plus en aval, il développe une initiative en direction des *alumni*, c'est-à-dire des anciens participants aux formations. L'idée,

États membres. Dans sa communication du 13 février 2008[172], la Commission notifie que 97 activités en faveur de la formation des gardes-frontières et de formation des formateurs ont été organisées et que 1341 personnes y ont participé.

Les formations de Frontex sont réalisées en partenariat avec les instituts nationaux spécialisés dans ce domaine. À cet égard, le rapport d'activité de l'agence pour l'année 2006 renseigne que 136 d'entre eux ont été impliqués dans le processus. Les formations mises en place possèdent plusieurs volets correspondant à différents paliers depuis le niveau débutant jusqu'au niveau avancé. Contrairement au CEPOL, le programme de formation n'est pas seulement destiné au personnel d'encadrement de type *senior ranking officer*. Il l'est aussi au personnel de rang et à celui d'encadrement de type *middle ranking officer*[173]. Toutefois, comme le CEPOL, des formations sont ouvertes aux agents des services nationaux de pays tiers.

En outre, Frontex développe toute une série d'activités en lien avec la formation, telles que la formation de formateurs ou encore, la rédaction de manuels de formation (comme celui élaboré à l'attention des formateurs en maîtres-chiens).

À titre de transition vers le point suivant, précisons que l'OLAF effectue des formations dénommées « *Anti-fraud training* » qui consistent en des conférences, des séminaires et des ateliers destinés à renforcer la collaboration entre l'office de lutte antifraude et les services nationaux de sécurité intérieure. En 2006, cinq formations ont été organisées[174]. En 2007, leur nombre s'élevait à dix[175].

---

assez récente au demeurant, vise à répercuter les enseignements aux services nationaux qui n'en ont pas bénéficié par un effet de cascade.

172 Communication du 13 février 2008 concernant le rapport sur l'évaluation et le développement futur de l'agence FRONTEX (COM(2008)67).

173 Frontex prévoit également de mettre en place une formation spécialisée pour les gardes-frontières nationaux susceptibles de participer aux Rabits.

174 Intitulées « *Fraud in trade with agricultural products related to public and animal health risks* », « AFCOS (*Anti-Fraud Coordinating Structures) meeting* », « *4th OLAF Conference of Fraud Prosecutors* », « *6th Training seminar of the OLAF Anti-Fraud Communicators Network (OAFCN)* » et « *OLAF Operational Co-operation Conference* ».

Le rapport d'activité pour le deuxième semestre de l'année 2004 et l'année 2005 de l'OLAF (sixième rapport d'activité, p. 84), précise que l'office de lutte antifraude a réalisé trois formations externes : la première ayant pour thème la fraude et les fonds d'aide, la deuxième portant sur les OAFCN et la troisième consacrée aux procureurs chargés de la lutte antifraude.

175 Ce chiffre, indiqué dans le rapport d'activité pour l'année 2007, comprend des conférences (dont la conférence AFCOS et celle menée avec Eurojust sur la corruption portant atteinte aux intérêts financiers de l'Union européenne) ou des séminaires (comme le séminaire de formation des OAFCN).

D. L'organisation en charge de la protection des intérêts financiers : l'Office de lutte antifraude (OLAF)

L'OLAF constitue la cheville ouvrière du dispositif antifraude de l'Union en donnant l'impulsion nécessaire pour que les dossiers relatifs à la protection de ses intérêts financiers demeurent une priorité pour les acteurs nationaux. Il intervient en particulier « pour (s')assurer qu'un magistrat de la Creuse, plus habitué aux vols de champignons qu'aux procédures communautaires, ne va pas classer le dossier »[176]. L'ancêtre de l'OLAF, l'unité de coordination de lutte antifraude (UCLAF), a été institué au sein de la Commission, pour remédier au manque de structure destinée à lutter contre la fraude aux intérêts financiers. À l'issue d'une controverse interinstitutionnelle sur les contours d'un nouvel office, l'OLAF a été mis sur pied et est entré en fonction le 1er juin 1999 avec le personnel et les ressources de l'UCLAF (1).

L'OLAF est pourvoyeur d'assistance aux services nationaux dans leur mission de lutte contre la fraude (2). Ce type d'activité revêt deux volets, l'un opérationnel et l'autre technique. En plus de l'aide à la coordination qui sera évoquée plus loin, l'assistance opérationnelle consiste en la centralisation du renseignement relatif à la protection des intérêts financiers. L'assistance technique a trait essentiellement à la fourniture de conseils aux services administratifs et aux autorités judiciaires nationales en charge d'affaires en lien avec des questions de fraude.

1. De l'UCLAF à l'OLAF : une naissance douloureuse

La Cour des comptes a mis en exergue l'ampleur de la fraude au budget communautaire. Dans plusieurs rapports publiés au début des années 1980, elle a souligné différents phénomènes comme des détournements, des malversations et des irrégularités dans plusieurs domaines couverts par les politiques communautaires, comme la politique agricole commune.

La commission du contrôle budgétaire du Parlement européen (Cocobu) s'est saisie de cette question en dénonçant, dans différentes résolutions dont la première fut adoptée par le Parlement européen en 1984, la fraude que pouvait subir le budget communautaire. Sous la pression du Parlement, la Commission a créé une unité de coordination de lutte antifraude en 1988 : l'« UCLAF ». Comme son nom l'indique, cette unité avait pour objectif de coordonner les différents services de lutte antifraude opérant dans les différentes directions générales de la Commission. En 1995, tous ces services ont été regroupés au sein de

---

[176] Propos tenus par le directeur de l'OLAF, Franz Hermann-Bruner (cités dans *Le Monde* du 5 janvier 2004).

l'UCLAF. Peu après, la législation a évolué permettant aux membres de la Commission d'effectuer des contrôles sur place en matière de fraude aux intérêts financiers[177].

En dépit des efforts menés par la Commission pour doter l'UCLAF de la capacité nécessaire pour mener à bien ses missions, le statut de l'unité a été remis en cause par le Parlement européen. En 1996, la commission d'enquête sur le régime de transit communautaire et « pointe déjà les défaillances et faiblesses de l'UCLAF »[178]. En 1997, l'apparition d'irrégularités au sein même de la Commission a fait clairement apparaître la nécessité d'un organe interinstitutionnel. Un rapport émanant de la Cocobu et adopté par le Parlement européen du 31 mars 1998[179] a critiqué le fonctionnement de l'UCLAF et a plaidé pour sa réforme.

En réponse, la Commission a présenté, le 1er décembre 1998, un projet de règlement instituant l'office de lutte antifraude[180]. L'idée qui présidait à sa création était de confier à cet organisme, doté de la personnalité juridique, la charge d'enquêter sur les manquements à l'intérieur des différentes institutions et organes de l'Union européenne. L'objectif était d'établir une entité disposant de l'indépendance nécessaire pour être en mesure de mener des recherches dans un souci d'objectivité. Simultanément, l'action de cette nouvelle instance, qui s'inscrivait dans le cadre du projet global de protection des intérêts financiers de la Communauté, devait continuer à s'étendre en englobant, à côté des malversations commises à l'intérieur des institutions et des organes de l'Union européenne, les atteintes commises par les opérateurs économiques.

Le degré d'indépendance à accorder à cet organisme a fait l'objet d'un vif débat au sein et entre les institutions de l'Union européenne. Finalement, elles se sont accordées sur le fait qu'il était impossible de créer *ex nihilo* une entité entièrement nouvelle dans des délais raisonnables. Ces considérations ont conduit la Commission à présenter un nouveau texte portant la création d'une instance qui lui serait rattachée. Celle-ci a publié dans ce sens, le 17 mars 1999, une proposition modifiée de règlement[181] dans laquelle elle a supprimé la création d'un organisme doté de la personnalité juridique. Elle a introduit, en contrepartie,

---

177 En vertu du règlement 2185/96/CE/Euratom.

178 Pujas, V., « Les difficultés de l'OLAF pour s'imposer en tant qu'acteur légitime de la protection des intérêts économiques et financiers européens », in *Culture et conflits*, n° 62, Paris, 2/2006, p. 107-127.

179 Doc. A4-0097/1998.

180 COM(1998)717.

181 Dernière version de la proposition de règlement (CE) du Parlement européen et du Conseil relatif aux enquêtes effectuées par l'office européen de lutte antifraude (OLAF) (COM(1999)225).

toute une série de garanties destinées à lui assurer l'indépendance nécessaire pour mener des enquêtes, notamment les enquêtes internes.

Contrairement à la première proposition, cette proposition a prévu que l'OLAF soit rattaché à la Commission à qui il incombait, en vertu du principe du pouvoir d'auto-organisation dont dispose chaque institution, d'instituer l'office par un acte interne. La Commission a donc accompagné la proposition de règlement d'un projet de décision qui détermine son statut et ses attributions. Elle y a adjoint aussi un accord interinstitutionnel[182] destiné à permettre au Conseil, au Parlement et à elle-même de déterminer en commun les conditions et les modalités à arrêter concernant les activités d'enquêtes internes de l'office de lutte antifraude. Cet accord a visé à éviter l'élaboration par les institutions de règles trop disparates quant à l'exercice de pouvoirs de l'OLAF en leur sein.

La décision a été adoptée par la Commission le 28 avril 1999[183]. Le règlement 1073/1999/CE[184] a été adopté le 25 mai 1999 par le Conseil et le Parlement européen en procédure de codécision. Enfin, les trois institutions (Conseil, Commission et Parlement européen) ont signé l'accord interinstitutionnel le 25 mai 1999[185]. Conformément aux lignes directrices prévues dans cet accord, elles ont adopté chacune une décision concernant les conditions et les modalités des enquêtes internes, respectivement le 25 mai 1999, le 2 juin 1999 et le 18 novembre 1999. La Cour de justice, la Cour des Comptes, le Comité économique et social et le Comité des Régions ont, de leur côté, adopté des textes similaires.

La Banque centrale européenne (BCE) et la Banque européenne d'investissement (BEI) ont estimé ne pas être liées par l'accord interinstitutionnel. C'est pourquoi, elles ont adopté, respectivement le 16 novembre 1999 et le 7 octobre 1999, une décision instaurant un comité antifraude distinct de l'OLAF. La Cour de justice, saisie d'un recours de la

---

182 Projet d'accord interinstitutionnel relatif aux enquêtes internes effectuées par l'office de lutte antifraude (COM(1999)140).

183 Décision de la Commission 1999/352/CE, CECA, Euratom, du 28 avril 1999, instituant l'office européen de lutte antifraude (OLAF) (*JOCE* L 136 du 31.5.1999, p. 20).

184 Règlement 1073/1999/CE du Parlement européen et du Conseil, du 25 mai 1999, relatif aux enquêtes effectuées par l'office européen de lutte antifraude (OLAF) (*JOCE* L 136 du 31.5.1999, p. 1). À noter qu'un autre règlement spécifique à Euratom a été adopté en parallèle. Il s'agit du règlement 1074/1999/Euratom (*JOCE* L 136 du 31.5.1999, p. 8).

185 Accord institutionnel du 25 mai 1999, relatif aux enquêtes internes effectuées par l'office européen antifraude (OLAF) (*JOCE* L 136 du 31.5.1999, p. 15).

Commission, a rendu deux arrêts le 10 juillet 2003[186], dans lesquels elle a annulé les décisions respectives des deux organismes[187].

La réglementation sur la compétence de l'OLAF auprès des institutions et des organes de l'Union a également fait l'objet d'un contentieux émanant de membres du Parlement européen. En effet, le Tribunal de première instance a été amené à examiner la légalité de la décision du Parlement prise en application du règlement le 25 mai 1999, 70 députés l'ayant contestée au motif qu'elle portait atteinte à leur immunité. Les juges se sont prononcés sur la forme et non sur fond en rendant une ordonnance, le 26 février 2002[188], dans laquelle ils rejetaient le recours pour irrecevabilité.

2. *L'OLAF, pourvoyeur d'assistance opérationnelle et technique aux services nationaux*

L'OLAF intervient comme courroie de transmission en facilitant la collaboration entre les services nationaux, et notamment les services douaniers et policiers ainsi que les autorités judiciaires. Conformément aux dispositions du texte l'instituant[189], il est chargé d'apporter le concours de la Commission à l'action des États membres en matière de lutte contre la fraude aux intérêts financiers. Ce type d'activité entre dans le cadre de l'action d'assistance opérationnelle aux services nationaux dans leur mission de protection du budget de l'Union. Cette forme d'assistance « a pour vocation d'apporter une plus-value aux investigations sur les faits ainsi qu'aux poursuites et à la répression judiciaire dans les cas de fraude dont les services nationaux sont saisis, en garantissant la disponibilité des compétences et du savoir-faire nécessai-

186 CJCE, Commission contre BCE, affaire C-11/00 et CJCE, Commission contre BEI, affaire C-15/00.

187 Pour ce qui est de la BCE, elle a notamment invoqué devant la Cour, la particularité de son statut. À ce sujet, elle a fait valoir que l'imprécision du règlement devait être interprétée comme l'excluant de son champ d'application. La Cour a répondu que le texte n'entendait opérer aucune distinction entre les institutions/organismes de la Communauté, Elle avait aussi fait valoir son indépendance financière. La BCE a estimé que son budget était distinct de celui de la Communauté. De la sorte, le règlement, qui visait à lutter contre les atteintes aux intérêts financiers de la Communauté, ne la concernait pas. La Cour a répondu que les atteintes avaient trait non seulement au budget communautaire, mais aussi à celui des autres organismes institués par le traité CE, Enfin, elle a soulevé le motif de son indépendance statutaire qui lui conférait une autonomie en matière d'organisation interne. Selon la BCE, ce statut devait s'étendre aux mesures contre la fraude. La Cour a répondu que ce statut d'indépendance devait être préservé mais que les garanties offertes visaient à la protéger de toute pression politique et non à l'affranchir des obligations édictées par le droit communautaire.

188 Arrêt Rothley, T-17/00.

189 Art. 2.2 de la décision instituant l'office.

res »[190]. À travers son activité d'assistance, l'OLAF déploie une action de soutien aux services et aux autorités de toute nature, qu'elles soient policières, douanières, judiciaires ou autres[191].

Tout comme Europol, l'office de lutte antifraude agit comme une « centrale européenne de renseignement » en rassemblant l'information, en l'enrichissant et en la diffusant aux services nationaux ainsi qu'aux directions générales de la Commission. Il reçoit les demandes d'informations et d'assistance *via* l'AFIS[192].

Depuis le début des années 2000, l'OLAF exploite l'information de manière plus systématique et plus structurée au moyen de sa cellule « intelligence ». Cette cellule, située au sein de la direction C « soutien opérationnel et politique » est consacrée à l'analyse du renseignement. Elle travaille étroitement avec Europol dans le domaine de la collecte et de l'exploitation d'information policière et douanière, et avec Eurojust en matière judiciaire. La collaboration avec Europol se déroule en vertu de l'accord administratif conclu le 18 février 2003, celle avec Eurojust, conformément au protocole d'accord signé le 14 avril 2003.

L'OLAF développe, dans le cadre de ses activités d'enquête interne ou externe et de son travail de soutien aux enquêtes nationales, une activité de renseignement en matière opérationnelle, c'est-à-dire au sujet d'affaires particulières faisant l'objet d'une enquête par les services nationaux[193]. Il réalise aussi une activité de renseignement stratégique afin d'apporter un appui aux services des États membres en leur fournis-

---

190 Rapport explicatif sur le deuxième protocole à la convention relative à la protection des intérêts financiers des Communautés européennes (*JOCE* C 91 du 31.3.1999, p. 18).

191 Le rapport d'activité de l'OLAF pour l'année 2006 donne l'exemple du parquet fédéral suisse qui, aux prises avec une affaire de lutte contre le blanchiment de capitaux, a demandé l'aide de l'office de lutte antifraude. Ce dernier a ouvert un cas d'assistance pénale afin du soutenir dans son travail de préparation des chefs d'accusation à l'encontre d'un suspect ayant la nationalité d'un État membre. En l'espèce, d'importants contrats concernant la fourniture de nouveaux matériels avaient été conclus sur la base de montants facturés artificiellement majorés selon les termes du rapport d'activité. Dans la mesure où des subventions avaient été versées dans le cadre du programme Industrie du fonds européen de développement régional (FEDER), il y avait atteinte au budget de l'Union et l'office était compétent pour appuyer l'action des autorités judiciaires suisses (un accord a également été conclu entre la Suisse et la Communauté européenne en matière de protection des intérêts financiers).

192 En 2005, 2 200 d'entre elles lui ont été adressées.

193 Dans son rapport d'activité pour l'année 2007, l'OLAF mentionne : la fourniture d'expertise pratique dans les bases de données commerciales et les bases à sources ouvertes – l'animation de l'UCO-P – l'aide à l'établissement d'une analyse comparative et d'autres analyses complexes comme celles ayant trait au traitement de gros volumes de données – le soutien apporté par des analystes – la prestation de services en matière criminalistique.

sant différentes indications sur les tendances relatives aux phénomènes entrant dans le cadre de son mandat. Il élabore des instruments permettant de mieux cibler les secteurs susceptibles de faire l'objet d'atteintes au budget communautaire. Par exemple, l'OLAF a créé un « outil de monitoring automatisé » destiné à contrôler les statistiques commerciales. Ce système permet de générer des alertes dans certaines hypothèses, comme les changements brutaux des flux de produits entre différents pays tiers, lorsque l'un d'eux a atteint son quota d'importation en direction de l'Union européenne. Il prévient alors les services nationaux et les personnels de l'office de risques de fraude éventuels[194].

Les travaux de l'OLAF servent également à la Commission dans le cadre de ses missions relatives au renforcement de l'étanchéité de la législation. En particulier, l'office a mis sur pied des instruments permettant d'identifier à l'avance les domaines susceptibles de faire l'objet d'atteintes au budget communautaire. Il a élaboré des analyses de risques[195] mettant en exergue les secteurs de la législation potentiellement vulnérables. Dans cette optique, l'OLAF apporte son soutien aux directions générales en leur indiquant les failles éventuelles à combler par la mise au point de nouveaux textes rendant la fraude plus difficile[196]. En outre, l'activité de renseignement permet à l'office de lutte antifraude de soutenir ses propres activités d'investigation. En effet, l'utilisation de ses capacités en matière de collecte et d'exploitation

---

194 Toujours dans son rapport d'activité pour l'année 2007, l'OLAF évoque comme activités liées à ces questions, des évaluations de risques, des analyses d'irrégularités ou de fraudes réalisées à l'attention des États membres, des analyses par pays, des formations et des actions de coopération effectuées avec les unités de lutte antifraude présentes dans les États membres, dans les pays tiers et dans les organisations internationales.

195 Par exemple, l'OLAF a réalisé une analyse des flux commerciaux, dans le secteur du sucre et de la confection, en vue d'une évaluation des risques de fraudes aux régimes préférentiels.

196 À cet égard, la Commission, dans une communication du 17 décembre 2007 (COM(2007)806) a modifié sa stratégie en matière d'étanchéité à la fraude aux intérêts financiers de l'Union et elle a redéfini le rôle de l'OLAF. Elle préconise une nouvelle approche en matière de prévention de la fraude en indiquant que celle-ci devra reposer sur les enseignements tirés de l'expérience pratique de l'OLAF. L'office analysera de manière structurée les informations tirées de ses activités d'enquête, ainsi que tous les renseignements provenant des sources extérieures, notamment des autres services de la Commission. Une fois les points faibles repérés concernant la législation, les systèmes de contrôle ou de gestion et les contrats, il formule des recommandations qui seront transmises à la Commission et à tous les organes et institutions de l'Union concernés. Cette nouvelle approche est axée autour d'une simplification du processus actuel et d'une adaptation de celui-ci sur la base de l'expérience accumulée depuis la première stratégie contenue dans sa communication du 7 novembre 2001 (SEC(2001)2029).

d'informations (en particulier l'analyse) est utile à ses agents pour mener à bien leurs missions d'enquête.

En dehors de l'activité de centralisation et d'enrichissement de l'information, l'assistance apportée par l'OLAF aux États membres réside en une aide technique. L'office fournit aux services nationaux un ensemble de conseils *via* une expertise documentaire. Il permet à ceux-ci d'accéder, dans le cadre de leurs investigations, à diverses bases de données de la Commission concernant des activités économiques liées aux questions de fraude. Il met notamment à leur disposition des données de nature stratégique relatives à la typologie des fraudeurs, aux tendances en matière d'activités de fraude ainsi qu'aux analyses de risques liées à la vulnérabilité à la fraude de certains secteurs d'activités.

L'assistance technique est une aide administrative, policière, douanière et judiciaire. Sur le plan administratif, policier et douanier, l'OLAF participe à la collecte et à l'exploitation structurée du renseignement pendant la procédure d'enquête. L'objectif est de créer, grâce à son personnel composé pour partie d'anciens policiers ou douaniers, une synergie entre les capacités de détection et d'analyse qui existent au niveau de l'Union d'une part, et sur le plan national d'autre part. Pour cela, elle possède une unité spécifique au sein de la direction C, l'unité C4, qui opère une analyse des bases de données de la Commission et des sources ouvertes. Cette unité dispose également des moyens techniques nécessaires pour assurer le traitement des supports informatiques saisis et le décryptage de documents.

Sur le plan judiciaire, l'office est doté d'une unité de juristes-magistrats au sein de la direction C, en vue d'une meilleure collaboration entre les autorités judiciaires des différents États membres. Ces magistrats formulent des avis juridiques, fournissent des conseils en ce qui concerne la méthodologie générale en matière d'enquête et de poursuite et la traduisent dans des orientations pratiques. Ils fournissent un soutien aux enquêteurs de l'OLAF et aux services nationaux de sécurité intérieure dans le cadre de leurs activités d'enquête (hypothèse où l'OLAF est chef de file). Ils leur apportent aussi une assistance spécifique dans le cas où l'office n'est pas chef de file, soit dans le contexte d'une « action de coordination », soit dans celui d'une action « d'assistance pénale » émanant de l'OLAF[197]. La direction C facilite également la collaboration entre les autorités concernées par une affaire ayant trait à la protection des intérêts financiers de l'Union et ayant une dimension transnationale. Elle les met en contact et leur apporte toutes

[197] L'action d'assistance pénale est définie par le rapport d'activité de l'OLAF pour l'année 2007, comme une aide offerte par l'office a des autorités nationales (ou d'un pays tiers) qui demandent l'aide de l'OLAF dans le cadre d'une enquête pénale menée par elles.

les indications utiles afin d'améliorer leur collaboration[198]. Elle intervient pour épauler les autorités judiciaires dans leurs démarches[199] en fournissant une assistance, notamment pour éviter que des erreurs ne nuisent au bon déroulement de la ou des phase(s) de la procédure dont elles ont la charge.

Ceci étant dit à propos des missions de l'OLAF, précisons que certains aspects des organisations auxiliaires de niveau I sont susceptibles d'être remis en cause. C'est le cas du Réseau judiciaire européen dont la structure a été jugée problématique par le rapport d'évaluation 2002-2004[200]. Celui-ci montre que le caractère informel du réseau est inadapté pour le développement de ses relations extérieures. En effet, son caractère peu institutionnalisé forme, à la lumière de l'expérience engrangée, une base insuffisante pour que « le secrétariat puisse de manière indépendante participer à des programmes de coopération avec d'autres partenaires européens »[201]. Il recommande à cet égard une adaptation de l'action commune. Il suggère de reconsidérer le texte de base et de le transformer « en une forme mieux adaptée à la demande actuelle d'une coopération effective entre les divers partenaires européens dans le domaine de la lutte contre la criminalité internationale organisée »[202].

---

198 Mais cela sans empiéter sur leurs attributions dans la procédure pénale. En effet, l'art 280 *in fine* du traité CE exclut formellement toute compétence communautaire dans ce domaine. Il énonce en effet que les mesures de la Communauté nécessaires dans les domaines de la prévention de la fraude portant atteinte aux intérêts financiers et de la lutte contre cette fraude, ne concernent ni l'application du droit pénal national, ni l'administration de la justice dans les États membres.

Dans un arrêt rendu 13 septembre 2005 (CJCE, Commission contre Conseil, affaire C-257/01), la Cour a statué en faveur de l'octroi de compétences pénales à la Communauté. Toutefois, elle ne s'est pas prononcée sur l'étendue de l'art 280 *in fine*. L'interprétation de la portée de l'alinéa final a fait l'objet d'un large débat doctrinal (en particulier dans *La mise en œuvre du Corpus juris dans les États membres*, Delmas-Marty, M., Vervaele, M.J.A.E., (dir.), Anvers, Intersentia, 2000) avant l'arrêt de la Cour. Selon nous, les principes posés par cet arrêt sont applicables dans tous les domaines du champ communautaire, y compris ceux ayant trait à la fraude aux intérêts financiers. Toutefois, le raisonnement de la Cour concerne le domaine du droit pénal substantiel et non du droit procédural. Par conséquent, une intervention des institutions de l'Union européenne pour harmoniser les législations nationales en matière de procédure pénale devrait relever davantage du titre VI du traité UE que du traité CE Pour approfondir cette question, il est possible de consulter les n° 3 et 4 de la revue EUCRIM, publiés en 2006, disponibles sur le site web de l'OLAF à l'adresse suivante : http://ec.europa.eu/anti_fraud/publications/agon/eucrim_2006-03.pdf.

199 Les enquêteurs de l'OLAF peuvent en particulier être entendus en tant que témoins ou experts lors du procès.

200 Doc. du Conseil du 25 février 2005, n° 6724/05, EJN 10, p. 5.

201 *Ibid.*, p. 39.

202 *Ibid.*

C'est d'ailleurs sur le fondement de ce constat que le Réseau judiciaire européen a fait l'objet d'une réforme. La décision du 16 décembre 2008 adapte le texte constitutif à la nomenclature des actes du titre VI figurant dans le traité UE tel qu'il a été modifié par le traité d'Amsterdam. Elle opère aussi une refonte de son fonctionnement en faisant évoluer le réseau d'une organisation de niveau I vers celle de niveau II.

L'évolution a lieu de manière progressive, par glissement. C'est le cas, nous venons de le constater, de la mutation graduelle du Réseau judiciaire européen ou du CEPOL comme nous le verrons dans le prochain chapitre. Elle peut avoir lieu par fracture. Ceci engendre la naissance d'organisations de niveau supérieur *ex nihilo*, à côté de l'organisation existante. C'est le cas d'Eurojust qui est né en marge du Réseau judiciaire européen. Une telle solution marque un point de rupture avec la démarche retenue précédemment et qui consiste à transformer peu à peu une organisation. À ce sujet, les rédacteurs de la décision instituant l'unité de coopération judiciaire, en optant pour une nouvelle organisation, dont la structure caractéristique des entités de niveau II, ont exprimé leur volonté d'abandonner la trame réticulaire comme le socle de la structure de l'organisation, pour une solution marquée davantage par la logique d'intégration. En effet, l'idée qui présidait à la création d'Eurojust était de doter les autorités nationales d'un organisme centralisé, disposant d'un budget et d'un volume de personnel plus important que le Réseau judiciaire européen. Ce sont à présent ces organismes de niveau II que nous allons examiner.

CHAPITRE 2

L'émergence d'organisations de niveau II

Dans la perspective de la dimension verticale du paysage européen de la sécurité intérieure, les organisations de niveau II présentent un degré d'intégration plus important que les organisations de niveau I. En effet, elles sont, du point de vue de la structure, davantage institutionnalisées (I).

Pour ce qui relève des attributions, elles possèdent plus de pouvoir car, contrairement aux organisations de niveau I, elles peuvent fournir une assistance matérielle et apporter une aide en matière de la coordination de l'action des services nationaux de sécurité intérieure (II). Elles sont des facilitateurs d'échange d'informations mais aussi de réalisation d'opérations. En particulier, elles apportent leur appui en permettant aux services nationaux de se coordonner, que ce soit lors d'opérations concertées ou dans le cadre d'affaires nationales ayant des ramifications sur le territoire d'autres États membres. De plus, elles apportent un soutien matériel qui va de la mise à disposition de locaux pour permettre aux services nationaux de se coordonner à l'offre d'équipements techniques.

Par ailleurs, les organisations sont des formes de « sociabilités organisées »[1] qui « ne fonctionne[nt] pas sur un mode séparé, même si chacune a ses modalités spécifiques. [Elles] sont interdépendantes, et chacune influence, à des degrés divers et selon des modalités particulières, toutes les autres. [Elles] tissent entre elles des réseaux complexes d'interdépendances qui se manifestent »[2] par une interaction avec leur environnement. Après avoir été centrées sur elles-mêmes, les organisations auxiliaires évoluent en se tournant vers cet environnement. Alors que celles de niveau I sont plutôt repliées sur elles-mêmes, les organisations auxiliaires de niveau II paraissent plus ouvertes au monde qui les entoure (III).

Avant d'aborder l'examen de ces différents points, il nous paraît nécessaire d'ajouter deux remarques. Tout d'abord, les organisations de niveau II relèvent aussi du phénomène organisationnel. Toutefois, ce

1 Gurvitch, G., *La vocation actuelle de la sociologie*, 1950, cité par Juan, S., « Le combat de l'Organisation et de l'Institution », in *Sociologies*, Toulouse, 23 août 2007.

2 Fischer, G.-N., *op. cit.*, p. 174.

type d'organisations présente, nous allons le voir, la caractéristique d'avoir un degré d'institutionnalisation plus élevé que les organisations de niveau I. Pourtant, il convient de ne pas avoir de vision manichéenne des choses. Les organisations de niveau I sont déjà institutionnalisées, mais à un degré moindre. Celles de niveau II le sont davantage et c'est la raison pour laquelle nous avons décidé d'analyser le concept d'institution dans ce chapitre. En réalité, peu de choses distinguent les institutions des organisations. Il « est difficile de séparer nettement les deux »[3] si ce n'est par l'aspect plus affirmé de certaines caractéristiques.

Ensuite, la forme de l'ossature des organisations de niveau II est celle d'une architecture organisée autour d'un point central et non plus selon une trame réticulaire. Même si la configuration en réseau semble avoir été éclipsée, il reste qu'elle n'est pas purement et simplement abandonnée. C'est aussi le cas d'Eurojust avec ses correspondants nationaux, et du CEPOL avec ses points de contact nationaux, qui font office de relais de l'organisation dans chacun des pays de l'Union. Les agences communautaires compétentes en matière de sécurité intérieure ont aussi des ramifications au sein des États membres. Par exemple, Frontex possède des officiers de liaison nationaux (OLN)[4].

I. Des entités davantage institutionnalisées

C'est à partir de l'organisation que se forme l'institution. Elle « apporte la "quincaillerie" nécessaire à l'institution »[5]. Autrement dit, elle en constitue la matrice (A).

Il n'est pas évident de tracer une ligne de démarcation claire entre les organisations simples d'une part, et celles qui apparaissent sous le jour d'une institution d'autre part. En réalité, il existe une sorte de dégradé entre ces deux pôles, les organisations étant institutionnalisées à des degrés divers. Rappelons que, sur le plan théorique, nous optons pour une vision duale entre les organisations et les institutions mais cette approche mérite d'être relativisée car la différence n'est pas de nature mais de degré. En effet, les organisations auxiliaires de niveau II sont des organisations plus institutionnalisées que celles de niveau I. Un tel mouvement se manifeste par l'apparition d'organisations plus denses et plus centralisées (B).

---

3 Fischer, G.-N., *op. cit.*, p. 205.

4 En dépit de leur appellation, leur activité s'apparente davantage à celle de points de contact que d'officiers de liaison.

5 Livian, Y.-F., *op. cit.*, p. 21.

A. Les organisations, matrice des institutions

Les institutions peuvent se définir comme étant des construits sociaux de longue durée « qui concentrent beaucoup d'énergie sociale pour être construites et déconstruites »[6]. L'institution véhicule l'image de la constance et de l'immutabilité. « L'idée d'institution désigne le fait de mettre en place, de donner forme et de maintenir un état de chose. Elle englobe le fait de stabiliser la réalité à travers des normes établies une bonne fois pour toute »[7].

Elle constitue « un corps "défini et organisé", lieu stable de partage de sentiments et d'intérêt »[8]. Il s'agit de structures et d'activités cognitives, normatives et régulatrices permettant d'apporter une stabilité et un sens au comportement social[9]. Pour leurs membres, les institutions forment un « chemin stable donc relativement prévisible »[10] et sont seulement dotées de légitimité afin d'orienter leurs pensées et leurs comportements. De manière générale, elles leur procurent le sentiment du « plausible » dans la mesure où elles asseyent un système commun de croyances pour des problèmes reconnus comme essentiels de la vie en société[11].

Les institutions apparaissent comme des organisations sécularisées : la répartition des tâches attribuées aux membres et la coordination de leurs activités sont fixées de manière durable. Cette invariabilité des institutions entraîne deux conséquences. D'abord, elles possèdent une inertie par rapport aux réformes entreprises. En effet, elles peuvent évoluer mais de manière progressive et lente. Le changement entraîne des réticences dans la mesure où il implique, au-delà de la simple opposition résultant des jeux de pouvoirs et de la protection des intérêts individuels ou corporatistes, une transformation des schémas cognitifs dont l'essence même est la constance[12].

---

6 Liénard, G., *op. cit.*, p. 6.

7 Fischer, G.-N., *op. cit.*, p. 162.

8 Livian, Y.-F., *op. cit.*, p. 21.

9 Arrow, K., cité par Liénard, G., *op. cit.*, p. 7.

10 Liénard, G., *op. cit.*, p. 6.

11 *Ibid.*

12 Il est vrai que parallèlement, cette caractéristique de stabilité des règles, engendre une certaine rigidité. Leur essence même tend à freiner toute réforme. « Les institutions apparaissent comme des systèmes garants de la pérennité de ces valeurs. [...] Toute institution est cohésive : les éléments qui la composent, tendent à se renforcer mutuellement, dans le sens notamment de l'affirmation de l'unité institutionnelle. De ce point de vue, l'institution est fondamentalement conservatrice, dans la mesure où elle maintient et garantit les valeurs sociales dont elle est porteuse. » (Fischer, G.-N., *op. cit.*, p. 172).

Ensuite, comme les organisations, les institutions sont créées en vue d'un objectif mais, contrairement à elles, tendent à demeurer, une fois atteints les buts pour lesquelles elles ont été conçues. En effet, leur caractère permanent entraîne leur persistance indépendamment de leur finalité. « L'institution est à considérer hors du critère du résultat »[13]. En d'autres termes, elles ont vocation à exister pour elles-mêmes, indépendamment de l'objectif qu'elles poursuivent. « Les institutions sont par définition reproductrices, c'est-à-dire qu'elles visent [...] à se maintenir »[14].

Une institution se particularise également par une structure fortement hiérarchisée. Alors que dans l'organisation, la chaîne hiérarchique est optionnelle, elle est toujours présente dans une institution et est, de surcroît, bien plus développée.

L'institution implique toujours un organe investi de l'autorité qui émet, à travers cette chaîne, des directives à destination de ses membres. La hiérarchie est caractéristique des institutions mais, dans les organisations, un tel organe est facultatif car les décisions peuvent être prises par ajustement mutuel entre les membres. De plus, toujours dans les organisations, cet organe peut être adossé, en tant que de besoin, à une pyramide hiérarchique. Là encore, il n'y a pas d'obligation : l'organe peut prendre des décisions susceptibles d'être directement exécutées par les membres sans forcément que soient créés des échelons intermédiaires pour les relayer.

Pour sa part, l'institution s'organise selon un mode de déconcentration du pouvoir ou création de différents niveaux de pouvoir pouvant émettre des ordres à l'attention des individus qui leurs sont subordonnés. Chaque niveau opère la répartition des tâches entre les membres du niveau inférieur et leur assigne les missions à accomplir. La déconcentration permet un déplacement du pouvoir au profit des niveaux inférieurs[15]. À ce titre, chacun des individus ou des niveaux dispose d'une

---

13 Livian, Y.-F., *op. cit.*, p. 21.

14 Fischer, G.-N., *op. cit.*, p. 169.

15 Verpeaux, M., « L'État territorial », *Décentralisation, acte II : les dernières réformes*, in *Regards sur l'actualité*, n° 308, Paris, 2005, p. 5.

La déconcentration a été théorisée par les juristes de droit public qui voient en elle un mode de gouvernement de l'État. En France, les instances déconcentrées chargées de la direction de l'administration dans les départements et les régions sont les préfets. Les préfets de département et de région, qui sont les représentants de l'État dans ceux-ci, ont été institués respectivement, par la loi du 28 pluviôse an VIII et par le décret du 2 juin 1960. Leurs attributions sont régies actuellement par le décret n° 2004-374 du 29 avril 2004 relatif aux pouvoirs des préfets, à l'organisation et à l'action des services de l'État dans les régions et départements (*JORF* du 30 avril 2004) (NOR:INTX0400040D).

marge de manœuvre résultant de la possibilité laissée par le niveau supérieur de faire certains choix pour son compte[16].

Toutefois, il s'agit seulement d'un pouvoir délégué, leurs titulaires doivent rendre compte aux niveaux supérieurs qui, par ailleurs, peuvent retenir certaines décisions, voire exercer un pouvoir d'évocation en abordant certaines questions qui relèvent habituellement de la compétence du niveau inférieur.

En pratique, les décisions sont prises à différents niveaux en fonction de l'importance du choix. Celles qui sont les plus importantes, c'est-à-dire dont la nature est stratégique, comme par exemple la réorganisation de l'organigramme général, le changement de mode de transmission de l'information entre les départements ou l'établissement des relations avec une institution tierce, sont, en principe, prises au sommet de la hiérarchie. Inversement, les décisions les moins importantes, comme l'affectation des tâches entre les membres au sein d'un même service, sont prises à des niveaux inférieurs.

La hiérarchie participe à la structure de l'institution, c'est-à-dire à sa charpente. La structure est le lien entre les éléments matériels et humains. Elle « renvoie à la relation entre les parties d'un tout organisé »[17]. L'institution a une structure physique comme ses bâtiments. Ces derniers ont une localisation géographique qui permet d'identifier l'institution en fonction de son emplacement sur un territoire donné. La structure comporte une dimension normative en reliant les éléments humains de l'institution selon des règles qui déterminent les positions

---

16 Le degré d'autonomie est limité car, s'il était élevé, il ne serait plus question de déconcentration mais de décentralisation. La décentralisation est un autre mode de gestion du pouvoir par lequel des entités exercent le pouvoir en agissant en leur nom propre, c'est-à-dire sans représenter une entité située au niveau supérieur.

En France, la décentralisation s'exprime par le fait que l'État central confère de manière souveraine aux collectivités territoriales des pouvoirs qu'elles peuvent exercer librement. Dans cette perspective, ces collectivités possèdent, dans le cadre des compétences qui leurs sont dévolues, une marge d'action plus beaucoup plus importante que celle dont disposent les préfets.

Ces derniers sont subordonnés à l'État central vis-à-vis duquel ils sont tenus de rendre compte. Or, de leur côté, depuis les différentes lois sur la décentralisation du 2 mars 1982 (Loi n° 82-213 relative aux droits et libertés des communes, des départements et des régions (*JORF* du 3 mars 1982) et du 13 août 2004 (Loi n° 2004-809 relative aux libertés et responsabilités locales du 13 août 2004 [*JORF* du 17.8.2004, p. 14545]), les collectivités territoriales ne sont plus soumises à la direction des instances de l'État central. Le préfet n'exerce ni tutelle, ni contrôle *a priori*, sur leurs actes. Ceux-ci sont exécutoires dès qu'ils ont été publiés. En principe, le contrôle s'opère seulement *a posteriori*. De plus, le préfet doit les déférer au juge administratif s'il les estime illégaux, ce dernier étant la seule instance en mesure d'en prononcer l'annulation s'il y a lieu.

17 Hatch, M.J., *op. cit.*, 2000.

des individus les uns par rapport aux autres. En effet, elle fait référence au personnel (c'est-à-dire les individus), aux unités organisationnelles (comme les départements, les directions et les services), mais aussi aux règles qui répartissent le personnel au sein des unités organisationnelles et qui agencent les unités organisationnelles entre elles. Sous cet angle, la structure est un système social qui peut se définir comme étant « un ensemble de positions, de rôles, de groupes stratifiés, liés les uns aux autres suivant des rapports fonctionnels »[18]. Elle englobe « l'ensemble des modalités spécifiques par lesquels chaque [institution] gère et contrôle les processus de différentiation et d'intégration. [Elle est] un jeu conjoint de normes, procédures et subdivisions hiérarchiquement ordonnées »[19].

B. Les organisations plus denses et plus centralisées

La dynamique de densification porte sur les organisations situées déjà dans le giron institutionnel de l'Union. Elle engendre le développement de la substance de ses organisations auxiliaires qui deviennent plus imposantes avec des moyens matériels, humains et budgétaires plus conséquents. Le CEPOL est une illustration de cette dynamique (1).

Une telle dynamique provoque l'émergence d'entités plus centralisées et, comme nous y avons fait allusion précédemment, l'abandon du modèle de la trame réticulaire, typique des organisations de niveau I. Toutefois, nous n'analyserons pas la structure de toutes les organisations auxiliaires de nature centralisée dans la mesure où certaines ont évolué, ou sont en train d'évoluer, vers des organismes de niveau III. C'est le cas de Frontex, d'Europol et de l'OLAF. Nous procèderons seulement à l'étude d'Eurojust comme exemple de cette évolution (2).

1. Une dynamique de densification : l'exemple du CEPOL

Le CEPOL constitue une illustration de la dynamique de densification. Le point 47 des conclusions du Conseil européen de Tampere prévoit la création d'une « académie européenne de police ».

À l'origine, le CEPOL constituait l'illustration d'une organisation auxiliaire de niveau I restreinte au *minimum minimorum* puisqu'il n'avait ni personnalité juridique, ni secrétariat permanent. En outre, les États avaient la charge de financer ses activités. Peu à peu, le CEPOL a évolué vers la création d'une organisation de niveau II.

En premier lieu, la dynamique de densification du collège de police s'est traduite par l'accroissement du volume d'activité, du budget qui lui était alloué et du personnel qui lui était affecté. Son budget s'est étoffé

---

18 Schwartzenberg, R., *Sociologie politique*, Paris, Montchestien, 1995, p. 108.

19 Zan, Z., Ferrante, M., *op. cit.*, p. 63-69.

en passant de 3 millions d'euros en 2003, à 4,5 en 2005 puis à 5,5 en 2006 et 7,4 millions en 2007. Corrélativement, son activité s'est accrue. Alors qu'en 2003, le CEPOL offrait une trentaine de modules de formation, ce nombre est passé, comme énoncé précédemment, à une soixantaine en 2005 et à près de 90 en 2008[20].

En deuxième lieu, la dynamique de densification du collège de police s'est manifestée par une transformation sur le plan qualitatif avec la mutation de ses organes et l'élaboration de nouvelles normes concernant son fonctionnement.

D'abord, l'organisation interne du CEPOL s'est structurée au fil du temps. La direction collégiale a été remplacée par un organe plénier, le conseil d'administration[21], et par un organe de gestion, le directeur du collège.

En outre, pour aider le CEPOL à mener à bien ses missions, le conseil d'administration a institué, les 16 et 17 mai 2001, cinq comités permanents pilotés chacun par un État membre. Ces comités ont pour tâche de préparer et de mettre en œuvre les décisions du conseil d'administration dans le domaine duquel ils sont compétents. Suite à l'entrée en vigueur de la décision du 20 septembre 2005, le CEPOL a opéré une refonte de sa structure en réorganisant les attributions de ces comités[22].

Enfin, le CEPOL a été doté d'un secrétariat. Le choix de son implantation a été longtemps sujet de débat entre les États membres. Le Conseil était parvenu dans un premier temps à un accord sur sa localisation en l'établissant à Brøndby à la périphérie de Copenhague au Danemark, à partir du 1er mars 2002. Toutefois, cette solution n'a été que temporaire dans la mesure où cette problématique entrait dans celle plus vaste de la détermination de l'emplacement de plusieurs organismes de l'Union pour lesquelles un accord définitif n'avait pas encore été trouvé. Finalement, le règlement global est intervenu au cours du Conseil européen des 13 et 14 décembre 2003 suite auquel le Conseil a adopté le

[20] En tout et pour tout, le CEPOL a organisé 85 activités en 2007. Près de 2000 participants ont assisté effectivement à ces activités cette année là. Dans près de 57 d'entre elles, deux tiers des États membres environ étaient représentés.

[21] Conformément à l'art. 10.9 de la décision instituant le CEPOL, il adopte des programmes, des modules de formation et des méthodes d'enseignement communs. Il adopte aussi la décision portant nomination du directeur, le programme de travail à soumettre à l'approbation du Conseil ainsi que le rapport annuel et le rapport quinquennal du CEPOL.

[22] Actuellement, ces groupes sont : *Budget and Administration Committee, Annual Program Committee, Training and Research Committee, Strategy Committee* et *Analysis of CEPOL's Training Activities* (ACTA).

26 juillet 2004 une décision fixant le siège du collège à Bramshill dans la banlieue de Londres[23].

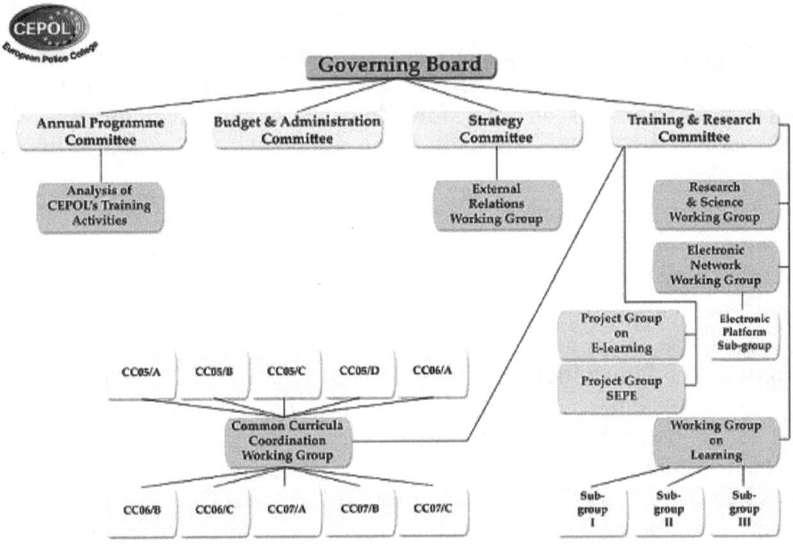

schéma n° 6

Source : http://www.cepol.europa.eu/

En troisième lieu, la dynamique de densification du collège de police s'est exprimée par l'attribution de la personnalité juridique en faveur du CEPOL. Cette décision s'appuie sur un rapport présenté au Conseil faisant le bilan des activités du collège au cours de ses trois premières années de fonctionnement. L'un des considérants du texte précise que le réexamen de la décision instituant le CEPOL a souligné le fait que l'absence de personnalité juridique constituait « un des principaux obstacles au bon fonctionnement du collège ». Cette question a été aussi un sujet important de discussion entre les États membres. Plusieurs options avaient été proposées à savoir : doter le CEPOL en tant que tel de la personnalité juridique ; doter seulement le secrétariat du CEPOL de la personnalité juridique ; emprunter celle de l'organisation auprès de laquelle serait établi le secrétariat du collège. Finalement, le Conseil a

23 Décision 2004/567/JAI du Conseil du 26 juillet 2004 modifiant la décision 2000/820/JAI portant création du collège européen de police (CEPOL) (*JOCE* L 251 du 27.7.2004, p. 20).
L'art. 4 de la décision du 20 septembre 2005 constitue, depuis l'abrogation de la décision 2000/820/JAI, la disposition pertinente concernant le siège du CEPOL.

opté pour la première solution en adoptant, le 26 juillet 2004[24], une décision accordant la personnalité juridique au CEPOL lui-même[25].

2. *Une dynamique de centralisation : l'exemple d'Eurojust*

Eurojust est composé de trois entités : les membres nationaux, le collège et les correspondants nationaux. Les membres nationaux constituent les organes unitaires (a). Ils sont le cœur du dispositif d'Eurojust en réalisant les missions qui leur sont dévolues. En pratique, ils sont à la tête d'une équipe. Ils sont secondés par un membre national adjoint et ils ont la possibilité d'être entourés par un ou plusieurs assistants.

Le collège forme l'élément de centralité d'Eurojust (b). Sa composition et sa structure le rapprochent d'une formation de type juridictionnel[26]. Les correspondants nationaux représentent, quant à eux, la déconcentration d'Eurojust[27]. Ils ont pour mission de relayer son action au sein des États membres.

a. Les membres nationaux, organes unitaires d'Eurojust

Au nombre de vingt-sept, soit un par État membre, les membres nationaux mènent à bien les missions d'Eurojust en prenant part au rôle de l'unité en tant qu'intermédiaires entre les autorités judiciaires[28].

---

24 Décision 2004/566/JAI du Conseil du 26 juillet 2004 modifiant la décision 2000/820/JAI portant création du collège européen de police (CEPOL) (*JOCE* L 251 du 27.7.2004, p. 19).

25 L'art. 2 de la décision du 20 septembre 2005 constitue, depuis l'abrogation de la décision 2000/820/JAI, la disposition pertinente concernant la personnalité juridique du CEPOL.

26 Brana, P., *op. cit.*, p. 19.

27 La déconcentration est un mode d'exercice du pouvoir qui découle de sa centralisation. Contrairement à la décentralisation, elle ne vise pas à l'éclatement du pouvoir. Elle a seulement pour but de permettre à un pouvoir centralisé d'agir plus efficacement sur l'ensemble du territoire à travers des entités présentes localement.

28 Les membres sont nommés par les États membres selon leurs propres règles. La décision du 16 décembre 2008 modifiant la décision du 28 février 2002 précise à cet égard que les membres nationaux sont soumis au droit de leur État membre pour ce qui concerne leur statut. Cette décision du 16 décembre 2008 prévoit aussi que les membres nationaux soient nommés pour une période de quatre ans. Elle prévoit en outre que chaque membre soit appuyé par un adjoint et un assistant voire, par plusieurs adjoints et plusieurs assistants. En effet, l'expérience avait révélé la faiblesse voire la déficience de la capacité opérationnelle de certains membres nationaux. Pour remédier à cela, la Commission avait plaidé pour un renforcement des bureaux nationaux dans sa communication du 23 octobre 2007. En particulier, elle suggérait qu'un membre soit affecté de manière permanente (pendant la durée de son mandat) et qu'il soit secondé par un assistant. La décision du 16 décembre 2008 va dans ce sens puisqu'elle prévoit que le membre national, outre le fait qu'exerce son activité pendant une période de quatre années, qu'il a son lieu de travail fixé à La Haye et qu'il est, le cas échéant, à la tête d'une équipe d'un ou plusieurs adjoints et assistants.

Les tâches qui leur sont confiées ont été décrites dans la décision l'instituant. Ils peuvent réaliser notamment, une coordination entre les différentes autorités nationales et en assurer l'information réciproque. Ils peuvent aussi leur demander de mettre en place une équipe d'enquête commune ou d'envisager d'entreprendre une enquête (ou des poursuites). La décision du 16 décembre 2008 prévoit aussi que les membres nationaux puissent formuler toutes demandes à l'endroit des autorités nationales qui leur paraissent justifiées par l'enquête ou la poursuite.

Pour mener à bien leurs missions, les membres nationaux disposent des moyens juridiques nécessaires. En particulier, la décision permet au membre d'avoir accès au casier judiciaire[29], de consulter le SIS[30] et de prendre directement contact avec l'autorité nationale[31]. La décision du 16 décembre 2008 étend l'accès des membres aux registres des personnes arrêtées, aux registres d'enquêtes et aux registres ADN. En tout état de cause, elle indique que l'accès devrait être aussi large que celui octroyé à une autorité exerçant la même fonction sur le territoire national.

En outre, ils disposent de pouvoirs dits « ordinaires » qui correspondent *mutatis mutandis* à ceux dévolus aux magistrats de liaison[32] : compétence pour recevoir des demandes d'entraide et pour les transmettre aux autorités concernées, pour fournir des informations supplémentaires à l'autorité requérante ou à l'autorité requise, et pour assurer un suivi de l'exécution de la demande.

Le rôle joué par les membres nationaux les rapproche des OLE. En effet, comme eux, ils constituent une courroie de transmission de l'information et ils facilitent la résolution des affaires confiées aux autorités nationales. Nonobstant, ils s'en distinguent par leur statut, tout du moins dans la décision du 28 février 2002. Nous allons voir que la décision du 16 décembre 2008 indique clairement que le membre national est une autorité judiciaire nationale détachée, tant d'un point de vue de son

---

29 En vertu l'art. 9.3 de la décision du 28 février 2002 instituant Eurojust telle que modifiée par la décision du 16 décembre 2008.

En France, l'art. 695-9 du code de procédure pénale donne accès au membre national, au casier judiciaire ainsi qu'aux fichiers de police judiciaire. En Belgique, il s'agit de l'art. 593 du code d'instruction criminelle qui octroie ce droit au membre national.

30 En vertu de l'art. 101ter CAS ajouté par la décision 2005/211/JAI du Conseil du 24 février 2005 concernant l'attribution de certaines fonctions nouvelles au Système d'information Schengen, y compris dans le cadre de la lutte contre le terrorisme (*JOCE* L 68 du 15.3.2005, p. 44). Concernant le SIS II, l'accès s'effectue selon les modalités prévues aux art. 42 et 43 de la décision du 12 juin 2007.

31 Conformément à l'art. 12.7 de la décision du 28 février 2002 instituant Eurojust telle que modifiée par la décision du 16 décembre 2008.

32 Nous verrons plus loin que les membres nationaux possèdent des pouvoirs plus étendus que nous nommerons « pouvoirs additionnels ».

statut (il n'est pas considéré comme un membre du personnel d'Eurojust soumis aux dispositions découlant du texte de droit européen).

Initialement, la lecture de la décision du 28 février 2002 inclinait à penser que les membres nationaux se caractérisaient par une appartenance à Eurojust. Contrairement à la convention Europol[33] qui stipulait que les officiers de liaison sont chargés de représenter les intérêts de leur État d'origine, les membres nationaux faisaient partie intégrante de l'unité[34]. La solution retenue par les États membres s'inscrivait volontairement dans une optique différente de celle retenue par la convention afin d'éviter les conséquences néfastes du statut des officiers de liaison. En effet, « le système dual pour Europol (une direction européenne, mais des officiers de liaison chargés par leur unité nationale de représenter les intérêts de celle-ci [...], a fait l'objet de critiques pointant les conflits générés et le manque d'efficacité de la structure qui en découle »[35]. Dès lors,

> il ne faut pas refaire l'erreur d'Europol : on a des officiers de liaison près d'Europol qui sont au fond le vrai lieu d'information et une direction qui avait une dualité et une tension permanente entre le pôle européen et le pôle national au sein d'Europol. L'idée était donc que les magistrats ne soient pas des membres nationaux mais des magistrats européens[36].

En comparaison, la décision du 16 décembre 2008 indique que lorsque les membres nationaux exercent leurs pouvoirs, ils le font « en [leur] qualité d'autorité nationale ». Cette disposition doit, selon nous, être comprise comme un retour en arrière avec la naissance d'un pôle de magistrats nationaux au sein d'Eurojust[37]. Dans cette optique, les

---

33 Ce qui est toujours le cas avec la décision instituant l'office européen de police.

34 C'est toute la contradiction des deux *business models* d'Europol évoqués dans l'introduction générale. Il existe d'un côté une construction verticale avec au sommet des organes décisionnels (directeur, conseil d'administration et Conseil de l'Union) et, à la base, un personnel appuyé par le réseau d'OLE et l'ensemble d'UNE, chargés d'accomplir les missions énoncées dans la décision. Il y a d'un autre côté une construction horizontale composées du réseau d'OLE et des UNE, qui forment un ensemble autonome (en vertu de l'art. 9.3 de la décision instituant l'office européen de police, les OLE sont autorisés à faire office d'intermédiaire d'une part, entre Europol et les UNE et d'autre part, entre leur unité nationale et les autres unités sans passer par (la structure verticale d') Europol).

35 Institut national des hautes études de sécurité (INHES), *Les limites du troisième pilier dans la construction européenne*, Rapport du Groupe de diagnostic de sécurité n° 3, 6 mai 2005, p. 28.

36 Mangenot, M., *op. cit.*, p. 43-62.

37 À la lecture de la décision du 16 décembre 2008, les membres agissent en qualité d'autorité nationale dans leurs diverses activités (ceci étant clairement indiqué dans le texte). Par exception, les États se voient octroyer la possibilité de permettre à ce membre, concernant sa participation aux équipes communes d'enquête, d'agir soit en qualité de représentant d'Eurojust, soit en qualité d'autorité nationale.

membres nationaux seraient, à l'instar des OLE, des agents de liaison multilatéraux[38].

Ensuite, les membres nationaux se caractérisent par un fort degré de différenciation. En effet, ils ne sont pas interchangeables sur un plan juridique en raison des disparités des prérogatives qui leur sont attribuées.

Enfin, ils s'en différencient par le fait que l'action des membres nationaux est individuelle mais aussi collective. Elle l'est à travers le collège d'Eurojust mais également *via* les équipes de l'unité[39].

Organigramme des équipes d'Eurojust :

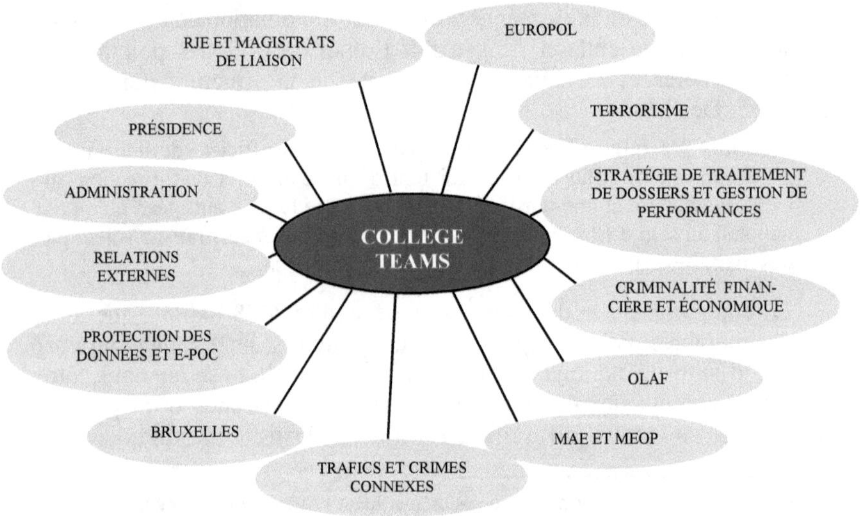

schéma n° 7

Source : rapport annuel d'Eurojust pour l'année 2007

Le collège a mis en place treize équipes destinées à assurer le fonctionnement d'Eurojust. Instaurées en vertu du règlement intérieur[40], elles abordent des thématiques relatives au fonctionnement de l'unité (« protection des données et E-POC », « stratégie de traitement des dossiers » et « administration »), aux activités opérationnelles (« terrorisme », « fraude et à la criminalité économique » et « trafics et crimes

38 À la différence près, nous le verrons plus loin, qu'ils sont dotés, le cas échéant, de pouvoirs opérationnels.

39 Ces *Task forces* rassemblent également les adjoints des membres nationaux. Chacun y participe en fonction de ses disponibilités.

40 L'art. 6.3 du règlement intérieur permet au collège de déléguer, dans certaines conditions, ses pouvoirs à ces comités.

connexes ») et à son environnement institutionnel. Elles développent une expertise, créent des bases de données[41], préparent des rapports sur les questions abordées en leur sein et formulent des recommandations à l'attention du collège.

b. Le collège et les correspondants nationaux, respectivement éléments de centralité et de déconcentration d'Eurojust

Le collège d'Eurojust rassemble l'ensemble des membres nationaux. Ceux-ci siègent sur un pied d'égalité en « table ronde »[42]. Ce collège réalise deux types de tâches. *Primo*, il est responsable de l'organisation et du fonctionnement d'Eurojust[43]. À ce titre, il convient de la création des comités *ad hoc* et il nomme le directeur administratif.

Un président, le président d'Eurojust, dirige les travaux du collège. Il convoque et préside les réunions. À l'instar du directeur d'Europol, il représente Eurojust. Toutefois, deux éléments le différencient de celuici.

D'abord, la gestion quotidienne d'Europol, en particulier du personnel de l'organisation, est du ressort de son directeur. En comparaison, cette question relève du directeur administratif d'Eurojust. Le président d'Eurojust exerce, quant à lui, le contrôle de son action au sens français du terme. Il agit *a posteriori* en s'assurant de la conformité de son activité sans lui donner de directives, *a priori* destinées à l'orienter.

Ensuite, le président d'Europol est nommé par le Conseil alors que celui d'Eurojust est nommé par les membres nationaux. En effet, la cooptation est le système retenu par la décision instituant l'unité de coopération judiciaire.

Secundo, le collège accomplit, à l'instar des membres nationaux, les missions opérationnelles d'Eurojust. Les membres nationaux et le collège ont *grosso modo* une fonction similaire. Dans cette optique, Eurojust peut intervenir, soit de manière individuelle à travers les membres nationaux, soit de manière collective *via* le collège. Toutefois, il existe quelques nuances importantes qui portent sur quatre éléments.

En premier lieu, le membre national a pour fonction d'assurer une information réciproque dont il a connaissance tandis que le collège remplit cette tâche seulement si elle a « une incidence au niveau de l'Union ou si elle concerne des États membres autres que ceux directe-

41 Par exemple, l'équipe terrorisme concentre ses efforts sur le cyberterrorisme et le financement du terrorisme. Elle a aussi développé une base de données judiciaire et juridique relative au terrorisme (rapport annuel d'activité d'Eurojust 2006, p. 32).

42 Rapport annuel d'activité de Pro-Eurojust pour l'année 2001 (doc. du Conseil du 20 décembre 2001, n° 15545/01 EUROJUST 15, p. 5).

43 Art. 1.2 du règlement intérieur d'Eurojust (*JOCE* C 286 du 22.11.2002, p. 1).

ment concernés ». En conséquence, l'action du collège a lieu pour des affaires d'une ampleur particulière. En deuxième lieu, le membre national a tendance à apporter davantage son soutien à des enquêtes et des poursuites concernant, en principe, les autorités de son État membre d'origine[44]. Le collège apporte son appui aux autorités de tous les pays impliqués. En troisième lieu, le membre national a pour mission de transmettre des demandes aux autorités nationales requises, ce qui ne relève pas de la compétence du collège. En quatrième lieu, l'intervention collective est extraordinaire et elle se déroule sur demande de l'un des membres nationaux pour des affaires ayant « une incidence au niveau de l'Union ou si elle concerne des États membres autres que ceux directement concernés » L'intervention individuelle (c'est-à-dire du membre national) est donc la règle alors que celle du collège constitue l'exception. De plus, le collège ne peut pas, en principe, agir d'initiative puisqu'il n'a pas de pouvoir d'auto-saisine.

Dans cette perspective, le collège opère seulement de manière ponctuelle. Il existe deux hypothèses dans lesquelles il est susceptible d'apporter son concours. D'abord, il agit dans les affaires complexes impliquant de nombreux États membres. Ensuite, il intervient pour exprimer de manière solennelle une demande officielle d'Eurojust. Cette invitation à titre collégial permet de faire pression sur les autorités nationales réfractaires ou défaillantes.

En pratique, le collège intercède peu dans les affaires traitées par Eurojust car il n'a ni le temps ni les moyens d'exercer ses missions opérationnelles[45]. Il fait davantage office de conseil d'administration dans la mesure où il concentre ses efforts sur les questions relatives au fonctionnement de l'unité.

La Commission relevait dans sa communication du 23 octobre 2007 une sous-utilisation du collège. Elle suggérait de le faire intervenir à titre de médiateur pour résoudre des conflits de compétence. C'est cette idée

---

44 Sur le plan théorique, la décision instituant Eurojust prévoit que, comme examiné précédemment, le membre national représente l'unité de coopération judiciaire et non son pays d'origine. De ce fait, il peut apporter son soutien tant aux autorités de son pays d'origine que celles émanant des autres États membres. Sur le plan pratique, l'expérience montre que l'action du membre se focalise davantage sur les autorités de l'État d'origine, celles-ci étant ses interlocuteurs privilégiés.

45 Ainsi, le collège a fait usage de son pouvoir de recommandation figurant à l'art. 7 de la décision instituant Eurojust seulement dans deux à trois hypothèses par an. En 2007, il a recommandé aux autorités françaises et espagnoles que les autorités allemandes poursuivent un suspect allemand concernant la totalité des chefs d'accusation. Toujours en 2007, dans un autre cas cette fois-ci, il est intervenu dans une affaire de carrousel TVA. Cette fraude à vaste échelle portait sur 2,1 milliards d'euros. Les autorités de dix-huit États membres étaient impliquées ainsi que celles d'un pays tiers (la Suisse).

que la décision du 16 décembre 2008 reprend en prévoyant de lui octroyer de nouvelles prérogatives qui lui permettent d'intervenir dans un conflit positif de compétences. Dans cette optique, il est amené agir du moment qu'un membre national soit a écho d'un tel conflit, soit est averti de son existence directement par l'une des autorités protagonistes qui exprime le souhait de s'en remettre à Eurojust. En tout état de cause, la capacité de contrainte du collège reste limitée puisqu'il intercède pour suggérer une solution, sans possibilité de l'imposer. De surcroît, son intervention demeure subsidiaire, la recherche d'une issue favorable au conflit et sa mise en œuvre sont des tâches qui reviennent avant tout aux autorités judiciaires nationales.

Toujours dans cette perspective de « Monsieur bons offices », la décision du 16 décembre 2008 prévoit aussi que le collège, à qui il est signalé des refus récurrents ou des difficultés en matière d'exécution d'une demande d'entraide, puisse avancer une solution quant à la voie à suivre pour résoudre le problème. Dans le libellé de la décision du 16 décembre 2008, il est bien précisé que l'avis rendu est non contraignant.

Organigramme de l'administration d'Eurojust :

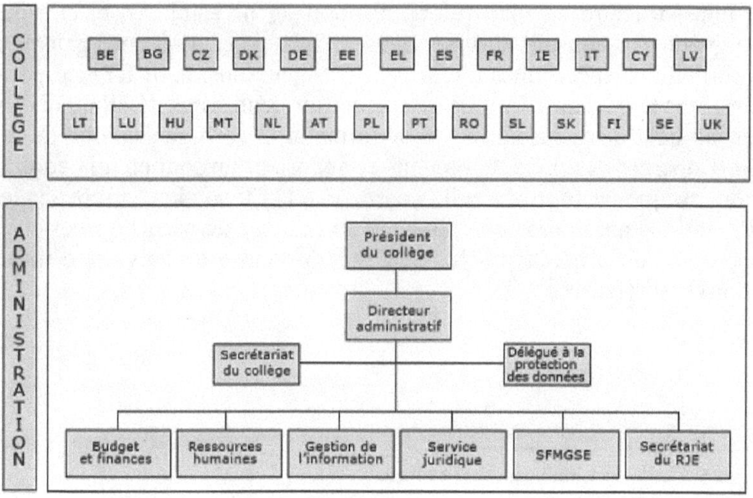

schéma n° 8

Source : rapport annuel d'Eurojust pour l'année 2007

Les correspondants nationaux trouvent leur fondement juridique dans l'art. 12 de la décision. Comme pour Europol, l'organigramme d'Eurojust articule un échelon national et un échelon européen. Dans ce contexte, les correspondants nationaux sont les ramifications d'Eurojust dans chacun des États membres. Comme les UNE, ils peuvent être comparés à des postes avancés de l'unité de coopération judiciaire sur le territoire des pays de l'Union. Toutefois, la différence entre les UNE et les correspondants nationaux réside dans le fait que l'intervention de ces derniers est facultative. En effet, le membre national peut entrer directement en contact avec les autorités compétentes de son État membre[46]. En comparaison, le contact direct entre les services nationaux de terrain et les OLE ne peut se faire qu'à certaines conditions[47]. L'autre différence est que la décision instituant Eurojust donne la possibilité aux États de mettre en place un ou plusieurs correspondants nationaux[48]. La décision instituant Europol prévoit la désignation d'une seule UNE par État membre.

II. Les entités fournissant une assistance matérielle et une aide à la coordination

Eurojust, Europol, l'OLAF et Frontex sont des organisations de niveau II du point de vue des activités (A). Il est vrai que les prestations fournies par ce type d'organisation se rapprochent de celles réalisées par une telle structure en tant qu'organisation de niveau I. En effet, elles prodiguent des conseils aux services nationaux et assurent également des formations spécifiques à leur profit. Néanmoins, la différence porte moins sur le niveau d'implication que sur leur capacité d'appui. En effet, au-delà des conseils et de la formation, les organisations de niveau II opèrent des prêts de moyens et apportent un soutien à la coordination, ce que ne font pas celles de niveau I. Ce soutien, offert par les organisations auxiliaires compétentes en matière de sécurité intérieure, s'opère sur un schéma proche de celui du centre de suivi et d'information (CSI) (B).

46 Art. 9.5 de la décision instituant Eurojust.

47 À savoir, la présence d'une disposition dans le droit national le permettant et après intervention de l'UNE (en vertu, rappelons-le, de l'art. 8.2 de la décision instituant Europol).

48 Par ailleurs, il existe également les correspondants nationaux d'Eurojust pour les questions de lutte antiterroriste. Il s'agit de points de contact nommés au sein des autorités judiciaires nationales, chargés de recueillir et de diffuser les informations relatives aux enquêtes en matière terroriste conformément à l'art. 2 de la décision 2005/671/JAI du Conseil du 20 septembre 2005 relative à l'échange d'informations et à la coopération concernant les infractions terroristes (*JOCE* L 253 du 29.9.2005, p. 22).

A. Un appui fourni par Eurojust, Europol, l'OLAF et Frontex

Les organisations auxiliaires agissent à titre d'appui en apportant aux services nationaux de sécurité intérieure une aide dans le cadre des opérations conjointes. L'aide à la coordination a lieu dans le cadre des opérations concertées, mais pas uniquement. Les organisations auxiliaires sont susceptibles d'offrir leur appui dans n'importe quelle affaire relevant de leur mandat. Elles peuvent apporter des moyens matériels (1) et aider à l'organisation de réunions de coordination (2). Leur action consiste, lors de ces rencontres, à promouvoir la synchronisation de l'action entre les services nationaux de sécurité intérieure. Dans cette perspective, le soutien est limité et a trait à l'apport de conseils et d'une aide logistique d'envergure réduite (par exemple en une mise à disposition de locaux équipés de personnel de traduction ou de moyens de vidéoconférence, pour permettre à tous les protagonistes de se rencontrer et d'échanger).

En tout état de cause, les organisations auxiliaires n'ont qu'une capacité d'appui. Elles ont la possibilité d'aider à la coordination, mais elles ne peuvent pas contraindre les services nationaux à se coordonner. En effet, les options émises par ses membres sont uniquement de nature facultative (3). Elles peuvent encore moins se substituer à ces services en cas de refus de se coordonner, voire en cas de simple défaillance de leur part.

1. Une aide aux opérations conjointes et une offre sous forme de moyens matériels

Europol est une organisation auxiliaire compétente pour apporter un appui à la coordination des opérations conjointes menées par les autorités des États membres. Il le fait en fournissant une expertise technique et un soutien matériel. Il met en effet à la disposition des services nationaux désireux de mener des opérations concertées sa salle d'opération ainsi que des experts des unités du département *Serious Crime*, parmi lesquels des analystes[49].

Comme Europol, Frontex apporte une assistance aux États membres dans le cadre des opérations qu'ils souhaitent réaliser. L'agence européenne appuie la coordination des opérations conjointes et des actions entrant dans le cadre des projets pilotes réalisés par les services natio-

---

[49] C'est ainsi qu'Europol a participé à l'opération Baltico. Cette opération, la plus importante menée en Estonie au niveau européen, était destinée à démanteler un réseau de braqueurs de bijouteries de luxe. L'arrestation des suspects s'est effectuée de manière simultanée le 20 février 2007 en Italie, en Estonie, en Finlande, en France, en Espagne, en Lituanie et en Allemagne.

naux en matière de gestion des frontières extérieures[50]. En application de cette disposition, Frontex est intervenu en faveur de l'Espagne pour permettre au pays de faire face aux vagues d'immigration illégale, en envoyant des équipes d'experts et en participant à la coordination des opérations concertées.

En 2007, Frontex a pris part à une trentaine d'opérations de sécurisation des frontières dont trois au large des Canaries, plusieurs dans le reste de la Méditerranée et une visant la route des Balkans. Dans ce contexte, l'opération Héra III a été lancée le 12 février 2007 impliquant des moyens aériens et maritimes fournis par l'Espagne, l'Italie, la France et le Luxembourg, en liaison avec les autorités du Sénégal[51].

Toutefois, l'appui fourni par Frontex a trait à toute forme de coordination. Il va donc au-delà de l'aide apportée dans le cadre des opérations conjointes. En effet, le texte instituant l'agence[52] signale qu'un ou plusieurs États membres peuvent solliciter son assistance lorsqu'ils sont confrontés à une situation exigeant une assistance opérationnelle et technique renforcée lors de l'exécution de leurs obligations en matière de contrôle et de surveillance de leurs frontières extérieures.

De plus, l'agence européenne apporte aux centres de conduite des États membres un soutien matériel en matière d'aide à la décision : une salle d'opération et la production d'analyses de risques.

Il porte aussi sur les capacités déployées sur le terrain. Il s'agit alors d'une offre d'équipement dont dispose l'organisation auxiliaire. Cette offre, qui se présente sous la forme d'une mise à disposition d'une « boîte à outil » (approche n° 2 développée dans le schéma n° 9) dotée par les États, est une manière de mutualiser les ressources sur le mode du « pot commun » : les États « prêtent » des moyens à l'organisation qui, à son tour, les met à leur service en cas de besoin. Il est important d'ajouter immédiatement que la mise en place de cette boîte à outil ne constitue pas un transfert physique de matériel, mais en la création d'une base de données, appelée CRATE[53], qui recense le matériel mobilisable[54]. C'est la raison pour laquelle nous mettons volontairement le terme

[50] En vertu de l'art. 3 du règlement l'instituant.

[51] *Agence Europe* du 28 mars 2007.

[52] Art. 8 du règlement.

[53] La Commission européenne, dans sa communication du 13 février 2008 sur l'évaluation et le développement futur de l'agence, précise que la base contient des informations concernant une centaine de navires, une vingtaine d'avions, vingt-cinq hélicoptères, ainsi que plusieurs centaines d'équipements de contrôle des frontières (radars mobiles, véhicules, caméras thermiques et détecteurs mobiles).

[54] À cet égard, pour ce qui est toujours de Frontex, son directeur a lancé un appel à contribution aux États en leur demandant de lui fournir les équipements nécessaires. Cette question de la « boîte à outil » a d'ailleurs été l'un des points abordés au

prêter entre parenthèses : le prêt ne consiste ni en un transport, ni en un stockage par Frontex (sous forme d'entrepôts européens par exemple) mais seulement en l'indication de l'existence et de la disponibilité d'équipements nationaux, prêts à être acheminés sur le territoire d'un État suite à une demande émanant de celui-ci[55].

Dans sa communication du 13 février 2008 sur l'évaluation et le développement futur de l'agence, la Commission évoque ce concept du pot commun non pas sous forme de création d'une « boîte à outil » alimentée par les États membres, mais sous celle de la location de moyens par Frontex (approche n° 3 développée dans le schéma n° 9).

En comparaison, elle a proposé dans sa communication du 20 avril 2005, une approche similaire en matière de protection civile. En effet, elle a avancé l'idée que le centre de suivi et d'information (CSI) « puisse louer le matériel nécessaire à une réaction rapide à l'échelon européen et que les États membres – ou d'autres sources – ne sont pas en mesure de fournir ».

Pour sa part, le rapport Barnier évoque la question de l'achat de moyens d'agir par une instance européenne. En effet, il proposait une acquisition par l'Union par l'entremise du CSI. Dans ce cas de figure, il s'agissait de ce que nous nommons « mutualisation indirecte », c'est-à-dire une acquisition par un tiers (approche n° 5 développée dans le schéma n° 9). Le CSI ferait l'acquisition de matériel comme des hôpitaux de campagne et des pompes à haut débit qu'il mettrait au service des États membres[56].

Conseil JAI du 20 avril 2007. En écho aux discussions qui se sont tenues à ce sujet, les États ont mis à disposition de Frontex au cours de cette année, 21 avions, 27 hélicoptères, 107 bateaux, ainsi que du matériel technique comme des lampes infrarouges, des détecteurs et des kits de détection contre la contrefaçon de documents. « Ces chiffres sont très satisfaisants, surtout ceux en provenance de France et d'Italie. Toutefois, nous espérons que d'autres offres seront encore faites prochainement », a déclaré le directeur de Frontex, Ilkka Laitinen évoquant le matériel déjà mis à disposition peu avant la session du Conseil JAI (*Agence Europe* du 20 mars 2007).

55 Nous verrons dans la conclusion générale que ce « prêt » ne consiste pas, pour Frontex, en la possibilité d'extraire le matériel disponible. Il s'agit seulement pour l'agence européenne, de connaître l'état de disponibilité de certains moyens nationaux. En tout état de cause, il revient aux États de prêter leurs « outils », c'est-à-dire de répondre favorablement à la demande de Frontex (qui lui même, répond à une demande d'assistance). En effet, ceux-ci conservent toute latitude dans le domaine. Ainsi, la Marine nationale française peut toujours refuser d'y donner suite en invoquant le fait, par exemple, que le croiseur réclamé procède à des exercices conjoints avec l'US Navy dans le cadre de la coopération franco-américaine en matière de lutte contre la drogue.

56 Cette idée de mutualisation à travers le CSI est toujours à l'état de projet puisqu'elle n'existe pas dans le droit positif. Les travaux portent surtout sur l'interopérabilité du matériel.

Le rapport Barnier a inversé clairement le rapport entre les États membres et l'Union. Dans le schéma initial prévu par la communication du 20 avril 2005, les États achetaient du matériel qu'ils mettaient éventuellement au service du CSI pour mener à bien des opérations qu'ils avaient décidé de mener conjointement.

Cette approche de « mutualisation indirecte » était aussi évoquée dans la proposition de règlement destinée à établir les Rabits[57]. La Commission suggérait que Frontex puisse faire l'acquisition d'équipements techniques de contrôle et de surveillance des frontières extérieures. Cette proposition était ambitieuse car elle aurait permis à Frontex de procéder lui-même à l'acquisition de matériel pour venir en aide aux services nationaux. Elle lui aurait donné la faculté de s'équiper pour toute opération relevant de sa compétence, en particulier le déploiement des Rabits. Contrairement à ce qui se passe actuellement, l'agence européenne aurait pu remplir elle-même sa boîte à outil en faisant les achats adéquats. Or, cette disposition n'a pas été retenue dans le cadre du règlement instituant les Rabits. Bien que le projet n'ait pas été retenu par le Conseil lors de l'adoption du règlement, la Commission maintient son idée de « mutualisation indirecte ». En effet, dans sa communication du 13 février 2008 sur l'évaluation et le développement de Frontex, elle propose que, dans le futur, l'agence acquière elle-même les moyens nécessaires qu'elle mettrait ensuite au service des États membres. Le Conseil, dans ses conclusions des 5 et 6 juin 2008 précitées, approuve cette solution sous réserve que l'achat et la location

---

Selon nous, le principe de mutualisation pourrait néanmoins voir le jour sous forme de ce que nous appelons « mutualisation directe », c'est-à-dire une acquisition par les États membres eux-mêmes sans l'intermédiaire du CSI (approche n° 4 développée dans le schéma n° 10). Cependant, il s'agirait plus d'une mutualisation d'emploi que d'acquisition. En d'autres termes, les États continueraient d'acheter le matériel individuellement, mais de manière concertée (c'est pourquoi nous mettons le terme collectif entre guillemets dans le tableau). Le matériel ainsi acquis serait mutualisé à travers les modules de protection civile.

Dans cette optique, les États acquerraient les matériels en fonction des besoins (internes notamment) et de leurs capacités financières, qu'ils confieraient en gestion déléguée aux modules pour des besoins externes (c'est-à-dire dans le cadre d'intervention sur des théâtres d'opération situés d'autres États membres ou à l'extérieur de l'Union). Nous pourrions prolonger le raisonnement en suggérant que les achats ne soient pas seulement concertés mais coordonnés. De la sorte, les programmes financiers d'acquisition resteraient nationaux, mais ils seraient établis de manière optimale, les États se répartissant les charges pour l'achat de certains équipements coûteux et/ou spécifique (comme des engins de dépollution). Les États continueraient à agir individuellement pour les autres équipements (petits matériels ou matériels plus coûteux vis-à-vis desquels il n'y a pas de consensus entre les États concernant le financement).

[57] Art. 12 de la proposition de règlement destinée à établir les Rabits présentée par la Commission le 19 juillet 2006.

d'équipement soient effectués « sur la base d'une évaluation des besoins ainsi qu'une approche coûts/bénéfices ».

Les perspectives de réforme de Frontex, couplées avec l'augmentation substantielle du budget de l'agence dans le cadre des perspectives financières 2007-2013, sont donc susceptibles d'ouvrir des possibilités pour l'acquisition de moyens que les États ne pourraient pas, ou ne voudraient pas, faire individuellement. Dans cette optique, nous pourrions imaginer que l'achat de matériels coûteux ne serait plus effectué par les États, mais par Frontex. L'agence européenne le ferait alors sur la base du Fonds pour les frontières extérieures[58], et mettrait ces matériels à leur disposition[59].

	Achat du matériel par :	Action de l'entité intermédiaire (Frontex)[60]	Utilisateur du matériel
Approche n° 1 Schéma classique de l'entraide	État membre individuellement	-	État membre requis
Approche n° 2 Schéma de la « boîte à outil »	État membre individuellement	Gestion d'une base de données gérée par Frontex	État membre requis
Approche n° 3 Schéma proposé la Commission	État membre individuellement	Prêt ou location par Frontex du matériel national	État membre requis
Approche n° 4 Schéma de la « mutualisation directe »	États membres « collectivement »	Mise à disposition à Frontex de leur matériel sous forme de prêt/location	État membre requis
Approche n° 5 Schéma de la « mutualisation indirecte »	Frontex	Mise à disposition par Frontex de son matériel sous forme de prêt/location	État membre requis

schéma n° 9

58 Décision (CE) n° 574/2007 du Parlement européen et du Conseil du 23 mai 2007 portant création du Fonds européen pour les frontières extérieures pour la période 2007 – 2013 dans le cadre du programme général « Solidarité et gestion des flux migratoires » (*JOCE* L 144 du 6.6.2007, p. 22).

59 À la lumière de ce qui vient d'être exposé en matière de gestion des frontières, nous pourrions envisager un système mixte avec une mutualisation directe et une mutualisation indirecte dans le domaine de la protection civile. La mutualisation directe serait réalisée selon le modèle proposé précédemment, à savoir une acquisition par les États membres eux-mêmes de manière concertée, voire coordonnée. Pour ce qui est de la mutualisation indirecte, le CSI ferait l'acquisition d'équipements très coûteux, comme des avions bombardiers d'eau de gros tonnage ou des avions cargos permettant d'acheminer des véhicules d'intervention à grand gabarit comme des camions-pompes semi-remorques. Ainsi, le centre achèterait seulement du matériel demandant un effort financier très lourd, cette charge étant absorbée par le budget de l'Union.

60 Le cas échéant, le CSI, et ceci en fonction du contexte de nos propos.

2. *Une aide sous forme d'organisation de réunions de coordination*

Les organes d'Europol, d'Eurojust, et de l'OLAF paraissent comme des vecteurs d'aide à la coordination des actions menées par les services nationaux de sécurité intérieure.

Pour ce qui est d'Europol, les OLE organisent des réunions de coordination au siège de l'organe central avec les enquêteurs responsables du dossier au plan national. Au cours de ces réunions, ils facilitent le dialogue et prodiguent leurs conseils. Ils aident aussi à trouver une entente sur la meilleure stratégie à adopter pour l'enquête.

Par exemple, Europol a apporté son appui dans le cadre d'une affaire impliquant une organisation criminelle d'un pays du Nord de l'Europe se livrant au trafic de cannabis et d'amphétamine. Pour mettre cette organisation hors d'état de nuire, les OLE ont organisé, avec l'appui des membres de l'unité du département *Serious Crime* en charge des questions de stupéfiants et conjointement avec les services nationaux, des réunions de coordination pour proposer que ces services se répartissent les tâches « de sorte d'optimiser l'action de [chacun d'eux] et, par là même, d'augmenter les chances de succès de son démantèlement »[61].

Ce type d'activité ne repose sur aucun fondement juridique explicite, la convention étant silencieuse à ce sujet. Le traité sur le fonctionnement de l'Union européenne, tel qu'il a été rédigé par les auteurs du traité de Lisbonne, pourrait combler cette lacune en consacrant cette évolution de la fonction d'Europol vers davantage de coordination[62]. Dans une perspective identique, la Commission a suggéré, dans sa proposition destinée à remplacer la convention par une décision, d'étendre les compétences de l'office à « la coordination, l'organisation et la réalisation d'enquêtes et d'actions opérationnelles, menées conjointement avec les autorités compétentes des États membres »[63].

Pour sa part, Eurojust assure la coordination multilatérale des enquêtes et des poursuites. Il s'agit d'ailleurs de l'une de ses activités principales. Les objectifs assignés à l'unité de coopération judiciaire sont la promotion et l'amélioration de la coordination entre les autorités compétentes. Certains auteurs comparent son activité à celle d'un « centre de

---

61 Leclair, G., « La situation en Europe en matière de drogues », *Vers un espace judiciaire pénal européen*, De Kerchove, G., Weyembergh, A. (dir.), Bruxelles, Éditions de l'Université libre de Bruxelles, 2001, p. 212.

62 L'art. 88.2.b TFUE énonce que les tâches d'Europol « peuvent comprendre [...] la coordination, [...] d'enquêtes et d'actions opérationnelles, menées avec les autorités compétentes des États membres » (disposition identique figurant aussi à l'art. III-276.2.b du traité constitutionnel).

63 Art. 5.1.b de la proposition de décision.

coordination ou [d']une plaque tournante »[64]. La décision du 28 février 2002 offre à Eurojust un rôle proactif dans la gestion des dossiers en octroyant à ses membres nationaux le droit d'envoyer spontanément des informations. À cet égard, elle leur donne la possibilité de fournir aux autorités nationales toute information nécessaire sans forcément attendre l'envoi d'une demande préalable émanant de celle-ci[65].

La décision du 28 février 2002 va plus loin que l'échange d'informations en accordant la possibilité à l'unité de coopération judiciaire d'initier une action coordonnée lorsque des enquêtes et des poursuites sont déjà menées dans un État membre. En effet, Eurojust a la capacité d'en prendre l'initiative sans que les autorités nationales n'en fassent la demande. Concrètement, le membre national peut d'office inviter les différents protagonistes à participer à une réunion pour faire le point sur l'affaire, se répartir les tâches et synchroniser leur action.

Ce membre peut aussi, dans une affaire de dimension transnationale, créer l'impulsion nécessaire pour entamer une enquête ou lancer des poursuites dans un État membre. Il s'agit de l'hypothèse où une investigation ou une poursuite est menée dans un État membre, et qu'il apparaît nécessaire que d'autres soient déclenchées dans un ou plusieurs États membres. Pour le succès de cette affaire, l'unité de coopération judiciaire, en anticipant les besoins des autorités nationales, a la possibilité de solliciter le concours des différents protagonistes actuels et potentiels. Par exemple, pour démanteler tous les acteurs d'un réseau de trafiquants d'êtres humains, Eurojust peut inviter les autorités judiciaires des pays enquêtant déjà sur ce dossier à coordonner leur action et celles qui n'ont pas encore initié d'enquête à le faire en liaison étroite avec les autres[66].

Les cas (ou dossiers)[67] sont traités par les membres nationaux et donnent lieu à l'organisation de réunions spécifiques. Ces réunions, qui se

---

64 Rapport annuel d'activité de Pro-Eurojust pour l'année 2001 (doc. du Conseil du 20 décembre 2001, n° 15545/01 EUROJUST 15, p. 6).

65 En France, l'art. 695-5-2 du code de procédure pénale fait du procureur général le destinataire des informations d'Eurojust. En comparaison, le membre national d'Eurojust peut demander les informations issues de procédures judiciaires, soit au procureur général, soit au juge d'instruction (art. 695-5-3 du code de procédure pénale).

66 Parallèlement à cela, et pour permettre aux membres nationaux de jouer pleinement un rôle proactif, la décision du 16 décembre 2008 prévoit que ceux-ci sont informés des équipes communes d'enquête mises en place au plan national, des dossiers transnationaux relatifs à des infractions graves, des livraisons contrôlées ayant une dimension transnationale, et des difficultés persistantes en matière d'exécution d'une demande d'entraide judiciaire.

67 Chaque cas correspondant à une enquête judiciaire (ou le cas échéant une poursuite).

déroulent dans les locaux de l'unité ou en dehors[68], rassemblent les membres nationaux des États concernés, les points de contact du Réseau judiciaire européen et/ou les magistrats de liaison nationaux. Les autorités judiciaires déjà en charge de l'affaire, qui sont *in fine* les principales intéressées, ou susceptibles de l'être, sont conviées à y assister. Les services policiers et douaniers, en tant qu'auxiliaires de justice, sont également susceptibles d'y prendre part[69]. Ces réunions sont l'occasion, pour les acteurs en présence, de se tenir informés de l'action des uns et des autres, de faire le point sur l'état de l'enquête (et des poursuites) dans chacun des États membres et d'échanger des informations concrètes sur les opérations réalisées ainsi que sur les individus ou les groupes visés dans l'affaire[70]. Il s'agit surtout de donner l'occasion aux différentes parties de faire le bilan des opérations[71], de se répartir les tâches et de se synchroniser selon un timing accepté par tous[72].

---

68 Le rapport annuel d'activité d'Eurojust pour l'année 2006 précise que 70 réunions de coordination se sont tenues au sein des locaux et 21 à l'extérieur. Le rapport de 2007 précise que 91 réunions ont été effectuées, 74 dans ses locaux et 17 à l'extérieur. Ces réunions ont impliqué jusqu'à 30 pays participants.

69 En principe, la participation est limitée par le nombre de places disponibles et par le fait que ces réunions ne font pas l'objet de traduction simultanée.

70 Le rapport d'activité de 2007 donne l'exemple d'un cas de fraude à la carte de crédit en France. En l'espèce, trois ressortissants roumains ont été appréhendés en France et l'enquête subséquente a relevé qu'il s'agissait d'un vaste réseau de contrefaçon de cartes de crédit. Eurojust a organisé une réunion rassemblant les autorités judiciaires de différents États impliqués à savoir la France et la Roumanie, mais aussi l'Italie, l'Espagne, l'Allemagne et l'Autriche. Sur la base d'une analyse effectuée par Europol, une action conjointe a été coordonnée en février 2007 par les autorités italiennes et roumaines. Cette action a permis l'appréhension de suspects, de fausses cartes de crédit et de matériel destiné à effectuer des fraudes, comme des distributeurs automatiques.

71 L'échange d'informations est facultatif, chaque autorité judiciaire étant libre de divulguer ou non celles qu'elle détient. Comme elles conservent la maîtrise de l'affaire et donc, des données afférentes, elles n'ont pas l'obligation de les partager ni avec les autorités judiciaires d'autres États membres, ni avec Eurojust. « Certains magistrats craignent d'informer Eurojust de peur que cette communication ne fasse échouer une enquête » (Le Coz, N., « La criminalité organisée en Europe – "Union es-tu là ?" », *op. cit.*, p. 63).

72 À côté de ces réunions opérationnelles, Eurojust organise des réunions dites de coordination stratégique et de coordination tactique.

Les réunions de coordination tactique donnent la possibilité aux participants de mettre en évidence les obstacles à l'efficacité de l'entraide judiciaire. Elles permettent de cerner les difficultés auxquelles les praticiens sont confrontés et d'y trouver des solutions. Enfin, elles constituent un forum de discussions constructives (rapport annuel d'activité d'Eurojust pour l'année 2002 [doc. du Conseil du 8 mai 2003, n° 9124/03 EUROJUST 11, p. 8]) dans lequel chacun échange son point de vue en matière d'entraide judiciaire.

La décision du 16 décembre 2008 modifiant la décision instituant Eurojust du 28 février 2002 renforce le rôle de coordination des membres nationaux, en particulier avec le DPC. Dans cette hypothèse, une autorité judiciaire aux prises avec un dossier transnational complexe nécessitant des poursuites et/ou des actes d'enquête urgente dans d'autres États membres peut prendre contact avec le DPC et solliciter la tenue d'une réunion de sorte que les mesures soient prises le plus rapidement possible.

La décision du 16 décembre 2008 modifiant la décision du 28 février 2002 instituant Eurojust étend le rôle de coordination de l'unité de coopération judiciaire aux demandes d'entraide judiciaire émanant de pays tiers. En effet, l'unité peut coordonner l'exécution de telles demandes dans l'hypothèse où celles-ci sont émises par les autorités judiciaires d'un pays tiers et du moment que d'une part, elles sont adressées aux autorités judiciaires de plusieurs États membres et d'autre part, elles s'inscrivent dans le cadre d'une même affaire. Dans ce cas de figure, les requêtes sont transmises soit à Eurojust directement, soit aux autorités judiciaires des États membres qui les communiquent à l'unité aux fins de coordination. En cas d'urgence, les demandes peuvent être reçues par Eurojust *via* le DPC.

L'office de lutte antifraude exerce également un rôle de coordination lorsqu'il n'est pas chef de file de la direction de l'enquête[73]. En pratique, le service national de sécurité intérieure, qu'il s'agisse d'une autorité douanière ou d'un autre service administratif, occupe cette fonction dans l'hypothèse où il est destinataire d'une dénonciation et sollicite le concours de l'OLAF. Dans ce cas de figure, l'OLAF intervient pour aider à l'organisation de réunions en présence des services nationaux qui enquêtent conjointement sur une affaire de fraude. En tout état de cause et à l'instar du personnel d'Eurojust et d'Europol, les membres de l'OLAF n'agissent qu'à titre de soutien, les décisions étant prises *in fine* par les services nationaux.

Pour sa part, l'office de lutte antifraude devient le chef de file seulement dans l'hypothèse où il reçoit une dénonciation. Il ouvre alors une enquête et exerce des investigations conformément aux dispositions du règlement 1073/1999/CE. Il perd cette position quand il choisit de dénoncer les faits à l'autorité judiciaire nationale. Comme le souligne le

[73] L'action d'aide à la coordination, appelée abusivement « action de coordination », est définie par le rapport d'activité de l'OLAF pour l'année 2007 comme une contribution de l'office « aux enquêtes menées par les autorités nationales ou d'autres services communautaires, en facilitant et en stimulant la collecte et l'échange d'informations et de contacts, ainsi qu'en encourageant les autorités à travailler ensemble dans le cadre d'une action concertée » (p. 26).

Comité de surveillance[74], dans cette hypothèse, le traitement judiciaire échappe à l'OLAF qui peut seulement éclairer les services nationaux compétents en fonction des données propres à chaque affaire. L'unité composée de magistrats de la direction C aide alors à la coordination entre les autorités judiciaires des différents États membres. De même que pour Eurojust, cette action est facultative et n'intervient qu'en cas de demande de leur part.

3. *Une aide sous forme d'invitations à l'attention des services nationaux*

De manière générale, la coordination peut être menée dans une organisation de deux manières différentes selon qu'il existe un organe investi de l'autorité ou non. Dans le premier cas de figure, cet organe réalise une allocation autoritaire des tâches en les répartissant entre les membres. Dans le deuxième cas de figure, la répartition a lieu par consensus entre les membres. Dans ce contexte, chacun agit en se positionnant spontanément par rapport à l'action des autres. Autrement dit, dans la première hypothèse, la coordination est imposée alors que dans la deuxième, elle est concertée à travers une procédure d'ajustement mutuel.

Les organisations auxiliaires opèrent seulement dans le cadre du deuxième cas de figure, en apportant leur aide en tant que de besoin. Les décisions sont toujours prises *in fine* par les services nationaux. Ces derniers ajustent entre eux leurs actions sans que les organisations ne leur imposent une solution particulière.

Concernant Eurojust, les membres nationaux peuvent demander aux autorités nationales d'entreprendre toute une série d'actions comme mettre en place une équipe commune d'enquête ou prendre des mesures complémentaires pour permettre l'exécution d'une demande d'entraide, en cas d'accomplissement partiel ou insuffisant.

Lorsqu'une une enquête (ou des poursuites) n'est pas encore menée dans un État membre, le membre national peut demander d'effectuer des actes d'investigation ou d'engager des poursuites. Inversement, lorsqu'une une enquête (ou des poursuites) est déjà menée dans plusieurs États membres, l'unité de coopération judiciaire peut demander aux autorités nationales saisies de l'affaire l'abandon par l'une d'elles de l'enquête ou des poursuites au profit d'une autre[75]. Toutefois, les pou-

[74] Rapport d'activité juillet 1999-juillet 2000, p. 24-25 (*JOCE* C 360 du 14.12.2000, p. 1).

[75] Ainsi, dans le cadre de l'opération Baltico précitée, Eurojust a organisé une réunion de coordination entre les autorités nationales impliquées. Les participants se sont accordés pour que l'Italie poursuive les individus arrêtés. Pour ce faire, les autorités du

voirs des membres nationaux sont limités pour solutionner ce type de conflit de compétences puisqu'ils ne peuvent pas contraindre les autorités à se dessaisir. En effet, la décision instituant Eurojust dispose qu'ils peuvent « demander aux autorités compétentes des États membres concernés d'envisager d'accepter que l'une d'elles puisse être mieux placée pour entreprendre une enquête ou des poursuites sur des faits précis ». À cet égard, la décision énonce que l'autorité se dessaisisse au profit de celle de l'État le mieux placé pour entreprendre l'enquête (ou les poursuites). En application de cette disposition, l'unité de coopération judiciaire a établi une série de critères figurant en annexe des rapports annuels pour les années 2003, 2004 et 2005[76]. Nonobstant, ces critères ont uniquement une valeur incitative dans la mesure où ils ont seulement vocation à conseiller les autorités nationales concernant l'orientation que doit prendre leur action.

Ceci est vrai en cas de conflits positifs de compétence, mais aussi en cas de conflits négatifs. Comme indiqué précédemment, la décision instituant Eurojust donne la possibilité également aux membres nationaux d'intervenir dans cette hypothèse mais, là encore, leurs pouvoirs sont limités car ils ne peuvent pas contraindre les autorités à se saisir d'une affaire. Il en est de même concernant l'intervention du collège à cet égard. Ce dernier peut, selon les termes de la décision du 16 décembre 2008, rendre, à l'instar de l'hypothèse relative aux refus récurrents ou aux difficultés en matière d'exécution d'une demande d'entraide, « un avis non contraignant » sur le conflit, ce dernier étant, en tout état de cause, résolu par les parties concernées[77].

Dans le même registre, le législateur a prévu l'intervention de l'unité de coopération judiciaire en cas de concours entre différents mandats d'arrêts européen. La décision-cadre du 13 juin 2002 confère alors à l'unité la mission de venir en aide à l'autorité judiciaire confrontée à la tâche d'exécuter les différents mandats, pour identifier celui qui revêt un caractère prioritaire[78]. Une fois encore, il peut apporter son appui à l'autorité qui le désire, mais seulement à titre de conseiller, sans possibilité d'arbitrer des conflits éventuels en émettant une solution contraignante.

Rappelons également que, à la lumière de ce qui a été précisé dans l'introduction générale, nous comprenons les dispositions de la décision

pays ont émis trente-cinq mandats d'arrêts européens dans les six États membres ayant participé à l'action concertée.

76 Par exemple, rapport annuel d'activité 2005, p. 92.

77 Ajoutons d'emblée que bien que cet avis soit non contraignant, les autorités nationales ont l'obligation de tenir informé des décisions prises subséquemment (du moins en principe, *cf. infra*).

78 Art. 16.2 de la décision-cadre instaurant le mandat d'arrêt européen.

du 16 décembre 2008 relatives à l'intervention d'Eurojust destinée à faciliter la mise en œuvre des mécanismes relatifs à l'entraide judiciaire classique, comme s'appliquant aussi à ceux ayant trait à la reconnaissance mutuelle. Dans cette perspective, le collège d'Eurojust est également compétent pour rédiger un avis en cas de non exécution par les autorités judiciaires d'un État d'une décision émanant d'un autre État, qui s'inscrit dans le processus de reconnaissance mutuelle.

À l'instar d'Eurojust, Europol assume aussi un rôle d'orientation des enquêtes sans pouvoir toutefois obliger les services nationaux de sécurité intérieure à entamer ou coordonner leur action dans le cadre d'une enquête pénale. Il est vrai qu'une disposition introduite par le traité d'Amsterdam[79] autorise l'office à « demander aux autorités compétentes des États membres de mener et de coordonner leurs enquêtes dans des affaires précises ». Or, en l'état actuel du droit, les demandes ne sont pas juridiquement contraignantes. Une recommandation du Conseil du 28 septembre 2000[80] précise d'ailleurs qu'Europol invite les États membres à engager une enquête pénale[81].

La décision instituant Europol reprend la philosophie du mécanisme de coordination facultative figurant dans le protocole du 28 novembre 2002[82]. L'office européen de police peut demander aux services nationaux de coordonner leur action, mais ils conservent toute latitude pour accepter ou refuser d'y donner suite. Les États traitent donc les demandes de coordination des enquêtes mais restent libres quant à l'issue à donner[83]. Tout au plus ont-ils l'obligation de leur accorder toute la considération due et de motiver leur refus.

79 Figurant à que l'art. 30.2.b TUE.

80 Recommandation du Conseil du 28 septembre 2000 aux États membres concernant des demandes d'Europol les invitant à engager des enquêtes pénales dans des cas précis (*JOCE* C 289 du 12.10.2000, p. 8).

81 Hasard des négociations, l'activité d'aide à la coordination ne figure pas parmi les fonctions d'Europol citées dans la décision (hormis dans l'hypothèse du faux-monnayage figurant à l'art. 5.5). Cette omission, qui serait selon nous davantage la traduction d'une volonté délibérée de certains États membres craignant qu'Europol se voit octroyer des compétences allant au-delà du seul appui à la coordination, qu'un oubli ou une négligence, n'altèrera en rien l'activité de l'office une fois le texte en vigueur. En effet, Europol pourra toujours favoriser la coordination en cas de besoin (d'ailleurs, parallèlement à cela, la décision n'empêche pas l'office européen de police de demander aux services nationaux de se coordonner [art. 5.1.d]).

82 Art. 5.1.d précité et art. 3.ter de la convention dans sa version modifiée par le protocole.

83 En vertu de l'art. 7.1 de la décision instituant Europol qui énonce que « les États membres traitent toute demande d'Europol [...], accordent à ces demandes toute l'attention voulue [et] font savoir à Europol si l'enquête demandée sera ouverte ».

Pour revenir à Eurojust, pour lui permettre de jouer ce rôle proactif, la décision lui octroie un pouvoir d'auto-saisine lorsqu'une enquête (une poursuite) n'est pas déjà menée dans un État membre. Là encore, ce pouvoir est limité dans ses effets puisque les demandes émanant de l'unité de coordination judiciaire à l'attention des autorités nationales ne sont pas contraignantes. Contrairement à un procureur européen qui pourrait enjoindre les autorités nationales d'effectuer les actes qu'il juge nécessaire, Eurojust ne peut que les convier à entreprendre une enquête (ou des poursuites) et à se coordonner[84].

Le pouvoir d'Eurojust était d'autant plus limité que la décision du 28 février 2002 instituant Eurojust habilitait les autorités nationales à ne pas motiver leur refus dans certaines circonstances. Le texte demandait en principe aux autorités sollicitées par le collège d'Eurojust d'apporter une réponse étayée, en exigeant une justification sur leur choix de ne pas donner suite aux demandes officielles émanant du collège. Cependant, par exception, elles en étaient dispensées lorsqu'elles estimaient qu'une réponse positive était susceptible de porter atteinte aux intérêts nationaux essentiels en matière de sécurité ou à la sécurité d'une personne, ou encore de compromettre des enquêtes en cours.

Quant à elle, la décision du 16 décembre 2008 modifiant la décision du 28 février 2002 étend le champ d'application des hypothèses dans lesquelles les autorités judiciaires nationales peuvent invoquer ces motifs. Désormais, elles peuvent faire valoir de tels motifs d'une part, pour ne pas donner suite à une sollicitation individuelle du membre national et d'autre part, pour ne pas communiquer une série d'informations à Eurojust[85].

Parallèlement à cela, la décision du 16 décembre 2008 introduit une nouveauté en permettant aux autorités d'exciper des raisons dites « opérationnelles » pour ne pas donner suite à une sollicitation du membre national qu'elle soit de nature individuelle ou de nature collective par l'entremise du collège[86]. En effet, lorsque les autorités refusent

---

84 Par exemple, le rapport d'activité d'Eurojust pour l'année 2007 a indiqué que le membre national espagnol a recommandé aux autorités espagnoles de poursuivre un ressortissant britannique suspecté de meurtre, de contrefaçon et de fraude.

85 La décision du 16 décembre 2008 permet en effet aux autorités judiciaires nationales de se soustraire à une obligation générale d'information de l'unité de coopération judiciaire, liée à des dossiers de nature transnationale ou relative à certaines situations (conflits de compétence, livraisons contrôlées et difficultés en matière d'exécution d'une demande d'entraide) susceptibles d'intéresser Eurojust.

86 Les autorités nationales sont aussi tenues de communiquer à Eurojust leur décision ainsi que les raisons qui sous-tendent celle-ci, concernant la suite donnée aux avis du collège rendus en cas de conflit de compétence ou ceux relatifs aux difficultés ou aux refus récurrents portant sur l'exécution d'une demande. Une fois encore cependant, la

d'exécuter une telle demande, elles peuvent exciper de « l'impossibilité »[87] d'y donner suite en se retranchant derrière les motifs prévus par la décision du 28 février 2002 (protection des intérêts nationaux, sécurité d'une personne, préservation du bon déroulement d'une enquête en cours), qui sont, dans le cadre des correspondances entre les autorités nationales et l'unité de coopération judiciaire, labellisés sous l'appellation générique de raisons opérationnelles. En tout état de cause, ce réaménagement entrepris par la décision du 16 décembre 2008 reste de portée limitée car le cœur du dispositif demeure le même, à savoir que les autorités restent libres de la suite à leur donner[88].

La décision instituant Europol, qui s'inspire du protocole du 28 novembre 2002, introduit un mécanisme identique pour l'office européen de police. Elle dispose que ce dernier « peut demander aux autorités compétentes des États membres concernés d'ouvrir [et] de mener [...] des enquêtes »[89]. Elle lui permet donc, et ceci conformément aux dispositions inscrites dans le traité d'Amsterdam, de prendre l'initiative d'inviter les services policiers et douaniers nationaux à effectuer une enquête entrant dans son champ d'application. Comme dans la décision instituant Eurojust, l'État concerné a l'obligation de motiver son refus s'il s'oppose à l'ouverture d'une enquête. Toujours parallèlement à la décision instituant Eurojust, il s'agit d'une invitation non contraignante. De plus, les prérogatives attribuées à l'office sont limitées par le fait que

---

décision du 16 décembre 2008 permet à ces autorités de faire valoir des raisons opérationnelles pour se soustraire à cette obligation.

87 Selon les termes de la décision du 16 décembre 2008.

88 Reste à savoir comment il sera fait usage de cette clause permettant aux autorités d'invoquer les motifs susindiqués pour 1. ne pas communiquer des données au membre national en vertu de l'obligation générale d'information, 2. ne pas répondre positivement à une sollicitation du membre national ou du collège, 3. ne pas donner suite à un avis du collège.

Soit le recours à cette clause le sera à bon escient (les autorités nationales l'invoquant avec parcimonie et en cas de difficulté majeure), soit celle-ci elle sera utilisée abondamment et comme prétexte et là encore, il conviendra de distinguer selon que le bien-fondé des refus invoqués et repris dans le rapport d'Eurojust, sera ou non, soumis à l'examen du Conseil. La portée de cet examen serait malgré tout, toute relative étant donné le principe de l'indépendance du pouvoir judiciaire vis-à-vis du pouvoir exécutif, ancré dans les traditions et les droits nationaux. En effet, un rapport mettant en cause l'attitude d'une autorité judiciaire, présenté aux membres du Conseil, en l'occurrence les ministres de la Justice des États membres, pourrait entrainer seulement une réaction de leur part sous forme de formules incantatoires. La méthode du *peer pressure* serait sans réelle influence sur l'autorité incriminée, eu égard au respect de ce principe de séparation des pouvoirs, protégé le cas échéant, au niveau constitutionnel.

89 Ce pouvoir s'étend aussi à la constitution d'équipes communes d'enquête. Comme Eurojust, il peut en effet suggérer aux autorités nationales de mettre en place de telles équipes.

la décision instituant Europol a introduit des exceptions à l'obligation de l'autorité nationale de motiver son refus. Ces dérogations correspondent aux exceptions contenues dans la décision instituant Eurojust, relatives à la sauvegarde des intérêts nationaux essentiels en matière de sécurité, à la protection d'une personne impliquée dans une enquête et au bon fonctionnement des enquêtes en cours[90].

B. Une action proche de celle du centre de suivi et d'information (CSI)

Situé à la direction générale Environnement de la Commission, le Centre de suivi et d'information (CSI) est une instance fondée sur une décision du 23 octobre 2001[91], chargée de coordonner les actions menées par les États membres afin de porter secours aux populations suite à une catastrophe. Selon les termes de la Commission, il s'agit du « centre névralgique »[92] du dispositif de protection civile, c'est-à-dire le Mécanisme communautaire.

Contrairement aux organisations auxiliaires comme Eurojust, Europol, l'OLAF ou Frontex, il s'agit d'un organisme sans personnalité juridique propre. Son rôle consiste à faciliter la sélection des moyens d'intervention de protection civile les plus pertinents et à assurer en permanence la coordination concernant leur acheminement et leur action sur les lieux de l'évènement.

Le CSI sert de courroie de transmission aux demandes d'assistance émanant des États visant à l'envoi soit d'experts, soit d'équipes d'intervention, soit de matériel. Après réception et diffusion des demandes d'assistance, il facilite la mobilisation des ressources en réalisant un soutien su le plan technique et logistique pour l'acheminement et l'intervention des équipes.

Par exemple, le centre a reçu et diffusé la demande d'assistance formulée par les autorités grecques lors des incendies de forêt de l'été de l'année 2007 en activant le réseau d'alerte dans les trente pays[93]. C'est ainsi que la France, l'Italie, l'Espagne et le Portugal ont pu répondre favorablement à cette demande en envoyant des hélicoptères et des

---

90 Ce sont les mêmes motifs que l'UNE peut exciper pour ne pas fournir des informations à l'office (l'art. 8.5 de la décision instituant Europol ajoute la préservation d'informations liées aux activités de renseignement en matière de sûreté de l'État).

91 Décision du Conseil du 23 octobre 2001 instituant un Mécanisme communautaire visant à favoriser une protection renforcée dans le cadre des interventions de secours relevant de la protection civile (*JOCE* L 297 du 15.11.2001, p. 7).

92 Communication du 11 juin 2002 [COM(2002)302]) intitulée : Protection civile – Progrès dans la mise en œuvre du programme de préparation aux urgences éventuelles.

93 Les vingt-sept États membres ainsi que la Norvège, l'Islande et le Liechtenstein.

avions bombardiers d'eau[94]. Cela a encore été le cas au cours de l'été 2008. Les autorités grecques ont sollicité un appui européen à leurs services pour lutter contre des incendies qui ont détruit près de 5000 hectares de forêt dans l'île de Rhodes. Des équipes de spécialistes ont été mobilisées en moins de douze heures après la réception de la demande et deux canadairs italiens, deux canadairs français et un hélicoptère chypriote ont été envoyés sur les lieux[95].

La procédure est la suivante : l'État touché avertit la Commission ainsi que les autres États susceptibles d'être touchés par la situation. Le CSI, qui est destinataire de la demande d'assistance, la diffuse aux autres États participant au CSI. Parallèlement, une fois les besoins identifiés, il consulte la base de données sur les ressources que les États possèdent. Comme Frontex[96], le CSI gère un inventaire des équipements techniques appartenant aux États membres, équipements que les États sont prêts à mettre volontairement et temporairement à la disposition de celui d'entre eux qui sollicite l'aide[97]. Après avoir déterminé les capacités disponibles, le CSI s'adresse aux États possédant les capacités adéquates en vue des mobiliser. Ceux-ci acheminent alors le matériel et/ou les équipes d'intervention qu'ils jugent appropriés sur les lieux de la catastrophe. En tout état de cause, la gestion des conséquences immédiates d'une catastrophe incombe en premier lieu au pays dans lequel elle est survenue.

À côté de cela, le CSI peut procéder lui-même à l'envoi des équipes d'évaluation et de coordination. À cet effet, il sélectionne et mobilise les experts chargés d'évaluer les besoins sur place et de faire fonction de liaison entre les autorités de l'État membre demandeur et les équipes d'intervention des autres États membres[98].

---

94 *Agence Europe* du 20 juillet 2007.

95 *Agence Europe* du 29 juillet 2008.

96 Qui gère, au niveau central, un inventaire des équipements techniques de contrôle et de surveillance des frontières extérieures que possèdent les États membres en vertu de l'art. 9.2 du règlement l'instituant.

97 Nonobstant, le système souffre d'insuffisances en raison du fait que les États n'alimentent pas correctement la base (ce qui n'est pas sans rappeler la situation d'Europol). En effet, une alimentation rigoureuse signifie de la part des États, une volonté de s'engager par avance en signalant les unités disponibles et aptes à servir en cas de besoin. L'idée des modules prévus par le règlement du 8 novembre 2007, en tant que réservoirs capacitaires, permettrait de surmonter cette difficulté puisque, en constituant ceux-ci, les autorités nationales signaleraient une disponibilité de principe de leurs équipes d'intervention, tout au moins celles qui les composeraient.

98 Sur un théâtre situé à l'extérieur de l'Union, les experts font office d'agent de liaison entre les autorités locales, les équipes d'intervention des États membres et les organisations internationales présentes sur les lieux.

Une fois les équipes d'intervention envoyées, le CSI agit comme une organisation de niveau II en assurant un soutien sur les plans technique et logistique. En particulier, il assiste les États membres pour le transport des hommes et du matériel. Le CSI possède un centre d'opération en relation avec les centres d'opération nationaux[99], destiné à accélérer l'envoi des équipes d'intervention[100]. Il facilite aussi la coordination de l'action des différentes équipes *via* les experts envoyés sur place. Enfin, il transmet à tous les pays participants des informations actualisées au fur-et-à-mesure que la situation évolue et diffuse aux États membres des demandes complémentaires si nécessaire, visant à acheminer de nouveaux moyens sur place.

Toutefois, le CSI demeure une entité auxiliaire au service des États membres. Le règlement du 8 novembre 2007 opérant une refonte du Mécanisme communautaire ne modifie pas fondamentalement la situation concernant le fonctionnement et les attributions du centre[101]. D'abord, le CSI n'a pas de pouvoir d'auto-saisine. Il ne peut pas d'office mobiliser ses moyens, comme l'activation de son propre centre d'opération ou l'envoi d'équipes d'experts. Il ne peut pas non plus décider de son propre chef de demander aux États de mobiliser les leurs, en particulier leurs équipes de secours. L'initiative reste donc aux mains des États qui sont libres de faire appel au Mécanisme communautaire, de prendre contact entre eux de manière bilatérale sans passer par l'intermédiaire du CSI.

Ensuite, ses capacités d'action sont encore très limitées. En effet, il est encore dépourvu à l'heure actuelle de moyens en matière de protection civile[102], tout au moins en ce qui concerne les équipes d'inter-

---

99 En France, il s'agit du Centre opérationnel de gestion interministériel des crises (COGIC). Destiné à assurer la conduite des opérations de protection et de défense civile, le COGIC se situe dans la banlieue parisienne, à Asnières-sur-Seine. Il fonctionne sous la responsabilité de la Direction de la défense et de la sécurité civils (DDSC) qui relève elle-même du ministère de l'Intérieur. Ce centre opère en liaison avec le centre d'opération des armées (CPCO), celui de la police nationale (Centre opérationnel Beauvau), celui de la Gendarmerie nationale (COGEND) et celui du ministère des Affaires étrangères (CELUR).

100 Le principe est le suivant : sur le sol d'un État membre, ce dernier assure la coordination. À l'extérieur de l'Union, elle revient à l'équipe de coordination projetée par le CSI dans le pays tiers affecté. Néanmoins, tout dépend de la situation, si le pays tiers dispose des ressources suffisantes pour réaliser cette coordination, l'action de l'Union n'intervient qu'à titre d'appui.

101 Bien que les réformes entreprises concernant le CSI soient modestes, la portée du règlement est non négligeable dans la mesure où elle suggère des modifications majeures du mécanisme. En particulier, elle jette, nous l'avons vu précédemment, les fondements des modules de protection civile.

102 Leclair, G., « La situation en Europe en matière de drogues », *op. cit.*, p. 17. La résolution du Parlement européen du 4 septembre 2007 sur les catastrophes naturelles

vention[103]. Il s'agit d'un petit organisme composé de quelques dizaines de personnes, qui n'a que peu de moyens en propre. Ainsi, les outils destinés à évaluer la catastrophe, comme le recueil d'images satellites, l'envoi d'experts sur place[104] et ceux d'aide à la décision, sont essentiellement nationaux.

Enfin, et en conséquence, ses capacités de décision sont réduites. Les centres de conduite demeurent les centres d'opération nationaux, le centre d'opération du CSI n'intervenant qu'à titre de soutien, de même que ceux d'Europol, de l'OLAF et de Frontex pour ce qui est des opérations concertées. La direction des équipes d'intervention envoyées relève de la compétence des États qui demeurent *in fine* les responsables de la conduite des opérations menées.

III. Une interaction accrue avec l'environnement institutionnel : entre partenariat et attraction

Une organisation n'est pas seule au monde. Au contraire, elle est en interaction constante avec une série d'autres entités qui forment son environnement institutionnel (A).

Il en est de même pour les organisations auxiliaires de sécurité intérieure. Il n'y a pas de vide social autour d'elles. Elles baignent, elles aussi, dans un environnement défini comme étant « l'ensemble des facteurs externes qui influencent [son] fonctionnement »[105]. Ces facteurs sont d'ordres différents mais nous nous limiterons aux interactions entre les organisations auxiliaires d'une part, et les organes de l'Union ainsi que les pays et les instances tiers d'autre part. Concernant les entités compétentes dans le domaine de la sécurité intérieure se trouvant en dehors de sa sphère institutionnelle, les institutions de l'Union européenne ont trois attitudes possibles.

Primo, pour contrer leur influence, elles peuvent mettre en place une organisation auxiliaire (ou un instrument horizontal) concurrente. Le but

---

(B6-0323, 0324, 0325 et 0327/2007) précise que le CSI n'a pas toujours été en mesure d'apporter son aide en cas d'urgence simultanée. D'ailleurs, les conclusions du Conseil, adoptées les 12 et 13 juin 2007 (doc. du Conseil n° 10014/07 du 30 mai 2007, PROCIV 84) invitent la Commission (et le cas échéant les États membres) à renforcer les capacités du CSI en mettant à sa disposition des effectifs suffisants pour lui permettre de fonctionner efficacement, notamment en faisant en sorte qu'il soit opérationnel 24h/24, 7jours/7.

[103] En effet, il ne dispose pas d'hommes et de matériel propre. Toutefois, la situation est susceptible d'évoluer avec la création de modules de protection civile.

[104] Le CSI est aussi assisté par des instruments de l'Union comme le Centre commun de recherche de l'Union européenne, qui fournit un soutien technique sous la forme de modélisations, d'applications satellites et d'analyses.

[105] Louche, C., *op. cit.*, p. 40.

est que les services nationaux aient recours à ce nouvel outil et qu'ils délaissent parallèlement l'instrument ou l'enceinte qui se situe hors de la sphère institutionnelle de l'Union. La création de la CTC correspondait à cette démarche.

Secundo, elles peuvent tisser des partenariats avec des entités extérieures à cette sphère (B). Par exemple, le groupe « coopération policière » du Conseil collabore étroitement avec l'ENFSI. Cet organisme se voit confier différentes missions d'expertise pour le groupe de travail dans le domaine de la police technique et scientifique.

Tertio, elles peuvent progressivement les intégrer par phénomène de capillarité (C). Ce processus se traduit par une mise dans l'orbite de gravitation de la sphère de l'Union d'entités créées en dehors de celle-ci. C'est le cas du REPC et du REFJ. C'est partiellement le cas du Groupe de Berne vis-à-vis duquel le Conseil a créé, au sein du Sitcen, une cellule antiterroriste composée de représentants du GAT.

A. L'environnement institutionnel, ensemble des acteurs extérieurs qui influencent le fonctionnement de l'organisation

L'environnement dans lequel une organisation évolue influence son comportement ainsi que celui de ses membres.

En premier lieu, il modifie la définition de ses choix stratégiques. La direction de l'organisation doit prendre en compte les différents paramètres de l'environnement pour faire en sorte que les décisions à venir aient l'impact voulu. En outre, une fois la décision prise et mise en œuvre, elle doit ajuster le comportement de l'organisation en fonction de la réaction de son environnement. Dans ce contexte, la direction est amenée à opérer des choix dans le cadre d'un processus de régulation : ces choix transforment l'environnement institutionnel, ce qui entraîne à son tour, une réponse de cet environnement. En fonction du feedback obtenu, la direction fait alors de nouveaux choix afin de mettre en adéquation l'action de l'organisation au regard du but initial et des résultats constatés après l'impact de la première décision sur l'environnement.

En deuxième lieu, l'environnement influence le comportement et modifie les schémas cognitifs des membres appartenant à l'organisation. En effet, il a des conséquences sur les représentations que les membres se font de l'organisation. Au fil des décisions, l'organisation transforme ses codes, ses valeurs, ses mythes et altère ainsi ses propres contours. Par contrecoup, la perception que les membres ont de leur propre organisation se métamorphose, ce qui entraîne à nouveau un changement. L'environnement institutionnel altère l'identité et l'image : les décisions ont un effet interne (changement des codes, des valeurs et des mythes), mais aussi un effet externe. Elles façonnent une nouvelle représentation de l'organisation par les tiers, nouvelle modification qui, par un effet de rétroaction, bouleverse à nouveau la représentation que se font les membres de l'organisation.

L'environnement transforme la perception des membres de l'organisation en fonction d'un *summa divisio* entre ce qui en fait partie (l'*in group*) et ce qui est en dehors (l'*out group*). L'*in group* est un sentiment du « nous », à savoir celui d'appartenance au groupe. Il est une forme d'endophilie, c'est-à-dire « d'attachement aux seuls membres du "nous" »[106]. Il favorise l'établissement de liens sociaux étroits entre ses membres et il contribue au renforcement de leur cohésion à travers l'augmentation du degré de valence du groupe. L'attraction est réalisée par la valorisation des motivations, des émotions et des valeurs communes.

L*'in group* participe à l'identité du groupe, c'est-à-dire à la vision du groupe par ses propres membres comme une entité singulière. En effet, chacun d'eux a l'impression que le groupe est unique au monde.

En comparaison, l'*out group* est le sentiment du « eux » qui se concrétise par le rejet de tout ce qui est extérieur au groupe. L'*out group* tend, pour ses membres, à exclure ce qu'ils considèrent comme représentant l'altérité car il appartient à l'environnement.

L'*in group* et l'*out group* sont en interaction dialectique. L'*in group* contribue pour les membres du groupe à la sensation de sécurité en son sein. L'*out group* participe à l'impression que l'environnement est hostile et qu'il constitue une menace vis-à-vis du groupe et, à travers lui, vis-à-vis du membre lui-même[107]. Ces deux sentiments traduisent deux comportements opposés : une cohésion intragroupe et une concurrence intergroupe.

> Non seulement la cohésion se trouve renforcée au sein du groupe lorsque celui-ci se sent menacé par l'extérieur (« l'union sacrée »), mais même en dehors de toute menace, le groupe peut tendre spontanément à exprimer sa solidarité en s'attaquant à ses voisins ou en recherchant des situations de compétition[108].

---

106 Maisonneuve, J., *op. cit.*, 2002, p. 38.

107 Les groupes sont, comme nous l'avons précisé auparavant, des lieux « d'échanges fantasmatiques » entre leurs membres. Les relations interpersonnelles étant « potentiellement anxiogènes en menaçant les identités » individuelles, ses membres sont amenés à « élaborer des schémas protecteurs : images d'un "nous" communautaire, esprit de corps, idéologie d'égalité par annulation des différences, narcissisme collectif. De même, pour lutter contre un sentiment latent de persécution, on tend à projeter la négativité à l'extérieur tout en cultivant au sein du groupe » le sentiment d'une solidarité sans faille (Maisonneuve, J., *op. cit.*, p. 76).

108 Maisonneuve, J., *op. cit.*, p. 37.

Dans cette perspective, l'interaction avec l'environnement se manifeste plutôt par des relations conflictuelles. En effet, l'*in group* met en avant, pour les membres de l'organisation, la primauté de l'action de cette dernière, par rapport à celle réalisée par les autres. Parallèlement, l'*out group* défavorise celle des autres organisations. Il s'ensuit alors un phénomène de compétition à travers un jeu de valorisation-dévalorisation[109].

Toutefois, les relations entre les organisations ne sont pas systématiquement marquées par le sceau de la rivalité. En effet, les organisations peuvent adopter un comportement coopératif avec leur environnement. En effet, la nécessité de trouver une solution commune pour satisfaire des besoins individuels peut les amener à œuvrer conjointement[110]. C'est le cas d'Eurojust et d'Europol qui rassemblent des acteurs de la procédure pénale nationale ayant des profils différents. La répartition des tâches entre les autorités de nature policière et judiciaire varie en fonction des pays (*cf. supra*). Ces divergences organisationnelles ont des conséquences sur le fonctionnement de l'office européen de police et de l'unité de coopération judiciaire[111]. La collaboration entre eux permet de surmonter ces divergences. Elle évite aussi un phénomène de concurrence interinstitutionnelle néfaste qui se traduirait, par exemple, par une rétention des informations[112].

---

109 C'est ce phénomène auquel nous assistons concernant l'attitude de certains services de renseignement (*cf. supra*). La concurrence à laquelle ils se livrent, rejaillit sur les relations qu'entretiennent les organismes européens entre eux, comme Europol et le Sitcen.

110 Un comportement coopératif peut aussi résulter d'une stratégie d'alliance, le but consistant alors pour deux organisations à surmonter leurs réticences dues à leur méfiance réciproque et à leur tendance naturelle à se livrer à une compétition, afin de s'associer dans l'optique de faire face à une autre organisation concurrente. Cette association consiste alors en une alliance mue par le désir, non pas d'optimiser le potentiel de chacune, mais de contrer l'influence d'un tiers.

111 Pour une demande présentant un même contenu, Europol est susceptible d'être davantage sollicité par les autorités policières des pays de *common law* alors qu'Eurojust le sera plus par celles de *civil law*.

112 À cet égard, le Conseil européen a invité Europol et Eurojust à intensifier leur collaboration. D'ailleurs, dans le programme de La Haye, il a préconisé une telle collaboration entre les organisations auxiliaires. Par exemple, il a précisé que les analyses communes des itinéraires de migration, des pratiques en matière de traite des êtres humains et des réseaux criminels actifs dans ce domaine, doivent être réalisées dans le cadre de Frontex en partenariat étroit avec Europol et Eurojust (point 1.7.1). En outre, il a ajouté qu'Europol et Eurojust devraient chaque année faire rapport au Conseil de leurs expériences communes et des résultats précis qui ont été obtenus concernant les équipes communes d'enquête (point 2.3). Par ailleurs, il a préconisé, pour lutter efficacement contre certaines formes graves de criminalité, de regrouper les poursuites au sein d'Eurojust, qui agira en liaison avec Europol (point 3.3.3). En-

B. Un développement de partenariats

Outre le fait que la collaboration permet d'approfondir le dialogue entre les acteurs du paysage de la sécurité intérieure, et ainsi de réduire un risque de concurrence liée à une hostilité résultant de la méconnaissance de l'autre, elle contribue aussi à échapper à toute duplication inutile. En effet, elle favorise une rationalisation de l'activité, ce qui réduit parallèlement le risque de doublon.

C'est pour ces raisons que les organisations auxiliaires, dont la structure est de niveau II[113] et III, ont tissé un réseau de plus en plus dense de contacts. C'est le cas d'Eurojust qui, en cinq années d'existence, a noué de nombreux contacts avec d'autres organisations auxiliaires de l'Union européenne ainsi que d'autres pays et organisations tiers (1). C'est aussi le cas d'Europol qui a établi des relations étoffées avec son environnement (2).

Sans procéder à un examen aussi minutieux des relations extérieures, nous observons aussi un renforcement des partenariats entre le CEPOL, Frontex et leur environnement respectif (3).

1. Des contacts abondants noués par Eurojust

Eurojust a noué des contacts avec les autres organisations auxiliaires, en particulier le Réseau judiciaire européen, Europol et l'OLAF. Il travaille étroitement avec un ensemble de pays et d'organisations tiers. Le Réseau judiciaire européen (a) et Europol (b) ont constitué très rapidement des partenaires privilégiés. Alors que les rapports sont denses avec le réseau, les liens noués avec l'office européen de police sont prolifiques, mais ils s'avèrent parfois plus délicats. Avec l'OLAF (c), les contacts sont restés longtemps à un stade peu avancé. Ils tendent à devenir de plus en plus substantiels.

---

fin, il a émis le souhait qu'Eurojust exploite au maximum l'accord de collaboration avec Europol (point 3.3.3).

113 Comme nous l'avons précisé dans les paragraphes introductifs de cette partie et de ce chapitre, les relations entre les organisations auxiliaires de niveau I sont seulement naissantes. C'est le cas du Réseau judiciaire européen ou du REPC que nous classons comme une organisation de niveau I du point de vue de la structure.

Certes, le rapport annuel d'activité du REPC pour l'année 2006 (doc. du Conseil du 5 mars 2007, n° 6683/07, CRIMORG 40) a fait de cette question des relations avec son environnement une priorité. Il avait ainsi prévu dans ses objectifs pour l'année 2007 d'identifier des partenaires potentiels et d'améliorer la collaboration avec d'autres réseaux et organisations compétentes dans ce domaine. La pratique révèle cependant qu'il s'agit de contacts informels. De plus, il n'est pas possible de comparer les relations (qu'il s'agisse du volume d'informations échangées ou de la qualité de la collaboration réalisée) que le réseau entretient avec ses partenaires avec celles développées par les organisations de niveau supérieur.

a. Le Réseau judiciaire : un partenariat très privilégié

La décision instituant Eurojust décrit les relations entre l'unité de coopération judiciaire et le Réseau judiciaire européen comme « privilégiées »[114]. Le rapport d'activité pour l'année 2004 de l'unité de coopération judiciaire a qualifié d'ailleurs « d'excellentes » les relations entre les deux organisations.

Les membres nationaux de l'unité de coopération judiciaire ont accès aux informations du Réseau judiciaire européen et ils s'associent aux rencontres de points de contact. Réciproquement, ces derniers peuvent être invités aux différentes réunions de l'unité[115]. En effet, les points de contact prennent part aux assemblées du collège et aux réunions opérationnelles. Un rapport[116] précise que cette participation a eu un véritable impact sur le fonctionnement du réseau. C'est notamment au cours de l'une de ces rencontres qu'a été décidée la relance du projet de réseau privé virtuel sous forme de projet commun Eurojust-Réseau judiciaire européen.

Sur le plan institutionnel, le secrétariat du réseau est placé au sein d'Eurojust[117]. Il bénéficie de ses moyens afin de mieux accomplir les missions qui lui sont assignées. En outre, une « troïka informelle » a été crée lors de la 12e assemblée plénière du 3 au 5 juin 2002 au sein du Réseau judiciaire européen afin de faciliter le dialogue avec Eurojust. De plus, un groupe de travail informel a été institué pour aider cette troïka à traiter les questions budgétaires et tout autre sujet important concernant l'unité de coopération judiciaire[118].

Le rapport d'activité pour l'année 2005 précise qu'une équipe composée des membres d'Eurojust et de points de contact du Réseau, auxquels sont associés des magistrats de liaison (équipe RJE-ML), a été constituée visant à établir une enceinte de collaboration entre les points de contact du Réseau judiciaire européen (et les magistrats de liaison) et

---

114 Art. 25bis.1 de la décision instituant Eurojust dans sa version modifiée par la décision du 16 décembre 2008.

115 Ils prennent part aux réunions d'Eurojust au cas par cas, dans le respect de la règle du besoin d'en connaître. Cette restriction n'existe pas pour la participation de l'unité de coopération judiciaire aux réunions de points de contact. Il faut dire toutefois que les réunions de ces derniers sont peu fréquentes, alors que celles d'Eurojust, qui se déclinent sous différents formats, sont nettement plus nombreuses et de nature plus sensible en raison du fait notamment, que des données nominatives soient échangées.

116 Doc. du Conseil du 25 février 2005, n° 6724/05, EJN 10, p. 5.

117 Eurojust et le Réseau judiciaire sont toutefois bien deux entités séparées. La décision du 16 décembre 2008 instituant Eurojust précise clairement que le réseau forme « une entité distincte ». Cependant, la décision a supprimé la mention figurant dans la décision du 28 février 2002, qui indique le caractère autonome du secrétariat du Réseau vis-à-vis de l'unité de coopération judiciaire.

118 Rapport d'évaluation du Réseau judiciaire européen (2002-2004) précité.

le collège d'Eurojust. Les travaux ont débouché, outre les participations croisées aux différentes réunions qui peuvent se tenir au sein du Réseau et d'Eurojust, sur des réalisations conjointes, comme des brochures[119].

La décision du 16 décembre 2008 modifiant la décision du 28 février 2002 instituant Eurojust renforce les liens entre l'unité de coopération judiciaire et le Réseau dans chacun des États membres, en instituant le Système national de coordination Eurojust (SNCE). Le SNCE vise à favoriser la synergie entre les correspondants Eurojust et les points de contact du Réseau judiciaire européen. L'objectif est de créer, à travers cette structure, une plate-forme commune afin d'améliorer la collaboration entre les deux partenaires et de faire en sorte que les demandes émises par les autorités nationales soient transmises à la bonne organisation. Dans cette perspective, le SNCE formerait une sorte de « SCCOPOL judiciaire », destiné à faire le tri des demandes en lieu et place de l'autorité judiciaire utilisatrice[120].

Outre le rôle de répartition des demandes entre Eurojust et le Réseau, la décision prévoit que le SNCE a pour mission, de nouer un lien avec l'UNE pour renforcer sur le plan national les relations entre d'un côté les autorités judiciaires nationales et de l'autre, l'unité de coopération judiciaire et Europol. En tout état de cause, le rôle attribué au SNCE par la décision est celui de point de contact facultatif. En outre, il n'a pas vocation à devenir un canal de transmission des demandes entre les autorités judiciaires nationales. Il ne s'agit donc pas d'une manière détournée de supprimer le système d'entraide directe établi par la convention d'application de l'accord de Schengen et les textes européens subséquents en matière d'entraide judiciaire.

b. Europol : des rapports étroits mais parfois délicats

Eurojust a établi avec l'office européen de police des contacts conformément à la décision l'instituant qui l'autorise à mener une collaboration étroite dans la mesure où celle-ci « est nécessaire à l'exercice de ses fonctions »[121]. En outre, un accord a été signé le 9 juin 2004 avec

119 En outre, la décision du 16 décembre 2008 instituant le Réseau consacre les relations privilégiées entre lui et l'unité de coopération judiciaire en indiquant qu'il met à disposition d'Eurojust les informations diffusées entre les points de contact, et qu'il lui assure l'accès à son réseau de télécommunication. Elle ajoute que les points de contact du Réseau informent de leur propre chef, leur membre national respectif concernant les cas dont ils ont connaissance, susceptibles d'intéresser Eurojust. Enfin, elle mentionne le fait que les membres peuvent participer aux réunions du Réseau.

120 En comparaison, la communication de la Commission du 23 octobre 2007 prévoyait un mécanisme de « double casquette » dans la mesure où le point de contact national du Réseau judiciaire européen serait aussi le correspondant national du membre national d'Eurojust. Cette solution n'a pas été retenue.

121 Art. 26.1 de la décision instituant Eurojust du 28 février 2002 telle que modifiée par la décision de 2008.

lui[122], permettant un partage de données, y compris celles à caractère personnel.

En vertu de cet accord, les deux organisations auxiliaires se consultent régulièrement sur les questions d'intérêt commun et elles peuvent participer aux réunions. Ainsi, Europol assiste aux réunions opérationnelles et stratégiques de même qu'aux activités de certaines équipes d'Eurojust. De son côté, l'unité de coopération judiciaire prend part aux réunions opérationnelles et stratégiques d'Europol.

Selon certains commentateurs, « ce projet ne présente aucun élément innovateur. Il est loin d'attribuer à Eurojust un rôle de tutelle sur les activités d'Europol. Europol ne devient pas non plus le "bras armé" d'Eurojust. (L'accord) se contente d'établir un dialogue fluide entre les deux organes »[123].

En théorie, l'accord va plus loin dans la mesure où Eurojust peut demander l'ouverture d'un dossier d'analyse[124]. En cas de réponse positive, le dossier est constitué et Eurojust peut alimenter en informations l'AWF d'Europol créé pour la circonstance. L'unité de coopération judiciaire peut donc contribuer à l'enrichissement d'un dossier d'analyse, même s'il n'en est pas à l'origine[125]. Pourtant, la pratique révèle des difficultés. Eurojust a demandé à l'office européen de police l'ouverture d'un AWF à plusieurs reprises. Or, ce dernier s'y est refusé. Dans le même registre, la participation des membres d'Eurojust aux fichiers d'analyse d'Europol reste assez théorique.

En dépit de l'existence de cet accord, il existe d'autres problèmes : dans sa communication du 23 octobre 2007, la Commission juge la collaboration inégale entre Eurojust et les bureaux de liaison nationaux d'Europol : alors que les membres nationaux travaillent étroitement avec les OLE de certains bureaux, d'autres montrent davantage de résistance. Cette situation a d'ailleurs conduit le Conseil, dans ses conclusions des

[122] Doc. du Conseil du 9 décembre 2003, n° 15829/03, CATS 75, EUROJUST 18, EUROPOL 61.

[123] Dehousse, F., Garcia Martinez, J., « "Eurojust" et la coopération judiciaire pénale », in *Journal des tribunaux de droit européen* n° 110, Bruxelles, juin 2004, p. 171.

[124] Il est vrai que cette demande demeure une invitation puisque l'office européen de police n'est pas tenu d'y donner suite.

[125] Eurojust et Europol sont susceptibles de travailler en synergie pour une même équipe commune. Dans cette perspective, Eurojust alimente en informations les fichiers d'analyse d'Europol créés ou activés à cet effet. Il peut également bénéficier des résultats de l'analyse pour améliorer le soutien qu'il apporte aux services nationaux présents sur place dans l'équipe. Il peut même demander, en vertu de l'accord entre Eurojust et Europol, l'ouverture par ce dernier d'un fichier d'analyse.

5 et 6 juin 2008[126], à demander instamment à Europol et Eurojust d'amender l'accord actuel par voie de protocole[127].

Il semble néanmoins que la pratique évolue mais la tendance doit être confirmée. *Primo*, l'unité de coopération judiciaire prend effectivement part à l'enrichissement d'un dossier d'analyse, même s'il n'est pas à son origine. En l'occurrence, il a participé à la coordination de dossiers en relation avec douze des dix-sept fichiers d'analyse d'Europol[128]. *Secundo*, l'unité de coopération judiciaire a été associée à six AWF et le nombre de cas traités par Eurojust impliquant Europol a presque quadruplé passant de sept en 2006 à vingt-cinq en 2007[129]. *Tertio*, nous assistons à un renforcement de l'échange d'informations entre les deux organisations[130]. Le volume des messages est croissant et des équipes issues de chacune d'elles ont travaillé à l'élaboration d'une connexion sécurisée. Ces discussions ont débouché sur la signature d'un protocole d'accord le 7 juin 2007. *Quarto*, l'office européen de police et Eurojust travaillent étroitement dans le cadre d'opérations conjointes opérées par les services nationaux de sécurité intérieure[131] *Quinto*, Europol et Eurojust collaborent activement en participant conjointement à des séminaires, animent ensemble des réseaux d'experts et élaborent en commun des manuels, parmi lesquels celui ayant trait aux équipes communes d'enquête. D'ailleurs, la relation entre les membres nationaux et les UNE est qualifiée de « *a very productive relationship* »[132].

c. L'OLAF, les pays et les organisations tiers : des liens de plus en plus substantiels

Concernant l'OLAF, la décision instituant Eurojust prévoit la mise en place de relations entre les deux organismes. La décision du

---

126 Doc. du Conseil n° 9956/08 (Presse 146).

127 Faisant écho à l'invitation du Conseil, un projet d'accord est en cours de négociation. Cet accord renforce la possibilité pour Eurojust de demander à Europol d'ouvrir un AWF. En outre, il officialise les conditions dans lesquelles l'unité de coopération judiciaire participe à l'établissement d'AWF, l'office de police lui fournit des informations et Europol transmet à Eurojust les résultats des AWF.

128 Selon le rapport d'activité d'Eurojust pour l'année 2006.

129 D'après le rapport d'activité d'Eurojust pour l'année 2007.

130 Selon le rapport d'activité d'Eurojust pour le rapport pour l'année 2005.

131 Ainsi, en collaboration avec Eurojust, Europol a apporté son soutien logistique et son expertise aux Carabiniers italiens et à la police polonaise dans une action de leur part, destinée à démanteler un réseau de trafiquants d'êtres humains. En l'espèce, il s'agissait d'individus ayant recruté, transporté et exploité cent-vingt personnes détenues dans des camps et destinés à travailler dans des fermes italiennes. Vingt-cinq suspects ont été appréhendés et poursuivis. De la monnaie contrefaite a également été saisie lors de l'opération.

132 Rapport d'activité d'Eurojust pour l'année 2006 (doc. du Conseil du 21 mars 2007, n° 7550/07, p. 15).

28 février 2002 instituant l'unité de coopération judiciaire mentionne la contribution de l'OLAF aux activités d'Eurojust[133]. En revanche, la réciproque n'est pas vraie puisque rien n'est prévu dans la décision instituant l'office de lutte antifraude concernant l'apport d'Eurojust à ses travaux. Néanmoins, la collaboration se révèle être réciproque dans la pratique : Eurojust aide l'OLAF en lui fournissant des éléments techniques et opérationnels détenus par les autorités judiciaires nationales en charge d'une affaire de fraude aux intérêts financiers. L'office de lutte antifraude appuie l'action d'Eurojust en lui faisant parvenir des éléments relatifs à ses investigations ou que les services administratifs ou douaniers nationaux réalisent dans ce domaine en collaboration avec lui.

Les relations qu'Eurojust entretient avec l'OLAF se sont améliorées mais elles demeurent modestes. En dépit d'un protocole d'accord du 24 avril 2003 signé entre les deux organisations, le rapport annuel d'activité d'Eurojust pour l'année 2004 jugeait à cet égard que ces relations comme étant « *one disappointing feature in a year of overall pleasing performance* »[134].

Pour améliorer la collaboration entre les deux organismes, Eurojust a créé en 2004 une équipe spéciale entièrement dédiée à cette question. Cette équipe, qui comprend quatre membres du collège, s'est réunie avec la direction C tous les deux mois.

Depuis lors, le rapport 2005 a constaté que « la relation s'[était] beaucoup développée »[135]. Outre des visites officielles réciproques, l'OLAF et Eurojust participent à réunions, à des séminaires et à des conférences[136]. De surcroît, les deux organisations réalisent des évènements conjoints[137]. Ils élaborent ensemble des documents et ils se transmettent des dossiers conformément aux dispositions du protocole d'accord du 24 avril 2003. À cet égard, des lignes directrices destinées à le mettre en œuvre ont été établies. Le commissaire Kallas en charge de l'administration, l'audit et la lutte antifraude, affirme au sujet d'une rencontre organisée en 2007[138] que cette réunion « démontre une amélio-

---

133 La décision du 16 décembre 2008 conserve le même libellé que celui figurant dans la décision du 28 février 2002 à ce sujet.

134 Doc. du Conseil du 1er juin 2005, n° 9522/04, EUROJUST 33.

135 Rapport annuel d'Eurojust de 2005, p. 21.

136 Par exemple, Eurojust a pris part en 2007 à une réunion du Cocolaf ainsi qu'à une conférence annuelle consacrée aux poursuites. L'OLAF a quant à lui, été présent à un séminaire organisé par Eurojust à Lisbonne.

137 Ainsi, l'OLAF et Eurojust ont mené une première conférence à Bruxelles les 26 et 27 mars 2007 destinée aux procureurs et aux services fiscaux et douaniers.

138 Évoquant le premier séminaire commun aux deux organisations les 26 et 27 mars 2007 à Bruxelles sur la fraude et la corruption affectant les intérêts financiers des Communautés européennes.

ration notable de la coopération opérationnelle quotidienne entre Olaf et Eurojust »[139].

L'expérience montre aussi l'existence de contacts réguliers entre la direction C de l'office de lutte antifraude et les membres nationaux, même s'ils restent d'envergure limitée car peu d'informations permettant d'apporter une réelle valeur ajoutée aux enquêtes menées par l'OLAF ou par les autorités nationales transitent entre l'office de lutte antifraude et Eurojust. Cette absence partielle de valeur ajoutée est due à la nature du protocole d'accord du 24 avril 2003. Il s'agit seulement d'un accord stratégique, contrairement à celui signé avec Europol, et, à ce titre, il ne permet pas la transmission de données à caractère personnel. Pour remédier à cette situation, des négociations concernant un accord complémentaire ont débuté en 2005. L'accord[140], approuvé par le Conseil JAI des 24 et 25 juillet 2008 et signé entre Eurojust et l'OLAF le 27 septembre 2008, prévoit l'échange de résumés des cas traités par les deux organisations respectivement et susceptibles de relever de la compétence de l'autre, un échange de données stratégiques et opérationnelles, une collaboration en cas de participation à des équipes communes d'enquête, des participations croisées aux réunions de coordination et une entraide dans le domaine de la formation et de l'organisation de séminaires et d'ateliers.

Enfin, Eurojust a noué des contacts avec des pays et organisations tiers[141]. Des points de contact[142] ont été désignés avec l'Argentine, la Russie, le Canada, l'Égypte, le Liechtenstein, la Norvège, la Suisse, l'Islande, le Japon, la Bosnie-et-Herzégovine, la Moldavie, la Mongolie, Singapour, la Thaïlande, l'Ukraine, la Serbie, le Monténégro, l'Albanie, la Macédoine et les États-Unis. Eurojust dispose d'autres points de contact en Amérique latine grâce au réseau IbeRED[143]. Eurojust a noué également des liens avec Israël, le Pacte de Stabilité, l'Association internationale des Procureurs (AIP), le centre SECI, le SEEPAG[144] et la Cour pénale internationale (un protocole d'accord ayant été signé le 11 avril 2007). Il participe activement au réseau CARIN et il a également signé un protocole d'accord avec le REFJ. Sur ce dernier point en

139 Propos recueillis par *Europolitique* du 27 mars 2007.

140 Doc. du Conseil n° 9346/08 du 14 mai 2008, EUROJUST 47, COPEN 93 (accord publié au *JOCE* C 314 du 9.12.2008, p. 3).

141 Outre Europol, l'OLAF et le Réseau judiciaire européen, la décision du 16 décembre 2008 prévoit qu'Eurojust peut également conclure un accord avec Frontex et le Sitcen.

142 Le rapport d'activité d'Eurojust pour l'année 2007 précise à cet égard qu'il dispose de 31 points de contact basés dans 23 pays différents.

143 Acronyme espagnol de *Red Iberoamericana de Asistencia Judicial.*

144 Acronyme anglais de *South East European Prosecutors'Advisory Group.*

effet, les deux organisations ont signé un mémorandum d'accord[145] le 7 février 2008 dans lequel il y est notamment indiqué qu'elles collaborent pour assurer le détachement des juges nationaux stagiaires auprès d'Eurojust, ces derniers suivant un apprentissage spécifique dans le cadre de la composante européenne intégrée aux programmes nationaux de formation.

Un accord a été conclu avec la Norvège le 24 février 2005[146] qui vise à permettre l'échange de données à caractère personnel ainsi que l'envoi d'un magistrat de liaison à La Haye. Depuis cette signature, de nouveaux accords ont été conclus : un avec la Bulgarie et un avec la Roumanie en 2005 (avant que ces deux pays n'adhèrent à l'Union), un autre avec les États-Unis en 2006, et deux autres encore avec la Suisse et la Macédoine en 2008. Dans le cadre de l'accord avec les États-Unis, un magistrat de liaison américain a été détaché à Eurojust. D'autres sont en préparation, notamment avec la Russie, l'Ukraine et la Cour pénale internationale. Des discussions ont également eu lieu avec la Croatie, l'Albanie, la Moldavie sur l'éventualité d'un accord avec Eurojust.

En ce qui concerne les pays tiers, la décision du 16 décembre 2008 modifiant la décision du 28 février 2002 instituant Eurojust contient un élément novateur qui mérite d'être souligné. Elle avance l'idée que le collège d'Eurojust puisse détacher des magistrats de liaison dans les pays tiers partenaires. Ce mécanisme, qu'Europol développe déjà, est donc étendu à l'unité de coopération judiciaire. En effet, alors que la décision 27 février 2003 donne la possibilité à l'office européen de police d'assurer l'envoi d'officier de liaison dans un pays tiers, l'action commune du 22 avril 1996 relative à l'échange de magistrats de liaison visant à l'amélioration de la coopération judiciaire, le limite à un échange bilatéral entre États membres.

2. Des relations étoffées établies par Europol

Concernant l'office européen de police, la convention l'instituant (et à présent la décision approuvée par le Conseil le 18 avril 2008) lui permet d'établir des relations avec des institutions de l'Union européenne[147]. Sur ce fondement, le conseil d'administration a approuvé

---

[145] Disponible à l'adresse suivante : http://www.eurojust.europa.eu/official_documents/Agreements/MOU_EJ-EJTN_7feb08.pdf.

[146] Doc. du Conseil du 23 juillet 2004, n° 11641/04.

[147] La procédure est décrite dans les art. 10.4 (réception de données émanant de son environnement) et 42.1 (cadre général des relations d'Europol avec son environnement). Elle est complétée par un acte du Conseil relatif à la réception de données et un acte du conseil d'administration concernant le cadre général : (acte du Conseil du 3 novembre 1998 arrêtant des règles relatives à la réception par Europol d'informations émanant de tiers [*JOCE* C 26 du 30.1.1999, p. 17] et acte du conseil d'administration du 15 octobre 1998 établissant les règles relatives aux relations extérieures

toute une série d'accords entre Europol d'une part, la Banque centrale européenne, l'Observatoire européen des drogues et des toxicomanies, la Commission européenne, l'OLAF[148], le CEPOL et Eurojust d'autre part. Seul l'accord avec l'unité de coopération judiciaire est un accord opérationnel, les autres étant de nature stratégique. Parallèlement à cela, le directeur d'Europol négocie un accord stratégique avec Frontex. Pour ce qui est du Sitcen, la collaboration se déroule en vertu d'un mémorandum d'accord déterminant les modalités des relations. Elle consiste en l'échange d'informations en vue de l'élaboration de l'OCTA et du rapport annuel sur la menace terroriste, ainsi qu'en un échange d'officiers de liaison. Un accord stratégique est en cours de préparation entre l'office et le Secrétariat général du Conseil (*cf. infra*).

La convention Europol (et à présent la décision l'instituant) permet également à l'office européen de police d'établir des relations avec les pays et les instances tiers. En application de celle-ci, le Conseil a approuvé différents accords impliquant l'office européen de police d'une part, des pays et des organisations tiers d'autre part.

Europol a ainsi signé un accord stratégique avec les États-Unis (2001), la Russie (2003), la Colombie (2003), la Turquie (2004), l'Albanie (2007), la Bosnie-et-Herzégovine (2007), la Moldavie (2007), la Serbie (2008) et le Monténégro (2008). Les pays tiers ayant signé un accord opérationnel sont la Norvège (2001), l'Islande (2001), les États-Unis (accord opérationnel complémentaire signé en 2002), la Suisse (2004), le Canada (2005), la Croatie (2006), l'Australie (2007) et la Macédoine (2007). Par ailleurs, le directeur d'Europol négocie un accord opérationnel avec le Liechtenstein, Israël et Monaco. Il négocie un accord stratégique avec l'Ukraine.

Pour ce qui est des instances tierces, des accords ont été signés avec l'OIPC (2001), l'OMD (2002) et l'Office des Nations unies contre la drogue et le crime (UNODC) (2004). Tous sont de nature stratégique, à l'exception de celui signé avec l'OIPC qui est de nature opérationnelle.

En vertu des accords ci-dessus, Europol héberge des officiers de liaison croates, américains, islandais, suisses, australiens et colombiens.

---

d'Europol avec les instances liées à l'Union européenne [*JOCE* C 26 du 30.1.1999, p. 89]).

148 Ainsi, le rapport d'activité de l'OLAF pour l'année 2006 précise que deux réunions se sont déroulées auxquelles ont pris part des membres de l'OLAF et des responsables des offices centraux nationaux chargés de la lutte contre la contrefaçon de monnaie dans les États membres. Des responsables des offices de certains pays tiers et des représentants d'Interpol, de la BCE et de la Commission ont également assisté à cette rencontre. Les participants ont abordé la situation en matière de contrefaçon de l'euro dans les États représentés, ainsi que des questions techniques et opérationnelles relatives à la contrefaçon de l'euro.

L'office européen de police a également détaché des agents dans les pays tiers. C'est le cas de l'Australie et des États-Unis.

Ce phénomène grandissant d'ouverture d'Europol vers son environnement a des conséquences sur son mode d'alimentation en renseignement puisque l'office peut davantage diversifier ses sources d'informations. Cette situation lui offre la possibilité d'être moins tributaire des informations qui lui sont transmises par les États membres. À cet égard, nous avions constaté que l'office souffre d'un déficit chronique d'approvisionnement. En établissant des liens avec les organisations auxiliaires de l'Union, les pays et les organisations tiers, Europol pourrait partiellement contourner cet obstacle dans la mesure où il dépend moins du bon vouloir des services nationaux de sécurité intérieure.

Cette évolution est susceptible de réduire sa dépendance à leur encontre. En effet, l'office européen de police pourrait se voir alimenté en informations par de nombreuses sources, ce qui le rendrait de ce fait d'autant plus en état de remplir les missions qui lui sont confiées. Une telle situation permettrait d'amorcer un cercle vertueux en étant mieux à même d'apporter une réelle valeur ajoutée aux travaux des services nationaux. Ceux-ci seraient alors davantage enclins à faire appel à lui. Ils pourraient agir en qualité d'utilisateur, mais aussi de pourvoyeur d'informations au titre de la réciprocité. Dès lors, les informations reçues contribueraient à asseoir sa crédibilité et pourraient inciter les services nationaux à faire d'avantage appel à lui. Cette situation aiderait l'office européen de police à sortir du cercle vicieux exposé dans la première partie. Néanmoins, il est nous paraît important de préciser que cette aide resterait modeste car l'alimentation directe par les pays et les organisations tiers ne permettrait pas de gommer les dysfonctionnements actuels, mais seulement de les limiter. En effet, Europol ne pourrait jamais contourner le manque de collaboration des services nationaux par une meilleure collaboration avec ceux des pays tiers.

D'abord, dans la mesure où l'office européen de police a pour vocation à assurer la sécurité intérieure de l'Union et des États membres, tant que les agents d'Europol ne peuvent pas collecter les renseignements sur le terrain, les services nationaux restent et resteront ses principaux pourvoyeurs. Autrement dit, les informations en provenance des pays tiers ne concernent et ne concerneront qu'une fraction limitée de la masse de renseignements que l'office européen de police est amené à traiter pour mener à bien ses missions.

Ensuite, les informations transmises par les États aux pays tiers ne peuvent pas en principe être communiquées par Europol. Autrement dit, l'office européen de police ne peut pas, en cas d'alimentation déficiente, demander à un pays tiers de lui communiquer un renseignement détenu par un État membre (ou, le cas à échéant, demander à ce pays de se le procurer pour son compte). Il existe deux obstacles majeurs à ce sujet, le principe de spécialité (l'information communiquée aux pays tiers n'est pas en principe, libre de « copyright » interdisant de ce fait une diffusion sans autorisation) et la règle du besoin d'en connaître (les services des pays tiers ne disposent pas de l'information réclamée par Europol dans l'hypothèse où, en principe, ils n'ont pas intérêt à en connaître).

3. *Des liens étroits tissés par les autres organisations de niveau II*

Hormis Eurojust et Europol, différentes organisations auxiliaires compétentes en matière de sécurité intérieure, en particulier le CEPOL et Frontex, ont noué de nombreux contacts avec leur environnement[149]. Le CEPOL est en relation avec des organes de l'Union, des pays tiers et des associations d'écoles de police. Le collège européen de police œuvre étroitement avec les organismes de l'Union européenne qui exercent leurs activités dans le domaine répressif[150]. À ce titre, il entretient des relations informelles avec différentes entités : Eurojust, le REPC, Frontex, les chefs de bureaux Sirene et le Sitcen. Le CEPOL a également établi des contacts avec la *Task force* des Chefs de police en participant au projet cospol. Cette dernière ainsi qu'Europol ont la possibilité d'émettre des recommandations à son attention. Cependant, comme leur nom le stipule, ces recommandations n'ont aucune valeur contraignante et le collège peut ou non les prendre en compte. En outre, le collège a noué des liens avec les instituts des pays candidats. Il travaille aussi avec des instituts de pays tiers, en particulier, suisses, norvégiens, islandais, russes, canadiens, américains et saoudiens.

Par ailleurs, le collège collabore activement avec d'autres associations d'écoles de police, notamment :

- l'*Association of European Police Colleges* (AEPC). L'AEPC est une association fondée en 1996, composée en 2008 d'un réseau de 45 écoles nationales de police de 37 pays européens[151] et située aux Pays-Bas. Un mémorandum d'accord a été signé le 13 février 2002 entre le CEPOL et cette organisation. Une des dispositions prévoit que le CEPOL prend à sa charge les activités de l'AEPC chaque fois que possible,
- l'École de police d'Europe centrale (MEPA)[152]. La MEPA, qui a été fondée en 1993, regroupe les instituts de police de huit pays

---

[149] Afin de ne pas faire redondance, nous n'analyserons pas les relations qu'entretient l'OLAF d'une part, avec Eurojust, Europol, le CEPOL et Frontex d'autre part.

[150] En vertu de l'art. 8.1 de la décision de 2005 l'instituant.

[151] Au 1er janvier 2007.

[152] Acronyme allemand de *Mitteleuropäische Polizeiakademie*.

dont sept États membres[153]. Le siège du Bureau central de coordination se situe à Vienne,

- l'École de police nordique (NBPA)[154] qui rassemble le Danemark, l'Estonie, la Lettonie et la Lituanie.

De surcroît, il a établi des relations avec Interpol et l'UNICRI[155]. Pour ce qui est de l'OIPC, le Conseil a approuvé un accord de coopération entre cette organisation et le CEPOL, le 27 novembre 2008.

Pour ce qui est de Frontex, étant donné la jeunesse de l'organisation, les relations sont seulement naissantes. Néanmoins, il a d'ores et déjà signé des arrangements administratifs avec la Russie, l'Ukraine, la Géorgie, la Moldavie et la Croatie. D'autres avec la Turquie, le Maroc, la Mauritanie, le Sénégal et la Libye sont en cours de négociation. D'autres encore sont envisagés à plus long terme avec d'autres pays d'Afrique occidentale, les États-Unis et le Canada. L'agence européenne entretient des contacts informels avec des pays tiers, en particulier avec les pays d'Afrique (en dehors de ceux avec lesquels il a signé un accord ou est en cours de négociation), notamment la Guinée-Conakry, le Cap Vert, la Guinée-Bissau, le Nigeria et la Gambie[156]. Elle a également noué des liens avec des organisations tierces comme la *Baltic Sea Region Border Control Cooperation Conference*, Interpol, l'Organisation internationale pour les migrations (OIM), le Haut Commissariat pour les Réfugiés des Nations unies et le Centre international pour le développement et des politiques migratoires (CIDPM).

Frontex travaille également de concert avec l'OIPC. En 2006, il a réalisé trois projets en partenariat avec lui : l'initiative *Mediterranean Transit Migration* (destinée à mettre en place avec le CIDPM et Europol, des lignes directrices dans ce domaine), le projet JAWA (mené en collaboration avec l'office européen de police, le CIDPM et l'UNODC, afin de lutter contre les réseaux de passeurs de migrants) et l'opération Amazon (qui ciblait les itinéraires aériens utilisés par les passeurs). Il collabore avec des organismes de l'Union comme Eurojust, l'OLAF, le CEPOL, Europol (il contribue d'ailleurs à l'élaboration de l'OCTA) et le Sitcen.

Pour l'heure, les partenariats sont réalisés soit de manière strictement informelle, soit sur le fondement d'un accord administratif. En tout état de cause, les informations transmises sont seulement de nature stratégi-

---

153 Allemagne, Autriche, Pologne, Suisse, Slovaquie, Slovénie, République Tchèque et Hongrie.

154 Acronyme de *Nordic Baltic Police Academy*.

155 Acronyme anglais de *United Nations Interregional Crime and Justice Research Institute*.

156 Une collaboration est aussi prévue avec le Belarus.

que car Frontex n'a pas conclu d'accords destinés à permettre l'échange d'informations nominatives. Ces partenariats portent sur l'assistance technique, l'analyse de risques et les actions menées conjointement entre l'agence européenne et les États membres. Dans sa communication du 13 février 2008 sur l'évaluation et le développement futur de l'agence, la Commission envisage d'étendre le champ d'action de Frontex à des projets dont les seuls bénéficiaires seraient les pays tiers. Elle suggère aussi d'élargir la réflexion au rôle que l'agence européenne pourrait jouer au sujet de sa participation à des missions européennes de contrôle aux frontières réalisées dans les pays tiers.

C. Un phénomène d'intégration dans la sphère institutionnelle de l'Union par effet de capillarité

Deux organisations auxiliaires illustrent cette dynamique d'attraction. Il s'agit du Réseau européen de prévention de la criminalité, (REPC) pour qui le processus d'intégration dans la sphère institutionnelle de l'Union est achevé, et du Réseau européen de formation judiciaire, vis-à-vis duquel il est en cours[157].

L'idée du REPC remonte aux conférences tenues à la fin des années 1990. La réunion de Noordwijk aux Pays-Bas avait ainsi conclu à la nécessité, pour les services nationaux chargés de la prévention de la criminalité, de mettre au point des mécanismes efficaces pour mettre en commun et se communiquer des informations. Progressivement, une trame réticulaire s'est mise en place de manière informelle. Les échanges se sont intensifiés entre les correspondants des différents pays et la première réunion s'est tenue le 10 juin 1998[158]. Depuis cette année, les membres du réseau se sont rencontrés régulièrement et divers travaux ont été menés relatifs à la prévention de la criminalité. Peu à peu, ces rencontres se sont déroulées sous l'égide de l'Union : séminaires financés par les programmes communautaires, participation de membres des

---

157 Un autre phénomène, qui tend également à se développer et qui a trait à l'arrimage de certains réseaux de points de contact dans la sphère institutionnelle de l'Union, consiste à faire assurer leur secrétariat (ou du moins, l'organisation logistique de rencontres) par les organisations auxiliaires. Ainsi, Europol assure le secrétariat du CARIN. Il effectue aussi celui du *First Response Network*, qui rassemble plus de cinquante experts spécialisés dans le domaine de la lutte anti-terroriste et celui de la *European Advisory Team* (EuNAT)), qui est un réseau international de points de contact spécialisés en matière d'entraide dans le domaine du kidnapping et de la prise d'otage impliquant une mise en danger de la vie humaine. L'EuNAT consiste en un échange de bonnes pratiques dans ce domaine. De son côté, Eurojust organise les réunions du Réseau européen de points de contact sur les enquêtes concernant le génocide, les crimes contre l'humanité et les crimes de guerre. Parallèlement à cela, l'unité de coopération judiciaire projette d'animer un réseau permanent d'autorités judiciaires spécialisées dans la cybercriminalité.

158 Doc. du Conseil du 11 septembre 1998, n° 10936/98 ENFOPOL 97.

institutions de l'Union européenne, organisation et suivi opéré par les groupes de travail du Conseil.

La décision du 28 mai 2001[159] consacre l'arrimage du REPC à la sphère institutionnelle de l'Union européenne. Il lui donne une reconnaissance officielle en le fondant sur un texte juridiquement contraignant et en le consacrant en tant qu'entité reposant sur le titre VI. Une proposition modifiant la décision actuelle sera présentée une fois les résultats de l'évaluation externe transmis au Conseil. Pour l'heure, le Conseil a exprimé sa confiance dans le potentiel de ce réseau comme moyen de diffusion de bonnes pratiques, dans ses conclusions adoptées les 12 et 13 juin 2007[160].

Actuellement, le REPC est composé de points de contact situés dans chacun des États membres[161] et appuyés par un secrétariat qui se trouve au sein de la Commission. Il a donné naissance à trois groupes de travail intitulés respectivement, « crime et victimisation », « statistiques » et « délinquance juvénile »[162]. Il fonctionne depuis le 25 juin 2001 et son mandat englobe l'ensemble de la criminalité de masse, même si la décision précise qu'il doit se concentrer en priorité sur la délinquance juvénile, la délinquance urbaine et la délinquance liée à la drogue. Les aspects structurés de la criminalité de masse semblent de plus en plus retenir l'attention. À cet égard, dans ses conclusions, des 12 et 13 juin 2007, le Conseil a souligné la nature croissante du caractère organisé des formes de criminalité de masse.

L'action du REPC consiste principalement à renforcer les liens entre les acteurs de la prévention et à assurer les échanges d'informations et d'expériences entre États membres. Dans ce contexte, le réseau finance des études[163] et organise des séminaires ainsi que des conférences[164]. Parallèlement à cela, il diffuse une lettre d'information[165] et il décerne le

---

159 Décision du Conseil du 28 mai 2001 instituant un Réseau européen de prévention de la criminalité (*JOCE* L 153 du 8.6.2001, p. 1).

160 Doc. du Conseil n° 6692/2/07 du 16 mai 2007, CRIMORG 41.

161 En Belgique, les points de contact se situent au sein de la police fédérale, du ministère de la Justice (SPF Justice), de l'université de Liège et de Gand ainsi qu'au sein du Forum belge pour la prévention et la sécurité urbaine.

En France, ils se trouvent à la Délégation interministérielle à la ville (DIV), au Forum français pour la sécurité urbaine (FFSU) et au Centre de recherches sociologiques sur le droit et les institutions pénales (CESDIP).

162 Le groupe « *benchmarking international* » a été dissous.

163 Comme celle concernant le développement des connaissances et des statistiques relatives au vol de véhicules dans les États membres de l'Union.

164 Comme la conférence sur les meilleures pratiques à Hämeenlinna en Finlande les 28 et 29 novembre 2006.

165 Qui peut être consultée à l'adresse ci-dessous : http://www.eucpn.org/newsletter/index.asp

prix *European Crime Prevention Award* destiné à encourager le développement de bonnes pratiques dans ce domaine.

Ses travaux actuels portent, dans la lignée des conclusions du Conseil des 12 et 13 juin 2007 précitées, sur l'alimentation de la base de connaissance du REPC portant sur les bonnes pratiques ainsi que sur la poursuite et sur l'extension de son site Internet. Il s'agit d'étoffer les pages relatives aux politiques nationales concernant différents thèmes en lien avec la prévention de la criminalité.

Plusieurs États sont chefs de file de projets définis par le conseil d'administration du REPC. C'est le cas des Pays-Bas, à la tête d'un projet dont le but est d'établir un réseau de points de contact en matière de prévention de la criminalité organisée par des mesures administratives. C'est aussi le cas de l'Allemagne qui mène un projet destiné à améliorer l'échange d'informations sur les expériences menées pour protéger les jeunes face aux dangers d'Internet et du Royaume-Uni qui gère un projet ayant trait à la peur du crime.

Outre le REPC, nous observons ce phénomène d'influence grandissante de l'Union concernant le fonctionnement du Réseau européen de formation judiciaire (REFJ). Celui-ci constitue une illustration de la flexibilité en matière de formation judiciaire. Il repose sur une Charte adoptée le 13 octobre 2000 à Bordeaux et révisée le 6 décembre 2002 lors de l'Assemblée générale de Copenhague. Cette Charte définit ses objectifs, ses activités et ses missions conformément aux dispositions contenues dans les statuts du Réseau.

D'un point de vue juridique, le REFJ est une association de droit privé. Ses fondateurs ont opté pour le droit belge pour des raisons pratiques, la loi de 1919 permettant la création d'association internationale à but non lucratif d'utilité internationale. En effet, ce type de statut, que ne connaissent pas d'autres droits comme le droit français, octroie toute une série d'avantages, notamment celui de la personnalité juridique au plan international.

Situé à Bruxelles, le REFJ se présente sous la forme d'un réseau de responsables des organisations en charge, au sein de leur État, de la formation des juges et des procureurs[166]. L'Académie de droit européen de Trèves (ERA)[167] en fait également partie. Doté de 550 millions d'euros en 2007 et d'un personnel d'une dizaine de personnes, le REFJ est constitué d'un secrétariat général qui effectue la gestion quotidienne

---

[166] Sont membres les ministères, les instituts de formation et les conseils supérieurs de vingt deux États membres (l'Estonie étant observateur et Chypre n'y participant pas). En France, il s'agit de l'École nationale de la magistrature (ENM) et, en Belgique, du Conseil supérieur de la justice.

[167] Acronyme allemand de *Europäische Rechtsakademie*.

du Réseau, d'une assemblée générale faisant fonction d'organe plénier, d'un comité de pilotage qui formule des propositions, assiste et conseille le président de l'assemblée générale et le secrétaire général, ainsi que quatre départements[168].

Les États membres ont opéré une première tentative d'amarrage de la formation judiciaire dans la sphère institutionnelle de l'Union, mais elle s'est soldée par un échec. La présidence française du Conseil avait présenté le 10 novembre 2000 une initiative[169] afin d'ancrer cette entité dans la sphère institutionnelle de l'Union. L'objectif de cette initiative visait à créer un organisme formel doté d'une structure en lui apportant « cohérence et pérennité »[170] à partir d'un texte fondé sur une base juridique du traité UE. Le projet de décision prévoyait l'établissement d'un réseau sur le modèle du Réseau judiciaire européen, c'est-à-dire une structure légère sans personnalité juridique ni budget propre. Pour des raisons de bases juridiques notamment[171], le texte n'a pas été adopté par le Conseil.

Suite à cette tentative infructueuse, la Commission a présenté, le 31 mai 2002, un document de travail[172] dans lequel elle présentait trois options pour l'avenir institutionnel du REFJ. Elle suggérait dans une première option, d'adopter un acte juridique de l'Union. Cette hypothèse aurait donné au REFJ un statut semblable à celui du Réseau judiciaire européen. Elle proposait, dans une deuxième option, de transformer le REFJ en agence européenne. Enfin, dans une troisième, elle avançait l'idée de laisser les choses en l'état. Lors de sa session des 5 et 6 juin

---

[168] Le département Administratif, le département Budgétaire et Financier, le département Programme d'Échange et le département des Programmes.

[169] Initiative de la République française en vue de l'adoption d'une décision du Conseil instituant un réseau européen de formation judiciaire (*JOCE* C 18 du 19.1.2001, p. 9).

[170] Pour reprendre les termes des conclusions du Conseil du 5 et 6 juin 2003 sur le Réseau européen de formation judiciaire (doc. du Conseil du 23 mai 2003, n° 9702/03 CATS 33).

[171] Les États divergeaient quant au champ de compétence de l'organisation. Certains d'entre eux plaidaient pour la création d'un réseau unique, destiné à assurer la formation des magistrats dans tous les domaines. En effet, dans de nombreux pays, les juges chargés des questions pénales sont également des juges civils.

Or, la difficulté est que la formation judiciaire reposait dans l'Union européenne sur deux piliers distincts : le premier pilier pour la formation en matière civile et commerciale (art. 65 TCE) et le troisième pilier pour ce qui est de la matière pénale (art. 31 TUE). Dans cette perspective, d'autres États se sont opposés à la création d'une organisation de formation judiciaire générale au motif qu'il existe deux bases juridiques, et donc que deux instruments doivent être adoptés sur le fondement des art. 249 TCE et 34 TUE. Ils ont préconisé la mise en place de deux organismes complémentaires à l'image des deux réseaux judiciaires européens : le premier en matière pénale et le deuxième en matière civile.

[172] SEC(2002)635.

2003, le Conseil a donné sa préférence pour cette troisième option. Il a approuvé des conclusions dans lesquelles il considérait qu'il n'était pas nécessaire « d'adopter un ou plusieurs actes contraignants du Conseil pour créer un réseau de formation efficace »[173]. Il estimait que la création d'une association internationale constituait une solution valable et acceptable pour l'ensemble des États membres. Nonobstant, il a plaidé pour un renforcement des structures et des capacités financières du REFJ.

Pour leur part, les chefs d'État et de gouvernement ont émis l'idée selon laquelle la perspective d'un *statu quo* était envisageable pour l'heure mais qu'à l'avenir de nouvelles solutions devaient être étudiées. À cet égard, le programme de La Haye a demandé à la Commission d'élaborer « dans les meilleurs délais une proposition visant à créer, pour les autorités judiciaires, à partir des structures existantes, un réseau européen efficace de formation ».

En réponse, la Commission a présenté, le 29 juin 2006, une communication[174] dans laquelle elle précisait que si l'Union, en créant le CEPOL, a opté pour le choix d'une organisation auxiliaire relevant de la sphère de l'Union, elle a choisi un autre chemin en matière judiciaire. La Commission respectait donc le choix du Conseil même si, parallèlement, elle suggérait un approfondissement des relations entre l'Union européenne et le REFJ. Elle proposait une hausse des subventions et le développement « d'un niveau plus intégré de formation, conçu et mis en œuvre au niveau européen », impliquant différents acteurs, comme Eurojust, le Réseau judiciaire européen, la Cour de Justice, l'ERA et l'Institut européen d'Administration publique (IEAP).

Le REFJ n'est donc pas, à l'heure actuelle, absorbé dans la sphère institutionnelle de l'Union européenne. Il n'y a pas de texte(s) fondé(s) sur les traités CE et/ou UE formant le socle normatif destiné(s) à instituer cette entité et opérant son intégration dans le droit de l'Union.

Néanmoins, un phénomène d'intégration par capillarité s'opère à travers les financements européens. L'Union participe au budget de fonctionnement du REFJ ainsi qu'à ses actions de formation. Les représentants du réseau ont signé avec la Commission européenne, le 25 avril 2005, une convention lui attribuant une subvention de fonctionnement de 280 000 euros. En outre, la Commission apporte son concours à la réalisation des modules de formation *via* l'utilisation de programmes financiers de l'Union, en particulier à travers le programme spécifique

173 Point 3 des conclusions

174 Communication sur la formation judiciaire dans l'Union européenne (COM(2006)356).

Justice pénale[175]. Par ailleurs, l'existence d'une base juridique dans le traité de Lisbonne relative à la formation judiciaire[176] pourrait être un facteur susceptible de contribuer à renforcer la collaboration entre l'Union et le REFJ.

En outre, la situation actuelle concernant le statut juridique du REFJ n'est que temporaire. En écho aux prescriptions du Conseil européen à ce sujet, la Commission, dans sa communication du 29 juin 2006, rappelle cet aspect provisoire en précisant dans la conclusion de son document que « la question de l'évolution des structures de la formation judiciaire européenne vers d'autres formes, pourra être à nouveau examinée au terme du programme-cadre "droits fondamentaux et justice" »[177].

L'arrimage progressif du REFJ dans la sphère institutionnelle de l'Union illustre la modification du paysage européen de la sécurité intérieure. Celui-ci évolue sur un plan quantitatif à travers ce phénomène d'intégration au niveau institutionnel et financier, mais pas seulement. Il évolue aussi sur un plan qualitatif, avec la transformation des organisations auxiliaires existant déjà dans son giron. Cette transformation se manifeste par l'adoption de nouveaux textes juridiques destinés à procéder à des clarifications, mais aussi à consacrer des pratiques existantes (comme le fait la décision du 16 décembre 2008 relative au Réseau judiciaire européen destinée à remplacer l'action commune du 29 juin 1998) ou à étendre le champ de compétence d'une organisation (comme l'ont fait certains textes complétant la convention Europol[178] et

175 Décision du Conseil du 12 février 2007 établissant, pour la période 2007-2013, dans le cadre du programme général Droits fondamentaux et justice, le programme spécifique Justice pénale (*JOCE* L 58 du 24.2.2007, p. 13).

176 Art. 82.1.c TFUE.

177 Le Conseil, quant à lui, ne fait pas mention du caractère provisoire. Dans une résolution du 24 octobre 2008 (doc. du Conseil n° 14667/08 [presse 229]), il accepte le renforcement du réseau sans toutefois évoquer son avenir institutionnel. En effet, il admet que le REFJ définisse le contenu des « programmes de formations européens communs » en matière judiciaire (point 4.b). Il indique également que le réseau jouera un rôle important dans la mise en œuvre des lignes directrices en matière de formation judiciaire énoncées dans ladite résolution. Afin de permettre au REFJ d'assumer pleinement ses missions, il invite les États membres à accroitre le montant de leur contribution financière.

178 Comme l'acte du Conseil du 30 novembre 2000 établissant, sur la base de l'article 43, paragraphe 1, de la convention portant création d'un Office européen de police (convention Europol), le protocole modifiant l'article 2 et l'annexe de ladite convention (*JOCE* C 358 du 13.12.2000, p. 13). Cet acte a étendu la compétence d'Europol au blanchiment d'argent en général et ce, quel que soit le type d'infraction à l'origine des produits blanchis.

comme l'a fait récemment la décision instituant l'office européen de police[179]).

Cette transformation se traduit aussi par davantage d'autonomie vis-à-vis des États membres. Une telle autonomie a été évoquée concernant Europol à propos de la diversification de ses sources au sujet de son alimentation en informations. Elle peut également être évoquée concernant le CEPOL dont le budget n'est plus alimenté directement par les États en fonction d'une clef de répartition déterminée, mais par le budget de la Communauté (et l'Union après l'entrée en vigueur éventuelle du traité de Lisbonne).

L'évolution qualitative se traduit par d'autres manières, notamment du point de vue de la structure des organisations auxiliaires. Cette évolution est caractéristique des organisations de niveau II mais aussi et surtout de celles de niveau III. Ce sont précisément ces dernières que nous allons aborder dans le prochain chapitre.

179 La décision étend le mandat d'Europol aux formes particulièrement graves de criminalité transnationale, au-delà de la criminalité organisée et du terrorisme. Elle conserve toutefois la liste limitative des phénomènes figurant à l'annexe de convention dans sa version consolidée (ces formes particulièrement graves devant correspondre donc aux phénomènes figurant dans cette annexe).

CHAPITRE 3

L'ébauche d'organisations de niveau III

Les organisations auxiliaires de niveau III que nous classons dans le palier supérieur se caractérisent par trois éléments. Premièrement, elles se singularisent par leur structure massive, tant en termes de personnel qu'en termes de budget (I). Deuxièmement, elles se distinguent par leurs attributions puisqu'elles possèdent des pouvoirs propres (II).

Ces pouvoirs propres sont des pouvoirs opérationnels permettant aux membres de l'organisation de niveau III, d'effectuer eux-mêmes certains actes de procédure. Dans cette optique, leurs instructions émises perdent leur caractère incitatif pour devenir contraignants. Les services nationaux ne sont pas soumis sur le plan hiérarchique, mais ils le sont sur le plan fonctionnel. Ainsi, les services douaniers sont tenus de respecter les instructions des agents d'enquête de l'OLAF conformément à l'art. 10 du traité CE. Dans le même registre, les services de police sont tenus d'obéir aux consignes des membres nationaux d'Eurojust faisant usage des pouvoirs conférés par leur État d'origine et figurant dans la décision instituant l'unité de coopération judiciaire, en vertu du lien de subordination fonctionnel qui unit d'une part les procureurs et les juges d'instructions et d'autre part les agents de la police judiciaire agissant en tant qu'auxiliaires des premiers[1]. Pour autant, il est possible, à ce stade de l'analyse, de formuler la même remarque que celle qui concernait le troisième palier ayant trait à la dimension horizontale du paysage européen de la sécurité intérieure au sujet du caractère encore partiellement virtuel de l'action de l'Union. En l'occurrence, un pan des organisations de niveau III est encore au stade de l'ébauche. Ainsi, les agents d'Europol peuvent se transporter sur le territoire des États membres et possèdent, sur le papier, des compétences opérationnelles. Pourtant, leur intervention sur place est réduite dans les faits puisqu'ils ne disposent d'aucun pouvoir opérationnel.

Troisièmement, les organisations auxiliaires de niveau III se particularisent par la relation qu'elles entretiennent avec leur environnement institutionnel. En effet, les liens qu'elles nouent avec lui paraissent plus structurés que ceux tissés par les organisations auxiliaires de niveau II.

1 En France, cette subordination résulte notamment, des art. 12, 14, al. 2, 41 al. 1, 42 et 51 al. 3 du code de procédure pénale.

Alors que pour les organisations auxiliaires de niveau II l'accent est mis sur l'expansion du réseau relationnel ; pour les organisations auxiliaires de niveau III, l'attention est portée sur la cohérence du cadre dans lequel elles s'inscrivent.

Actuellement, un seul organisme a officiellement amorcé un travail de rationalisation aussi poussé. Il s'agit d'Europol. Tout d'abord, il a créé en son sein une unité opérationnelle de liaison et d'échange chargée de la mise en œuvre des accords. Ensuite, il a entamé une réflexion sur l'architecture générale de ses relations. Il a procédé plus particulièrement à l'élaboration du cadre global de son action concernant la collaboration qu'il mène avec les pays et instances tiers. Le conseil d'administration de l'office européen de police a donc approuvé un document établissant une stratégie qui définit les lignes directrices de l'action de l'office européen de police à leur égard.

En ce qui concerne Eurojust, les efforts de rationalisation existent mais ils sont informels. En effet, ils existent depuis sa création. Dans ce contexte, le Conseil lui a demandé d'organiser les relations qu'il a nouées avec de nombreux pays tiers. À cet égard, les conclusions adoptées en décembre 2004[2] invitent l'unité à lui présenter une liste de pays prioritaires avec qui Eurojust entend avoir des contacts étroits[3]. Pour l'heure, un tel document de stratégie n'existe pas, mais les efforts de structuration des relations entre l'unité de coopération judiciaire et son environnement se poursuivent. Il en est de même pour l'OLAF qui procède à ce travail de manière informelle.

Pourtant, toutes ces entreprises de rationalisation n'en sont aujourd'hui qu'à un stade peu avancé. D'ailleurs, la stratégie qui définit les lignes directrices de l'action d'Europol pour les années 2004 à 2006[4] a un impact limité car les délégations nationales au conseil d'administration ne font pas toutes de la question de la structuration des relations extérieures, une priorité. C'est la raison pour laquelle, il n'existe pas

---

2 Doc. du Conseil du 22 novembre 2004, n° 12561/4/04, EUROJUST 78.

3 Le Conseil demande à Eurojust de rationaliser utilement ses relations en tenant compte des accords déjà conclus par Europol. Il l'invite aussi à établir un programme visant au développement de ses relations extérieures. Là encore, il lui suggère de s'inspirer de la méthodologie d'Europol qui vise à créer un cadre concept global à l'intérieur duquel l'unité de coopération judiciaire sera amenée à définir sa politique extérieure.

4 Doc. du Conseil du 28 septembre 2004, n° 12660/04, EUROPOL 44.

L'objectif vise à se concentrer sur des pays avec lesquels l'Union entretient des relations privilégiées et avec lesquels une intensification de la collaboration paraît nécessaire. Le but consiste aussi à s'intéresser aux pays qui jouent un rôle significatif dans la région. Il s'agit alors d'employer ces pays comme plates-formes à partir desquels un partenariat est susceptible d'être mené avec d'autres pays de la région.

actuellement de document de stratégie pour les années 2007 et suivantes[5].

I. Des entités de plus en plus massives

Les organisations de niveau III sont dotées d'un personnel et d'un budget de taille importante[6]. C'est le cas d'Europol (A) qui dispose en 2007 d'un budget de 68 millions d'euros et qui compte environ 600 personnes. C'est aussi le cas de l'OLAF (B) dont les effectifs s'élèvent, pour l'année 2006, à 400 personnes environ et dont le budget était de 67 millions d'euros[7].

Frontex est l'illustration d'une entité qui était au départ une organisation de niveau II et qui est en train de se métamorphoser (C). Il s'agissait d'un organisme de taille encore modeste il y a peu, en comparaison avec Europol et l'OLAF, mais nous observons une croissance rapide qui fait de lui un organisme de niveau III. En effet, son personnel composé de 45 personnes en 2005, est passé à 75 en 2006, puis à 140 en 2007. Son budget, qui était de 6 millions d'euros en 2005, s'est élevé à 21 millions d'euros en 2006, à 35 millions d'euros en 2007 et à 72 millions d'euros en 2008.

A. Une illustration d'organisation fondée sur le titre VI : Europol

Comme le signale le député Pierre Brana dans son rapport d'information[8], les choix rédactionnels sur l'organisation institutionnelle de la collaboration policière ont pris un autre chemin que ceux relatifs à

---

[5] C'est pourquoi nous avons choisi d'aborder les questions de l'environnement de ces organisations dans le chapitre précédent et de nous concentrer, dans celui-ci, sur les thématiques de la structure et les attributions des entités de niveau III.

[6] Comme les organisations de niveau II, il est important de préciser que l'ossature des organisations de niveau III s'agrège autour d'un point central. À l'instar des organisations de niveau II, l'idée une trame réticulaire n'est pas abandonnée. Ainsi, Europol dont nous allons analyser la structure possède des ramifications au sein des États membres en disposant d'entités particulières implantées en leur sein, les UNE étudiées dans la première partie de l'ouvrage.

Il en est de même pour Frontex qui dispose de points de contact, les *National Frontex Point of Contact* (NFPoC), implantés dans chaque État membre et dont la mission consiste à faciliter l'échange d'informations entre lui et les services nationaux compétents.

[7] Le rapport d'activité pour le deuxième semestre de l'année 2004 et l'année 2005 précise que 43,2 millions d'euros ont trait au budget administratif alors que 12,1 millions d'euros sont consacrés au budget opérationnel.

[8] *op. cit.*, p. 18.

l'organisation de l'entraide judiciaire[9]. En effet, alors que les auteurs du texte instituant le Réseau judiciaire européen se sont centrés sur une configuration en réseau, entité identifiée comme une organisation de niveau I, ceux du texte instituant Europol se sont orientés vers la structuration de l'office sous la forme d'une instance centrale selon un modèle proche des établissements publics français (directeur, conseil d'administration, contrôleur financier)[10].

Comme nous l'avons constaté dans le chapitre introductif, Europol se caractérise par son aspect massif en termes de personnel et de budget avec une courbe de croissance régulière dans ces deux domaines. En 1998, le budget de l'UDE s'élevait à 5 millions d'Ecus. Celui d'Europol était de 15 millions d'euros en 1999, 18 millions en 2000, 22,5 en 2001, 51 en 2002[11], 61 en 2004, 65,8 en 2006 et 68 en 2007 (le plafond budgétaire étant fixé par la Commission à 82 millions d'euros pour l'année 2010). Nous constatons la même évolution concernant son personnel : 53 en 1994, 144 en 1999, 323 en 2000, 386 en 2002, 426 en 2003, 493 en 2004, 536 en 2005, 566 en 2006 et 592 en 2007 (621 au cours de l'année 2008).

Cette augmentation régulière s'observe aussi concernant les messages envoyés entre l'office à La Haye et les UNE : 45 222 en 2001, 69 822 en 2002, 151 150 en 2004, 180 920 en 2005, 210 268 en 2006 et 260 460 en 2007. À présent, les rapports annuels d'activité d'Europol ne font plus état du volume échangé. À titre d'information, le nombre de messages transmis entre Europol d'une part, et les pays et les organisations tierces d'autre part, s'élevait en 2006 à 210 272.

Certes, les organisations de niveau II connaissent aussi une croissance concernant leur activité et les éléments de leur structure. Ainsi, les différents rapports annuels d'activité précisent qu'Eurojust a été amené à connaître 192 dossiers en 2001, 202 en 2002, 300 en 2003, 381 en 2004, 589 en 2005, 771 en 2006 et 1085 en 2007. Ses effectifs se sont accrus en passant de 6 en 2002, à 28 en 2003, à 52 en 2004, à 70 en 2005, à 93 en 2006 et à 132 en 2007. Enfin son budget, qui était de 8 millions en 2003, est passé à 9,3 en 2004, à 13 en 2005, à 14,7 en 2006 et à 18,4 en 2007.

Cependant, ce qui distingue les organisations de niveau III de celles de niveau II, c'est leur taille en valeur absolue. Pour déterminer si une

---

9 Tout au moins jusqu'à la création d'Eurojust, que nous avons classé, du point de vue de la structure, comme étant une organisation auxiliaire de niveau II.

10 Sous réserve de la remarque sur les deux *business models* d'Europol que nous avons formulée précédemment.

11 48 millions d'euros étaient prévus initialement mais, suite aux attentats du 11 septembre 2001, le Conseil l'a doté de 3 millions d'euros supplémentaires.

entité relève d'une catégorie ou d'une autre, il faut opérer une comparaison, non pas en termes d'évolution dans le temps des différents indicateurs évoqués, mais de la situation actuelle. Or, de ce point de vue, le ratio de l'enveloppe budgétaire et du volume de personnel entre Europol et Eurojust avoisine le chiffre de quatre.

Sur le plan du droit, Europol se présente actuellement sous la forme d'une organisation internationale ayant la personnalité juridique. À ce titre, il a signé un accord de siège avec les Pays-Bas. Il bénéficie, ainsi que son personnel, des privilèges et des immunités nécessaires à son fonctionnement[12].

Du point de vue de sa structure, Europol est composé de ses organes directeurs et de départements administratifs[13]. Le département *Serious Crime* se divise en unités qui correspondent à différents phénomènes criminels en lien avec son mandat. Ce département dispose également d'une cellule d'analyse du renseignement[14]. Outre les différents départements, Europol possède une structure d'échange d'informations composée de la plate-forme des OLE, de la réunion des chefs d'unités nationales Europol (HENUs) et des UNE, entités analysées précédemment.

À titre de comparaison, l'OIPC-Interpol présente des similarités avec Europol. Comme Europol, il s'agit d'un organisme centralisé qui possède le statut d'organisation internationale. Il est composé d'une assemblée générale, qui est l'organe plénier, d'un comité exécutif qui est l'organe de direction[15] et d'un secrétariat général. Ce dernier est composé de six sous-directions[16] qui rassemblent l'essentiel des effectifs de l'office européen de police. Les sous-directions ont des attributions assez comparables aux différents départements d'Europol. Ainsi, concernant certaines sous-directions opérationnelles, elles réalisent les activités de soutien, comme la formation, le conseil aux services nationaux et le développement de produits spécifiques comme les bulletins, les manuels et les rapports d'analyse[17].

---

[12] En vertu du protocole du 19 mai 1997.

[13] Serious Crime, Information Management (qui gère les bureaux de liaison Europol dans les pays tiers, l'Infoex, le SIE, OASIS et la fonction d'index) et *Corporate governance and development* (auquel est rattaché le service juridique, le responsable des ressources humaines, le service financier et le service des relations publiques).

[14] Il s'agit de l'unité analyse (*Analysis Unit*) (SC7) évoquée précédemment, qui rassemble les personnels spécialisés dans le soutien analytique.

[15] Respectivement en vertu des art. 2, 39 et 42 du statut d'Interpol. L'OIPC dispose également de Conseillers (art. 45) dont le rôle est purement consultatif pour l'évocation de questions scientifiques.

[16] Intitulés *Subregional Bureaus* (SRB) *Management and Coordination, Management and Budget, Information Systems and Technology, Specialized Crime, Operational Police Support, NCB services* and I-24/7.

[17] Interpol dispose également d'un service d'analyse criminelle.

Il est vrai que l'OIPC n'a pas de plate-forme spécifique rassemblant les officiers de liaison. C'est d'ailleurs une différence majeure avec l'office européen de police. En revanche, il dispose, comme l'office européen de police, d'organes de liaison situés dans les États participants : les Bureaux centraux nationaux (BCN). Comme les UNE, les BCN constituent des points centraux destinés à servir d'intermédiaire en matière d'échange d'informations entre les services de sécurité intérieure de l'État partie d'une part, et le secrétariat général ainsi que les services de sécurité intérieure des autres États parties d'autre part. Reliés par le système I-24/7 (et bientôt I-link), qui est le système de communication de l'OIPC, ils font le lien entre les services de terrain de leur pays d'origine d'un côté et les services de terrain des autres pays ainsi qu'avec les organes de l'OIPC de l'autre. Les BCN échangent des informations entre les services nationaux puis entre eux et le Secrétariat général à Lyon. « Le rôle des BCN n'est donc ni accessoire ni simplement complémentaire, il est essentiel : ce sont eux qui fournissent la matière première de la coopération policière à leurs homologues et au siège, et c'est pour eux que le Secrétariat général travaille »[18].

Ces bureaux participent aussi aux opérations concertées auxquelles l'OIPC apporte son soutien soit directement, soit par le truchement de ses Bureaux sous-régionaux (BSR)[19].

La différence majeure entre Europol et l'OIPC réside dans le fait que ce dernier est une structure partiellement déconcentrée. Les BSR sont des organes destinés à assurer une partie des fonctions du secrétariat général au niveau local. Ils relèvent du statut et du règlement général, et sont placés sous l'autorité directe du secrétaire général[20]. Les BSR prêtent leur concours aux services de terrain et aux autres organes de l'OIPC en jouant un rôle de coordination et de liaison pour les pays

---

18 Lebrun, M., *op. cit.*, 1997, p. 89.

19 En 2006, le BSR de Nairobi a participé à l'opération Umoja destinée à lutter contre l'immigration illégale, le vol de véhicules ainsi que le trafic de drogues et d'armes légères. Cette opération d'une durée de huit jours a débouché sur l'arrestation de 141 immigrants clandestins et sur la saisie de 339 voitures volées, de 72 armes à feu et de 366 kilogrammes de drogues. Pour mener à bien cette opération, des barrages routiers ont été dressés, des inspections dans les foires, les casses et les garages ont été réalisées. L'OIPC a apporté son aide en fournissant du matériel (ordinateurs portables et DVD cryptés).

20 Il existe cinq BSR situés respectivement, en Amérique du Sud à Buenos Aires (Argentine), en Amérique centrale à San Salvador (El Salvador), en Afrique de l'Ouest à Abidjan (Côte d'Ivoire), en Afrique australe à Harare (Zimbabwe) et en Afrique centrale et orientale à Nairobi (Kenya).

participants et en prenant part à différents projets[21]. En comparaison, Europol ne possède pas ce type d'organe.

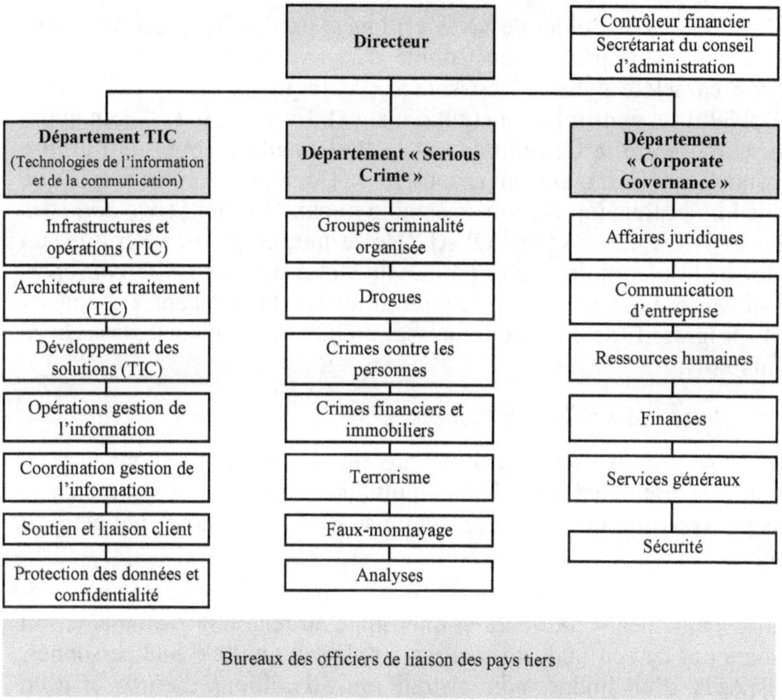

Organigramme d'Europol : schéma n° 10

Source : site web d'Europol ; www.europol.eu

B. Un exemple d'organisation communautaire : l'OLAF

L'OLAF a un statut « mixte et complexe »[22] résultant de la pluralité de ses fonctions, qui fait de lui, sous certains aspects, une organisation indépendante de la Commission européenne et, sous d'autres, une administration subordonnée (1). Constatant cette dualité, un rapport parlementaire fait le parallèle avec la fable de La Fontaine intitulée « La

---

21 En outre, ils assurent la formation des services nationaux de sécurité intérieure et apportent un appui aux fins d'élaboration de cadres juridiques régionaux pour la collaboration policière.

22 Rapport d'activité du Comité de surveillance pour la période septembre 2001-juillet 2002 (*JOCE* C 234 du 30.9.2002, p. 21).

chauve-souris et les deux belettes »[23]. « Je suis un oiseau : voyez mes ailes : vive la Gent qui fend les airs ! [...] Je suis une souris : vivent les rats ! »

Ce statut a fait l'objet de vives critiques, particulièrement de la part du Parlement européen et du Comité de surveillance, qui considèrent que son caractère hybride[24] est source d'ambiguïtés (2). Il a d'ailleurs été l'objet d'un conflit interinstitutionnel (3). En effet, il a été la pomme de discorde entre la Commission et le Parlement au cours de l'affaire Eurostat. Toutefois, un récent rapport de la Cour des comptes révèle que depuis lors la fonction d'enquête semble mieux cloisonnée vis-à-vis des autres activités menées par l'OLAF. De ce fait, la question perd de son acuité sur le plan politique et permet au statut de l'office de conserver une situation de *statu quo* sur le plan juridique. Pour autant, cet apaisement progressif des tensions laisse malgré tout planer des zones d'ombre (4).

1. Un statut « mixte et complexe »

L'OLAF est un « objet inédit »[25] aux multiples facettes. Il s'agit d'un « service opérationnel spécialisé et multidisciplinaire »[26] dont l'action se situe aux confins de la sphère administrative, douanière, policière et judiciaire.

Comme Europol et Frontex, l'office de lutte antifraude est une organisation hautement centralisée et imposante au regard du volume de son personnel et de son budget. L'office employait en 2006 388 personnes, il disposait d'un budget administratif de 50 millions d'euros et d'un budget opérationnel de 17,4 millions d'euros. Pour l'année 2005, les effectifs s'élevaient à 390 personnes et son budget à 55,1 millions d'euros[27]. Nonobstant, contrairement à Europol et Frontex, il n'a pas de ramifications au sein des États membres. En effet, il ne possède pas d'entités équivalentes aux UNE ou aux NFPoC implantés dans chacun des États membres[28].

---

[23] Cité par André, A., Assemblée nationale française, *L'office de lutte antifraude (OLAF)*, Rapport d'information, n° 1533, Paris, 8 avril 2004.

[24] Doelle, P., « De la création de l'office de lutte antifraude (OLAF) vers une possible communautarisation de la protection pénale des intérêts financiers », in *Revue pénitentiaire de droit pénal*, n° 4, décembre 2001, p. 803.

[25] Pujas, V., *op. cit.*, p. 107-127.

[26] Doelle, P., *op. cit.*, p. 806.

[27] Le rapport d'activité pour le deuxième semestre de l'année 2004 et l'année 2005, précise que 43,2 millions d'euros ont trait au budget administratif alors que 12,1 millions d'euros sont consacrés au budget opérationnel.

[28] L'OLAF a mis en place un réseau de communicateurs antifraude (OLAF *Antifraud Communicators Network* ou OAFCN) qui rassemble les responsables des relations publiques nationaux. Contrairement aux UNE, ce réseau n'a pas de vocation opéra-

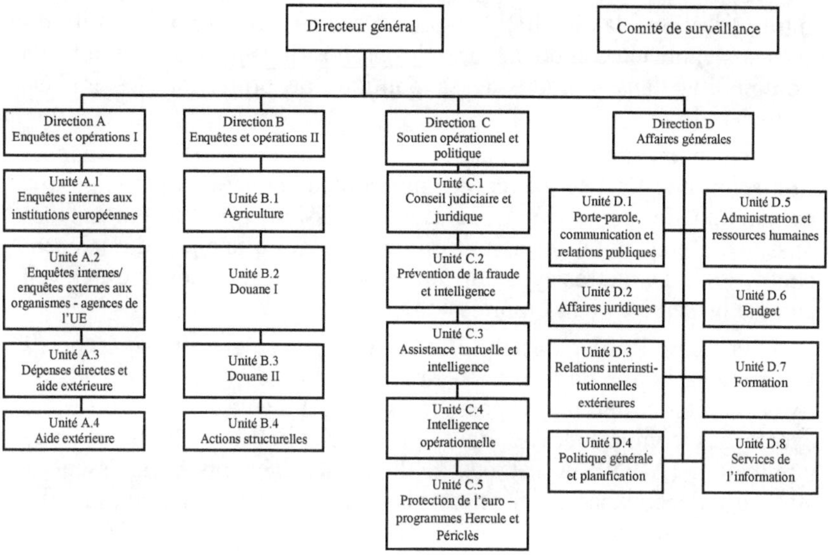

Organigramme de l'OLAF : schéma n° 11

Source : site web de l'OLAF ; http://ec.europa.eu/dgs/olaf/directory/org_chart/index_en.html

L'OLAF est divisé en quatre directions : les directions « enquêtes et opérations » A et B, la direction C « soutien politique et opérationnel » et la direction D « politique, législation et affaires juridiques ». Les directions A et B regroupent les enquêteurs. Elles sont chargées de procéder aux missions d'assistance opérationnelle et d'enquête. C'est notamment en leur sein que les allégations de fraudes sont recueillies et que le dossier est instruit. La direction C « soutien politique et opérationnel » assure un soutien opérationnel spécialisé. Elle formule des avis juridiques aux enquêteurs, elle effectue l'analyse stratégique et opérationnelle du renseignement, elle apporte l'aide nécessaire aux autorités judiciaires et elle réalise la maintenance de l'AFIS et de l'unité de coordination opérationnelle (UCO-P)[29]. Au-delà du soutien apporté aux

tionnelle. Son rôle consiste à informer le citoyen et à créer un dialogue permanent entre l'office et les services de communication externes des services nationaux chargés des enquêtes.

[29] Figure au sein de cette direction l'unité chargée de la protection de l'euro. Outre l'aide à la coordination des actions entre les autorités nationales en matière de lutte contre la contrefaçon des pièces en euros, l'unité compétente dans le domaine de protection de l'euro anime un groupe de travail dans le cadre d'un comité de la Commission, le Comité de coordination de la lutte antifraude (Cocolaf), et soumet à la Commission les propositions législatives relatives à la protection des pièces.

autres directions, la direction D a pour tâche de formuler des avis juridiques aux enquêteurs et de préparer des propositions pour soumission à la Commission dans le cadre de sa politique de protection des intérêts financiers.

Il existe une dichotomie quant au lien qui unit l'OLAF à la Commission selon que l'office exerce des missions d'enquête ou participe à la préparation des propositions de la Commission. Pour ce qui est des missions d'enquête, il forme une entité jouissant d'une grande indépendance. Pour les autres types de mission qui lui sont dévolues, il agit comme un service de la Commission.

D'une part, l'office dispose d'une autonomie de gestion par rapport à la Commission afin de mener à bien ses missions d'enquêtes administratives externes et internes. Il possède un budget distinct[30] et son directeur exerce ses compétences en tant qu'Autorité investie du pouvoir de nomination (AIPN). À cet égard, différents éléments garantissent le statut d'indépendance du directeur vis-à-vis de la Commission : premièrement, celui-ci est désigné par elle sur la base d'un consensus entre les institutions. En effet, il est nommé sur le fondement d'un commun accord entre elle, le Conseil et le Parlement[31]. Deuxièmement, il dispose d'un recours devant la Cour de justice contre la Commission s'il estime qu'une mesure met en cause son indépendance. Troisièmement, son mandat de cinq ans est renouvelable une fois[32]. Quatrièmement, il peut ouvrir d'office une enquête externe et interne, et donc sans obtenir l'aval de la Commission ou sans attendre une éventuelle dénonciation des faits venant de sa part.

L'indépendance de l'office vis-à-vis des services nationaux n'est pas réglementée de manière spécifique. Le règlement 1073/1999/CE précise uniquement que « le directeur ne sollicite ni n'accepte d'instructions d'aucun gouvernement ni d'aucune institution »[33]. Toutefois, ces garan-

---

30 Le directeur général prépare l'avant-projet de budget de l'OLAF qui est transmis à la Commission (direction générale du Budget). Le budget est ensuite arrêté par les deux branches de l'autorité budgétaire, le Parlement et le Conseil. Il revient ensuite au directeur général de mettre en œuvre les dépenses, celui-ci ayant la qualité d'ordonnateur pour la ligne spécifique du budget général réservé à l'office.

31 À partir d'une liste de candidats ayant reçu un avis favorable du Comité de surveillance.

32 La proposition de règlement présentée par la Commission du 25 mai 2006, modifiant le règlement (CE) n° 1073/1999 relatif aux enquêtes effectuées par l'office européen de lutte antifraude (OLAF) (COM(2006)244), suggère de rendre le mandat du directeur général non renouvelable.

33 L'art. 30.1 de la convention Europol prévoyait la même indépendance pour son directeur. La décision instituant Europol, en alignant le régime juridique de l'office européen de police sur celui des agences communautaires, supprime cette indépendance. Dans ce nouveau contexte, le directeur doit rendre compte au conseil d'admi-

ties sont importantes. Elles vont, selon le Comité de surveillance[34], bien au-delà des garanties accordées à des organes d'enquête administratifs ordinaires comme l'office d'investigation et discipline (IDOC)[35].

D'autre part, l'OLAF est subordonné à la Commission pour la réalisation de ses autres tâches. En vertu de la décision du 28 avril 2004, l'office contribue à la préparation des propositions de la Commission. Il collabore avec la direction générale du Budget, chargée notamment de la lutte contre la fraude au budget communautaire, ainsi qu'avec toutes les autres directions générales compétentes en matière de législation sectorielle. Parallèlement, il apporte un soutien à la Commission pour renforcer l'étanchéité de la législation en participant à ses travaux[36]. L'office fournit son expertise technique sur l'analyse de risques destinée à identifier les lacunes et les faiblesses d'une législation[37]. Pour les activités de préparation des propositions de la Commission et d'appui aux différentes directions générales dans le domaine de la lutte contre la fraude au budget de l'Union, l'OLAF est considéré comme un service de la Commission au même titre que les autres. En cette qualité, il travaille avec les directions générales afin de préparer la position du collège des commissaires sur des dossiers relatifs à la protection des intérêts financiers.

2. *Un statut source de difficultés*

La Cour des comptes et le Comité de surveillance ont mis en exergue les difficultés provoquées par l'imprécision de la frontière entre les différents secteurs d'activité de l'OLAF. Dans le premier cas, il s'agit

---

nistration. En effet, le texte prévoit que ce dernier supervise l'action du directeur et met en place la fonction d'audit internet (le conseil d'administration est aussi destinataire des rapports d'audit). Le conseil d'administration met également en place une stratégie d'évaluation de l'action d'Europol concernant les objectifs à atteindre (le directeur étant quant à lui responsable du suivi). Enfin, il commande une évaluation externe indépendante de la mise en œuvre des activités exercées par l'office européen de police (ainsi que de la décision instituant Europol elle-même).

34 Rapport d'activité juin 2003-juillet 2004, p. 22.

35 L'IDOC (acronyme anglais de *Investigation and Disciplinary Office of the Commission*) est un service de la Commission chargé des questions d'enquête et des mesures en matière disciplinaire. Il est rattaché à la direction générale de l'Administration de celle-ci.

36 Ainsi, le rapport d'activité pour le deuxième semestre de l'année 2004 et l'année 2005, précise qu'en 2005, dix-sept propositions d'ordre législatif ou d'une autre nature ont été présentées par l'OLAF. Six d'entre elles avaient été recensées à des fins d'étanchéité à la fraude au début de l'année en question, et onze nouvelles propositions ont été soumises par l'office au cours de l'année à la demande des services de la Commission.

37 Par exemple, l'OLAF a suggéré de modifier un règlement communautaire sur le lait qui autorisait des restitutions sur ce produit. « Des petits malins en avaient profité pour toucher des restitutions sur le lait congelé » (*Le Monde* du 9 janvier 2004).

d'un service administratif de la Commission. Or, le commissaire en charge de la lutte antifraude exerce la responsabilité politique de l'action des services de la Commission compétents pour les questions relatives aux atteintes au budget communautaire. Dans cette optique, il assume celle de l'office dans ce domaine, y compris au sujet de l'échange d'informations et de l'aide à la coordination entre les services nationaux. Dans le second cas, l'office est un organe d'investigation. Dans ce contexte, l'OLAF possède l'indépendance fonctionnelle pour mener à bien les enquêtes qui lui sont confiées. La Commission, du fait de cette indépendance, n'est donc pas responsable juridiquement des agissements de l'office.

Seulement, les frontières entre ces deux familles d'activité sont floues, ce qui est source de confusion concernant le rôle joué par la Commission (et la responsabilité du commissaire en charge de la lutte antifraude) d'une part, et par l'OLAF d'autre part. Par exemple, la Commission intervient dans le processus de renouvellement du directeur alors que celui-ci doit pouvoir agir en toute indépendance pour permettre à l'office de lutte antifraude, d'effectuer sa mission d'enquête. En effet, elle dispose d'un certain pouvoir d'appréciation en ce qui concerne les modalités de son renouvellement. En particulier, elle est libre de publier ou non un appel à candidature au Journal officiel.

Autre illustration, le Comité de surveillance précise qu'il est délicat de distinguer les tâches de suivi financier, qui relèvent de la responsabilité formelle de la Commission, de celles d'enquête. L'expérience montre « qu'il est très difficile de démêler (les deux aspects) au niveau de l'office, dans un même service ou parfois dans un même dossier »[38].

De surcroît, l'activité de suivi financier opéré par l'OLAF, qui constitue le prolongement de l'enquête réalisée par l'office, fait doublon avec le travail des autres services la Commission. La Cour des comptes notifie, dans un rapport spécial du 9 juin 2005[39], que ce type d'activité va au-delà de la liquidation des sommes à recouvrer. Or, elle rappelle qu'il revient aux ordonnateurs des directions générales opérationnelles et aux services des États membres d'émettre les ordres de recouvrement et de s'assurer de leur encaissement à l'échéance. C'est donc à la direction générale du Budget et non à l'OLAF, qu'appartient la responsabilité de garantir l'enregistrement de ces ordres et de surveiller le respect de l'échéancier des encaissements de la part des ordonnateurs. De plus, il ressort, selon la Cour des comptes, que « la valeur ajoutée du suivi assuré par l'office s'est en général avérée faible » en matière de coordination ou d'assistance dans le cadre de suivi financier. Dès lors, « la

38 Rapport d'activité juin 2003-juillet 2004, p. 35.

39 Rapport publié au *JOCE* C 202 du 18.8.2005, p. 1.

mobilisation de l'OLAF au-delà de la liquidation des sommes à recouvrer fait-elle largement double emploi avec celle des ordonnateurs ».

Plus récemment, le Parlement européen a mis en exergue les difficultés découlant de la nature hybride de l'OLAF, en particulier pour les services situés dans l'organigramme qui ont pour mission de réaliser les enquêtes et d'effectuer la coordination entre les services nationaux. En effet, la fonction d'enquête est distincte de l'activité de coordination. L'expérience montre néanmoins que ce sont les mêmes personnels qui réalisent ces deux types d'action. Cette situation, résultat de la rationalisation des ressources de l'OLAF, est apparue contestable aux yeux du Parlement : l'office est une entité subordonnée à la Commission dans son activité d'aide à la coordination alors qu'il est indépendant dans celle liée à sa fonction d'enquête. C'est la raison pour laquelle, aux fins de préserver cette indépendance, le Parlement a préconisé, dans une résolution adoptée le 15 juin 2006[40], une séparation claire des tâches qui doit se manifester au niveau organisationnel.

Hormis les risques de double emploi, l'existence de ce flou juridique est problématique car il crée des interférences avec la Commission, ce qui est susceptible d'affaiblir l'indépendance opérationnelle de l'OLAF. Cette situation met l'office dans une situation délicate notamment au regard des autorités disciplinaires. Ces dernières éprouvent « parfois des difficultés à donner suite aux recommandations contenues dans le rapport qui leur sont destinés. [...] Les relations entre l'IDOC et l'OLAF montrent que la question du rôle de l'OLAF dans la procédure disciplinaire n'est pas réglée »[41]. Le Comité de surveillance affirme même que l'OLAF est confronté à un « problème de légitimité »[42]. Il dénonce son statut, résultant de cette double mission, d'enquête et de conception. Il estime qu'il comporte un risque de confusion entre ses différentes attributions avec le danger, pour la Commission, d'interférer dans les investigations menées par l'office.

3. *Un statut, facteur de conflit interinstitutionnel*

Les zones de contact identifiées dans le paragraphe précédent donnent théoriquement à la Commission la possibilité de s'immiscer, dans une certaine mesure, dans les enquêtes. Ce risque est d'autant plus grand que les enquêtes diligentées par l'OLAF sont de nature interne à la Commission. Sur la base de ce constat, le Parlement européen a qualifié, dans un rapport adopté le 4 décembre 2003[43], ce statut « d'intenable ». Il

---

40 Doc. T6-0277/2006.

41 Rapport d'activité juin 2003-juillet 2004, p. 43.

42 Rapport d'activité du Comité de surveillance pour la période juillet 1999-juillet 2000 (*op. cit.*, p. 19).

43 A5-0393/2003.

a fustigé le chevauchement de compétence entre l'OLAF d'une part, et les autres services de la Commission d'autre part, et il a estimé que ce statut mixte créait une présomption d'ingérence émanant de la Commission.

Le statut ambigu de l'office, combiné à certaines lacunes dans les règles de fonctionnement, en particulier pour les informations relatives aux enquêtes, a mis la Commission en situation délicate vis-à-vis de l'office surtout lorsque il a été amené à procéder à des enquêtes internes au sein de la Commission, par exemple dans une direction générale. Il a contribué « à déstabiliser la Commission, dans un contexte marqué par la politisation croissante des enquêtes de l'office »[44]. En effet, la Commission a répondu devant le Parlement européen des investigations réalisées par l'OLAF. Or, il s'agissait d'activités opérationnelles pour lesquelles elle n'avait pas, en principe, d'autorité à l'égard de l'office. Pourtant, du fait de cette présomption, la Commission a été tenue responsable de dysfonctionnements de certaines enquêtes[45].

La question du statut de l'OLAF et de ses rapports avec la Commission a été soulevée lors de l'affaire dite « Eurostat », du nom de l'office chargé d'établir les statistiques de l'Union. Une enquête du service d'audit interne de la Commission européenne a été ouverte, en mars 2003, pour soupçons de fraude sur des contrats conclus par Eurostat avec une société luxembourgeoise. Il était suspecté qu'un montage financier ait été mis en place pour gonfler artificiellement les appels d'offres et mettre de côté l'argent nécessaire aux fins d'emploi de sous-traitants. À ce sujet, l'hebdomadaire allemand Stern, a révélé le 17 juillet 2003 que des preuves détenues par l'OLAF, à charge d'Eurostat, avaient disparu.

Le Parlement européen, et en particulier la Cocubu[46], a mis l'accent sur les défaillances de l'OLAF ainsi que sur la mauvaise gestion de la Commission concernant cette affaire. Il a indiqué dans une résolution du 22 avril 2004[47] que le dossier Eurostat avait mis en évidence de graves déficiences dans les méthodes de travail de la Commission. Il a ajouté que cette affaire avait été révélatrice de sérieuses lacunes dans le système de gestion des contrôles internes de la Commission. Dans le même

---

44 André, A., *op. cit.*, p. 17.

45 *Ibid.*, p. 19.

46 Le député en charge des différents rapports du Parlement européen sur la protection des intérêts financiers, Herbert Bösch, a affirmé que « la découverte d'affaires comme Eurostat a un effet ravageur sur la crédibilité des institutions de l'Union européenne ! ». Il a indiqué en outre que l'office avait été créé au lendemain de la démission de la Commission Santer, en 1999, dans le but, précisément, de « rétablir la confiance des citoyens dans les institutions » (Propos recueillis dans l*e Monde* du 6 janvier 2004).

47 Doc. T5-0372/2004.

temps, le Parlement a tenu la Commission responsable des erreurs de l'OLAF[48]. Dans une résolution du 30 mars 2004[49], il a ajouté que la mauvaise gestion du dossier était due au flou qui existe dans les relations entre la Commission et l'office[50].

La Commission s'est prononcée contre la remise en cause du statut de l'OLAF. Dans son premier rapport d'évaluation des activités de l'office, dit rapport « article 15 », du 2 avril 2003[51], elle a considéré que l'OLAF ne devait pas être modifié et a préféré formuler une série de recommandations afin de consolider sa structure actuelle. Elle a préconisé le maintien de l'office en son sein, mais en renforçant son indépendance fonctionnelle pour l'exercice de la mission d'enquête. C'est d'ailleurs dans cet esprit que s'est inscrite la première proposition de règlement modifiant le règlement 1073/1999/CE[52], présentée le 10 février 2004. Cette proposition, élaborée sous la présidence Prodi, a tiré les leçons de l'affaire Eurostat. Elle a suggéré d'améliorer la circulation de l'information entre l'office de lutte antifraude et la Commission.

En parallèle à la proposition de règlement, la Commission et l'OLAF ont rédigé un protocole d'accord[53] visant à assurer en temps utile un échange d'informations au sujet des enquêtes internes de l'office au sein de la Commission[54]. Pour permettre une bonne collaboration entre les deux, il avait été décidé en 2000 qu'un code de bonne conduite « serait

48 « On lui reproche de ne pas avoir communiqué aux institutions de l'Union européenne les avancées de l'enquête concernant l'office de statistiques européen, alors même que le cas était connu depuis mars 2000 dans le cadre des dénonciations faites par le fonctionnaire Van Buitenen » (Pujas, V., *op. cit.*, p. 107-127).

49 Doc. T5-0223/2004.

50 « La Commission est entrée en fonction en annonçant haut et fort une politique de tolérance zéro en matière de fraude et de corruption, mais que, dans le domaine de la lutte contre les irrégularités et la fraude, elle lègue à ses successeurs un fouillis sans précédent de dispositions parfois contradictoires et d'instances et de services nouvellement créés, de sorte que conflits de compétences et refilages de responsabilités sont préprogrammé » (point 2 de la résolution).

51 COM(2003)154.

52 Proposition de règlement présentée par la Commission du 12 février 2004, modifiant le règlement n° 1073/1999/CE relatif aux enquêtes effectuées par l'office européen de lutte antifraude (OLAF) (COM(2004)103) et proposition de règlement présentée par la Commission du 12 février 2004, modifiant le règlement n° 10741999/CE relatif aux enquêtes effectuées par l'office européen de lutte antifraude (OLAF) (COM(2004)104).

53 SEC(2003)871.

54 Dans le cadre des efforts de clarification du rôle de la Commission et de l'OLAF, un mémorandum d'entente entre l'office de lutte antifraude et l'IDOC a été signé le 28 avril 2004 [décision de la Commission C(2004)1588] qui concerne les volets disciplinaires des enquêtes internes. Un mémorandum avait déjà été signé le 25 juillet 2001 entre l'OLAF et le Service d'audit interne de la Commission (IAS) (SEC(2003)884/2).

élaboré afin de donner un sens constructif aux ambiguïtés du statut de l'OLAF »[55]. Un projet a été mis sur pied en concertation avec le Comité de surveillance à cet effet. Il formulait des suggestions sur l'organisation pratique de l'office dans ses relations avec les services de la Commission et analysait les conditions de mise en œuvre de son autonomie du point de vue de la gestion financière et de l'administration. Le Comité de surveillance a bien accueilli le projet. Le Parlement l'a rejeté au motif qu'il était susceptible de porter atteinte aux compétences de l'OLAF[56].

4. Un apaisement progressif des tensions qui laisse malgré tout subsister des zones d'ombre

La Cour des Comptes a confirmé le maintien de l'OLAF en tant qu'organisme de la Commission. Celle-ci, dans un rapport spécial du 9 juin 2005[57], a constaté un ensemble de dysfonctionnements en matière d'enquête mais elle ne remet cependant pas en cause l'architecture de l'office. « Le rattachement de l'OLAF à la Commission n'a pas mis en péril l'indépendance de la fonction d'enquête de l'office, même si certaines difficultés de communication ont été constatées »[58]. Le Parlement européen a fait évoluer sa position dans le sillage de celle de la Cour des comptes. En effet, dans une résolution adoptée le 15 juin 2006[59], il s'est rangé implicitement du côté de la Cour en « saluant la constatation » faite par elle.

Il est vrai que l'OLAF a pris en compte les remarques formulées sur les confusions éventuelles, dans son organigramme, entre sa mission d'enquête (pour laquelle l'office agit en organisme indépendant de la Commission) et les autres (pour lesquelles l'office agit en organisme subordonné à l'autorité de la Commission). Il a réorganisé ses services de sorte qu'il existe une séparation plus claire entre eux. L'objectif étant un meilleur cloisonnement de sorte que le personnel ne soit plus affecté à des tâches susceptibles d'engendrer cette confusion. C'est ainsi que la direction A est compétente pour les enquêtes internes et les cas de fraude relatifs aux programmes de dépenses gérés directement par les institutions européennes. La direction B s'occupe exclusivement des enquêtes concernant les secteurs (comme les ressources propres, l'agriculture et les fonds structurels) dont la responsabilité est partagée entre la Commission et les États membres. Le personnel de la direction C est

---

55 Rapport d'activité du Comité de surveillance pour la période septembre 2001-juillet 2002, p. 23.

56 Résolution du 8 avril 2003 concernant la décharge sur l'exécution du budget général de l'Union européenne pour l'exercice 2001 (doc. T5-0150/2003).

57 Rapport spécial n° 1/2005 (*JOCE* C 202 du 18.8.2005, p. 1).

58 Point 94 du rapport.

59 Doc. T6-0277/2006.

en charge, comme précisé précédemment, du soutien opérationnel spécialisé.

Dans ce contexte, la Commission a décidé de maintenir sa position en publiant une nouvelle proposition dans laquelle elle préconise le fait que la réforme de la procédure d'enquête n'affecte pas le statut de l'OLAF. En effet, dans cette proposition de règlement modifiant le règlement 1073/1999/CE[60], élaborée sous l'empire de la présidence Barroso, elle a suggéré de ne pas toucher à la structure institutionnelle[61].

Toutes les difficultés n'ont pas disparu pour autant. L'affaire Tillack en témoigne. En l'espèce, les locaux d'un journaliste correspondant à Bruxelles pour le journal *Stern*, Hans Martin Tillack, ont été perquisitionnés par la police belge dans le cadre d'une affaire de corruption concernant des fonctionnaires de la Commission. L'intéressé a saisi la Cour européenne des droits de l'Homme en faisant valoir que cette perquisition avait violé le droit à la liberté d'expression. En effet, elle portait selon lui atteinte à la liberté de la presse en obligeant l'intéressé à révéler ses sources. Les autorités belges ont justifié les actes au motif qu'ils visaient à rechercher des preuves d'un versement d'argent destiné à obtenir des informations confidentielles de la part de fonctionnaires européens[62]. La Cour a constaté une violation de la liberté d'expression dans un arrêt rendu le 27 novembre 2007. Peu avant, le tribunal de première instance avait, dans une décision du 4 octobre 2006[63], débouté Hans Martin Tillack estimant que l'OLAF ne pouvait pas être mise en cause concernant des informations communiquées par l'office de lutte antifraude à la police belge.

L'arrêt de la Cour européenne des droits de l'Homme a été interprété de manière différente par la Commission et l'OLAF d'une part, et par l'intéressé d'autre part. Pour la Commission et l'OLAF, les deux affaires sont distinctes et la condamnation ne concerne que les autorités belges. En effet, sur un plan strictement juridique, seules ces autorités ont été déclarées auteurs de la violation et c'est la raison pour laquelle elles seules ont été condamnées[64]. Pour Hans Martin Tillack, une autre

---

60 Proposition de règlement présentée par la Commission du 25 juin 2006, modifiant le règlement (CE) n° 1073/1999 relatif aux enquêtes effectuées par l'office européen de lutte antifraude (OLAF) (COM(2006)244).

61 Affaire n° 20477/05, 27 novembre 2007.

62 *Europolitique* n° 3425 du 3 décembre 2007.

63 Affaire T-193/04.

64 « Lorsque l'on a deux jugements clairs, pour des situations différentes, il est important de comprendre quel jugement s'applique à quelle situation. On ne peut pas comme ça prendre le jugement que l'on préfère et l'appliquer hors de son contexte » (propos tenus par Franz-Hermann Brüner, directeur général de l'OLAF [communiqué de presse de l'OLAF du 29 novembre 2007, OLAF /07/15]).

lecture, plus politique, est possible dans la mesure où les deux affaires sont étroitement liées, le Tribunal de première instance ne s'étant pas prononcé sur le fond (les juges ont estimé que la transmission de l'information par l'OLAF n'était pas un acte attaquable devant le tribunal). C'était d'ailleurs ce point de vue que l'intéressé avait évoqué en estimant que la Commission, et à travers elle l'OLAF (l'office n'ayant pas l'autonomie juridique devant le tribunal), était coresponsable du préjudice subi en communiquant ces informations aux policiers belges[65].

C. La métamorphose d'une organisation de niveau II vers celle de niveau III : Frontex

Frontex était une lointaine émanation d'un groupe de travail du Conseil : le CSIFA+. Le CSIFA+ constituait au sein du Conseil une formation du CSIFA rassemblant les responsables nationaux compétents dans le domaine de la gestion des frontières extérieures. Il était au milieu d'un réseau constitué de centres *ad hoc* menant des actions ayant trait à ces questions. Une fois le règlement instituant Frontex adopté, l'agence a pu être mise en place (1). Le CSIFA+ a disparu en tant que tel et le réseau des centres a été réorganisé.

Frontex possède une structure centralisée avec l'existence d'un conseil d'administration et d'un directeur exécutif. Cette structure est partiellement déconcentrée puisque le règlement l'instituant prévoit la création de bureaux spécialisés (2). À l'heure actuelle, la déconcentration n'est encore que virtuelle car Frontex n'a pas créé de tels bureaux. Quant aux organismes précurseurs de l'agence, soit une partie de leur compétence opérationnelle a été transférée à l'organe central, soit ils ont purement et simplement disparu.

1. Du « CSIFA+ » et des centres ad hoc, *à Frontex*

L'agence européenne aux frontières extérieures prend sa source dans la communication de la Commission et le Plan d'action pour la gestion des frontières extérieures des États membres de l'Union européenne. Dans la communication intitulée « Vers une gestion intégrée des frontières extérieures des États membres de l'Union européenne »[66] du 7 mai 2002, la Commission a préconisé la création d'une « instance commune de praticiens des frontières extérieures ». Elle a prévu que cette instance agisse, pour reprendre ses termes, comme la « tête » d'une politique commune de gestion des frontières extérieures ; qu'elle prenne

[65] Dans son recours, le plaideur avait invoqué un lien de causalité directe entre l'information transmise et le préjudice subi (en l'occurrence l'atteinte à l'honneur) (*Europolitique* n° 3432 du 12 décembre 2007).

[66] COM(2002)233.

le rôle d'un « chef d'orchestre » coordonnant et pilotant des actions opérationnelles[67].

Le plan d'action pour la gestion des frontières extérieures des États membres[68] a retenu le principe de l'instance commune. Dans cette optique, cette entité composée des chefs des services de contrôle aux frontières des États membres serait chargée de cordonner les mesures figurant dans le plan d'action. Le Conseil européen de Séville des 21 et 22 juin 2002, qui a approuvé le plan d'action, a appelé à la mise en place de cette instance sans délai. Cet organisme, dénommé dans le langage usuel « CSIFA + », a démarré ses activités au cours du deuxième semestre 2002.

Simultanément, les ministres du Conseil ont demandé dans leur plan d'action[69] la mise en place de projets pilotes sous forme d'opérations conjointes et de centres *ad hoc*, comme le Centre d'évaluation des risques (RAC)[70]. Situé à Helsinki, en Finlande, le RAC était destiné à fournir des analyses de risques périodiques en appliquant le modèle d'analyse commune de risques (CIRAM)[71].

Ces centres *ad hoc* ont été créés en application des lignes directrices du plan d'action. Certains d'entre eux sont nés dans le cadre de projets pilotes menés par les États membres. C'est le cas du Centre d'excellence des technologies de détection de Douvres, au Royaume-Uni, et du Centre de formation des gardes-frontières de Vienne, en Autriche. Quatre autres centres ont été établis pour tester, coordonner et évaluer la collaboration opérationnelle dans le cadre de la gestion des frontières extérieures de l'Union européenne. Le premier, compétent pour les frontières terrestres, était situé à Berlin. Le deuxième, chargé des frontières aériennes, était basé à Rome. Le troisième et le quatrième, compétents pour les frontières maritimes, étaient localisés respectivement en Grèce et en Espagne. Le centre du Pirée était compétent pour la région de la Méditerranée orientale et celui de Madrid pour sa zone occidentale et l'Atlantique.

---

67 Également en gestionnaire et en stratège pour assurer une plus grande convergence des politiques nationales dans le domaine des personnels et des équipements, ainsi que comme organe d'inspection « notamment en cas de crise ou si l'évaluation des risques devait l'exiger » (COM(2002)233).

68 Doc. du Conseil du 12 juin 2002, n° 9834/1/02, FRONT 55, COMIX 392.

69 Qui reprend l'essentiel des orientations suggérées par la Commission.

70 Acronyme anglais de *Risk Analysis Centre*.

71 Acronyme anglais de *Common Integrated Risk Analysis Model*. Le CIRAM consiste en la détermination d'indicateurs communs permettant de définir les segments de frontières les plus exposés. Il constitue un instrument d'aide à la décision dans la gestion commune des frontières extérieures en assurant l'évaluation des besoins opérationnels. Il existe actuellement une version révisée du CIRAM.

Dans son rapport sur la mise en œuvre des programmes, des centres *ad hoc*, des projets pilotes et des opérations conjointes[72], la présidence grecque du Conseil a conclu qu'en ce qui concerne les projets pilotes et les opérations conjointes, l'absence de mécanisme de surveillance, de méthode d'évaluation indépendante et approfondie, et de méthode pour traiter et utiliser les résultats « se fait cruellement sentir »[73]. Il en a déduit qu'il « conviendrait de réfléchir plus avant à l'institutionnalisation des centres » et que la nécessité d'une nouvelle structure institutionnelle pourrait également être examinée afin de renforcer la collaboration opérationnelle.

Parallèlement, la Commission a conclu, dans sa communication du 3 juin 2003[74], que le CSIFA+ rencontrait des limites structurelles pour assurer sa mission de coordination. Pour surmonter ces difficultés, elle a avancé l'idée d'opérer une distinction entre les tâches de coordination à caractère stratégique et celles à caractère opérationnel. Les premières demeureraient au sein du CSIFA+ tandis que les secondes relèveraient d'une nouvelle organisation.

Sur la base du rapport de la présidence du Conseil et de la communication de la Commission, le Conseil européen de Thessalonique des 19 et 20 juin 2003 a accepté l'éventualité de la création de cet organisme[75]. Celui de Bruxelles des 16 et 17 octobre 2003 est allé plus loin en admettant le principe de sa mise en place[76]. Il s'est félicité de l'intention de la Commission de rédiger un projet de texte à ce sujet et l'a pressé de le présenter au Conseil suffisamment tôt afin de lui permettre de dégager un accord politique sur les éléments principaux de ce dossier avant la fin 2003.

Dans la foulée, le 11 novembre 2003, la Commission a soumis au Conseil une proposition de règlement instituant une agence européenne aux frontières extérieures[77]. Respectant les délais imposés par le Conseil européen, le Conseil a adopté, les 27 et 28 novembre 2003, des conclusions établissant les principales orientations concernant sa structure et

---

72 Doc. du Conseil du 11 juin 2003, n° 10058/1/03, FRONT 70, COMIX 354.

73 Conclusion n° 1 (p. 36).

74 Communication de la Commission en vue du Conseil européen de Thessalonique sur le développement d'une politique commune en matière d'immigration clandestine, de trafic illicite et de traite des êtres humains, de frontières extérieures et de retour des personnes en séjour irrégulier (COM(2003)323).

75 Point 14 des conclusions.

76 Dimingo, B., « Actualité du gouvernement des frontières en Europe », in *Gendarmerie nationale*, n° 217, Paris, décembre 2005, p. 108.

77 COM(2003)687.

son fonctionnement[78]. Le règlement a été adopté par le Conseil le 26 octobre 2004.

Le texte étant *Schengen relevant*, la Norvège et l'Islande ont pu prendre part à la gestion de l'agence européenne[79]. Deux propositions de décision ont été déposées en ce sens le 26 avril 2006[80]. Le Royaume-Uni a été invité à participer aux travaux en qualité d'observateur, au même titre que l'Irlande[81]. L'agence, baptisée Frontex, est devenue opérationnelle le 1er mai 2005 et ses nouveaux locaux ont été inaugurés officiellement le 27 mars 2007.

2. *Une structure centralisée partiellement déconcentrée*

Situé à Varsovie en Pologne[82], Frontex est formé d'organes centraux et déconcentrés. Ses organes centraux sont le conseil d'administration et

---

78 Communiqué de presse du Conseil des 27-28 novembre 2003 (doc. du Conseil n° 14995/03 [presse 334]).

79 En vertu d'une décision du Conseil du 15 février 2007 relative à la conclusion d'un arrangement entre la Communauté européenne, la Norvège et l'Islande (*JOCE* L 188 du 20.7.2007, p. 15).

Cet arrangement, paraphé le 18 mai 2006, a servi de base à celui négocié avec la Suisse.

80 Proposition de décision du Conseil relative à la signature, au nom de la Communauté européenne, d'un arrangement entre la Communauté européenne, la République d'Islande et le Royaume de Norvège sur les modalités de la participation de ces États aux activités de l'Agence européenne pour la gestion de la coopération opérationnelle aux frontières extérieures des États membres de l'Union européenne (COM(2006) 178-1), et proposition de décision du Conseil relative à la conclusion, au nom de la Communauté européenne, d'un arrangement entre la Communauté européenne, la République d'Islande et le Royaume de Norvège sur les modalités de la participation de ces États aux activités de l'Agence européenne pour la gestion de la coopération opérationnelle aux frontières extérieures des États membres de l'Union européenne (COM(2006)178-2). La proposition de décision relative à la signature a été adoptée le 16 octobre 2006 (doc. du Conseil du 28 juillet 2006, n° 10945/06) et celle relative à la conclusion le 15 février 2007 (doc. du Conseil du 5 février 2007, n° 5489/07).

81 La demande de participation du Royaume-Uni à l'adoption du texte a été refusée par les autres États membres. Mécontent « de n'avoir eu qu'un strapontin [...] pour non appartenance à l'espace sans frontières de Schengen » (*Agence Europe* du 25 octobre 2004), il a déposé, le 17 février 2005, un recours devant la Cour de justice destiné à faire annuler le règlement (CJCE, affaire C-77/05). Il a contesté le fait de se voir refuser le droit de participer à l'adoption du règlement et a évoqué pour cette raison une interprétation erronée du protocole intégrant l'acquis de Schengen dans le cadre de l'Union européenne. La Cour, dans un arrêt rendu le 18 décembre 2007, a rejeté la demande du Royaume-Uni en estimant que le règlement était un développement d'un élément de l'acquis de Schengen vis-à-vis du quel le Royaume-Uni n'a jamais demandé à participer.

82 En vertu d'une décision 2005/358/CE du Conseil, du 26 avril 2005, portant désignation du siège de l'Agence européenne pour la coopération opérationnelle aux frontières extérieures des États membres de l'Union européenne (*JOCE* du 4.5.2005, p. 13).

le directeur exécutif. Le conseil d'administration de Frontex, qui a succédé au CSIFA+, est composé de représentants des États membres et de la Commission[83]. Il a vocation à adopter le rapport annuel d'activité, le programme de travail et le budget de l'agence. Il nomme le directeur exécutif sur proposition de la Commission et exerce l'autorité disciplinaire sur celui-ci. En outre, le conseil d'administration établit les procédures de prise de décision par le directeur exécutif en rapport avec les tâches opérationnelles de l'agence. Il définit la structure organisationnelle de l'agence et arrête sa politique en matière de personnel, statue sur la composition de la réserve d'intervention rapide[84] et élabore ses orientations générales de fonctionnement. Enfin, il s'assure de la cohérence entre les travaux de l'agence et les activités menées par les États membres.

Le directeur exécutif est indépendant dans l'exercice de ses fonctions[85]. En conséquence, il ne sollicite ni n'accepte d'instruction d'aucun gouvernement ni d'aucun autre organisme. Toutefois, la liberté accordée par les textes n'est pas sans contrepartie puisqu'il doit assumer la responsabilité de ses actes dont il répond devant le conseil d'administration. Le directeur exécutif de Frontex gère le personnel, établit des propositions d'un programme de travail qu'il met en œuvre tout comme il exécute les décisions du conseil d'administration.

Le directeur exécutif est à la tête de trois directions : « Opérations », « Capacités », « Administration ».

Les bureaux spécialisés sont des organismes déconcentrés de l'agence. Ces organismes sont situés dans les États membres et ont pour mission de définir les meilleures pratiques pour les différents types de frontières extérieures dont ils sont responsables. Ils peuvent servir de relais à Frontex dans sa tâche de coordination des opérations conjointes. L'ouverture de ces bureaux est conditionnée par l'agrément du conseil d'administration qui apprécie la nécessité de leur création. L'organe central a la responsabilité de leurs travaux. Il veille aussi à une cohérence d'activité et à l'uniformité des meilleures pratiques qui ont été dégagées.

Pour l'heure, il n'existe pas de bureaux spécialisés. Les centres *ad hoc*, qui constituaient des bureaux spécialisés antérieurs à l'avènement de Frontex, ont disparu et leurs activités sont exercées à présent par l'agence elle-même. C'est le cas du RAC d'Helsinki, du Centre de formation de Vienne et du Centre pour les frontières terrestres de Berlin.

---

83 L'art. 21.1 du règlement dispose qu'il est constitué d'un représentant de chaque État membre et de deux représentants de la Commission.

84 Sur cette réserve, *cf.* conclusion générale.

85 En vertu de l'art. 25.1 du règlement instituant l'agence européenne.

Quant aux autres bureaux existants, ils sont encore en fonctionnement, mais Frontex assume une grande partie de leurs attributions. En particulier, les centres d'opération destinés à permettre la coordination des opérations conjointes sont situés, non pas dans les centres *ad hoc*, mais dans les locaux de Frontex à Varsovie[86]. Néanmoins, il est question de mettre en place de tels centres. Dans sa communication du 13 février 2008 sur l'évaluation et le développement futur de l'agence européenne, la Commission en préconise l'établissement en donnant la priorité à celui chargé de la frontière maritime méridionale.

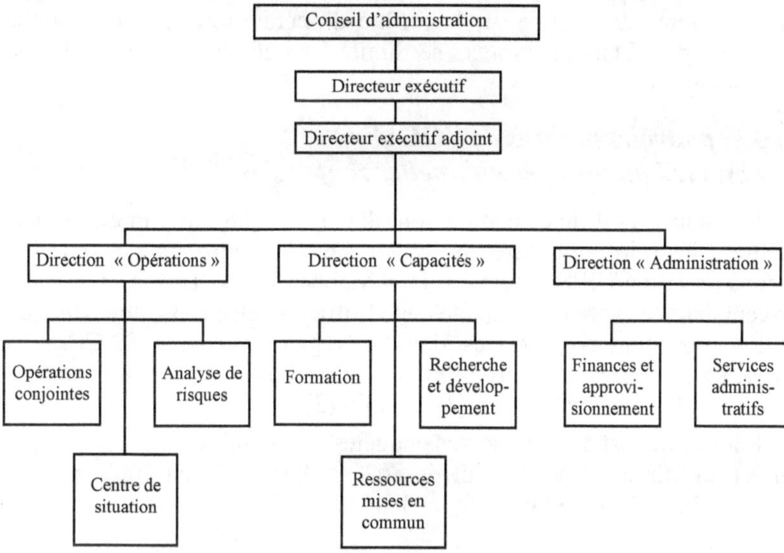

Organigramme de Frontex : schéma n° 12

Source : site web de Frontex ; http://www.frontex.europa.eu/

II. Des entités dotées de pouvoirs propres

L'OLAF dispose de pouvoirs propres ainsi qu'Eurojust, tout au moins dans une certaine mesure. L'office de lutte antifraude possède des pouvoirs opérationnels renforcés (A) et l'unité de coopération judiciaire a « une fonction opérationnelle affirmée »[87] (B).

---

86 Au sein de la Direction « Operations ».

87 Ce qui fait dire au député Pierre Brana qu'Eurojust a « une fonction opérationnelle affirmée » (*op. cit.*, p. 21).

En effet, l'OLAF se voit octroyer, en plus de ses fonctions de coordination et d'assistance examinées précédemment, un pouvoir d'investigation dans le cadre d'enquêtes administratives réalisées en vertu du règlement 1073/1999/CE. Pour ce qui est d'Eurojust, les membres nationaux, tout au moins certains d'entre eux, peuvent accomplir eux-mêmes des actes de procédure pénale. En particulier, ils peuvent engager des poursuites, contrôler ou diriger certaines investigations.

En comparaison, Europol possède des compétences opérationnelles, mais pas de pouvoirs opérationnels, ce qui aurait pu le rapprocher d'un service de police classique (C). En effet, l'essentiel des actions réalisées par les agents de l'office sur le théâtre d'opération, c'est-à-dire sur le territoire des États membres, se limite essentiellement à l'échange d'informations.

A. *Les pouvoirs propres de l'OLAF : des attributions opérationnelles renforcées*

Des pouvoirs d'investigation sont dévolus à l'OLAF afin de lui permettre d'instruire un dossier de fraude. Ceux-ci sont régis par le règlement 2185/1996/CE/Euratom et le « Manuel de l'OLAF ». Ils s'inscrivent dans le cadre des enquêtes que l'office réalise conformément aux règles procédurales précisées dans le règlement 1073/1999/CE. Ces enquêtes se déroulent en trois phases qui correspondent à la naissance du dossier (1), son instruction (2) et sa fin (3).

Pour ce qui est du volume des enquêtes[88], le nombre de cas traités par an est en faible baisse. Il était de 802 en 2001, 648 en 2002, 627 en 2003, 503 en 2004, 531 en 2005 et 464 en 2006[89].

1. *La naissance du dossier : la phase d'ouverture et d'évaluation*

La naissance d'un dossier résulte d'une information transmise à l'OLAF qui donne lieu à son ouverture. En 2007, sur 886 communications, l'information provenait[90] d'informateurs (425), de la Commission (259), des États membres (129), de la ligne téléphonique dédiée à cet effet (43), et des autres institutions (17)[91]. La courbe concernant le

---

[88] Rapport d'activité juillet 2004-décembre 2005 correspondant à la période d'activité juillet 2004-décembre 2005, p. 32 et rapport d'activité pour l'année 2006.

[89] Le nombre élevé de cas pour l'année 2001 (essentiellement, mais aussi en 2002 et en 2003) résulte de l'arriéré de l'UCLAF. Celui-ci a progressivement été épongé, ce qui explique une chute régulière des affaires traitées par l'office.

[90] Rapport d'activité juillet 2004-décembre 2005, p. 32.

[91] Et le reste provenant d'autres acteurs, parmi lesquels des pays tiers. Le rapport d'activité juillet 2004-décembre 2005 (p. 32) définit les informateurs comme étant des personnes qui fournissent des informations sur un sujet relevant de la compétence

nombre de communications concernant d'éventuelles fraudes arrivant à l'office est en augmentation régulière[92] : 529 en 2002, 559 en 2003, 662 en 2004, 802 en 2005 826 en 2006 et 886 en 2007. Néanmoins, toutes ne font pas l'objet d'une ouverture de dossier (appelé encore « cas ») : l'ensemble des informations reçues sont enregistrées dans le *Case Management System* ou CMS, qu'elles donnent lieu à l'ouverture d'une enquête ou non. Le CMS est un outil de gestion de l'office destiné à assurer le référencement des dossiers ainsi que les étapes du développement des enquêtes[93].

Les enquêtes administratives sont dites « externes » lorsque l'OLAF conduit des investigations auprès d'opérateurs économiques[94]. À cet égard, le règlement 1073/1999/CE attribue à l'office la responsabilité de mener des contrôles et des vérifications sur place[95] dans et hors de l'Union européenne[96]. Elles sont dites « internes » lorsqu'il conduit des investigations à l'intérieur des institutions de l'Union européenne[97]. Le

---

de l'OLAF. Ils comprennent les témoins, les informateurs externes, les sources anonymes, médiatiques et commerciales et les dénonciateurs internes aux institutions.

Toujours selon le rapport, les dénonciateurs désignent les membres du personnel d'un organe ou d'une institution de l'Union qui sont informés, au cours ou dans le cadre de l'exercice de leurs fonctions, de faits impliquant soit une éventuelle activité illégale relevant de la compétence de l'OLAF, soit un manquement grave d'un fonctionnaire à ses obligations professionnelles, et qui avertit ensuite l'OLAF. Les faits sont signalés directement par le dénonciateur et non par l'intermédiaire de sa hiérarchie.

92 D'après le rapport d'activité pour l'année 2006.

93 Le rapport d'activité de l'OLAF pour l'année 2006 (p. 6) précise que le CMS « est la base de données de l'OLAF qui contient toutes les informations concernant les opérations nouvelles, en cours et clôturées. Il permet au personnel autorisé de suivre l'état d'avancement des cas à tout moment durant leur cycle de vie et garantit la parfaite intégrité des documents originaux ».

94 Le rapport d'activité de l'OLAF pour l'année 2006 donne un exemple d'une enquête externe. L'OLAF a été informé d'un cas de fraude d'un million d'euros à des fonds de l'Union destinés à financer des projets en Espagne. L'office a effectué une analyse détaillée des justificatifs de dépenses transmis par la société mise en cause. Il a aussi mené des entretiens avec les salariés et il a opéré une vérification systématique des données administratives nationales disponibles. L'enquête a révélé que la société en question recevait les fonds mais elle ne réalisait pas les projets. Le rapport d'enquête a été communiqué aux autorités judiciaires espagnoles.

95 « En vue de la recherche d'irrégularités graves ou transnationales ou d'irrégularités dans lesquelles sont susceptibles d'être impliqués des opérateurs économiques agissant dans plusieurs États membres, en vue de la recherche d'irrégularités, lorsque la situation dans un État membre exige un renforcement des contrôles […], à la demande d'un État membre » (art. 3 du règlement 2185/96/CE/Euratom en référence à l'art. 3 al. 1 du règlement 1073/1999/CE).

96 Conformément aux accords signés avec les pays tiers.

97 Le rapport d'activité de l'OLAF pour l'année 2006 donne, là encore, un exemple d'enquête interne. En l'espèce, un comptable, membre du personnel local d'une délégation de la Commission avait détourné près de 350 000 euros. Les services de la

règlement 1073/1999/CE confère à l'OLAF la compétence d'effectuer des enquêtes administratives destinées à lutter contre la fraude, la corruption et toute activité illégale portant atteinte aux intérêts financiers de la Communauté[98].

En 2007, 245 dossiers sur les 408 étaient des enquêtes externes (70 étaient des enquêtes internes)[99].

Une fois l'affaire enregistrée, l'information reçoit le statut de communication « en cours d'examen ». C'est la phase d'évaluation au cours de laquelle un enquêteur procède à l'analyse rigoureuse de cette information. Il peut opérer un « classement à première vue » lorsqu'il lui apparaît manifeste que le cas qui lui est soumis ne relève pas de la compétence de l'office. Sur les 5165 dossiers enregistrés dans le CMS, 347 ont fait l'objet d'un tel classement en 2005[100].

Dans le cas contraire, l'enquêteur rédige un rapport d'évaluation qui est transmis à l'un des deux comités exécutifs ou « comités directeurs de l'OLAF »[101] figurant respectivement dans la direction A et l'autre dans la direction B. Le comité compétent statue alors sur l'ouverture d'une enquête au regard des éléments y figurant[102]. Le comité directeur prépare un avis à l'attention du directeur qui décide d'ouvrir une enquête. Dans le cas contraire, le dossier est considéré comme un « non cas »[103]. À ce sujet, la proposition de décision modifiant le règlement 1073/1999/CE[104] énonce clairement qu'il appartient à l'OLAF, et à lui seul, de décider d'ouvrir une enquête. Le texte ajoute que la décision doit être prise

---

Commission ont informé l'OLAF des faits et une enquête interne a été ouverte. Après vérification des comptes de la délégation, l'office a constaté l'existence de malversations financières. Il a avisé la Commission qui a licencié l'intéressé pour faute grave. En outre, il a transmis le rapport d'enquête aux autorités judiciaires du pays concerné en vue, le cas échéant, de poursuites à l'encontre de l'intéressé.

98 L'OLAF ouvre une procédure spécifique concernant des affaires aux mains des autorités nationales. L'office n'étant pas chef de file, il n'ouvre pas de dossier mais il réalise une action dite « de surveillance » qui consiste à suivre l'évolution du traitement de l'affaire. Il ne s'agit pas à proprement parler d'une activité de suivi au sens où aucune recommandation n'est émise par l'OLAF après la clôture du dossier.

99 Contre 64 dossiers de coordination et 29 d'assistance pénale.

100 Rapport d'activité juillet 2004-décembre 2005, p. 32.

101 Ces comités réunissent des représentants de l'office. Ils sont présidés par les directeurs des enquêtes et des opérations (DEO).

102 La proposition de décision du 25 mai 2006 modifiant le règlement 1073/1999/CE prévoit que l'OLAF sera tenu d'informer l'institution ou l'organe concerné lorsqu'une enquête est ouverte. Elle envisage aussi de l'informer des suites données aux éléments communiqués par les informateurs à la base de l'ouverture d'un dossier.

103 En 2006, 210 dossiers sur les 464 étaient des « non cas ».

104 Et la proposition de décision modifiant le règlement 1074/1999/CE.

compte-tenu des priorités du programme d'activité en matière d'enquête et du principe de proportionnalité.

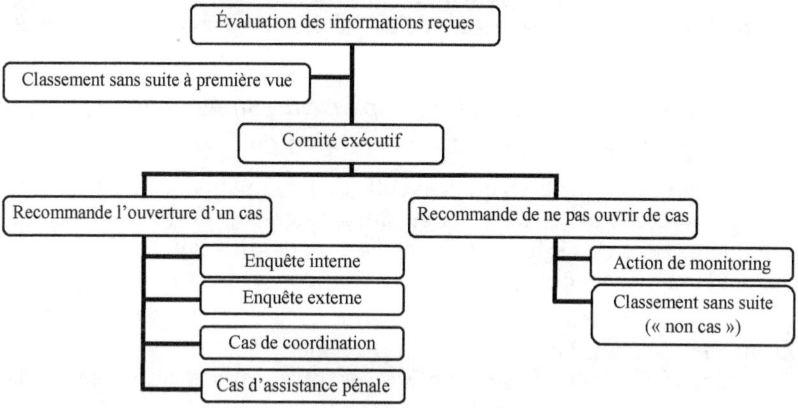

schéma n° 13

Source : rapport d'activité de l'OLAF pour l'année 2007

Pour sa part, le manuel de l'OLAF comporte des « priorités opérationnelles » qui sont des critères permettant au moment de la décision d'ouverture, d'introduire ou d'exclure de façon automatique la compétence de l'OLAF ou de choisir entre telle ou telle forme d'intervention (enquête, coordination, assistance, etc.) Ce manuel, à usage interne des personnels de l'office, a été créé dans le but d'améliorer les méthodes de travail. Il s'intéresse principalement aux activités opérationnelles et il établit les procédures administratives à suivre aux différents stades de l'enquête. Disponible depuis le 15 février 2001, il détaille également la politique interne dans plusieurs domaines-clés. En particulier, il définit les rôles et les responsabilités des agents de l'office, et fournit des orientations spécifiques sur une série de sujets pertinents[105]. La troisième version intégrale et révisée du manuel de l'OLAF est entrée en vigueur le 25 février 2005. Il s'agit d'un document modifié au gré de l'expérience accumulée[106].

105 Le manuel, en cours de refonte, contient des recommandations à l'intention du personnel de l'OLAF, des instructions pratiques et la gestion de l'information. Il expose les priorités opérationnelles et décrit les procédures à suivre pour la gestion des cas, de l'évaluation à la clôture définitive. En outre, il décrit les procédures régissant les communications internes et externes.

106 Il existe sous format électronique et sous format papier (le document papier étant publié en coopération avec l'office des publications officielles des Communautés européennes).

Enfin, le règlement 1073/1999/CE dispose que l'enquête a en principe une durée maximale de neuf mois. Passé ce délai, le directeur doit informer le Comité de surveillance[107] des raisons qui ne permettent pas encore de conclure celle-ci et du délai prévisible nécessaire à son achèvement[108].

2. *L'instruction du dossier : la phase d'enquête impliquant l'usage des pouvoirs d'investigation de l'OLAF*

L'étape d'investigation, qui suit celle de l'évaluation, consiste en une instruction à charge et à décharge du dossier par l'office. L'enquête formelle au sens du règlement est réalisée par la direction B. Les enquêteurs qui composent ces deux directions ont des profils très divers[109].

Les recherches sont effectuées selon les prescriptions très détaillées du manuel de l'OLAF. Pour que l'office mène à bien ses enquêtes, le règlement 1073/1999/CE lui confère les prérogatives accordées à la Commission découlant du règlement 2185/96/CE/Euratom du 11 novembre 1996[110]. Ce règlement qui complète le règlement 2988/95/CE du

---

Dans son rapport d'activité pour la période décembre 2005-mai 2007 (*JOCE* C 123 du 20.5.2008, p. 1), le Comité de surveillance (*cf. infra*) avait demandé une nouvelle rédaction de certains des chapitres, estimant que ceux-ci étaient peu clairs. En effet, les règles de procédures étaient selon lui « trop diffuses et trop condensées pour être appliquées immédiatement par les enquêteurs de l'OLAF » (p. 7).

107 Le Comité de surveillance est l'organe chargé du bon déroulement des enquêtes de l'OLAF. Il a été institué par le règlement 1073/1999/CE et est composé de cinq membres indépendants.

Au regard de l'art. 11.1 de ce règlement, ce comité, « par le contrôle qu'il exerce sur l'exécution de la fonction d'enquête, conforte l'indépendance de l'office ». Il constitue le garant de son objectivité dans le cadre de son action opérationnelle vis-à-vis des opérateurs économiques ainsi que des institutions et des organes de l'Union européenne. Le règlement dispose qu'il assiste le directeur général dans l'accomplissement de sa tâche. À cet effet, il réalise un contrôle *a posteriori* sur l'exécution de la fonction d'enquête de l'OLAF. Le contrôle est seulement méthodologique. Il ne porte pas sur le fond des enquêtes dans la mesure où il ne doit pas interférer dans le déroulement de celles en cours. Son contrôle n'est pas, en effet, un contrôle de légalité, prévu à l'art. 14 du règlement 1073/1999/CE (ainsi que du règlement 1074/99/CE), et il ne s'y substitue pas. Dans son rapport d'activité pour la période décembre 2005-mai 2007, le Comité précise qu'il s'attache aux aspects systémiques de la pratique d'enquête et examine les situations dans lesquels l'indépendance de l'Office pourrait être menacée.

108 Le rapport d'activité pour le deuxième semestre de l'année 2004 et l'année 2005, précise néanmoins que le délai moyen d'une enquête est largement supérieur puisqu'il s'élève, pour l'année 2005, à 24 mois.

109 Parmi lesquels des policiers, des douaniers et des experts issus d'autres administrations comme des ingénieurs en agronomie et des experts comptables.

110 Règlement 2185/96/CE/Euratom du Conseil du 11 novembre 1996 relatif aux contrôles sur place effectués par la Commission pour la protection des intérêts financiers

18 décembre 1995[111], précise l'étendue des pouvoirs d'investigation. Les agents de l'office peuvent, en vertu du règlement du 11 novembre 1996, procéder à des vérifications sur place sur production d'une habilitation écrite. Ils ont accès à toutes les informations relatives à l'enquête et peuvent enjoindre aux États membres de prendre les mesures conservatoires appropriées.

L'expérience montre que les contrôles sur place sont de plus en plus fréquents. En tous les cas, quelle que soit la nature du contrôle (sur pièces ou sur place), ces derniers ont toujours lieu en collaboration avec les services nationaux ainsi qu'avec les directions générales compétentes de la Commission. En particulier, les enquêteurs de l'OLAF et les représentants des services d'enquête des États membres se réunissent régulièrement afin de définir et planifier les opérations antifraude, de les mener en commun et d'examiner les progrès réalisés[112].

Sur le terrain, les services nationaux participent aux côtés des agents de l'office[113]. Il s'agit d'un droit, mais aussi d'une obligation car, en vertu de l'obligation de coopération loyale, ils sont tenus de collaborer avec l'OLAF en lui prêtant main-forte en cas de besoin. D'ailleurs, leur aide s'avère pratiquement toujours nécessaire à l'OLAF. D'abord, les enquêteurs nationaux renforcent la capacité opérationnelle de l'office en augmentant les effectifs présents sur les lieux des opérations. Ensuite, ils permettent d'assurer la jonction entre l'enquête de l'OLAF en cours et une éventuelle procédure nationale, par exemple de futures poursuites judiciaires entamées à l'encontre des individus concernés. Enfin, ils apportent un soutien précieux en effectuant des actes que les agents de l'OLAF ne peuvent pas réaliser. En effet, les pouvoirs d'investigations de ces derniers ne sont pas comparables à ceux d'un service national. Bien qu'étant étendus, ils n'ont pas la même portée que ceux d'un service de police judiciaire ou ceux d'une autorité douanière. En particulier, les investigations menées par les enquêteurs de l'office sont limitées dans la mesure où ils ne peuvent pas fouiller le domicile des individus mis en cause, même si des preuves sont susceptibles de s'y trouver. Dans le même registre, ils ne peuvent pas avoir accès aux comptes bancaires des intéressés.

---

des Communautés européennes contre les fraudes et autres irrégularités (*JOCE* L 292 du 15.11.1996, p. 2).

111 Plus spécifiquement en vertu de l'art. 9 du règlement 2988/95/CE/Euratom du Conseil du 18 décembre 1995 relatif à la protection des intérêts financiers des Communautés européennes (*JOCE* L 312 du 23.12.1995, p. 1).

112 Ces réunions ont lieu sur le plan opérationnel, mais aussi sur le plan stratégique au sein du Cocolaf. Le Cocolaf est formé de hauts fonctionnaires des États membres. Il se réunit régulièrement pour examiner les progrès réalisés dans ce domaine.

113 Elles y sont étroitement associées en vertu des art. 4 et 9 du règlement du 11 novembre 1996.

Sur le plan des garanties procédurales, la proposition de décision du 25 mai 2006 modifiant le règlement 1073/1999/CE précise un ensemble de règles auxquelles seront soumis les agents de l'OLAF lors des enquêtes internes et externes. À cet égard, le Comité de surveillance et le Parlement avaient dénoncé le fait que les droits des personnes faisant l'objet d'investigations n'étaient pas respectés. L'inscription d'un corps de garanties s'inscrit dans la réforme de l'office visant à établir un contrôle de légalité sur les enquêtes[114]. La proposition de décision est destinée à renforcer la protection des droits individuels en énonçant ceux accordés à la personne mise en cause et en élaborant les organismes chargés de faire respecter ces droits. À cet effet, il prévoit l'instauration d'un « conseiller réviseur » dont la tâche consiste à s'assurer que les garanties procédurales sont bien respectées. Il s'agit d'un membre de l'OLAF qui jouit d'une indépendance fonctionnelle. Son action vise à compléter le contrôle juridictionnel de la Cour de justice en agissant en amont, c'est-à-dire pendant le déroulement des investigations. Pour l'heure, les négociations relatives à la proposition de décision progressent lentement au Conseil si bien que la création d'un véritable code énonçant les droits accordés à la personne mise en cause, ainsi que le poste de « conseiller réviseur » n'ont pas été mis en place[115].

3. *La fin du dossier : la phase de clôture et de suivi de l'enquête*

À la fin de l'enquête, un projet de rapport final est préparé par les enquêteurs de l'OLAF. Ce document en constitue la finalité principale. Il signale les faits constatés et rassemble les éléments matériels destinés à permettre à l'enquête de déboucher, le cas échéant, sur des sanctions administratives, disciplinaires ou pénales. Il est transmis au comité directeur approprié à qui il revient d'apprécier s'il y a lieu de communiquer le dossier aux autorités judiciaires ou disciplinaires, d'assurer le recouvrement des sommes éludées ou détournées, ou de classer sans

---

[114] Le Comité de surveillance, dans son rapport d'activité pour la période décembre 2005-mai 2007 (p. 8), a indiqué que les personnes mises en causes dans les enquêtes de l'OLAF nécessitaient une meilleure protection *de lege ferenda*.

[115] Certes, il existe déjà un corpus de droit comme une charte des droits figurant dans le Manuel de l'OLAF ainsi que des contrôles internes pratiqués par des membres de la direction C. Nonobstant, ce dispositif est très en retrait par rapport à celui prévu dans la proposition.

Le Comité de surveillance, dans son rapport d'activité pour la période décembre 2005-mai 2007 (p. 8), a « mis en doute l'indépendance de l'éventuel conseiller réviseur, désigné par le directeur général en tant que contrôleur de la qualité des enquêtes de l'OLAF et conseiller en matière de plaintes y relatives. Son rôle empiète sur les compétences de contrôle du comité de surveillance et sur les fonctions de contrôle de la qualité que remplit déjà l'encadrement supérieur de l'OLAF. »

suite. Sur la base des éléments rassemblés dans le rapport d'enquête, ce comité émet un avis à l'attention du directeur de l'OLAF qui prend alors la décision de clôturer le cas, la procédure étant identique à celle relative à l'ouverture du dossier. Les investigations cessent alors, le dossier étant considéré comme officiellement fermé d'un point de vue opérationnel.

Néanmoins, le rapport de clôture ne contient que des recommandations. En effet, le rôle de l'office se limite à l'exécution des enquêtes administratives. L'OLAF n'a aucun pouvoir de sanction, que ce soit au niveau pénal, puisque la condamnation pénale est prononcée par les autorités judiciaires des États membres, ou au niveau disciplinaire, les mesures de ce type étant infligées par l'institution ou l'organe auquel est rattaché l'intéressé.

Pour ce qui est des enquêtes internes, le rapport d'enquête est transmis à l'institution ou l'organe concerné à qui il appartient de donner suite sur un plan disciplinaire ou bien judiciaire, dans ce dernier cas en saisissant les autorités compétentes. Contrairement aux enquêtes externes, le directeur général ne peut pas communiquer le rapport directement aux autorités judiciaires.

S'agissant des enquêtes externes, le rapport est transmis aux autorités compétentes des États membres. Il constitue, avec les procès verbaux dressés par les enquêteurs de l'OLAF, des éléments de preuve admissibles dans les procédures administratives ou judiciaires. En effet, les rapports finaux d'enquête de l'office ont une valeur identique à ceux établis par les contrôleurs administratifs nationaux[116].

Après la clôture de l'enquête, l'OLAF a mis en place un mécanisme de suivi destiné à tirer les leçons de l'expérience acquise lors des activités opérationnelles. Le rapport d'activité pour l'année 2007 le définit comme étant diverses activités accomplies par l'OLAF en vue « de garantir que l'autorité compétente et les États membres ont appliqué les mesures législatives, financières ou judiciaires recommandées par l'OLAF »[117].

Le rapport d'activité pour le deuxième semestre de l'année 2004 et l'année 2005[118], précise que, pour les 133 cas clôturés avec suivi en 2005, 233 opérations de suivi ont été entreprises[119]. Ce type d'opération vise pour l'office, à s'informer des suites données aux recommandations. Il relève implicitement du règlement 1073/1999/CE et il consiste

---

116 En vertu de l'art. 9 du règlement 1073/1999/CE.

117 En 2007, 153 dossiers ont été clôturés avec suivi (plusieurs types de suivi étant possibles) tandis que 79 ne l'ont pas été.

118 Rapport d'activité juillet 2004-décembre 2005, p. 21.

119 Une enquête pouvant déboucher sur plusieurs types de suivi.

en premier lieu en une activité de bonne administration[120]. Il existe sur le plan financier, législatif, administratif, judiciaire et disciplinaire. Le rapport d'activité de l'OLAF pour l'année 2007 précise que 883 dossiers sont en phase de suivi à la fin de l'année 2007, le suivi étant financier dans 644 cas, judiciaire dans 38, administratif dans 15, disciplinaire dans 54 et législatif dans neuf cas.

Sur le plan financier, le rapport d'enquête de l'OLAF sert de base à l'action en recouvrement. Il s'agit d'une opération qui consiste à récupérer les sommes éludées ou indûment perçues. Il est remis soit à la Commission, soit à l'administration nationale, selon que la compétence en la matière relève de l'une ou de l'autre.

Sur le plan législatif, l'OLAF propose des modifications de la réglementation en tirant les enseignements du travail de terrain. Il émet des recommandations à l'attention des autorités politiques nationales et des institutions de l'Union européenne afin qu'elles modifient leur système de contrôle en vue d'assurer une meilleure protection contre les risques d'atteintes au budget communautaire. Il s'agit d'ailleurs d'une fonction liée au renforcement de la législation contre la fraude[121]. Il est accompagné d'un suivi administratif qui vise à améliorer les procédures de gestion de recettes et de dépenses.

Sur le plan judiciaire, l'OLAF veille aux suites données par les autorités judiciaires nationales à ses enquêtes[122]. Il s'agit de s'informer sur les conséquences du rapport d'enquête en cas d'infraction pénale commise par les intéressés, ainsi que des éventuelles constitutions de parties civiles par les institutions ou des organes de l'Union européenne.

Enfin, sur le plan disciplinaire, l'OLAF veille aux suites données par l'institution ou l'organe destinataire du rapport final dans le cadre d'une enquête interne. À l'instar de la philosophie du suivi judiciaire, il s'agit pour l'office, de s'informer des suites données par l'institution ou l'organe concerné, notamment concernant l'évolution du dossier relatif à

---

120 Selon les termes du rapport d'activité du Comité de surveillance, juin 2003-juillet 2004, p. 34.

121 Dans cette optique, le suivi législatif consiste en l'adaptation de la législation communautaire pour la rendre moins exposée aux risques.

122 Le rapport annuel de la Commission sur la protection des intérêts financiers pour l'année 2003 (rapport du 30 août 2004 [COM(2004)573]) précise que le droit de tous les États membres, hormis ceux de *common law*, permet à la Commission d'engager une action civile dans le cadre d'une procédure pénale (dans le cadre d'une enquête externe). Pour ce qui est du Royaume-Uni et l'Irlande, l'office peut être néanmoins autorisé à demander une *compensation*.

En pratique néanmoins, il revient aux services juridiques des institutions lésées, d'engager, dans le cadre d'enquêtes internes, la procédure relative à la constitution de parties civiles.

l'ouverture éventuelle d'une procédure disciplinaire vis-à-vis des personnes mises en cause.

B. Les pouvoirs propres d'Eurojust : « une fonction opérationnelle affirmée »

Dans une certaine mesure, Eurojust possède, à travers ses membres nationaux, la capacité de mener une enquête et d'effectuer des poursuites. En effet, la décision instituant l'unité de coopération judiciaire leur octroie des pouvoirs étendus à partir d'un mode d'action spécifique : l'intervention personnelle. Ce mode d'action prévu par la décision du 28 avril 2002 fait appel à des pouvoirs opérationnels (1). Ces pouvoirs, que nous appellerons pouvoirs additionnels, s'opposent aux pouvoirs que la décision du 16 décembre 2008 qualifie « d'ordinaires » et qui ont trait au mode d'intervention individuel (c'est-à-dire l'action des membres nationaux en tant que magistrats de liaison). Pour ce qui est des pouvoirs opérationnels exercés au titre de l'intervention personnelle, chaque État membre détermine la nature et l'étendue des prérogatives de son membre national. En pratique, les États ont opté pour des solutions différentes. Dès lors, les membres disposent de prérogatives d'intensité variable (2).

La faiblesse des pouvoirs de certains membres nationaux s'est révélée problématique dans les faits, c'est la raison pour laquelle l'on s'achemine vers une approche commune des pouvoirs opérationnels (3). Il ne s'agit pas à proprement parler d'harmonisation, chaque État continuant de déterminer l'étendue des pouvoirs octroyés à son membre national. Il s'agirait de tenter d'établir un socle minimum de sorte que tous les membres puissent réaliser un ensemble d'actes prévus par la décision instituant Eurojust.

1. Les pouvoirs opérationnels des membres nationaux

Lors de l'élaboration de la décision instituant Eurojust, les États avaient théoriquement trois possibilités concernant l'attribution de pouvoirs au profit des membres nationaux d'Eurojust. Ils pouvaient leur accorder des prérogatives d'intensité faible, moyenne ou forte[123].

L'octroi de pouvoirs d'intensité faible était la première option envisageable. Elle constituait la solution minimale, c'est-à-dire l'envoi de personnels n'ayant que des fonctions de liaison. C'était d'ailleurs l'option préconisée par l'Allemagne dans son initiative.

L'attribution de pouvoirs d'intensité moyenne était la deuxième option possible. Dans cette perspective, les membres nationaux donnaient des directives aux autorités judiciaires nationales pour réaliser les

123 Dehousse, F., Garcia Martinez, J., *op. cit.*, p. 172.

poursuites ou les investigations qu'ils souhaitaient entreprendre. Ils accomplissaient indirectement les actes utiles à l'enquête en exerçant un droit d'injonction à leur encontre. Ils pouvaient alors contraindre ces autorités à exécuter l'instruction émise. En revanche, ce pouvoir restait limité car ils ne pouvaient pas se substituer à ces autorités en cas de défaillance.

L'attribution de pouvoirs d'intensité forte constituait la troisième option concevable. Dans ce contexte, les membres nationaux pouvaient mener une enquête ou exercer l'action publique à l'encontre d'individus soupçonnés d'avoir commis des actes entrant dans le champ de compétence d'Eurojust. Dans ce cas de figure, l'action était directe, c'est-à-dire sans intermédiaire, en réalisant tous les actes eux-mêmes (notamment en émettant une commission rogatoire ou un devoir d'enquête à l'attention d'un service auxiliaire de justice).

En tout état de cause, qu'il s'agisse de pouvoirs de moyenne intensité ou de forte intensité, la compétence *ratione loci* du membre national était circonscrite au territoire de l'État dont il est originaire.

Finalement, le Conseil, lors de la négociation sur la décision instituant Eurojust, ne s'est pas clairement prononcé sur cette question car les États membres divergeaient sur les prérogatives à octroyer aux membres nationaux. Si la plupart d'entre eux partageaient le point de vue selon lequel il ne fallait pas réduire leur fonction à celle d'un magistrat de liaison dénué de tout pouvoir vis-à-vis des services nationaux, ils n'étaient pas d'accord sur l'étendue de ses pouvoirs.

Faute d'entente, le Conseil a adopté une disposition qui a opéré un renvoi au droit national. Cette disposition[124] a laissé le soin aux États membres de déterminer de manière individuelle la portée des compétences qui sont dévolues aux membres nationaux. À cet égard, elle énonce que « chaque État membre définit la nature et l'étendue des pouvoirs judiciaires qu'il confère à son membre national sur son propre territoire. Il définit également le droit pour un membre national d'agir à l'égard des autorités judiciaires étrangères ».

En théorie toujours, la mise en œuvre de cette disposition laissait trois scénarii possibles : l'un pessimiste, l'un optimiste et l'un intermédiaire.

Dans le premier cas, tous les États membres opteraient pour l'octroi d'aucune compétence spécifique pour leur membre national. Cette solution revenait au cas de figure le moins ambitieux, celui d'une unité de coopération judiciaire sous forme *clearing house*.

---

[124] Qui figure à l'art. 9.3 de la décision du 28 février 2002.

Dans le deuxième, tous les États membres choisiraient l'attribution de réels pouvoirs pour leurs membres nationaux respectifs. Cette lecture correspondait à l'octroi de pouvoir d'intensité moyenne ou forte. Elle faisait référence à la deuxième et la troisième option évoquées précédemment.

Dans le troisième enfin, les États octroyaient à leur membre national des compétences dans des proportions très différentes. Dans cette hypothèse, certains d'entre eux auraient possédé des pouvoirs s'apparentant aux pouvoirs dévolus à un magistrat de liaison alors que d'autres auraient disposé de capacités d'enquête (ou de poursuites) comparables à celles dont sont dotées les autorités judiciaires du pays d'origine.

2. *Des prérogatives d'intensité variable*

En pratique, le scénario médian s'est imposé. En effet, les États ont accordé à leur membre national des prérogatives de portées diverses. L'asymétrie potentielle des pouvoirs prévue dans la décision s'est concrétisée dans les faits, certains États ayant octroyé des pouvoirs limités (le représentant allemand a un rôle d'officier de liaison) alors que d'autres ont conféré les prérogatives d'un procureur national (le représentant britannique possède celles d'un procureur de la Couronne)[125].

La communication de la Commission du 23 octobre 2007 précise à cet égard que les pouvoirs juridictionnels et opérationnels des membres sont maintenus dans le pays d'origine pour quinze d'entre eux (sur vingt-sept). Huit (sur vingt-sept) ont la compétence nécessaire pour établir une demande d'entraide et huit peuvent imposer l'accomplissement d'une enquête ou l'engagement de poursuites judiciaires. De plus, la pratique révèle que les membres font usage de leurs prérogatives en cas de besoin. En effet, les membres nationaux n'hésitent pas à s'en servir si nécessaire, en particulier dans certaines opérations délicates, comme les livraisons surveillées.

Cette dichotomie entre les membres nationaux ayant des prérogatives réduites et ceux disposant de pouvoirs nettement plus étendus, a été dénoncée par des auteurs de la doctrine, craignant une domination des « supermembres »[126] sur les autres. Le Conseil lui-même a déploré cette dissymétrie. Dans des conclusions adoptées le 2 décembre 2004[127], il a recommandé de conférer des pouvoirs judiciaires aux membres nationaux au motif qu'il fallait éviter de compromettre, dans les cas

---

125 Institut national des hautes études de sécurité (INHES), L*es limites du troisième pilier dans la construction européenne*, Rapport du Groupe de diagnostic de sécurité n° 3, 6 mai 2005, p. 30.

126 Dehousse, F., Garcia Martinez, J., *op. cit.*, p. 166.

127 Doc. du Conseil du 22 novembre 2004, n° 12561/04, EUROJUST 78.

d'urgence, les enquêtes et les poursuites en cours. Dans le même registre, le collège d'Eurojust a plaidé pour l'octroi de pouvoirs opérationnels plus larges pour les membres nationaux car ceci permettrait à Eurojust de mieux jouer son rôle[128].

Avec l'expérience, la difficulté issue des différences d'influences n'a pas été d'ordre politique mais d'ordre opérationnel. Un document du Conseil[129] met en exergue la difficulté éprouvée par les participants d'une réunion de coordination organisée par Eurojust au cours desquelles une autorité nationale modifie une demande ou émet une nouvelle demande. En l'absence de l'autorité nationale requise en charge du dossier, la non attribution de pouvoirs opérationnels sur la base sur l'art. 9 de la décision du 28 février 2002, du membre national de l'État dont est originaire la demande, engendre des retards inutiles et nuit par conséquent à l'efficacité de l'enquête (ou des poursuites)[130].

Parallèlement aux problèmes que peut susciter la dissymétrie des pouvoirs, l'expérience montre de manière plus générale que le mode d'intervention des membres nationaux sur la base sur cet art. 9 est équivoque. En théorie, la décision instituant Eurojust permet au membre national d'agir à partir des pouvoirs opérationnels qui lui sont spécifiques. Dans cette optique, il les exerce en son nom personnel.

Or, la décision instituant Eurojust est ambiguë. Il paraît difficile de distinguer l'intervention individuelle sur la base des pouvoirs généraux fondés sur l'art. 6 de la décision du 28 février 2002, de l'intervention personnelle à partir des prérogatives spécifiques énoncées à l'art. 9. Si les deux types d'actions sont distincts sur un plan juridique, comment situer l'action personnelle des membres nationaux par rapport à l'intervention individuelle ?

En pratique, il est délicat aux yeux des autorités judiciaires nationales de réaliser cette différenciation. N'étant pas des experts en rouages

---

128 Rapport annuel 2005, p. 26.

129 Doc. du 30 janvier 2008, n° 5038/08, COPEN 2, EUROJUST 2, EJN 2.

130 Le document du 30 janvier 2008 précité (p. 16) donne un autre exemple très éclairant à cet égard : lors d'une réunion de coordination organisée sous l'égide de l'unité de coordination judiciaire, les autorités judiciaires de quatre États membres sont conviées, mais trois répondent favorablement à l'invitation. Or, les autorités participantes ont décidé, au cours de cette réunion, de prendre des mesures opérationnelles urgentes, comme la perquisition d'une maison. En l'absence du quatrième protagoniste (l'autorité ne souhaitant pas assister à la réunion, jugeant l'affaire marginale, ou ne pouvant pas être présente, dossier urgent à traiter par exemple), le membre national présent a une marge de manœuvre réduite à la portion congrue, à savoir la représentation de l'autorité absente. En conséquence, s'il est décidé au cours de cette rencontre, qu'une synchronisation des enquêtes (ou des poursuites) doit être entreprise (ou une action simultanée dans les quatre pays), celle-ci ne pourrait pas avoir lieu dans les délais souhaités.

de l'unité, elles saisissent mal les subtilités entre les différentes formes de pouvoirs énoncées dans la décision. Elles voient seulement un magistrat détaché à La Haye, capable, le cas échéant, d'effectuer lui-même certains actes dans le cadre de la procédure pénale afin des aider à gérer le dossier dont elles ont la charge[131].

À première vue, la décision du 16 décembre 2008 semble lever l'ambiguïté entre d'une part, le mode d'intervention individuelle fondée sur l'art. 6 de la décision du 28 février 2002 ayant trait à l'usage de prérogatives qualifiées à présent de « pouvoirs ordinaires », et d'autre part, le mode d'intervention personnelle basée sur l'exercice de pouvoirs qu'elle nomme « pouvoirs exercés en accord avec l'autorité nationale compétente » (ceux pour lesquels nous avons choisi l'appellation de « pouvoirs additionnels »). En effet, toutes ces prérogatives sont exercées, qu'il s'agisse de la catégorie des pouvoirs ordinaires ou celle des pouvoirs additionnels, en qualité d'autorité nationale. Cependant, le caractère équivoque du mode d'intervention est levé au prix d'une concession particulièrement lourde puisque, comme évoqué précédemment, les membres nationaux ne sont plus les magistrats d'un pôle européen, mais ils forment un pôle de magistrats nationaux au sein d'une entité européenne.

3. *Vers une approche commune des pouvoirs opérationnels*

Pour mettre fin à cette asymétrie, le collège d'Eurojust s'est prononcé pour une approche commune concernant les prérogatives des membres nationaux, ce qui leur permettrait de travailler sur un pied d'égalité[132]. La Commission, dans sa communication du 23 octobre 2007, est allée dans le même sens en précisant que chaque membre national devrait pouvoir déclencher des poursuites, notamment dans des affaires ayant trait aux atteintes aux intérêts financiers de l'Union, mettre en place et participer à une équipe commune d'enquête, et prendre des mesures d'enquête spécifiques[133].

---

[131] D'ailleurs, il en est de même avec Europol. L'existence des deux *business models* est une subtilité qui échappe à la compréhension des praticiens de terrain. « Il est toujours aussi difficile, dans tous les États membres, de distinguer clairement les résultats de la coopération avec Europol des résultats de la coopération entre les officiers de liaison travaillant à Europol » (rapport final sur la troisième série d'évaluations mutuelles [point 5.4]).

[132] Rapport annuel 2005, p. 26.

[133] La Commission, toujours dans sa communication du 23 octobre 2007, prévoyait que le membre national soit averti préalablement et systématique de la constitution d'une TSE transnationale (en l'occurrence une livraison surveillée, une opération d'infiltration ou une enquête discrète). Par ailleurs, elle proposait qu'Eurojust soit destinataire de tous les jugements relatifs aux affaires de terrorisme, de blanchiment d'argent, de crime organisé et de traite des êtres humains, utiles à l'accomplissement de ses tâches.

La proposition de décision du 7 janvier 2008 modifiant le texte instituant Eurojust s'inscrit dans la même perspective en suggérant de déterminer un socle commun de pouvoirs opérationnels fondés sur le mode d'intervention personnel, dont les membres nationaux pourraient bénéficier. Il s'agit d'opérer une harmonisation minimale destinée à faire en sorte que chaque membre dispose d'un ensemble de prérogatives lui permettant de préparer et de participer aux équipes communes d'enquête, d'autoriser une livraison surveillée et de la coordonner[134], ainsi que de recourir à une perquisition ou à une saisie. Cependant, l'idée des auteurs de la proposition est que les membres ne recevraient leurs pouvoirs que par délégation des autorités nationales. Il s'agit essentiellement d'une compétence subsidiaire destinée à éviter le cas de figure illustré précédemment en note de bas de page où l'absence d'une autorité nationale, lors d'une réunion de coordination, est préjudiciable aux efforts de synchronisation des actions souhaitées menées par les parties prenantes.

Dans le même registre, la proposition de décision permet à Eurojust de coordonner l'exécution de plusieurs demandes d'entraide judiciaire émanant d'un pays tiers, demandes qui doivent être exécutées dans plusieurs États membres[135]. Dans cette hypothèse, les membres nationaux seraient chargés de porter assistance à ce pays en coordonnant les actions à réaliser dans les États membres. Le cas échéant, ils pourraient faire usage de leurs pouvoirs exercés en vertu du mode d'intervention personnel pour faire en sorte que les différentes opérations soient menées selon le timing voulu.

La décision adoptée le 16 décembre 2008 par le Conseil instaure quant à elle une typologique des pouvoirs additionnels qui s'apparente à ce socle commun de pouvoirs opérationnels. En effet, elle établit un ensemble de compétences à attribuer aux membres nationaux : capacité d'émettre ou d'exécuter des demandes d'entraide (ou des décisions donnant effet au principe de reconnaissance mutuelle), capacité d'ordonner des mesures d'enquête jugées nécessaires au cours de réunions de coordination organisées par Eurojust, et enfin capacité d'autoriser et de coordonner des livraisons contrôlées. En cas d'urgence, les pouvoirs accordés aux membres nationaux sont limités. Il s'agit seulement de

---

[134] Le document précité du 30 janvier 2008 souligne également les difficultés rencontrées en l'absence de pouvoirs adéquats en faveur des membres nationaux. Dans certains cas urgents, le passage de relais entre les autorités nationales n'a pas pu se faire, ce qui a entraîné l'annulation de l'opération empêchant d'identifier les membres du réseau criminel concerné.

De même, si à l'issue d'une réunion de coordination, dans le cas où une autorité défaillante persiste dans son attitude de retrait, le succès d'une action transnationale peut être irrémédiablement compromis.

[135] Par exemple, l'exécution simultanée de perquisitions multiples.

ceux ayant trait à l'autorisation et à la coordination d'une livraison contrôlée, et de ceux concernant l'exécution des demandes d'entraide (ou des décisions donnant effet au principe de reconnaissance mutuelle).

Ces pouvoirs opérationnels sont conférés par l'État membre *ab initio* et *in abstracto* (pour toutes les affaires). *A contrario*, les membres nationaux ne tirent pas leurs compétences d'une autorité judiciaire qui délèguerait des pouvoirs *in concreto* (pour une affaire donnée). Par ailleurs, la typologie des pouvoirs figurant dans la décision adoptée le 16 décembre 2008 apparaît de prime abord étant libellée de manière limitative. En réalité, il n'en est rien car l'État peut accorder davantage de pouvoirs que ceux énoncés dans le texte.

Ceci étant dit, la décision encadre sévèrement l'exercice des pouvoirs additionnels des membres nationaux dans la mesure où elle introduit une réserve de nature légale (respect du droit national) et une réserve de nature judiciaire (accord de l'autorité nationale en charge du dossier)[136]. En outre, le recours à ces pouvoirs est ponctuel, l'idée étant que les membres prêtent main forte aux autorités nationales en charge du dossier seulement en cas de besoin. La philosophie présidant à l'exercice des pouvoirs additionnels qui figurent dans la décision du 16 décembre 2008 est donc identique à celle du mode d'intervention personnelle prévu dans la décision du 28 février 2002 : venir en aide aux autorités nationales en charge du dossier, celles-ci restant en tout état de cause, maîtres des choix concernant l'orientation de l'enquête et la direction des poursuites. C'est aussi pourquoi l'usage de ces pouvoirs additionnels est subsidiaire. La décision du 16 décembre 2008 indique à ce sujet qu'ils sont exercés en principe par ladite autorité nationale compétente.

En définitive, l'instauration de ce socle de pouvoirs opérationnels ne ferait pas d'Eurojust un procureur européen et cela pour quatre raisons. Premièrement, l'exercice de ces pouvoirs opérationnels par les membres nationaux n'attribue pas de prérogatives supplémentaires à l'unité de coopération judiciaire en tant qu'entité. Ces membres ne constituent pas le bras armé d'Eurojust. En effet, ils agissent en qualité d'autorité nationale et non en tant que représentant de l'unité de coopération judiciaire[137]. Deuxièmement, l'exercice des pouvoirs opérationnels est restreint au territoire de l'État dont est originaire le membre national. En effet, il n'a pas été question, pour les rédacteurs de la décision, que les membres exercent leurs attributions sur le sol des autres États. Troisièmement, le dispositif mis en place par les autres dispositions de la

[136] Sauf en cas d'urgence. Dans ce cas-ci, l'autorité nationale est avertie *a posteriori*.

[137] À l'exception, il est vrai, dans l'hypothèse où l'État a décidé que son membre national qui participe à une équipe commune d'enquête le faisait en qualité de représentant d'Eurojust.

décision demeure inchangé. Dès lors, les invitations formulées par les membres nationaux gardent toujours une valeur non contraignante. Quatrièmement, le membre national est un magistrat capable d'effectuer lui-même des actes, dans certaines hypothèses, mais il intervient dans une procédure pénale dont les autorités nationales ont la charge, et toujours dans l'optique de les aider à mener à bien leur mission. La décision du 16 décembre 2008 circonscrit l'étendue des pouvoirs opérationnels en indiquant que les membres nationaux agissent, comme indiqué ci-dessus, en accord avec l'autorité nationale compétente (ou à sa demande), au cas par cas et de manière subsidiaire.

C. Les pouvoirs propres d'Europol : une capacité encore circonscrite

À l'issue de la lecture du *Nouveau Petit Robert*, le terme « opérationnel » a deux sens puisqu'il est relatif aux opérations et au fait que quelque chose puisse être mis en service ou soit capable d'agir. Dans la première acception, l'adjectif opérationnel est « relatif aux opérations militaires, aux aspects de la stratégie, qui concernent plus particulièrement les opérations, les combats ». Cette dimension, qui dérive de l'anglais *operational*[138], est utilisée dans le vocabulaire policier. Toutefois, utilisé hors du contexte militaire, il se brouille car il perd sa signification première. Il prend d'ailleurs un caractère relatif en revêtant différents sens en fonction du concept auquel il s'oppose (1).

En conservant le terme dans son acception militaire et policière, c'est-à-dire une activité en lien avec les opérations, nous constatons qu'Europol possède des compétences opérationnelles et même certains pouvoirs opérationnels (2). Il dispose des compétences opérationnelles dans la mesure où ses agents prennent part de près ou de loin aux opérations. En revanche, il n'a pas de pouvoirs opérationnels dans la mesure où ils ne peuvent effectuer aucun acte d'enquête. C'est en ce sens que nous comprenons la phrase du député Pierre Brana qui affirme que, dans l'état actuel de sa rédaction, Europol ne possède pas de « compétences opérationnelles »[139].

1. L'opérationnalité, une terminologie délicate

Étymologiquement, le terme opérationnel a trait à l'opération comme l'adjectif opératoire. Seulement, l'un et l'autre s'inscrivent dans des disciplines différentes. Le premier se rapporte aux opérations chirurgicales alors que le deuxième concerne les opérations militaires. À cet égard, une opération peut se définir comme un ensemble d'actions menées par

---

[138] Chevalier-Govers, C., *op. cit.*, p. 329.

[139] Brana, P., *op. cit.*, p. 10.

des forces dans une zone géographique appelée théâtre d'opération, en vue d'atteindre un objectif stratégique[140].

Pour ce qui a trait plus spécifiquement au vocabulaire militaire, ce terme est utilisé dans différents contextes, en particulier le commandement de la force. Le commandement opérationnel se distingue d'autres formes de commandement, comme le commandement organique, fonctionnel et régional. Il porte sur la direction, la coordination et la conduite d'unités militaires dans le cadre d'opérations. Ainsi, en France, le Commandement d'opérations de la défense aérienne (CDAOA) de l'Armée de l'Air a pour mission d'assurer la défense militaire en s'opposant à d'éventuels agresseurs dans l'espace national. L'autre commandement opérationnel de l'Armée de l'Air, le Commandement des forces aériennes stratégiques (CFAS), concerne les forces de dissuasion nucléaire aéroportées.

Les commandements organiques sont en lien avec l'entraînement et le conditionnement de la force. Ils se subdivisent en commandements fonctionnels et régionaux. Les commandements fonctionnels concernent l'entraînement et le conditionnement de la force par composantes. Par exemple, le Commandement de la Force d'action navale (ALFAN), qui est placé sous l'autorité du chef d'état-major de la marine (CEMM), a pour mission la préparation des bâtiments de surface de la Marine nationale. Les trois autres commandements organiques de la Marine nationale ont trait aux autres composantes : les forces sous-marines, l'aviation navale et les fusiliers marins et commandos.

Les commandements régionaux recouvrent l'entraînement et le conditionnement de la force stationnée sur un territoire donné. C'était le cas du Commandant de la région Terre Nord-Ouest (RTNO) de l'Armée de Terre qui était compétent pour la totalité des formations, des établissements et des organismes de l'armée de Terre stationnés dans les régions Centre, Basse et Haute Normandie, Pays-de-Loire et Bretagne.

Toujours dans l'acception militaire, le terme opérationnel est en liaison étroite avec différents niveaux de conduite des opérations. La doctrine militaire en distingue quatre : le plan politique, stratégique, opératif et tactique[141]. Le niveau politique est celui auquel un État ou un groupe d'États fixe les objectifs de sécurité à l'échelon national ou multinational, et déploie des ressources pour les atteindre. Le niveau stratégique

---

140 Ministère de la Défense français, Glossaire interarmées. Définition disponible à l'adresse suivante : http://www.cdef.terre.defense.gouv.fr/publications/doctrine/doctrine07/version_fr/doctrine/art2.pdf

141 Francart, L., « L'évolution des niveaux stratégique, opératif et tactique », Institut de Stratégie Comparée, de la Commission Française d'Histoire Militaire et de l'Institut d'Histoire des Conflits Contemporains. Article disponible à l'adresse suivante : http://www.stratisc.org/strat068_Francart.html

correspond au niveau de la guerre auquel les campagnes militaires sont planifiées et conduites, en vue d'atteindre des objectifs contenus par les instructions définies par le niveau politique. Le niveau opératif est le niveau de la guerre auquel les opérations de grande envergure, s'inscrivant dans les campagnes militaires, sont planifiées et conduites en vue d'atteindre des objectifs stratégiques sur des théâtres et zones d'opération. Enfin, le niveau tactique correspond au niveau de la guerre auquel les batailles et les engagements sont planifiés et exécutés pour atteindre les objectifs assignés aux unités tactiques.

Utilisé dans le contexte policier, le terme opérationnel recouvre les dimensions tactique et opérative et s'oppose au niveau stratégique. La vision stratégique correspond à une vue macro, c'est-à-dire à l'échelle des phénomènes criminels en général. La vision opérationnelle correspond à une vue micro, c'est-à-dire à l'échelle du groupe criminel. Dans cette perspective, le renseignement de niveau stratégique concerne l'information relative aux différents aspects d'un phénomène criminel donné tandis que le renseignement de niveau opérationnel recouvre l'information portant sur des éléments relatifs à un groupe criminel déterminé.

Nous retrouvons cette dualité de niveau au sujet de l'organisation des activités menées par les entités de l'Union européenne. C'est le cas de la *Task force* renouvelée qui se réunit sous un format stratégique et un format opérationnel. De même, Europol crée des AWF soit stratégiques, soit opérationnels. En outre, ses OLE organisent des réunions avec les services nationaux de sécurité intérieure, ces rencontres ayant une dimension stratégique ou opérationnelle.

Outre les problèmes d'articulation entre le niveau opérationnel et le niveau stratégique, nous observons des glissements sémantiques dus au passage des termes militaires dans d'autres disciplines. C'est le cas du mot stratégie, qui, employé dans un contexte nonmilitaire, perd sa signification première. Ainsi, dans le domaine de la sociologie des organisations, il « renvoie aux efforts déployés par la direction dans le but de planifier l'influence des résultats organisationnels par la maîtrise des relations organisation-environnement »[142].

Pour ce qui est du terme « opérationnel », les organisations auxiliaires, dans les appellations de leurs activités, respectent mal la hiérarchie dégagée par le vocabulaire militaire et contribuent à un certain brouillage des concepts. Par exemple, Europol signe des accords à caractère soit stratégique, soit opérationnel. Or, ces accords ne correspondent pas à la nomenclature militaire relative aux niveaux de conduite. Certes, ceux de nature stratégique portent plus sur les phénomènes criminels et

---

[142] Hatch, M.J., *op. cit.*, p. 11.

ceux de nature opérationnelle sont davantage relatifs à des groupes criminels spécifiques. Toutefois, la *summa divisio* entre ces deux types d'accords concerne la possibilité ou non aux parties de s'échanger des données nominatives. Les accords stratégiques ne le permettent pas et les communications de renseignement portent seulement sur les tendances générales en matière de phénomènes criminels. De leur côté, les accords opérationnels autorisent les parties à se transmettre des données à caractère personnel relatives aux individus en lien avec des groupes criminels spécifiques.

Dans le même registre, en ce qui concerne Eurojust, les réunions dites stratégiques et celles dites tactiques ont un lien avec les niveaux retenus par la doctrine militaire, mais ce rapport est ténu. Les réunions stratégiques sont les réunions relatives au fonctionnement de l'unité. Elles se subdivisent en trois formes distinctes.

Celles de niveau 1 correspondent aux réunions plénières du collège au cours desquelles sont abordées les questions administratives.

Celles de niveau 2 ont trait aux réunions opérationnelles présentant un intérêt particulier. C'est au cours de ce type de rencontre que le collège peut avoir recours au dispositif prévu dans la décision instituant Eurojust, lui permettant d'adresser officiellement une demande particulièrement appuyée aux autorités nationales réfractaires ou défaillantes.

Celles de niveau 3 rassemblent les correspondants nationaux. À l'instar des rencontres rassemblant les HENUs, elles sont thématiques et sont relatives à la méthodologie (par exemple à propos de la nomination des correspondants nationaux) ainsi qu'aux projets élaborés par l'unité de coopération judiciaire (par exemple concernant le projet de glossaire lié aux groupes terroristes).

Il existe, à côté des réunions stratégiques, des réunions dites « de coordination stratégique ». Ces réunions sont toujours de nature opérationnelle au sens où elles portent sur des affaires particulières. Elles sont destinées à faire en sorte que les autorités nationales puissent coordonner leurs actions dans le cadre des dossiers dont elles ont la charge.

Comme les réunions de « coordination stratégique », les réunions tactiques ont trait à des cas spécifiques. Toutefois, la finalité est différente car elles ont seulement pour but de permettre aux autorités nationales de présenter des dossiers dont elles sont responsables et d'en débattre.

2. *Des compétences opérationnelles avérées, mais des pouvoirs opérationnels limités*

Comme le constate le député Pierre Brana, en l'état actuel, l'action d'Europol se concentre sur l'échange de renseignements. En effet, il s'agit d'un auxiliaire spécialisé dans « l'information coordonnée »[143]. Toutefois, l'office européen de police a une dimension opérationnelle. Plus précisément, cette dimension possède différentes facettes correspondant à trois degrés de « compétence opérationnelle » d'Europol et à deux niveaux de « pouvoirs opérationnels ».

Le premier degré de la compétence opérationnelle a trait à la participation de l'office européen de police dans la transmission de renseignements entre les services nationaux de sécurité intérieure. En effet, Europol est impliqué dans les opérations de ces services en facilitant l'entraide entre eux lors des différentes phases de préparation et d'exécution des opérations.

Le deuxième degré de la compétence opérationnelle correspond à la participation d'Europol directement sur le théâtre des opérations, en tant que pourvoyeur d'informations[144]. Certains membres du personnel de l'organisation peuvent assister sur place au déroulement des enquêtes. Les agents de l'office européen de police[145] sont également inclus dans l'opération au sein d'une équipe d'enquête commune. Le protocole du 28 novembre 2002 les autorise en effet à participer à titre d'appui à de telles équipes. Cette inclusion permet à Europol d'exercer ses missions de transmission de l'information, de conseil et d'aide à la coordination sur les lieux, *via* les agents qui y sont dépêchés[146]. La décision du conseil d'administration du 20 mars 2007[147] ajoute que ces agents, qui sont des membres d'une ou plusieurs unités du département *Serious Crime*, ont accès au système d'information d'Europol, pour la durée de leur collaboration en tant que membres de l'équipe d'enquête commune[148].

---

143 *op. cit.*, p. 20.

144 C'est le cas des agents détachés dans les locaux des services nationaux de sécurité intérieurs allemands lors de la Coupe du monde de football organisée par l'Allemagne en 2006 dans l'exemple évoqué précédemment.

145 D'emblée, précisons que la notion d'agent concerne le personnel d'Europol. Ne sont pas concernés par cette problématique les OLE.

146 Le traité sur le fonctionnement de l'Union européenne, tel qu'il a été rédigé par les auteurs du traité de Lisbonne, comme le traité constitutionnel d'ailleurs, consacre cette évolution en énonçant que les tâches d'Europol « peuvent comprendre [...] l'organisation et la réalisation d'enquêtes et d'actions opérationnelles » (art. 88.2.b TFUE et art. III-276-2.b du traité constitutionnel) et précisant que « toute action opérationnelle d'Europol doit être menée en liaison et en accord avec les autorités [nationales] » (art. 88.3 TFUE et art. III-276.3 du traité constitutionnel).

147 Décision du conseil d'administration d'Europol du 20 mars 2007 établissant les règles régissant les accords concernant la mise en œuvre administrative de la participation d'agents d'Europol à des équipes communes d'enquête (*JOCE* C 72 du 29.3.2007, p. 35).

148 La décision instituant Europol va dans le même sens, son art. 6 précisant que « le personnel d'Europol peut participer, à titre d'appui, aux équipes communes d'enquête. [Il] peut [...] échanger des informations avec tous les membres de l'équipe commune

Le troisième degré de la compétence opérationnelle correspond à la participation d'Europol sur le théâtre des opérations en tant qu'acteur disposant de pouvoirs opérationnels. Dans cette optique, ses agents peuvent réaliser des actes considérés comme susceptibles de figurer dans la procédure pénale. Dans cette perspective, nous pouvons distinguer deux types de niveaux de pouvoir renvoyant chacun à une forme de « pouvoirs opérationnels » susceptibles d'être conférés aux agents de l'office européen de police : des pouvoirs restreints et des pouvoirs élargis. Les pouvoirs opérationnels restreints correspondent aux pouvoirs permettant à Europol de réaliser des actes liés à l'opération n'ayant pas de dimension coercitive.

D'un point de vue théorique, l'exercice de pouvoirs opérationnels restreints est concevable. Le protocole du 28 novembre 2002 autorisait déjà les agents de l'office européen de police à exercer de tels pouvoirs dans le cadre de leur participation à titre de soutien à des équipes communes d'enquête[149].

La décision du conseil d'administration du 20 mars 2007[150] a repris ce libellé et a ajouté que les accords conclus entre le directeur d'Europol et les services nationaux chargés de la constitution de l'équipe commune d'enquête en question stipulent que les agents d'Europol participant à une telle équipe effectuent les tâches leur incombant sous la direction du chef de celle-ci.

Les conclusions du Conseil des 12 et 13 juin 2007 portant sur les négociations relatives à la décision modifiant la convention[151] vont dans le même sens en confirmant la volonté des États de lever l'immunité des agents qui participent à des activités opérationnelles, en particulier à des équipes communes d'enquête. En effet, l'idée est que ces agents, en exerçant des compétences opérationnelles sur le territoire d'un État membre, doivent aussi rendre compte de leurs actes. À ce titre, et c'est d'ailleurs l'option retenue par la décision instituant Europol, ils ne doivent pas pouvoir se retrancher dernière les dispositions juridiques leur conférant l'immunité pour se soustraire à leur responsabilité. Ainsi, des agents qui se verraient octroyer des pouvoirs opérationnels restreints

---

d'enquête. [Il] peut [aussi] être en liaison directe avec des membres d'une équipe commune d'enquête et [il est également susceptible de leur] communiquer les informations provenant de tout élément des systèmes de traitement de l'information » de l'office européen de police.

149 À cet effet, l'art. 3.1.b de la convention dans sa version consolidée prévoit laconiquement que les agents peuvent « prêter leur concours [...] à toutes les activités ».

150 Art. 3.1 de la décision du conseil d'administration précitée.

151 Doc. du Conseil des 12 et 13 juin 2007, n° 10267/07 (Presse 125).

ne pourront pas avoir la possibilité d'exciper des dispositions établies en leur faveur dans la décision instituant Europol[152].

L'exercice de pouvoirs opérationnels restreints est donc envisageable car l'absence de précision quant à d'éventuelles restrictions dans le droit européen permet cette possibilité. En effet, la lecture littérale des dispositions du protocole (ainsi que la décision instituant Europol) permet d'envisager, au-delà du seul droit d'être présent, la possibilité que les agents de l'office puissent effectuer certains actes ne requérant pas une dimension coercitive. Si les textes sont silencieux à ce sujet, ils ne l'interdisent pas expressément[153]. Selon nous, la seule limite tient au fait que les agents d'Europol ont le droit de ne pas exécuter les ordres s'ils considèrent qu'ils contreviennent à leurs obligations découlant de la décision instituant Europol[154].

Néanmoins, le choix de l'attribution de pouvoirs opérationnels restreints appartient aux États membres. Le protocole (et la décision) étant muet à ce sujet, ses rédacteurs leur ont laissé le soin de définir l'étendue des prérogatives qui sont octroyées aux agents d'Europol détachés, faisant d'eux, seulement s'ils le désirent, des membres actifs au sens où ils peuvent accomplir certains actes d'enquête. Or, à cet égard, la pratique montre qu'aucun des États n'a opté pour cette solution. La France, qui, dans la loi « Perben II », prévoit que les membres détachés des

---

152 Le considérant 9 de la décision indique à cet égard « qu'il convient de garantir que les membres du personnel d'Europol ne bénéficient pas de l'application des immunités lorsqu'ils participent, à titre d'appui, à une équipe commune d'enquête. Cela sera possible une fois qu'un règlement prévu à cet effet aura été adopté sur la base de l'article 16 du protocole sur les privilèges et immunités des Communautés européennes » (règlement (Euratom, CECA, CEE) n° 549/69 du Conseil, du 25 mars 1969, déterminant les catégories des fonctionnaires et agents des Communautés européennes auxquelles s'appliquent les dispositions des articles 12, 13 deuxième alinéa et 14 du protocole sur les privilèges et immunités des Communautés (*JOCE* L 74 du 27.3.1969, p. 1)).

153 La décision, comme la convention auparavant, n'interdit pas aux États membres qui accueillent des agents d'Europol dans le cadre d'une équipe commune d'enquête de leur conférer des pouvoirs de constatation d'infractions (correspondant aux pouvoirs d'APJ), il est simplement précisé que les agents d'Europol n'ont pas de pouvoirs coercitifs (correspondant en France *mutatis mutandis* aux pouvoirs d'OPJ). Par ailleurs, concernant la question de l'immunité, le statut éventuel d'APJ conféré aux agents d'Europol ne les protège pas *ipso jure* : s'ils causent des dommages, ils peuvent être poursuivis civilement voire pénalement. L'immunité prévue par la convention (dans sa version consolidée) est levée *ex ante* dans le cadre des équipes communes d'enquête. Ce sera également le cas de la décision remplaçant la convention Europol, une fois qu'elle sera d'application, la Commission ayant achevé la procédure de modification du règlement du 25 mars 1969, pour y exclure les agents d'Europol agissant dans le cadre d'une équipe commune d'enquête.

154 Art. 4.2 de la décision du conseil d'administration d'Europol du 20 mars 2007 précitée.

autres États membres ont la qualité d'APJ dans l'équipe commune d'enquête se déroulant sur le territoire français, a exclu implicitement les agents d'Europol détachés en ne les citant pas dans la liste des bénéficiaires de ce statut. Ainsi, le droit français leur dénie toute possibilité d'agir sur le sol français dans le cadre d'une procédure pénale diligentée par les autorités judiciaires nationales, en effectuant des mesures d'enquête correspondant aux attributions d'APJ (et même aux APJA). L'expérience montre également que les arrangements conclus destinés à instituer les équipes communes d'enquête n'octroient pas de pouvoirs spécifiques aux agents d'Europol[155].

A fortiori, les agents d'Europol ne disposent pas de pouvoirs opérationnels élargis sur le théâtre des opérations. Pour définir la portée des actes de nature coercitive, nous pouvons nous inspirer de la définition donnée par Constance Chevalier-Govers. Cette dernière précise que, en matière policière, « les pouvoirs opérationnels s'entendent de la possibilité pour les forces de police [...] d'avoir recours à la force pour faire appliquer la loi »[156]. Il s'agit de procéder à des actes, comme l'arrestation, la fouille à corps ou la perquisition.

À la lumière de cette définition, cette hypothèse d'octroi aux agents de l'office européen de police de prérogatives ayant trait à l'emploi de la force n'est pas possible sur un plan strictement juridique. En effet, le droit positif interdit expressément le recours à la force. Le protocole du 28 novembre 2002 stipule clairement qu'Europol « ne participe à aucune mission coercitive »[157]. Il en est de même pour la décision instituant Europol qui indique laconiquement que « le personnel d'Europol peut, dans les limites prévues par le droit des États membres où l'équipe commune d'enquête intervient et conformément à l'arrangement [conclu avec les autorités de États hôte], prêter son concours à toutes les activités [...]. Toutefois, il ne participe à l'adoption d'aucune mesure coercitive ».

De plus, les opérations réalisées par les équipes communes ne peuvent se faire que dans les limites du droit sur le territoire duquel l'équipe intervient. Or, à la lecture des droits nationaux[158], et en particulier du droit français, aucun agent émanant des services autres que ceux de l'État hôte, ne peut accomplir des actes ayant une dimension

155 D'ailleurs en pratique, les agents d'Europol ne sont pas armés.

156 Chevalier-Govers, C., *op. cit.*, p. 329.

157 L'art. 88.3 TFUE, comme le traité constitutionnel d'ailleurs, va dans un sens similaire. Il reprend cette condition en affirmant que « l'application de mesures de contrainte relève exclusivement des autorités nationales compétentes ».

158 Cette disposition est une condition générale concernant les pouvoirs des agents autres que ceux ayant la nationalité de l'État d'intervention, prévue par la convention d'entraide judiciaire du 29 mai 2000 et par la décision cadre du 13 juin 2002.

coercitive dans la mesure où ils ne sont pas OPJ. À ce sujet, le code de procédure pénale français réserve, nous l'avons vu précédemment, ce statut aux services de sécurité intérieure nationaux[159].

[159] En Belgique, les représentants d'Europol (ainsi que l'OLAF et Eurojust par ailleurs) peuvent également être présents à condition que le magistrat chargé de l'affaire ait donné cet accord. Cet accord vaut au cas par cas, c'est-à-dire par acte d'information ou d'instruction. Seule, la présence des représentants d'Europol est acceptée. Ils « peuvent uniquement jouer le rôle plus passif d'observateur/expert » (Verspeelt, F., *op. cit.*, p. 88).

Conclusion générale

> Il y a une limite à toute chose, et il faut toujours la dépasser (Georges Guynemer, pilote de guerre [1894-1917]).

Au moment où les États membres s'étaient mis d'accord sur le principe de l'introduction dans le droit de l'Union de la règle de la disponibilité figurant dans le traité de Prüm, le commissaire Frattini avait déclaré que « Nous sommes en train de passer d'un pessimisme à un optimisme certain »[1] dans ce domaine.

Le rapport final sur la troisième série d'évaluations mutuelles précise que ses conclusions « ont souvent remis en question les idées préconçues concernant les progrès accomplis en matière de collaboration entre les services nationaux de sécurité intérieure ». Il énonce par exemple, que les UNE sont « très bien organisées » et évoluent de manière « extrêmement positive ». Il note aussi une réorganisation, voire une refonte des services de sécurité intérieure – nous y avons fait allusion dans le paragraphe consacré aux plates-formes de collaboration internationales – dans le but de faciliter le partage des renseignements au niveau interne. Une telle refonte vise une meilleure circulation de l'information, une meilleure coordination des actions entreprises entre les différents services et une plus grande centralisation du renseignement sur le plan stratégique[2]. Le rapport constate enfin une volonté de la part des autorités politiques nationales de transformer leurs services de sécurité intérieure « dont la démarche est plutôt réactive, en services agissant de manière plus anticipative, et ce grâce à l'instrument de recherche qu'offre l'EMCO [l'OCTA] »[3].

---

1 Propos recueillis par *Agence Europe* du 16 janvier 2007.

2 Le rapport, au point 7.10 donne l'exemple de la création en Espagne en 2004, d'un bureau exécutif de commandement unifié, d'un centre de coordination de la lutte antiterroriste et d'un centre de renseignement contre la criminalité organisée établi pour coordonner le renseignement stratégique. Au Royaume-Uni, un service, le *Serious Organised Crime Agency* (SOCA) a été institué en 2006, regroupant des personnels de la police et de la douane. Il est destiné à centraliser l'expertise et les compétences de la brigade criminelle nationale (NCS) et du service national de renseignement en matière criminelle (NCIS).

3 Points 7.1, 6.8 et 4.9.

Parallèlement à cela, force est de constater que le paysage se transforme de manière substantielle : mise en place du principe de disponibilité, du FIDE, de l'ECIM, d'EuroGendFor et des Rabits, réforme du Réseau judiciaire européen, d'Eurojust et d'Europol, approfondissement des analyses de risques et des évaluations des menaces au niveau européen, extension du phénomène de la multilatéralisation et de mutualisation des officiers de liaison, développement des CCPD et des TSE, ou encore densification des liens tissés entre les organisations auxiliaires avec leur environnement.

En outre, de nouvelles idées ont été avancées tant dans le cadre des travaux du « Groupe Futur » destiné à proposer des pistes de réflexion sur le nouveau plan quinquennal remplaçant le programme de La Haye[4], que dans le cadre du mandat de la présidence française du Conseil, pour renforcer la collaboration entre les services nationaux de sécurité intérieure. Citons, par exemple, l'idée d'instaurer des « commissariats européens » présentée par Michèle Alliot-Marie, la ministre française de l'Intérieur. Il s'agirait de plates-formes temporaires « créées dans des lieux de villégiature ou lors d'événements sportifs majeurs »[5] rassemblant, aux côtés des policiers locaux, des policiers d'autres États membres qui auraient pour tâche de venir en aide aux ressortissants de leurs pays respectifs. « Les touristes qui se font agresser ou voler pourront ainsi s'adresser à des policiers qui parlent leur langue »[6].

Par ailleurs, nous observons que certains dispositifs s'ancrent dans la pratique. C'est le cas des équipes communes d'enquête qui sont de plus en plus utilisées.

Nous constatons d'autres mouvements de fond remarquables, en particulier celui de la permanence de certaines formes d'association de services nationaux. Ces formes, que nous avions décrites comme étant par essence temporaires, tendent à se prolonger dans le temps. C'est le

---

4 La création du « Groupe Futur Police-immigration » fait suite à une proposition conjointe du ministre de l'Intérieur allemand et du commissaire à la Justice, Liberté et Sécurité en janvier 2007. Ce groupe qui s'est réuni au niveau ministériel était en charge de formuler des recommandations à l'attention de la Commission pour la préparation de sa communication relative au programme. Ce groupe a identifié quatre défis relevant de l'équilibre mobilité, sécurité et vie privée ; les liens entre la sécurité intérieure et la sécurité extérieure ; les réseaux européens d'information et la convergence de l'action opérationnelle des services nationaux de police.

Un « Groupe Future Justice » a également été établi pour relever des défis en lien avec la sécurité intérieure : la lutte contre la criminalité organisée, la protection des citoyens et la dimension extérieure des politiques de justice.

Ces deux groupes ont présenté leur rapport définitif au Conseil JAI des 24 et 25 juillet 2008.

5 *Europolitique* du 8 juillet 2008.

6 *Agence Europe* du 8 juillet 2008.

cas des équipes communes d'enquête. Le document rédigé par les experts chargés de ces questions lors de leur troisième rencontre les 29 et 30 novembre 2007, a mentionné l'existence d'équipes « permanentes »[7].

Ce phénomène concerne également les opérations concertées. Frontex a rendu ses opérations plus durables au large de l'Afrique de l'Ouest afin d'empêcher l'arrivée d'immigrants clandestins sur les îles espagnoles des Canaries[8]. Le système de numérotation des opérations Hera a été abandonné et toutes ont été regroupées sous le nom d'Hera 2007.

Un autre phénomène, qu'il nous semble également important à mettre en exergue, a trait à l'attitude du Conseil concernant la méthodologie relative à la production de l'OCTA. Celui-ci a adopté les conclusions des 12 et 13 juin 2007[9] dans lesquelles il notifie qu'il souhaite renforcer l'action « préventive et anticipatoire » de l'Union contre les menaces à la sécurité intérieure. Il entend affiner la méthodologie de l'OCTA afin d'améliorer son « approche prévisionnelle ». En vue d'y parvenir, il demande à Europol de diffuser aux services nationaux « un état structuré et détaillé des besoins »[10], ces derniers étant invités à y répondre avant une date butoir.

Certes, il ne s'agit que d'une invitation en l'état actuel de la rédaction du document. Cependant, avec l'établissement de cet état détaillé, nous estimons qu'il pourrait être plus facile pour le Conseil d'évaluer le respect des engagements des États membres en constatant combien de services ont répondu et de quelle manière[11].

Une évolution du paysage qui peine à se concrétiser

Pourtant, ces avancées ne doivent pas être l'arbre qui cache la forêt. *Primo*, les États membres ne font pas toujours usage de toutes les potentialités que le droit européen offre. Nous l'avons constaté avec Europol. S'il paraît difficile d'attribuer aux agents de l'office européen de police

---

7 Doc. du Conseil du 22 janvier 2008, n° 5526/08 précité.

8 Propos tenus par le commissaire Franco Frattini à l'occasion d'une intervention publique devant la commission des Affaires juridiques du Parlement européen (déclaration recueillie par *Agence Europe* du 3 mai 2007).

9 Doc. du Conseil n° 7547/2/07 du 4 mai 2007.

10 Respectivement points 6, 15 et 16 des conclusions.

11 D'ailleurs, ce travail a commencé à être entrepris (doc. du Conseil du 23 mai 2008, n° 8102/3/08) précité). Pour l'heure, il s'agit d'un document présenté sous forme de tableau indiquant, pour chaque mesure figurant dans les conclusions fixant les priorités, les pays les ayant mises en œuvre, ceux ne les ayant pas encore mises en œuvre, et ceux pour lesquels il n'est pas possible de définir si la mise en œuvre a été effectuée ou non. Ceci dit, le document offre une vision macro, puisqu'il dresse un état des lieux à l'échelle du pays, et non micro, à l'échelle des services.

des pouvoirs opérationnels que nous avons qualifié d'élargis, l'octroi de pouvoirs opérationnels restreints reste concevable. Or, aucun État membre n'a exploité cette possibilité.

Dans le même registre, les États n'ont pas utilisé toutes les opportunités offertes par le règlement instituant les Rabits. Ce texte offre des perspectives intéressantes en créant une force préconstituée formée d'agents dotés des pouvoirs opérationnels adéquats. Le règlement donne l'occasion de créer une force de substitution[12]. En effet, une lecture littérale du texte permet d'imaginer, dans l'hypothèse d'une vague d'immigration massive sans précédent, que les autorités d'un État membre dépourvues s'adressent à Frontex. En réponse, des Rabits constitués de gardes-frontières de différents États membres pourraient alors être déployés en lieu et place des garde-côtes locaux[13]. Par exemple, suite à l'envoi d'une demande d'assistance de Malte, des Rabits composés d'unités françaises, italiennes, espagnoles et portugaises interviendraient pour assurer la surveillance des eaux territoriales maltaises. Sur le papier, ils pourraient alors agir en l'absence de gardes-frontières maltais[14]. Par ailleurs, et c'est encore une nouveauté qui mérite d'être soulignée, un texte de droit européen prévoit la création d'une réserve nationale au profit d'une force préconstituée[15].

Pourtant, il semble que les États n'aient pas saisi la balle au bond. En effet, l'avancée enregistrée reste une façade dans la mesure où les viviers nationaux destinés à constituer les Rabits sont composés de spécialistes « labellisés Frontex » après une formation adéquate (par exemple dans le domaine de la détection de faux papiers)[16]. La réserve des Rabits consiste seulement en l'établissement d'une base de données à partir d'un recensement effectué préalablement. En tout état de cause, les Rabits n'ont pas de pouvoirs opérationnels au sens où nous avons défini ce terme concernant Europol. Il ne s'agit pas des forces de pre-

---

12 Le considérant 12 du règlement instituant les Rabits les mentionne comme étant une force de substitution possible.

13 L'art. 6.3 énonce que les services de l'État hôte sont présents « en règle générale ».

14 Néanmoins, les rédacteurs du règlement ont mis des garde-fous puisque cet article énonce que les agents invités opèrent sur instruction des autorités de cet État.

15 À ce sujet, l'art. 4 du règlement instituant les Rabits mentionne une « réserve d'intervention rapide ».

16 La création de viviers d'experts est une pratique répandue. Ainsi, dans le domaine de la PESD, le Conseil a approuvé le 10 novembre 2008, l'élaboration d'une liste spécifique d'experts spécialisés dans le domaine de la réforme du secteur de la RSS. Selon les termes du rapport du deuxième semestre 2008 élaboré par la présidence française concernant la PESD (doc. du Conseil n° 16686/08 du 9 décembre 2008, COSDP 1129, PESC 1627, CIVCOM 692), « les mission et les formations auxquelles ces experts participeront contribueront à créer une communauté d'experts européens » concernant la RSS.

mière ligne destinées à épauler les services nationaux, et encore moins de se substituer à eux.

Prenons aussi l'exemple des capacités de la Force de Gendarmerie européenne. Officiellement, l'EuroGendFor dispose de 800 hommes. Or, derrière cette appellation séduisante se cache une réalité bien plus décevante car, en pratique, les personnels qui composent cette force (à l'exception des personnels formant l'état-major) sont en principe issus des UPI, qui émanent eux-mêmes des unités nationales. Ainsi, l'EuroGendFor peut s'inscrire dans un vaste complexe de force qui peut paraître à certains égards un ensemble de poupées russes (missions de police-EuroGendFor-UPI), c'est-à-dire un assemblage de boîtes vides joliment décorées. Cela pour deux raisons.

D'abord, il n'existe pas, à l'exception de l'état-major, de structures semi-permanentes regroupant les différentes unités de gendarmerie et assimilées. Si en théorie, l'EuroGendFor apparaît comme une force préconstituée, en pratique les unités opérationnelles qui y participent sont adjointes au coup par coup, sans forcément être au préalable identifiées, sélectionnées et entraînées dans le cadre d'une formation commune avec des éléments d'unités partenaires. Lorsque l'affectation à l'EuroGenFor a été décidée, elle se traduit dans les faits par un changement d'écusson sur l'uniforme des agents de ces unités qui sont en opérations extérieures et qui étaient déjà incorporés dans une mission internationale de gestion de crise.

Ensuite, les unités nationales sont adjointes en fonction de leurs disponibilités. Ces unités sont mobilisées par leur État d'appartenance, uniquement lorsque leurs autorités décident de les y impliquer. En effet, et nous y ferons allusion plus loin, ces autorités nationales restent maîtres de leur extraction. Si celles qui sont identifiées pour être destinées à alimenter la Force de Gendarmerie européenne (mais aussi les UPI et les FPU) sont déjà employées sur des théâtres de crise ou sont promises à d'autres missions internationales, il n'est pas possible corrélativement pour ces autorités de remplir le réservoir de forces. De même, il est impossible de répondre favorablement si, pour des considérations de politique intérieure, les éléments des unités sont mobilisés pour des opérations de sécurité locale. Ainsi, si les autorités françaises décident, au cours de l'été, de renforcer les effectifs de l'EDSR en matière de police de la route avec des escadrons de Gendarmerie mobile et d'affecter des Compagnies républicaines de sécurité (CRS) à la surveillance des baignades, ces escadrons et des compagnies ne seront plus alors en mesure de satisfaire respectivement, les besoins de capacités des UPI et des FPU.

Secundo, nous pouvons rappeler, comme nous l'avons indiqué dans le chapitre 1 de la première partie, la multiplication des instruments européens en matière de sécurité intérieure : dispositifs élaborés par les institutions de l'Union européenne, outils créés par les États dans le cadre des coopérations régionales et permanence, voire développement des structures de coopération autonome. Le paysage de la sécurité intérieure reste donc encore très confus malgré les efforts renouvelés.

Tertio, la culture de la voie bilatérale reste encore très prégnante à l'endroit des services nationaux de sécurité intérieure[17]. En corollaire de celle-ci, la réciprocité reste la règle de base en matière de transmission d'informations. Or, ce principe se caractérise par une vision égoïste et à court terme de l'entraide dans la mesure où il est fondé sur des retours sur investissement immédiats. Malgré cela, il continue de prévaloir au détriment du principe de la solidarité.

Quarto, les travaux destinés à élaborer un cadre législatif européen en matière pénale sont à la traîne. En particulier, les efforts en matière d'harmonisation du droit pénal peinent à se concrétiser, qu'il s'agisse de l'harmonisation des éléments matériels des infractions pénales, de l'échelle des sanctions ou de normes procédurales. La reconnaissance mutuelle des décisions pénales et le renforcement de la collaboration opérationnelle sont perçus par certains États membres comme étant une solution possible pour l'harmonisation. Or, cette vision nous semble erronée car le développement des mécanismes de reconnaissance mutuelle des décisions pénales et l'approfondissement de la collaboration opérationnelle rencontrent précisément des difficultés faute de processus d'harmonisation mené corrélativement. Comme le souligne le ministre luxembourgeois de la Justice, Luc Frieden, il est « essentiel »[18] que l'Union détermine un cadre juridique harmonisé au sein duquel agiraient aux services de sécurité intérieure.

Dans le même registre, l'absence de véritable réponse européenne en matière d'articulation des sphères policières, douanières et judiciaires entre les États membres, est également problématique concernant l'approfondissement de la collaboration opérationnelle, en particulier pour ce qui est de la concrétisation du principe de disponibilité. En effet, l'échange de données ADN se heurte à de nombreux obstacles eu égard

---

17 Le rapport final sur la troisième série d'évaluations mutuelles le souligne d'ailleurs à plusieurs reprises (points 3.12, 5.3, 5.5, 5.6, 6.11). Par exemple, il précise que « En dépit d'une volonté bien réelle qui se vérifie dans la coopération croissante avec Europol, force est de constater que, pour l'instant, c'est la coopération bilatérale, en particulier avec les États voisins, [...] qui domine encore le tableau » (p. 10) et

« D'une manière plus générale, force est de constater que, même si des protocoles d'accord se sont développés au niveau interne dans certains pays pour améliorer la coopération entre les services, les relations bilatérales entre officiers de liaison restent la règle entre les services douaniers des différents États membres ; la situation ne change guère à cet égard en ce qui concerne les services de police » (p. 24).

18 *Agence Europe* du 8 juillet 2008.

aux différences de régimes juridiques entre États membres. Ainsi, alors qu'en Allemagne et en Autriche, la transmission entre services policiers est possible, au Luxembourg, elle ne peut avoir lieu que via les autorités judiciaires.

Dans le même ordre d'idées, l'application du « principe de convergence » de la collaboration pratique prôné par la présidence française du Conseil[19] pourrait également très rapidement rencontrer des limites faute de cadre législatif commun en l'absence d'harmonisation des droits nationaux en matière pénale et d'édification de règles communes permettant une meilleure articulation entre les différentes sphères.

Quinto, la portée du droit européen reste très théorique. Celui-ci demeure passablement virtuel entre des textes à l'état de proposition (nous avions évoqué la proposition de la Commission du 18 juillet 2005 sur l'amélioration de l'entraide policière entre les États membres, en particulier aux frontières intérieures), ceux dont la valeur est non contraignante et ceux qui ont été adoptés mais qui ne sont pas encore transposés ou mis en œuvre. D'ailleurs, le Coordinateur européen pour la lutte antiterroriste a jugé la situation « alarmante »[20] pour ce qui concerne la mise en œuvre de différents textes, comme la décision relative à l'échange d'informations et à la coopération concernant les infractions terroristes[21]. « J'en ai ras le bol de toutes les réunions où il y a de beaux discours et où on n'avance pas [...] Il faut commencer à traduire (ces mesures) en réalité » affirmait à cet égard la ministre française de l'Intérieur, Michèle Alliot-Marie[22].

Si tant est que les textes contraignants soient adoptés dans les temps[23] et correctement appliqués[24], encore faut-il qu'ils aient suffisam-

---

19 Le principe de convergence a été officialisé par le Conseil comme « principe directeur pour la poursuite de la construction de l'espace européen commun de sécurité », à travers l'adoption de conclusions le 24 octobre 2008 (doc. du Conseil n° 14667/08 [presse 299]). Dans ces conclusions, il précise que ce principe se décline en quatre volets complémentaires : rapprochement d'agents (formations communes, échanges temporaires de personnels, etc.) – rapprochement des matériels et des pratiques (en particulier via l'interopérabilité des équipements et la rédaction de manuels ainsi que de guides de bonnes pratiques) – rapprochement par des actions communes (notamment par le développement de plates-formes et de bases de données communes, et par la réalisation d'opérations et d'exercices conjoints) – rapprochement des cadres juridiques (par exemple, à travers la recherche de définitions communes et seulement si nécessaire, la création de cadres législatifs).

20 Doc. du Conseil du 23 novembre 2007, n° 15448/07.

21 Décision 2005/671/JAI du Conseil du 20 septembre 2005 relative à l'échange d'informations et à la coopération concernant les infractions terroristes (*JOCE* L 253 du 29.9.2005, p. 22).

22 Expression reprise par *Agence Europe* du 18 avril 2008.

23 « Celui qui s'intéresse aux négociations européennes en matière de justice et affaires intérieures peut être assez surpris par la temporalité des négociations [qui] peuvent

ment de substance. Or, là encore, les projets des institutions de l'Union et ceux des États membres dans le cadre des coopérations régionales ont tendance à manquer d'ambition. Nous avions exposé, en analysant la décision-cadre relative à l'échange d'informations entre les services répressifs ou la décision-cadre relative à la protection des données dans le titre VI, l'effet de dépréciation des avancées contenues dans un texte, au fil des négociations au sein du Conseil[25].

Il nous est loisible aussi d'évoquer l'édulcoration des nouveaux principes destinés à gouverner l'entraide, lors de leur mise en œuvre. C'est le cas de celui de la disponibilité. Si, en théorie, ce principe apparaît comme un progrès, en pratique il est, pour reprendre l'expression que nous avons employée, passablement écorné. En effet, dans les faits, il a fait l'objet d'une lecture restrictive, pour ne pas dire *a minima*. L'option choisie par les États, tant dans le traité de Prüm que dans la décision transposant une partie du traité dans le droit de l'Union, « ne constitue qu'un petit pas. Ses ambitions sont nettement plus modestes que celles de la proposition [de la Commission]. L'initiative peut être qualifiée de mesure allant dans le sens de la disponibilité, mais au sens strict, elle n'applique pas le principe de disponibilité »[26]. Sur le fond, l'idée d'un accès indirect, c'est-à-dire au moyen de fichier d'index, couplée à une approche sectorielle, n'est pas critiquable en soit. Il s'agit d'une adaptation du principe aux réalités opérationnelles : élaborer des régimes juridiques différenciés selon les matières et, concernant les questions les plus sensibles, instituer un système de *hit/no hit* afin de connaître l'existence de la donnée sans en révéler la teneur. Ce qui l'est en revanche davantage, c'est le recours au système de points de contact obliga-

souvent s'allonger au-delà des délais initiaux. Et cette lenteur vient en contrepoint des annonces parfois fracassantes faites par les différents gouvernements » (De Maillard, J., Smith, A., *op. cit.*, p. 88).

24 Sur ce point, la Commission, dans son rapport sur la mise en œuvre du programme de La Haye, du 2 juillet 2008, fait un constat affligeant : en matière de prévention et de lutte contre la criminalité organisée, elle juge les progrès « largement insuffisants ». Concernant la collaboration policière et douanière, les avancées sont « insuffisantes ». Enfin, pour ce qui est de l'entraide judiciaire en matière pénale, le taux de réalisation est « relativement faible ». Pour être complet, la France se distingue par sa non application des textes européens. Elle affiche un taux de 14 % de non respect des mesures loin devant les autres pays (8,5 % pour la Belgique, la moyenne étant à 6 %).

25 Ce manque d'ambition se traduit de diverses manières, notamment par l'introduction d'exceptions et par le renvoi au droit national. « Un membre de la représentation permanente française nous indiquait : "Nous, on bataille pour introduire des "*if appropriate*", "*in accordance with national law*", des "*could*" au lieu de "*should*", des "*as far as possible*", pour qu'en rentrant, on ne se fasse pas insulter" » (De Maillard, J., Smith, A., *op. cit.*, p. 88).

26 CEPD, Avis sur projet de décision transposant le traité de Prüm dans le droit de l'Union, point. 24.

toires comme points de passage obligés en matière d'échange d'information et la restriction du principe à certains types d'infractions graves.

Dans l'hypothèse où les textes sont adoptés, appliqués et ont une certaine profondeur, encore faut-il que la pratique ne réduise pas leur portée. C'est le cas des équipes communes d'enquête. Pour leur permettre de voir le jour, il semble nécessaire que des praticiens, outre le fait qu'ils maîtrisent leur domaine de compétence, « soient parfaitement bilingues, et, de surcroît, qu'ils aient une connaissance suffisante de la procédure pénale du pays étranger dans lequel ils pourront être amenés à travailler, [et] à réaliser des actes d'enquête dans les formes procédurales du pays étranger »[27] « pour éviter les erreurs (de procédure) et les dérapages »[28]. Or, en France, les « policiers, gendarmes ou douaniers, possédant ces trois qualités constituent une réserve opérationnelle qui serait très vite dépassée »[29]. En conséquence, si les autorités judiciaires nationales expriment le vœu d'intensifier l'emploi des équipes communes d'enquête (par exemple en décidant d'étendre ce dispositif aux affaires de petite et moyenne délinquance) *a contrario* en ne limitant plus le recours à ce dispositif aux affaires transnationales ayant trait aux affaires de grande criminalité (à savoir la criminalité organisée et le terrorisme essentiellement), elles n'auraient pas les ressources nécessaires pour le faire.

Dans la mise an place du paysage européen de la sécurité intérieure, les carences sont multiples et le rapport final sur la troisième série d'évaluations mutuelles en dresse une liste non exhaustive : impossibilité pour les UNE d'avoir accès aux fichiers nationaux de sécurité intérieure ou pour les policiers de consulter leurs bases de données depuis les plates-formes internationales ; absence de capacités de traduction des demandes d'entraide ; limitations budgétaires drastiques[30] ; représentation massive de certains services au sein de ces plates-formes et corrélativement, absence pénalisante d'autres ; faible sensibilisation des services aux productions d'Europol.

Les carences viennent « du bas » et « du haut ». Nous avons constaté qu'elles proviennent des praticiens qui, en dépit de la forte pression politique pour les inciter à « jouer le jeu », répugnent à s'échanger des informations « chaudes » sans contrepartie immédiate. Certes, les services nationaux de sécurité intérieure sont les bénéficiaires des instruments développés par les institutions de l'Union et par les États dans le cadre des coopérations régionales. Nonobstant, ils tardent à transmettre

[27] Vuelta-Simon, S., *op. cit.*, p. 275.

[28] Verspeelt, F., *op. cit.*, p. 89.

[29] Vuelta-Simon, S., *op.cit.*, p. 272.

[30] Points 6.12, 5.8, 6.13, 5.9, 6.9, 6.4.

les informations nécessaires à leur bon fonctionnement. Là encore, la logique de la contrepartie immédiate prime : si les utilisateurs n'obtiennent pas satisfaction rapidement, ils refuseront de communiquer des données pourtant essentielles à la plus-value de ces instruments, notamment des organisations auxiliaires. C'est le cas de l'attitude de certains services nationaux qui rechignent à transférer à Europol les informations utiles, phénomène que nous avons souligné à plusieurs reprises.

Cette primauté de la contrepartie immédiate sur celle de l'investissement à long terme provoque des effets néfastes en cascade. Prenons l'exemple de l'OCTA, les ministres du Conseil insistent sur l'alimentation de l'office européen de police en informations de qualité pour lui permettre de mener à bien les tâches qui lui sont assignées. Il est vrai que jusqu'à présent ces demandes restent, dans une large mesure, sans effets. La mise en œuvre concrète de l'OCTA se heurte à une situation de blocage résultant du refus des services nationaux à alimenter Europol en information. Ce refus empêche l'office européen de police de fonctionner correctement et de réaliser des productions de meilleure qualité, en premier lieu l'OCTA. Les imperfections de l'OCTA empêchent les ministres du Conseil d'affiner leur vision sur la criminalité organisée dans l'Union et d'ajuster les mesures pour y faire face. Or, paradoxalement, les services nationaux de sécurité intérieure sont les victimes de leur propre attitude de non collaboration. En alimentant mal Europol, ils se privent d'un instrument à leur disposition destiné à faciliter l'entraide. De surcroît, les imperfections de l'OCTA empêchent les ministres du Conseil d'ajuster les mesures de lutte contre la criminalité organisée, notamment en orientant de manière plus efficace l'action de leurs services.

Une dynamique européenne victime des résistances nationales

Concernant les déficiences venant « du bas », nous répertorions des réflexes corporatistes comme la tendance, pour le service national de sécurité intérieure, au protectionnisme juridique, ou la conviction que sa méthode de travail est plus performante que celle des autres. Nous recensons d'autres lacunes comme l'ignorance de la règle (involontaire ou délibérée), de son utilité et parfois le manque d'imagination dans sa mise en œuvre[31]. Nous identifions enfin une volonté des autorités judi-

---

31 Selon les hypothèses, soit la règle juridique est trop rigide, et elle entrave l'entraide. Soit elle est trop floue et elle l'empêche également. Ainsi, le coordinateur de la lutte contre le terrorisme indique, dans un document de réflexion (doc. du Conseil du 19 novembre 2008, n° 15983/08) que, pour ce qui est de la mise en œuvre de la décision du 20 septembre 2005 relative à l'échange d'informations et à la coopération en matière terroriste, Europol, indique dans un rapport du 24 octobre 2008, que des services nationaux de sécurité intérieure « se heurtent à des difficultés juridiques pour

ciaires à vouloir garder l'entière maîtrise de la collaboration entre leurs auxiliaires de justice et les services de sécurité intérieure appartenant à d'autres États membres. Les difficultés culturelles viennent s'additionner aux réflexes corporatistes : réticence au changement, barrage de la langue, protection du renseignement (culture du secret), méfiance générée par l'incompréhension des systèmes étrangers, absence de liens personnels, etc. Toutes ces difficultés sont amplifiées par les concurrences interservices. Nous avons d'ailleurs largement développé cette problématique.

Pourtant, il existe aussi des résistances venant des autorités politiques. Elles traînent les pieds dans le cadre de la mise en place des éléments nécessaires pour améliorer cette alimentation, comme l'instauration d'un système de centralisation du renseignement pour différentes raisons auxquelles nous avons fait allusion : difficultés à réorienter la politique de lutte contre la criminalité dans une direction plus proactive ; concurrence entre différents niveaux de pouvoirs (par exemple entre l'État fédéral et les entités fédérées) ; refus de procéder à une réforme des services nationaux (par exemple en créant un système de centralisation du renseignement à l'échelon stratégique et/ou opérationnel). À cela viennent s'ajouter des obstacles venus des négociations internationales : considérations idéologiques, protection d'intérêts non strictement liés à la sécurité intérieure (comme des intérêts corporatistes relayés au niveau politique, ou des conflits de compétences entre ministères) ou encore stratégies de transaction en cours de négociations[32].

Les négociateurs au Conseil n'hésitent pas à menacer d'utiliser leur droit de veto pour revoir à la baisse les apports des propositions sur la table, jugés contraires à leurs intérêts nationaux. Qui plus est, les compromis concernant les dispositions relatives à des textes européens en matière de sécurité intérieure donnent naissance à des documents dans lesquels la portée du dispositif est affaiblie ou les avancées sont inapplicables. Ces discussions stériles et la complexité des textes qui en résulte viennent renforcer une spirale qui tend à amener les services de terrain à rejeter les mécanismes européens et les à conforter dans une idée d'inutilité de la règle et d'inintelligibilité du droit européen.

Le problème politique central, qui empêche toute progression dans la création de nouveaux dispositifs dans le domaine de la sécurité inté-

déterminer quelles informations peuvent être échangées avec » l'office européen de police.

32 Les dispositions contenues dans un texte européen en matière de sécurité intérieure, permettant un approfondissement en matière d'entraide, sont amputées lors d'un marchandage diplomatique : elles font l'objet d'un échange contre des progrès obtenus dans un autre texte portant sur la sécurité intérieure, voire contre des avancées dans un texte relatif à un autre thème ou une autre matière.

rieure ou bien la modernisation de ceux existants, a trait à la crainte viscérale des États membres de perdre leur souveraineté. Les échecs subis au niveau européen pour coordonner les régimes d'entraide entre les services nationaux de sécurité intérieure, par le truchement d'une meilleure articulation entre les États membres, des sphères policière, douanière et judiciaire, est une illustration de ces réflexes de préservation du droit national.

Un autre exemple relève des arguments évoqués lors des négociations concernant le contenu de la proposition de décision-cadre de la Commission du 18 juillet 2005 réformant la collaboration policière. En l'occurrence, certains États membres ont refusé d'élargir à la suspicion d'infraction flagrante la poursuite transfrontalière qui, en l'état actuel, nécessite la constatation d'un flagrant délit préalable. Pour justifier leur position, ils ont argué que le droit national apprécie l'infraction au départ de l'action et non *a posteriori*. Sans juger du bien-fondé du refus, il est patent d'observer que les délégations au Conseil s'opposent de manière récurrente à des améliorations du droit européen en matière de collaboration entre les services nationaux de sécurité intérieure, à partir du moment où elles portent atteinte à leur droit national, en particulier au code pénal et au code de procédure pénal/code d'instruction criminelle. Indépendamment de la question de la légalité concernant l'étendue de la compétence de l'Union en matière pénale, ou de la question de la légitimité des choix opérés dans la proposition de texte, il est caractéristique de constater que le droit interne, en premier lieu la matière pénale, est sacralisé par les négociateurs dans un périmètre infranchissable. Ainsi, toute atteinte, aussi ponctuelle soit-elle, susceptible de mettre en danger un principe qui est ancré dans ce droit, entraîne une levée de bouclier de leur part.

Pourtant, la Cour de justice a très tôt affirmé la primauté du droit communautaire dans le célèbre arrêt Costa du 15 juillet 1964[33]. Elle a d'ailleurs ajouté que le droit de la Communauté européenne bénéficiait d'une primauté absolue sur le droit national. Autrement dit, l'ensemble des normes appartenant au « bloc de légalité communautaire »[34] possède cette caractéristique, qu'il s'agisse du droit primaire ou du droit dérivé du premier pilier. Selon nous, ce bloc de légalité s'étend au droit du troisième pilier. En effet, quel serait l'effet utile des normes juridiquement contraignantes du titre VI s'il était possible pour les États membres de se dégager de leurs engagements au niveau européen en adoptant des normes sur le plan national ?[35] Dans l'arrêt Pupino[36], la Cour a étendu le

[33] CJCE, affaire C-6/64.

[34] Expression de Bluman, C., Dubouis, L., *op. cit.*, p. 542.

[35] La difficulté actuelle ne porterait pas sur le caractère contraignant du droit produit dans le cadre du troisième pilier, mais sur le respect des normes et des pratiques na-

principe de la loyauté et l'obligation d'interprétation conforme au troisième pilier mais elle n'a pas consacré expressément le principe de primauté au titre VI. La question reste donc ouverte.

Quoi qu'il en soit, la portée absolue du principe de primauté signifie que « toutes les normes communautaires doivent prévaloir sur l'ensemble des normes nationales »[37], y compris la constitution[38]. En conséquence, et indépendamment des réticences du juge national à appliquer les normes européennes, en particulier la jurisprudence de la Cour relative au respect du principe de primauté, lorsque l'une d'elles est adoptée ou est en passe de l'être et que cette norme est contraire à la constitution, il revient à cette dernière d'être modifiée. En d'autres termes et sous réserve du respect des principes figurant à l'art. 5 TCE (art. 4 et 5 TUE tels qu'ils ont été modifiés par le traité de Lisbonne) relatifs aux principes d'attribution, de subsidiarité et de proportionnalité, l'invocation de l'inconstitutionnalité des normes européennes est somme toute, condamnable. Il s'agit d'avantage d'un prétexte destiné à masquer des résistances politiques, qu'un réel obstacle juridique[39].

Plan de collecte européen de renseignement, OCTA en matière de terrorisme, Institut européen de la sécurité intérieure, Stratégie européenne de sécurité intérieure et agence européenne des technologies de l'information

Au regard de ces éléments, nous pouvons fustiger le double langage des États membres qui affirment leur volonté d'assurer la sécurité

---

tionales au regard de ce droit, faute de recours en manquement devant la Cour prévu par l'art. 35 TUE.

36 CJCE, arrêt du 16 juin 2005, Pupino, affaire C-105/03.

37 Favret, J.-M., *op. cit.*, p. 402.

38 CJCE, arrêt du 17 décembre 1970, *Internationale Handelsgesellschaft*, affaire C-11/70.

39 Il existe d'ailleurs un précédent en droit français : il s'agit de la transposition de la décision-cadre relative au mandat d'arrêt européen. Le gouvernement français a présenté un projet de loi constitutionnelle le 14 novembre 2002 destiné à compléter la constitution afin de rendre cette transposition possible. La difficulté résultait d'un avis du Conseil d'État du 9 novembre 1995 (avis n° 357344) qui estimait que certains principes relatifs à la remise d'une personne réclamée dans un but politique, étaient du niveau constitutionnel. Or, les dispositions de la décision-cadre relatives à ces aspects de la remise, telles qu'elles ont été approuvées par le Conseil, apparaissaient comme étant divergente avec celles de la constitution, du moins à la lumière de la jurisprudence du Conseil d'État. Pour mettre en conformité les dispositions de la constitution, tels qu'interprétés par le Conseil d'État, avec les prescriptions contenues par la décision-cadre, le Parlement français réuni en Congrès a adopté cette loi le 17 mars 2003 (loi constitutionnelle n° 2003-267 du 25 mars 2003, *JORF*, 26 mars 2003, p. 5344),

intérieure en luttant efficacement contre les menaces et pourtant ne se donnent pas toujours les moyens de leurs ambitions. Toutefois, plutôt que d'articuler notre conclusion autour de propos misérabilistes en dénonçant tout ce qui ne va pas et en expliquant ce qui aurait dû être fait pour que tout aille mieux, projetons-nous dans l'avenir et imaginons ce que pourrait être dans quelques années, le paysage européen de la sécurité intérieure.

D'emblée, nous pourrions égrener un à un les éléments énoncés dans les différents chapitres et envisager un approfondissement pour chacun d'eux : application du principe de disponibilité plus ambitieuse, véritable plan de collecte européen de renseignement, création d'un OCTA en matière de terrorisme, fusion des documents sectoriels évaluant la menace pour en faire un document de synthèse unique (sorte de Stratégie européenne de sécurité intérieure), harmonisation minimale du cadre juridique des TSE allant au-delà de la situation actuelle[40], et possibilité pour le Cosi d'émettre des instructions contraignantes à l'encontre des organisations auxiliaires[41]. Il est évident que plusieurs avancées énoncées nécessitent une modification du droit primaire. Le traité de Lisbonne offre des pistes intéressantes à ce sujet, même si certaines idées méritaient une base juridique encore plus audacieuse.

Nous pourrions imaginer la mise en place d'un autoriseur européen pour toute une série de fichiers européens de sécurité intérieure, comme le SID, qui, sur la base de termes clefs, puiserait automatiquement, dans certaines conditions et sous certaines réserves, dans les fichiers nationaux toutes les données pertinentes[42].

---

40 En particulier, avec le retrait des déclarations figurant dans les textes de droit européen (comme la convention Naples II) autorisant les États à ne pas appliquer certaines dispositions.

Concernant l'harmonisation minimale du cadre juridique des TSE allant au-delà de la situation actuelle, l'art. 87.2.c TFUE, comme l'art. III-275 du traité constitutionnel, propose une base juridique possible quant à cette perspective. Il énonce que « l'Union développe une coopération policière ». À cette fin, « la loi ou loi-cadre européenne peut établir des mesures portant sur [...] c) les techniques communes d'enquête concernant la détection de formes graves de criminalité organisée ».

En comparaison, le traité d'Amsterdam est plus prudent puisqu'il ne permet que « l'évaluation en commun des techniques d'enquêtes particulières ». Certes, nous avons vu que sous l'empire de ce traité, les TSE ont fait l'objet d'un rapprochement, mais il s'agit seulement de l'établissement d'un socle minimum destiné à permettre uniquement aux services nationaux d'en avoir une acception commune.

41 Rappelons qu'actuellement, la *Task force* des Chefs de police ne peut émettre que des recommandations à l'attention des organisations auxiliaires.

42 Ce système, fondé sur les mécanismes existants du SID et du SIS, serait soumis, concernant son fonctionnement, à des normes européennes. Ces normes permettraient de ce fait, de faire un tri uniforme des données nationales.

Par ailleurs, nous pourrions concevoir l'établissement d'un Institut européen de la sécurité intérieure. (IESI) Cet institut, qui serait le pendant de l'Institut européen de la sécurité (IES) situé à Paris[43], aurait vocation à fournir des analyses sur l'évolution du paysage européen de la sécurité intérieure. À mi-chemin entre le monde politique, l'univers des praticiens et celui de la recherche universitaire, il serait destiné à rassembler et à diffuser les travaux menés dans le domaine de la sécurité intérieure. Il aurait également pour tâche de formuler des recommandations utiles aux institutions européennes, aux services nationaux de sécurité intérieure ainsi qu'aux organisations européennes compétentes dans ce domaine. En outre, il pourrait mener une analyse prospective en partenariat étroit avec Frontex, Eurojust, Europol, l'OLAF, le Sitcen, le Réseau judiciaire européen et les organismes de formation (le CEPOL et le REFJ en particulier). L'idée serait qu'à l'instar de l'IES, cet institut soit indépendant et donc qu'en conséquence, il ne défende ni un intérêt national, ni une posture doctrinale spécifique, ni une ligne politique particulière.

Toujours en matière d'agence, il est possible aussi d'envisager la création d'une agence européenne des technologies de l'information[44]. Cette agence, qui travaillerait en partenariat étroit avec le Centre Commun de Recherche (CCR)[45], aurait trois missions principales : promouvoir l'interopérabilité entre les systèmes informatiques nationaux, trouver des solutions communes en matière de communication radio dans les régions transfrontalières et développer une architecture globale des systèmes européens d'information et de communication en matière de sécurité intérieure, dans un esprit de compatibilité avec l'architecture des systèmes informatiques nationaux.

---

[43] Action commune du Conseil du 20 juillet 2001 relative à la création d'un institut d'études de sécurité de l'Union européenne (*JOCE* L 200 du 25.7.2001, p. 1).

[44] Outre ces propositions de Plan de collecte européen de renseignement, d'OCTA en matière de terrorisme, de Stratégie européenne de sécurité intérieure et d'agence européenne des technologies de l'information, nous avons lancé d'autres pistes de réflexion comme la création de pôles de membres nationaux d'Eurojust spécialisés (« Pomes ») rassemblant une vingtaine de membres par pôles (avec, parallèlement, un renforcement substantiel des équipes nationales), la mise en place d'un système de certification européen des formations de l'OLAF, du RFJE, de Frontex et du Cepol, et la création d'une e-police européenne patrouillant dans les mondes virtuels (Berthelet, P., « La sécurité intérieure européenne en 2018 », in *Gendarmerie nationale*, n° 227, Paris, 2e trimestre 2008, p. 99-106).

[45] Le Centre Commun de Recherche constitue est l'une des directions générales de la Commission (DG CCR). Sa mission vise à assurer une meilleure élaboration, mise en œuvre et suivi des politiques communautaires. Financé par le 7e programme-cadre pour la recherche et le développement 2007-2013 (PCRD), il dispose de sept instituts de recherche qui se trouvent en Allemagne, en Belgique, en Espagne, en Italie et aux Pays-Bas.

En effet, cette agence aurait pour mission d'aider les États membres à concevoir leurs nouveaux systèmes d'information et de communication en matière de sécurité intérieure, et d'assurer l'interopérabilité avec ceux existants dans les autres États. Dans la philosophie présidant aux « Common Requirement Vision », elle pourrait soutenir les travaux menés au niveau national en termes d'identification et d'analyse des besoins futurs exprimés par les services de sécurité intérieure et faciliter les actions entreprises pour rendre les systèmes basés sur les technologies de l'information compatibles entre eux. Il s'agirait d'améliorer l'échange d'informations entre les services de sécurité intérieure en rendant ces systèmes interopérables entre eux, avec les systèmes d'information et de communication créés dans le cadre de l'Union et des coopérations régionales, voire avec ceux mis en place par des pays et des organisations tiers.

La problématique de l'interopérabilité des systèmes informatiques nationaux est un aspect des obstacles à l'entraide entre les services nationaux de sécurité intérieure. Une autre difficulté provient de leur obsolescence et des retards accumulés dans le renouvellement de l'architecture de ces systèmes[46]. L'agence pourrait avoir un rôle à jouer pour accélérer ce processus de renouvellement en apportant une aide technique et en aidant financièrement des projets nationaux.

Outre l'action menée en faveur des systèmes informatiques nationaux, qu'il s'agisse d'une activité de conseil ou de financement, l'agence pourrait aussi être compétente pour les questions de communication radio entre les services des États membres en matière transfrontalière. Ainsi, en collaboration avec les CCPD, elle serait chargée de déployer un dispositif régional en matière de liaison radio. Ses travaux permettraient de trouver des solutions véritablement européennes à des problématiques transfrontalières. *A contrario*, ceci permettrait d'abandonner une approche menée au coup par coup comme c'est le cas à l'heure actuelle.

Enfin, cette agence aurait pour tâche de mener les projets promptement afin d'éviter que certains d'entre eux, comme celui du SIS II actuellement, n'accumule retard sur retard. La création de cette agence semble d'autant plus nécessaire face à la multiplication des systèmes d'information et de communication en matière sécurité intérieure, et à la volonté de la Commission d'intégrer certains d'entre eux dans une architecture globale[47]. La création de cette agence serait également une

[46] Rapport final sur la troisième série d'évaluations mutuelles, point 7.7.

[47] Par exemple, elle a suggéré, dans sa communication du 12 février 2008 sur Eurosur, de créer un réseau intégré de systèmes de signalement et de surveillance maritimes. Ce système, aux fins de contrôle des frontières et de la sécurité intérieure, couvrirait la Méditerranée, les îles Canaries et la mer Noire. Il serait étendu à un stade ultérieur

réponse appropriée à au projet mentionné dans la communication du 18 mai 2004[48], de créer à long terme, un système d'information et de communication unique rassemblant différents systèmes spécialisés en matière de sécurité intérieure.

Nous pourrions multiplier à l'envi les propositions. Ceci dit, attardons-nous sur cinq problématiques majeures : la dotation de capacités de décision au niveau stratégique en faveur de l'Union ; la mise sur pied d'un corps européen de gardes-frontières ; la possibilité pour les forces européennes compétentes en matière de sécurité intérieure d'agir au cœur des États membres ; l'instauration d'un espace européen d'action articulé autour d'un principe de confiance renforcée ; et la création d'organisations de niveau IV.

Les capacités de décision : la création d'une véritable chaîne de commandement avec un commandant d'opération et des chefs d'opération

Nous pourrions imaginer la mise en place d'un commandant d'opération qui aurait son siège à l'intérieur du Cosi, le cas échéant au sein de la Cellule de sécurité intérieure, et qui serait responsable de la supervision des opérations incluant les services nationaux de sécurité intérieure. Ces opérations seraient soit isolées, soit collectives. Dans le premier cas, il s'agirait d'opérations de grande ampleur (par exemple des opérations de maintien d'ordre public dans le cadre de manifestations sportives impliquant simultanément plusieurs États membres ou encore le transport de matières nucléaires à travers différents États membres). Dans le deuxième cas, il s'agirait d'opérations concertées s'intégrant dans une campagne, comme ce serait le cas d'ODC.

Le commandant d'opération, qui aurait un statut de *senior ranking officer* d'un service national, serait nommé de commun accord entre les États membres. Il aurait une collaboration approfondie avec le chef d'État-major de sécurité intérieure qui lui fournirait les avis nécessaires en cas de besoin. Ce chef d'État-major l'aiderait à évaluer la situation ainsi qu'à effectuer la planification de la campagne (pour les opérations concertées) et celle des opérations individuelles de grande envergure. En particulier, il fournirait au commandant d'opération l'appui nécessaire pour dresser l'OPLAN (ainsi que le CONOPS pour ce qui est des campagnes d'opération). Il lui apporterait des éléments de planification au niveau stratégique, que cette planification soit de contingence ou de nature générique.

à d'autres systèmes dans le domaine de la surveillance maritime, qu'il s'agisse de la règlementation sur la pêche ou de la lutte contre la pollution.

48 COM(2004)376.

Le commandant d'opération travaillerait aussi en partenariat étroit avec les responsables nationaux du format politico-diplomatique du Cosi, qui dresseraient les lignes directrices du cadre d'action des campagnes d'opération (pour les opérations concertées) pour une période donnée. Cependant, ses interlocuteurs principaux seraient les responsables nationaux du format stratégico-opérationnel du Cosi, qui traceraient les différents axes son cadre d'action. Avant le déclenchement d'une opération isolée, ils approuveraient l'OPLAN préparé par le commandant d'opération. Avant le déclenchement des opérations entrant dans le cadre d'une campagne, ils approuveraient le CONOPS ainsi que l'OPLAN, tous deux préparés par le commandant d'opération. Ce format assurerait aussi le suivi de l'exécution des opérations concertées et des opérations individuelles.

Le cas échéant, nous pourrions envisager l'élaboration d'un système dual, en référence à la chaîne de commandement qui existe dans le cadre de la PESD, avec un commandant d'opération et un commandant de la force. Alors que le commandant d'opération agirait au plan stratégique, le commandant de la force interviendrait sur le plan opératif. À l'image du commandant d'opération, le commandant de la force opèrerait soit pour une opération ponctuelle de grande ampleur, soit dans le cadre d'opérations concertées. Dans le deuxième cas, nous pourrions imaginer la nomination de plusieurs commandants, pour chacune des opérations menées lors de la campagne. En cas d'opérations simultanées, il pourrait s'agir d'un seul commandant. Quelle que soit le type d'opération, le commandant de la force, qui serait chargé de la conduite des unités sur le terrain, officierait en dehors ou au sein d'une organisation auxiliaire.

Dans le premier cas, il serait appelé chef d'opération et il serait nommé au cas par cas par les États membres participant à l'opération[49]. Il serait issu d'un service de sécurité intérieure de l'État qui constituerait la nation cadre. Il recevrait l'appui de l'État-major de sécurité intérieure en matière de planification. Cet État-major effectuerait, outre son travail de planification au niveau stratégique au profit du commandant d'opération, la planification sur le plan opérationnel en faveur du commandant de la force. Le commandant de la force serait assisté sur le plan tactique par des chefs d'opération adjoints, qui seraient des officiers de sécurité intérieure responsables, chacun dans leur pays, du déroulement des opérations. Ces chefs d'opérations adjoints seraient tenus d'exécuter les ordres émis par le chef d'opération et de lui rendre compte. Ils pourraient aussi être chargés de la conduite des unités sur le terrain par transfert d'autorité si besoin est.

---

49 Ce cas de figure serait celui d'actions *ad hoc* ne nécessitant pas l'intervention d'organisation auxiliaire.

Dans le deuxième cas, le commandant de la force serait situé au sein d'une organisation auxiliaire. Appelé alors directeur d'opération, ce pourrait être un des adjoints du directeur de celle-ci. À l'image du chef d'opération, le directeur d'opération aurait les attributions du commandant de la force en assurant la conduite des forces sur le terrain. Il disposerait pour ce faire de l'aide d'une cellule faisant office d'état-major, destinée à assurer l'évaluation des situations et la planification au niveau opérationnel. Afin d'éviter des chevauchements inutiles, cette cellule travaillerait en réseau avec les cellules des autres organisations auxiliaires et l'État-major de sécurité intérieure.

Concernant les opérations policières menées par Europol, le directeur d'opération exercerait ses missions en liaison avec les OLE, les membres nationaux d'Eurojust concernés (et le cas échéant, des représentants du procureur européen [*cf. infra*]), les autorités judiciaires des États impliqués ainsi que les représentants des services policiers desdits États.

Pour ce qui est des opérations douanières, comme une ODC, elles seraient réalisées soit par un directeur d'opération d'Europol, soit par celui de l'OLAF. Quelle que soit l'organisation auxiliaire impliquée, le processus serait identique : la conduite de l'opération serait effectuée par le directeur d'opération, en liaison avec le commandant d'opération, l'État-major de sécurité de sécurité intérieure et les représentants des services douaniers des États participants.

Qu'il s'agisse d'opérations policières ou douanières, les services nationaux mobilisés recevraient les instructions du directeur d'opération. Autrement dit, le rôle de ce dernier n'est pas limité à un appui à la coordination, comme c'est le cas pour les représentants des organisations auxiliaires de niveau II. La règle de l'ajustement mutuel serait abandonnée au profit d'une coordination imposée[50]. Néanmoins, gardons en mémoire que le directeur d'opération serait seulement un maillon de la chaîne décisionnelle. En premier lieu, il recevrait ses instructions du commandant d'opération qui serait un haut responsable d'un État membre, et il agirait après le feu vert du Cosi (lorsqu'il s'agit d'une opération de police administrative tout au moins). Dans cette optique, le directeur d'opération ferait rapport régulièrement au commandant d'opération, qui, lui-même devrait en rendre compte aux représentants nationaux du format stratégico-opérationnel du Cosi. En deuxième lieu, il y aurait des directeurs d'opération adjoints, qui, à l'image des chefs d'opération adjoints, seraient tenus d'exécuter les ordres émis par le chef d'opération et de lui rendre compte. Ces directeurs pourraient aussi avoir pour mission de conduire les différentes unités engagées sur le terrain.

---

50 D'ailleurs, concernant Europol, une lecture littérale de l'art. 88.2.b TFUE le permet déjà selon nous (*cf. infra*).

Enfin, concernant les opérations effectuées par Frontex, le directeur d'opération coordonnerait sur le plan opératif, l'opération décidée par le format stratégico-opérationnel du Cosi selon les directives formulées par le commandant d'opération (par exemple dans le cadre d'une campagne d'opérations concertées destinée à sécuriser un tronçon de la frontière maritime sud de l'Union). Le cas échéant, ce directeur prendrait la décision d'activation du corps européen de gardes-frontières. Il procéderait à la composition et au déploiement des unités mobilisées pour l'occasion. Il serait également chargé de leur conduite. Cette tâche relèverait de sa seule compétence mais elle serait réalisée en liaison étroite avec les directeurs d'opération adjoints du ou des États hôtes. Ceci dit, et nous allons le voir ci-dessous, la mobilisation des unités de ce corps ne pourrait, en principe, se dérouler qu'après la réception par Frontex d'une demande d'assistance de la part d'un État membre.

Les capacités d'action : la création d'un corps européen de gardes-frontières

L'idée de corps européen de gardes-frontières a été évoquée par la Commission européenne dans sa communication du 7 mai 2002 consacrée à une gestion intégrée des frontières extérieures des États membres de l'Union européenne. Elle préconise dans un premier temps, que ce corps remplisse de « réelles missions de surveillance » aux frontières extérieures, en priorité aux frontières maritimes[51]. Cette idée, soutenue par le Parlement européen dans une résolution du 15 janvier 2003[52], a également été reprise par le Conseil dans son plan d'action du 13 juin 2002.

Pour autant, la création de ce corps demeure un sujet sensible. Le Conseil restreignait, dans son plan d'action, son champ d'action à des missions de renforcement. Il précisait à ce sujet qu'il « aurait pour rôle d'appuyer les services nationaux des États membres, sans toutefois les remplacer ». À l'heure actuelle, l'expression même de « gardes-frontières européens » fait toujours office de chiffon rouge pour certains États membres. Ceux-ci interprètent la demande du Conseil européen de La Haye[53] qui, dans ses conclusions, évoquait la mise sur pied d'un système européen de gardes-frontières, seulement comme la mise en

[51] La Commission envisage que ce corps exerce des missions de surveillance aux frontières extérieures. Par la suite, il assurerait des missions de contrôle aux points de passage frontaliers. En tout état de cause, il serait constitué de gardes-frontières disposant, selon les termes de la communication, de la plénitude des prérogatives de puissance publique nécessaires à l'accomplissement de leurs missions.

[52] A5-0449/2002.

[53] Point 1.7.1 des conclusions.

place d'équipes d'experts nationaux[54]. Dans cette perspective, et dans le respect de ce que les traité CE et UE autorisent, ce corps serait composé de membres capables de fournir rapidement une assistance technique et opérationnelle aux pays qui en font la demande. En définitive, il s'agit pour ces États de ne pas aller plus loin que la création des Rabits, tels qu'ils existent à la lumière du règlement les instituant[55].

Indépendamment de ces résistances, comment imaginer ce corps européen de gardes-frontières ? Quant à sa structure, il s'agirait d'une force préconstituée, en l'occurrence une force de réaction rapide sous forme de réservoirs de capacité modulables. En outre, nous pourrions envisager que toute ou partie des effectifs impliqués dans les réservoirs des Rabits soit destinée à alimenter les capacités du futur corps européen.

Ceci dit, et contrairement aux Rabits, le corps européen de gardes-frontières constituerait une véritable force opérationnelle. Autrement dit, il participerait en tant que tel à la réponse à la crise. Il pourrait agir soit à titre de renfort, soit, nous le verrons plus loin, à titre de substitution. Ceci dit, en tout état de cause, le volume des effectifs engagés serait important, en comparaison de ceux mobilisés dans le cadre des Rabits. En effet, alors que les agents des Rabits forment un soutien ponctuel à la force opérationnelle, que cette force soit constituée des seules unités de

---

54 D'ailleurs, le Pacte européen sur l'immigration et l'asile, approuvé par le Conseil européen des 15 et 16 octobre 2008 (doc. du Conseil du 24 septembre 2008, n° 13440/08, ASIM 72) énonce en des termes choisis que « la création d'un système européen de gardes frontières pourra être étudiée » à terme.

55 Concernant l'émergence d'un tel corps, nous pourrions l'imaginer comme étant plutôt le résultat d'une démarche incrémentale : les gardes-frontières collaborent entre eux et au fil du temps, leur action deviendrait de plus en plus étroite en donnant progressivement naissance à ce corps. Cette démarche, qui a pour caractéristique principale l'informalité, serait davantage une forme de flexibilité, seuls certains États participant à l'expérience.

En outre, deux éléments pourraient servir de catalyseurs. Le premier a trait aux fonds injectés dans le cadre des efforts destinés à concrétiser l'intention du Conseil européen de renforcer la solidarité aux frontières extérieures de l'Union européenne, conformément au point 3 du Pacte européen pour l'immigration et l'asile. Le deuxième élément concerne, quant à lui les projets-pilotes menés par Frontex. Ces projets, comme le projet REM (« *Running Expenses of Means* »), destiné à créer des règles et des procédures communes pour calculer les dépenses courantes des équipements utilisés par les opérations conjointes, et le « Réseau de patrouilles européen » (EPN), dont le but est de synchroniser les actions déployées par les États membres et de les intégrer dans les activités européennes conjointes, pourraient à terme, contribuer à la naissance de ce corps européen de gardes-frontières. En effet, la multiplication de tels projets et l'incidence de leurs résultats, pourraient conduire peu à peu les États à concevoir autrement l'emploi de leurs gardes-frontières, et le cas échéant, les inciter à les mobiliser dans un cadre innovant qui serait un corps européen ne disant pas son nom.

l'État hôte ou d'unités de différents États membres agissant sous la forme d'une opération concertée, les éléments du corps seraient capables de s'agréger à cette force opérationnelle pour lui permettre d'apporter une réponse rapide et efficace à la crise à laquelle cet État hôte est confronté. Ceci dit, dans l'hypothèse de l'action du corps européen de gardes-frontière, cette force serait formée d'unités dudit État hôte. Les autres États membres qui décideraient de lui venir en aide le feraient à travers la mobilisation du corps.

L'intervention de celui-ci est envisagée après la crise, mais elle pourrait se dérouler à l'avenir plus en amont. Il est reproché à l'agence européenne d'avoir une approche trop réactive et d'être en conséquence un « pompier des frontières »[56]. Dans l'avenir, nous pourrions penser que Frontex joue un rôle davantage proactif en déployant des équipes du corps, avec l'approbation de l'État concerné, de manière anticipée, aux endroits vulnérables des frontières extérieures recensées par les analyses de risques de l'agence européenne. À l'image des modules de la force européenne de protection civile qui seraient prépositionnés sur les théâtres de catastrophe potentielle[57], les modules du corps européen seraient susceptibles d'être stationnés préventivement sur des tronçons des frontières extérieures déterminées par ces analyses[58].

Gardons à l'esprit que le corps européen de gardes-frontières, tout du moins concernant sa composante nationale, prendrait l'aspect, en tant que tel, d'une coquille vide dans le sens où il n'existerait pas d'unités permanentes consacrées à des interventions. Même celles qui seraient stationnées sur des tronçons des frontières, le seraient temporairement, le temps nécessaire à la lumière des résultats des évaluations de risques.

---

56 Termes utilisés par Heinz Kiefer, président de la Confédération européenne du personnel de police (EuroCOP), repris par *Europolitique* du 31 août 2006.

57 Cette idée avancée par la Commission a été relayée par le rapport Barnier pour qui, ces modules de réserve seraient « le noyau effectif d'une force européenne de protection civile » (p. 43). La création d'une Force européenne de protection civile a fait l'objet de demandes répétées du Parlement européen (résolution du 4 septembre 2003 sur les conséquences de l'été caniculaire de 2003 (B5-0377/2003), résolution du 23 septembre 2003 sur le renforcement de la sécurité maritime à la suite du naufrage du Prestige [A5-0278/03]) et résolution du 4 septembre 2007 sur les catastrophes naturelles (B6-0323, 0324, 0325 et 0327/2007).

L'idée mérite d'autant plus d'attention que le Conseil européen des 15 et 16 juin 2006 a donné un certain impact politique à une telle idée en saluant ce rapport « qui constitue une importante contribution au débat » (point 13 des conclusions [doc. du Conseil n° 10633/06 du 16 juin 2006, CONCL 2]).

58 Toujours en faisant le parallèle avec la protection civile, la Commission suggère, dans sa communication du 5 mars 2008, de rendre le CSI davantage réactif. Elle propose à cet effet la mise en place d'un système d'alerte rapide, la création de scénarii, la mise au point de procédures opérationnelles standard et l'évaluation des enseignements tirés des expériences passées.

Le corps européen de gardes-frontières demeurerait une force préconstituée dans la mesure où les hommes et les matériels seraient extraits de leurs unités d'origine selon les besoins. À l'image de la force européenne de protection civile, telle qu'elle a été suggérée par la Commission dans sa communication du 5 mars 2008, le corps reposerait sur deux composantes, à savoir des modules nationaux de réserve et des moyens européens complémentaires.

Le premier volet de la force, le volet national principal, serait formé de ressources nationales. Il s'agirait des unités des services nationaux affectées à la réserve du corps pour plusieurs années. Ils disposeraient des compétences linguistiques suffisantes et ils bénéficieraient d'une connaissance approfondie des procédures nationales (le cas échéant, dispensées dans le cadre des formations de Frontex). En outre, ils auraient subi de nombreux exercices avec leurs partenaires et ils posséderaient des matériels compatibles,

Le deuxième volet serait le volet européen de la force. Celui-ci serait formé d'agents directement recrutés par Frontex et formés par lui, qui constitueraient donc des capacités propres de l'agence européenne. Dans le respect du principe de subsidiarité, il s'agirait d'agents hautement spécialisés[59]. Contrairement au premier volet, le volume des effectifs de ce deuxième volet serait beaucoup plus réduit.

Nous pourrions imaginer un troisième volet, nommé volet national complémentaire, qui correspondrait à l'adjonction d'éléments temporaires au corps européen. Les unités de ce volet seraient seulement préidentifiés dans une base de données européenne et elles auraient suivi une formation et un entraînement minima afin de leur permettre d'agir conjointement avec des unités d'autres États membres engagées pour l'occasion. Alors que les éléments du volet national principal seraient mobilisés régulièrement, ceux du volet national complémentaire le seraient plus rarement. Ce serait des éléments d'appoints utilisés uniquement lorsque les capacités des deux autres volets ne suffiraient pas. En d'autres termes, ils auraient seulement vocation à servir de renforts ponctuels en cas de nécessité. Dit, encore autrement, il s'agirait d'effectifs « repeints en bleu » pour la circonstance.

Au regard de la composition de ce corps, il semble pertinent d'ajouter deux remarques, En premier lieu, nous pourrions songer à introduire

---

[59] Ces agents disposeraient d'un statut européen, distinct des statuts nationaux relatifs aux gardes-frontières. Ceci dit, pourquoi ne pas imaginer que le volet de cette force européenne, dans l'attente d'être mobilisée, puisse assurer des soutiens ponctuels dans le cadre de missions d'assistance aux États membres ? En effet, l'idée serait qu'au lieu d'attendre l'arme au pied qu'une demande d'assistance soit introduite auprès de Frontex, les agents appartenant à ce volet soient employés aux fins d'appui pour des missions individuelles requérant leur expertise.

un principe de complémentarité des volets de la force européenne. Ce principe ferait qu'un seul d'entre eux ne permettrait pas de former à lui seul, la totalité de la force déployée sur un théâtre. En effet, le déploiement d'effectifs requerrait, en principe, au moins l'emploi du volet européen et du volet national principal. Ceci éviterait ainsi de heurter de front certains États réticents à l'idée d'une police européenne aux frontières basée uniquement sur des éléments spécifiquement européens.

En deuxième lieu, nous pourrions imaginer que le corps européen de gardes-frontières dispose d'équipements issus de la « boîte à outil » de Frontex. Cette nouvelle « boîte à outil » de l'agence européenne, mise au service du corps figurerait dans deux armoires. La première serait l'armoire européenne. Elle comporterait des éléments que l'agence européenne possèderait en propre. Il s'agirait surtout des moyens alloués aux agents du volet européen du corps. Il serait envisageable d'y trouver également du matériel spécifique que les États ne voudraient pas acheter de manière individuelle. Ce matériel serait mis à la disposition des réserves nationales principales et complémentaires, voire, dans une optique de mutualisation indirecte, au profit de tout service national de sécurité intérieure en cas de besoin[60].

La deuxième armoire serait l'armoire nationale. Elle comporterait l'essentiel des outils mis à la disposition de Frontex. Il s'agirait ni plus ni moins que des moyens matériels rattachés aux unités du corps européen de gardes-frontières issues du volet national principal. Contrairement à l'armoire européenne, Frontex ne disposerait pas de la clef, celle-ci appartenant toujours aux États membres. Néanmoins, il serait possible que l'agence européenne ait un double. Ainsi, à moins que les États n'aient temporairement mis un cadenas à la porte, Frontex pourrait ouvrir l'armoire et prendre les outils dont il a besoin.

Néanmoins, dans le respect de l'adage « l'accessoire suit le principal », le déploiement des matériels entraînerait également celui des équipements qui leurs sont rattachés[61]. En conséquence, sauf autorisation expresse de l'État concerné, il ne serait pas possible pour Frontex, dans le processus de choix des matériels alloués à une opération qu'il planifie, de réaliser la sélection de leurs équipements accessoires sur le mode de la composition à la carte. En effet, l'agence européenne ne

---

60 Avec le cas échéant, une priorité d'usage accordée aux différents volets corps européen de gardes-frontières (essentiellement le volet national principal et le volet européen).

61 Ceci concernerait le volet national principal. Nous pourrions imaginer que, concernant les outils alloués au volet national complémentaire, Frontex ne se voie octroyer aucune clef à ce sujet. En d'autres termes, ceux-ci ne pourraient pas être employés par Frontex. Ils seraient mobilisés uniquement en cas de décision par les États membres, d'activer des éléments du volet national complémentaire.

pourrait pas accepter une partie tout en refusant l'autre partie, ou panacher en remplaçant certains d'entre eux par d'autres habituellement affectés à d'autres matériels. Par exemple, au cas où la France, l'Allemagne et les Pays-Bas accepteraient de participer à une opération projetée par Frontex nécessitant l'emploi du corps européen de gardes-frontières, il ne serait pas possible pour l'agence de désolidariser certains équipements (zodiacs, aéronefs ou matériel de secours par exemple) d'un bâtiment de Marine française (sauf accord des autorités politiques françaises) pour les affecter temporairement à un bâtiment de la Marine allemande.

Dans le même ordre d'idées, il faudrait une mobilisation simultanée des unités qui sont les détentrices des matériels. Ainsi, il ne serait pas non plus, en principe, loisible à l'agence d'affecter un équipage français à un hélicoptère de la Marine néerlandaise, en lieu et place de son équipage néerlandais habituel.

	Forces de gestion de crises PESD	Rabits	Corps européen de gardes-frontières[62]
Volume des forces engagé	Faible / Moyen	Faible	Moyen / Important
Zone d'action	Théâtre extérieur à l'Union	Frontières extérieures de l'Union	Frontières extérieures de l'Union
Demande préalable de l'État requérant	Toujours (pays tiers)	Toujours (État membre)	Toujours (État membre)
Fonction de la force	Renforcement / substitution	Renforcement	Renforcement / substitution
Réserve		Liste gérée par Frontex	Volet européen + volets nationaux principal et complémentaire
Décision d'extraction	État membre	État membre	Frontex (avec opposition possible à la réquisition)
Planification	EMUE / OHQ (militaire) CPCC (civil)	Frontex	Frontex / État-major de sécurité intérieure
Commandement sur le plan stratégique /opératif	Commandant de l'opération / Commandant de la force	Autorité de l'État membre	Directeur d'opération / Chef d'opération
Conduite	Commandant de la force	Autorité de l'État membre	Chef d'opération
Droit de recours à la force sur le plan juridique / matériel	Oui en principe / oui dans les fonctions de substitution	Oui / non en principe	Oui / oui dans les fonctions de substitution

schéma n° 14

62 Du moins, tel que nous nous proposons de l'imaginer.

Un droit européen de réquisition pour extraire les unités du corps issues des réserves nationales

Concernant la mobilisation des réserves, nous pourrions envisager que Frontex dispose d'un droit de réquisition, qu'il s'agisse du volet national principal et du volet européen. Ceci dit, nous pourrions imaginer une double limite : d'une part, et comme nous y avons fait allusion, la capacité de mobilisation ne porterait pas sur le volet national complémentaire. Ce dernier resterait de la compétence des États sur le plan individuel.

D'autre part, Frontex aurait une marge de manœuvre limitée en situation de prévention d'une crise. Par exemple, il pourrait prépositionner seulement une partie des réserves du corps sur un théâtre donné. Nous pourrions songer à ce que le volume des effectifs mobilisés soit plafonné[63]. Un dépassement serait possible mais il aurait lieu à l'issue d'une procédure nécessitant l'autorisation des États membres.

En revanche, nous pouvons concevoir que, en situation de crise, l'agence européenne dispose d'un pouvoir plus important en ayant à sa disposition le panel des forces issues du volet national principal et du volet européen. Afin de fournir la réponse la plus appropriée qu'il soit, il pourrait alors composer à partir des éléments figurant dans les diverses analyses de la crise à sa disposition, la force opérationnelle. En tout état de cause, cette activation pourrait avoir seulement lieu suite à la réception d'une demande d'assistance émanant d'un État[64].

À l'heure actuelle, et quelles que soient les forces préconstituées, la décision d'extraction est le fait de l'autorité politique nationale qui peut refuser de donner son aval. En principe, cette opposition paraît théorique puisque la constitution effective de ces forces est le symbole de l'engagement des États membres dans la construction européenne. Toutefois, il est possible d'imaginer que cette autorité refuse en exigeant le maintien des hommes et des matériels sur le territoire pour répondre à des impératifs de sécurité intérieure nationale. D'ailleurs, le règlement instituant les Rabits envisage ce cas de figure en prévoyant que les États peuvent ne pas mettre à disposition des gardes-frontières au profit d'autres États membres, s'ils « sont confrontés à une situation affectant sérieusement l'exécution des tâches nationales ».

---

63 Comme nous avons proposé un principe de participation conjointe des différents volets, nous pourrions songer à ce que les effectifs du volet européen soient mobilisés au *prorata* de ceux issus du volet national principal.

64 Dans cette optique, le ou les États victimes d'une crise migratoire aiguë seraient parfaitement libres de faire appel à Frontex. Leur liberté de choix resterait un principe de base et sa souveraineté serait ainsi préservée.

Dès lors, pourquoi ne pas imaginer que le futur texte instituant le corps européen de gardes-frontières encadre un refus exprimé suite à l'exercice par Frontex de son droit de réquisition ? Nous pourrions concevoir qu'il contienne un ensemble de dispositions qui fixerait les modalités et les conditions d'un tel refus. En outre, le recours à ces dispositions pourrait être assorti d'un mécanisme de *peer pressure* à l'image de celui qui est employé dans le cadre d'Eurojust. Même si la pression reste politique, l'emploi de cette technique obligerait l'État à être davantage convaincant concernant le bien-fondé de ses arguments avancés vis-à-vis de ses partenaires, en particulier ceux qui requièrent son aide.

D'ailleurs, un tel mécanisme pourrait être utilisé dans d'autres domaines comme dans le cadre de l'élaboration de l'OCTA. Avec ce mécanisme de *peer pressure*, il est possible d'imaginer à l'avenir qu'un service de sécurité intérieure qui s'obstine à ne pas transmettre les informations requises par Europol amène, au niveau politico-diplomatique, les représentants de l'État dont ils dépendent à devoir rendre des comptes devant leurs homologues.

Des forces européennes de sécurité intérieure capables d'agir au cœur des territoires nationaux

En l'état actuel de la situation, les dispositifs associant les services nationaux de sécurité intérieure les plus intégrés, à savoir les forces préconstituées que nous avions décrites dans le chapitre 3 de la première partie, ont vocation à agir, paradoxalement, non pas sur le territoire des États membres mais en dehors. En effet, les capacités de l'Union dans le cadre des missions de gestion de crises relevant de la PESD ont été générées pour opérer sur un théâtre extérieur. Certes, le projet de Rabits a fait évoluer les conditions d'emploi des capacités de l'Union puisque ses équipes ont vocation à agir à ses confins. Cependant, nous avons constaté que les Rabits ne formaient qu'une capacité d'appui à la force opérationnelle qui restait composée de gardes-frontières de l'État hôte ou des gardes-frontières de différents États agissant dans le cadre d'opérations concertées.

Au regard de cette évolution, pourquoi ne pas concevoir que les unités du corps européen de gardes-frontières puissent opérer à la lisière du territoire d'un État membre, le cas échéant, en cas de défaillance partielle ou totale des services locaux ? Dans ce cas de figure, elles pourraient intervenir à titre de substitution, dans la mesure où l'État a formulé une demande en ce sens[65].

---

[65] Ceci dit, la création du corps européen de gardes-frontières ne doit pas devenir un prétexte évoqué par les États membres pour s'exonérer des efforts demandés afin de

En poursuivant le raisonnement, pourquoi ne pas imaginer que des forces préconstituées opèrent à la périphérie mais aussi à l'intérieur même des territoires nationaux ?[66] Par exemple, nous pourrions songer à la création de modules d'une force antiémeute destinés à agir en cas d'évènements susceptibles de créer des troubles graves ou revêtant une dimension transfrontalière forte. À l'image du corps européen de gardes-frontières, les unités de cette force seraient mobilisées si l'État sur le territoire duquel elles sont amenées à se déployer, le demandait. Cependant, et c'est toute la différence avec le corps européen, elles interviendraient sur requête d'un État membre mais uniquement à titre d'appui. En d'autres termes, elles joueraient seulement un rôle de renforcement sans jamais remplir de tâches de substitution.

À cet égard, nous pourrions d'ores et déjà initier une réflexion concernant le cadre d'emploi des forces de gestion de crises existantes dans le cadre de la PESD, pour des missions sur le territoire des États membres. Dans cette hypothèse, des modules spécialisés, comme ceux compétents dans le maintien de l'ordre, apporteraient leur aide à un État membre sur son territoire national en cas de besoin. Ces modules, déjà entraînés et prêts à l'emploi, pourraient, lorsqu'ils ne sont pas affectés à des missions de gestion de crises sur des théâtres extérieurs, être mis à la disposition des pays de l'Union en cas de besoin. Par exemple, ils pourraient servir de renfort lors d'évènements nécessitant une mobilisation importante d'effectifs[67], comme les réunions du Conseil européen ou encore des rassemblements sportifs comme des coupes du monde ou les Jeux olympiques[68]. Ils pourraient aussi intervenir en cas de crise, par

---

maintenir le niveau de sécurité requis à leurs frontières extérieures, dans le cadre de la coopération Schengen. La mise en place du volet national (principal et complémentaire) et du volet européen en faveur du corps, la capacité de ce dernier d'agir à titre de substitution et la dotation en matériel des unités de ce corps (ainsi que les moyens spécifiques que Frontex disposerait en propre) ne doivent être, pour les différents pays de l'Union, ni une prime à l'irresponsabilité en matière de surveillance des frontières, ni un subterfuge pour leur permettre de ne plus réaliser les investissements ou des achats de matériels au profit de leurs services nationaux de sécurité intérieure.

66 Certes, nous pourrions rétorquer que les patrouilles mixtes et les équipes communes d'enquête agissent déjà au cœur des territoires, mais il s'agit seulement de mécanismes d'association de services nationaux de sécurité intérieure de nature moins intégrée que les forces préconstituées.

67 Dans cette hypothèse, les forces intervenant en première ligne resteraient les services nationaux de sécurité intérieure. Ce sont en effet elles qui ont la connaissance du terrain et l'expérience du contact avec la population.

68 À ce sujet, la Commission a indiqué qu'elle financerait la création d'unités d'intervention policière afin d'assurer la sécurité d'évènements sportifs d'envergure majeure. Ces unités, qui auraient subi un entraînement spécifique, auraient pour objectif de lutter contre les *hooligans*. Les projets pilotes destinés à permettre à ces unités de voir le jour sont, selon les termes du commissaire Franco Frattini, une première étape

exemple en cas de vague d'attentats de grande ampleur touchant plusieurs États.

Un espace européen d'action articulé autour d'un principe de « confiance renforcée »

À supposer que le corps de gardes-frontières fasse évoluer les conditions d'emploi des unités engagées dans le cadre de forces européennes, pourquoi ne pas envisager que les agents de services nationaux de sécurité intérieure inclus dans des associations temporaires, comme les patrouilles mixtes, ou intervenant dans le cadre de TSE, comme les livraisons surveillées, puissent agir sur l'ensemble du territoire de l'Union avec la possibilité, en cas de besoin, de recourir à la force ?

Afin d'obtenir ce renforcement de leur capacité d'action en termes d'intervention extraterritoriale, nous pourrions opposer au principe de territorialité l'idée d'espace européen. Cette notion d'espace[69], inspirée de celle employée en matière d'entraide judiciaire pénale[70], se superposerait à celle de territoire. Sur le plan politique, le territoire se rapporte aux États (le territoire étant, dans l'acception classique de l'État westphalien, un de ses éléments constitutifs) et l'espace à l'Union. La superposition de ce concept d'espace européen à celui de territoire n'est pas neutre. Il s'agit d'un vecteur d'intégration destiné à rendre les frontières nationales plus poreuses à l'application du droit européen, notamment pour ce qui est des règles d'exercice par les services de sécurité intérieure d'un État membre, de leurs prérogatives sur le sol d'un autre État membre.

Pour l'heure, le principe de territorialité fait obstacle à la possibilité, pour les services qui agissent en dehors du territoire national, d'accomplir sur le territoire d'autres États membres des actes de procédure, en particulier ceux requérant l'usage de la coercition, comme les perquisitions ou l'arrestation de suspects. Face à ce principe déjà atténué (nous l'avons constaté précédemment en faisant son analyse), nous pourrions songer à un mécanisme de conservation des compétences. Par exemple, les agents des services des autres États membres bénéficieraient, en France, d'un statut d'OPJ. L'idée de confiance mutuelle[71],

---

en vue d'une « vraie police européenne pour le sport » (*Europolitique* n° 3425 du 3 décembre 2007).

69 Weyembergh, A., *L'harmonisation des législations : condition de l'espace pénal européen et révélateur de ses tensions*, Bruxelles, Éditions de l'Université libre de Bruxelles, 2004, §28.

70 *Vers un espace judiciaire pénal européen*, De Kerchove, G., Weyembergh, A. (dir.), Bruxelles, Éditions de l'Université libre de Bruxelles, 2001.

71 Le programme de La Haye énonce « Pour renforcer la coopération policière, il est nécessaire de mettre l'accent sur la confiance mutuelle et sur l'instauration d'un cli-

énoncée par le programme de La Haye, prendrait alors tout son sens : l'État hôte, en acceptant que des membres de services ne dépendant pas de lui, effectuent des actes impliquant le recours à la force, ferait confiance à l'État auxquels ceux-ci sont rattachés[72].

Pourquoi ne pas aller plus loin dans cette logique en instituant un principe de « confiance renforcée » qui se traduirait, dans le cadre des mécanismes d'associations temporaires, par l'établissement d'une autorité fixe attribuée au chef de groupe pendant toute la durée des opérations, indépendamment des pays visités ? Par exemple, pour assurer la continuité de la direction de l'équipe commune d'enquête initiée en Catalogne, le chef d'équipe, qui serait espagnol, pourrait, en liaison les autorités françaises et italiennes, demeurer à la tête de celle-ci, lorsqu'elle se déplace en Navarre ou Aragon, mais aussi en Languedoc-Roussillon, en Provence, en Ligurie et en Toscane. L'instauration de cette autorité fixe permettrait d'éviter une alternance du responsable du groupe en fonction du lieu où l'équipe se rend, et par là même, de faire fi des désagréments liés à cette alternance.

La détermination du responsable d'une association temporaire de services de sécurité intérieure, entre les autorités nationales impliquées, pourrait se faire en fonction de l'intérêt que les États participants ont à l'opération. Ainsi, si une équipe commune d'enquête a pour objectif de rassembler des preuves à l'encontre des individus appartenant à une filière vis-à-vis de laquelle les autorités judiciaires parties prenantes se sont accordées pour qu'ils soient jugés en Allemagne, « l'ECE-leader » pourrait aussi être le représentant d'un service allemand. En tout état de cause, le chef de l'équipe travaillerait toujours d'une part, selon les prescriptions du droit local et, d'autre part, en liaison étroite avec l'autorité responsable du dossier, appartenant à l'État sur le territoire duquel l'équipe opère.

La détermination du responsable d'une association temporaire pourrait être réalisée selon la zone principale d'activité. Par exemple, si une patrouille mixte franco-belge est amenée à opérer essentiellement en territoire belge, son responsable serait alors le représentant d'un service de sécurité intérieure belge.

---

mat de confiance ». Cette idée a surtout été développée en matière judiciaire (point 3.2 du programme), notamment à travers une communication du 19 mai 2005 (communication sur la reconnaissance mutuelle des décisions de justice en matière pénale et le renforcement de la confiance mutuelle entre les États membres [COM(2005)195]) et une autre du 4 février 2008 (communication relative à la création d'un forum de discussion sur les politiques et les pratiques de l'Union européenne en matière de justice [COM(2008)38]).

72 Sur le concept de confiance mutuelle, voir *La confiance mutuelle dans l'espace pénal européen*, De Kerchove, G., Weyembergh, A. (dir.), Bruxelles, Éditions de l'Université libre de Bruxelles, 2005.

Hormis l'instauration d'une autorité fixe, le principe de confiance renforcée porterait sur la reconnaissance de l'habilitation en cours de validité octroyée aux agents des services nationaux de sécurité intérieure. Ainsi, l'autorité d'un État devrait accepter qu'un service déclaré apte par celle d'un autre État à opérer des actes de procédure pénale, puisse effectuer de tels actes sur le territoire national. Concrètement, les autorités néerlandaises devraient admettre qu'un OPJ habilité par une autorité judiciaire en France, soit déclaré apte à effectuer des actes de procédure judiciaire aux Pays-Bas. Nous pourrions concevoir ainsi que dans cette perspective, les officiers de l'OCTRIS[73], du fait qu'ils sont habilités par le Procureur général de Paris pour exercer une compétence nationale, puissent voir cette compétence reconnue à la totalité du territoire des Pays-Bas.

Cependant, il y aurait, à nos yeux, quatre règles à respecter. D'abord, il y a celles de la spécialité et de la finalité, un agent pouvant agir uniquement pour l'affaire au regard de laquelle il est affecté et dans le cadre des pouvoirs (compétences *ratione materiae*) conférés par son habilitation. Ensuite, ce mécanisme est sujet à réciprocité. En effet, la confiance mutuelle exige que la France accepte de son côté, que des agents des services de sécurité intérieure néerlandais ayant une compétence générale sur le Royaume puissent agir partout en France (sous réserve, là encore, du respect des principes de spécialité et de finalité). Enfin, un dispositif serait mis en place afin de permettre que le retrait d'une habilitation réalisé par l'autorité auquel l'agent[74] est rattaché soit valable dans les autres États membres. Inversement, ce dispositif devrait aussi faire en sorte que les hypothèses de retrait pour des actes effectués sur le territoire de l'État hôte soient prises en compte par l'autorité à laquelle l'agent[75] est rattaché. En complément encore, il devrait établir un tableau de correspondance en matière d'habilitation[76].

---

73 Acronyme d'office central pour la répression du trafic illicite des stupéfiants.

74 Par exemple, un retrait partiel ou temporaire d'une habilitation par le Procureur général en France dans une affaire disciplinaire, devrait être valable aux Pays-Bas avec les mêmes effets.

75 Ainsi, le Procureur général de Paris devrait sanctionner de la même manière, les actes commis par les agents français habilités par lui, que ces actes se soient déroulés sur le territoire français ou néerlandais.

76 Comme il en existe en matière de classification par les États membres des documents soumis au secret.

Une autre solution serait celle des compétences équivalentes à l'instar du dispositif existant dans la convention d'entraide policière Benelux : les membres des services nationaux de sécurité intérieure de l'un des États parties, exerceraient « des compétences qui leurs sont attribués par les autorités compétentes des deux parties contractantes » (De Weireld, P., Pyl, G., *op. cit.*, p. 45).

Par ailleurs, le principe de confiance renforcée se traduirait par une limitation des hypothèses de refus par l'État hôte, de l'action réalisée sur son territoire par les services de sécurité intérieure d'un autre État. Par exemple, le juge d'instruction belge pourrait, en respectant certaines formalités préalables, mandater des agents d'un service judiciaire d'arrondissement pour poursuivre en France des investigations initiées en Belgique. Les autorités judiciaires françaises, averties de l'opération, ne pourraient pas, en principe, s'opposer à l'exécution d'actes de procédure par les policiers belges dans la mesure où il leur serait reconnu le statut d'OPJ. Elles pourraient empêcher l'exécution de devoirs d'enquête par ces agents opérant en territoire français uniquement dans certains cas bien précis, par exemple, en soulevant un motif tiré de l'atteinte au bon déroulement d'une enquête déjà en cours. Nous pourrions imaginer qu'en cas de difficulté persistante, Eurojust soit saisi pour trouver un terrain d'entente entre les autorités judiciaires, à l'image ce qu'il fait actuellement en cas de concurrence de mandats d'arrêt européen ou de conflits de compétence.

Des organisations auxiliaires dotées de *field offices*

L'analyse effectuée dans le cadre de cet ouvrage concernant les organisations auxiliaires, nous amène à constater un renforcement constant de leur structure et de leur champ de compétence. Du point de vue de leur structure, nous remarquons ce phénomène de renforcement sur le plan juridique (par exemple le Réseau judiciaire européen dont la décision du 16 décembre 2008 consacre dans ses dispositions une série de pratiques existantes) ou sur le plan matériel, qu'il s'agisse du budget, du volume du personnel affecté (par exemple la hausse des effectifs d'Eurojust) ou du travail réalisé, tant au niveau quantitatif que qualitatif (par exemple les formations du CEPOL).

À l'avenir, nous pourrions imaginer l'émergence d'entités géographiquement déconcentrées. Dans cette perspective, la trame réticulaire formerait la clef de voûte de leur architecture. Cependant, par rapport à celles de niveau I, ces organisations s'articuleraient autour d'un réseau hiérarchique. En effet, elles seraient composées d'un organe central important au cœur d'un réseau de *field offices* situés dans certaines régions à l'intérieur ou à l'extérieur de l'Union européenne.

Ces *field offices* seraient implantés dans des zones correspondant aux *hubs* criminels. Ils travailleraient étroitement avec les missions de gestion de crise déployées dans la zone (par exemple la mission EU-LEX Kosovo)[77], les officiers et les magistrats de liaison dépêchés par les

---

[77] À ce sujet, le Conseil a prôné une meilleure collaboration entre les missions de police et Europol. En effet, l'expérience montre que les données récoltées par ces missions

États membres, les services nationaux locaux et les organisations auxiliaires régionales. Ce pourrait être le cas du centre SECI. La présidence du Conseil, dans un document de janvier 2008[78], a posé la question aux délégations nationales au Conseil, du moins dans une perspective à long terme du développement du centre SECI. Dans des conclusions des 5 et 6 juin 2008[79], le Conseil est allé plus loin en précisant, d'une part, qu'il devait être inscrit dans la convention instituant le SELEC[80], qui est le nouvel organisme destiné à remplacer le centre SECI, des dispositions relatives à la collaboration entre le SELEC et Europol et, d'autre part, que l'office européen de police devait avoir un rôle moteur en matière de lutte contre la grande criminalité dans la région de l'Europe du Sud-est. À terme, ces *fields offices* situés dans la même région pourraient fusionner pour constituer une antenne commune composée des représentants des organisations (Europol, Eurojust, Frontex et l'OLAF par exemple) ayant intérêt à agir dans la zone considérée.

Au sein de l'Union, les *field offices* pourraient être abrités par les CCPD. En plus de leur mission d'assistance et de coordination aux services nationaux de sécurité intérieure, ces centres pourraient servir de bases arrières aux organisations auxiliaires dans les régions frontalières[81]. L'intérêt pour ces dernières serait double : bénéficier de la logistique de ces centres, et disposer des résultats de leurs travaux opérationnels. En effet, les CCPD pourraient, à l'avenir, êtres dotés d'experts, comme des analystes criminels, ce qui leur permettrait de dresser des

---

sur les théâtres d'opération n'étaient pas toujours communiquées à l'office européen de police. Pour stimuler l'échange de renseignements, le Conseil a adopté les 5 et 6 juin 2008, des conclusions (doc. du Conseil n° 9956 [Presse 146]) dans lesquelles d'une part, il invite l'office et le Secrétariat général du Conseil à conclure avec l'office un accord administratif permettant le partage d'informations non nominatives et à le mettre en œuvre dans les meilleurs délais (cet accord a été signé le 18 juillet 2008) et, d'autre part, à explorer « d'autres voies possibles » pour que des données à caractère personnel puissent être transmises par les missions de gestion de crises à Europol via les UNE. En complément, le Conseil a adopté des conclusions les 27 et 28 novembre 2008 (doc. du Conseil du 14 novembre 2008, n° 15771/08, CIVCOM 642, CATS 93, EUROPOL 75, COWEB 272), dans lesquelles il indique qu'à ce stade, seuls les échanges via les États membres et les UNE peuvent être mis en œuvre. C'est la raison pour laquelle il préconise, concernant la mission EULEX Kosovo, l'instauration d'un mécanisme d'échange via les UNE entre les unités présentes sur le terrain, Europol et le Secrétariat général du Conseil.

78 D'ailleurs, la présidence du Conseil, dans un document de janvier 2008 (doc. n° 5812/08 du 31 janvier 2008, JAI 39, ENFOPOL 24, EUROPOL 11) a également posé la question aux délégations nationales au Conseil, du moins dans une perspective à long terme du développement du centre SECI.

79 Doc. du Conseil du 15 mai 2008, n° 9395/08, JAI 238, ENFOPOL 93, EUROPOL 52.

80 Acronyme anglais de *South European Law Enforcement Center*.

81 Par exemple, Europol pourrait dépêcher des analystes dans ces *field offices*, à l'image de l'OIPC qui a envoyé ceux-ci en 2006 à son BSR de San Salvador.

évaluations de menaces à l'échelle transfrontalière. De telles productions seraient à leur tour, susceptibles d'être exploitées par les organisations auxiliaires dans le processus de réalisation de leurs propres évaluations ou analyses de risques[82].

En outre, les CCPD pourraient servir de centres opérationnels pour la coordination d'opérations concertées de grande ampleur. D'ailleurs, le guide européen de bonnes pratiques sur les CPPD prévoit cette éventualité[83].

Le réseau des CCPD serait, quant à lui, constitué de l'ensemble des centres. Il possèderait plusieurs configurations à l'image de celles du Réseau judiciaire européen. Il aurait une configuration opérationnelle formée par les contacts quotidiens entre les agents de ces différents centres et par des délégués de chacun des CCPD, qui se rassembleraient sous forme de réunions périodiques afin d'évoquer les difficultés communes et de dégager des bonnes pratiques[84]. Il aurait une configuration administrative sous forme d'assemblée plénière. Cette assemblée serait le lieu de rencontre de ces délégués et elle aurait pour but d'assurer le bon fonctionnement du réseau[85].

Du point de vue du champ de compétence des organisations auxiliaires, nous observons aussi ce phénomène d'extension. Europol en est une illustration si l'on compare le mandat de l'UDE, celui de l'office européen de police au moment de la signature de la convention et celui qui lui est confié à l'heure actuelle.

---

82 Le cas échéant, nous pourrions imaginer que ces centres jouent un rôle plus important concernant les actions concertées menées à l'échelle locale. Par exemple, ils pourraient disposer d'un centre d'aide à la coordination, en référence à ceux qui existent actuellement au sein d'Europol, de l'OLAF et de Frontex.

83 Il énonce que « sur décision conjointe des autorités compétentes, le CCPD peut être érigé en centre opérationnel de coordination à la disposition de l'ensemble des services concernés, notamment en cas de grands événements fortuits (catastrophe naturelle) ou programmés (G8, jeux olympiques, coupe du monde de football…) ». En d'autres termes, les CCPD feraient office de centres opérationnels temporaires (et donc non permanents), en cas de besoin (par exemple en appui aux centres opérationnels nationaux) et seulement dans certaines circonstances (opérations concertées ou coordination d'une action urgente, de dimension transfrontalière, voire à plus grande échelle), ouverts, si besoin est, à tous les services, y compris ceux qui ne sont pas de nature policière ou douanière, comme ceux de la protection civile.

84 Ces réunions pourraient faire des propositions aux institutions de l'Union ou aux États membres comme, par exemple, établir des accords modèles pour les patrouilles mixtes.

85 Cette architecture présente des points communs avec le Réseau judiciaire européen, notamment concernant les deux formats de réunions, périodiques et plénières. Néanmoins, il y aurait des spécificités, en particulier quant au type de participants prenant part à ces différentes rencontres.

C'est aussi le cas de Frontex. Déjà, l'agence européenne a vu son champ *ratione materiae* élargi suite à l'adoption du règlement instituant les Rabits. En effet, nous l'avons constaté précédemment, lorsqu'un ou plusieurs États membres requièrent son aide, Frontex peut mobiliser ces équipes de réaction rapide en leur faveur.

La question de l'extension de son mandat est précisément au cœur de l'agenda politique des institutions de l'Union européenne et des États membres. Outre ses activités d'aide à la coordination des actions concertées, de formation, de réalisation d'analyses de risques et d'assistance à l'attention des gardes-frontières des États membres, la Commission avance l'idée, dans sa communication du 13 février 2008, d'un renforcement de l'action de Frontex avec l'acquisition de ses propres équipements relatifs au contrôle et à la surveillance des frontières, la reprise des activités du Centre d'information, de réflexion et d'échanges en matière de franchissement des frontières et d'immigration (CIREFI)[86], et la gestion du réseau ICONet[87] auquel l'agence européenne est connectée depuis 2007. À plus long terme, la Commission propose que cette dernière prenne part au mécanisme d'évaluation des contrôles et de la surveillance aux frontières extérieures de l'espace Schengen[88], qu'elle participe au système Eurosur[89], qu'elle conçoive le « système d'information Frontex fondé sur le renseignement » et qu'elle joue éventuellement

86 Ce centre apporte un soutien aux États membres en matière d'échange de renseignements concernant l'immigration légale et illégale, la traite des êtres humains, la détection des documents de voyage contrefaits ou falsifiés et d'amélioration des pratiques en matière de retour.

87 Fondé sur la décision du Conseil, du 16 mars 2005, établissant un réseau d'information sécurisé connecté à l'Internet pour les services des États membres chargés de la gestion des flux migratoires (*JOCE* L 83 du 1.4.2005, p. 48), ICONet est un réseau permettant aux services chargés de la gestion des flux migratoires d'échanger des informations relatifs aux flux migratoires illégaux et aux retours des migrants.

88 L'évaluation est actuellement un processus intergouvernemental piloté par le groupe de travail Schengen Evaluation (SCH-EVAL).

89 Même si le Conseil, dans ses conclusions des 5 et 6 juin 2008 précitées, va dans le même sens que la Commission, notamment sur le rôle de Frontex dans la mise en place d'Eurosur, il ne va pas aussi loin qu'elle pour les autres aspects de l'extension de son mandat. Ainsi, il se contente d'inviter l'agence européenne à examiner quelle pourrait être la valeur ajoutée de sa participation à ICONet, ainsi qu'à jouer un rôle de soutien dans le cadre du mécanisme d'évaluation de Schengen.

En outre, concernant son évolution à long terme, il envisage clairement la possibilité d'une modification de l'actuel règlement instituant Frontex en indiquant qu'il attend avec intérêt les résultats de l'évaluation de la Commission quant à l'application dudit règlement. Ceci dit, il préconise la poursuite de l'approche progressive de son développement.

un rôle dans le processus de constitution du corps européen de gardes-frontières[90].

Sur ce dernier point, à la lumière de nos propos sur la procédure de mobilisation des unités le composant, Frontex ne serait plus seulement un organisme faisant office « d'état-major », en fournissant aux États membre une évaluation de la situation, des stratégies de réponse et une aide à la coordination des actions entreprises par leurs services nationaux. L'agence européenne resterait certes une organisation auxiliaire, étant donné que l'activation de ses ressources serait conditionnée par une demande d'assistance d'un État membre. Ceci dit, l'envergure de son action serait considérablement accrue dans la mesure où elle pourrait non seulement planifier l'envoi d'une force opérationnelle européenne, mais aussi mobiliser grâce à l'usage de son droit de réquisition, de ses différents volets, qu'il s'agisse du volet européen ou du volet national principal.

Toutefois, il convient de s'interroger sur l'extension du mandat des organisations auxiliaires. Selon nous, l'idée n'est pas de créer des entités gigantesques dotées d'un champ d'application très large leur permettant d'agir sans discernement dans tout le spectre de la sécurité intérieure. En effet, quel serait l'intérêt pour l'Union de mettre en place de telles entités paralysées par un processus décisionnel trop complexe et incapables de fournir des prestations satisfaisantes ? Un tel choix ne ferait qu'apporter de l'eau au moulin des détracteurs d'une Europe jugée déjà trop bureaucratique et inefficace.

En revanche, il est pertinent que les organisations exploitent pleinement les possibilités offertes par leur mandat existant. Ainsi, concernant Frontex, la Commission suggère, dans sa communication du 13 février 2008, de maximiser les compétences de l'agence européenne en faisant pleinement usage de celles qui lui sont dévolues dans le règlement l'instituant. C'est le cas par exemple des dispositions relatives à la formation, à la recherche et au développement ainsi qu'au retour des migrants.

Concernant ce dernier élément, l'aide aux États membres au retour des ressortissants en situation irrégulière sur le sol européen est une compétence qui est inscrite dans le mandat de l'agence européenne mais dont elle a peu fait usage[91]. C'est pourquoi, la Commission a préconisé

---

90 Le Parlement européen plaide pour une extension du champ *ratione materiae* de l'agence, au sauvetage des migrants et des demandeurs d'asile « en difficulté et en danger de mort » (résolution du 26 septembre 2007 sur les priorités politiques dans le cadre de la lutte contre l'immigration illégale de ressortissants de pays tiers [A6-0323/2007]).

91 En dépit du fait que l'agence européenne ait contribué à l'organisation de neuf opérations de retour conjointes, l'expérience montre que les États membres ont peu recours à elle dans ce domaine. La Commission plaide à cet égard pour une meilleure asso-

un recours plus intensif à aux prérogatives qui lui sont accordées dans ce domaine. Dans des conclusions adoptées les 12 et 13 juin 2007[92], le Conseil avait exprimé le même souhait. Outre le fait qu'il ait invité les États membres à intensifier leur collaboration en matière de retour, il avait suggéré la mise en place d'un organe au sein de l'agence européenne, chargé de se pencher sur ces questions.

En complément de la réflexion relative à l'extension du champ *ratione materiae* de Frontex, il serait utile d'étudier la valeur ajoutée d'un élargissement potentiel du mandat d'Europol. Concernant l'office européen de police, Roland Genson et Patrick Zanders ont lancé des pistes intéressantes[93]. Ils ont notamment suggéré qu'Europol soit doté d'un centre d'appui opérationnel de crise permettant d'aider les États membres à maintenir l'ordre public lors d'évènements de grande envergure. Ils proposent aussi d'instaurer en son sein une cellule d'identification des victimes des catastrophes[94]. Enfin, ils émettent l'idée d'une spécialisation de l'office dans certaines TSE. Europol constituerait un centre d'excellence dans ce domaine afin de former les services nationaux et, le cas échéant, des appuyer sur le plan opérationnel dans la mise en œuvre de telles techniques. En outre, dans la perspective d'une mutualisation des moyens, il ferait l'acquisition de moyens reposant sur des technologies coûteuses, qu'il mettrait à la disposition des États membres en cas de besoin.

Des organisations de niveau IV disposant d'une logique opérationnelle propre

En l'état actuel de la situation, les organisations, qu'elles soient de niveau I, II ou III, ont été conçues, au regard de l'analyse que nous avons menée, au service des États. Certes, elles développent une logique propre, mais cette logique reste inhérente au phénomène organisationnel. Pourquoi ne pas imaginer que les rédacteurs des textes les instituant abandonnent l'idée qu'elles ne sont que de dociles « *service providers* »[95] au profit des services nationaux de sécurité intérieure, et qu'ils les dotent d'une véritable logique opérationnelle allant au-delà d'une

ciation concernant la planification et à l'organisation des vols de retour conjoints ainsi que le recensement des besoins concernant ces opérations.

92 Doc. du Conseil n° 9805/07 du 23 mai 2007, MIGR 41, COMIX 478.

93 Genson, R., Zanders, P., « Le développement de la coopération policière européenne – quel avenir pour Europol ? », *op. cit.*, p. 8-10.

94 L'OIPC dispose également d'un savoir-faire dans ce domaine. L'objectif serait alors d'assurer une coordination européenne dans ce domaine, en collaboration avec l'OIPC.

95 Genson, R., Zanders, P., « Le développement de la coopération policière européenne – quel avenir pour Europol ? », *op. cit.*, p. 9.

simple logique organisationnelle ? Nous nous retrouverions dans le cas de figure où les organisations ne seraient plus seulement des prestataires de service au bénéfice de « clients »[96], en l'occurrence les services nationaux. Elles auraient une logique opérationnelle propre qui se traduirait par leur capacité de prendre en charge tout ou partie d'une affaire.

Les hypothèses dans lesquelles elles interviendraient seraient en relation avec des affaires transnationales de grande complexité ayant un intérêt communautaire spécifique (ou plutôt un intérêt spécifique de l'Union, à la lumière des dispositions du cadre du traité de Lisbonne). Ce pourrait être le cas de certaines formes de criminalité portant atteinte à une politique relevant d'une compétence partagée ou exclusive de la Communauté européenne (de l'Union européenne au regard des dispositions du cadre du traité de Lisbonne), comme la monnaie unique.

Dans ce contexte, nous pourrions concevoir qu'à terme, la gestion d'enquêtes en matière de faux monnayage de l'euro soit confiée à Europol[97]. Dans les affaires de ce genre, l'office européen de police conduirait les investigations vis-à-vis des formes de criminalité qui relèvent de son mandat. Ce travail se ferait toujours en partenariat avec les services nationaux spécialisés, comme en France, l'Office central pour la répression du faux monnayage (OCRFM). L'objectif est que ces services, qui possèdent une expertise ancienne et pointue, soient systématiquement associés pour le succès de l'enquête.

En y songeant, c'est déjà ce que fait l'OLAF pour les questions d'atteintes au budget de l'Union. Il mène l'enquête et procède lui-même aux investigations nécessaires mais toujours en collaboration avec les services nationaux. Certes, nous avons décrit l'office de lutte antifraude au cours de notre analyse comme une organisation auxiliaire mais force est de constater que ce n'est pas toujours le cas. Dans les hypothèses où l'OLAF exerce ses pouvoirs d'investigations, il agit comme une entité possédant une logique opérationnelle qui lui est propre. Il lui revient la responsabilité d'instruire un dossier de fraude jusqu'à l'établissement du rapport final d'enquête ou jusqu'à qu'une autorité judiciaire se saisisse de l'affaire.

En conséquence, à la lumière cette logique opérationnelle, l'office de lutte antifraude présente déjà les traits d'une organisation auxiliaire de niveau IV. Conjugué à sa capacité opérationnelle au regard des pouvoirs qui lui sont dévolus par le règlement 1073/1999/CE (ainsi que du règlement 1074/99/CE), il apparaît, dans une certaine mesure, comme étant

---

[96] Expression employée dans l'introduction générale.

[97] Sous la direction du Parquet européen (que nous allons évoquer dans les lignes suivantes) et sous réserve des modifications des dispositions pertinentes du droit primaire.

une forme de police judiciaire en matière financière. Dans ce contexte, il offre « à l'Union un bras véritablement opérationnel qui manque à Europol »[98].

Quid justement des pouvoirs opérationnels des agents d'Europol ? Pour répondre à cette question, il convient de s'interroger sur deux choses : l'étendue des pouvoirs opérationnels des membres issus des organisations de niveau IV et leur contrôle.

Il est vrai que la question est complexe car elle heurte de front la problématique de la territorialité. Même si les États acceptent peu à peu que des services nationaux d'un autre État puissent intervenir sur leur territoire en effectuant des actes de procédure pénale dont certains ont trait à l'usage de la coercition, le fossé semble encore grand pour leur faire admettre que des agents issus d'un organisme européen œuvrant dans une logique opérationnelle qui lui est propre exercent des actes coercitifs. À cet égard, nous observons pour l'heure une levée de bouclier de la part des États qui dénient clairement aux agents de l'office européen de police le droit d'avoir recours à la force. Ils s'y refusent craignant voir apparaître une sorte de FBI européen opérer sur leur territoire.

Si l'octroi de pouvoirs étendus en faveur des agents d'Europol, que nous avons nommé pouvoirs opérationnels élargis, semble encore improbable dans le cadre d'une instance ayant sa propre logique opérationnelle, nous pourrions songer à une solution intermédiaire. Dans le cas où Europol enquêterait sur une affaire qui lui est confiée, les pouvoirs de ses agents seraient limités. Ceux-ci disposeraient de pouvoirs opérationnels restreints, au sens où nous les avons définis précédemment. De la sorte, les autorités des pays hôtes conserveraient une certaine mainmise sur l'activité de l'office européen de police. En effet, l'intervention des agents d'Europol sur le territoire d'un État devrait être obligatoirement prolongée par l'action des services de cet État, seuls capables de réaliser l'ensemble des actes de procédure nécessaires, en particulier ceux impliquant l'usage de la coercition.

Inversement, dans l'hypothèse où l'office agirait en tant que prestataire de service, ses agents auraient des compétences plus importantes. De ce point de vue, ils exerceraient leurs prérogatives uniquement pour appuyer les autorités des États membres commanditaires de l'intervention d'Europol, et toujours en partenariat avec les services nationaux. En

---

98 Roger France, E., Dassonville, L., *op. cit.*, p. 69.

revanche, ils auraient des pouvoirs opérationnels élargis pour mener à bien les missions qui leur sont assignées[99].

Concernant Eurojust, l'unité de coopération judiciaire demeurerait seulement une organisation auxiliaire. En revanche, ses membres disposeraient de pouvoirs opérationnels accrus. Actuellement, seule une partie d'entre eux bénéficient de pouvoirs additionnels importants. Qui plus est, les États membres conservent, au regard de la décision du 16 décembre 2008 modifiant la décision du 28 février 2002 instituant Eurojust, les coudées franches pour définir l'envergure des pouvoirs à octroyer à leur membre national respectif. En effet, ils peuvent avoir une approche minimaliste en leur conférant uniquement des pouvoirs ordinaires, médiane en leur conférant une partie des pouvoirs additionnels, ou maximaliste en les dotant de la totalité des prérogatives énoncées au titre des pouvoirs additionnels, voire davantage. Contrairement à la décision du 16 décembre 2008 qui, en réalité, effectue une opération d'harmonisation des pouvoirs additionnels des membres nationaux d'Eurojust en trompe l'œil, nous pourrions imaginer à l'avenir la création d'un véritable socle commun de pouvoirs opérationnels à partir de tout ou partie des prérogatives qui sont dévolues aux membres nationaux dans le texte. Dans la perspective d'un nivellement par le haut, tous possèderaient véritablement un ensemble de capacités correspondant à une partie ou à la totalité des pouvoirs additionnels figurant dans la décision. Toujours dans cette optique, l'idée même d'un socle laisserait les États membres la liberté d'octroyer davantage de pouvoirs opérationnels à leur membre respectif s'ils le jugent utile. En outre, dans la mesure où tous les membres disposeraient d'un minimum de pouvoirs opérationnels, la dichotomie actuelle pouvoirs ordinaires/pouvoirs additionnels serait gommée.

---

99 Dans ce contexte, les tâches affectées à l'office européen de police peuvent être comprises comme allant au-delà du seul soutien à la coordination d'enquêtes. Les indications émises pourraient être considérées comme étant contraignantes.

Une lecture littérale de l'art. 88.2.b TFUE jette selon nous déjà les bases destinées à permettre à Europol d'accomplir la coordination des enquêtes. Cette évolution pourrait être certes le signe d'un renforcement des prérogatives d'Europol, mais toujours dans une optique d'aide aux services nationaux. Dans cette perspective, l'office européen de police ne s'approprierait pas les affaires déjà aux mains des services nationaux. Ceux-ci garderaient toujours la direction des opérations. Toutefois, nous pourrions imaginer que lorsque l'affaire revêt une dimension transnationale et dans la mesure où les différents protagonistes n'arrivent pas à trouver un terrain d'entente quant aux choix à effectuer dans le cadre de la coordination de l'enquête, ils devraient se plier aux indications d'Europol, son intervention étant alors l'*ultima ratio* pour parvenir à un accord.

Un Parquet européen, autorité hiérarchique d'Europol et de l'OLAF

Pour ce qui est de l'émergence d'une organisation judiciaire ayant sa propre logique opérationnelle et capable d'émettre, non plus des invitations appuyées, mais des injonctions à l'encontre des autorités nationales, le chemin semble encore long. La question d'un procureur européen doté d'agents pouvant entreprendre ou faire entreprendre par les services nationaux, des enquêtes et des poursuites partout sur le territoire de l'Union fait débat. Ce sujet semble d'ailleurs être le « serpent de mer » des discussions dans le domaine de l'entraide judiciaire pénale menées entre et au sein des institutions de l'Union européenne.

Préconisé par le *Corpus juris*[100], le projet de procureur européen a trouvé un écho favorable auprès du Parlement[101] et de la Commission désireux d'améliorer la lutte contre la fraude aux intérêts financiers. Cette dernière a d'ailleurs plaidé pour son insertion dans le droit primaire, dans une communication du 29 septembre 2000[102] en vue de la Conférence intergouvernementale de Nice du 7 au 9 décembre 2000. Toutefois, le projet a toujours été battu en brèche par les États membres. En effet, le Conseil s'est montré réticent à donner suite au *Corpus juris*. De son côté, les rédacteurs du traité de Nice ont opté pour l'inscription de l'unité de coopération judiciaire à l'art. 31 TUE en lieu et place du procureur[103]. En dépit de cela, la Commission n'a pas pour autant rendu les armes et elle a présenté un livre vert le 11 novembre 2001[104]. Malgré ses tentatives soutenues par les appels appuyés du Parlement européen

---

100 Delmas-Marty, M.(dir.), *Corpus juris*, Paris, Économica, 1997.

101 Notamment, résolutions du 12 juin 1997 (doc. B4-0457/97), du 22 octobre 1997 (doc. A4-0287/97), du 31 mars 1998 (doc. A4-0082/98), du 13 avril 1999 (doc. A4-0091/99) et du 11 mars 2004 (doc. T5-0179/2004).

102 Communication de la Commission « Contribution complémentaire de la Commission à la Conférence intergouvernementale sur les réformes institutionnelles – La protection pénale des intérêts financiers communautaires : un Procureur européen » (COM(2000)608).

103 Pour la Commission, la proposition de la présidence d'inscrire Eurojust dans le droit primaire est apparue comme un projet « antiprocureur » (*Mobilisation contre la criminalité organisée et institutionnalisation d'un espace judiciaire pénal européen*, Groupe de Sociologie politique européenne (GSPE), Rapport commandé par le GIP Justice, mai 2004, p. 101).

104 Livre vert du 11 décembre 2001 sur la protection pénale des intérêts financiers communautaires et la création d'un Procureur européen (COM(2001)715).

Dans ce livre vert, elle soumet aux institutions européennes et à la société civile, le projet de création d'un procureur européen. Par rapport à la communication, le livre vert contient des dispositions détaillées quant à son statut juridique et son mode d'organisation.

suite au livre vert, les États membres ont persisté dans leur position[105]. Il n'empêche que la réflexion s'est poursuivie et les travaux relatifs à son avènement ont eu lieu dans le cadre de la convention ayant précédé la signature du traité constitutionnel. Ces travaux ont débouché sur l'inscription d'une disposition dans ce traité, puis dans le traité de Lisbonne à son sujet[106].

À première vue, l'avenir de ce procureur, dénommé Parquet européen, est incertain. Les rédacteurs du traité de Lisbonne ont prévu l'adoption du règlement l'instituant à l'unanimité des voix au Conseil. Or, un tel scénario reste, en théorie, très improbable. En effet, pour voir le jour, le Parquet européen devrait passer sous les fourches caudines d'un accord de l'ensemble des États membres sur un texte de droit dérivé[107]. Toutefois, ces rédacteurs ont prévu une procédure en cas de blocage, avec un recours explicite aux coopérations renforcées. Le traité envisage un mécanisme efficace et dissuasif puisque, en cas d'absence d'unanimité au Conseil, le Conseil européen saisi par au moins neuf États discute du projet et renvoie le texte au Conseil pour adoption. Parallèlement, un groupe d'État de même importance peut instaurer une coopération renforcée pour parvenir à l'adoption du règlement[108].

Rappelons cependant que même si les États parviennent à s'accorder sur l'idée d'un procureur, il reste qu'ils doivent aussi s'entendre sur sa

105 Comme le souligne Éric Alt, en faisant référence aux réticences françaises de l'époque à cet égard, « un tel projet est encore subversif pour un ordre établi qui tolère ou pratique une instrumentalisation politique de la règle pénale » (« Alt, É., « La coopération judiciaire dans un espace de liberté, de sécurité et de justice », in *Cultures et Conflits*, n° 46, Paris, 2002 »).

106 Art. 86 TFUE. Une disposition similaire figure à l'art. III-274 du traité constitutionnel.

107 Le protocole n° 21 annexé au traité UE et au TFUE sur la position du Royaume-Uni et de l'Irlande à l'égard de l'espace de liberté, de sécurité et de justice prévoit que ces deux pays ne participent pas, en principe, à l'adoption des textes fondés sur les dispositions du titre IV consacré à cet espace, sauf notification expresse de leur part pour les projets vis-à-vis desquels ils ont exprimé le vœu de prendre part. La procédure de participation est inspirée du protocole sur la position du Royaume-uni et de l'Irlande établi au moment de la signature du traité d'Amsterdam qui portait seulement sur les dispositions du titre IV de la troisième partie du traité CE, c'est-à-dire les questions d'asile, d'immigration, de franchissement des frontières et de coopération judiciaire civile.

108 L'originalité du mécanisme réside dans le fait que l'autorisation est accordée *ipso jure*. En effet, elle est réputée donnée à partir du moment que ce groupe informe le Parlement, la Commission et le Conseil. Nous pouvons donc imaginer qu'en cas de désaccord persistant au sein du Conseil européen, ce groupe choisisse de poursuivre les négociations pour parvenir à l'adoption du règlement. En effet, par exception aux dispositions de droit commun relatives aux coopérations renforcées, la procédure d'autorisation est automatique puisqu'il n'y a ni approbation du Parlement, ni décision du Conseil statuant à l'unanimité.

composition, son fonctionnement et les pouvoirs qu'ils projettent d'octroyer à ses représentants. Le traité de Lisbonne étant muet à ce sujet, tout est donc à construire et rien n'empêche les États membres, même agissant sous forme de coopération renforcée, d'avoir une vision prudente de la question et de leur conférer seulement des pouvoirs très limités. D'ailleurs, le traité a déjà rogné les ailes de ce Parquet en ne le dotant que d'une compétence réduite à la lutte contre la fraude aux intérêts financiers de l'Union (art. 86.2 TFUE). L'idée d'un procureur agissant contre le faux monnayage de la monnaie unique paraît donc exclue, sauf à modifier le traité de Lisbonne[109].

Ceci dit, l'issue des travaux concernant la décision du 16 décembre 2008 modifiant la décision du 28 février 2002 instituant Eurojust, laisse entrevoir des pistes intéressantes. Il serait possible de songer que les représentants du Parquet disposent de compétences renforcées allant au-delà de celles octroyées aux membres nationaux. D'abord, ils bénéficieraient de l'ensemble des pouvoirs additionnels prévus par la décision du 16 décembre 2008 susceptibles d'être accordés aux membres nationaux. La totalité des représentants du Parquet européen possèderaient des pouvoirs identiques en matière d'enquête et de poursuite. Contrairement à l'idée d'instauration d'un socle de pouvoirs opérationnels susceptibles d'être conférés aux membres nationaux d'Eurojust, les représentants possèderaient des pouvoirs similaires. Ensuite, outre la fin de ce régime de pouvoirs « à la carte » et la disparition de la dichotomie pouvoirs additionnels/pouvoirs ordinaires, les représentants du Parquet tireraient leurs compétences, non pas des États membres, mais du texte lui-même. À cet égard, nous pourrions imaginer que, contrairement aux membres nationaux d'Eurojust, ces représentants n'agiraient plus en qualité d'autorité nationale[110]. La disposition introduite dans la décision du

[109] Ceci dit, l'art. 86.3 TFUE laisse la porte entrouverte. Il ajoute que « Le Conseil européen peut, simultanément ou ultérieurement, adopter une décision [...] afin d'étendre les attributions du Parquet européen à la lutte contre la criminalité grave ayant une dimension transfrontière ». Reste que cet article précise *in fine* que la décision doit être prise à l'unanimité des membres du Conseil européen.

[110] De surcroît, mais ceci serait une question à approfondir, il conviendrait, s'il l'on souhaite développer le principe d'immutabilité des représentants du Parquet européen, de s'interroger sur leur futur statut. Déjà, la décision du 16 décembre 2008 introduit le germe de cette idée d'inamovibilité en empêchant une mobilité *ad nutum* des membres nationaux. La décision indique en l'occurrence que le membre national ne peut pas « être révoqué avant la fin de son mandat sans que le Conseil en soit préalablement informé et qu'une telle décision soit motivée ».

Quid donc du type de relation entre le Parquet et le Conseil (voire d'une autre institution) ? Voudrait-on l'envisager comme étant dépendant des ministres (en l'occurrence des ministres de la Justice) ou voudrait-on au contraire, un Parquet plus indépendant ? Dans cette hypothèse, il faudrait alors s'interroger sur le statut de ses représentants (conserveraient-ils un statut national, disposeraient d'un statut européen *sui generis*, ou encore auraient-ils un statut mixte ?) et sur les contours des éventuels

16 décembre 2008 qui offre la possibilité à l'État que son membre national participant à une équipe commune d'enquête, le fasse non pas en tant qu'autorité nationale mais au nom d'Eurojust, pourrait servir de point de départ de la réflexion à mener. En s'inspirant de cette disposition figurant dans la décision et qui fait référence à l'idée que les membres nationaux agissent en qualité de représentant de l'organisation auxquels ils appartiennent, les membres du Parquet européen exerceraient leurs prérogatives en qualité de représentant du Parquet. Seulement, ils accompliraient leurs missions en qualité de représentant du Parquet pour ce qui est de l'ensemble de leurs activités (donc au-delà de la seule hypothèse d'une association à une équipe commune d'enquête comme le prévoit la décision 16 décembre 2008) de sorte que systématiquement, l'emploi de leurs prérogatives se situe toujours dans le contexte d'une intervention effectuée au nom et pour le compte du Parquet européen. Également dans cette optique, ils auraient recours aux pouvoirs qui leur sont dévolus pour exercer l'action publique selon les orientations définies par une instance dirigeante du Parquet en matière de poursuites (cet organe dirigeant étant par exemple constitué d'un collège du Parquet).

Dans cette perspective, la clause prévue par la décision, qui énonce que les membres nationaux d'Eurojust agissent d'une part, en accord avec l'autorité nationale compétente, ou à sa demande, ne soit pas conservée pour ce qui est des représentants du Parquet européen. Plus généralement, concernant les contours de l'exercice des pouvoirs dévolus aux représentants, les autres dispositions prévues par la décision et relatives au principe d'autorisation préalable émanant de l'autorité nationale compétente, au caractère ponctuel de l'exercice des pouvoirs par les membres nationaux et à l'application du principe de la subsidiarité à propos de l'emploi de ces pouvoirs, seraient supprimées dans le texte instituant le Parquet européen[111].

Nonobstant, le contrôle des actes des représentants du Parquet européen serait effectué par les instances nationales chargées d'apprécier habituellement la légalité des mesures d'enquête ou de poursuites prises par les autorités nationales ayant des fonctions similaires. Ces instances seraient celles de l'État où les actes seraient accomplis et le contrôle serait mené à la lumière du droit national tant sur le plan procédural que

mécanismes de contrôle afférents, notamment ceux à mettre en place sur le plan disciplinaire.

111 Ce qui n'empêcherait pas que l'ouverture d'affaires par le représentant du Parquet, présente quant à elle, un caractère subsidiaire, les autorités judiciaires nationales jouissant le cas échéant, d'un droit de priorité pour traiter le dossier (dans l'hypothèse par exemple, où le Conseil européen déciderait d'attribuer au Parquet davantage de compétences en élargissant son mandat à des phénomènes criminels sans lien avec la protection aux intérêts financiers de l'Union).

sur le plan substantiel[112]. Comme le *Corpus juris* le préconisait également, les juridictions de jugement resteraient les juridictions nationales[113].

Les prérogatives des représentants de ce Parquet seraient aussi renforcées sur le plan *rationne loci* : leurs décisions seraient applicables dans toute l'Union européenne. Il serait possible de concevoir la mise en place d'un mécanisme particulier de reconnaissance mutuelle pour faire en sorte que leurs décisions soient applicables dans leur État d'origine respectif (dans l'hypothèse où les rédacteurs du texte instituant le Parquet retiendraient l'idée de « représentants nationaux » calquée sur le mode des membres nationaux), mais aussi dans les autres pays en cas de besoin (du moins ceux qui participent le cas échéant, à la coopération renforcée). Dans cette optique, les décisions de poursuite ou d'investigation qu'un représentant émet seraient reconnues au sein de l'Union par l'ensemble des autorités judiciaires nationales.

Une autre possibilité serait que les actions menées par un des représentants du Parquet ayant des conséquences sur le territoire d'un État autre que son État d'origine ne soient pas engagées par ce représentant seul mais par un collège spécifique : le collège des représentants du Parquet européen. Sur la base des suggestions émises par la Commission dans sa communication du 23 octobre 2007 concernant les attributions du collège d'Eurojust à long terme, le collège du Parquet aurait ses

[112] Ce qui est susceptible d'être source de difficulté puisque la procédure pénale, au-delà des travaux d'harmonisation minimale qui ont été entrepris au niveau de l'Union (essentiellement sous l'angle de la protection des victimes de la criminalité, la définition de règles au niveau européen relatives aux garanties procédurales étant encore à l'état de projet), et le droit pénal matériel (régime de prescription des infractions par exemple) varie d'un État à l'autre. Le *Corpus Juris* avait d'ailleurs mis en exergue les problèmes qui résultent des différences entre les législations nationales et il avait prôné, parallèlement à la mise en place d'un procureur européen, l'instauration au niveau européen d'un ensemble de règles pénales unifiées.

[113] Si l'instauration d'un Parquet européen pose la question épineuse d'une approche commune du droit pénal, elle soulève également la question sensible de l'instauration d'un tribunal pénal européen. En effet, l'issue des procédures devant les juridictions de jugement serait aussi variable selon les tribunaux nationaux. Pour surmonter cette difficulté, une première solution consisterait en l'instauration d'une nouvelle organisation européenne avec la création d'une Cour pénale européenne compétente pour juger les affaires renvoyées devant elle par le Parquet européen, et une deuxième, d'envergure plus modeste, serait une convergence des décisions rendues par les juridictions nationales de jugement (notamment à travers une intensification du dialogue par des contacts quotidiens et des rencontres régulières des responsables de ces juridictions). Cette convergence ne serait pas contraignante, elle aurait lieu par le développement d'une culture judiciaire européenne commune et par la prise de conscience de l'idée d'une réponse harmonisée au niveau européen en matière de répression des délits liés aux phénomènes criminels labellisés au niveau de l'Union comme étant des menaces à la sécurité intérieure.

prérogatives propres, en particulier celle de déclencher des poursuites ou une enquête au niveau européen (toujours en matière d'atteinte aux intérêts financiers du budget de l'Union)[114].

Dans cette perspective, le collège du Parquet européen, composé de l'ensemble des représentants nationaux, constituerait, en quelque sorte, l'homologue de celui de l'unité de coopération judiciaire. À cet égard, il bénéficierait de certaines attributions assez proches, notamment sur le plan administratif.

Cependant, nous pourrions imaginer que le collège du Parquet européen ne soit pas un dédoublement de celui d'Eurojust. Si l'on conçoit que ce Parquet ait la personnalité juridique, le collège de ce dernier serait une entité spécifique. Ce ne serait donc pas une déclinaison du collège de l'unité de coopération judiciaire. De même, les représentants du Parquet seraient distincts des membres nationaux. Ils auraient des prérogatives et un statut particuliers. Sur le modèle du cloisonnement des tâches entrepris par l'OLAF, les membres nationaux d'Eurojust n'auraient pas la possibilité d'agir en qualité de représentant du Parquet et *vice versa*. Les membres nationaux seraient affectés à des missions de soutien aux autorités judiciaires nationales. Les représentants du Parquet auraient pour mission de gérer une ou plusieurs affaires spécifiques traitées par le Parquet, le cas échéant, avec l'aide de substituts.

Ceci n'empêcherait pas ces représentants de travailler étroitement avec les membres nationaux. À cet égard, le Parquet et Eurojust pourraient être situés dans des bâtiments attenants. En outre, les représentants du Parquet et les membres nationaux[115] issus du même État d'origine auraient des contacts intensifs[116], de sorte que le Parquet européen, Eurojust et les autorités judiciaires nationales aient une approche cohérente dans les différents dossiers qu'ils sont amenés à traiter.

---

114 Pour sa part, le collège d'Eurojust aurait davantage de pouvoirs, mais qui seraient toujours liés à sa fonction d'appui aux autorités nationales. Il pourrait, par exemple, trancher des conflits de compétence entre les autorités judiciaires nationales. Pourtant, les décisions, qui sont actuellement non contraignantes, auraient une valeur obligatoire en s'imposant auxdites autorités.

115 Ceci pourrait former, en parallèle avec les travaux législatifs engagés en matière pénale sur le fondement du droit européen primaire, l'embryon d'une politique criminelle européenne (en parallèle des travaux entrepris par les directeurs des poursuites, *cf. supra*).

116 Dans cette optique, les membres nationaux et les représentants du Parquet européen auraient des relations quotidiennes. Les membres nationaux adjoints et les substituts auraient également une collaboration approfondie, en particulier pour ce qui est de dossiers connexes aux mains d'Eurojust et du Parquet.

Des organisations contrôlées sur un plan judiciaire…

La deuxième question a trait au contrôle des organisations de niveau IV. Il est nécessaire que celles-ci puissent rendre des comptes sur l'exercice de leurs attributions. Nous avions évoqué brièvement cette problématique concernant l'OLAF à propos des garanties procédurales des individus mis en cause dans le cadre des enquêtes menées par l'office. Au fur-et-à-mesure que les pouvoirs opérationnels des membres des organisations auxiliaires seraient amenés à croître, la problématique du contrôle judiciaire serait parallèlement susceptible de devenir un sujet central de discussion au sein des États membres et des institutions de l'Union européenne.

Pour ce qui est d'Europol, son activité fait actuellement l'objet d'un contrôle ponctuel sur le plan judiciaire. Ce contrôle est opéré par les autorités judiciaires nationales au cours de l'échange d'informations entre l'office européen de police et les États membres. En principe, il a lieu en fonction de la législation nationale, soit avant le transfert, soit après.

Toutefois, dans la perspective de l'octroi de pouvoirs opérationnels plus étendus en faveur des agents d'Europol, il serait question que l'office soit soumis à un contrôle judiciaire, non plus de manière décentralisée, via les juridictions nationales, mais de manière centralisée, à travers une organisation de l'Union européenne compétente en matière judiciaire, éventuellement Eurojust. « Certains ont proposé d'aller plus loin et, suivant le schéma classique de la police judiciaire, sont favorables à ce qu'Eurojust devienne l'organe superviseur des activités d'investigations d'Europol »[117]. Dans cette perspective, le rapport entre l'unité de coopération judiciaire et l'office européen de police ne serait plus d'égalité, mais d'autorité[118]. En effet, à l'image d'un procureur qui contrôle les actes de la police judiciaire, Eurojust vérifierait la conformité de ceux d'Europol, en liaison avec les autorités judiciaires nationales.

Néanmoins, les attributions d'Eurojust au sens où elles existent actuellement, ne permettent pas un tel contrôle. Il faudrait, selon nous, soit faire évoluer l'unité de coopération judiciaire vers un organisme disposant des capacités nécessaires pour réaliser ce contrôle, soit créer en son sein une instance qui puisse juridiquement effectuer cette opération. Cette instance pourrait être le Parquet européen que nous venons d'évoquer[119]. Ce Parquet, qui vise à combler le fait que « "l'Eurojustice"

---

[117] Dehousse, F., Garcia Martinez, J., *op. cit.*, p. 171.

[118] Chevalier-Govers, C., Berthelet P., *op. cit.*, p. 468-474.

[119] Au regard des dispositions du traité de Lisbonne, Marc André Wiegand et Michael Niemeier (Wiegand, M. A., Niemeier, M., *op. cit.*) envisagent la possibilité d'un contrôle d'Europol par le Procureur européen sous la forme d'un pouvoir de direc-

est très en deçà de "l'Europolice" »[120], pourrait exercer un contrôle judiciaire des activités de l'office européen de police mais aussi celles de l'OLAF. Sur ce point, la mise en place de cet organisme est vivement réclamée par le Comité de surveillance qui estime qu'il ne constitue pas l'instance adéquate pour opérer le contrôle judiciaire des actes effectués par les enquêteurs de l'office[121]. À ce sujet, celui-ci a précisé[122] qu'il n'était pas un directoire et que son rôle ne consistait pas à intervenir dans la gestion des enquêtes réalisées par l'office. Il estime que ce travail revient, non pas à un organe administratif, mais à un organe judiciaire. C'est pourquoi il plaide pour la création d'un tel procureur[123]. « Le Comité estime donc utile de rappeler (…) qu'il a à plusieurs reprises souligné qu'il n'existait pas à terme d'alternative à la mise en place du Parquet européen »[124].

Or, pour l'heure, il n'existe pas au niveau de l'Union européenne, d'organisation capable d'opérer de manière centralisée un contrôle judiciaire des actes des agents de l'OLAF. Certes, Eurojust permet dans une certaine mesure une centralisation de l'entraide judiciaire. L'affirmation selon laquelle « le contraste est saisissant entre la décentralisation de la répression judiciaire et, de l'autre, la centralisation de la détection administrative qui caractérise l'évolution de la lutte contre la

---

tion. L'office européen de police mènerait des actes d'investigation sous la responsabilité dudit Procureur européen. Cependant, les auteurs mettent en exergue deux obstacles.

Il y a d'une part, la nature du rapport police-parquet qui varie selon les États membres. En effet, soit il s'agit de sélectionner un modèle national parmi tous ceux existant déjà, mais comment justifier le résultat du choix, au risque de privilégier tel modèle plutôt que tel autre ? Soit il s'agit de créer un modèle de toutes pièces, au risque de rendre la situation complexe et d'inventer de nouvelles difficultés, ou inversement au risque de « réinventer la roue » en imaginant *ex nihilo* des solutions qui existaient déjà dans les systèmes juridiques des États membres.

Il y a d'autre part, les limites de l'action d'Europol déterminées par l'art. 88.3 TFUE qui réserve aux services nationaux l'exécution d'actes impliquant l'usage de la coercition. Les auteurs suggèrent comme solution, la possibilité octroyée à Europol d'inviter ces services à effectuer de tels actes. Selon nous, cette problématique fait référence à celle évoquée précédemment relative à l'intensité des demandes émanant de l'office. À terme, devrait-on les concevoir toujours comme de simples recommandations ou pourrait-on les imaginer comme des demandes s'apparentant davantage à des injonctions ?

120 Giot-Mikkelsen, M., « À propos de la coopération policière », cité par Sabatier, M., *op. cit.*, p. 224.

121 Rappelons que son contrôle est seulement méthodologique et il ne porte pas sur le fond des enquêtes.

122 Dans son rapport d'activité couvrant la période juillet 1999-juillet 2000 (*op. cit.*, p. 6).

123 Rapport d'activité couvrant la période juillet 1999-juillet 2000, p. 37.

124 Rapport d'activité de juin 2003 à juillet 2004 (remis le 22 décembre 2004).

fraude communautaire »[125] depuis plus de quinze ans, mérite donc d'être atténuée à présent.

Nonobstant, le rôle de l'unité de coopération judiciaire est axé essentiellement sur une mission de facilitation de l'entraide entre les autorités judiciaires nationales mais pas de contrôle des actes d'investigation réalisés par l'OLAF dans le cadre de lutte contre la fraude. À l'instar de ce que nous avons dit à propos des relations entre Europol et Eurojust, il conviendrait de repenser les rapports entre l'unité de coopération judiciaire et l'office de lutte antifraude pour les concevoir, non plus l'angle de l'égalité mais, dans une certaine mesure, sous celui de l'autorité[126].

… et sur un plan parlementaire

La question du contrôle parlementaire est un sujet épineux. Nous l'avons constaté en examinant le statut hybride de l'OLAF. Le Parlement a considéré que les agissements de la Commission étaient des immixtions illégitimes dans les affaires de l'office de lutte antifraude et il a critiqué son attitude ambiguë dans ses relations avec l'OLAF. La Cocobu lui a reproché en particulier de rejeter ses responsabilités sur l'office de lutte antifraude. Pour elle, la Commission agissait « comme le voleur qui dit au policier qu'il n'était pas responsable parce qu'il n'a pas bien surveillé »[127].

La thématique du contrôle parlementaire d'Europol est aussi un sujet délicat. Nous avons effleuré cette question concernant l'attitude du Parlement vis-à-vis de l'office européen de police. Celui-ci s'érige comme le garant du contrôle démocratique des activités de l'Union européenne et de ses organes. Il revendique à ce titre, davantage de pouvoirs concer-

---

[125] Combeaud, S., « L'OLAF et les autorités judiciaires : quelle répression contre la fraude communautaire ? », in *Revue du Marché commun et de l'Union européenne*, n° 453, Paris, décembre 2001, p. 695.

[126] Un point mérite d'être mis en exergue : s'il n'y a pas pour l'heure, d'établissement d'une politique judiciaire européenne en matière de poursuite pénale, ni même d'amorce « par le haut » (c'est-à-dire par un organisme européen tel qu'un procureur européen), il pourrait y avoir une ébauche « par le bas », à savoir par le truchement des autorités judiciaires nationales. En effet, les directeurs de poursuite ont souligné, lors de leur réunion du 16 décembre 2008 (doc. du Conseil du 9 janvier 2009 précité) l'importance, dans le cadre de la contribution apportée par les autorités judiciaires à l'OCTA, de « l'élaboration de priorités d'action publique au sein de l'Union européenne et [du] dégagement de stratégies de poursuites convergentes dans les sphères de criminalité particulièrement identifiées ». En tout état de cause, il ne serait question que de l'embryon d'une telle politique. D'abord, nous en sommes seulement au stade des discussions préliminaires. Ensuite, il s'agit d'une approche limitée uniquement à certains phénomènes criminels. Enfin, la réflexion se cantonne à l'idée d'une convergence des poursuites et non à l'instauration d'une approche véritablement harmonisée au niveau européen de l'exercice de l'action publique.

[127] André, A., *op. cit.*

nant son contrôle. Il faut dire que sa position en faveur d'un rôle accru en matière de contrôle s'explique aussi par son exclusion du processus décisionnel relatif aux actes ayant trait à Europol[128]. Il existe

> de tristes précédents dans ce domaine comme, par exemple, lorsque le Parlement européen ne fut pas consulté au cours de la négociation et de la rédaction de la convention Europol, ou comme le fait que des accords soient signés avec des pays tiers et plus particulièrement avec les États-Unis sans que les parlements nationaux ou le Parlement européen ne soient consultés[129].

Sans nous attarder sur la problématique de la réalité et l'efficacité du contrôle parlementaire d'Europol, qui à elle seule, mériterait l'écriture d'un nouveau volume, force est de constater quatre éléments. *Primo*, Europol est déjà soumis à une « panoplie de contrôle »[130] de différente nature avec, en premier lieu, le conseil d'administration de l'office ; en deuxième lieu, le Conseil via notamment son groupe de travail « Europol » et son groupe directeur, le CATS ; en troisième lieu, l'autorité de contrôle commune pour la protection des données à caractère personnel ; en quatrième lieu, le comité budgétaire ; en cinquième lieu, les autorités judiciaires nationales, en particulier celles responsables de l'enquête (ou des poursuites) et celles chargées du contrôle des échanges d'informations entre les services nationaux d'une part, et Europol d'autre part[131] ; et en sixième lieu, les parlements nationaux (via, le cas échéant, des

---

128 Pour l'heure, le pouvoir du Parlement se traduit, outre son influence sur le budget d'Europol à travers l'emploi de ses compétences dans le domaine de l'adoption et du contrôle au budget communautaire général (et en particulier, des lignes budgétaires relatives à la sécurité intérieure), d'une part, par un droit de consultation (concernant la liste des pays tiers avec lesquels un accord peut être conclu avec l'office européen de police, l'élaboration du droit dérivé relatif aux fichiers de travail à des fins d'analyse, ou la mise en place de règles relatives au dispositif de confidentialité) et d'autre part, par un droit d'information (le Parlement est destinataire de toute une série de rapports dont le rapport annuel d'activité, le programme de travail et le rapport d'évaluation externe sur l'application de la décision instituant Europol). En vertu de l'art. 48 de cette dernière, le Parlement peut inviter la présidence du Conseil, le président du conseil d'administration et le directeur aux réunions de ses commissions parlementaires pour exposer le bilan de l'action d'Europol, pour présenter les travaux en cours et les actions éventuellement en projet, ainsi que pour répondre aux questions des députés. Nonobstant, cet article précise que les responsables conviés doivent tenir « compte des obligations de réserve et de confidentialité ».

129 Bruggeman, W., *Comment améliorer le contrôle démocratique d'Europol et lui fournir les capacités opérationnelles adéquates ?*, Parlement européen, Direction générale Politiques internes de l'Union, Département thématique C, coll. *Briefing Paper*, IP/C/LIBE/FWC/2005-24, 2006, p. 6.

130 Genson, R., Zanders, P., « Le développement de la coopération policière européenne – quel avenir pour Europol ? », *op. cit.*, p. 12.

131 Comme la mission Justice du SAEI.

délégations parlementaires spécialisées comme le *Select Committee* de la Chambre des Lords britannique).

Secundo, la question du contrôle parlementaire est pertinente à partir du moment où l'office possède des prérogatives opérationnelles. Pour l'heure, ces prérogatives existent mais elles sont limitées[132]. Néanmoins, un débat sur son contrôle devrait être approfondi dans la mesure où, depuis quelques années nous constatons des extensions graduelles des compétences opérationnelles et où un développement des pouvoirs opérationnels est à envisager à l'avenir.

Tertio, cette question s'inscrit pour l'instant dans le contexte de la coopération intergouvernementale. Dans cette optique, le contrôle d'Europol revient en premier lieu aux parlements nationaux. Or, nous pourrions objecter que le contrôle s'exerce tout en disproportion car chacun d'eux remplit sa mission seulement vis-à-vis des UNE et de surcroît, selon ses propres règles nationales de contrôle de la police. Des efforts ont été réalisés afin d'étendre davantage les pouvoirs du Parlement européen, tout du moins dans les limites que permettent les traités CE et UE dans leur rédaction actuelle. Dans la perspective de l'entrée en vigueur éventuelle du traité de Lisbonne, une réflexion mériterait d'être entamée à ce sujet pour permettre un contrôle renforcé du Parlement européen sur l'office. Parallèlement à cela, des travaux pourraient être entrepris pour rationaliser, voire harmoniser les vingt-sept contrôles parlementaires nationaux[133].

Quarto, la problématique du contrôle parlementaire traduit les craintes d'une autonomisation de l'office européen de police. Ces peurs se concentrent autour d'une police fédérale européenne qui échapperait à tout contrôle politique, faute d'État fédéral européen qui ferait contrepoids. L'équilibre contrôleur/contrôlé serait rompu en raison d'une absence de parallélisme de développement du système politique de l'Union d'une part, et de sa police d'autre part. Or, comme le précise avec justesse Magali Sabatier[134], « il est évident qu'une police européenne pour être acceptée par le citoyen et les dirigeants européens devra absolument posséder une légitimité qui passe par son contrôle politique et juridique, c'est-à-dire par la création d'un État fédéral européen ».

---

[132] À ce sujet, dans sa communication du 26 février 2002 (COM(2002)95), la Commission avait estimé que le contrôle d'Europol était suffisant au regard des dispositions de la convention. Elle avait fait valoir à ce sujet que l'office européen de police ne constituait pas une police à proprement parler et que la surveillance effectuée par le conseil d'administration d'Europol était au moins comparable à celle à laquelle sont soumis les services de police nationaux.

[133] Il n'existe rien à ce sujet à l'heure actuelle dans la décision instituant l'office européen de police.

[134] *op. cit.*, p. 395-396.

La question du contrôle politique d'Europol s'inscrit en toile de fond de la problématique plus vaste du déficit démocratique de l'entraide entre les services nationaux de sécurité intérieure. Cette dernière cristallise la défiance du monde politique, et en particulier des parlementaires, vis-à-vis de la collaboration sous forme d'archipel. Le secret des pratiques effectuées, en particulier dans le cadre des structures de coopération autonome,

> laisse libre court à l'imagination. Les individus ont une tendance légitime à se méfier de ce qu'ils ne connaissent pas. L'ignorance entraîne inévitablement la méfiance et cette méfiance peut se transformer en suspicion lorsque l'on persiste à vouloir maintenir une trop grande discrétion sur un sujet. En effet, à ce moment là, la persistance dans la voie du secret ne peut être qu'interprétée comme la volonté délibérée de cacher les pratiques mises en place [...]. Quand même cela ne serait pas vrai, ce qui est le cas pour la majeure partie de la coopération policière européenne, le raisonnement rationnel cède le pas à l'irrationalité[135].

Selon nous, la question de la problématique du contrôle parlementaire n'est pas un faux problème. Certes, il est possible de rétorquer à l'instar de la Commission, que la faiblesse de contrôle du Parlement européen sur l'office n'a rien de choquant dans la mesure où, *in fine*, le ministre de l'Intérieur, qui est en principe responsable politiquement du fonctionnement de la police nationale[136], rend compte des activités d'Europol. Cependant, il est impossible de ne pas constater l'asymétrie entre le contrôle politique qui a lieu au niveau national et l'activité de l'office européen de police qui se déroule sur le plan européen.

Cette thématique de l'asymétrie du contrôle n'est pas propre à Europol. Elle existe aussi concernant l'activité du Conseil dans les matières relevant du titre VI. Celui-ci adopte des actes, certains portant atteinte aux libertés individuelles, sans qu'il y ait de réel contrepouvoir au niveau européen. En effet, le Parlement européen n'est pas en droit positif codécideur et sa censure ne peut s'exercer qu'à l'encontre de la Commission. Un contrôle parlementaire s'exerce mais seulement sur le plan national. Là encore, le constat est sans appel. D'un côté, l'activité se déroule au niveau de l'Union européenne mais, de l'autre, le contrôle (à travers l'application du système des réserves parlementaires et la responsabilité du ministre devant le parlement) est effectué à hauteur de l'État membre.

---

135 Sabatier, M., *op. cit.*, p. 200.

136 De surcroît, la Commission ajoute dans sa communication du 26 février 2002 précitée que l'absence de contrôle direct du Parlement européen sur Europol n'est pas critiquable en soi puisqu'au regard des différentes pratiques nationales, les parlements n'ont, sauf exception, aucun pouvoir de supervision de la police.

À nos yeux, l'asymétrie du contrôle met en valeur à quel point les mécanismes sont imparfaits et les déséquilibres nombreux en matière de sécurité intérieure. La construction européenne bouscule les dispositifs établis et engendre des distorsions. Elle modifie les clivages existants et soulève de nouvelles interrogations, en particulier sur la nécessité d'une action cohérente et d'une vision politique globale de la part des institutions de l'Union et des États membres.

Une sécurité intérieure européenne, un ordre public européen et un intérêt européen

La « poussée intégrative » se traduit, nous l'avons vu, par l'abandon des méthodes traditionnelles et par la mise en place de nouveaux instruments. De manière générale, elle s'exprime par un changement de logique en matière d'entraide entre les services nationaux de sécurité intérieure. Or, cette poussée, que nous avons analysée de manière didactique par paliers, peine à s'accompagner d'un système politique capable de définir une véritable politique de l'Union européenne en matière de sécurité intérieure[137]. C'est précisément là que le bât blesse. En l'état actuel des choses, la sécurité intérieure est d'abord un objet de politique nationale[138]. Nous émettons l'hypothèse qu'une politique de l'Union européenne dans ce domaine existerait mais elle resterait subsidiaire[139]. Elle demeurerait subsidiaire à celle des États membres car, dans cette logique de la coopération intergouvernementale qui prévaut dans le titre VI, elle interviendrait[140] seulement à titre d'appui[141].

---

[137] « Les États ne sont nullement "incorporés" ou "subordonnés" aux institutions européennes. La crise de solidarité que l'on a pu constater lors de la préparation et de la mise en œuvre des opérations conjointes […] menées par Frontex, l'illustre parfaitement. […] Tant dans le domaine de la sécurité intérieure que de la sécurité extérieure, l'Union reste aujourd'hui dépendante de la bonne volonté et du soutien de ses composantes étatiques » (Duez, D., *op. cit.*, p. 218).

[138] Du moins nous le postulons. En effet, l'existence d'une politique de l'Union européenne en matière de sécurité intérieure ainsi que les problématiques sous-jacentes feront l'objet d'une prochaine étude de notre part.

[139] Berthelet P., « La lutte contre le terrorisme par l'UE : une politique efficace ? », in *Défense nationale et sécurité collective*, n° 1, Paris, 2008.

[140] Au regard de ce que nous venons d'indiquer dans une note de bas de page précédente, nous prenons le soin de mettre cette affirmation au conditionnel.

[141] La réponse de l'Union européenne repose sur la coopération et la coordination plutôt que sur une forme d'intégration […]. La manière d'appréhender les menaces est propre à chaque pays, la perception des menaces légitime les stratégies de mise en œuvre pour y répondre et la sécurité constitue une question très sensible au regard de la souveraineté nationale » (Monar, J., « *Common Threat and Common Response ? The EU's Counter Terrorism Strategy and its Problem* », in Government and Opposition, vol. 42, n° 3. 2007, cité par De Maillard, J., Wyvenkens, A., *L'Europe de la sécurité intérieure*, Paris, coll. Problèmes politiques et sociaux, n° 945, 2008, p. 78-79).

Nous émettons également l'hypothèse que l'entrée en vigueur éventuelle du traité de Lisbonne pourrait changer la donne. Il permettrait de modifier la philosophie actuelle, à savoir une coopération entre États souverains et une action de l'Union conditionnée à l'idée de plus-value. En effet, l'intervention de cette dernière est soumise au principe que, pour être admise, elle doit justifier d'une valeur ajoutée, voire d'une efficacité. Or, c'est prendre le problème à l'envers : comment l'Union européenne peut-elle élaborer des instruments efficaces si, au niveau politique, les ambitions des dispositifs projetés sont systématiquement revues à la baisse au Conseil au fil des négociations (pour en faire, le cas échéant des « usines à gaz » dont la légitimité est facilement battue en brèche par les services nationaux de sécurité intérieure) et si, au niveau opérationnel, ils perdent toute crédibilité en étant instrumentalisés par ces services ?

L'entrée en vigueur du traité de Lisbonne, si celle-ci a lieu, permettrait d'esquisser, au niveau de l'Union européenne, un renouvellement avec l'émergence d'une autorité politique capable de tracer les lignes directrices d'une politique substantielle en la matière. Pourtant, il resterait trois écueils à surmonter : l'idée que la sécurité intérieure demeure de la seule responsabilité de chaque État membre[142], le respect de la subsidiarité comme moyen de paralyser toute initiative européenne, et la protection de l'ordre public national comme argument soulevé par les États pour se préserver de l'émergence d'un ordre public européen susceptible de leur faire ombrage.

Concernant ce dernier point, nous supposons qu'un ordre public européen est concevable à l'image de celui qui constitue dans les États membres, le soubassement du maintien de l'ordre, de la tranquillité publique et de la paix civile. Des éléments le définissant sont susceptibles d'exister[143], en particulier des intérêts européens en matière de sécurité intérieure et une autorité politique européenne capable de définir ces intérêts européens. Au regard des dispositions du traité de Lisbonne, cette autorité, composée du triptyque Commission-Conseil-Parlement européen, agirait dans le cadre de la méthode communautaire et non plus de celle intergouvernementale. Elle opèrerait donc de manière autonome par rapport aux États membres (sans être toutefois indépendante).

---

[142] Le traité de Lisbonne énonce une affirmation qui pourrait être une tautologie : la sécurité nationale reste de la seule responsabilité de chaque État membre.

Cependant, elle ne doit pas prêter à une interprétation fallacieuse, celle que la sécurité européenne reste de la seule responsabilité de chaque État membre.

[143] Une fois encore, il s'agit d'une hypothèse que nous émettons. La vérification de celle-ci fera l'objet de travaux ultérieurs.

Pour ce qui est de ces intérêts, nous supputons qu'ils existent[144]. Ils découleraient de l'existence même de menaces transnationales, comme la criminalité organisée et le terrorisme (ou du moins, dans une perspective constructiviste, des phénomènes appréhendés comme des menaces car faisant partie d'une réalité non pas donnée mais construite intersubjectivement). De surcroît, si cet intérêt est en étroite relation avec les intérêts nationaux[145], il s'en distinguerait pour peu que les États membres cessent de considérer les questions de sécurité intérieure à travers le prisme de considérations individuelles et d'intérêts propres (pour ne pas dire égoïstes).

Soyons clair, la construction d'une politique de l'Union européenne en matière de sécurité intérieure ne devrait pas se faire pas contre celle des États membres[146]. La première serait définie en liaison étroite avec la deuxième. L'idée de complémentarité et de partenariat sont deux notions centrales. La concurrence n'a pas sa place car il ne s'agit pas d'un « concours de beauté »[147], mais de dessiner l'avenir de la sécurité des citoyens européens.

Pour les États, la création d'une politique menée par l'Union européenne serait un atout. Elle leur apporterait un « retour en sécurité » plus

---

144 Du moins qu'il y a un socle d'intérêts partagés (toujours sous réserve d'une étude approfondie de la question par nos soins).

145 Sur l'existence et l'imbrication de deux niveaux de sécurité, l'un national et l'un européen, voir Mandeville A., Cavallier B., « Le système militaire acteur essentiel de la fonction de police globale contemporaine », in *Inflexions*, octobre-décembre 2006, n° 4.

146 Nous avons certes fustigé dans divers paragraphes précédents la réticence des États membres à aller de l'avant dans l'intégration européenne, par leur manque de sincérité en tenant le discours de vouloir renforcer la sécurité intérieure, sans s'en donner réellement les moyens, et leur mauvaise volonté (voire leur mauvaise foi) dans le respect de leurs obligations découlant du droit européen. Pour autant, nous estimons qu'il convient de ne pas verser dans une rhétorique fédéraliste aveugle en vertu de laquelle l'Union serait la seule entité à même d'assurer la sécurité intérieure et que les États n'auraient plus de légitimité dans ce domaine. Au contraire, nous postulons que l'action de l'Union repose sur celle des États et qu'elle ne peut se faire sans elle. D'une part, le poids de l'histoire et des traditions nationales est tel qu'il nous paraît irréaliste d'en faire table rase. D'autre part, ce serait faire preuve de beaucoup de crédulité que d'affirmer avec certitude que l'Union ferait mieux que les États sans se pencher préalablement de manière attentive sur les lourdeurs et la complexité du processus décisionnel des institutions européennes. Ce serait aussi faire montre d'angélisme que d'affirmer avec conviction que l'Union pourrait mener à bien une politique de sécurité efficace sans s'interroger auparavant sur la performance de ses (futurs) outils et sur la cohérence de ses différents politiques ayant trait à la sécurité intérieure.

147 Pour paraphraser Soledad Blanco, directrice de la DG Environnement, concernant le financement par la Communauté européenne de projets pour l'Union pour la Méditerranée (*Europolitique* du 11 avril 2008).

efficace avec une meilleure répartition des rôles : ils se concentreraient sur des questions de délinquance locale et sur certaines menaces spécifiques comme le terrorisme régional. Ils partageraient avec l'Union d'autres problématiques comme le terrorisme international, la criminalité organisée et certaines formes de criminalité grave, notamment celles ayant trait à la traite des être humains, au faux monnayage de la monnaie unique, à la contrefaçon de biens et à certains trafics (drogue, migrants, œuvres d'art, etc.). Ces problématiques ne seraient pas pour autant des compétences exclusives de l'Union européenne. Elles seraient conjointes dans le cadre de compétences partagées[148]. En tant que préoccupations communes, elles seraient abordées à la fois par les institutions de l'Union et par les États membres individuellement. Cependant, comme il ne s'agit plus d'une compétence d'appui, nous postulons le fait que la politique de l'Union en matière de sécurité intérieure ne serait plus complémentaire à la politique nationale. En effet, dans l'optique de ces compétences partagées, la politique de l'Union en matière de sécurité intérieure et celle des États membres seraient étroitement imbriquées, en étant complémentaires l'une de l'autre.

En définitive, la situation dans laquelle nous nous trouvons pourrait sembler être celle d'un berceau européen sans enfant[149]. Il existe des instruments destinés à mettre en œuvre une politique de sécurité intérieure européenne, mais il n'y a pas de véritable politique dans ce domaine. En effet, il y a, d'une part, de nouveaux acteurs (les organisations auxiliaires) et des instruments horizontaux de collaboration inédits, inspirés par de nouvelles méthodes issues du phénomène d'intégration européenne et, d'autre part, un vide politique causé par une vision encore trop intergouvernementale de la sécurité intérieure. Cette situation n'est pas sans rappeler, en son temps, les retards qu'avait accumulés la politique étrangère de l'Union européenne par rapport aux progrès enregistrés par la politique de défense. Un ambassadeur affirmait à cet égard, « nous créons le bras armé de l'Union européenne sans avoir créé la tête ».

Espérons que ces lacunes soient résorbées rapidement en matière de sécurité intérieure. Formulons le vœu qu'un jour les institutions de

---

148 À cet égard, l'art. 2C.j du traité CE énonce que l'espace de liberté, de sécurité et de justice est du ressort des compétences partagées. Étant donné que nous sommes partis du constat dans l'introduction générale que la sécurité intérieure est une question transversale qui déborde la dimension répressive, et que nous avons postulé que cette problématique trouve essentiellement son fondement juridique dans le titre VI du traité UE et l'art. 62 du traité CE, nous en déduisons, comme l'espace de liberté, de sécurité et de justice relève des compétences partagées, que les actions de l'Union entreprises en matière de sécurité intérieure pourraient l'être également.

149 En référence à l'expression de Marie-France Garaud, « L'Europe est un berceau vide où il n'y a pas d'enfant ! » (in *Revue Géopolitique*, n° 86, 1984).

l'Union européenne et les États membres aient le courage et l'ambition politique nécessaires pour être capables de définir une réelle politique de sécurité intérieure[150] afin de faire face aux défis d'un monde globalisé et aux menaces qui pèsent sur elle. Souhaitons qu'ils aient l'ambition, voire l'audace de mettre en place une politique déterminée par un intérêt véritablement européen qui serait davantage que la somme algébrique des intérêts nationaux.

Pour terminer nos propos sur l'idée d'une réelle politique de sécurité intérieure, remémorons-nous les propos de l'ancien Président de la République Tchèque Vaclav Havel[151] :

> Si les citoyens de l'Europe comprennent que l'Union n'est pas un monstre bureaucratique anonyme, conçu pour restreindre leur autonomie ou même pour la leur ôter, mais qu'elle est simplement une communauté humaine d'un type nouveau qui, au contraire, élargit considérablement leur liberté, alors l'Union, européenne n'aura rien à craindre pour son avenir...

Bruxelles, le 1er février 2009

[150] Encore une fois, il s'agit d'une hypothèse que nous émettons, la vérification de celle-ci étant l'objet de prochains travaux de notre part.

[151] Propos tenus lors de son allocution au Parlement européen le 8 mars 1994 à Strasbourg.

Éléments de bibliographie

Articles

Alain, M., « Les heurts et les bonheurs de la coopération policière en Europe, entre myopie des bureaucrates et sclérose culturelle policière », in *Déviance et société*, vol. 24, n° 3, 2000.

Alt, É., « La coopération judiciaire dans un espace de liberté, de sécurité et de justice », in *Cultures et Conflits*, n° 46, Paris, 2002.

Arnoult, M., « La coopération policière transfrontalière de proximité en Alsace », in *Revue de la Gendarmerie nationale*, n° 192 et 193, Paris, 3e et 4e semestre 1999.

Ars, F., « Un outil original des crises : la Force de police européenne », in *La défense en Europe – avancées et limites*, Paris, La documentation française, 2005.

Bacot-Decriaud, M., « La PESD : montée en puissance et perfectibilité », in *La défense en Europe – avancées et limites*, Paris, La documentation française, 2005.

Barbe, E., « Le protocole (antiblanchiment) à la convention du 29 mai 2000 d'entraide judiciaire en matière pénale de l'Union européenne », in *Dalloz*, n° 24, Paris, 2002.

Barlatier, J., « L'architecture européenne de sécurité intérieure – Recomposer une coopération cohérente », Mémoire de diplôme d'études supérieures spécialisées en Droit et stratégie de la sécurité, Université Paris II – École des Officiers de la Gendarmerie Nationale, 2004.

Benoit, L., « La politique de sécurité et de défense commune dans le traité instituant une Constitution pour l'Europe », in *Marché commun et de l'Union européenne*, n° 486, mars 2005.

Berthelet, P., « Le programme de La Haye », in *Gendarmerie nationale*, n° 215, Paris, juin 2005.

Berthelet, P., « La dimension externe de la sécurité intérieure de l'Union européenne ou les vicissitudes d'une jeune politique », *Working Paper* n° 2, Projet Securint, mars 2007. http://www-securint.u-strasbg.fr/pdf/Berthelet_def.doc.

Berthelet, P., « La lutte contre le terrorisme par l'UE : une politique efficace ? », in *Défense nationale et sécurité collective*, n° 01, Paris, 2008.

Berthelet, P., « La coopération européenne en matière répressive et le traité de Lisbonne », in *Gendarmerie nationale*, n° 256, Paris, 1er trimestre 2008.

Berthelet, P., « La sécurité intérieure européenne en 2018 », in *Gendarmerie nationale*, n° 227, Paris, 2e trimestre 2008.

Berthelet, P., « « Immigration – frontières, priorités... et défis pour la présidence française », in *Marché commun et de l'Union européenne*, n° 521, septembre 2008.

Bezier, O., « La marine et la lutte contre le trafic illicite de stupéfiants », in *Gendarmerie nationale*, n°212, 3e trimestre 2004.

Bigo, D., « Sécurité et immigration », in *Cultures et Conflits*, n° 31-32, Paris, 1998.

Bigo, D., Guild, E., « Désaccord aux frontières et politique des visas : les relations entre Schengen et l'Union », in *Cultures et conflits*, n° 49, Paris 1/2003.

Bigo, D., « La mondialisation de l'(in)sécurité ? Réflexions sur le champ des professionnels de la gestion des inquiétudes et analytique de la transnationalisation des processus d'(in)sécurisation », in *Cultures et Conflits*, n° 58, Paris, 2005.

Bigo, D., « Contrôle et mobilité des personnes », in *Gendarmerie nationale*, n° 227, Paris, 2e trimestre 2008.

De Biolley, S., « Collecte, échange et protection des données dans la coopération en matière pénale », in *Journal des Tribunaux de droit européen*, n° 131, Bruxelles, 2006.

De Biolley, S., « Développement historique du droit pénal de l'Union européenne. Les débuts : acquis de Schengen », in *Revue international de droit pénal*, n°°1-2, Paris, 2006.

Bosly, H. D., Renault, G., « La coopération policière et judiciaire », in *La justice pénale et l'Europe*, Bruxelles, Bruylant, 1996.

Bossard, A., « Police et fonction », in *Revue de l'Organisation internationale de police criminelle*, Lyon, 1981.

Bouleau, G., De Meyer, W., « Le Collège européen de police », in *Gendarmerie nationale*, n° 227, Paris, 2e trimestre 2008.

Braem, A., Bilquin, B., « Le mandat d'arrêt européen – Un instrument majeur de la coopération judiciaire et policière européenne en matière pénale », in *Vigiles*, Bruxelles, 2003/3.

Brammertz, S., « Coopération policière – entraide judiciaire. La recherche d'un nouvel équilibre », in *Vigiles*, Bruxelles, n° 2001/1.

Brulin, H., « Quête et errements de la protection des données dans le troisième pilier », in *Actualités de droit pénal européen*, 2003.

Busch, H., « Le piège légaliste. La coopération policière après Tampere », in *Culture et conflits*, n° 45, t. I, Paris, 2002.

Caillet, S., « Le réseau européen des instituts de sciences criminalistiques », in *Gendarmerie nationale*, n° 205, Paris, 4e trimestre 2002.

Callovi, G., « En matière de frontières, la dimension européenne a-t-elle pris de l'importance ? », in *Migrations Société*, vol. 17, n° 101, septembre-octobre 2005.

Chevalier-Govers, C., Berthelet, P., « Quelle relation entre Europol et Eurojust ? Rapport d'égalité ou rapport d'autorité ? », in *Revue du Marché Commun et de l'Union européenne*, n° 450, Paris, juillet-août 2001.

Chevallier, J., « La gouvernance, un nouveau paradigme étatique ? », in *Revue française d'administration publique*, n° 105/106, Paris, 2003.

Chocquet, C., « Le Système d'information Schengen : un double défi », in *Marché commun et de l'Union européenne*, n° 418, mai 1998.

Cloos, J., « Les coopérations renforcées », in *Revue du Marché commun et de l'Union européenne*, n° 441, Paris, septembre 2000.

Combeaud, S., « L'OLAF et les autorités judiciaires : quelle répression contre la fraude communautaire ? », in *Revue du Marché commun et de l'Union européenne*, n° 453, Paris, décembre 2001.

Dehousse, F., Garcia Martinez, J., « Eurojust" et la coopération judiciaire pénale », in *Journal des tribunaux de droit européen*, n° 110, Bruxelles, juin 2004.

Delmas-Marty, M. (dir.), *Corpus juris*, Paris, Économica, 1997.

Denizeau, C., « Les moyens de la persuasion et de la coopération : les réseaux d'autorité », *L'autorité de l'Union européenne* (Azoual, L., Bourgogne-Larsen, L., [dir.]), Bruxelles, Bruylant, coll. Droit de l'Union européenne, 2006.

Dimingo, B., « Actualité du gouvernement des frontières en Europe », in *Gendarmerie nationale*, n° 217, Paris, décembre 2005.

Dimpre, O., « La lutte contre l'économie souterraine – l'action des GIR », in *Gendarmerie nationale*, n° 214, Paris, 1er trimestre 2005.

Doelle, P., « De la création de l'office de lutte antifraude (OLAF) vers une possible communautarisation de la protection pénale des intérêts financiers », in *Revue pénitentiaire de droit pénal*, n° 4, décembre 2001.

Ducouloux-Favard, C., « Urgence pour une coopération judiciaire en matière pénale », Colloque de la CEDECE, octobre 2000.

Dupain, J.-Y., « Police du monde entier – l'officier de liaison à Bangkok », in *Civique*, n° 102, Paris, novembre 2000.

Francart, L., « L'évolution des niveaux stratégique, opératif et tactique », Institut de Stratégie Comparée de la Commission Française d'Histoire Militaire et de l'Institut d'Histoire des Conflits Contemporains. http://www.stratisc.org/strat068_Francart.html

Garcia-Jourdan, S., « Le mandat d'arrêt européen, première concrétisation du principe de reconnaissance mutuelle », in *Gendarmerie nationale*, n° 210, Paris, mars 2004.

Genson, R., « La coopération policière pratique sous Schengen : quels enseignements pour l'avenir ? », REA-Forum : http://www.era.int/web/en/resources/5_1990_440_file.337.pdf

Genson, R., Zanders, P., « Réflexions quant à l'amélioration de la coopération policière au sein de l'Union européenne », in *Revue du Marché commun et de l'Union européenne*, n° 472, Paris, octobre-novembre 2003.

Genson, R., « Un nouveau programme pluriannuel pour consolider l'espace de liberté, de sécurité et de justice. Le programme de La Haye (2005-2010) », in *Revue du Marché commun et de l'Union européenne*, n° 486, Paris, mars 2005.

Genson, R., Zanders, P., « Le développement de la coopération policière européenne – quel avenir pour Europol ? », in *Revue du Marché commun et de l'Union européenne*, n° 504, Paris, janvier 2007.

Gless, S., « What King of Judicial Control – Do the new Protagonists Need ? – The Accountability of the European Police office (Europol)», *L'espace pénal européen : enjeux et perspectives*, De Kerchove, G., Weyembergh, A., (dir.), Bruxelles, Éditions de l'Université libre de Bruxelles, 2002.

Gourlay, C., « Civil-Civil Co-ordination in EU crisis management », *Civilian crises management : the EU way*, in *Cahiers de Chaillot*, n° 90, Paris, juin 2006.

Grasset, L., « La gestion civile des crises vue par l'Union européenne », in *Défense nationale*, n° 60, Paris, août-septembre 2004.

Ioannides, I., « EU Police Mission Proxima : testing the "European" approach to building peace », in *Civilian crises management : the EU way*, in *Cahiers de Chaillot*, n° 90, Paris, juin 2006.

Jegouzo, I., « Le développement progressif du principe de reconnaissance mutuelle des décisions judiciaires pénales dans l'Union européenne », in *Revue internationale de droit pénal*, n° 1-2, Paris, 2006.

Khol, R., « Civil-Military Co-ordination in EU crisis management », *Civilian crises management : the EU way*, in *Cahiers de Chaillot*, n° 90, Paris, juin 2006.

Labayle, H., « Le bilan du mandat de Tampere et l'espace de liberté, de sécurité et de justice de l'Union européenne », in *Cahiers de droit européen*, n° 5-6, Bruxelles, 2004.

Leclair, G., « La situation en Europe en matière de drogues », *Vers un espace judiciaire pénal européen*, De Kerchove, G., Weyembergh, A. (dir.), Bruxelles, Éditions de l'Université libre de Bruxelles, 2001.

Le Coz, N., « La criminalité organisée en Europe – "Union es-tu là ?" », in *Gendarmerie nationale*, n° 227, Paris, 2e trimestre 2008.

Le Gentil, L., « Union européenne, quels enjeux pour la gendarmerie ? », in *Gendarmerie nationale*, n° 227, Paris, 2e trimestre 2008.

Levy, R., Montjardet, D., « Les polices nationales et l'unification européenne, enjeux et interactions », in *Cultures et Conflits*, n° 48, Paris, 2003.

L'Heuillet, H., « La peur du commencement du gendarme, commencement de la sagesse ? », in *Gendarmerie nationale*, Paris, 2e trimestre 2004.

Macleod, A., « Les études de sécurité : du constructivisme dominant au constructivisme critique », in *Cultures et Conflits*, n° 54, Paris, 2/2004.

Malis, C., « Le renseignement stratégique à l'âge de l'information », http://www.stratisc.org/act/Malis_RENSARM.html.

Maguer, A., « La coopération policière transfrontalière, moteur de transformations dans l'appareil de sécurité français », in *Cultures et Conflits*, n° 48, Paris, 2003.

Mandeville A., Cavallier B., « Le système militaire acteur essentiel de la fonction de police globale contemporaine », in *Inflexions*, octobre – décembre 2006, n° 4.

Mangenot, M., « Jeux européens et innovation institutionnelle. Les logiques de création d'Eurojust », *Arrêter et juger en Europe. Genèse, luttes et enjeux de la coopération pénale*, in *Cultures et Conflits*, n° 62, Paris, 2/2006.

Margue, T.L., « La coopération européenne en matière de lutte contre la criminalité organisée dans le contexte du traité d'Amsterdam », in *Revue du Marché unique européen*, Bruxelles, 3/1997.

Marsaud, A., « Les défis de la lutte antiterroriste », *L'Europe face au terrorisme*, Actes du colloque du 8 mars 2005, Iris, 2005.

Monar, J., « Cooperation in the Justice and Home Affairs Domain : Characteristics, Constraints and Progress », Journal of European Integration, vol. 28, Issue 5, December 2006.

Monar, J., « Common Threat and Common Response ? The EU's Counter Terrorism Strategy and its Problem », in *Government and Opposition*, vol. 42, n° 3, 2007.

Morel, J.F., « L'état-major de l'Union européenne se déploie », in *Défense nationale*, n° 61, Paris, juillet 2005.

Musso, P., « Genèse et critique de la notion de réseau », *Penser les réseaux*, Parrochia, D. (dir.), Champ Vallon, coll. Milieux, 2001.

Niemeier, M., « L'avenir d'Europol », in *Gendarmerie nationale*, n° 227, Paris, 2e trimestre 2008.

Nilsson, H., « L'opinion d'un *policy* maker : un point de vue européen », *Vers un espace judiciaire pénal européen*, Bruxelles, Éditions de l'Université libre de Bruxelles, coll. Études européennes, 2001.

Nkundabagenzi, F., « La gestion des crises et des conflits », *L'Union européenne et la prévention des conflits*, in *Rapport du Groupe de recherche et d'information sur la paix et la sécurité*, n° 2, Bruxelles, 2002.

Nowak, A., « Civilian crisis management within ESDP », *Civilian crises management : the EU way*, in *Cahiers de Chaillot*, n° 90, Paris, juin 2006.

Pujas, V., « Les difficultés de l'OLAF pour s'imposer en tant qu'acteur légitime de la protection des intérêts économiques et financiers européens », in *Cultures et Conflits*, n° 62, Paris, 2/2006.

Roché, S., « Vers la démonopolisation des fonctions régaliennes : contractualisation, territorialisation et européanisation de la sécurité intérieure », in *Revue française de science politique*, vol. 54, Paris, février 2004, p. 44.

Rospabe, P., « De l'huile dans les rouages de l'antiterrorisme », in *Civique*, Paris, mars 2000, n° 95.

Raufer, X., « Bien au-delà des violences urbaines : Gaza, Bagdad – mégapoles et guerre des bidonvilles », in *Les Cahiers de Mars*, Collège interarmées de Défense, n° 181, 3e trimestre 2004.

Raufer, X., « Les mafias, grave facteur de risque financier », in *Défense Nationale*, Supplément au n° 3, Paris, mars 2005.

Raufer, X., « Menaces, aveuglement et eugénisme lexical », Note d'études du Département de recherche sur les menaces criminelles contemporaines, mars 2007. http://www.xavier-raufer.com/pdf/aveuglement-menaces.pdf.

Raufer, X., « Menaces terroristes, criminelles, hybrides, la perspective large » Conférence prononcée le 30 mai 2007 dans le cadre du colloque organisé par l'Université de Sherbrooke, *Le terrorisme : une perspective canadienne*, Longueuil, 29-30 mai 2007.

Ritter Raimundo Matias, C., « Les réseaux et les modalités de leurs mises en œuvre », 2002, http://www.psq.ch/site/actualite/rapportreseaux.pdf.

Roger France, E., Dassonville, L., « Les acteurs de l'espace européen de liberté, de sécurité et de justice », in *Journal des tribunaux de droit européen*, n° 127, Bruxelles, mars 2006.

Rowland, D., « Dépasser les frontières pour sauver des vies – Le réseau des polices de la route européenne TISPOL », in *Gendarmerie nationale*, n° 207, Paris, 2e trimestre 2003.

Ruigrok, W., Achterhagen, L., « Organisational culture and the transformation to innovative forms of organizing », in *European Journal of Work and Occupational Psychology*, 8, 4, 1999

Schmitz, A., « Le témoignage d'un acteur engagé », in *Cahiers thématiques de la revue Custodes*, Bruxelles, Politea, 2003.

Swallow, P., « Vue d'ensemble sur l'évolution des forces de maintien de l'ordre en Europe : les répercussions de l'européanisation sur la police britannique », in *Cultures et Conflits*, n° 48, Paris, 2002.

Tange, C., « L'acteur policier entre structures formelles et informelles », *L'espace pénal européen : enjeux et perspectives*, De Kerchove, G., Weyembergh, A. (dir.) Bruxelles, Édition de l'Université de Bruxelles, coll. Études européennes, 2002.

Thatcher, M., « Le Réseau – Policy Network », *Dictionnaire des politiques publiques*, Boussaguet, L., Jacquot, S., Ravinet, P., (dir.), Paris, Presses de Sciences Po, coll. Références, 2e éd., 2006.

Tinland, F., « Interactions, réseaux, différenciation », *Penser les réseaux*, Parrochia, D. (dir.), Champ Vallon, coll. Milieux, 2001.

Van Camp, R., « Lutte contre la criminalité organisée au niveau européen : nouvelles technologies », in *Agon*, n° 30, 2001.

Verpeaux, M., « L'État territorial », *Décentralisation, acte II : les dernières réformes*, in *Regards sur l'actualité*, n° 308, Paris, 2005.

Verspeelt, F., « Hors du Commun : Les équipes communes d'enquête », in *Vigiles*, Bruxelles, n° 2005/3.

Vuelta-Simon, S., « Dernières nouvelles des équipes communes d'enquête : entre partage et souveraineté », Revue de science criminelle et de droit pénal comparé, t. 2, Paris, 2007.

Watson, G., « Le point de vue d'un homme politique », *Vers un espace judiciaire pénal européen*, (De Kerchove, G., Weyembergh, A. [dir.]), Bruxelles, Édition de l'Université de Bruxelles, coll. Études européennes, 2001.

De Weireld, P., Pyl, G., « Le nouveau traité Benelux sur la coopération policière transfrontalière », in *Vigiles*, Bruxelles, 2005/2.

Wiegand, M. A., Niemeier, M., « Europol and the Architecture of internal Security », in *The institutional Dimension of the Area of Freedom, Security and Justice*, Monar, J (dir.), Bruxelles, PIE-Peter Lang, à paraître.

Zanders, P., « Schengen : les accords bilatéraux et multilatéraux dans le domaine de la coopération policière », *Schengen, Judicial Cooperation and Policy Coordination*, Monica den Boer (ed.), Maastricht, European Institute of Public Administration, 1997.

Ouvrages, études et rapports

André, A., Assemblée nationale française, *L'office de lutte antifraude (OLAF)*, Rapport d'information, n° 1533, Paris, 8 avril 2004.

Aron, R., *Paix et guerre entre nations*, Paris, Calmann-Levy, 1962/1984.

Assemblée de l'Union de l'Europe occidentale (UEO), *Le rôle de la Force de gendarmerie européenne*, Rapport, doc. A/1928, 16 mai 2006.

Baggio, S., *Psychologie sociale*, Bruxelles, De Boeck, coll. Ouverture psychologique, 2006.

Bakis, H., *Les réseaux et leurs enjeux sociaux*, Paris, Presses universitaires de France, coll. « Que sais-je ? », 1993.

Balzacq, T., *Le traité de Prüm et le principe de loyauté (Art. 10 CE)*, Parlement européen, Direction générale Politiques internes de l'Union, Département thématique C, coll. *Briefing Paper*, IP/C/LIBE/FWC/2005-08, 2006.

Barbe, E., *L'espace judiciaire européen*, Paris, La documentation française, coll. Réflexe Europe, 2007.

Battifol, H., Lagarde, P., *Droit international* privé, Paris, LGDJ, t. 1, 8e édition, 1993.

Bauer, A., Raufer, X., *La guerre ne fait que commencer*, Paris, J-C Lattès, 2002.

Bauer, A., Raufer, X., *Le nouveau chaos mondial. Penser la sécurité dans un monde chaotique : principes et perspectives*, Paris, Riaux, 2007.

Berr, J.-C., Trémeau H., *Le Droit douanier : Communautaire et national*, Paris, Économica, 7e édition, 2006.

Berthelet, P., *Le droit européen de la sécurité intérieure*, Bruxelles, PIE-Peter Lang, 2003.

Bigo, D., *Polices en réseau, l'expérience européenne*, Paris, Presses de Sciences Po, 1996.

Bigo, D., *L'Europe du secret, mythes et réalités du renseignement politique interne*, Paris, La documentation française, 2000.

Blumann, C., Dubouis, L., *Droit institutionnel de l'Union européenne*, Paris, Litec, 2e éd., 2005.

Bockel, J.-M., Assemblée nationale française, *Le bilan de la coopération transfrontalière dans le cadre de la Convention de Schengen*, Rapport d'information, n° 1690, 10 juin 1999.

Bonnefoi, S., *Europe et sécurité intérieure, TREVI-Union européenne-Schengen*, Encyclopédie pour la vie des affaires, Paris, Delmas, 1995.

Boudon, R. (dir.), *Traité de sociologie*, Paris, Presses universitaires de France, 1992.

Bourgueil, Y., *L'évaluation des réseaux de soin : enjeux et recommandations*, Institut de recherche et documentation en économie de la santé (ex Credes) et le groupe IMAGE de l'École Nationale de la Santé Publique, 2001.

Brana, P., Assemblée nationale française, *Les relations entre Europol et Eurojust*, Rapport d'information, n° 3609, 13 février 2002.

Breton, P., *L'Utopie de la Communication*, Paris, La Découverte, 1992.

Bruggeman, W., *Comment améliorer le contrôle démocratique d'Europol et lui fournir les capacités opérationnelles adéquates ?*, Parlement européen, Direction générale Politiques internes de l'Union, Département thématique C, coll. Briefing Paper, IP/C/LIBE/FWC/2005-24, 2006.

Buzan, B., *People, State and Fear, an agenda for International Security Studies in the post Cold-War*, London, Harvester Wheatsheaf, 1991.

Cesoni, M. L. (dir.), *Criminalité organisée : des représentations sociales aux définitions juridiques*, Genève, Georg Librairie de l'Université, Paris, LGDJ, Bruxelles, Bruylant, 2004.

Chevalier-Govers, C., *De la coopération à l'intégration policière dans l'Union européenne*, Bruxelles, Bruylant, 1999.

Conseil de l'Europe, PC-S-CO du Conseil de l'Europe, *Étude des meilleures pratiques sur l'interception des communications et la surveillance intrusive*, 3e Étude des meilleures pratiques, doc. PC-S-CO(2000)3, Strasbourg, 15 mars 2000.

Coosemans, T., *L'Union européenne et le renseignement*, Rapport du Groupe de recherche et d'information sur la paix et la sécurité, Bruxelles, 2004/3.

Crozier, M., *Le phénomène bureaucratique*, Paris, Le Seuil, 1963.

De Maillard, J., Smith, A., *Gouverner la sécurité*, Paris, Rapport pour CERAT-INHES, 2005.

De Maillard, J., Wyvenkens, A., *L'Europe de la sécurité intérieure*, Paris, coll. Problèmes politiques et sociaux, n° 945, 2008.

Dehousse, F., Zgajewski, T., *La convention Europol : Un tournant pour la convention policière européenne*, Bruxelles, Centre de recherche et d'information socio-politiques, n° 1577-1578, 1997.

Delmas-Marty, M., Vervaele, J.A E. (dir.), *La mise en œuvre du Corpus juris dans les États membres*, Anvers, Intersentia, 2000.

Dollat, P., *Droit européen et droit de l'Union européenne*, Paris, Sirey, 2005.

Commission européenne, *Gouvernance européenne – Travaux préparatoires au livre blanc*, Luxembourg, Office des publications officielles des Communautés européennes, 2002.

Duez, D., *L'Union européenne et l'immigration clandestine*, Bruxelles, Éditions de l'Université libre de Bruxelles, 2008.

Favret, J.-M., *Droit pratique de l'Union européenne*, Paris, Gualino, 4e édition, 2003.

Fédida, J.-M., *Le contentieux douanier*, Paris, Presses universitaires de France, coll. « Que sais-je ? », 2001.

Fischer, G.-N., *Le champ du social*, Paris, Dunod, 1993.

Friedberg, E., *Le Pouvoir et la règle*, Paris, Le Seuil, 1993.

Garcia-Jourdan, S., *L'émergence d'un espace européen de liberté, de sécurité et de justice*, Bruxelles, Bruylant, 2005.

Gaudin, J.-P. *L'analyse publique – Sociologie et politique*, Paris, Presses de Sciences Po et Dalloz, coll. Amphi, 2004.

Gaultier, Y., *Le Traité établissant une constitution pour l'Europe*, (en collaboration avec Constantinesco, V., Michel, V. (dir.), Strasbourg, Presses universitaires de Strasbourg, 2005.

Gautron, J.-C., *Droit européen*, Paris, Dalloz, coll. Memento, 2006.

Ghevontian, R., *Droit communautaire*, Paris, Sirey, coll. Aide mémoire, 3e édition, 2006.

Groupe de Diagnostic de Sécurité n° 3, *Les limites du troisième pilier dans la construction européenne*, Institut national des hautes études de sécurité, 6 mai 2005.

Guillermin, G. (dir.), *Le principe de l'unité du cadre institutionnel de l'Union européenne*, coll. Cahiers du Centre universitaire de Recherche européenne et internationale, Faculté de Droit de Grenoble, n° 12, février 1999.

Hamon, A., Perisse, X., *Les seigneurs de l'ordre public – 2000 commissaires de police dans leurs fiefs*, Paris, Belfond, 1998.

Hatch, M. J., *Théorie des organisations – de l'intérêt de perspectives multiples*, Bruxelles, De Boeck, 2000,

Heisbourg, F., *L'Hyperterrorisme*, Paris, Odile Jacob, 2002.

Henri, B., *Le renseignement – un enjeu de pouvoir*, Paris, Économica, 1998.

Hobbes, T., *Léviathan*, Paris, Gallimard, 2000.

Institut national des hautes études de sécurité (INHES), L*es limites du troisième pilier dans la construction européenne*, Rapport du Groupe de diagnostic de sécurité n° 3, 6 mai 2005.

Hobbing, P., *Évaluation des projets de règlement et décision définissant l'objectif, la fonctionnalité et les responsabilités du futur SIS II*, Direction générale Politiques internes de l'Union, Département thématique C, coll. *Briefing Paper*, IP/C/LIBE/FWC/2005-08, 2006.

Isaac, G., Blanquet, M., *Droit communautaire général*, Paris, Sirey, 9e édition, 2006.

Jacqué, J.-P., *Droit institutionnel de l'Union européenne*, Paris, Dalloz, coll. Cours, 2006

Katzenstein, P., *The culture of national security. Norms and identity in world politics*, New York, Columbia University Press, 1996.

De Kerchove, G., Weyembergh, A. (dir.), *Vers un espace judiciaire pénal européen*, Bruxelles, Éditions de l'Université libre de Bruxelles, 2001.

De Kerchove, G., Weyembergh, A. (dir.), *La reconnaissance mutuelle des décisions judiciaires pénales dans l'Union européenne*, Bruxelles, Éditions de l'Université libre de Bruxelles, 2001.

De Kerchove, G., Weyembergh, A. (dir.), *L'espace pénal européen : enjeux et perspectives*, Bruxelles, Éditions de l'Université libre de Bruxelles, 2002.

De Kerchove, G., Weyembergh, A. (dir.), *Quelles réformes pour l'espace pénal européen*, Bruxelles, Éditions de l'Université libre de Bruxelles, 2003.

De Kerchove, G., Weyembergh, A. (dir.), *Sécurité et Justice : enjeu de la politique extérieure de l'Union européenne*, Bruxelles, Éditions de l'Université libre de Bruxelles, 2003.

De Kerchove, G., Weyembergh, A. (dir.), L*a confiance mutuelle dans l'espace pénal européen*, Bruxelles, Éditions de l'Université libre de Bruxelles, 2005.

Lebrun, M., *Interpol*, Paris, Presses universitaires de France, coll. « Que sais-je ? », 1997.

Le Clère, M., *La police*, Paris, Presses universitaires de France, coll. « Que sais-je ? », 1972.

Leteur, S., *La coopération policière en Europe*, Mémoire de DESS, Faculté de droit de l'Université de Nice, 1991.

Lienard, G., *Syllabus de sociologie*, Université catholique de Louvain, Diffusion universitaire Ciaco,

Livian, Y.-F., *Organisation – théorie et pratique*, Paris, Dunod, 2001.

De Lobkowicz, W., Fortescue, A., *L'Europe de la sécurité intérieure – Une élaboration par étape*, Paris, La documentation française, coll. Notes et études documentaires, n° 5144-5145, décembre 2001.

Loncle, F., *Le bilan et les perspectives des Accords de Schengen*, Rapport d'information de l'Assemblée nationale française, n° 1476, 17 mars 1999.

Louche, C., *Psychologie sociale des organisations*, Paris, Armand Colin, coll. Psychologie, 2003.

Loubet Del Bayle, J.L. (dir.), *Police et société*, Toulouse, Presses de l'Institut d'études politiques de Toulouse, Centre d'Études et de Recherches de la Police, 1988.

Loussouarn, Y., Bourel, P., *Droit international privé*, Paris, Dalloz, coll. Précis, 7e édition, 2001.

Mahncke, D., Monar, J. (eds.), *International Terrorism : A European Response to a Global Threat ?*, Bruxelles, PIE Peter Lang, 2006.

Masson, H., *L'Union européenne et l'expérience des Balkans, 1991-2006*, Paris, Fondation pour la Recherche stratégique, coll. « Recherches et documents », 2006.

Mathieu, R., *La défense européenne contre le terrorisme*, Bruxelles, Courrier hebdomadaire du Centre de recherche et d'information socio-politiques, n° 1886, 2005.

Michel, H., Mangenot, M., Paris, N., *Une Europe de la justice : mobilisation contre la « criminalité organisée et institutionnalisation d'un espace judiciaire pénal européen (1996-2001)* / Mission de recherche droit et justice, Arrêt sur recherches, n° 5, juin 2005.

Monar, J., *The European Union and International Security. Guardian of the People ?*, Palgrave Macmillan, 2003.

Monar, J. (ed.), *The Institutional Dimension of the Area of Freedom, Security and Justice*, Bruxelles, PIE Peter Lang, à paraître.

Morin, J.-M., *Précis de sociologie*, Paris, Nathan, coll. « Repères pratiques », 1996.

Myers, D., Lamarche, L., *Psychologie sociale*, Montréal, Chenelière/Mc Graw-Hill, 1992.

Nowak, A., *L'Union en action : la mission de police en Bosnie*, Institut d'Études de sécurité de l'Union européenne, *Occasional paper* n° 42, janvier 2003.

Maisonneuve, J., *La dynamique des groupes*, Paris, Presses universitaires de France, coll. « Que sais-je ? », 2002.

Masson, P., *Europol et la lutte contre la drogue*, Rapport du sénat français, n° 235, Paris, 15 mars 1995.

Montain-Domenach, J., *L'Europe de la sécurité intérieure*, Montchrestien, coll. Clefs/Politique, 1999.

Parrochia, D. (dir.), *Penser les réseaux*, Champ Vallon, coll. Milieux, 2001.

Philip, C., Assemblée nationale française, *L'Union européenne et la lutte contre le terrorisme*, Rapport d'information, n° 2123, 2 mars 2005.

Philip, C., Assemblée nationale française, *Les échanges d'informations et la protection des données à caractère personnel dans le cadre de la coopération policière et judiciaire en matière pénale*, Rapport d'information, n° 3695, 13 février 2007.

Pradel, J., Corstens, G., *Droit pénal européen*, Paris, Dalloz, coll. Précis, 1999.

Rance, P., De Baynast, O., *L'Europe judiciaire – Enjeux et* perspectives, Paris, Dalloz, 2001.

Raufer, X., *Les superpuissances du crime, enquête sur le narco-terrorisme*, Paris, Plon, 1993.

Ricoeur, P., « Pouvoir et violence », *Politique et pensée. Colloque Hannah Arendt*, Paris, Payot, 1996.

Rigaux, F., Fallon, M., *Droit international privé*, Bruxelles, Larcier, 2005.

Roché, S., *Sociologie politique de l'insécurité*, Paris, Presses universitaires de France, coll. Quadrige, 2004.

Roché, S., Hassid, O., *La société vulnérable, sécurité insécurité en Europe*, Paris, Du Félin, 2006.

Sabatier, M., *La coopération policière européenne*, Paris, L'Harmattan, 2001.

Salmon, J., David, E., *Droit des gens*, t. II, Bruxelles, Presses universitaires de Bruxelles, 1999-2000.

Santopinto, F., *La politique européenne de sécurité et de défense : enjeux et réalités*, Note d'analyse du Groupe de recherche et d'information sur la paix et la sécurité, 22 décembre 2005.

Sauron, J.-L., *Cours d'Institutions européennes : Le puzzle européen*, Gualino, 2000.

Schwartzenberg, R., *Sociologie politique*, Paris, Montchestien, 1995.

Schmitt, C., *Der Begriff des Politischen*, Berlin, Duncker und Humblot, 1965 (édition de 1932).

De Sernaclens, P., *La mondialisation*, Paris, Armand Colin, coll. U, 3e éd., 2002.

Sfez, L., *La décision*, Paris, Presses universitaires de France, coll. « Que sais-je ? », 2004.

Simon, H., *Administration et processus de décision*, Paris, Économica, 1983.

Thill, G., *Le dialogue des savoirs. Les réseaux associatifs, outils de croisements entre la science et la vie*, Paris, Charles Léopold Mayer, 2001.

Turk, A., Rapport d'information du Sénat français, *Quand les policiers succèdent aux diplomates*, Rapport d'information, n° 523, 1997-1998.

Vulbeau, A., Pain, J., *L'invention de l'autorité*, Vigneux, Matrice, 2001.

Waltz, K., *Theory of International Politics*, New York, Random House, 1979.

Weyembergh, A., *L'harmonisation des législations : condition de l'espace pénal européen et révélateur de ses tensions*, Bruxelles, Éditions de l'Université libre de Bruxelles, 2004.

Zan, Z., Ferrante, M., *Le phénomène organisationnel*, Paris, L'Harmattan, coll. Logiques politiques, 1996.

Index

A

D

E

F

G

H

I

J

K

L

M

N

O

P

Q

R

S

T

U

V

Collection « Cité européenne »

« Cité européenne » est une collection interdisciplinaire ayant pour objet l'étude de l'intégration européenne au sens large. Tout en mettant l'accent sur l'Union européenne, elle encourage par ailleurs la publication d'ouvrages ayant une perspective pan-européenne, ainsi que des études comparatives, notamment sur d'autres formes d'intégration dans le monde. Les disciplines principales de la collection sont les sciences politiques et économiques, le droit et l'histoire. D'un haut niveau scientifique, « La Cité européenne » s'adresse tout autant au monde académique qu'aux acteurs politiques et aux praticiens et vise à promouvoir un large débat sur les questions européennes.

Directeur de collection : **Pascaline WINAND**,
Professor/Director, Monash European and EU Centre
(Monash University, Australia)

Titres parus

- N° 44: *America, Europe, Africa / L'Amérique, l'Europe, l'Afrique (1945-1973)*, Éric REMACLE & Pascaline WINAND (eds./dir.), 2009, 329 p., ISBN 978-90-5201-529-3
- N° 43: *Le paysage européen de la sécurité intérieure*, Pierre BERTHELET, 2009, 573 p., ISBN 978-90-5201-473-9
- No.42: *In Pursuit of Influence. The Netherlands' European Policy during the Formative Years of the European Union, 1952-1973*, Anjo G. HARRYVAN, 2009, 284 p., ISBN 978-90-5201-497-5
- N° 41: *Les États-Unis et l'unification monétaire de l'Europe*, Dimitri GRYGOWSKI, 2009, 472 p., ISBN 978-90-5201- 489-0
- N° 40: *Le Traité de Rome : histoires pluridisciplinaires. L'apport du Traité de Rome instituant la Communauté économique européenne*, Sandrine DEVAUX, René LEBOUTTE & Philippe POIRIER (dir.), 2009, 210 p., ISBN 978-90-5201-
- No.39: *European Integration from Rome to Berlin: 1957-2007. History, Law and Politics*, Julio BAQUERO CRUZ & Carlos CLOSA MONTERO (eds.), 2009, 288 p., ISBN 978-90-5201-464-7
- No.38: *European and Turkish Voices in Favour and Against Turkish Accession to the European Union*, Christiane TIMMERMAN, Dirk ROCHTUS & Sara MELS (eds.), 2008, 149 p., ISBN 978-90-5201-428-9

- N° 37: *Centre et centrisme en Europe aux XIXe et XXe siècles. Regards croisés*, Sylvie GUILLAUME et Jean GARRIGUES (dir.), 2006, 288 p., ISBN 978-90-5201-317-6
- N° 36: *Vers une Europe fédérale ? Les espoirs et les actions des fédéralistes au sortir de la Seconde Guerre mondiale*, Bertrand VAYSSIÈRE, 2006 (2e tirage 2007), 416 p., ISBN 978-90-5201-353-4
- N° 35: *Institutionnaliser l'évaluation des politiques publiques. Étude comparée des dispositifs institutionnels en Belgique, en France, en Suisse et aux Pays-Bas*, Steve JACOB, 2005 (2e tirage 2006), 271 p., ISBN 978-90-5201-078-6
- No.34: *Visions, Votes and Vetoes. The Empty Chair Crisis and the Luxembourg Compromise Forty Years On*, Jean-Marie PALAYRET, Helen WALLACE & Pascaline WINAND, 2006, 344 p., ISBN 978-90-5201-031-1
- No.33: *Networks of Empire. The US State Department's Foreign Leader Program in the Netherlands, France, and Britain 1950-70*, Giles SCOTT-SMITH, 2008, 516 p., ISBN 978-90-5201-256-3
- N° 32: *Le droit institutionnel de la sécurité intérieure européenne*, Pierre BERTHELET, 2003, 324 p., ISBN 978-90-5201-193-6
- N° 31 : *La crise autrichienne de la culture politique européenne*, Jacques LE RIDER & Nicolas LEVRAT (dir.), 2004, 241 p., ISBN 978-90-5201-188-2
- N° 30: *Les opinions publiques face à l'Europe communautaire. Entre cultures nationales et horizon européen /Public Opinion and Europe. National Identities and the European Integration Process*, Anne DULPHY & Christine MANIGAND (eds.), 2004, 228 p., ISBN 978-90-5201-186-8
- N° 29: *Droit et souverainetés. Analyse critique du discours européen sur la Yougoslavie*, Barbara DELCOURT, 2003, 487 p., ISBN 978-90-5201-179-0
- N° 28: *L'Europe et ses collectivités territoriales. Réflexions sur l'organisation et l'exercice du pouvoir territorial dans un monde globalisé*, Nicolas LEVRAT, 2005, 304 p., ISBN 978-90-5201-174-5
- No.27: *The European Union Transformed. Community Method and Institutional Evolution from the Schuman Plan to the Constitution for Europe*, Youri DEVUYST, Revised and updated edition 2006, 205 p., ISBN 978-90-5201-051-9

FSC
www.fsc.org
MIX
Papier | Fördert
gute Waldnutzung
FSC® C083411

Kolibri 360 GmbH
Ferdinand-Jühlke-Straße 7
99095 Erfurt, Deutschland
produktsicherheit@kolibri360.de